Statistik

für Sozial- und Wirtschaftswissenschaften

Lehrbuch mit Übungsaufgaben

Von
Universitätsprofessor
Dr. Peter Hackl
und
Universitätsdozent
Dr. Walter Katzenbeisser

11., durchgesehene Auflage

R. Oldenbourg Verlag München Wien

Die Deutsche Bibliothek - CIP-Einheitsaufnahme

Hackl, Peter:
Statistik für Sozial- und Wirtschaftswissenschaften : Lehrbuch mit Übungsaufgaben / von Peter Hackl ; Walter Katzenbeisser.
- 11., durchges. Aufl. – München ; Wien : Oldenbourg, 2000
ISBN 3-486-25468-5
NE: Katzenbeisser, Walter:

Rosenheimer Straße 145, D-81671 München
Telefon: (089) 45051-0
www.oldenbourg-verlag.de

Gedruckt auf säure- und chlorfreiem Papier
Druck: R. Oldenbourg Graphische Betriebe Druckerei GmbH

ISBN 3-486-25468-5

Inhaltsverzeichnis

Vorwort zur neunten Auflage

Diese neunte Auflage ist eine wesentliche Überarbeitung der früheren Auflagen unseres Buches. Zielsetzung des Buches, das vielfach als Textbuch zu Vorlesungen und Übungen der statistischen Grundausbildung eingesetzt wird, ist es, das für die Sozial- und Wirtschaftswissenschaften notwendige, statistische Instrumentarium zu vermitteln. Wir haben uns bemüht, eine anwendungsbezogene Darstellung der statistischen Verfahren sowie deren Grundlagen zu geben. Wir verzichten weitgehend auf mathematische Beweise der behandelten Verfahren; für den interessierten Leser geben wir Hinweise auf die weiterführende Literatur. Entsprechend unseren Erfahrungen, die wir in wiederholt abgehaltenen Lehrveranstaltungen gewonnen haben, scheinen uns Erläuterungen an Hand illustrierender Beispiele für den angesprochenen Leserkreis dem Verständnis förderlicher und motivierender zu sein.

Bei der Überarbeitung haben wir vor allem darauf Wert gelegt, die Lesbarkeit des Buches zu verbessern. Im Sinn der immer besseren Verfügbarkeit von Statistik-Software haben wir an vielen Stellen des Buches das Statistik-Programmpaket MINITAB angesprochen: Wir haben uns bemüht, an allen in Frage kommenden Stellen MINITAB-Prozeduren zu besprechen und zur Lösung von Beispielen einzusetzen; die Übersicht im Anhang soll das aktive Anwenden von MINITAB zum Lösen von Aufgaben erleichtern.

Jedes Kapitel des Buches gliedert sich in drei Teile: Im ersten Teil werden die jeweils relevanten Definitionen, Sätze und Techniken eingeführt und an Hand geeigneter Beispiele erläutert. Im zweiten Teil werden typische Anwendungen der besprochenen Methoden an Hand gelöster und kommentierter Beispiele in exemplarischer Weise dargestellt. Am Ende der Kapitel sind eine Reihe von Übungsaufgaben und deren Lösungen angegeben. Die durch die Vorgabe der Lösungen unterstützte Bearbeitung der Übungsaufgaben soll dem Studenten helfen, sein Verständnis zu vertiefen und Übung bei der selbständigen Handhabung der statistischen Methoden zu erlangen.

Seit Herbst 1989 leitet unser Mitautor der bisherigen Auflagen, Univ.Prof. Dr. Wolfgang Panny, das Extraordinariat "Angewandte Informatik" an der hiesigen Wirtschaftsuniversität. Als Folge der damit verbundenen Veränderung seines Wirkungsschwerpunktes steht er als Mitautor dieser und zukünftiger Auflagen nicht mehr zur Verfügung. Wir sind ihm für seinen langjährigen Beitrag zum Entstehen dieses Buches und zu seiner laufenden Verbesserung verbunden.

Zu Dank verpflichtet sind wir Herrn Stefan Katzenbeisser für das Anfertigen von Graphiken und Frau Doris Müller für die Arbeit, das Manuskript in eine mit TEX verarbeitbare Form zu bringen. Herrn Dipl.Vw. Martin Weigert vom Oldenbourg-Verlag danken wir für die nun schon jahrelange, angenehme Zusammenarbeit und für seine Geduld.

Wir hoffen, daß die Neuauflage bei Kollegen und Studenten wohlwollen aufgenommen wird.

Peter Hackl
Walter Katzenbeisser

Vorwort zur elften Auflage

Die Vorauflage war derart rasch vergriffen, daß wir uns auf eine Durchsicht des Textes beschränken konnten.
Wir hoffen, daß auch die 11. Auflage bei Kollegen und Studenten freundlich aufgenommen wird.

Peter Hackl
Walter Katzenbeisser

Verzeichnis der Tabellen

Kapitel 1

Statistik: Begriff und Probleme

1.1 Was ist Statistik?

Für den Begriff Statistik gibt es eine große Zahl von verschiedenen Definitionen. Die wohl treffendste Charakterisierung ist nach unserer Meinung, wenn Statistik als **die Methoden des Lernens aus der Empirie** bezeichnet wird. Aus der Erfahrung zu lernen bedeutet, daß wir Gesetzmäßigkeiten in den um uns ablaufenden Prozessen erkennen. Natürlich bedarf nicht jeder Lernprozeß ausgeklügelter Methoden. Das Kleinkind, das sich – wie jeder von uns – die Finger an einem Bügeleisen verbrennt, lernt die Lektion gründlich und ohne komplizierte Methodik. Der Techniker, der die Bedingungen kennen möchte, unter denen sein chemischer Reaktor einen maximalen Output liefert, ist gut beraten, beim Identifizieren der Kontrollvariablen und beim Festlegen der anzuwendenden Prozeßbedingungen statistische Methoden zu benützen; die Zahl der notwendigen Experimente und damit die Kosten sind umso geringer, je mehr Informationsgehalt die in diesen Experimenten gewonnenen Daten haben. Die Ökonom verwendet ökonometrische Methoden, wenn er Abhängigkeiten und Wirkungsweisen in seinem ökonomischen System studieren oder ein Modell zum Zweck der Prognose erstellen möchte. Ein Medikament wird von der Zulassungsbehörde nicht zum Gebrauch freigegeben, wenn nicht durch nach strengen, statistischen Grundsätzen geplante und ausgewertete Studien die Wirksamkeit des Medikaments und das Fehlen von Nebenwirkungen nachgewiesen worden ist.

Die Statistik ist eine eigenständige wissenschaftliche Disziplin, deren Wurzeln in eine Reihe von anderen Gebieten reichen. So wird man von einem professionellen Statistiker erwarten, daß er eine solide Ausbildung in Mathematik hat, und daß er mit Daten umgehen kann und es insbesondere versteht,

Computer zur Analyse und graphischen Aufbereitung der Daten einzusetzen. Darüberhinaus muß er als Anwender auch ein Grundwissen und Verständnis für die Sachprobleme haben, auf die er statistische Methoden anwenden möchte.

Umgekehrt ist jeder Umgang mit Daten eine dem Wesen nach statistische Tätigkeit, sodaß – insbesondere im Zeitalter der Alltäglichkeit der elektronischen Datenverarbeitung – für fast jeden Beruf und jede Tätigkeit ein statistisches Grundwissen von Vorteil ist. Insbesondere sollte der Konsument von statistischen Ergebnissen in der Lage sein, eine kritische Distanz zu diesen Ergebnissen einzunehmen.

Die meisten wirtschaftlichen Berufe sind in diesem Sinn besonders herausgefordert. Die Ergebnisse betrieblichen und ökonomischen Handelns werden in besonderem Maße mittels elektronischer Datenverarbeitung aufbereitet und zahlenmäßig dargestellt. Kennzahlen des betrieblichen Geschehens, Optimierung der betrieblichen Prozesse, Qualitätsstatistik, Marktforschung, betriebsökonometrische Modellierung und Prognosen über die betriebliche oder ökonomische Entwicklung sind Beispiele für mehr oder weniger komplizierte statistische Aufgabenstellungen für den Ökonomen. Bei methodisch schwierigen Problemen wird wohl ein Wirtschaftsstatistiker beigezogen oder mit der Aufgabe befaßt werden. In jedem Fall muß der Betriebswirt oder Ökonom in der Lage sein, den statistischen Sachverhalt gemeinsam mit dem Statistiker herauszuarbeiten, die Methodenauswahl zu verstehen und an der Interpretation der Ergebnisse mitzuwirken.

Die Anwendung von statistischen Methoden besteht entsprechend dem Gesagten aus folgenden Tätigkeiten:

- dem Erarbeiten des statistischen Sachverhaltes der Problemstellung
- der Auswahl der geeigneten, statistischen Methode
- der Erhebung der notwendigen Daten
- der Ausführung der entsprechenden Datenanalyse
- der Interpretation der Ergebnisse

Der Gegenstand dieses Buches sind die statistischen Methoden. Die Komplikation der Anwendung dieser Methoden kommt daher, daß sie Verständnis des sachlichen Gehalts der Problemstellung und Erfahrung in der Anwendung statistischer Methoden erfordert. Dieses Wissen kann natürlich in einer Einführung in die Statistik kaum vermittelt werden.

1.2 Problemstellungen der Statistik

Statistik beschäftigt sich damit,

- Untersuchungen zu planen,
- die erhobenen Daten zu beschreiben (**beschreibende Statistik**) und
- Entscheidungen über interessierende Phänomene, die durch die Daten beschreiben werden, zu treffen (**schließende Statistik**).

Im Rahmen dieses Buches werden wir uns mit den beiden letzteren Fragestellungen befassen. Dies primär deswegen, da für geplante Experimente in der Ökonomie – im Gegensatz zu den Naturwissenschaften – nur wenig Spielraum besteht. Dies heißt aber nicht, daß dem Design der Datenerhebung keine große Bedeutung zukommt: Ist eine Studie schlecht geplant, so ist der Informationsgehalt der Daten gering, und es kann auch kein entsprechend aussagekräftiges Ergebnis der Studie erwartet werden.

Nach dem Gesagten teilen wir statistische Prozeduren grundsätzlich ein in

- deskriptive und
- schließende Prozeduren.

Deskriptive Statistik. Deskriptive, statistische Methoden sind graphische und numerische Verfahren und Techniken, um Daten übersichtlich darzustellen. Ziel ist die Reduktion der Daten auf einige wenige charakteristische Größen, sodaß die Beobachtungen leichter interpretiert werden können, ohne daß es durch die Datenreduktion zu einem Verlust an relevanter Information kommt.

Der zweite Aspekt der Statistik ist der **schließende** Aspekt. Um den Unterschied zwischen der beschreibenden und der schließenden Fragestellung zu illustrieren, muß man die beiden Begriffspaare **Gesamtheit(=Population), Stichprobe** und **Parameter, Statistik** unterscheiden:

- Eine **Population** ist die Menge aller Untersuchungseinheiten in einer Studie.
- Eine **Stichprobe** ist eine Teilmenge einer Population, an der die im Sinn der Problemstellung interessierenden Merkmale beobachtet (gemessen) werden.
- Ein **Parameter** ist eine charakteristische Größe einer Gesamtheit, über die auf der Basis einer Stichprobe eine Aussage getroffen werden soll.

- Eine **Statistik** ist eine entsprechende Größe einer Stichprobe, die zur Aussage über einen Parameter herangezogen wird.

Obwohl man natürlich Aussagen über die Gesamtheit machen will, ist es oft unumgänglich, sich auf eine Stichprobe zu beschränken, da z.B.

- die Gesamtheit zu groß ist, als daß alle Einheiten untersucht werden könnten, oder

- durch die Messung die Untersuchungseinheit zerstört würde.

Aber auch in Fällen, in denen eine Vollerhebung möglich wäre, beschränkt man sich fast stets – aus ökonomischen Erwägungen – auf die Analyse einer Stichprobe.

Schließende Statistik. Verfahren der schließenden Statistik erlauben es, über Parameter einer Population Aussagen zu treffen, wenn nur Informationen aus einer Stichprobe, d.h. Statistiken, zur Verfügung stehen.

Natürlich interessieren primär die Parameter der Gesamtheit und nicht die Statistiken der Stichprobe. Diese sind nur insoweit von Interesse, als sie Informationen über die unbekannten Parameter enthalten. Wir verwenden die aus der Stichprobe erhaltene Statistik, um zu Aussagen über die Gesamtheit oder über einen unbekannten Parameter der Gesamtheit zu gelangen. Wichtig ist dabei, die Gesamtheit exakt zu beschreiben und abzugrenzen.

Basis der Verfahren der schließenden Statistik sind wahrscheinlichkeitstheoretische Überlegungen. Man modelliert den Mechanismus, der die Generierung der Daten wahrscheinlichkeitstheoretisch beschreibt, um auf Grund dieses Modells zu Aussagen über die interessierenden Parameter zu gelangen.

Es ist natürlich naheliegend, daß wir einen Fehler begehen, wenn wir nur auf der Basis einer Stichproben zu Aussagen über unbekannte Parameter gelangen. Wir werden sehen, daß man durch Randomisierung, d.i. die zufällige Auswahl der Untersuchungseinheiten, den Stichprobenfehler kontrollieren kann.

Die Einteilung in beschreibende und schließende Statistik bestimmt auch die Gliederung des Buches. Deskriptive und explorative, datenanalytische Verfahren werden in den Kapiteln 2 bis 5 behandelt und an Hand des am Ende von Kapitel 2 vorgestellten Datensatzes illustriert. Nach einer Zusammenstellung wichtiger wahrscheinlichkeitstheoretischer Werkzeuge in den Kapiteln 6 bis 8 werden Verfahren der schließenden Statistik in den Kapiteln 9 bis 13 gebracht.

1.3 Datentypen, Messniveaus und Skalen

Charakteristika von Personen oder Dingen, den Untersuchungseinheiten, die zahlenmäßig ausgedrückt werden können, nennen wir **Merkmale** oder **Variable**. Die verschiedenen Werte, die ein Merkmal annehmen kann, heißen seine **Merkmalsausprägungen**. Der **Wert** eines Merkmals ist die Merkmalsausprägung, die wir in einer konkreten Situation beobachten oder messen. Die Menge aller möglichen Merkmalsausprägungen bildet den Wertebereich des Merkmals.

Um die Merkmalsausprägung zu erhalten oder zu messen, brauchen wir einen "Maßstab" oder eine **Skala**. Je nach Art und Qualität der Skala sprechen wir von verschiedenen Meßniveaus, die eine Hierarchie zunehmender Meßqualität bilden. Wir unterscheiden

- Nominalskala
- Ordinalskala
- metrische Skala

Mit dieser Klassifizierung weitgehend synonym ist die Einteilung in qualitative, Rang- und quantitative Merkmale: Nominalskalierte Merkmale werden auch als **qualitative**, ordinalskalierte Merkmale als Rangmerkmale bezeichnet. Als **quantitative** Merkmale werden metrische Merkmale, von manchen Autoren jedoch ordinale *und* metrische Merkmale angesprochen.

Eine weitere Einteilung ist die nach dem Wertebereich des Merkmals in

- stetige Merkmale und
- diskrete Merkmale

1.3.1 Merkmalstypen nach dem Meßniveau

Die Unterscheidung der Meßniveaus ist für den Statistiker wichtig, da zur Analyse unterschiedlich skalierter Merkmale auch unterschiedliche statistische Verfahren zu verwenden sind. Noch wichtiger ist die Unterscheidung für den Anwender der Statistik, da der Informationsgehalt von Daten umso größer ist, je höher das Meßniveau ist. Ein wesentlicher Teil der wissenschaftlichen Arbeit besonders in den Wirtschaftswissenschaften zielt darauf ab, die Meßqualität zu verbessern. Die Entwicklung des **Intelligenzquotienten** und die Messung von **Konsumentenzufriedenheit** sind Beispiele für Bestrebungen, komplexe Sachverhalte meßbar zu machen bzw. das Meßniveau zu erhöhen.

Nominalskalierte Merkmale

Die Nominalskala ist das unterste Meßniveau. Ein Merkmal heißt **nominal** oder nominalskaliert, wenn seine verschiedenen Ausprägungen nur durch ihren Namen unterschieden sind. Die auf einer Nominalskala "gemessenen" Werte sind nur Substitute oder Kodierungen für die Merkmalsausprägungen. Durch das Kodieren werden die Beobachtungen in Klassen eingeteilt, von denen jede alle solche Untersuchungseinheiten umfaßt, denen ein gemeinsamer Wert auf der Nominalskala zugeordnet wird. Voraussetzung ist, daß jede Untersuchungseinheit genau einer Klasse entspricht.

> **Beispiel 1.1** Das einfachste Beispiel nominalskalierter Merkmale sind die **dichotomen** Variablen. Sie können nur zwei Ausprägungen annehmen, etwa die Zahlen 0 und 1 oder die Zahlen 1 und 2. Mit den Zahlen 0 und 1 kann eine Population in die beiden Klassen der Männer und Frauen eingeteilt werden, wenn die Merkmalsausprägungen der Variablen "Geschlecht" als *weiblich* = 0 und *männlich* = 1 kodiert werden. Mit der Kodierung *blau* = 1, *grün* = 2, *braun* = 3, *grau* = 4 und *schwarz* = 5 für die Merkmalsausprägungen der – nominalskalierten – Variablen "Augenfarbe" kann die Population in fünf andere Klassen zerlegt werden.

Es ist zu beachten, daß die Zahlen, die den Merkmalsausprägungen zugeordnet werden, willkürliche sind. Sie repräsentieren nicht etwa eine Ordnung, die zwischen den einzelnen Ausprägungen besteht. Daher dürfen die Zahlen auch nicht in arithmetischen oder anderen Rechenoperationen verarbeitet werden. Man kann sich leicht vorstellen, daß viele statistische Operationen, etwa das Berechnen des Mittelwertes, für nominalskalierte Merkmale keinen Sinn geben.

Ordinalskalierte Merkmale

Ein Merkmal heißt **ordinal** oder ordinalskaliert, wenn seine Ausprägungen zueinander in einer Ordnungsbeziehung wie "größer", "kleiner", "besser", etc. stehen.

> **Beispiel 1.2** Das klassische Beispiel einer Ordinalskala ist die Notenskala mit den Werten 1 bis 5 für die Ausprägungen *sehr gut* bis *nicht genügend.* Die Skala zerlegt die Menge der Studenten in fünf Klassen von Studenten, die mit *sehr gut* etc. benotet wurden, zwischen denen darüber hinaus auch eine Rangordnung besteht: Die mit *sehr gut* benoteten Studenten haben eine bessere Leistung erbracht als jene, die mit *gut* benotet wurden, usw. Allerdings haben Abstände oder Quotienten zwischen den Ausprägungen keine Bedeutung. Man kann etwa nicht sagen, daß ein Student, der mit *sehr gut* benotet wurde, doppelt so gut ist wie einer mit einem *gut.*

Andere Beispiele von Ordinalskalen sind

(a) Beliebtheitsskalen von Personen, sonstige Präferenzskalen,

(b) Hierarchie in einer Organisation

(d) Güteklassen von Obst oder Lebensmitteln

(e) ATP Punkteliste des Internationalen Tennisverbandes

Wie in dem Beispiel angedeutet, geben die Skalenwerte keine Information über die Abstände zwischen den Merkmalsausprägungen. Dementsprechend dürfen die Zahlen nur in solchen arithmetischen oder anderen Rechenoperationen verarbeitet werden, die die Ordnungsrelation der Werte unverändert läßt, wie das Sortieren nach der Größe.

Metrisch skalierte Merkmale

Ein Merkmal heißt **metrisch** oder metrisch skaliert, wenn es in Vielfachen bestimmter Einheiten gemessen wird. Metrische Merkmale sind gleichzeitig ordinalskaliert. Man unterscheidet **verhältnisskalierte Merkmale** und **intervallskalierte Merkmale** je nachdem, ob die Skala einen natürlichen Bezugspunkt besitzt oder nicht.

Beispiel 1.3 Das Gewicht einer Person in Kilogramm oder der Umsatz eines Unternehmens in öS sind Beispiele für metrische Merkmale. Beide Skalen sind Verhältnisskalen: der Wert Null ist ein natürlicher Bezugspunkt. Ein klassisches Beispiel für ein intervallskaliertes Merkmale ist die Temperaturmessung in Celsius Graden. Diese Temperaturskala ergibt sich durch die willkürliche Einteilung des Intervalls zwischen Gefrier- und Siedepunkt von Wasser in 100 Teile. Eine alternative Temperaturskala ist die nach Fahrenheit, die ebenfalls willkürlich ist. Ein natürlicher Bezugspunkt wäre die Temperatur, bei der die Moleküle keine thermische Bewegung mehr ausführen; die Kelvin-Skala basiert auf diesem Bezugspunkt.

1.3.2 Merkmalstypen nach dem Wertebereich

Nach dem Wertevorrat des Merkmals unterscheiden wir **diskrete** und **stetige** Merkmale. In ersterem Fall ist die Zahl der möglichen Merkmalsausprägungen endlich oder abzählbar; sie sind typisches Ergebnis eines Zählvorganges. Die Merkmalsausprägung eines stetigen Merkmals kann jeder Wert eines Intervalls der reellen Zahlengeraden sein.

Beispiel 1.4 Die Zahl der defekten Produkte in der Tagesproduktion, die Zahl der Tage eines Jahres mit Frost, die Zahl derer unter 2000 Befragten, die mit "ja" antworten, sind Beispiele für diskrete Merkmale.

Das Gewicht einer Person, die Verspätung eines Zuges, die Temperatur des Katalysators in einem chemischen Prozeß sind Beispiele für stetige Merkmale.

Obwohl auch für die Einteilung in diskrete und stetige Merkmale gilt, daß zur Analyse unterschiedlicher Merkmale unterschiedliche statistische Verfahren zu verwenden sind, ist diese Einteilung von geringerer praktischer Bedeutung. Der Grund liegt darin, daß die Abgrenzung nicht sehr streng ist. Diskrete Merkmale werden oft wie stetige behandelt, wenn die Schrittweite der Maßeinheit in Bezug auf die beobachtete Größe kein ist. Beispielsweise werden monetäre Größen (der Umsatz eines Unternehmens in öS) meist als stetig betrachtet, obwohl sie, bedingt durch die Nichtteilbarkeit der kleinsten Währungseinheit, diskrete Größen sind. Umgekehrt ist Messung jedes stetigen Merkmals, bedingt durch eine endliche Meßgenauigkeit, eine diskrete Größe.

Kapitel 2

Deskriptive und explorative Datenanalyse: ein Merkmal

Wenn statistische Verfahren angewendet werden sollen, um Aussagen über einen bestimmten Realitätsaspekt zu machen, so benötigen wir numerische Daten, die diese Realität beschreiben. Wir haben in Kapitel 1 einiges darüber erfahren, wie wir uns die notwendigen Daten besorgen können. In diesem Kapitel werden wir elementare Analyseverfahren kennenlernen, mit denen diese Daten oder bestimmte Charakteristika dieser Daten graphisch oder zahlenmäßig dargestellt werden können. Diese Darstellungen sind essentiell für jede statistische Analyse, da oft schon das Beschreiben der Daten die im Sinn der Aufgabenstellung wesentlichen Aspekte sichtbar macht, und dieses "Erforschen" der Daten oft die weiteren Analyseschritte bestimmt. Dieses Kapitel ist diesen ersten Schritte der statistischen Analyse in empirischen Studien, nämlich

- der graphischen Darstellung und
- dem Bestimmen der – für eine Entscheidungssituation – relevanten Charakteristika

der gesammelten Daten gewidmet, wobei nur jeweils ein Merkmal betrachtet wird. Im folgenden Kapitel werden wir uns mit der Analyse von mehr als einer Variablen und insbesondere der Charakterisierung von Beziehungen zwischen den Merkmalen befassen. Wir beginnen mit der verdichteten Darstellung der Daten als Häufigkeitsverteilung der beobachteten Merkmalsausprägungen in Abschnitt 2.1; die Parameter, die eine Häufigkeitsverteilung charakterisieren, werden in Abschnitt 2.2 vorgestellt. In diesen beiden Abschnitten werden auch Methoden der explorativen Datenanalyse (EDA) behandelt; dabei geht es um spezielle Methoden der deskriptiven Statistik, die in den letzten zwanzig Jahren unter Nutzung der Möglichkeiten der EDV und vieler neuer Ideen entwickelt wurden. Schließlich stellen wir in Abschnitt 2.3 weitere Methoden der graphischen Darstellung von Daten vor.

2.1 Die Häufigkeitsverteilung

Ziel jeder Datenanalyse ist die **Datenreduktion**, d.i. die Zusammenfassung der Daten so, daß die zugrundeliegenden Strukturen deutlich hervortreten. Das Ergebnis des Sammelns von Daten ist eine Liste oder eine Computerdatei, die für jede Beobachtung (neben einer Identifikation) eine entsprechende Merkmalsausprägung enthält. Aus dieser Zahlenmenge die für eine Situation relevante Information abzulesen, erfordert es, diese Information sichtbar zu machen. Eine wirksame Methode dazu ist das Zusammenfassen der Daten zu einer Verteilung der Häufigkeiten, mit denen die Ausprägungen des interessierenden Merkmals beobachtet wurden. Diese Häufigkeitsverteilung kann in Tabellenform oder – für manche Zwecke besser noch – als graphische Darstellung wiedergegeben werden.

Wir behandeln zunächst den Fall eines qualitativen oder diskret-quantitativen Merkmals X mit k Ausprägungen. Sollen n Beobachtungen eines solchen Merkmals dargestellt werden, so kommen dafür ein **Balkendiagramm** (im Englischen *bar chart*) oder ein **Histogramm** in Frage. Die Ausprägungen $x_1, \ldots, x_k$ des Merkmals X seien mit den **absoluten Häufigkeiten** $H_1, \ldots, H_k$ beobachtet worden:

$$H_j = \text{Anzahl der Beobachtungen mit } X = x_j$$

für $j = 1, \ldots, k$. Natürlich gilt $\sum_j H_j = n$. Dividiert man die H_j durch n, so erhält man die **relativen Häufigkeiten**

$$h_j = \frac{H_j}{n}.$$

Relativen Häufigkeiten werden oft in Prozenten angegeben.

Beispiel 2.1 Für die dichotome Variable "Geschlecht" ergibt sich für eine Stichprobe vom Umfang 50 die Häufigkeitsverteilung

		H_j	h_j
weiblich	1	20	0.4
männlich	2	30	0.6
gesamt		50	1.0

Eine analoge Tabelle für die qualitative Variable "Augenfarbe" erhält man zu

		H_j	h_j
braun	1	19	0.388
grün	2	12	0.245
blau	3	15	0.306
grau	4	2	0.041
schwarz	5	1	0.020
gesamt		49	1.0

wobei für eine Beobachtung die Merkmalsausprägung der Augenfarbe fehlt (sie ist "missing"). Aus diesen Tabellen können wir wichtige Charakteristika, etwa die am häufigsten vorkommenden Merkmalsausprägungen, ablesen.

In graphischer Form kann die Häufigkeitsverteilung als Balkendiagramm dargestellt werden: Die Balken über den einzelnen Merkmalsausprägungen haben eine Länge, die proportional seiner Häufigkeit ist. Die Balken können senkrecht oder waagrecht angeordent sein. Die ***Abbildung 2.1*** zeigt Balkendiagramme zu den Variablen "Geschlecht" und "Augenfarbe" unserer 50 Studenten, die mittels der MINITAB-Prozedur `histogram` erzeugt wurden. Als Merkmalsausprägungen gibt MINITAB die numerischen Codes an, die in den Tabellen von Beispiel 2.1 auch ausgewiesen sind.

Abbildung 2.1: Balkendiagramme zu den Variablen (a) "Geschlecht" und (b) "Augenfarbe" von 50 Studenten.

```
MTB > hist 'AFA'

Histogram of AFA   N = 49   N* = 1

Midpoint   Count
       1      19  *******************
       2      12  ************
       3      15  ***************
       4       2  **
       5       1  *

MTB > hist 'SEX'

Histogram of SEX   N = 50

Midpoint   Count
       0      20  ********************
       1      30  ******************************
```

Die obigen Tabellen und Balkendiagramme zeigen sogenannte eindimensionale Häufigkeitsverteilungen: Sie betreffen jeweils nur ein Merkmal. Betrachten wir zwei (oder mehrere) Merkmale simultan, so erhalten wir **zweidimensionale** (oder höherdimensionale) Häufigkeitsverteilungen. Alle möglichen Kombinationen von Merkmalsausprägungen der beiden (oder mehreren) Merkmale bilden dann eine sogenannte **Kreuzklassifikation**. Die entstehende Tabelle heißt **Kontingenztafel**.

Beispiel 2.2 Für die beiden Merkmale "Geschlecht" und "Augenfarbe" gibt es 2×5 oder 10 Merkmalskombinationen. So gibt es etwa weibliche Personen mit blauen Augen, männliche mit schwarzen Augen, etc. Die Häufigkeitsverteilung kann in einer zweidimensionalen Kontingenztafel mit zwei Zeilen und fünf Spalten, auch 2×5-Tafel genannt, dargestellt werden. Die absoluten Häufigkeiten zeigt die folgende Tafel:

	blau	*grün*	*braun*	*grau*	*schwarz*	gesamt
weiblich	6	7	7	0	0	20
männlich	9	5	12	2	1	29
gesamt	15	12	19	2	1	49

Beachte! Die beiden (eindimensionalen) Häufigkeitsverteilungen der Merkmale "Geschlecht" und "Augenfarbe" können als Zeilen- bzw. Spaltensummen der 2×5-Tafel abgelesen werden.

Aus einer zweidimensionalen Kontingenztafel können zwei verschiedene Arten von relativen Häufigkeiten abgeleitet werden. Dividiert man alle Eintragungen der Tafel durch den Stichprobenumfang, so erhält man die relativen Häufigkeiten der entsprechenden Merkmalskombinationen. Eine andere Art von Tafel ergibt sich, wenn man die Eintragungen der Zeilen auf die jeweilige Zeilensumme bezieht: Dann erhält man sogenannte **bedingte relative Häufigkeiten** des einen Merkmals, wobei die Bedingung darin besteht, daß das andere Merkmal einen bestimmten Wert hat.

Beispiel 2.3 Dividiert man alle Eintragungen der 2×5-Tafel von Beispiel 2.2 durch den Stichprobenumfang 49, so erhält man die relativen Häufigkeiten der verschiedenen Merkmalskombinationen: so hat die relative Häufigkeit der Merkmalskombination *weiblich und blau* den Wert 0.122. Eine bedingte Verteilung des Merkmals der "Augenfarbe" gibt es für die beiden Geschlechter: Bezieht man die Häufigkeiten der Eintragungen einer Zeile auf die jeweilige Zeilensumme, so hat z.B. die Augenfarbe *braun* einen Anteil von 0.35 bei den weiblichen und einen von 0.41 bei den männlichen Personen. Solche bedingte relative Häufigkeiten erlauben die Beantwortung der Frage, ob die Verteilung der Augenfarben über die beiden Geschlechter gleich ist.

Eine analoge Darstellung ist auch für stetige Merkmale möglich. Allerdings ist es dazu notwendig, die Merkmalsausprägungen in Klassen zu gruppieren und damit zu diskretisieren. Dann kann man die sogenannten **Klassenhäufigkeiten** in einem Histogramm darstellen, einer Variante des Balkendiagramms, bei dem die Fläche jedes Balkens proportional der jeweiligen Klassenhäufigkeit ist. Graphische Darstellungen von stetigen Merkmalen, die den Verzicht auf Information ganz oder teilweise vermeiden, der mit dem Diskretisieren verbunden ist, sind das Punkt- und das Stem & Leaf Diagramm.

Beispiel 2.4 In der Elektroabteilung eines Warenhauses wurden bei 50 Kunden die folgenden Beträge in Rechnung gestellt:

10390	2950	12730	6260	6965	13610	8030
7530	21200	9345	4820	8580	16042	9050
10250	8512	9827	7360	8550	9240	7490
4785	7000	6000	6983	8500	17140	9340
10395	10150	12725	7290	25650	9340	15937
11410	7824	12260	10865	11860	9748	8640
12334	9620	7710	24020	6210	11644	4520
3470						

Natürlich ist die Tafel der Beobachtungen nicht sehr informativ; dieser Mangel wird mit zunehmender Zahl der Beobachtungen immer gravierender. Mehr Einsicht geben graphische Darstellungen der Häufigkeitsverteilung.

Klasse (j)	Rechnungsbeträge	H_j	h_j
1	weniger als 2000.-	0	0.00
2	2000.- bis 4000.-	2	0.04
3	4000.- bis 6000.-	3	0.06
4	6000.- bis 8000.-	12	0.24
5	8000.- bis 10000.-	14	0.28
6	10000.- bis 12000.-	8	0.16
7	12000.- bis 14000.-	5	0.10
8	14000.- bis 16000.-	1	0.02
9	16000.- bis 18000.-	2	0.04
10	18000.- bis 20000.-	0	0.00
11	20000.- bis 22000.-	1	0.02
12	22000.- bis 24000.-	0	0.00
13	24000.- bis 26000.-	2	0.04

Die *Abbildung 2.2* zeigt (a) ein Punktdiagramm, (b) ein Stem & Leaf Diagramm und (c) ein Histogramm. Zum manuellen Erstellen des Histogramms wurden 13 Klassen gebildet und die Tabelle der **Klassenhäufigkeiten** erstellt, wie sie in der folgenden Tabelle gezeigt ist. Dazu wurde für jede Klasse die Zahl der Beobachtungen ausgezählt, die in dem der Klasse entsprechenden Intervall enthalten sind.

In der letzten Spalte sind die relativen Häufigkeiten als Anteile der Rechnungsbeträge in der jeweiligen Klasse angegeben.

Abbildung 2.2: Darstellungen der Rechnungsbeträge von 50 Kunden der Elektroabteilung eines Warenhauses aus Beispiel 2.4; (a) Punktdiagramm; (b) Stem & Leaf Diagramm; (c) Histogramm.

(a) Punktdiagramm

```
MTB > dotp 'RBETR'

               . . .
              .: : : .   :
      .. .: :.::::::::.:.: .    : .       .     .  .
+---------+---------+---------+---------+---------+---RBETR
0      5000     10000     15000     20000     25000
```

(b) Stem & Leaf Diagramm

```
MTB > Stem-and-Leaf 'RBETR'

Stem-and-leaf of RBETR     N  = 50
Leaf Unit = 1000

    2    0 23
    5    0 444
   17    0 666667777777
  (14)   0 88888899999999
   19    1 00000111
   11    1 22223
    6    1 5
    5    1 67
    3    1
    3    2 1
    2    2
    2    2 45
```

(c) Histogramm

```
MTB > hist 'RBETR';
SUBC> start 1000;
SUBC> incr 2000.
```

```
Histogram of RBETR   N = 50

Midpoint   Count
    1000       0
    3000       2  **
    5000       3  ***
    7000      12  ************
    9000      14  **************
   11000       8  ********
   13000       5  *****
   15000       1  *
   17000       2  **
   19000       0
   21000       1  *
   23000       0
   25000       2  **
```

Das **Punktdiagramm** erhält man durch das Einzeichnen eines Punktes für jede Beobachtung an der Stelle der Achse der Merkmalsskala, die der Merkmalsausprägung der Beobachtung entspricht.

Das Stem & Leaf-Diagramm (im Deutschen auch Stamm & Blatt Diagramm) ist eine einfache Möglichkeit, die Form einer Häufigkeitsverteilung graphisch darzustellen, ohne auf die numerischen Werte der Daten zu verzichten. Seine Verwendung zum Visualisieren der erhobenen Daten ist bei nicht zu vielen (≤ 50) Beobachtungen zu empfehlen.

Definition 2.1 *Konstruktion eines* **Stem & Leaf Diagramms***:*

1. *Zerlege den Wert jeder Beobachtung in das Blatt (letzte Stelle) und den Stamm (die übrigen Stellen).*
2. *Ordne den Stamm von oben nach unten mit wachsenden Werten an, zeichne eine Linie rechts neben den Stamm.*
3. *Füge die Blätter in der Folge steigender Werte rechts neben den Stamm.*

Das Stem & Leaf Diagramm erlaubt eine einfache und schnelle visuelle Inspektion der Daten. Außerdem können bestimmte Maßzahlen der Verteilung einfach abgelesen oder berechnet werden.

Das Histogramm ist ähnlich dem Stem & Leaf Diagramm, wobei die Flächen der einzelnen Säulen proportional der Zahl der Beobachtung im entsprechenden Intervall sind.

Definition 2.2 *Konstruktion eines* **Histogramms***:*

1. *Ordne die n Beobachtungen nach steigender Größe, und bestimme die Spannweite der Häufigkeitsverteilung, d.i. der Abstand von der kleinsten zur größten Beobachtung.*

2. *Zur Festlegung der Klassen unterteile die Spannweite in Intervalle gleicher Länge; die Zahl k der Klassen soll etwa $\sqrt{n}$ betragen und zwischen fünf und 20 liegen. Die Klassenmitten sollen "einfache" Zahlen sein.*

3. *Bestimme die Zahl der Beobachtungen jeder Klasse, d.s. die absoluten Klassenhäufigkeiten; die relativen Häufigkeiten erhält man durch Dividieren der absoluten Häufigkeiten durch die Zahl der Beobachtungen.*

4. *Zeichne das Histogramm. Bei gleichen Klassenbreiten sind die Höhen der Felder proportional den Häufigkeiten; bei ungleichen Klassenbreiten sind die Höhen proportional den Quotienten aus Häufigkeit und Klassenbreite.*

Wie sich aus der Definition 2.2 ergibt, können Häufigkeitstabelle und Histogramm für **absolute Häufigkeiten** oder für **relative Häufigkeiten** konstruiert werden.

Durch die Faustregel, daß die Zahl der Klassen etwa $\sqrt{n}$ betragen soll, wird vermieden, daß das Histogramm "zu unregelmäßig" (zu viele Klassen) oder "zu glatt" (zu wenige Klassen) ist.

Beispiel 2.5 Ein Histogramm für das Merkmal "Körpergröße" ergibt sich folgendermaßen: Die kleinste Beobachtung ist 153 cm, die größte Beobachtung ist 195 cm. Die Spannweite der n=50 Beobachtungen ist daher 42 cm. Teilt man diese in $\sqrt{50} \approx 7$ Klassen, so kann z.B. eine Klasseneinteilung gewählt werden, die das Intervall $(150, 199]$ in Klassen zu je 7 cm einteilt. Die absoluten und relativen Klassenhäufigkeiten für alle Befragten und die absoluten Häufigkeiten für männliche (m) und weibliche (w) Personen zeigt die folgende Tabelle.

		Häufigkeit			
Klasse(j)	Körpergröße	H_j	h_j	m	w
1	(150-157]	1	0.02	1	0
2	(157-164]	3	0.06	3	0
3	(164-171]	13	0.26	9	4
4	(171-178]	12	0.24	6	6
5	(178-185]	7	0.14	1	6
6	(185-192]	12	0.24	0	12
7	(192-199]	2	0.04	0	2
	gesamt	50	1.00	20	30

Das Histogramm für die "Körpergröße" zeigt die *Abbildung 2.3.* Sie zeigt eine zweigipfelige Verteilung; die beiden Gipfel entsprechen den männlichen (m) und weiblichen (w) Teilpopulationen.

Abbildung 2.3: Histogramm der "Körpergröße" von 50 Personen aus Beispiel 2.5.

```
MTB > histogram 'GRO';
SUBC> start 154;
SUBC> increment 7.

Histogram of GRO   N = 50

Midpoint   Count
  154.00       1  *
  161.00       3  ***
  168.00      13  *************
  175.00      12  ************
  182.00       7  *******
  189.00      12  ************
  196.00       2  **
```

Charakteristika des Stem & Leaf Diagramms bzw. des Histogramms, die für die Analyse wichtig sein können, sind:

- das Niveau oder Zentrum der Verteilung; die Beobachtung, die in der Folge der steigenden Werte in der Mitte liegt – der Median –, wird gerne als Maß für die Lage des Zentrums genommen
- ein Maß der Variabilität der Verteilung; es sagt uns, wie sehr sich die Beobachtungen unterscheiden
- die Symmetrie oder Schiefe der Verteilung und andere Aspekte der Form der Verteilung
- "Ausreißer", d.s. Beobachtungen, die abseits der Masse der übrigen Daten liegen; Lücken in der Verteilung; sonstige Besonderheiten

Dem Beschreiben einer Häufigkeitsverteilung durch Charakteristika wie dem Zentrum der Verteilung wird der folgende Abschnitt gewidmet. Dort wird auch eine weitere Art der graphischen Darstellung der Häufigkeitsverteilung gebracht, das sogenannte Box- oder Box & Whisker-Plot, das einen raschen Eindruck von einigen dieser Charakteristika gibt und Details der Form außer Acht läßt. Daneben interessieren manchmal Charakteristika der Form: Die in *Abbildung 2.2* gezeigte Häufigkeitsverteilung nennt man unimodal oder eingipfelig. Sie ist unsymmetrisch und rechtsschief, womit angedeutet werden soll, daß die Verteilung nach großen Werten mehr auslädt als nach kleinen Werten. Andere Formen der Verteilung werden mit symmetrisch, linksschief, zweigipfelig, mehrgipfelig, etc. bezeichnet; es ist leicht vorstellbar, was mit diesen Eigenschaften gemeint ist. Die *Abbildung 2.4* zeigt einige typische Verteilungen.

Abbildung 2.4: Verschiedene Verteilungstypen

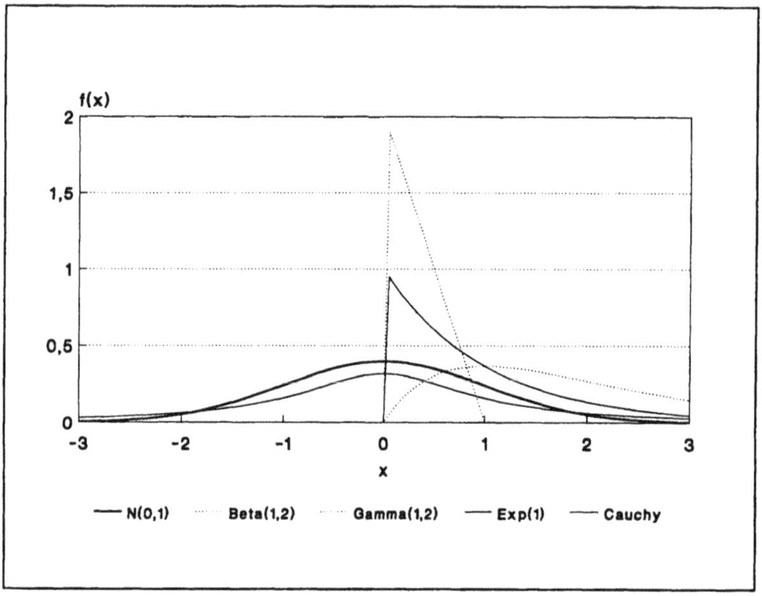

Es empfiehlt sich stets, vor einer weiteren Analyse der Daten die graphische Darstellung der Daten sorgfältig in Augenschein zu nehmen. Abweichungen vom zu erwartenden Muster der Daten, etwa Ausreißer, sollen vor der numerischen Analyse geklärt werden.

2.2 Charakteristika einer Verteilung

Das Histogramm komprimiert eine Datenmenge zu einer graphischen Darstellung, aus der wesentliche Charakteristika der Häufigkeitsverteilung visuell rasch erfaßt werden können. Unter diesen Charakteristika sind solche der Lage und der Streuung für viele Fragestellungen die entscheidenden. Diese Charakteristika können – wie auch andere – durch Maßzahlen zahlenmäßig dargestellt werden.

Einige Charakteristika einer Häufigkeitsverteilung basieren auf den sogenannten **Quantilen**. Die Beobachtungen eines zumindest ordinalskalierten Merkmals X seien $x_1, \ldots, x_n$. Die nach ihrer Größe aufsteigend sortierten

x_i wollen wir mit $x_{(1)}, \ldots, x_{(n)}$ bezeichnen; dabei gilt $x_{(1)} \leq \ldots \leq x_{(n)}$; $x_{(1)}$ ist die kleinste und $x_{(n)}$ die größte Beobachtung. Das p-Quantil einer Datenmenge ist, grob gesprochen, jene Beobachtung, die größer als $100p\%$ und kleiner als $100(1-p)\%$ der Daten ist. Mit Hilfe der oben eingeführten Notation können wir das p-Quantil folgendermaßen definieren.

Definition 2.3 *Das* **p-Quantil** $\tilde{x}_p$ *einer Datenmenge* $\{x_1, \ldots, x_n\}$ *ist durch*

$$\tilde{x}_p = \begin{cases} x_{(\lceil np \rceil)}, & \text{wenn } np \text{ nicht ganzzahlig,} \\ \frac{1}{2}(x_{(np)} + x_{(np+1)}), & \text{wenn } np \text{ ganzzahlig} \end{cases}$$

gegeben, wobei $\lceil x \rceil$ *die nächstgrößere ganze Zahl zu* x *bedeutet.*

Das 0.25-Quantil, auch **1. Quartil** oder **unteres Quartil** genannt und mit Q_u bezeichnet, kommt in der Folge der sortierten Beobachtungen an jener Stelle, die rechts von dem Viertel der noch kleineren und links von den drei Viertel der größeren Beobachtungen liegt. Analog ist das 0.75-Quantil oder **3. Quartil** oder **obere Quartil** Q_o zu verstehen. Das 0.5-Quantil hat auch den Namen Median.

Wie schon im Abschnitt 1.2 über Datentypen gesagt, ist die Zulässigkeit von Rechenoperationen vom Skalierungsniveau der Merkmale abhängig. Dementsprechend müssen für verschiedene Skalierungsniveaus unterschiedliche Maßzahlen eingeführt werden.

2.2.1 Lagemaße

Lagemaße sind Maße, die Information über die Lage der Verteilung auf der (rellen) Achse der Merkmalsausprägungen, d.h. über die "Größe" der Beobachtungen, geben. Die am häufigsten verwendeten Maße der Lage einer Verteilung sind der Mittelwert, der Median und der Modus. Von anderen Möglichkeiten, die Lage der Verteilung zu charakterisieren, sollen die sogenannten *robusten* Lagemaße erwähnt werden.

Arithmetisches Mittel

Das wohl wichtigste Lagemaß ist das arithmetische Mittel $\bar{x}$, das allerdings metrisch skalierte Merkmale voraussetzt.

Definition 2.4 *Das* **arithmetische Mittel** *(der* **Mittelwert***) von* n *Beobachtungen* $x_1, \ldots, x_n$ *ist durch*

$$\bar{x} = \frac{1}{n}(x_1 + \ldots + x_n) = \frac{1}{n}\sum_{i=1}^{n} x_i$$

gegeben.

Da das Addieren der Werte x_i nur für metrisch skalierte, nicht aber für ordinal- oder nominalskalierte Merkmale zulässig ist, darf das arithmetische Mittel sinnvollerweise auch nur für metrisch skalierte Merkmale verwendet werden.

Eine gerne benützte Veranschaulichung des Mittelwertes in Begriffen des täglichen Lebens basiert auf der Mechanik: Stellt man sich die Verteilung der Daten als Masseverteilung vor, bei der jede Beobachtung die Masse 1 hat, so ist der Mittelwert als Schwerpunkt der Verteilung interpretierbar. Die reelle Achse als Waagebalken würde sich horizontal stellen, wenn sich der Drehpunkt der Waage im Mittelwert befindet.

Einige Eigenschaften des Mittelwerts sind in folgendem Satz zusammengefaßt.

Satz 2.1 Eigenschaften des Mittelwertes:

(a) Aus $y_i = ax_i + b$, $i = 1, \ldots, n$, folgt für beliebige Konstante a und b

$$\bar{y} = a\bar{x} + c$$

(b) Die Summe der Abweichungen der Beobachtungen vom Mittelwert ist Null:

$$\sum_i (x_i - \bar{x}) = 0.$$

Bei der Berechnung von Mittelwerten sind die folgenden Sonderfälle zu beachten:

(a) Sind die Merkmalsausprägungen diskret, und können sie nur die k Werte $x_1, \ldots, x_k$ annehmen, so ergibt sich der Mittelwert zu

$$\bar{x} = \frac{1}{n} \sum_i x_i H_i = \sum_i x_i h_i,$$

wenn die Werte x_i mit den Häufigkeiten H_i $(i = 1, \ldots, n)$ beobachtet wurden.

(b) Interpretation des Mittelwertes von dichotomen Beobachtungen: Seien die $x_1, \ldots, x_n$ die Beobachtungen eines dichotomen Merkmals, das nur die beiden Werte 0 und 1 annehmen kann; dann ist

$$\begin{aligned} \bar{x} &= \frac{1}{n} \sum_i x_i \\ &= \frac{1}{n} [\text{Anzahl 1 unter den Beobachtungen}] \\ &= [\text{relative Häufigkeit der "1"}]. \end{aligned}$$

(c) **Gewogenes Mittel:** Es seien k Teilmengen von Daten gegeben: $x_{11}, \ldots, x_{1n_1}; \ldots; x_{k1}, \ldots, x_{kn_k}$; wobei $n = n_1 + \ldots + n_k$. Dann ergibt sich der Mittelwert $\bar{x}$ zu

$$\begin{aligned} \bar{x} &= \frac{1}{n}(x_{11} + \ldots + x_{1n_1} + \ldots + x_{k1} + \ldots + x_{kn_k}) \\ &= \frac{1}{n}(n_1\bar{x}_1 + \ldots + n_k\bar{x}_k) = \frac{1}{n}\sum_{i=1}^{k} n_i\bar{x}_i \end{aligned}$$

Beachte! Das Mittel ist der gewogene Mittelwert (nicht der einfache Mittelwert) der Teilmengen-Mittelwerte. Ausnahme ist der Fall, daß alle Teilmengen den gleichen Umfang haben, d.h. $n_1 = \ldots = n_k$.

Siehe dazu auch Beispiel 2.12

Modus und Median

Als Lagemaß für nominalskalierte Merkmale bietet sich der **Modus** der Häufigkeitsverteilung an:

$$\text{Modus} = \text{häufigster Wert der Verteilung.}$$

Beispiel 2.6 In der Stichprobe, die der Häufigkeitsverteilung in Beispiel (2.1) zugrundeliegt, ist der Modus des Merkmals "Geschlecht" die Merkmalsausprägung *männlich*; der des Merkmals "Augenfarbe" ist *braun*. Da die beiden Verteilung eingipfelig sind, sind die Modi eindeutig.

Für ordinalskalierte Merkmale kann man als Lagemaß natürlich ebenfalls den Modus verwenden. Da aber eine Ordnung zwischen den Merkmalsausprägungen definiert und daher ihr Sortieren möglich ist, kann man darüber hinaus solche Maße einführen, die auf dem Sortieren der Beobachtungen beruhen. Das wichtigste entsprechende Lagemaß ist der **Median** $\tilde{x}$, das ist das 0.5-Quantil oder jene Merkmalsausprägung, die am "mittleren Platz" in der Folge der sortierten Beobachtung steht. In Analogie zur *Definition 2.3* der Quantile definiert man den Median wie folgt.

Definition 2.5 *Der* **Median** $\tilde{x}$ *von* n *Beobachtungen* $x_1, \ldots, x_n$ *ist durch*

$$\tilde{x} = \begin{cases} x_{(\frac{n+1}{2})}, & \text{wenn } n \text{ ungerade} \\ \frac{1}{2}(x_{(\frac{n}{2})} + x_{(\frac{n}{2}+1)}), & \text{wenn } n \text{ gerade} \end{cases}$$

gegeben.

Der Median ist somit jener Wert, der die Häufigkeitsverteilung "halbiert", d.h. es liegen (höchstens) 50% der Beobachtungen links bzw. rechts des Medians. Der Median kann nun unmittelbar durch abzählen aus dem Stem & Leaf Diagramm gefunden werden.

Beispiel 2.7 Den Median der Variablen "Schuhgröße" erhält man aus dem Stem & Leaf Diagramm durch abzählen zu

$$\tilde{x} = \frac{1}{2}(x_{(25)} + x_{(26)}) = 41.5$$

Dabei wurde berücksichtigt, daß der Stichprobenumfang $n = 50$ eine gerade Zahl ist.

Beachte! Median und Mittelwert fallen zusammen, wenn die Häufigkeitsverteilung symmetrisch ist. Der Mittelwert bzw. der Median ist dann Symmetriezentrum.

Robuste Lagemaße

Maßzahlen, deren Wert von Ausreißern nicht oder nur geringfügig verzerrt werden, nennen wir robuste Maßzahlen. Solche **Ausreißer** können sich etwa als Folge der Vermengung von Daten aus verschiedenen Populationen oder durch Übertragungsfehlern in einer Stichprobe befinden und sind Werte, die nach oben oder unten von der Masse der übrigen Beobachtungen abweichen. Robuste Lagemaße sollen demnach auch dann die Lage der Häufigkeitsverteilung einigermaßen richtig angeben, wenn die Daten durch Ausreißer verfälscht sind.

Vergleicht man den Median mit dem Mittelwert so zeigt sich, daß der Median robuster als der Mittelwert ist: Da der Median von den meisten Beobachtungen nur ihre Sortierfolge berücksichtigt, haben einige extreme Beobachtungen auf seinen Wert keinen Effekt; demgegenüber gehen in die Berechnung des Mittelwertes alle Beobachtungen mit dem gleichen Gewicht ein, und er reagiert deshalb empfindlich auf extreme Beobachtungen.

Neben dem Median werden zu den robusten Lagemaßen einige Maßzahlen gerechnet, die sich durch "Robustifizieren" des Mittelwertes ergeben, nämlich der getrimmte und der winsorisierte Mittelwert gezählt.

(a) Der **α-getrimmte Mittelwert** ergibt sich als Mittelwert der verbleibenden Beobachtungen, wenn die größten und die kleinsten 100α-% der Beobachtungen weggelassen werden.

(b) Der **winsorisierte Mittelwert** ist der Mittelwert der modifizierten Stichprobe, die sich ergibt, wenn die Beobachtungen, die größer als das dritte Quartil (kleiner als das erste Quartil) sind, durch das dritte (erste) Quartil ersetzt werden.

Sowohl getrimmter als auch winsorisierter Mittelwert werden durch einen kleinen Anteil von extremen Beobachtungen oder Ausreißern nicht verfälscht.

2.2.2 Streuungsmaße

Streuungsmaße beschreiben die Variabilität der Daten. Streuungsmaße basieren auf Differenzen der Merkmalsausprägungen zwischen einzelnen Beobachtungen oder – was im wesentlichen dasselbe ist – auf Abweichungen der Merkmalsausprägungen vom Mittelwert. Beispielsweise definierte C. Gini eine Streuungsmaßzahl Δ_G als durchschnittliche absolute Differenz aller Paare von Beobachtungen

$$\Delta_G = \frac{1}{\binom{n}{2}} \sum_{i<j} |x_i - x_j| \, .$$

Allerdings ist dieses Streuungsmaß wenig gebräuchlich. Wiederum müssen wir je nach Datentyp bzw. Messniveau verschiedene Maßzahlen unterscheiden.

Die Varianz

Das wichtigste Streuungsmaß ist das Varianz s^2, die wie das arithmetische Mittel metrisch skalierte Merkmale voraussetzt. Die Varianz ist die mittlere quadratische Abweichung der Beobachtungen vom Mittelwert.

Definition 2.6 *Die* **Varianz** *von n Beobachtungen $x_1, \ldots, x_n$ ist durch*

$$s^2 = \frac{1}{n} \sum_i (x_i - \bar{x})^2$$

gegeben. Die (positive) Wurzel aus der Varianz heißt die **Standardabweichung**

$$s = \sqrt{s^2} \, .$$

Der Quotient

$$v = \frac{s}{\bar{x}}$$

wird **Variationskoeffizient** *genannt.*

Ein Vorteil der Standardabweichung gegenüber der Varianz liegt darin, daß die Standardabweichung die gleiche Maßeinheit wie die Beobachtungen hat, was für die Varianz nicht zutrifft. Demnach wird man zur Interpretation von Ergebnisse die Standardabweichung der Varianz vorziehen.

Vielfach wird die Varianz als

$$s^2 = \frac{1}{n-1} \sum_i (x_i - \bar{x})^2$$

definiert. Die Argumente für den Nenner "n" oder "$n - 1$" beruhen auf schätztheoretischen Überlegungen; wir werden im Kapitel 9 "Konzepte der statistischen Inferenz" darauf eingehen.

Am Rande sei erwähnt, daß man die Varianz als Trägheitsmoment interpretieren kann, wenn man die Häufigkeitsverteilung wiederum als Masseverteilung auffaßt.

Sollen Streuungsmaße verschiedener Merkmale verglichen werden, so müssen Unterschiede im Niveau der Merkmale berücksichtigt werden. Eine Standardabweichung von 10 Einheiten ist bei einem Mittelwert von 10 anders zu sehen als bei einem Mittelwert von 1000. Der Variationskoeffizient v ist ein normiertes Streuungsmaß. Er eignet sich besonders zum Vergleich der Streuung von Merkmalen unabhängig von deren Mittelwerten. Es ist nur sinnvoll, wenn das Merkmal nichtnegativ ist.

Den Aufwand zur praktischen Berechnung der Varianz kann man stark reduzieren, wenn man vom Verschiebungssatz Gebrauch macht: Anstelle von n Subtraktionen braucht man nur eine auszuführen.

Satz 2.2 Verschiebungssatz:

$$s^2 = \frac{1}{n}\sum_i x_i^2 - \bar{x}^2.$$

Der Verschiebungssatz ergibt sich aus der Definition der Varianz durch Ausquadrieren. Einige weitere Eigenschaften der Varianz sind in folgendem Satz zusammengefaßt.

Satz 2.3 *Eigenschaften der Varianz:*

(a) Aus $y_i = ax_i + b$ folgt für alle reellen a und b:

$$s_y^2 = a^2 s_x^2.$$

(b) Aus $\sum_i (x_i - z)^2 = ns^2 + (\bar{x} - z)^2$ folgt für alle reellen z

$$\frac{1}{n}\sum_i (x_i - z)^2 \to \min \quad \text{für} \quad z = \bar{x}.$$

Ähnlich dem gewogenen arithmetischen Mittel kann man die Gesamtvarianz als gewogene Varianz von k Teilmengen von Beobachtungen errechnen:

$$s^2 = \frac{1}{n}\sum_{i=1}^{k} n_i s_i^2 + \frac{1}{n}\sum_{i=1}^{k} n_i(\bar{x}_i - \bar{x})^2,$$

wobei $\bar{x}$ der (gewogene) Mittelwert ist.

Berechnung von Mittelwert und Varianz aus einer Häufigkeitsverteilung

Bei der praktische Berechnung von Mittelwert und Varianz kann man manchmal nicht mehr auf die einzelnen Beobachtungen, die Rohdaten x_i, $i =$

$1, \ldots, n$, zurückgreifen, sondern nur mehr auf die Verteilung der Klassenhäufigkeiten, die durch k Zahlenpaare a_j, H_j $j = 1, \ldots, k$, gegeben ist. Dabei bedeutet a_j die Klassenmitte der j-ten Klasse und H_j die absolute Häufigkeit, mit der die j-te Klasse besetzt ist. Aus diesen Daten kann man mit stark reduzierten Rechenaufwand Näherungswerte für Mittelwert und Varianz bestimmen:

$$\bar{x} \doteq \frac{1}{n} \sum_{j=1}^{k} a_j H_j$$

$$s^2 \doteq \frac{1}{n} \sum_{j=1}^{k} a_j^2 H_j - \bar{x}^2.$$

Aus den Formeln erkennt man, worin die Näherung besteht. Es wird unterstellt, daß alle Beobachtungen der j-ten Klasse den Wert der Klassenmitte a_j haben. Demnach ist der Fehler der Näherung umso größer, je stärker die einzelnen Beobachtungen von den Klassenmitten abweichen. Wie man sich überlegen kann, ist der Fehler beim Mittelwert nicht systematisch, während die Varianz überschätzt wird. Eine Korrektur des systematischen Fehlers bietet die **Sheppard Korrektur**:

$$s_{korr}^2 = s^2 - \frac{b^2}{12};$$

hier ist b die (für alle Klassen als gleich vorausgesetzte) Breite der Klassen.

Spannweite, Interquartilsabstand, MAD

Für metrisch skalierte Daten können Streuungsmaße auch als Differenzen zweier geordneter Werte definiert werden. So ist die **Spannweite** $R = x_{(n)} - x_{(1)}$ als Differenz zwischen dem größten und dem kleinsten Wert definiert. Ein offensichtlicher Nachteil dieses Maßes ist, daß es sehr empfindlich auf extreme Beobachtungen oder Ausreißer reagiert; es ist nicht robust. Diesen Nachteil hat der Interquartilsabstand I nicht, der nur die inneren 50% der Häufigkeitsverteilung und somit nicht die extremen Beobachtungen berücksichtigt.

Definition 2.7 *Der* **Interquartilsabstand** I *ist definiert als*

$$I = \tilde{x}_{0.75} - \tilde{x}_{0.25} = Q_o - Q_u.$$

Ein wenig verwendetes Streuungsmaß ist die **mittlere absolute Abweichung** oder MAD: Sie ist die durchschnittliche absolute Abweichung der Beobachtungen vom Median

$$d_{\tilde{x}} = \frac{1}{n} \sum_i | x_i - \tilde{x} | .$$

2.2.3 Weitere Maße

Neben den Lage- und Streuungsmaßen interessieren je nach Problemstellung auch andere Maße, die spezielle Aspekte der Form der Verteilung beschreiben. Eine besondere Bedeutung haben Schiefe- und Wölbungsmaße.

Schiefe

Die **Schiefe** einer Häufigkeitsverteilung ist ein Maß für ihre Asymmetrie. Rechts- bzw. linksschiefe Verteilungen sind durch lange rechte bzw. linke Schwänze der Verteilung charakterisiert. Maße, die diese Asymmetrie messen, werden so definiert, daß rechtsschiefe Verteilungen positive und linksschiefe Verteilungen negative Schiefemaße aufweisen. Für eingipfelige Verteilungen gelten die folgenden Relationen zwischen den Lagemaßen Modus, Median und Mittelwert:

rechtsschief	linksschief
$Modus < Median < \bar{x}$	$Modus > Median > \bar{x}$

Die Pearson'schen Schiefekoeffizienten SK spiegeln diese Relationen wieder:

$$\text{SK} = \begin{cases} \frac{\bar{x}-Modus}{s}, \\ 3\frac{(\bar{x}-Median)}{s}. \end{cases}$$

Ein weiteres Schiefemaß ist der von Fisher eingeführte Momentkoeffizient

$$g_1 = \frac{m_3}{s^3},$$

wobei $m_3 = \frac{1}{n}\sum_i (x_i - \bar{x})^3$ und s^3 die dritte Potenz der Standardabweichung ist. Für symmetrische Verteilungen sind alle Schiefemaße gleich Null. Beachte, daß diese Schiefemaße nur dann sinnvoll sind, wenn die Verteilung eingipfelig ist.

Wölbung

Ein Maß für die **Wölbung** bzw. Steilheit, Exzeß oder Kurtosis der Verteilung ist durch

$$g_2 = \frac{m_4}{s^4} - 3,$$

gegeben, wobei $m_4 = \frac{1}{n}\sum_i (x_i - \bar{x})^4$ und s^4 die vierte Potenz der Standardabweichung ist. Dieses Maß hat für die Normalverteilung bzw. die Gaußsche Glockenkurve den Wert 0. Diese Verteilung hat große praktische und theoretische Bedeutung. Der Wert $g_2 < 0$ entspricht einer gegenüber der Gaußschen Glockenkurve **abgeplatteten** (platykurtischen, im Englischen auch *heavy tail*) Verteilung, ein $g_2 > 0$ einer verglichen mit der Gaußschen Glockenkurve **spitzen** (leptokutischen, im Englischen auch *light tail*) Verteilung.

Beispiel 2.8 Betrachten wir wieder die Variable "Körpergröße" für die weiblichen und männlichen Personen getrennt. Die wichtigsten Parameter der beiden Häufigkeitsverteilungen sind in der folgenden Tabelle zusammengefaßt:

```
MTB > desc 'GRO';
SUBC> by 'SEX'.

        SEX       N     MEAN   MEDIAN   TRMEAN   STDEV   SEMEAN
GRO       0      20   168.75   170.00   168.89    5.97     1.34
          1      30   182.13   184.50   182.23    7.82     1.43

        SEX     MIN      MAX       Q1       Q3
GRO       0  153.00   182.00   166.25   172.75
          1  168.00   195.00   176.00   187.25
```

Beachte! Die von MINITAB berechnete Varianz ist das $n/(n-1)$-fache der in *Definition 2.8* definierten Stichprobenvarianz s^2. Auch zur Berechnung der Quartile verwendet MINITAB eine modifizierte Formel.

Konzentrationsmaße

Ein weiteres Charakteristikum einer Verteilung wird durch **Konzentrationsmaße** beschrieben. Voraussetzung ist, daß das Merkmal nur nichtnegative Werte annimmt. Das Konzentrationsmaß gibt an, in welchem Ausmaß die Summe der beobachteten Merkmalsausprägungen auf die Untersuchungseinheiten verteilt ist: Ist der gesamte Einkommen in einer Population gleichmäßig auf alle Personen verteilt oder sind es einige wenige Personen, die über fast das ganze Einkomen verfügen. Das ist die klassische Problemstellung der Konzentrationsmessung. Andere Anwendungen betreffen die Verteilung des Vermögens auf die Angehörigen einer Population, die Verteilung der Beschäftigten auf die Betriebe, die Verteilung der Marktanteile, etc. Ein Konzentrationsmaß soll einen Wert nahe bei 0 haben, wenn keine Konzentration vorliegt; es soll einen Wert nahe bei 1 haben, wenn die Beobachtungen konzentriert sind.

Die Überlegungen, wie die Ungleichheit in der Einkommensverteilung gemessen werden kann, haben zum Konzept der Lorenzkurve geführt: Die nach der Größe sortierten Einkommen von n Personen seien $0 \leq x_1 \leq \ldots \leq x_n$. Die Lorenzkurve ist der Polygonzug, der die Punkte $(i/n, v_i)$, $i = 0, \ldots, n$, verbindet, wobei $v_0 = 0$ und $v_i = \sum_{j \leq i} x_j / \sum_{i=1}^{n} x_n$ der Anteil der i ärmsten Einkommensbezieher am gesamten Einkommen ist (siehe *Abbildung 2.5*). Von einem Konzentrationsmaß verlangen wir, daß es bei Gleichverteilung des Einkommens den Wert 0, bei hoher Konzentration einen Wert nahe bei 1 hat. Gleichverteilung des Einkommens bedeutet, daß für jedes p $100p\%$ der Personen auch $100p\%$ des Einkommens beziehen; in diesem Fall ist die

Lorenzkurve die Diagonale D von $(0,0)$ nach $(1,1)$ in *Abbildung 2.5*. Es ist einsichtig, daß alle möglichen Lorenzkurven im Bereich unterhalb der Diagonale D liegen müssen.

Als Konzentrationsmaß definiert man

$$\text{KM} = \frac{\text{Fläche zwischen } D \text{ und Lorenzkurve}}{\text{maximale Fläche zwischen } D \text{ und Lorenzkurve}}.$$

Gini hat als Konzentrationsmaß den Koeffizienten

$$G = \frac{\Delta_G}{2\overline{x}}$$

definiert. Er berücksichtigt (vergl. die Definition des Gini-Koeffizienten Δ_G in Abschnitt2.2.2) die Einkommensunterschiede zwischen allen Paaren von Einkommensbeziehern und ist normiert durch das Dividieren durch $\overline{x}$. Im Fall, daß alle Einkommen gleich sind, gilt $G = 0$. Es läßt sich zeigen, daß $G = 1$, wenn alle außer einer Person das gleiche Einkommen haben (der Fall größter Konzentration); in allen anderen Fällen gilt $0 < G < 1$. Gini konnte auch zeigen, daß $G = 2F$, wobei F die Fläche zwischen Diagonale D und Lorenzkurve ist. Somit kann G geometrisch interpretiert werden als Anteil der Fläche F an der größtmöglichen Fläche.

Zur praktischen Berechnung verwendet man die Formel

$$G = \frac{2\sum_{i=1}^{n} i x_i - (n+1)\sum_{i=1}^{n} x_i}{n\sum_{i=1}^{n} x_i}.$$

Beispiel 2.9 Die folgende Tabelle gibt die Einkommen der Haushalte einer Gemeinde im Jahr 1991 an.

Einkommen (in 1000.-)	Anteil der Haushalte in %	Σ	Anteil des Einkommens in %	Σ
unter 100	21.2	21.2	7.8	7.8
100–200	23.9	55.1	20.4	28.2
200–300	27.1	82.2	33.0	61.2
300–500	16.0	98.2	31.5	92.7
über 500	1.8	100.0	7.3	100.0

Die *Abbildung 2.5* zeigt die entsprechende Lorenzkurve. Da die Daten nur in gruppierter Form zur Verfügung stehen, ergibt sich ein Polygonzug, der den tatsächlichen Verlauf annähert und im Extremfall nur in den Knickpunkten mit der tatsächlichen Lorenzkurve übereinstimmt. Das KM der in *Abbildung 2.5* gezeigten Kurve beträgt 0.355 oder 35.5%.

Abbildung 2.5: Lorenzkurve für die Konzentration der Haushaltseinkommen, d.i. der Verlauf des kumulierten Anteils der Haushalte über dem kumulierten Anteil am Einkommen.

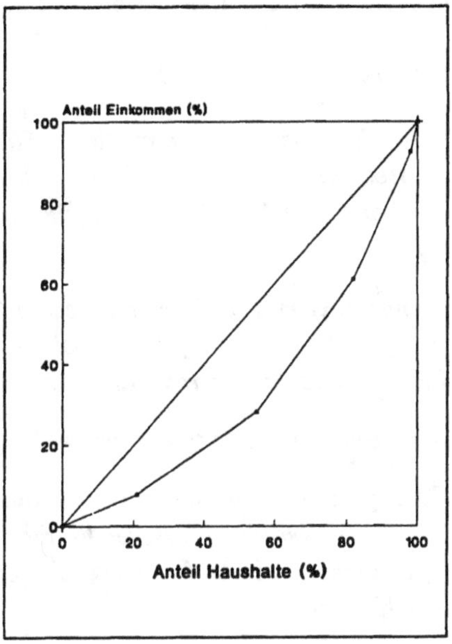

2.3 Weitere graphische Verfahren

In den vorangegangenen Abschnitten dieses Kapitels haben wir mehrere Möglichkeiten kennengelernt, mittels graphischer Darstellungen wesentliche Charakteristika einer Datenmenge wiederzugeben. Solche graphische Darstellungen sind sehr hilfreich für das Verständnis der Daten (explorativer Aspekt), aber auch beim Beschreiben der Daten (deskriptiver Aspekt), etwa zum Zweck der Kommunikation über Analyseergebnisse. Es läßt sich denken, daß die Möglichkeiten für graphische Darstellungen von statistischem Material nur durch die menschliche Phantasie beschränkt sind. In diesem Abschnitt wird eine besonders informative Form der Darstellung einer Datenmenge, das Box- oder Box & Whiskers-Plot, vorgestellt. Daneben wird eine Reihe weiterer graphischer Verfahren der explorativen und deskriptiven Statistik behandelt, die in der angewandten Statistik eine größere Verbreitung haben.

2.3.1 Andere Darstellungen der Häufigkeitsverteilung

Das Box-Plot

Das Box-Plot, auch Box & Whiskers-Plot genannt, ist eine Darstellung der wesentlichen Charakteristika einer Häufigkeitsverteilung mit einem sehr hohen Informationsgehalt. Das Box-Plot zeigt Lage- und Streuungsmaße sowie Symmetrie der Häufigkeitsverteilung an und visualisiert extreme Beobachtungen. Die *Abbildung 2.6* zeigt das Beispiel eines Box-Plots.

Definition 2.8 *Konstruktion eines* **Box-Plots***:*

1. *Zeichne ein Rechteck ("box") für die mittleren 50% der Verteilung mit* $\tilde{x}_{0.25} = Q_u$ *als untere und* $\tilde{x}_{0.75} = Q_o$ *als obere Begrenzung; zeichne in der Höhe des Medians eine Mittellinie und für den Mittelwert ein "+" ein.*

2. *Bestimme die inneren Grenzen ("inner fences")* $Q_u - 1.5I$ *und* $Q_o + 1.5I$*, wobei* $I = Q_o - Q_u$ *der Interquartilsabstand ist; die Datenmenge zwischen den inneren Grenzen nennt man "the main body of the data".*

3. *Bestimme die äußeren Grenzen ("outer fences")* $Q_u - 3I$ *und* $Q_o + 3I$*.*

4. *Verbinde die Datenpunkte außerhalb der Box und innerhabl der inneren Grenzen durch zwei Gerade; die Bezeichnung Box & Whiskers-Plot kommt von der Ähnlichkeit dieser Geraden mit den Schnurrbarthaaren ("whiskers") von Katzen.*

5. *Trage die Beobachtungen zwischen den inneren und äußeren Grenzen als '+' ein; diese Beobachtungen heißen Ausreißer ("outliers").*

6. *Trage die Beobachtungen, die außerhalb der äußeren Grenzen liegen, als Punkte ein; diese Beobachtungen heißen extreme Ausreißer ("far outliers").*

Beispiel 2.10 Betrachten wir die beiden Box-Plots der Variablen "Körpergröße" für die weiblichen und männlichen Personen getrennt: die dazu notwendigen Größen kann man direkt aus den beiden stem and leaf plots entnehmen.

weiblich	männlich
$n_0 = 20$	$n_1 = 30$
$x_{(1)} = 153$	$x_{(1)} = 182$
$x_{(n)} = 182$	$x_{(n)} = 195$
$\tilde{x} = 170$	$\tilde{x} = 184.5$
$Q_u = 165.5$	$Q_u = 176$
$Q_o = 172.5$	$Q_o = 187$
$I = 6$	$I = 11$
innere Grenzen [156.5; 181.5]	innere Grenzen [159.5; 203.5]
äußere Grenzen [147.5; 190.5]	äußere Grenzen [143.0; 220.0]

Abbildung 2.6 zeigt die beiden Box-Plots und erlaubt einen graphischen Vergleich der beiden Populationen.

Abbildung 2.6: Box-Plots der Variablen "Körpergröße" für weibliche und männliche Personen.

```
MTB > boxplot 'GRO';
SUBC> by SEX.

SEX

                      ---------
0    *        --------I   +   I          *
                      ---------

                                  ---------------
1                       ----------I          +  I----------
                                  ---------------

  --+---------+---------+---------+---------+---------+----GRO
152.0     160.0     168.0     176.0     184.0     192.0
```

Das Kreisdiagramm

Eine oft benützte Darstellung der (relativen) Häufigkeiten der Ausprägungen von ordinalskalierten Merkmalen ist das **Kreisdiagramm**, im Englischen *pie chart* (Tortendiagramm) genannt (siehe *Abbildung 2.7*). Die Konstruktion erklärt sich von selbst.

Abbildung 2.7: Kreisdiagramme.

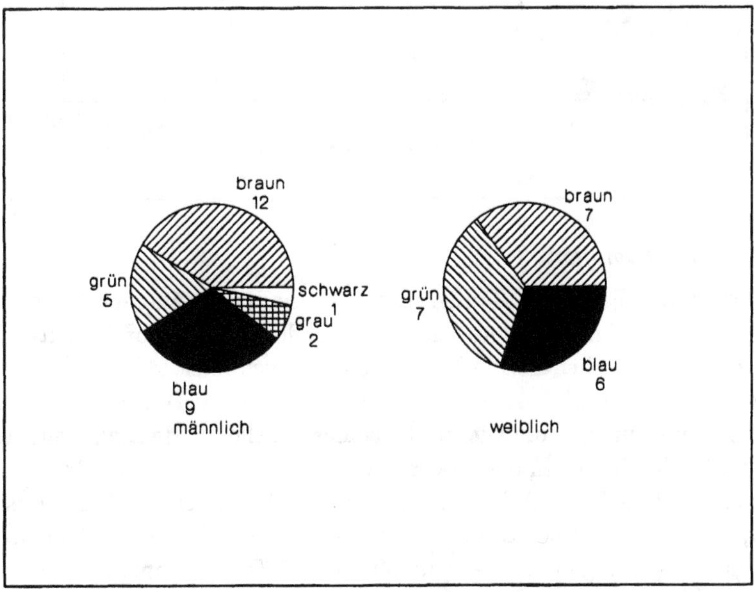

Die Summenhäufigkeitskurve

Kumulative (relative) Häufigkeiten können über den entsprechenden Merkmalsausprägungen durch einen Polygonzug graphisch dargestellt werden (siehe *Abbildung 2.8*). Eine solche Darstellung nennt man **Summenhäufigkeitskurve** oder **empirische Verteilungsfunktion**, im Englischen *ogive*. Daraus – wie aus der entsprechenden Summenhäufigkeitsfunktion – können Anteile der Beobachtungen abgelesen werden, die weniger als ein bestimmter Wert sind. Aus *Abbildung 2.8* erkennt man, daß 60% (80%) der Rechnungsbeträge weniger als öS 9.750 (12.260) betragen. Zur Konstruktion ergänzt man die Tabelle der Häufigkeitsverteilung um die Spalte der kumulierten Häufigkeiten und zeichnet danach die Summenhäufigkeitskurve. Sie ist eine nichtfallende Kurve.

Abbildung 2.8: Summenhäufigkeitsfunktion.

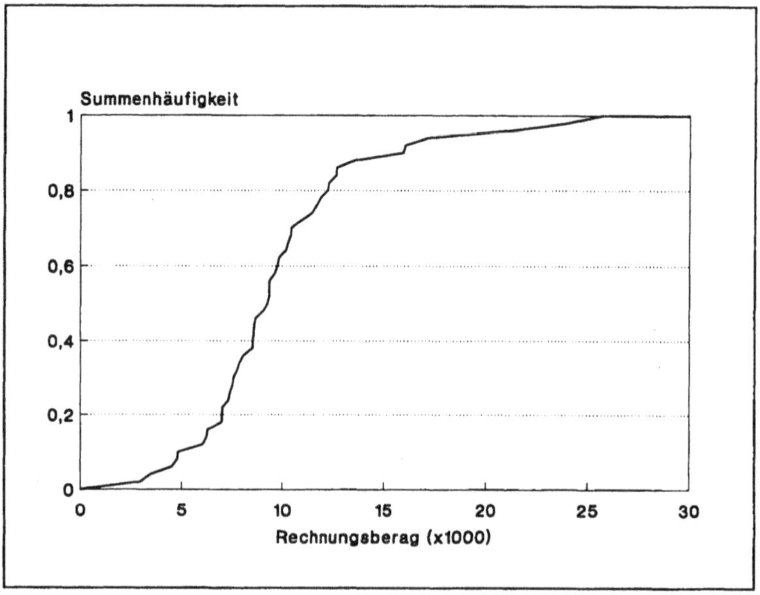

Das Pareto Diagramm

Eine besondere Form von Häufigkeitsverteilung ist das **Pareto Diagramm**. Es zeigt die Häufigkeiten, mit denen verschiedene Typen von Defekten beobachtet wurden, wobei die Merkmalsausprägungen nach fallenden Häufigkeiten geordnet sind (siehe *Abbildung 2.9*). Das Pareto Diagramm ist ein effektvolles Instrument, die wichtigste Fehlerursache zu identifizieren, und ist eine wertvolle Methoden des modernen Qualitätsmanagements. In der *Abbildung 2.9* sind die Häufigkeiten angegeben, mit denen verschiedenen Ursachen (A,B, ..., E) von Materialdefekten beobachtet wurden. Man sieht, daß die häufigste Ursache (A) für mehr als 50% der Defekte verantwortlich ist.

Abbildung 2.9: Pareto Diagramm.

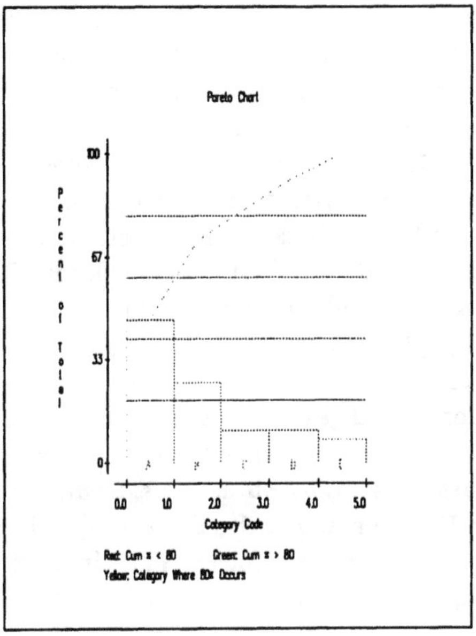

2.3.2 Bilderdiagramme

Unter dem Begriff Bilderdiagramme verstehen wir alle Darstellungen von Daten, die eine bildliche Auflösung des Sachverhaltes benützen, wie sie in Zeitungen und Zeitschriften alltäglich zu finden sind. Derartigen graphische Auflösungen sind einprägsam und transportieren, wenn sie gut gemacht sind, die zu vermittelnde Aussage besser als viele Worte. Es gibt keine Rezepte für das Anfertigen von derartigen Graphiken; es bleibt der Geschicklichkeit und Phantasie des Statistikers oder des ihm helfenden Graphikers überlassen, wie das darzustellende Datenmaterial am besten umgesetzt werden kann. Mehr als mit anderen Formen der graphischen Darstellung kann man mit Bilderdiagrammen irreführen.

2.3.3 Zeitreihendiagramme

Eine Zeitreihe ist eine Menge von Beobachtungen, die sich durch in der Zeit wiederholte Beobachtung derselben Variablen ergibt. Je nach Beobachtungsintervall unterscheiden wir monatliche, jährliche, tägliche, stündliche, etc. Daten. Ein Zeitreihendiagramm ist ein Polygonzug, der die Beobachtungen über der (horizontalen) Zeitachse darstellt. Im Kapitel 4 ber die Analyse von Zeitreihen machen ausgiebig von Zeitreihendiagrammen Gebrauch. Besser als die Zahlen laßen diese Diagramme den Verlauf und seine Charakteristika wie Trend und Saisonalität einer Zeitreihe erkennen.

Eine für die Prozeßkontrolle wichtige Klasse von Zeitreihendiagrammen sind die Shewhart Kontrollkarten, benannt nach dem Amerikaner W.A. Shewhart, der sie in den 20er Jahren vorgeschlagen hat. Die Shewhart Kontrollkarte zeigt den Polygonzug der Beobachtungen, sodaß man gut erkennet, wie sehr die Realisationen des Prozesses um seinen Mittelwert streuen. Die Variation eines solchen Prozesses ist typischerweise von der Prozeßumgebung bestimmt, der Mittelwert wird eingestellt. Neben dem Polygonzug der Beobachtungen enthält das Diagramm drei Linien: die Mittellinie, die den Mittelwert des kontrollierten Prozesses bestimmt, und zwei Kontrollgrenzen; diese Grenzen werden bei der Konstruktion der Kontrollkarte so gelegt, daß Beobachtungen außerhalb sehr unwahrscheinlich sind, solange der Prozeß stabil ist, d.h., wie geplant läuft. Wird eine Merkmalsausprägung beobachtet, die die obere Kontrollgrenze über- oder die untere Kontrollgrenze unterschreitet, so wird der Prozeß gestoppt und nach Ursachen für eine so extreme Beobachtung gesucht. Damit soll geklärt werden, ob der Prozeß den Zustand der Stabilität verlassen hat, oder ob der so extreme Wert zufällig realisiert wurde, obwohl der Prozeß stabil läuft (Fehlalarm). Die Shewhart Kontrollkarte und andere derartige Kontrollkarten sind ein mächtiges Instrument in der Prozeßkontrolle, einem wichtigen Anwendungsbereich der Statistik im technischen Bereich.

Der Datensatz "WU-Studenten"

In einer Erhebung unter ca. 1000 Studenten der Wirtschaftsuniversität Wien, die im Sommersemester 1992 die Proseminare aus Statistik besuchten, wurden Daten zu den folgenden zehn persönlichen Merkmalen erhoben. In der ersten Spalte der Tabelle ist das Kürzel angegeben, mit dem das Merkmal angesprochen wird.

Kürzel	Merkmal
SEX	Geschlecht (0: weiblich, 1: männlich)
AGE	Alter
STUD	Studienrichtung (1: BWL, 2: HW, 3: Sonstige)
NOTE	Note im Proseminar aus Mathematik I
GROESSE	Körpergröße (in cm)
GEWICHT	Gewicht (in kg)
SCHUH	Schuhgröße
FARBE	Augenfarbe

Das Ergebnis der Erhebung ist in der folgenden Tabelle enthalten.

Es soll an dieser Stelle auf zwei Punkte hingewiesen werden, die uns im Zusammenhang mit echten Daten stets beschäftigen werden und für die Qualität der Ergebnisse bedeutsam sind, aber in der statistischen Literatur und in den Publikationen statistischer Analysen kaum Beachtung finden.

- Der erste Schritt einer Datenanalyse sollte stets eine **Plausibilitätskontrolle** der erhobenen Beobachtungen sein. Als Methoden kommen dabei numerische Überprüfungen und graphische Darstellungen der Daten zur Anwendung. Als Illustration aus dem vorliegenden Datenmaterial können wir die Beobachtung 21 heranziehen: Eine Schuhgröße 74 ist wohl nur durch einen Datenfehler erklärlich. Tatsächlich handelt es sich, wie der Vergleich mit dem Originalbeleg zeigt, um einen Übertragungsfehler: Der dort angegebene Wert ist 47.

- Es kommt immer wieder vor, daß einzelne Werte nicht erhoben wurden und im Datensatz fehlen (im Englischen *missing observations*), sei es, weil der Befragte die Antwort nicht weiß, sie verweigert oder ein Fehler bei der Datenerfassung oder -übertragung passiert ist. Solche **fehlende Beobachtungen** müssen speziell gekennzeichnet werden, damit sie in der statistischen Analyse entsprechend berücksichtigt werden können. In der Tabelle unserer Daten wurden fehlende Beobachtungen der Variablen "Note" mit -9 kodiert. Für die Variable "Augenfarbe" fehlt die Beobachtung 32. Fehlen einzelne Daten einer Beobachtung, so ist in Abhängigkeit vom statistischen Analyseverfahren

	SEX	ALT	STR	NOT	GRO	GEW	SCH	AFA
1	0	21	1	−9	173	48	40	3
2	0	21	1	−9	173	70	40	3
3	1	20	2	−9	180	75	43	1
4	1	20	1	−9	187	80	44	2
5	1	19	1	5	177	68	42	1
6	1	22	1	3	192	82	44	2
7	1	22	1	4	183	88	43	1
8	1	28	3	4	184	85	44	3
9	1	24	1	−9	186	75	42	3
10	1	21	1	1	185	70	44	2
11	1	21	1	−9	169	80	43	1
12	1	23	1	−9	187	75	43	2
13	0	24	3	5	170	60	39	2
14	0	23	1	3	168	57	39	1
15	1	19	1	3	189	80	44	3
16	0	20	1	2	172	60	39	1
17	0	19	1	2	167	53	37	1
18	1	23	1	4	189	65	43	4
19	1	21	1	−9	169	66	40	3
20	1	25	1	−9	179	63	42	1
21	1	29	1	−9	187	67	44	5
22	1	23	1	−9	177	75	41	3
23	0	20	1	2	169	63	37	2
24	0	24	1	4	172	51	38	3
25	1	22	1	−9	170	54	39	3
26	0	22	1	−9	166	60	39	3
27	0	20	1	−9	163	52	38	2
28	0	20	1	−9	163	54	36	1
29	1	21	1	−9	172	75	42	3
30	1	24	1	−9	176	84	43	1
31	1	26	3	3	194	86	47	4
32	1	33	1	−9	176	76	40	−9
33	1	23	1	−9	191	82	45	3
34	1	27	1	2	186	83	44	1
35	1	21	1	1	186	78	43	1
36	1	22	1	2	183	74	44	1
37	0	21	1	1	170	56	38	2
38	1	24	1	3	188	81	44	3
39	0	24	1	1	173	63	39	1
40	1	23	1	−9	173	73	41	1
41	1	20	1	−9	195	83	48	1
42	0	25	1	3	182	68	40	2
43	1	21	1	−9	186	70	41	2
44	0	19	1	−9	170	63	39	2
45	0	28	1	−9	160	52	38	1
46	0	19	1	−9	153	52	37	3
47	0	20	1	−9	170	62	37	1
48	0	21	1	3	173	79	40	2
49	1	24	1	3	168	57	41	1
50	0	26	3	3	168	82	39	3

zu entscheiden, wie dieser Umstand berücksichtigt werden soll. Mögliche Alternativen sind das Weglassen der ganzen Beobachtung, das Rekonstruieren des Datums aus Plausibilitätsüberlegungen und der Versuch, die fehlenden Daten in einem zweiten Erhebungsdurchgang doch noch zu erhalten. Statistische Programmpakete wie MINITAB oder SAS sehen für die verschiedenen Verfahren standardmäßige Methoden zur Behandlung fehlender Beobachtungen vor; in den entsprechenden Handbüchern sind diese Methoden dokumentiert.

2.A Ergänzende Beispiele

Beispiel 2.11 Für die Variablen Körpergewicht (K) und Schuhgröße (S) des Datensatzes "WU-Studenten" sind deskriptive, statistische Analysen auszuführen; insbesondere sind zu ermitteln

(a) ein Histogramm, ein Punktdiagramm und ein Box-Plot,

(b) Verteilungscharakteristika (MINITAB-Routine `describe`),

(c) der 0.1-getrimmte und der winsorisierte Mittelwert,

(d) die Schiefe und die Wölbung, sowie

(e) das Konzentrationsmaß KM bzw. G.

Die Analysen sind analog den Berechnungen in den Abschnitten dieses Kapitels auszuführen.

Beispiel 2.12 200 Studenten mit einer mittleren Größe von 172.88cm setzen sich zusammen aus Studenten mit einer mittleren Größe von 180.2cm und Studentinnen mit einer mittleren Größe von 161.9cm. Wieviele Studentinnen enthält die Gruppe?

Wir bezeichnen mit n_w und $\bar{x}_w$ die Anzahl der weiblichen Studenten und ihre mittlere Größe und mit n_m und $\bar{x}_m$ die analogen Größen der männlichen Studenten; $\bar{x}$ ist die mitlere Größe aller $n = 200$ Studenten. Aus

$$\bar{x} = \frac{1}{n}(n_w\bar{x}_w + n_m\bar{x}_m)$$

folgt

$$n_w = \frac{n\bar{x} - n\bar{x}_m}{\bar{x}_w - \bar{x}_m} = \frac{200(172.88 - 180.2)}{161.9 - 180.2} = 80$$

2.C Übungsaufgaben

Für Angaben der Aufgaben 1 bis 3 sind

(a) die Skalierungsart des Merkmals zu diskutieren,

(b) die Häufigkeitsverteilung zu tabellieren,

(c) eine geeignete graphische Darstellung der absoluten Häufigkeiten und der absoluten Summenhäufigkeiten zu zeichnen, und

(d) Mittelwert, Standardabweichung, Median und Spannweite zu berechen.

2.1 Bei einem Aufnahmetest erreichten die Teilnehmer die folgenden Punktezahlen von zehn möglichen Punkten

Punkte	Personen	Punkte	Personen
1	6	6	23
2	11	7	19
3	15	8	10
4	21	9	5
5	35		

2.2 Die Zahl der Regentage je Monat betragen:

Monat	1987	1988	1989	1990	1991
I	8	10	12	11	9
II	12	9	11	8	12
III	17	18	21	16	18
IV	19	16	18	18	17
V	10	12	16	14	12
VI	6	8	11	12	13
VII	13	5	9	15	7
VIII	11	6	10	14	11
IX	14	15	12	8	9
X	20	19	8	10	20
XI	22	17	19	16	23
XII	12	14	13	10	15

2.3 Die Monatsumsäze (in Mio. S) einer Warenhauskette betragen:

Monat	1986	1987	1988	1989	1990
I	12.0	9.8	11.3	13.9	15.4
II	19.2	16.3	17.1	19.7	18.2
III	18.3	17.2	18.5	21.2	23.5
IV	18.7	21.5	22.2	22.3	23.9
V	12.9	14.7	17.8	16.9	18.1
VI	20.0	22.3	24.9	23.6	25.0
VII	05.1	8.4	13.1	12.2	14.6
VIII	11.2	13.7	14.4	15.8	17.1
IX	15.8	16.5	18.8	18.5	19.2
X	21.6	23.6	24.1	27.3	28.7
XI	20.3	24.8	28.3	29.6	30.9
XII	24.9	27.3	30.0	32.1	34.8

2.4 Die Verteilung des Alters des Bräutigams von 15- bis 16-jährigen Bräutigam zum Zeitpunkt der Eheschließung im Jahr 1976 gibt die folgende Tabelle.

Alter	Anzahl	Alter	Anzahl
18	9	26	1
19	17	27	0
20	15	28	1
21	7	29	1
22	8	30–34	3
23	0	34–39	0
24	1	40–44	1
25	1	45–49	0

Zu berechen sind

(a) Mittelwert und

(b) Standardabweichung.

2.5 Eine Autoreise dauert vier Tage, wobei am ersten Tag sechs, am zweiten Tag acht, am dritten zwei und am vierten Tag x Stunden gefahren werden. Die Durchschnittsgeschwindigkeiten (in km/h) an den vier Tagen betragen: $\bar{v}_1 = 60$, $\bar{v}_2 = 52$, $\bar{v}_3 = 58$ und $\bar{v}_4 = 54$. Der Gesamtschnitt beträgt $\bar{v} = 55$. Wieviele Stunden wurden am vierten Tag gefahren?

2.6 600 Personen sind durchschnittlich 32.5 Jahre alt, die Frauen (Männer) darunter sind 30 (33) Jahre alt. Die Zahl der Frauen ist anzugeben.

2.7 Die mittlere Lebenserwartung in einer Stadt ist 69.4 Jahre, die der Frauen (Männer) ist 72.0 (66.4) Jahre. Wie groß ist der Anteil der Frauen?

2.8 Der durchschnittliche Tagesumsatz betrug in der ersten (zweiten) Woche zu je fünf Tagen 10.721.- (9.737.-). Wieviel muß in der dritten Woche im Tagesdurchschnitt umgesetzt werden, damit der Gesamtdurchschnitt 12.000.- beträgt?

2.9 Durch mindestens wieviele Tage hindurch muß der Kaufmann in Aufgabe 9 durchschnittlich 13.000.- umsetzen, damit er – nach den ersten beiden schwächeren Wochen – auf einen Gesamttagesdurchschnitt von mehr als 12.000.- kommt?

2.10 Die Standardabweichung der Beobachtungen einer Stichprobe ist anzugeben, wenn Stichprobenumfang, Mittelwert und die Summe ihrer Quadrate

(a) 20, 15 und 5000

(b) 20, 15 und 5000

betragen.

2.11 Für eine Stichprobe vom Umfang n gelte: $\sum_i x_i = 10$, $\sum_i x_i^2 = 260$ und $s^2 = 25$; wie groß ist n?

2.12 Das durchschnittliche Quadrat der Abweichungen der Beobachtungen von $z = 10$ beträgt 100, der Mittelwert der Beobachtungen beträgt drei. Die Varianz ist anzugeben.

2.13 Die Varianz eines Merkmals beträgt 100, das durchschnittliche Quadrat der Abweichungen von $z = 20$ berägt 125. Wie groß ist der Mittelwert?

2.14 Vier Maschinen erzeugen Werkstücke, deren Merkmal X je nach erzeugender Maschine den Mittelwert $\bar{x}_1 = 7$, $\bar{x}_2 = 5$, $\bar{x}_3 = 8$ und $\bar{x}_4 = 10$ hat; die Varianzen sind alle gleich $s_0^2 = 4.5$. Welche Varianz hat das Merkmal X in der Liefermenge, wenn von den vier Maschinen die folgenden Mengen stammen: $n_1 = 50$, $n_2 = 20$, $n_3 = 35$ und $n_4 = 5$?

2.15 Der durchschnittliche Tagesumsatz betrage in den drei Filialen eines Betriebes 1.36, 2.29 und 1.89 Mio öS. Die Umsätze der Filialen streuen mit einer Standardabweichung von 0.35, 0.47 und 0.13 Mio öS. Der Beobachtungszeitraum für diese Daten ist drei Wochen (15 Arbeitstage). Für die Tagesumsätze sind zu bestimmen

(a) der Mittelwert

(b) die Standardabweichung

2.16 Die Bevölkerung Österreichs betrug in den Jahren 1965 bis 1970 jeweils zum Jahrsbeginn (in Tausend)

Jahr	Einwohner	Jahr	Einwohner
1965	7.255	1968	7.360
1966	7.290	1969	7.393
1967	7.323	1970	7.426

Zu bestimmen sind

(a) das geometrische Mittel,

(b) die durchschnittliche jährliche Zuwachsrate.

Lösungen der Übungsaufgaben

1: (d) 5, 1.9, 5, 8. **2:** (d) 13.2, 4.3, 12, 18. **3:** (d) 20.1 (exakt 19.65), 6.45 (Sheppard-korrigiert 6.13, exakt 6.12), 18.75, 29.7. **4:** (a) 21.7; (b) 4.18. **5:** 12. **6:** 100. **7:** 53.6%. **8:** 15.542.-. **9:** 18. **10:** (a) 5; (b) 1. **11:** 10. **12:** 51. **13:** 15 oder 25. **14:** 6.0. **15:** (a) 1.85; (b) 0.151. **16:** (a) 7.341; (b) 0.467%.

Kapitel 3

Deskriptive und explorative Datenanalyse: Relationen

Hat man in einer Datenmenge zu einer Population mehr als ein Merkmal, so kann man natürlich auf jede Variable das Instrumentarium des Kapitels 2 anwenden. Die Daten enthalten allerdings viel mehr Information als jene, die die Daten der einzelnen Merkmale liefern. Dieses mehr an Information ist oft gerade das, was uns interessiert: Es betrifft die Beziehungen zwischen den Merkmalen.

Eine typische Aufgabenstellung, die von einer solchen Beziehung Gebrauch macht, ist das Prognostizieren. Da beispielsweise aus einer Reihe von Gründen der Umsatz eines Supermarktes umso höher ist, je größer seine Verkaufsfläche ist, kann man aus der Kenntnis der Verkaufsfläche den Umsatz eines Supermarktes abschätzen. Natürlich wird eine befriedigende Prognose erst möglich sein, wenn die Beziehung zwischen diesen Größen genau analysiert ist und neben dem Ergebnis der Analyse auch andere relevante Einflußfaktoren berücksichtigt werden. Aber die Bedeutung der Beziehung zwischen den Merkmalen sollte an dem Beispiel klar geworden sein.

Zur Beschreibung und Analyse von Relationen zwischen Merkmalen gibt es eine große Zahl von statistischen Verfahren. In diesem Kapitel werden wir einige davon kennenlernen. In Abschnitt 3.1 wird die schon in Kapitels 2 erwähnte Kreuzklassifikation von Merkmalen eingehender behandelt und zugehörige Assoziationsmaße eingeführt. In Abschnitt 3.2 werden die Begriffe Korrelation und lineare Regression behandelt. Schließlich zeigen wir in Abschnitt 3.3 einige Möglichkeiten der simultanen graphischen Darstellung von mehreren Merkmalen.

3.1 Kreuzklassifikation

In Abschnitt 2.1 haben wir in einer (2 × 5)–Tafel die Häufigkeiten angegeben, mit denen die möglichen Merkmalskombinationen der Merkmale "Geschlecht" und "Haarfarbe" in einer Datenmenge vorkommen. Solche Tafeln können für beliebig skalierte Merkmale erstellt werden; ist ein Merkmal metrisch skaliert, so müssen die Merkmalsausprägungen durch Klassen von Merkmalsausprägungen ersetzt werden. Wir gehen zunächst von dichotomen Merkmalen aus.

Beispiel 3.1 Die Tabellierung von 50 Beobachtungen der Variablen "Geschlecht" und "Raucher" (*ja/nein*) ergibt folgende (2 × 2)–Tafel:

	Raucher		
Geschlecht	*ja*	*nein*	gesamt
weiblich	7	13	20
männlich	17	13	30
gesamt	24	26	50

Eine solche Tabelle nennt man eine (2×2)– oder **Vierfeldertafeln.** Es sei daran erinnert, daß aus der Tafel die Häufigkeitsverteilungen der beiden Merkmale abgelesen werden können, ebenso wie die bedingten Haufigkeitsverteilungen. Daß die (bedingte) Verteilungen des Merkmals "Raucher" für männliche und weibliche Personen nicht gleich sind, sieht man noch besser aus der Tafel der relativen Häufigkeiten:

	Raucher		
Geschlecht	*ja*	*nein*	gesamt
weiblich	0.14	0.26	0.4
männlich	0.34	0.26	0.6
gesamt	0.48	0.52	1.0

Aus dieser Ungleichheit der bedingten Verteilungen folgt eine Beziehung der folgenden Art zwischen den Merkmalen: Ich weiß, daß weibliche Personen eher rauchen als männliche; weiß ich von einer Person, daß sie raucht, so ist sie eher weiblich als männlich.

Die Häufigkeitsverteilung kann in der Form eines Stabdiagramms graphisch dargestellt werden. Viele Statistik-Programmpakete sind in der Lage, eine solche räumliche Graphik zu zeichnen.

Im weiteren betrachten wir die beiden dichotomen Merkmale X und Y mit Merkmalsausprägungen x_1, x_2, y_1 und y_2. Die folgenden drei (2 × 2)–Tafeln, die ohne Randverteilungen angeschrieben sind, stehen für die extremen Fälle unter den möglichen Beziehungen zwischen den Merkmalen.

X	Y y_1	y_2	Y y_1	y_2	Y y_1	y_2
x_1	5	5	10	0	0	10
x_2	5	5	0	10	10	0

In der 2. und 3. Tafel besteht eine strenge Beziehung zwischen den Merkmalen: Kennt man für eine Beobachtung den Wert der einen Variablen, so kann man exakt den Wert der anderen angeben. Die beiden Fälle unterscheiden sich nur durch die "Richtung" der Beziehung. Hingegen ist ein Schluß von einem Merkmal auf das andere im Fall der ersten Tafel nicht möglich; eine Beziehung oder Assoziation zwischen den Merkmalen, die einen solchen Schluß zuläßt, ist offensichtlich nicht vorhanden.

Ein numerisches **Maß für die Assoziation** ist eine Zahl, die nahe bei 0 liegt, wenn keine Beziehung zwischen den Merkmalen besteht, und die einen umso größeren Wert annimmt, je stärker die Beziehung ist. Da es auf beliebig skalierte Merkmale anwendbar sein soll, darf die Anordnung der Zeilen und Spalten in der Tafel auf den Wert des Maßes keinen Effekt haben. Ein solches Maß für die Assoziation ist die χ^2 (Chi-Quadrat) Statistik nach Pearson. Die allgemeine Form einer (2×2)–Tafel für die Merkmale X und Y kann man folgendermaßen schreiben:

X	Y y_1	y_2	gesamt
x_1	a	c	$a+c=n_{1.}$
x_2	b	d	$b+d=n_{2.}$
gesamt	$a+b=n_{.1}$	$c+d=n_{.2}$	$a+b+c+d=n$

Die Zeilenhäufigkeiten $n_{i.}$, $i=1,2$, und Spaltenhäufigkeiten $n_{.i}$, $i=1,2$, wurden zur Vereinfachung der Schreibweise eingeführt.

Definition 3.1 *Die χ^2-Statistik nach Pearson für die* (2×2)–*Tafel ist definiert zu*

$$\chi^2 = \frac{n(ad-bc)^2}{(a+b)(c+d)(a+c)(b+d)} = \frac{n(ad-bc)^2}{n_{1.}n_{2.}n_{.1}n_{.2}}$$

Beispiel 3.2 Für die (2×2)–Tafel aus Beispiel 3.1 ergibt sich eine χ^2-Statistik von 2.257.

Für die drei (2×2)–Tafeln, die die extremen Fälle von Assoziation repräsentieren, ergibt sich 0 im Fall der gleichen Häufigkeiten in allen vier Zellen und 20 in den beiden anderen Fällen. Die χ^2-Statistik hat immer den Wert 0, wenn $ad-bc=0$, d.h., wenn $a:b=c:d$ oder wenn $a:c=b:d$. Das ist genau der Fall, wenn die bedingten Verteilungen – sowohl für X als auch für

Y – gleich sind. Die χ^2-Statistik nimmt ihr Maximum an, wenn $b = c = 0$ oder wenn $a = d = 0$; der maximale Wert ist $\chi^2_{\max} = n$.

Analoge Tafeln können wir erstellen, wenn wir es nicht mit dichotomen Merkmalen zu tun haben. Nehmen wir an, das Merkmal X hat r, das Merkmal Y hat s Merkmalsausprägungen. Die Tabelle der Häufigkeitsverteilung hat dann r Zeilen und s Spalten. Man nennt sie $(r \times s)$–Tafel oder $(r \times s)$–Kontingenztafel. In allgemeiner Form kann man sie folgendermaßen schreiben:

	Y			
X	y_1	$\dots$	y_s	gesamt
x_1	n_{11}	$\dots$	n_{1s}	$n_{1.}$
$\vdots$	$\vdots$	$\vdots$	$\vdots$	$\vdots$
x_r	n_{r1}	$\dots$	n_{rs}	$n_{r.}$
gesamt	$n_{.1}$	$\dots$	$n_{.s}$	n

Aus der Tafel können wiederum in einfacher Weise die bedingten Häufigkeitsverteilungen bestimmt werden: So gibt

$$h_x(i|j) = \frac{n_{ij}}{n_{.j}}, \quad i = 1, \dots, r$$

die bedingte relative Häufigkeit des Merkmal X bei gegebener j-ter Ausprägung des Merkmals Y. Analog ist die bedingte relative Häufigkeit $h_y(j|i)$ des Merkmal Y bei gegebener i-ter Ausprägung des Merkmals X definiert.

Beispiel 3.3 Die Tabellierung von 50 Beobachtungen der Variablen "Geschlecht" und "Augenfarbe" ergibt folgende (2×5)–Tafel:

	blau	*grün*	*braun*	*grau*	*schwarz*	gesamt
weiblich	6	7	7	0	0	20
männlich	9	5	12	2	1	29
gesamt	15	12	19	2	1	49

Eine Konfiguration der Häufigkeiten, die ähnlich wie bei der oben besprochenen (2×2)–Tafel die Beziehung zwischen den Merkmalen einfach interpretieren läßt, ist hier nicht zu erkennen. Es ist schwierig, aus dieser Tabelle etwas über die Beziehung zwischen den Merkmalen auszusagen.

Es entspricht unserem intuitiven Verständnis, wenn wir zwei Merkmale X und Y dann als unabhängig bezeichnen, wenn die bedingten Verteilungen $h_x(i|j)$, $i = 1, \dots, r$, für alle Merkmalsausprägung für Y $(j = 1, \dots, s)$ übereinstimmen; oder wenn die bedingten Verteilungen $h_y(j|i)$, $j = 1, \dots, s$, für alle Merkmalsausprägung für X ($i = 1, \ldots, r$) übereinstimmen. Wenn das zutrifft, besteht keine Beziehung zwischen den beiden Merkmalen. Andernfalls besteht eine wechselweise Beziehung oder Abhängigkeit, die jetzt allerdings komplizierter sein kann als bei der (2×2)–Tafel. Wir werden sehen, daß die χ^2-Statistik nach Pearson auch auf die $(r \times s)$–Kontingenztafel angewendet werden kann.

Man kann sich leicht überlegen, daß bei Unabhängigkeit im Sinn des oben Gesagten für alle i, j gilt, daß

$$h_x(i|j) = \frac{n_{ij}}{n_{.j}} = \frac{n_{i.}}{n}, \quad h_y(j|i) = \frac{n_{ij}}{n_{i.}} = \frac{n_{.j}}{n}$$

Das bedeutet, daß man bei Unabhängigkeit die Häufigkeiten n_{ij} aus den Häufigkeiten der Randverteilungen bestimmen kann:

$$n_{ij} = \frac{n_{i.} n_{.j}}{n}$$

Im allgemeinen Fall – wenn Unabhängigkeit nicht vorausgesetzt werden kann – gilt diese Beziehung nicht notwendigerweise. Allerdings können wir die Größen $n_{i.} n_{.j}/n$ in jedem Fall berechnen. Man nennt sie die (bei Unabhängigkeit) **erwarteten Häufigkeiten** und verwendet für sie das Symbol $\hat{n}_{ij}$.

Beispiel 3.4 Die (2×5)–Tafel der relativen Häufigkeiten für die Angaben aus Beispiel 3.2 ist

	blau	*grün*	*braun*	*grau*	*schwarz*	gesamt
weiblich	0.12	0.14	0.14	0.00	0.00	0.40
männlich	0.18	0.10	0.24	0.04	0.02	0.58
gesamt	0.30	0.24	0.38	0.04	0.02	1.00

Der Vergleich der bedingten Verteilungen zeigt deutliche Unterschiede für männliche und weibliche Personen. Auch die Verteilung der Personen auf männliche und weibliche Personen ist je nach "Augenfarbe" unterschiedlich.

Es bietet sich natürlich an, die Abweichungen zwischen n_{ij} und den (bei Unabhängigkeit) erwarteten Häufigkeiten $\hat{n}_{ij}$ als Kriterium für Unabhängigkeit zu verwenden. Eine entsprechende Statistik ist

$$T = \sum_{i=1}^{r} \sum_{j=1}^{s} \frac{(n_{ij} - \hat{n}_{ij})^2}{\hat{n}_{ij}}$$

Sind die Merkmale mehr oder weniger unabhängig, so ist der Wert von T nahe bei 0; bei Abhängigkeit der Merkmale kann sein Wert sehr groß werden.

Eine Aussage darüber, ob bei einem bestimmten Wert der T-Statistik Unabhängigkeit der Merkmale vorliegt oder nicht, setzt die Kenntnis der Wahrscheinlichkeitsverteilung der T-Statistik voraus. Diese Problematik wird im Kapitel 12 "Analyse von Kontingenztafeln" behandelt.

Es läßt sich zeigen, daß die χ^2-Statistik nach Pearson für die (2×2)–Tafel auch in der Form der Statistik T geschrieben werden kann; T ist die allgemeine Form der χ^2-Statistik nach Pearson.

In der Literatur findet man verschiedene Assoziationsmaße, die von der χ^2- bzw. T-Statistik abgeleitet sind. Die Idee aller dieser Vorschläge ist, daß der Maximalwert der Maßzahl mit dem Wert 1 beschränkt ist.

Definition 3.2 *Der* **Pearson'sche Kontingenzkoeffizient** *ist definiert zu*

$$P = \sqrt{\frac{T}{n+T}};$$

Der **Cramér'sche Kontingenzkoeffizient** *ist definiert zu*

$$C = \sqrt{\frac{T}{n \min(r-1, s-1)}}.$$

Für beide gilt, daß sie bei Unabhängigkeit den Wert 0 annehmen. Allerdings hängt der größte Wert, den T erreichen kann, von der Zeilen- und Spaltenzahl der Kontingenztafel ab, und P ist immer kleiner als 1. Der Cramér'sche Kontingenzkoeffizient hat diesen Nachteil nicht: C nimmt bei vollständiger Abhängigkeit den Wert 1 an. Dieser Fall liegt beispielsweise vor, wenn die Kontingenztafel quadratisch ist und nur die Zellen der Hauptdiagonale von Null verschiedene Häufigkeiten enthalten.

Beispiel 3.5 Für die (2×2)–Tafel aus Beispiel 3.1 ergibt sich für den Pearson'schen Kontingenzkoeffizienten $P = 0.208$; der entsprechende Cramér'sche Kontingenzkoeffizient beträgt $C = 0.212$.

3.2 Korrelationskoeffizient

Die in Abschnitt 3.1 behandelten Maße für die Abhängigkeit von Merkmalen basieren auf den Häufigkeitsverteilungen und können daher für beliebig skalierte Merkmale berechnet werden. Allerdings verzichtet man auf Information, wenn solche Maße auf etwa metrisch skaliert Merkmale angewendet werden: Dabei müssen die beobachteten Werte durch die Zugehörigkeit zu Klassen von Merkmalsausprägungen ersetzt werden. Der Korrelationskoeffizient ist ein Assoziationsmaße, das diesen Informationsverlust vermeidet.

3.2.1 Streudiagramm

Bevor wir uns mit Korrelationskoeffizienten befassen, soll eine graphische Darstellung besprochen werden, die ein sehr gutes Bild von der Beziehung zwischen zwei Merkmalen geben kann. Es ist das **Streudiagramm**, im Englischen "scatterplot" genannt. *Abbildung 3.1* zeigt ein Beispiel eines Streudiagramms, das die Beobachtungen der Merkmale "Körpergröße" und "Gewicht" aus der Datenmenge zu den 50 Studenten aus Kapitel 2 darstellt.

Abbildung 3.1: Streudiagramm der Merkmale "Körpergröße" und "Gewicht".

```
    90+                                           *
      -                                   *   *   *** 2**
Gew   -                                    ******  22*
      -                                      2    *2
      -                                    3 * ***  **
    60+                                  *22*
      -                            *  * 2 *2*
      -                                      *
      -
      -
    30+
      -
      -
      -
      -
     0+
        +---------+---------+---------+---------+--------Gro
      100       120       140       160       180
```

In einem Streudiagramm wird für die beiden Merkmalsausprägungen jeder Beobachtung ein Punkt gezeichnet. In *Abbildung 3.1* wurde für jede Beobachtung die Ausprägung des Merkmals "Körpergröße" als horizontale Koordinate, die des Merkmals "Gewicht" als vertikale Koordinae verwendet; damit ist ein entsprechender Punkt der Zahlenebene bestimmt, der mit "+" markiert wird.

Solche Streudiagramme gibt es in verschiedenen Varianten. Im Abschnitt 3.3 werden wir darauf zurückkommen.

3.2.2 Produkt-Moment Korrelationskoeffizient

Der Korrelationskoeffizient leistet Ähnliches wie die verschiedenen Kontingenzkoeffizienten, die wir im letzten Abschnitt kennengelernt haben: Er quantifiziert die Abhängigkeit zwischen den Merkmalen. In *Abbildung 3.1* ist als Assoziationsmaß der Wert $r = 0.706$ angegeben. Dieses Maß r ist der Produkt-Moment Korrelationskoeffizient, der angibt, wie gut eine lineare Beziehung zwischen den Merkmalen erfüllt ist. In dem Beispiel hat r einen positiven Wert; das entspricht der Proportionalität der beiden Merkmale: je größer die Merkmalsausprägung des einen Merkmals ist, umso größer ist die, die für das andere erwartet werden muß. Man sagt auch, die Merkmale sind **positiv korreliert**. Ein negativer Wert würde eine verkehrt proportionale Beziehung anzeigen. Dann spricht man von **negativ korrelierten** Merkmalen.

Den Zusammenhang zwischen Vorzeichen und Richtung der Beziehung veranschaulicht die *Abbildung 3.2:* In ihr sind Gerade parallel zu den Koordinatenachsen durch die Mittelwerte der Merkmale, d.i. der Punkt (177, 69), gezeichnet. Diese Geraden teilen das Diagramm in die vier Quadranten A, B, C und D. Man erkennt, daß die meisten Datenpunkte in den Quadranten A und C, und daß nur wenige Datenpunkte in den übrigen Quadranten liegen. Diese Darstellung charakterisiert deutlich die lineare Beziehung zwischen den beiden Merkmalen.

Abbildung 3.2: Streudiagramm und Korrelationskoeffizient.

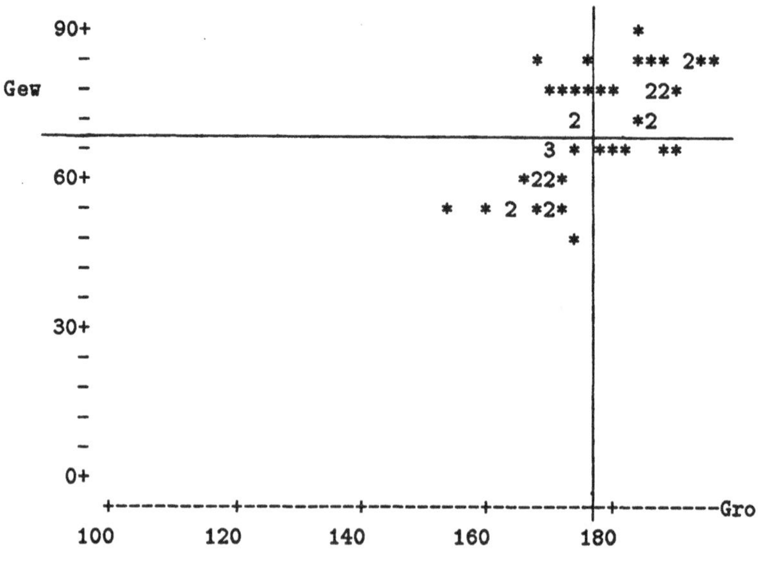

Definition 3.3 *Von den metrischen Merkmalen X und Y seien in einer Stichprobe von n Objekten die Beobachtungen (x_i, y_i), $i = 1, \ldots, n$, gemessen worden. Der* **Produkt-Moment Korrelationskoeffizient** *nach Pearson*

ist definiert zu

$$r = \frac{1}{n}\sum_{i=1}^{n}\frac{x_i - \bar{x}}{s_x}\frac{y_i - \bar{y}}{s_y}, \tag{3.1}$$

wobei $\bar{x}$ *und* $\bar{y}$ *die Mittelwerte,* s_x *und* s_y *die Standardabweichungen der Merkmale sind.*

Eine mit dem Korrelationskoeffizienten eng verwandte Größe ist die Kovarianz.

Definition 3.4 *Von den metrischen Merkmalen X und Y seien in einer Stichprobe von n Objekten die Beobachtungen* (x_i, y_i), $i = 1, \ldots, n$, *gemessen worden. Die* **Kovarianz** *der Merkmale X und Y ist definiert zu*

$$s_{xy} = \frac{1}{n}\sum_{i=1}^{n}(x_i - \bar{x})(y_i - \bar{y})$$

wobei $\bar{x}$ *und* $\bar{y}$ *die Mittelwerte der Merkmale sind.*

Die Kovarianz s_{xy} und der Korrelationskoeffizient r unterscheiden sich nur durch die Normierung, die mit dem Dividieren durch die Standardabweichungen s_x und s_y erreicht wird:

$$r = \frac{s_{xy}}{s_x s_y}.$$

Insbesondere stimmen das Vorzeichen von s_{xy} und r überein.

> **Beispiel 3.6** Für die 50 Beobachtungen der Variablen "Körpergröße" (X) und "Körpergewicht" (Y) ergeben sich $\bar{x} = 176.8$, $\bar{y} = 69.1$, $s_x = 9.69$, $s_y = 11.3$ und $s_{xy} = 77.3$. Setzt man in die Definition des Korrelationskoeffizienten ein, so erhält man $r = 0.707$. Eine naheliegende Frage ist, ob dieser Wert "groß genug" ist, daß man von einem positiven Zusammenhang zwischen den beiden Variablen sprechen kann, oder ob er nur zufällig so groß ist, obwohl gar kein positiver Zusammenhang besteht. Wir werden diese Problematik im Kapitel 13 "Assoziationsmaße" behandeln.

Im folgenden geben wir einige alternative Schreibweisen für den Korrelationskoeffizienten:

$$\begin{aligned} r &= \frac{\sum_{i=1}^{n}(x_i - \bar{x})(y_i - \bar{y})}{\sqrt{\sum_i (x_i - \bar{x})^2}\sqrt{\sum_i (y_i - \bar{y})^2}} \\ &= \frac{(\mathbf{x} - \mathbf{1}\bar{x})'(\mathbf{y} - \mathbf{1}\bar{y})}{\| \mathbf{x} - \mathbf{1}\bar{x} \| \cdot \| \mathbf{y} - \mathbf{1}\bar{y} \|} \\ &= \frac{\sum x_i y_i - \bar{x}\bar{y}}{n s_x s_y} \end{aligned}$$

Die fett gedruckten Symbole stehen für Vektoren: $\mathbf{x} = (x_1, \ldots, x_n)'$, $\mathbf{y} = (y_1, \ldots, y_n)'$, und $\mathbf{1}$ ist der n-komponentige Einsvektor $(1, \ldots, 1)'$. Von der Vektorschreibweise werden wir unten Gebrauch machen. Die letzte Schreibweise ist die für die praktische Berechnung ökonomischste. Allerdings ist ihre Bedeutung in der Zeit des PC und guter Statistik-Programmpakete nur gering.

Aus der Definition des Korrelationskoeffizienten erkennt man, wie Vorzeichen und Richtung der Abhängigkeit zusammenhängen. Die Vorzeichen von Summanden $(x_i - \bar{x})(y_i - \bar{y})$, die in den Quadranten A und C liegen, sind positiv, die aus den Quadranten B und D sind negativ. Überwiegen die Datenpunkte in den Quadranten A und C, so ist ein positiver Korrelationskoeffizient zu erwarten, andernfalls ein negativer. Sein Absolutwert ist umso größer, je stärker die Datenpunkte auf die dominierenden Quadranten konzentriert sind. Ist die Beziehung nicht deutlich ausgeprägt, so ist ein Wert nahe bei 0 zu erwarten.

Der folgende Satz faßt die wesentlichen Eigenschaften des Korrelationskoeffizienten zusammen.

Satz 3.1 Eigenschaften des Produkt-Moment Korrelationskoeffizienten: *Es gilt:*

(a) r erfüllt unabhängig vom Maßstab, in dem die Merkmale X und Y gemessen werden, die Beziehung

$$-1 \leq r \leq +1\,;$$

(b) liegen alle Beobachtungen auf einer Geraden $y_i = a + bx_i$, der **Regressionsgeraden**, *so gilt*

$$r_{x,y} = \begin{cases} 1, & \text{wenn } b > 0\,, \\ -1, & \text{wenn } b < 0\,; \end{cases}$$

(c) den dem Absolutbetrag nach kleinsten Wert,

$$r = 0$$

erreicht r dann, wenn der Anstieg der Regressionsgeraden den Wert 0 hat, wenn die Beobachtungen regellos liegen, oder wenn sie einer entsprechenden nichtlinearen Beziehung folgen.

Die Eigenschaft (a) folgt aus der Eigenschaft $\mathbf{a}'\mathbf{b} = \|\mathbf{a}\|\|\mathbf{b}\| \cos(\mathbf{a}, \mathbf{b})$ des inneren Produktes der Vektoren $\mathbf{a}$ und $\mathbf{b}$. Der Korrelationskoeffizient r ist demnach der Cosinus des zwischen den Vektoren $(\mathbf{x} - \mathbf{1}\bar{x})$ und $(\mathbf{y} - \mathbf{1}\bar{y})$ eingeschlossenen Winkels, der natürlich nur im Intervall $[-1, 1]$ liegen kann.

Beachte! Erfüllen die Beobachtungen eine **nichtlineare** Beziehung, d.h., sie wird nicht durch eine Gerade charakterisiert, nicht linear ist, so gibt der Korrelationskoeffizient keinen Hinweis auf die Güte dieser Beziehung.

Beachte! Somit bedeutet $r = 0$ im allgemeinen nicht, daß die Merkmale unabhängig sind! Man sollte in einem solchen Fall auch nur von Unkorreliertheit, nicht von Unabhängigkeit sprechen.

Der Produkt-Moment Korrelationskoeffizient wird mit Karl Pearson assoziiert, weil dieser – bereits um 1900 – die Eigenschaften des Korrelationskoeffizienten als erster ausführlich diskutiert hat. Neben dem für metrisch skalierte Merkmale definierte Produkt-Moment Korrelationskoeffizient gibt es eine Reihe anderer Definitionen von Korrelationskoeffizienten. So haben wir bereits im Abschnitt 3.1 die Kontingenzkoeffizienten kennengelernt. Die Klasse der Rang Korrelationskoeffizienten basieren auf den Rängen der Beobachtungen; sie und andere "Assoziationsmaße" werden im Kapitel 13 behandelt werden. Wird von einem Korrelationskoeffizienten ohne weitere Spezifikation gesprochen, so ist stets der Produkt-Moment Korrelationskoeffizient gemeint.

3.2.3 Caveats mit dem Korrelationskoeffizienten

Es gibt Situationen, in denen der Korrelationskoeffizient irreführen kann. Den Fall, daß eine **nichtlineare Beziehung** zwischen den Merkmalen besteht, haben wir oben diskutiert. Ein r, das die Güte des Zusammenhanges nicht richtig wiedergibt, ergibt sich auch, wenn die Datenmenge **Ausreißer** enthält. Ein einzelner Punkt kann dann einen so großen Beitrag zu r liefern, daß er den Wert von r wesentlich verfälscht. Die graphische Aufbereitung der Daten läßt oft Ausreißer deutlich erkennen und sollte – nicht nur im Zusammenhang mit der Berechnung eines Korrelationskoeffizienten – unbedingt am Anfang der Datenanalyse stehen.

In vielen Situationen kann der Wert des Korrelationskoeffizienten im Sinn einer **Kausalbeziehung** interpretiert werden. Dem ist nicht immer so.

Beispiel 3.7 *Einkommen und Konsum:* Für den Korrelationskoeffizienten zwischen verfügbarem Einkommen und Ausgaben für Konsum, berechnet aus jährlichen österreichischen Daten für den Zeitraum von 1965 bis 1975, erhält man den Wert $r = 0.999$. Man wird nicht sehr falsch gehen, wenn man argumentiert, daß eine so hohe positive Korrelation daher kommt, daß eben ein bestimmter Anteil des Einkommens für diese Konsumgüter ausgegeben werden.

Zahl der Störche und Geburten: Ein bekanntes Beispiel einer kausal nicht begründbaren Beziehung besteht zwischen der Zahl der Störche, die den Sommer im Burgenland verbringen, und der Zahl der Geburten im Burgenland. Seit dem Zweiten Weltkrieg sind beide Zahlen von Jahr zu Jahr immer geringer geworden. Der Korrelationskoeffizient beträgt etwa $r = 0.7$. Natürlich gibt es für beide Merkmale Ursachen, die durch bestimmte Variable aus dem Sozial- und Wirtschaftsleben repräsentiert sind; vielleicht gibt es sogar eine gemeinsame Bestimmungsgröße für beide Merkmale. Trotzdem wird durch den hohen Wert des Korrelationskoeffizienten nicht die verbreitete, aber bekanntlich falsche Meinung gestützt, die Babies würden von den Störchen gebracht.

Im Fall des zweiten Teils des Beispiels spricht man von einer **Scheinkorrelation**. Der hohe Wert des Korrelationskoeffizienten zeigt nur scheinbar eine kausale Beziehung der Merkmale an. In Wirklichkeit (a) besteht zwischen den Merkmalen gar keine Beziehung, oder (b) sie ist durch ein drittes Merkmal induziert. So kann im Fall des zweiten Teils des Beispiels das Merkmal "materieller Wohlstand" dafür verantwortlich sein, daß ein so hoher Wert des Korrelationskoeffizienten erhalten wurde.

In einem empirischen Kontext müssen für die Beziehung zwischen Merkmalen zwei Bedingungen erfüllt sein, damit man von Kausalität sprechen kann:

1. die Beziehung muß logisch erklärbar sein
2. sie muß empirisch verifizierbar sein

Letztere Bedingung bedeutet, daß auch bei wiederholter empirischer Analyse kein widersprechendes Ergebnis beobachtet werden darf.

3.2.4 Die lineare Regression

Während der Korrelationskoeffizient als ein Maß für die **Stärke** des (linearen) Zusammenhanges zwischen zwei Merkmalen dient, soll die Regressionsrechnung Auskunft über die **Form** des Zusammenhanges zwischen den beiden (oder auch mehreren) Variablen geben. Im Unterschied zu den Fragestellungen des letzten Abschnittes, in denen die Variablen als gleichwertig angesehen werden, hat man im Rahmen der Regressionsrechnung zwei Typen von Variablen zu unterscheiden: die sogenannte **abhängige-** oder **Responsevariable**, im weiteren mit Y bezeichnet, und die **unabhängige-** oder **erklärende Variable**, X, deren Verhalten das der Responsevariablen "erklären" soll.

Das Regressionsmodell

Ausgangspunkt der Regressionsanalyse ist die **Linearität** des Zusammenhanges zwischen der Response- und der erklärenden Variablen: Man geht davon aus, daß zur Erklärung von Y durch X ein **lineares Modell** der Form

$$Y = a + bX$$

geeignet ist. Die Konstanten a und b heißen Regressionskoeffizienten. Sie sind nicht direkt beobachtbar; ihre Werte sollen aus den Beobachtungen (x_i, y_i), $i = 1, \ldots, n$, geschätzt werden. Es wird sich zeigen, daß die Annahme der Linearität das Bestimmen von Schätzwerten für a und b recht einfach macht. Natürlich muß diese Annahme durch die Daten gerechtfertigt werden; daher ist wieder einmal die Inspektion des Streudiagramms als erster Schritt der Analyse zu empfehlen.

Das Schätzproblem

Die Problemstellung der Regressionsanalyse läuft darauf hinaus, aus den n Beobachtungen (x_i, y_i), $i = 1, \ldots, n$, Zahlenwerte für die beiden nicht direkt beobachtbaren Regressionskoeffizienten a und b zu bestimmen. Das Problem dieses Bestimmens kommt daher, daß die Punkte (x_i, y_i) die Beziehung $Y = a + bX$ nicht exakt erfüllen, sondern die y_i, etwa als Folge von Meßfehlern oder anderen Ursachen, mit einem Fehlerterm behaftet sind. Die Problemstellung wird in der Statistik unter der Überschrift "Schätzproblem" behandelt und im Kapitel 11 "Regressionsanalyse" ausführlicher besprochen. Im Rahmen dieses Abschnitts sollen nur die wichtigsten Annahmen und der datenanalytische Aspekt behandelt werden.

Die Methode der Kleinsten Quadrate

Jeder Beobachtung bzw. jedem Datenpunkt (x_i, y_i) im Streudiagramm können wir einen Punkt $(x_i, \hat{y}_i)$ mit gleichem x_i zuordnen, wobei $\hat{y}_i$ durch $\hat{y}_i = a + bx_i$ bestimmt ist. Würden wir die Zahlenwerte für die beiden Regressionskoeffizienten a und b kennen, so könnten wir natürlich den Wert $\hat{y}_i$ errechnen; nur sind sie leider vorerst unbekannt. Die Idee der Kleinst-Quadrat Schätzung läuft darauf hinaus, diese beiden Parameter so zu wählen, daß die Summe $S(a, b)$ der Quadrate der einzelnen Abweichungen $y_i - \hat{y}_i$

$$S(a,b) = \sum_{i=1}^{n} (y_i - \hat{y}_i)^2 = \sum_{i=1}^{n} (y_i - a - bx_i)^2$$

ihr Minimum annimmt. Eine Begründung für die Wahl dieses Kriteriums wird im Kapitel 11 "Regressionsanalyse" ausführlich besprochen. Gesucht ist also das Minimum einer reellen Funktion von zwei Veränderlichen a und b. Partielles Differenzieren nach a und b liefert die beiden Ableitungen

$$\frac{\partial S}{\partial a} = -2\sum_i (y_i - a - bx_i)$$

$$\frac{\partial S}{\partial b} = -2\sum_i x_i(y_i - a - bx_i)$$

Durch Nullsetzen der Ableitungen erhält man die sogenannten **Normalgleichungen**, zwei lineare Gleichungen in den beiden Lösungen $\hat{a}$ und $\hat{b}$:

$$n\hat{a} + \hat{b}\sum_i x_i = \sum_i y_i$$

$$\hat{a}\sum_i x_i + \hat{b}\sum_i x_i^2 = \sum_i x_i y_i$$

Die Lösung dieses Gleichungssystems ergibt explizite Ausdrücke für die geschätzten Regressionskoeffizienten.

Satz 3.2 *Die* **Kleinst-Quadrat Schätzer** *für die Regressionskoeffizienten a und b der linearen Regression $Y = a + bX$ ergeben sich zu*

$$\hat{b} = \frac{n\sum_i x_i y_i - \sum_i x_i \sum_i y_i}{n^2 s_x^2} \tag{3.2}$$

$$\hat{a} = \frac{\sum_i y_i \sum_i x_i^2 - \sum_i x_i \sum_i x_i y_i}{n^2 s_x^2} = \bar{y} - \hat{b}\bar{x} \tag{3.3}$$

wobei s_x die Standardabweichung der x_i ist; in allen Summationen läuft i von 1 bis n.

Beispiel 3.8 Es soll eine lineare Beziehung zwischen dem "Körpergewicht" als abhängige Variable und der "Körpergröße" als erklärender Variable bestimmt werden: *Gewicht* $= a + b\cdot$ *Größe*. Die Kleinst-Quadrat Schätzwerte für die beiden unbekannten Parameter a und b ergeben sich nach (3.2)–(3.2) zu $a = -76.43$ und $b = 0.823$. Somit gilt zwischen den Variablen die geschätzte Beziehung

$$\text{Gewicht} = -\ 76.43 + 0.823 \times \text{Größe}$$

Der Parameter b ist der Anstieg der Regressionsgeraden und kann direkt interpretiert werden: Er mißt die Veränderung des Körpergewichtes, wenn sich die Körpergröße um eine Einheit verändert. Unsere Analyse hat ergeben, daß sich das Körpergewicht zweier Personen um 0.823 Kilogramm unterscheidet, wenn sie in der Körpergröße um einen Zentimeter differieren.

Der Regressionskoeffizient kann unter Verwendung der Kovarianz s_{xy} auch als $\hat{b} = s_{xy}/s_x^2$ geschrieben werden. Wie man aus dem Vergleich der Definition 3.3 für den Korrelationskoeffizienten r zwischen den Variable X und Y und der Gleichung (3.2) erkennt, besteht zwischen $\hat{b}$ und r die Beziehung

$$\hat{b} = r\frac{s_y}{s_x}$$

Die Interpretation des Regressionskoeffizienten $\hat{b}$, d.h. des Anstieges der Regressionsgeraden, spielt gerade in Anwendungen in der Ökonomie eine wichtige Rolle. Oft interessiert nur das Vorzeichen von $\hat{b}$, ähnlich wie r bestimmt wird, um die "Richtung" einer Beziehung zu kennen. Der Wert von $\hat{b}$ kann interessant sein, weil er – wie im Beispiel 3.8 – als Änderung der abhängigen

Variablen Y bei einer Änderung der erklärenden Variablen X um eine Einheit beschreibt. Der Wert des Interzeptes $\hat{a}$ der Regressionsgeraden spielt eine geringere Rolle. Im Beispiel 3.8 würde das Interzept jenes Gewicht angeben, mit dem bei einer Körpergröße von 0 cm zu rechnen ist: Das ist offensichtlich kein sinnvolles Ergebnis und weist darauf hin, daß man nicht Aussagen für beliebige Werte der erklärenden Variablen aus dem Regressionsmodell ableiten darf!

Die Prognose

Eine der wichtigsten Anwendungen der Regressionsanalyse besteht in der Prognose eines Wertes der abhängigen Variablen, gegeben einen Wert x der erklärenden Variablen. Kennen wir Schätzwerte $\hat{a}$ und $\hat{b}$ für die beiden Regressionskoeffizienten, so ist es naheliegend, der Schätzwert der abhängigen Variablen

$$\hat{y} = \hat{a} + \hat{b}x$$

als Prognose zu nehmen.

> **Beispiel 3.9** Ein Prognosewert des Körpergewichtes für eine Körpergröße von 190 cm ergibt sich mit Hilfe der Regressionsgeraden aus Beispiel 3.8 zu 79.94 kg.

Erweiterungen

Ausgangspunkt der Regressionsanalyse ist ein lineares Modell, in dem eine Variable zur Erklärung einer anderen Variablen herangezogen wird. Natürlich liegt die Frage nahe, wie "gut" dieses Modell die Daten beschreibt. Ein Maß für die Qualität des Modells sind die **Residua**, d.s. die Differenzen $y_i - \hat{y}_i$ zwischen den Beobachtungen y_i und den entsprechenden Punkten $\hat{y}_i$ auf der Regressionsgeraden, der nicht erklärte "Rest" der Beobachtung. Allgemein kann man schreiben:

$$\text{Beobachtung} = \text{prognostizierter Wert} + \text{Residuum}$$

Ein Modell wird man als umso besser erachten, je kleiner diese unerklärten Reste sind.

Eine Möglichkeit, die unerklärten Reste zu verringern, kann darin liegen, mehr als eine erklärende Variable in das Modell aufzunehmen: Wenn diese weitere Variable einen Erklärungsbeitrag leisten kann, wird diese Erweiterung des Modells zu (absolut) kleineren Residua und damit zu einer Verbesserung der Modellqualität führen.

> **Beispiel 3.10** Es wäre denkbar, daß zur Erklärung des Körpergewichtes die Variable "Geschlecht" einen zusätzlichen Erklärungsbeitrag neben dem Körpergewicht liefert. Es könnte etwa sein, daß der Effekt der Variablen "Größe" je nach Geschlecht verschieden ist. Analysen dieser Art

verschieben wir auf das Kapitel 11 "Regressionsanalyse". Zur Illustration des Gesagten sei hier das Ergebnis einer derartigen Modellerweiterung angeführt:

$$\text{Gewicht} = -\ 37.43 + 0.578 \times \text{Größe} + 7.019 \times \text{Geschlecht}$$

Die Variable "Geschlecht" hat den Wert 0 für weibliche und den Wert 1 für männliche Personen. Diese Gleichung kann folgendermaßen interpretiert werden: Das Körpergewicht erhöht sich je Zentimeter der Körpergröße um 0.578 Kilogramm, unabhängig vom Geschlecht der Person. Männer sind darüber hinaus um 7.019 Kilogramm schwerer als Frauen. Geometrisch kann diese Beziehung als zwei parallele Gerade mit dem den Anstieg 0.578 beschrieben werden, wobei die Gerade für Männer um 7.019 höher liegt als die für Frauen.

3.3 Die graphische Darstellung von multivariaten Daten

Zwei graphische Darstellungsformen von mehr als einem Merkmal sind in diesem Abschnitt bereits behandelt worden: Das zweidimensionale Stabdiagramm und das Streudiagramm. Eine derartige Graphik ist nicht nur ein ausgezeichnetes Mittel, die Struktur der Daten zu visualisieren, sondern ist auch aufschlußreich, wenn es um das Erkennen von Beziehungen zwischen Merkmalen geht. Wurden mehr als zwei Merkmale beobachtet, so ist sowohl das übersichtliche und kompakte Darstellen der in den Daten enthaltenen Information als auch das Erkennen von Beziehungen viel schwieriger. In diesem Abschnitt werden einige derartige Möglichkeiten beschrieben. Nach allgemeinen graphischen Verfahren (Abschnitt 3.3.1) werden in Abschnitt 3.3.2 Möglichkeiten der Darstellung von Daten aus wiederholten Beobachtungen behandelt. Schließlich wird in Abschnitt 3.3.3 das Ishikawa-Diagramm vorgestellt. Das Herstellen aller dieser Graphik erfordert eine große Fertigkeit und setzt zumeist voraus, daß ein entsprechendes EDV-Programm zur Verfügung steht.

3.3.1 Allgemeine Verfahren

In bestimmten Situationen kann die Information einer dritten Variablen in einem zweidimensionalen Stab- oder Streudiagramm in einer sehr illustrativen Weise berücksichtigt werden. So wurde in Abschnitt 3.2 die Merkmalsausprägung einer nominal skalierten Variablen benützt, um die Datenpunkte in einem Streudiagramm zu markieren. Ähnlich können die Stäbe eines zweidimensionalen Stabdiagramms mit Markierungen entsprechend den Häufigkeiten einer dritten Variablen aufgebaut werden. Für das Markieren werden Stricharten, Symbole oder Farben eingesetzt.

Möchte man Beobachtungen darstellen, die aus den Werten von drei stetigen Merkmalen bestehen, so könnte dazu man ein dreidimensionales Streudiagramm zeichnen. Eine aus naheliegenden Gründen gerne verwendete Alternative ist die **Streudiagramm-Matrix**. Sie besteht aus einer (Dreiecks)-Matrix von zweidimensionalen Streudiagrammen von allen Paaren der Merkmale. Nach diesem Prinzip können auch mehr als drei Merkmale dargestellt werden. Da die einzelnen Streudiagramme Projektionen der drei- oder mehrdimensionalen Punktwolke sind, geben nur alle zweidimensionalen Streudiagrammen gemeinsam die gesamte Information wieder. Allerdings wird es mit zunehmender Dimension immer schwieriger, die Abhängigkeitsstruktur zu verstehen bzw. sie sich vorzustellen.

Eine andere Möglichkeiten, mehrdimensionale Merkmale darzustellen, besteht darin, für jede Beobachtung eine eigene Graphik zu zeichnen. Allerdings ist es schwierig, aus solchen Darstellungen Beziehungen zwischen Merkmalen zu erkennen. Ein Beispiel für diesen Typ von Darstellung sind die **Sternendiagrammen**: Die Merkmalsausprägungen werden durch die Länge der Strahlen charakterisiert; jeder Stern repräsentiert eine Beobachtung.

Ähnliche können Vielecke etc. benützt werden. Eine besonders originelle Darstellung sind die **Chernoff-Faces**, benannt nach ihrem Erfinder H. Chenoff. Dabei steht wiederum für jede Beobachtung eine Graphik in Form eines Gesichtes, dessen Merkmale wie Länge der Nase, Krümmung der Oberlippe, Winkel der Augenachse etc. den Ausprägungen der verschiedenen Merkmale entsprechen.

3.3.2 Darstellung wiederholter Beobachtungen

Eine besondere Form der Darstellung mehrere Merkmale sind die **Zeitreihendiagramme**. Dabei wird ein bestimmtes Merkmal (oder mehrere Merkmale) über einen Zeitraum hinweg immer wieder beobachtet, und die Merkmalsausprägungen über der Zeitachse aufgetragen. Solche Diagramme lassen Trends, zyklische Schwankungen, das Ausmaß der zufälligen Schwankungen und Änderungen dieser Charakteristika gut erkennen. Wir werden Zeitreihendiagramme im Kapitel 4 "Zeitreihen" behandeln.

Beobachtungen, die für zwei oder mehrere Populationen wiederholt werden, dienen oft dem Vergleich. Eine graphische Darstellung kann das beste Mittel sein, die Unterschiede klarzumachen. Wurde beispielsweise ein einziges Merkmal für zwei Population erhoben, so können die Daten in einem Streudiagramms dargestellt werden, dessen beide Achsen je einer Population zugeordnet werden.

In einem **q-q-Plot** (q wie Quantil) werden p-Quantile der beiden Populationen für eine Reihe von p-Werten gegeneinander aufgetragen und mit einem Polygonzug verbunden. Es genügt im allgemeinen, zwischen zehn und 15 Quantile einzuzeichnen. Die 45° Gerade wird als Referenz eingezeichnet. Liegt der Polygonzug nahe der 45° Geraden, so sind auch die Charakteristika der beiden Verteilungen ähnlich; insbesondere haben die beiden Verteilungen gleiche Lage- und Streuungsmaße. Abweichungen von diesem Muster können direkt interpretiert werden. Beispielsweise bedeutet ein Polygonzug unterhalb der 45° Gerade, daß die Quantile – und die Lagemaße – der Verteilung, die auf der horizontalen Achse aufgetragen sind, geringer als die der anderen Stichprobe sind. Ein Anstieg des Polygonzuges größer (kleiner) als die 45° Gerade bedeutet einen größeren (kleineren) Wert des Streuungsmaßes.

3.3.3 Das Ishikawa-Diagramm

Dieses Diagramm wurde von dem japanischen Ingenieur Kaoru Ishikawa als Verfahren zur Qualitätsverbesserung vorgeschlagen und wird in der "brainstorming"-Phase von Qualitätszirkel eingesetzt. Es dient dort dazu, Abhängigkeiten eines Qualitätsmerkmals von anderen Merkmalen darzustellen, die als potentielle Einflußfaktoren in Frage kommen. Die Ursache-Wirkung Beziehung zwischen den Merkmalen steht also im Vordergrund. Ishikawa-Diagramme haben – entsprechend der hierarchischen Struktur der Merkmale – die Form eines Fischskeletts und werden deshalb auch "fishbone"-Diagramm genannt.

Kapitel 4

Analyse von Zeitreihen und Prognose

Bei der Analyse von Daten wurde in den vorangehenden Kapiteln stets unterstellt, daß die Beobachtungen unabhängige Realisationen sind. Die Körpergewichte der Personen, die sich zufällig in einem Raum aufhalten, sind im allgemeinen voneinander unabhängig und erfüllen diese Voraussetzung. In diesem Kapitel behandeln wir Daten, die in regelmäßigen Zeitabständen genommene Beobachtungen einer bestimmten Variablen sind; wir sprechen von einer Zeitreihe. Die Investitionen eines Unternehmens oder die Ausgaben für Straßenbau in einer Gemeinde werden als Jahresdaten dokumentiert; die Daten, die sich so in den letzten 20 Jahren ergaben, sind eine Zeitreihe mit 20 Beobachtungen. Die Umsätze der Filialen einer Warenhauskette werden als monatliche und jährliche, oft auch als wöchentliche oder sogar tägliche Daten berichtet. Die Aktienkurse werden an der Börse täglich, für manche Titel auch häufiger, gebildet und in den Zeitungen publiziert. Die Menge der Beobachtungen jeder dieser Größen, die in einem bestimmten Zeitraum realisiert wurden, sind weitere Beispiele von Zeitreihen.

Es gibt statistische Verfahren, die speziell zur Analyse von Zeitreihen entwickelt wurden. Diese werden uns in diesem Kapitel beschäftigen. Ziele einer Zeitreihenanalyse können die folgenden sein.

1. **Beschreibung der Zeitreihe:** Der erste Schritt in der Analyse einer Zeitreihe besteht meistens darin, diese graphisch darzustellen; vergleiche Kapitel 3.3. Das Zeitreihendiagramm erlaubt es besser als die Listung der Daten, Eigenschaften wie Trend oder Periodizitäten zu erkennen. Beschreibende Charakteristika von Zeitreihen wie Trend oder Saisonalität können natürlich auch als numerische Größen angegeben werden.

2. **Prognose künftiger Werte:** Die Beobachtungen einer Zeitreihe aus

der Vergangenheit geben uns die Möglichkeit, zukünftige Beobachtungen zu prognostizieren. Der Marketingmanager kann die Nachfrage nach seinem Produkt in den kommenden Monaten abschätzen, indem er die Nachfrage der Vergangenheit extrapoliert, wobei er möglicherweise auch das Saisonmuster der Entwicklung berücksichtigen muß. Oft wird zur Prognose künftiger Werte einer Größe nicht nur die Zeitreihe dieser Größe selbst benützt; die Berücksichtigung der Abhängigkeit zwischen der interessierenden Größe und anderen erklärenden Variablen kann die Genauigkeit der Prognose wesentlich erhöhen. So kann man das nächstjährige Steueraufkommen durch Extrapolation schätzen; einen viel genaueren Schätzer bekommt man, wenn man die unterschiedliche Entwicklung des Einkommens verschiedener Berufsgruppen und andere Indikatoren der konjunkturellen Entwicklung berücksichtigt. Statistische Prognoseverfahren sind das vielleicht wichtigste Gebiet der Zeitreihenanalyse. Sie erlauben uns nicht nur, zukünftige Werte zu schätzen, sondern darüber hinaus auch, Prognoseintervalle anzugeben.

3. **Erklärung der Datengenerierung:** Das Spezifizieren, Schätzen und diagnostische Überprüfen von Modellen für eine Zeitreihe liefert Information darüber, wie der Entstehungsmechanismus der Zeitreihe funktioniert. Kann man die Zeitreihe hinreichend genau mit Hilfe der eigenen Vergangenheit beschreiben, oder gibt es andere Variable, die einen wesentlichen Erklärungsbeitrag liefern? Die Anwendung entsprechender Verfahren zielt darauf, den Mechanismus des Entstehens der Zeitreihe aufzudecken.

In diesem Kapitel behandeln wir nur Verfahren, die zur Erklärung der Zeitreihe außer der eigenen Vergangenheit höchstens die Zeit verwenden. Im Abschnitt 4.1 werden einige Verfahren zum Beschreiben von Zeitreihen vorgestellt. Dann folgt ein kurzer Abschnitt zum Begriff der Autokorrelation (Kapitel 4.2). Schließlich führen wir im Kapitel 4.3 einige Prognoseverfahren ein, darunter die bekannte Technik des exponentiellen Glättens.

4.1 Dekomposition von Zeitreihen

Das klassische Modell zum Beschreiben von Zeitreihen geht davon aus, daß die Zeitreihe $x_1, \ldots, x_t, \ldots, x_n$, das sind die zeitlich geordneten Beobachtungen einer Variablen X, aus dem Trend, den zyklischen und saisonalen Schwankungen und dem Störterm oder der irregulären Schwankung zusammengesetzt ist. Diese Komponenten sind wie folgt definiert:

- Der **Trend** ist die langfristige Entwicklung im Niveau der Zeitreihe.

- Die **saisonale Schwankung** ist ein sich im meist jährlichen Rhythmus wiederholendes Muster in der Entwicklung der Zeitreihe. So hat der Energieverbrauch eines Haushaltes ein jährliches Muster mit dem Maximum im Winters und dem Minimum im Sommer. Ist die Schwingungsperiode nicht ein Jahr oder eine andere natürliche Zeiteinheit (Woche, Tag) so spricht man von einer **zyklischen Schwankung**; ein Beispiel sind die Konjunkturzyklen. Typischerweise ist die Periode einer zyklischen Schwankung im Gegensatz zu der einer saisonalen Schwankung nicht fix.

- Der **Störterm**, auch irreguläre Schwankung genannt, ist dadurch charakterisiert, daß seine Realisationen nicht vorhersagbar sind. Haben wir Trend, Saisonalität und zyklische Schwankungen aus der Zeitreihe eliminiert, so bleiben nur diese nicht vorhersagbaren, zufälligen Schwankungen übrig.

Ein häufig verwendetes Modell zur Beschreibung einer Zeitreihe als Kombination dieser Komponenten ist die additive Beziehung

$$X_t = T_t + S_t + U_t$$

für $t = 1, \ldots, n$; dabei steht X_t für die in t beobachtete Variable X, und T_t, S_t und U_t stehen für den Trend, die Saisonalität und den Störterm, die in t realisiert werden.

> **Beispiel 4.1** Die Zeitreihe "Privater Konsum, nominell, Quartalswerte in Mrd. öS" ist für den Zeitraum 71.1 bis 74.4 dargestellt. Sie ergibt sich als Summe der additiven Komponenten Trend, Saisonalität und Störterm, wie das die *Abbildung 4.1* illustriert.

Neben dem additiven Modell wird auch gerne das multiplikative Modell

$$X_t = T_t \cdot S_t \cdot U_t$$

verwendet; es kann durch Logarithmierung in ein additives Modell überführt werden. Manchmal werden auch gemischte Modelle der Form $X_t = T_t \cdot S_t + U_t$ verwendet, in dem Trend und Saisonalität multiplikativ verknüpft sind, und die irreguläre Komponente additiv wirkt.

Bevor wir uns mit dem Schätzen der Komponenten eines Zeitreihen-Modells befassen, illustrieren wir typische Verläufe an Hand einiger Zeitreihendiagramme.

Abbildung 4.1: Darstellung der Zeitreihe "Privater Konsum, nominell, Quartalswerte 1971.1 bis 1974.4 (in Mrd. öS)" und ihrer Komponenten Trend, Saisonalität und Störterm.

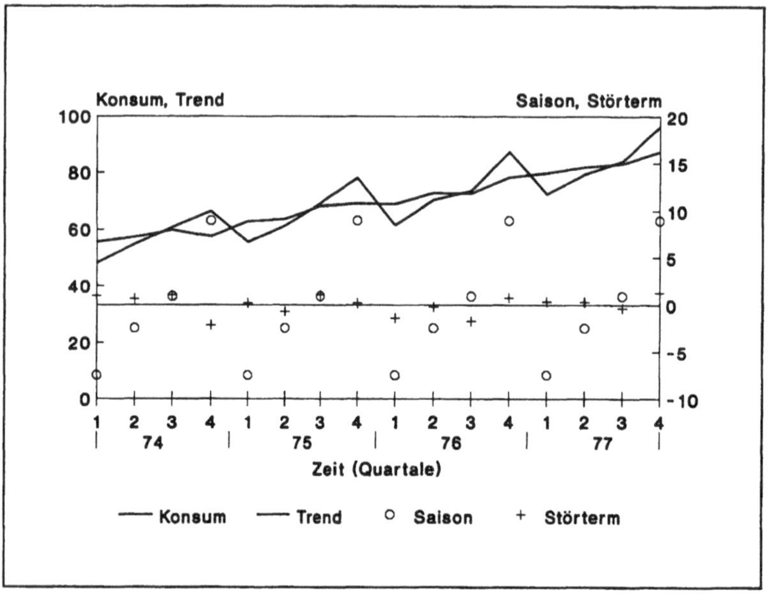

Beispiel 4.2 Das Beispiel zeigt vier typische Diagramme von Zeitreihen mit unterschiedlichen Charakteristika.

(a) Eine Zeitreihe ohne ausgeprägten Trend und ohne zyklisches Verhalten ist die Reihe "Anzahl der Einbürgerungen in Österreich, insgesamt, einschließlich der im Ausland wohnhaften Personen, 1981–1991" (Quelle: *Statistisches Jahrbuch für die Republik Österreich, 1992*, S. 56).

Jahr	Anzahl	Jahr	Anzahl
1981	7980	1987	8114
1982	7752	1988	8233
1983	10094	1989	8470
1984	8876	1990	9199
1985	8491	1991	11394
1986	10015		

Das Zeitreihendiagramm hat folgende Form:

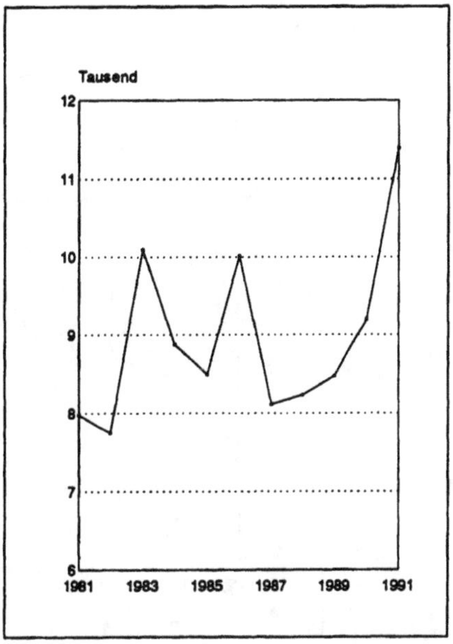

(b) Ein Beispiel einer Zeitreihe mit deutlichem Trend ist die Reihe "Privater Konsum (in 1000.–) pro Kopf, real zu Preisen von 1983, 1976–1991" (Quelle: *Statistisches Jahrbuch für die Republik Österreich, 1992*, S. 239).

Jahr	Konsum	Jahr	Konsum
1976	78.25	1984	91.92
1977	82.49	1985	94.05
1978	81.34	1986	95.62
1979	85.07	1987	98.49
1980	86.35	1988	101.77
1981	86.45	1989	104.91
1982	87.39	1990	107.55
1983	92.01	1991	108.61

Das Zeitreihendiagramm zeigt den Trend, der einer stetigen Zunahme von im Durchschnitt 2.2% pro Jahr entspricht.

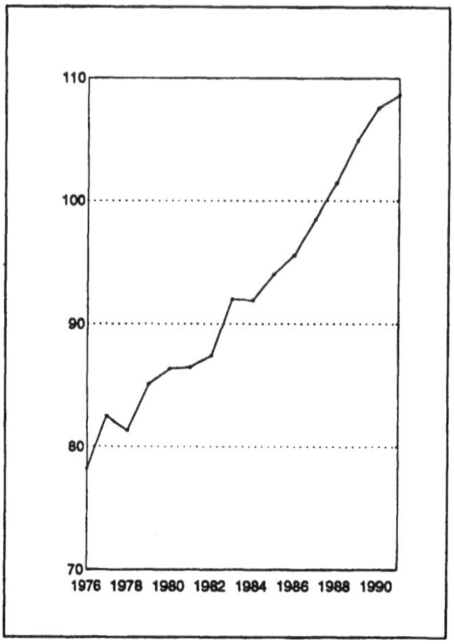

(c) Eine Zeitreihe ohne ausgeprägtem Trend, jedoch mit einer deutlichen saisonalen Komponente ist die Zeitreihe "Anzahl der Eheschließungen, Jänner 1989–Dezember 1991" (Quelle: *Statistisches Jahrbuch für die Republik Österreich, 1992*, S. 42).

Monat	1989	1990	1991
Jänner	1437	1653	1549
Februar	1548	2020	1752
März	2226	2580	2296
April	3441	3307	3505
Mai	6331	6767	6792
Juni	5099	6131	5563
Juli	4170	4071	4020
August	4322	4796	5347
September	5718	5888	5093
Oktober	3830	3800	3820
November	2187	2180	2430
Dezember	2214	2019	1939

Das Zeitreihendiagramm hat auf der horizontalen Achse die Zahl der Monate aufgetragen.

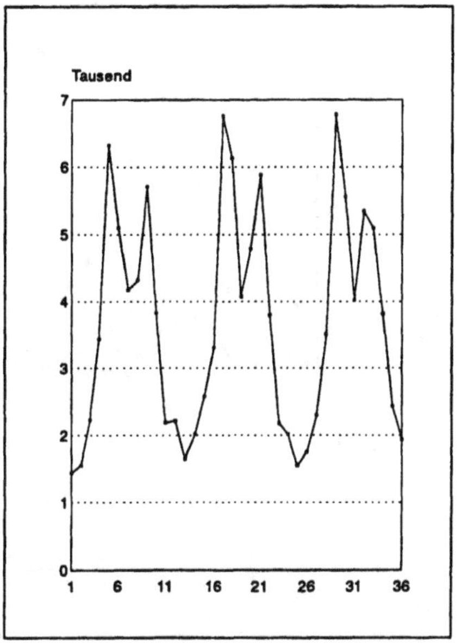

(d) Eine Zeitreihe mit sowohl Trend als auch Saisonalität ist die Reihe "Anzahl der Abflüge, Flughafen Wien-Schwechat, monatlich, 1990–1992" (Quelle: *Zivilluftfahrt in Österreich, 1990,1991,1992.* Beiträge zur österreichischen Statistik, Hefte 1005, 1044, 1083, Österreichisches Statistisches Zentralamt).

Monat	1990	1991	1992
Jänner	2931	3207	3827
Februar	2714	2787	3697
März	3081	3144	4062
April	3272	3655	4361
Mai	3670	4060	4689
Juni	3597	4145	4740
Juli	3753	4371	4945
August	3739	4380	4964
September	3612	4312	5837
Oktober	4362	4203	4759
November	3198	3815	4366
Dezember	2889	3617	4104

Das Zeitreihendiagramm hat auf der horizontalen Achse wieder die Zahl der Monate aufgetragen.

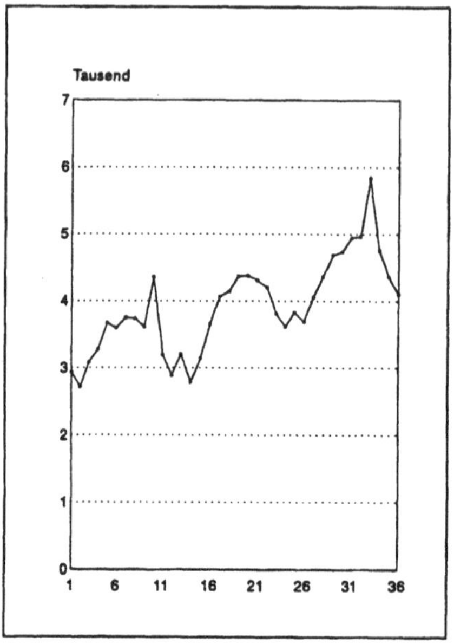

4.1.1 Schätzen der Trendkomponente

Die Trendkomponente einer Zeitreihe ist ihr wohl wichtigstes Charakteristikum, wenn es um die Prognose zukünftiger Werte der Zeitreihe geht. Die hier behandelten statistischen Verfahren zielen darauf, die Trendkomponente einer Zeitreihe zu identifizieren, die die langfristige Entwicklung der Zeitreihe unabhängig von saisonalen und irregulären Schwankungen zumindest über den Beobachtungszeitraum beschreibt.

Die Verfahren zum Schätzen der Trendkomponente kann man in zwei Gruppen einteilen. Sie basieren

- auf dem Anpassen einer Trendfunktion, die die Verlaufskurve als Funktion der Zeit beschreibt, oder
- auf dem lokalen Anpassen einer Trendgeraden oder einer ähnlich einfachen Kurve.

Anpassen einer Trendfunktion

Die Verfahren dieser Gruppe sind der Regressionsanalyse (vergleiche Abschnitt 3.2) verwandt und benützen die Kleinst-Quadrat Schätzung zur zahlenmäßigen Festlegung der Modellparameter; allerdings lassen wir nur Funktionen der Zeit als Regressorvariable zu. Wir modellieren die Realisationen der Zeitreihe daher als $X_t = T_t + U_t$ mit einer geeigneten Trendfunktion T_t. Vielfach verwendete Trendfunktionen sind (siehe auch *Abbildung 4.2*):

- **Polynomialer Trend**: $T_t = a + bt + ct^2 + \ldots$. Ein Spezialfall ist der lineare Trend $T_t = a + bt$, die wahrscheinlich am häufigsten verwendete Trendfunktion.

- **Exponentieller Trend** : $T_t = a \exp\{bt\}$.

- Der für eine **Sättigungskurve** typische, S-förmige Verlauf kann als logistische Trendfunktion

  $$T_t = \frac{a}{1 + b\exp\{-ct\}}$$

  formuliert werden, wobei a, b und c die Parameter der Funktion sind; aus $\lim_{t\to\infty} T_t \to a$ erkennt man, daß a das Sättigungsniveau ist.

- Einen S-förmigen Verlauf hat auch die sogenannte **Gomperz Kurve**

  $$T_t = \exp\{a - br^t\}\,;$$

  hier sind a, b und r die Funktionsparameter, wobei $0 \leq r \leq 1$ erfüllt sein muß.

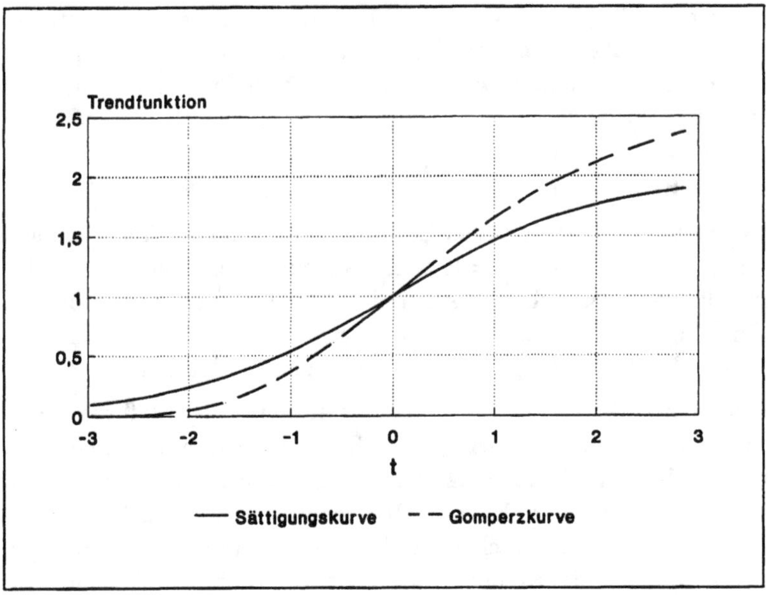

Abbildung 4.2: Sättigungskurve ($a = 2$, $b = c = 1$) und Gomperzkurve ($a = b = 1$, $r = 0.5$).

Die Anpassung der Trendfunktion erfolgt durch das Schätzen ihrer Parameter aus den Daten der Zeitreihe. Dazu verwenden wir die Methode der

Kleinsten Quadrate (vergleiche Abschnitt 3.2). Im Fall eines polynomialen Trends $T_t = a+bt+ct^2+\ldots$ oder anderer in den Parametern linearer Funktionen liefert sie als Normalgleichungen ein lineares Gleichungssystem, dessen Lösung die Kleinst-Quadrat Schätzer sind. Für ein quadratisches Polynom lauten die Normalgleichungen

$$\begin{pmatrix} n & \sum t & \sum t^2 \\ \sum t & \sum t^2 & \sum t^3 \\ \sum t^2 & \sum t^3 & \sum t^4 \end{pmatrix} \begin{pmatrix} a \\ b \\ c \end{pmatrix} = \begin{pmatrix} \sum x_t \\ \sum t x_t \\ \sum t^2 x_t \end{pmatrix},$$

sodaß die Schätzer $\hat{a}$, $\hat{b}$ und $\hat{c}$ in geschlossener Form dargestellt werden können.

> **Beispiel 4.3** Die Anpassung einer linearen Trendfunktion an die Zeitreihe "Privater Konsum (in 1000.–) pro Kopf, real zu Preisen von 1983" für den Zeitraum 1976 bis 1991 ergibt die Regressionsbeziehung
>
> $$T_t = 75.9 + 1.97\,t,$$
>
> wobei t die Werte 1 (für 1976) bis 16 (für 1991) durchläuft. Verwenden wir diese Gleichung zur Prognose des Wertes für das Jahr 1992 ($t = 17$), so erhalten wir $T_{1992} = 75.9+(1.97)(17) = 109.39$. Unter der Voraussetzung, daß die Zeitreihe hinreichend genau durch eine lineare Trendfunktion repräsentiert wird, können wir diese Zahl auch als Prognose für den privaten Konsum nehmen.

Siehe auch Beispiel 4.11.

Die exponentielle Trendfunktion kann man durch Logarithmieren linearisieren: $\ln T_t = c + bt$, wobei $c = \ln a$; die Normalgleichungen für $\hat{c}$ und $\hat{b}$ sind linear. Für den logistischen Trend und für die Gomperzkurve sind die Normalgleichungen nichtlinear, sodaß ein geeignetes numerisches Verfahren zur Schätzung der Trendkomponente herangezogen werden muß.

Wesentlich bei der Anpassung einer Trendfunktion ist, daß die spezifizierte, funktionale Form über den ganzen Beobachtungszeitraum der Zeitreihe gültig ist. Die Qualität der Schätzung hängt natürlich von der Adäquatheit der spezifizierten Trendfunktion ab. Bei der Anwendung der Regressionsanalyse auf Zeitreihen muß beachtet werden, daß wichtige Voraussetzungen, vor allem die Unabhängigkeit der Beobachtungen, kaum erfüllt sind. Dementsprechend müssen die Ergebnisse des Extrapolierens von geschätzten Trends mit Vorsicht behandelt werden.

Gleitende Durchschnitte

Diese Methode bietet sich an, wenn wenn man nicht in der Lage ist, eine Trendfunktion für den ganzen Beobachtungsbereich zu spezifizieren. Bei der Methode der Gleitenden Durchschnitte wird ein einfaches Modell wie eine Gerade lokal, d.h. an eine beschränkte Menge von aufeinanderfolgenden Beobachtungen, angepaßt; man nennt einen solchen Ausschnitt aus dem Beobachtungsbereich der Zeitreihe auch ein "Fenster". Wir gehen davon aus, daß die Realisierungen der Zeitreihe in diesem Fenster hinreichend genau durch $X_t = T_t + U_t = \alpha + \beta t + U_t$ repräsentiert werden. Aus der lokalen Anpassung der Geraden ergibt sich ein Schätzer für die Trendkomponente der Beobachtung in der Fenstermitte. Das Verfahren wird wiederholt angewendet, wobei man das Fenster über den Beobachtungsbereich wandern läßt.

Beispiel 4.4 Zur Schätzung der Trendkomponente T_t der Zeitreihe x_1, ..., x_n passen wir die Gerade $T_t = \alpha + \beta t$ an jeweils fünf aufeinanderfolgende Beobachtungen an. Um das Verfahren zu verdeutlichen, nehmen wir als Fenster die fünf (hypothetischen) Beobachtungen $x_{-2}, \ldots, x_2$. Die Anwendung des Kleinst-Quadrat Kriteriums liefert die Normalgleichungen

$$\begin{aligned} \sum x_t &= 5a + b\sum t \\ \sum t x_t &= a\sum t + b\sum t^2 \end{aligned}$$

für die Schätzer a und b für α und β. Berücksichtigen wir $\sum_{t=-2}^{+2} t = 0$, so erhalten wir die Lösungen

$$\begin{aligned} a &= \frac{1}{5}\sum_{t=-2}^{2} x_t \\ b &= \frac{1}{10}\sum_{t=-2}^{2} t x_t\,. \end{aligned}$$

Die Trendkomponente T_0 für x_0 schätzen wir als Wert des Polynoms an der Stelle $t = 0$ zu

$$t_0 = a = \frac{1}{5}\sum_{t=-2}^{t=2} x_t = \frac{1}{5}(x_{-2} + x_{-1} + x_0 + x_1 + x_2)\,,$$

also als Mittelwert dieser fünf Beobachtungen. Da wir diese Schätzung für alle möglichen Punkte $t = 3, \ldots, n-2$ ausführen, sprechen wir von der Methoden der Gleitenden Durchschnitte (der Ordnung fünf). Die Ordnung gibt die Zahl der Summanden in der Durchschnittsbildung an.

Eine häufig verwendete Charakterisierung der Durchschnittsbildung ist die Menge der Gewichte, im Fall des Beispiels 4.4 $\frac{1}{5}[1, 1, 1, 1, 1]$, mit denen die Beobachtungen in die Durchschnittsbildung eingehen.

Die Methode der Gleitenden Durchschnitte mit gerader Ordnung illustrieren wir am Fall, daß die Ordnung den Wert vier hat. In diesem Fall verwenden wir die Gewichte $\frac{1}{8}[1,2,2,2,1]$; sie entsprechen dem Mittel zweier geschätzter Trendkomponenten aus Durchschnitten von je vier Beobachtungen: Aus $t_{2.5} = \frac{1}{4}(x_1 + x_2 + x_3 + x_4)$ und $t_{3.5} = \frac{1}{4}(x_2 + x_3 + x_4 + x_5)$ ergibt sich als Mittelwert

$$t_3 = \frac{1}{2}t_{2.5} + \frac{1}{2}t_{3.5} = \frac{1}{8}(x_1 + 2x_2 + 2x_3 + 2x_4 + x_5)\,;$$

das bedeutet einen Gleitenden Durchschnitt von fünf Beobachtungen mit Gewichten $\frac{1}{8}[1,2,2,2,1]$, sodaß die drei mittleren Beobachtungen je 25% und die beiden äußeren zusammen ebenfalls 25% des Gesamtgewichts bekommen.

Basierend auf diesen Überlegungen kann man Gleitende Durchschnitte folgendermaßen definieren:

Definition 4.1 *Die Trendkomponente T_t wird mittels Gleitender Durchschnitte geschätzt zu*

$$T_t = \begin{cases} \frac{1}{2m+1}\sum_{i=t-m}^{i=t+m} x_i, \; t = m+1,\ldots,n-m, \\ \qquad \textit{wenn } m \textit{ gerade} \\ \frac{1}{2m}\left[\sum_{i=t-m+1}^{i=t+m-1} x_i + \frac{1}{2}(x_{t-m} + x_{t+m})\right], \; t = m+1,\ldots,n-m, \\ \qquad \textit{wenn } m \textit{ ungerade} \end{cases}$$

Eine Verallgemeinerung der Methode der Gleitenden Durchschnitte besteht darin, daß ein Polynom höheren als ersten Grades lokal angepaßt wird. Ein Gleitender Durchschnitt der Ordnung fünf, bei dem ein Polynom 2-ten Grades anpaßt wird, führt beispielsweise zu den Gewichten

$$\frac{1}{35}[-3,12,17,12,-3]\,.$$

Aus der Konstruktion der gleitenden Durchschnitte ergibt sich, daß der Glättungseffekt umso größer ausfällt, je mehr Summanden in die Durchschnittsbildung einbezogen werden. Allerdings wird mit wachsender Ordnung auch der Bereich der Beobachtungen immer größer, für die die Trendkomponente nicht geschätzt werden kann: Beträgt die Ordnung $2m+1$, so kann die Trendkomponente nur für die Beobachtungen x_{m+1} bis x_{n-m}, nicht aber für die ersten und letzten m Beobachtungen ermittelt werden.

Beispiel 4.5 Um den Effekt der wachsenden Ordnung zu illustrieren, wenden wir gleitende Durchschnitte der Ordnungen 5 und 11 auf die Zeitreihe “Anzahl der Eheschließungen” an (vergleiche Beispiel 4.2). Die Abbildung zeigt die geglätteten Reihen.

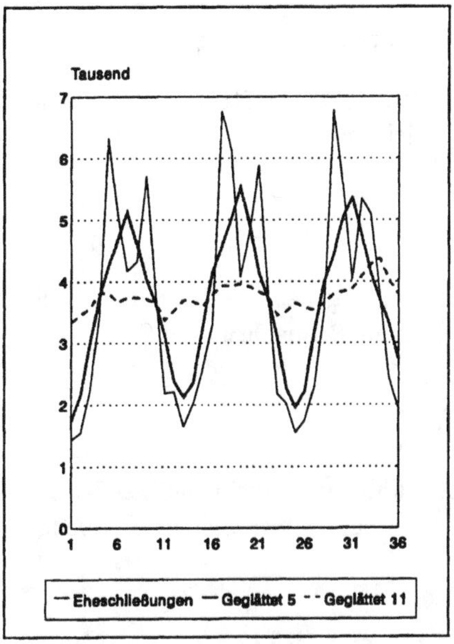

Mit zunehmender Ordnung der gleitenden Durschnitte werden Extrema der Reihe mehr und mehr geglättet.

Wie schon erwähnt, erhalten wir bei Anwendung der Gleitenden Durchschnitte der Ordnung $2m+1$ für die ersten und die letzten m Beobachtungen keine Schätzungen der Trendkomponente. Gerade die letzten Beobachtungen sind die aktuellsten Werte der Zeitreihe, sodaß dieser Mangel zu einem Verlust an wichtiger Information führen kann. Es ist eine Reihe von Verfahren vorgeschlagen worden, mit deren Hilfe man den Rand des Beobachtungsbereichs bearbeiten kann. Eine naheliegende Methode besteht darin, das angepaßte Polynom aus dem letzten Teilbereich zur Prognose der letzten m Trendkomponenten zu verwenden. Das soll das folgende Beispiel illustrieren.

Beispiel 4.6 Wir betrachten wieder gleitende Durchschnitte der Ordnung 5 mit einer Geraden als lokale Trendfunktion; die Gewichte sind $\frac{1}{5}[1,1,1,1,1]$ (vergleiche das Beispiel 4.4). Die aktuellste Beobachtung, für die wir die Trendkomponente mit diesen Gewichten schätzen können, ist x_{n-2}. Für die Trendkomponente von x_{n-1} können wir eine Schätzung erhalten, indem wir die für die Beobachtungen $x_{n-4},\ldots,x_n$ erhaltene Gerade $a+b\,t$ verwenden, um eine Prognose t_{n-1} für x_{n-1} zu ermitteln. Diese Aufgabe entspricht dem Prognostizieren der Trendkomponente t_1 für x_1 aus der Geraden durch die Punkte $x_{-2},\ldots,x_2$ (vergleiche das Beispiel 4.4). In der Notation des Beispiels 4.4 erhalten wir für den Zeitpunkt $t=1$

$$t_1 \;=\; a+b\,1=\frac{1}{5}\sum_{i=-2}^{2} x_i+\frac{1}{10}\sum_{i=-2}^{2} i x_i$$

$$= \frac{1}{10}x_{-1} + \frac{2}{10}x_0 + \frac{3}{10}x_1 + \frac{4}{10}x_2\,;$$

das ist der gewichtete Durchschnitt der letzten fünf Beobachtungen, allerdings mit den Gewichten

$$\frac{1}{10}[0, 1, 2, 3, 4]\,.$$

Analoge Überlegungen ergeben die Gewichte für die Schätzung der Trendkomponente der letzten Beobachtung zu

$$\frac{1}{5}[-1, 0, 1, 2, 2]\,.$$

Für die Reihe "Anzahl der Eheschließungen" ergeben sich damit die geglätteten Werte für die letzten beiden Beobachtungen zu 2777.9 und 1442.2.

4.1.2 Schätzen der Saisonalen Fluktuationen

Wir gehen davon aus, daß die interessierende Zeitreihe durch das additive Modell $X_t = T_t + S_t + U_t$ adäquat beschrieben wird. Die Saisonkomponente S_t ist zu schätzen. Wir verlangen, daß die Saisonkomponente die folgenden Annahmen erfüllt.

A1 Bei einer Periodizität der Saisonfigur von p Beobachtungsintervallen soll gelten $S_{t+p} = S_t$, d.h., daß sich die Saisonfigur nach je p Beobachtungen wiederholt; diese Annahme nennt man **Konstanz der Saisonfigur.**

A2 Die Summe der p Saisonkomponenten soll Null sein: $\sum_{i=t}^{t+p-1} S_i = 0$ für alle $t = 1, 2, \ldots, n-p+1$.

Aus der Bedingung A2 folgt

$$\frac{1}{p}\sum_{i=t+1}^{t+p} X_i = \frac{1}{p}\sum_{i=t+1}^{t+p} T_i + \frac{1}{p}\sum_{i=t+1}^{t+p} S_i + \frac{1}{p}\sum_{i=t+1}^{t+p} U_i \doteq \frac{1}{p}\sum_{i=t+1}^{t+p} T_i\,,$$

da $\sum_{i=t+1}^{t+p} S_i = 0$ und $(\sum_{i=t+1}^{t+p} U_i)/p$ (bei nicht zu kleinem p) vernachlässigbar klein ist. Das gleiche Ergebnis erhalten wir, wenn wir gleitende Durchschnitte der Ordnung p mit einer Geraden als lokales Modell verwenden. Da die Periodizität der gebräuchlichen Saisonalitäten (vier Quartale, 12 Monate) meist geradzahlig sind, haben wir es zumeist mit Gewichten der Form $\frac{1}{2p}[1, 2, \ldots, 2, 1]$ zu tun.

Die Schätzung der Saisonkomponenten erfolgt in folgenden Schritten.

1. Bestimmen der Trendkomponente durch eine gleitende Mittelung der Ordnung p: $T_t \doteq \sum_i a_i X_{t-i}$; die a_i sind Gewichte aus $\frac{1}{2p}[1, 2, \ldots, 2, 1]$. Die Differenzen $D_t = X_t - T_t$ setzen sich näherungsweise aus der Saisonkomponente und dem Störterm zusammen: $D_t \doteq S_t + U_t$.

2. Schätzen der vorläufigen Saisonkomponenten: Durch Mittelung über die korrespondierenden Saisonzeitpunkte $D_r, D_{r+p}, D_{r+2p}, \ldots$ erhalten wir vorläufige Schätzer $\bar{D}_r$ für die Saisonkomponente S_r, $r = 1, \ldots, p$. Es ist nicht sichergestellt, daß ihre Summe Null ist.

3. Adjustieren der Saisonkomponenten: Um zu erzwingen, daß die Summe der Saisonkomponenten den Wert Null hat und damit die Bedingung A2 erfüllt ist, berechnen wir die endgültigen Schätzer der Saisonkomponente S_r zu

$$\hat{S}_r = \bar{D}_r - \frac{1}{p}\sum_{i=1}^{p} \bar{D}_i$$

für $r = 1, \ldots, p$.

Durch Subtraktion der jeweiligen Saisonkomponente erhält man die **desaisonalisierte Zeitreihe**. Die Vorgangsweise wird an folgendem Beispiel illustriert.

Beispiel 4.7 Für die Zeitreihe "Privater Konsum, nominell, Quartalswerte in Mrd. öS" sollen (a) die Saisonkomponenten und (b) die desaisonalisierte Reihe bestimmt werden. Die folgende Tabelle enthält die interessierende Reihe in der Spalte x_t.

Jahr	Quartal	x_t	t	$x_t^{(4)}$	d_t	x_t^*
1971	1	48.1	1	–	–	55.6
	2	54.8	2	–	–	57.3
	3	60.8	3	58.5	2.3	59.5
	4	66.5	4	60.2	6.3	57.8
1972	1	55.5	5	62.1	−6.6	63.0
	2	61.3	6	64.6	−3.3	63.8
	3	69.3	7	66.8	2.5	68.0
	4	78.2	8	68.7	9.5	69.5
1973	1	61.6	9	70.4	−8.8	69.1
	2	70.4	10	72.1	−1.7	72.9
	3	73.7	11	74.6	−0.9	72.4
	4	87.4	12	77.1	10.3	78.7
1972	1	72.5	13	79.6	−7.1	80.0
	2	79.5	14	82.0	−2.5	82.0
	3	84.1	15	–	–	82.5
	4	96.4	16	–	–	87.7

(a) Das Diagramm der Zeitreihe (siehe *Abbildung 4.1*) zeigt sowohl einen ausgeprägten Trend als auch eine ausgeprägte Saisonkomponente mit einer Periodizität von $p = 4$. Der erste Schritt in der Schätzung der Saisonkomponenten besteht darin, die Reihe zu glätten, d.h., die Trendkomponente zu schätzen, und den Trend von den einzelnen Beobachtungen zu subtrahieren, d.h., die Reihe um den Trend zu bereinigen. Die gleitenden Durchschnitte der Ordnung vier erhalten wir durch Mittelung mit den Gewichten $\frac{1}{8}[1,2,2,2,1]$; beispielsweise ergibt sich $t_3 = (x_1 + 2x_2 + 2x_3 + 2x_4 + x_5)/8 = 58.5$. Die geglättete Reihe zeigt die Spalte $x_t^{(4)}$.

Subtrahieren der Trendkomponente von den Beobachtungen liefert die Differenzen $d_t = x_t - x_t^{(4)}$, eine Schätzung der Summe von Saisonkomponente und irregulärer Schwankung. Die vorläufige Schätzung der Saisonkomponenten erhalten wir als Mittel über die korrespondierenden d_i:

$$\begin{aligned}
\bar{d}_1 &= \frac{1}{3}(-6.6 - 8.8 - 7.1) = -7.5\,, \\
\bar{d}_2 &= \frac{1}{3}(-3.3 - 1.7 - 2.5) = -2.5\,, \\
\bar{d}_3 &= \frac{1}{3}(2.3 + 2.5 - 0.9) = 1.3\,, \\
\bar{d}_4 &= \frac{1}{3}(6.3 + 9.5 + 10.3) = 8.7\,.
\end{aligned}$$

Da $\sum \bar{d}_i = 0$, ist eine Adjustierung auf Null nicht notwendig: Die Schätzer der Saisonkomponenten sind $\hat{S}_i = \bar{d}_i$.

(b) Die desaisonalisierte Reihe x_t^* ergibt sich aus der ursprünglichen Zeitreihe x_t, indem die jeweilige Saisonkomponente von den x_t subtrahiert wird.

4.2 Autokorrelation

Einen wichtigen Einblick in die Abhängigkeitsstruktur einer Zeitreihe geben die Autokorrelationskoeffizienten, die die Abhängigkeit zwischen den Beobachtungen als Funktion der Distanz zwischen den Beobachtungszeitpunkten messen.

Den n Beobachtungen $x_1, \ldots, x_n$ der Zeitreihe ordnen wir die Variablen $X_1, \ldots, X_n$ zu. Dann können wir $n - 1$ Paare von in der Zeitreihe aufeinander folgender Beobachtungen $(X_1, X_2), \ldots, (X_{n-1}, X_n)$ bilden. Wenn wir die Menge der Paare (X_i, X_{i+1}) als Stichprobe von zwei Variablen auffassen, können wir für sie den gewöhnliche Produktmomentkorrelationskoeffizienten berechnen, den wir mit R_1 bezeichnen wollen:

$$R_1 = \frac{\sum_{i=1}^{n-1}(X_i - \bar{X}_{(1)})(X_{i+1} - \bar{X}_{(2)})}{\sqrt{\sum_{i=1}^{n-1}(X_i - \bar{X}_{(1)})^2}\sqrt{\sum_{i=2}^{n}(X_{i+1} - \bar{X}_{(2)})^2}},$$

wobei $\bar{X}_{(1)}$ und $\bar{X}_{(2)}$ die Mittelwerte der ersten $n-1$ und der letzten $n-1$ X_i sind. Für hinreichend großes n können wir für R_1 auch näherungsweise schreiben

$$R_1 = \frac{\sum_{i=1}^{n-1}(X_i - \bar{X})(X_{i+1} - \bar{X})}{\sum_{i=1}^{n}(X_i - \bar{X})^2}.$$

In ähnlicher Weise kann die Korrelation R_k zwischen solchen X_i berechnet werden, die k Zeiteinheiten voneinander entfernt sind:

$$R_k = \frac{\sum_{i=1}^{n-k}(X_i - \bar{X})(X_{i+k} - \bar{X})}{\sum_{i=1}^{n}(X_i - \bar{X})^2};$$

R_k heißt Autokorrelationskoeffizient für die Verschiebung (*lag*) k oder Autokorrelationskoeffizient der Ordnung k. Wenn wir die Beobachtungen x_i für die Variablen X_i einsetzen, bekommen wir die empirischen Autokorrelationskoeffizienten r_k, $k = 1, 2, \ldots$.

Die graphische Darstellung der Autokorrelationskoeffizienten für verschiedene Ordnungen heißt **Korrelogramm**: Die r_k werden dabei gegen k aufgetragen. Eine visuelle Inspektion des Korrelogramms gibt nützliche Hinweise auf die Abhängigkeitsstruktur der Beobachtungen der Zeitreihe. Bei der Interpretation des Korrelogramms ist das der Zeitreihe zugrundeliegende Modell zu berücksichtigen.

Wir illustrieren das an Hand einiger Korrelogramme.

Beispiel 4.8 Für die Zeitreihen aus Beispiel 4.2 bestimmen wir die Korrelogramme. Dazu verwenden wir die MINITAB-Prozedur **acf**, die die Autokorrelationskoeffizienten bis zur Ordnung $\sqrt{n} + 10$ berechnet, wobei n die Länge der Zeitreihe ist.

(a) Die ersten zehn Korrelationskoeffizienten der Reihe "Anzahl der Einbürgerungen in Österreich, 1981–1991" ergeben sich wie folgt:

```
          -0.8 -0.6 -0.4 -0.2  0.0  0.2  0.4  0.6  0.8  1.0
           +----+----+----+----+----+----+----+----+----+
  1 -0.015                     X
  2 -0.236               XXXXXXX
  3 -0.018                     X
  4 -0.263              XXXXXXXX
  5  0.132                     XXXX
  6 -0.000                     X
  7  0.109                     XXXX
  8  0.235                     XXXXXXX
  9 -0.254               XXXXXXX
 10 -0.191                XXXXXX
```

Die r_k zeigen keine auffällige Struktur; wir sprechen daher von einer "zufälligen" Reihe.

(b) Die Autokorrelationskoeffizienten der Reihe "Privater Konsum, 1976–1991" sind

```
          -0.8 -0.6 -0.4 -0.2  0.0  0.2  0.4  0.6  0.8  1.0
           +----+----+----+----+----+----+----+----+----+
  1  0.793                     XXXXXXXXXXXXXXXXXXXXX
  2  0.615                     XXXXXXXXXXXXXXXX
  3  0.412                     XXXXXXXXXXX
  4  0.252                     XXXXXXX
  5  0.111                     XXXX
  6 -0.014                     X
  7 -0.148                 XXXXX
  8 -0.224               XXXXXXX
  9 -0.323             XXXXXXXXX
 10 -0.362            XXXXXXXXXX
 11 -0.389           XXXXXXXXXXX
 12 -0.402           XXXXXXXXXXX
 13 -0.374            XXXXXXXXXX
 14 -0.277              XXXXXXXX
```

Die langsame, stetige Abnahme der Autokorrelationskoeffizienten zeigt einen ausgeprägten positiven Trend der Zeitreihe an.

(c) Die Autokorrelationsfunktion für die "Anzahl der Eheschließungen, Jänner 1989–Dezember 1991" spiegelt sehr schön das zyklische Verhalten der Reihe wieder:

```
        -0.8 -0.6 -0.4 -0.2  0.0  0.2  0.4  0.6  0.8  1.0
          +----+----+----+----+----+----+----+----+
 1  0.603                     XXXXXXXXXXXXXXXX
 2  0.134                     XXXX
 3 -0.064                   XXX
 4 -0.273              XXXXXXXX
 5 -0.510        XXXXXXXXXXXXXX
 6 -0.662    XXXXXXXXXXXXXXXXXX
 7 -0.528        XXXXXXXXXXXXXX
 8 -0.188                XXXXXX
 9  0.042                     XX
10  0.193                     XXXXXX
11  0.478                     XXXXXXXXXXXXX
12  0.661                     XXXXXXXXXXXXXXXXXX
13  0.383                     XXXXXXXXXXX
14  0.068                     XXX
15 -0.066                   XXX
16 -0.195                XXXXXX
```

Die Periode beträgt 12 Monate.

(d) Das Korrelogramm der Zeitreihe “Anzahl der Abflüge, Flughafen Wien-Schwechat, monatlich, 1990–1992” hat folgendes Aussehen:

```
        -0.8 -0.6 -0.4 -0.2  0.0  0.2  0.4  0.6  0.8  1.0
          +----+----+----+----+----+----+----+----+
 1  0.794                     XXXXXXXXXXXXXXXXXXXXX
 2  0.611                     XXXXXXXXXXXXXXXX
 3  0.427                     XXXXXXXXXXXX
 4  0.215                     XXXXXX
 5  0.093                     XXX
 6  0.011                     X
 7 -0.010                     X
 8  0.038                     XX
 9  0.127                     XXXX
10  0.262                     XXXXXXXX
11  0.313                     XXXXXXXXX
12  0.303                     XXXXXXXXX
13  0.209                     XXXXXX
14  0.063                     XXX
15 -0.084                   XXX
16 -0.211                XXXXXX
```

Sie zeigen deutlich den positiven Trend und durch ihre Oszillation auch das zyklische Verhalten der Reihe an.

Einige allgemeine Hinweise zur Interpretation von Korrelogrammen:

- Ist eine Reihe vollständig "zufällig", d.h., daß alle Beobachtungen voneinander unabhängig sind, so gilt $r_k \approx 0$ für alle Ordnungen $k = 1, 2, \ldots$.

- Kurzfristige Abhängigkeiten in einer Reihe sind dadurch charakterisiert, daß die Korrelationskoeffizienten für kleine Ordnungen große Werte aufweisen, während die übrigen Korrelationskoeffizienten klein sind. Bei Zeitreihen mit einem positiven Trend nehmen die Autokorrelationskoeffizienten nur langsam ab.

- Bei alternierenden Reihen, das sind Reihen, bei denen die Beobachtungen abwechselnd größer und kleiner als der Reihenmittelwert sind, spiegelt das Korrelogramm diese Eigenschaft wider: Die r_k haben ebenfalls wechselnde Vorzeichen.

- Bei saisonaler Fluktuation zeigt das Korrelogramm ebenfalls dieses oszillierende Verhalten.

4.3 Prognosen

Die Literatur über Prognoseverfahren für Zeitreihen ist besonders umfangreich. Das hängt wohl damit zusammen, daß das Vorhersagen der künftigen Entwicklung – besonders im Wirtschaftsleben – von großer Bedeutung ist. Die erfolgreichsten Prognoseverfahren basieren auf Regressionsmodellen, deren Anwendung auf Zeitreihen des Wirtschaftslebens in der Literatur zum Thema Ökonometrie behandelt wird. Wir werden in Kapitel 11 im Zusammenhang mit Regressionsmodellen auf das Prognoseproblem zurückkommen.

Wie schon angemerkt, beschränken wir uns in diesem Kapitel auf Verfahren, die zur Erklärung der Zeitreihe außer der eigenen Vergangenheit höchstens die Zeit verwenden. Wir werden in diesem Abschnitt eine Vorhersageprozedur behandeln, die einfach anzuwenden ist und die die Basis für eine ganze Reihe von Verallgemeinerungen wurde: das Exponentielle Glätten. Die Verfahren des Exponentiellen Glättens benützen die Abhängigkeiten innerhalb der Zeitreihe, um aus der gegenwärtigen und den vergangenen Beobachtungen eine Prognose zu ermitteln. Dabei gehen wir davon aus, daß die Zeitreihe $x_1, \ldots, x_t$ gegeben ist, und daß für x_{t+k}, $k = 1, 2, \ldots$, der prognostizierte Wert $\hat{x}_{t+k,t}$ bestimmt werden soll.

Die Idee der Verfahren des Exponentiellen Glättens ist es, als Prognosewert eine gewichtete Summe $\sum_i c_i x_{t-i}$ zu verwenden, wobei die Beobachtungen umso weniger Gewicht bekommen, je weiter sie in der Vergangenheit zurückliegen. Wir werden zwei Verfahren des Exponentiellen Glättens behandeln:

- das einfache Exponentielle Glätten, und

- das Verfahren nach Holt und Winters zum Ermitteln von Prognosen für Zeitreihen mit Trend und Saisonalität.

4.3.1 Einfaches exponentielles Glätten

Dieses Prognoseverfahren wurde von C.C. Holt entwickelt und in einer Publikation im Jahr 1958 vorgeschlagen. Es setzt eine Zeitreihe voraus, die keinen Trend und keine Saisonalitäten aufweist, sodaß der Mechanismus der Datengenerierung durch das Modell $X_t = T_t + U_t$ mit $T_t = \beta$ adäquat beschrieben wird; dabei steht β für das Niveau der Zeitreihe. Das Prognoseproblem besteht darin, das Niveau der Zeitreihe zu schätzen; der Schätzer $\hat{\beta}$ wird als Prognosewert verwendet.

Um sicherzustellen, daß das Verfahren auch dann befriedigende Prognosewerte liefert, wenn sich das Niveau des Prozesses ändert, wird nicht die gesamte Vergangenheit der Zeitreihe in der Berechnung des Schätzer in gleicher Weise berücksichtigt. Vergangene Beobachtungen bekommen umso weniger Gewicht, je älter sie sind. Das wird erreicht, indem der Schätzer für β als

$$\hat{\beta}_t = \alpha x_t + (1-\alpha)\hat{\beta}_{t-1}$$

geschätzt oder "fortgeschrieben" wird; die **Glättungskonstante** α ist eine reelle Zahl mit $0 < \alpha < 1$. Der Prognosewert für $t+1$ ist

$$\hat{x}_{t+1,t} = \hat{\beta}_t\,;$$

analog nehmen wir für jeden weiteren Prognosezeitpunkt $t+k$, $k > 1$, ebenfalls $\hat{x}_{t+k,t} = \hat{\beta}_t$ als Prognosewert. Der Prognosewert ist wesentlich vom Glättungsparameter α bestimmt. Ein großer Wert α führt dazu, daß wir der aktuellen Beobachtung mehr Gewicht als den vergangenen einräumen; bei einem kleinen Wert für α erhalten die weiter zurück liegenden Beobachtungen ein größeres Gewicht.

Um die Rekursion $\hat{\beta}_t = \alpha x_t + (1-\alpha)\hat{\beta}_{t-1}$ anwenden zu können, brauchen wir einen Startwert β^*. Dafür bieten sich eine einzelne Beobachtung aus der Vergangenheit oder der Durchschnitt einiger vergangener Beobachtungen an.

Beispiel 4.9 Für die Zeitreihe "Anzahl der Einbürgerungen in Österreich, 1981–1991" soll ein Prognosewert für 1992 ermittelt werden. Die Zeitreihe zeigt weder einen ausgeprägten Trend noch ein zyklisches Verhalten. Daher ist das einfache Exponentielle Glätten eine geeignete Prognosemethode. Die Spalten "$\alpha = 0.1$" etc. der Tabelle wurden durch Anwenden der rekursiven Beziehung $\hat{x}_{t+1,t} = \alpha x_t + (1-\alpha)\hat{x}_{t,t-1}$ ermittelt, wobei der Wert $x_{1981} = 7980$ als Startwert verwendet wurde.

Jahr	Anzahl	$\alpha = 0.1$	$\alpha = 0.2$	$\alpha = 0.3$
1981	7980	7980.0	7980.0	7980.0
1982	7752	7957.2	7934.4	7911.6
1983	10094	8170.9	8366.3	8566.3
1984	8876	8241.4	8468.3	8659.2
1985	8491	8266.4	8472.8	8608.7
1986	10015	8441.2	8781.2	9030.6
1987	8114	8408.5	8647.8	8755.6
1988	8233	8390.9	8564.8	8598.8
1989	8470	8398.9	8545.9	8560.2
1990	9199	8478.9	8676.5	8751.8
1991	11394	8770.4	9220.0	9544.5
1992	–	8770.4	9220.0	9544.5

Die Abbildung zeigt die drei geglätteten Reihen und die entsprechenden Prognosewerte.

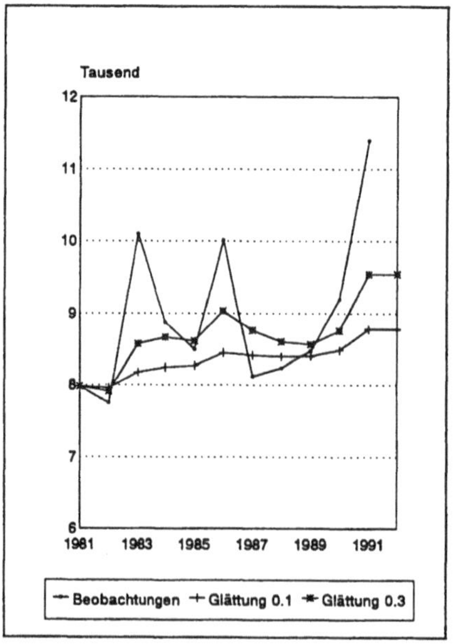

Der Vergleich der geglätteten Reihen illustriert deutlich den Effekt, den die Wahl der Glättungskonstanten hat: Wählen wir α relativ groß, so hat die aktuelle Beobachtung einen größeren Effekt; wählt man sie klein, so hat sie weniger Einfluß.

Siehe auch Beispiel 4.12.

Rekursives Einsetzen ergibt

$$\hat{\beta}_t = \alpha x_t + (1-\alpha)\hat{\beta}_{t-1}$$

$$\begin{aligned} &= \alpha x_t + (1-\alpha)\alpha x_{t-1} + (1-\alpha)\hat{\beta}_{t-2} \\ &= \ldots \\ &= \alpha x_t + (1-\alpha)\alpha x_{n-1} + (1-\alpha)^2\alpha x_{t-2} + \cdots . \end{aligned}$$

Der Schätzer $\hat{\beta}_t$ oder der Prognosewert $\hat{x}_{t+1,t}$ ist als unendliche Summe von vergangenen Beobachtungen darstellbar. Die Gewichte $(1-\alpha)^i\alpha$ von x_{t-i}, $i = 0, 1, 2, \ldots$, nehmen mit einer exponentiellen Rate ab, was dem Verfahren seinen Namen gegeben hat.

Das Beispiel 4.9 gibt Hinweise, wie eine Faustregel zur Wahl der Glättungskonstanten auszusehen hat. Haben wir es mit einer eher "glatten" Zeitreihe zu tun, deren Störgrößen nur wenig streuen, so werden wir einen größeren Wert für α wählen. Weist die Zeitreihe dagegen substantielle, irreguläre Schwankungen auf, so ist ein kleinerer Wert für α vorzuziehen, sodaß die Schwankungen stärker gedämpft werden. In praktischen Anwendungen liegt α meist zwischen 0.1 und 0.3, sodaß die Vorhersagen von einer relativ großen Zahl von vergangenen Beobachtungen abhängen.

Einen "optimalen" Wert der Glättungskonstanten α kann man durch Minimieren der Summe der quadrierten Prognosefehler oder des **mittleren quadratischen Prognosefehlers** (**MSE** nach *mean squared forcast error*) schätzen. Der Prognosefehler für die t-te Beobachtung ist $e_t = x_t - \hat{x}_{t,t-1}$. Wir wählen α so, daß $S(\alpha) = \sum_i e_i^2 \rightarrow$ min gilt. In der praktischen Durchführung können wir $S(\alpha)$ für verschiedene Werte von α – etwa in Schritten von 0.1 oder 0.05 für $0 < \alpha < 0.5$ – berechnen und für α jenen Wert wählen, der $S(\alpha)$ minimiert.

4.3.2 Das Verfahren nach Holt und Winters

Exponentielles Glätten findet seine Hauptanwendung in der routinemäßigen Vorhersage von Verkaufszahlen für eine große Anzahl unterschiedlicher Produkte. Viele Verkaufsreihen weisen einen ausgeprägten Trend und eine ausgeprägte Saisonfigur auf. Eine Modifikation des einfachen, exponentiellen Glättens, das die Prognose bei Zeitreihen mit Trend und Saisonalität erlaubt, wurde von Holt und Winters entwickelt. Dabei werden Trendkomponente und Saisoneffekte ebenfalls mittels exponentiellem Glätten fortgeschrieben.

Betrachten wir zuerst den Fall einer nichtsaisonalen Reihe, die sich additiv aus dem Niveau β, einem Trend mit Parameter γ und einem Störterm zusammensetzt:

$$X_t = \beta + \gamma t + U_t .$$

Die rekursiven Schätzer $\hat{\beta}_t$ für das Niveau und $\hat{\gamma}_t$ für den Trendparameter zum Zeitpunkt t sind

$$\hat{\beta}_t = \alpha_1 x_t + (1-\alpha_1)(\hat{\beta}_{t-1} + \hat{\gamma}_{t-1}),$$

$$\hat{\gamma}_t = \alpha_2(\hat{\beta}_t - \hat{\beta}_{t-1}) + (1-\alpha_2)\hat{\gamma}_{t-1}\,.$$

Der Prognosewert für x_{t+1} ist

$$\hat{x}_{t+1,t} = \hat{\beta}_t + \hat{\gamma}_t\,.$$

Für weiter in der Zukunft liegende Zeitpunkte ($k > 1$) prognostizieren wir $\hat{x}_{t+k,t} = \hat{\beta}_t + \hat{\gamma}_t k$. Den Schätzer $\hat{\beta}_t$ können wir auch schreiben als $\hat{\beta}_t = \alpha_1 x_t + (1-\alpha_1)\hat{x}_{t,t-1}$; er ist also das gewichtete Mittel aus der neuen Beobachtung x_t und der Prognose für x_t, die zum Zeitpunkt $t-1$ gemacht wird. Ähnlich ist $\hat{\gamma}_t$ das gewichtete Mittel aus der Änderung $\hat{\beta}_t - \hat{\beta}_{t-1}$ des geschätzten Niveaus zwischen $t-1$ und t und der alten Schätzung $\hat{\gamma}_{t-1}$ für den Trendparameter.

Zur rekursiven Berechnung brauchen wir wieder Startwerte $\hat{\beta}^*$ und $\hat{\gamma}^*$ für $\hat{\beta}$ und $\hat{\gamma}$. Der einfachste Ansatz besteht darin, als Startwerte $\hat{\gamma}^* = x_2 - x_1$ und $\hat{\beta}^* = x_2$ zu wählen.

Für die Verallgemeinerung des Verfahrens von Holt und Winters für saisonale Zeitreihen unterstellen wir das additive Modell

$$X_t = \beta + \gamma t + S_t + U_t\,;$$

S_t bezeichnet die Saisonkomponente für den Zeitpunkt t; bei einer Periodizität p gibt es p solche Saisonkomponenten. Die Idee des Verfahrens ist, wie beim oben behandelten Verfahren das Niveau und den Trendparameter und zusätzlich die Saisonkomponenten S_t rekursiv zu adaptieren, wenn eine neue Beobachtung gemacht wurde. Die entsprechenden Gleichungen lauten:

$$\begin{aligned}
\hat{\beta}_t &= \alpha_1(x_t - \hat{S}_{t-p}) + (1-\alpha_1)(\hat{\beta}_{t-1} + \hat{\gamma}_{t-1})\,,\\
\hat{\gamma}_t &= \alpha_2(\hat{\beta}_t - \hat{\beta}_{t-1}) + (1-\alpha_2)\hat{\gamma}_{t-1}\,,\\
\hat{S}_t &= \alpha_3(x_t - \hat{\beta}_t) + (1-\alpha_3)\hat{S}_{t-p}\,,
\end{aligned}$$

Der Prognosewert für x_{t+k} ist

$$\hat{x}_{t+k,t} = \begin{cases} \hat{\beta}_t + \hat{\gamma}_t k + \hat{S}_{t+k-s} & k = 1,\ldots,s\,,\\ \hat{\beta}_t + \hat{\gamma}_t k + \hat{S}_{t+k-2s} & k = s+1,\ldots,2s\,,\end{cases}$$

Startwerte für die Rekusionen können aus den Beobachtungen der ersten beiden Perioden erhalten werden. Wir wählen $\hat{\beta}^* = \frac{1}{p}\sum_i x_i$; für $\hat{\gamma}^*$ nehmen wir die Differenz der Mittel der ersten beiden Perioden. Die Schätzer für die p Saisonkomponenten ergeben sich als durchschnittliche Abweichungen der einzelnen Beobachtungen vom Gesamtmittelwert der ersten beiden Perioden.

Beispiel 4.10 Für die Zeitreihe "Anzahl der Eheschließungen, Jänner 1989–Dezember 1991" sollen Prognosewerte für die 12 Monate des Jahres 1992 bestimmt werden. Dazu sind (a) Startwerte β^*, γ^* und S_i^* zu bestimmen; diese sollen (b) für den ganzen Beobachtungszeitraum unter Anwendung des Verfahrens von Holt und Winters fortgeschrieben ($\alpha_1 = \alpha_2 = \alpha_3 = 0.2$) und ihre Werte für Dezember 1991 zum Ermitteln der Prognosewerte für 1992 verwendet werden.

(a) Als Startwert für β nehmen wir den Durchschnitt der Beobachtungen des ersten Jahres und erhalten $\beta^* = 3422.2$. Die Differenz der Durchschnitte der ersten beiden Jahre ergibt $\gamma^* = 18.67$. Nehmen wir als Startwerte für die Saisonkomponenten die Abweichungen der Beobachtungen x_t des Jahres 1989 vom Prognosewert $\beta^* + \gamma^*(t - 7.5)$, so ergeben sich die Startwerte, die in der Spalte S_t^* der folgenden Tabelle angeführt sind.

t	$\hat{\beta}_{12.1990+t}$	S_t^*	$\hat{S}_{12.1991,t}$	$\hat{x}_{12.1991,t}$
1	3711.42	−2003.88	−2036.62	1610.62
2	3675.11	−1911.55	−1881.88	1756.49
3	3626.63	−1252.23	−1258.66	2370.84
4	3603.25	−55.90	−121.05	3499.59
5	3647.59	2815.43	2909.50	6521.28
6	3681.60	1564.75	1726.52	5329.43
7	3639.70	617.08	499.30	4093.34
8	3817.51	750.41	921.63	4506.81
9	3674.93	2127.73	1957.01	5533.32
10	3665.89	221.06	157.98	3725.42
11	3709.34	−1440.61	−1444.24	2114.34
12	3656.11	−1432.29	−1539.65	2010.06

(b) Das Fortschreiben der Zeitreihen-Komponenten (Niveau β_t, Trend γ_t und Saisonkomponenten S_i) erfolgt mit den oben angegebenen Formeln. Das Zeitreihendiagramm zeigt den zeitlichen Verlauf der fortgeschriebenen β.

```
    -
    -                  89012
3750+           1234567     34567 90123456
    - 1234567890                 8
    -
    -
    -
2500+
    -
    -
    -
    -
1250+
```

Die für 1.1991 bis 12.1991 ermittelten Schätzer sind in der Spalte $\hat{\beta}_{12.1990+t}$ der Tabelle angegeben; die Spalte $\hat{S}_{12.1991,t}$ zeigt die 12 fortgeschriebenen Saisonkomponenten, wie sie sich im Dezember 1991 ergeben.

Das für Dezember 1991 erhaltene Modell für die Prognosen lautet $\hat{x}_{12.91,k} = 3422.2 - 8.87k + \hat{S}_{12.1991,k}$. Das Zeitreihendiagramm zeigt, mit 'A' bis 'L' markiert, den Verlauf der im Dezember 1991 für die einzelnen Monate von 1992 prognostizierte Zahl der Eheschließungen, gemeinsam mit dem Verlauf für 1989 bis 1991.

```
     Ehen
7500+
    -                 7           9
    -     5                                   E
    -                  8  1
    -         9                    0 2         F  I
5000+      6             0            3
    -        8                                   H
    -       7  0        9  2        1  4        G
    -    4           6           8           D     J
    -
2500+               5           7       5   C
    -   3       12 4        34 6         6 B        KL
    - 12          3           5           A
    -
    -
   0+
     +-----+-----+-----+-----+-----+-----+-----+-----+
     0        1989        1990        1991        1992
```

4.A Ergänzende Beispiele

Beispiel 4.11 Der folgende Tabelle zeigt die Zahl der Einwohner (in 1000) einer mittelgroßen Industriestadt zwischen 1950 und 1985.

Jahr	X	Jahr	X
1950	103.1	1970	122.8
1955	106.4	1975	133.6
1960	110.3	1980	149.7
1965	117.1	1985	154.5

Die Zeitreihe ist (a) in einem Diagramm darzustellen sowie an eine (b) exponentielle und (c) eine quadratische Trendfunktion anzupassen. Schließlich sollen (d) Prognosewerte für 1990, 1995 und 2000 durch Extrapolation der beiden Trendfunktionen ermittelt werden.

(a) Das MINITAB-Protokoll der Anwendung der Prozedur `tsplot` zeigt folgendes Diagramm.

```
      -
  150+                            7  8
      -
      -                        6
      -                 4  5
      -           2  3
  100+       1
      -
      -
      -
      -
   50+
      -
      -
      -
      -
    0+
      +---+-------+-------+-------+-------+
        1950    1960    1970    1980    1990
```

Die Trendfunktion ist offensichtlich nichtlinear.

(b) Die exponentielle Trendfunktion $T_t = a\exp\{bt\}$ kann durch Logarithmieren in eine lineare Funktion $\ln T_t = c + bt$ mit $c = \ln a$ übergeführt werden. Damit die Summen $\sum t$, $\sum t^2$ etc. nicht allzu größe Zahlen werden, verlegen wir den zeitlichen Nullpunkt in das Jahr 1950 und rechnen statt mit t mit der Variablen $t - 1950$. Wir passen also das Modell $\ln X_t = c + bt + U_t$ an die Daten an, die die folgende Tabelle zeigt:

t	$\ln X_t$	t	$\ln X_t$
0	4.64	20	4.81
5	4.67	25	4.89
10	4.70	30	5.01
15	4.76	35	5.04

Die Normalgleichungen der Kleinst-Quadrat Schätzer sind ein lineares Gleichungssystem; in Matrixschreibweise lauten sie

$$\begin{pmatrix} n & \sum t \\ \sum t & \sum t^2 \end{pmatrix}\begin{pmatrix} c \\ b \end{pmatrix} = \begin{pmatrix} 8 & 140 \\ 140 & 3500 \end{pmatrix}\begin{pmatrix} c \\ b \end{pmatrix}$$
$$= \begin{pmatrix} \sum \ln x_t \\ \sum t \ln x_t \end{pmatrix} = \begin{pmatrix} 38.523 \\ 687.06 \end{pmatrix}.$$

Als Lösung erhalten wir die Gleichung $\ln T_t = 4.60 + 0.0123(t - 1950)$ oder $T_t = 99.48\exp\{0.0123(t - 1950)\}$.

(c) Die Normalgleichungen der Kleinst-Quadrat Schätzer für das Modell $X_t = a + bt + ct^2 + U_t$ ergeben sich zu

$$\begin{pmatrix} 8 & 140 & 3500 \\ 140 & 3500 & 98000 \\ 3500 & 98000 & 2922500 \end{pmatrix} \begin{pmatrix} a \\ b \\ c \end{pmatrix} = \begin{pmatrix} 97.5 \\ 19086 \\ 496650 \end{pmatrix},$$

und liefern die Lösung $x_t = 103 + 0.485(t - 1950) + 0.0305(t - 1950)^2$.

(d) Einsetzen in die in (b) und (c) erhaltenen Lösungen liefert die Prognosen, wie sie die Tabelle zeigt:

	$\hat{x}^{(b)}_{t,1985}$	$\ln \hat{x}^{(b)}_{t,1985}$	$\hat{x}^{(c)}_{t,1985}$
1990	162.7	5.09	171.0
1995	153.0	5.15	186.4
2000	184.0	5.21	203.3

Beispiel 4.12 Die Tabelle zeigt die Besucherzahlen eines Einkaufszentrums. Im Jahr 1985 wurde die gesamte Anlage renoviert und eine Werbekampagne durchgeführt.

Jahr	X	Jahr	X
1983	1473.4	1988	2087.7
1984	1487.7	1989	1918.3
1985	1134.1	1990	2068.2
1986	1852.6	1991	1998.8
1987	1936.5		

Die Zeitreihe ist (a) in einem Diagramm darzustellen. Durch einfaches, exponentielles Glätten mit der Glättungskonstante (b) $\alpha = 0.1$ und $\alpha = 0.3$ sollen *ex post*-Prognosewerte geschätzt und (c) die MSE angegeben werden.

(a) Das MINITAB-Protokoll der Anwendung der Prozedur `tsplot` zeigt im linken Teil die beobachtete Entwicklung der Besucherzahlen. Der Anstieg zwischen 1985 und 1986 zeigt einen verstärkten Zustrom nach der Renovierung an.

```
    -           6   8
    -       4 5   7   9                     89
    -                             9       67
1600+                         5678       5
    - 1 2                 1234       1234
    -
    -     3
    -
 800+
    -
    -
```

(b) Die *ex post*-Prognosewerte sind in der Tabelle angegeben; im Zeitreihendiagramm werden sie im mittleren ($\alpha = 0.1$) und rechten ($\alpha = 0.3$) Teil gezeigt. Das Modell, das dem einfachen, exponentiellen Glätten zugrunde liegt ($X_t = \beta + U_t$), kann die Änderung im Niveau des Besucherzustroms nicht abbilden, die sich durch die Renovierung ergeben hat. Trotzdem paßt sich das Niveau β dem neuen Wert an; die Anpassung ist für $\alpha = 0.3$ rascher als für $\alpha = 0.1$. Die Schätzwerte $\bar{\beta}_t$ zeigt die Tabelle.

Jahr	X	$\alpha = 0.1$	$\alpha = 0.3$
1983	1473.4	1473.40	1473.40
1984	1487.7	1474.83	1477.69
1985	1134.1	1440.76	1374.61
1986	1852.6	1481.94	1518.01
1987	1936.5	1527.40	1643.56
1988	2087.7	1583.43	1776.80
1989	1918.3	1616.91	1819.25
1990	2068.2	1662.04	1893.93
1991	1998.8	1695.72	1925.39

(c) Für $\sqrt{\text{MSE}}$ ergibt sich bei $\alpha = 0.1$ der Wert 1000.45, bei $\alpha = 0.3$ der Wert 630.8. Wenn wir das MSE-Kriterium als Gütekriterium akzeptieren, ist $\alpha = 0.3$ dem Wert $\alpha = 0.1$ vorzuziehen.

Beispiel 4.13 Die Tabelle zeigt die jährlichen Umsätze einer Handelskette.

Jahr	X	Jahr	X
1975	992.1	1983	2163.4
1976	1106.4	1984	2487.7
1977	1185.3	1985	2624.1
1978	1327.1	1986	2972.6
1979	1422.8	1987	3066.4
1980	1533.6	1988	3330.8
1981	1749.7	1989	3682.7
1982	1954.5	1990	4048.1

Die Zeitreihe ist (a) in einem Diagramm darzustellen; (b) ihr Korrelogramm ist bis zur Ordnung 10 zu bestimmen. Dann ist (c) eine lineare Trendfunktion mittels Kleinst-Quadrat Schätzung anzupassen. Schließlich sollen (d) durch gleitende Durchschnittsbildung der Ordnung 5 und (e) durch exponentielles Glätten auf der Basis eines Modells mit Trend nach Holt und Winters für die Glättungskonstanten $\alpha_1 = \alpha_2 = 0.1$ und $\alpha_1 = \alpha_2 = 0.3$ *ex post*-Prognosewerte geschätzt werden und (f) für die in (c), (d) und (e) angewendeten Verfahren der durchschnittliche quadratische Prognosefehler MSE bestimmt werden.

(a) Das MINITAB-Protokoll der Anwendung der Prozedur `tsplot` zeigt das folgende Diagramm.

```
    -
    -                               6
    -                             5
    -                           4
3000+                       2 3
    -                     1
    -                   0
    -               8 9
    -             7
1500+         5 6
    -   2 3 4
    - 1
    -
    -
   0+
    +-+---------+---------+---------+
   1975      1980      1985      1990
```

(b) Das Korrelogramm bis zur Ordnung 10 zeigt das folgende Diagramm:

```
        -0.8 -0.6 -0.4 -0.2  0.0  0.2  0.4  0.6  0.8  1.0
          +----+----+----+----+----+----+----+----+----+
 1  0.803                     XXXXXXXXXXXXXXXXXXXXX
 2  0.621                     XXXXXXXXXXXXXXXXX
 3  0.451                     XXXXXXXXXXXX
 4  0.292                     XXXXXXXX
 5  0.119                     XXXX
 6 -0.030                    XX
 7 -0.171                 XXXXX
 8 -0.276              XXXXXXXX
 9 -0.355            XXXXXXXXXX
10 -0.395           XXXXXXXXXXX
```

Die hohen positiven Korrelationskoeffizienten für niedrige Ordnungen zeigen eine starke, kurzfristige Abhängigkeit der Beobachtungen an.

(c) Die angepaßte, lineare Trendfunktion ergibt sich zu $512 + 202(t - 1974)$ und liefert die in Spalte "Reg" der Tabelle angeführten Residua.

(d) Die gleitende Durchschnittsbildung der Ordnung 5 ergibt die in Spalte "GM5" gezeigten Residua.

(e) Die Residua, die durch exponentielles Glätten auf der Basis eines Modells mit Trend nach Holt und Winters für die Glättungskonstanten $\alpha_1 = \alpha_2 = 0.1$ und $\alpha_1 = \alpha_2 = 0.3$ erhalten werden, zeigen die Spalten "HW.1" und "HW.3".

Jahr	X_t	Reg	GM5	HW.1	HW.3
1975	992.1	278.59			
1976	1106.4	190.97			
1977	1185.3	67.94	−21.44	−31.86	−24.78
1978	1327.1	7.81	12.06	−3.61	4.13
1979	1422.8	−98.41	−20.90	−19.63	−8.27
1980	1533.6	−189.54	−63.94	−20.27	−5.64
1981	1749.7	−175.37	−15.10	74.13	70.43
1982	1954.5	−172.49	−23.28	148.18	109.42
1983	2163.4	−165.52	−32.48	217.04	129.74
1984	2487.7	−43.15	47.24	380.69	213.06
1985	2624.1	−108.67	−38.74	355.07	120.69
1986	2972.6	37.90	76.28	519.34	193.63
1987	3066.4	−70.23	−68.92	432.77	48.97
1988	3330.8	−7.75	−89.32	504.06	62.73
1989	3682.7	142.22		641.94	127.96
1990	4048.1	305.69		771.76	171.56

(f) Die Wurzeln der durchschnittlichen quadratischen Prognosefehler MSE sind wie folgt:

	Reg	GM5	HW.1	HW.3
$\sqrt{\text{MSE}}$	155.3	49.4	384.2	114.7

Das lokal angepaßte, lineare Regressionsmodell, das der gleitenden Durchschnittsbildung zugrunde liegt, ist im Sinn des MSE- Kriteriums das beste von den verwendeten Modellen; durch die lokale Anpassung kann es viel rascher auf Änderungen reagieren, als das bei allen anderen Verfahren der Fall ist. Die Inspektion des Zeitreihendiagramms zeigt, daß ein lineares Modell auch nur eine mangelhafte Anpassung bieten kann. Exponentielles Glätten mit großer Glättungskonstante ist unter diesen Umständen die zweitbeste Wahl. Beim exponentiellen Glätten mit $\alpha = 0.1$ fällt auf, daß die Residua mit wachsender Zeit immer größere Werte annehmen und alle Residua positiv sind: Die mit diesem Modell geschätzten *ex post*-Prognosen unterschätzen mehr und mehr den tatsächlichen Verlauf. Naturgemäß kann das schlecht spezifizierte, lineare Regressionsmodell keine guten Prognosewerte liefern.

4.C Übungsaufgaben

4.1 Die Umsätze dreier Unternehmen (a), (b) und (c) sind in einem Zeitreihendiagramm darzustellen und die Trendart (linear, quadratisch, steigend, fallend) anzugeben.

Jahr	Quartal	(a)	(b)	(c)
1989	1	23.4	18.5	6.1
	2	20.2	17.3	8.2
	3	21.3	18.0	8.5
	4	26.5	17.8	6.3
1990	1	24.2	17.2	6.4
	2	21.3	16.5	8.1
	3	22.6	16.9	7.3
	4	27.7	16.5	6.0
1990	1	25.1	17.3	6.0
	2	22.1	15.4	8.1
	3	23.4	15.9	7.2
	4	28.3	15.2	6.4

4.2 Der Umsatz eines Unternehmens ist in einem Zeitreihendiagramm darzustellen und die Trendart (linear, quadratisch, steigend, fallend) und Saisonalität ist zu beschreiben.

Monat	1989	1990
Jänner	2.2	3.2
Feber	2.4	3.4
März	2.3	3.3
April	2.5	3.4
Mai	2.5	3.5
Juni	3.3	4.5
Juli	3.9	4.8
August	4.2	5.0
September	3.5	4.5
Oktober	3.4	4.0
November	3.3	3.8
Dezember	3.1	3.5

4.3 Für die in der Tabelle angegebenen Spareinlagen (in Mio) bei einer Sparkasse ist (a) eine lineare, (b) eine exponentielle und (c) quadratische Trendfunktion zu ermitteln. Für 1990 ist für jedes der drei Modelle ein Prognosewert zu bestimmen.

Jahr	X	Jahr	X
1985	106.1	1989	144.4
1986	112.4	1990	165.7
1987	120.3	1991	198.1
1988	134.1	1992	204.6

4.4 Die Tabelle zeigt die Zahl der Mitarbeiter einer Möbelfabrik.

Jahr	X	Jahr	X
1984	473	1988	508
1985	467	1989	517
1986	484	1990	576
1987	492	1991	579

Zu bestimmen ist der Prognosewerte für 1992, wobei (a) exponentielles Glätten mit Glättungskonstanten $\alpha_1 = 0.3$ und $\alpha_2 = 0.3$ und (b) die Extrapolation einer linearen Trendfunktion anzuwenden ist.

4.5 Die Tabelle zeigt den Umsatz (in Mio) eines Kaufhauses nach Quartalen.

Jahr	1. Q	2. Q	3. Q	4. Q
1985	838	802	835	805
1986	897	867	893	873
1987	932	895	912	893
1988	941	899	925	899
1989	953	924	951	927

Zu bestimmen sind (a) die Saisonkomponenten und (b) Prognosewerte für die vier Quartale des Jahres 1990, wobei exponentielles Glätten nach Holt und Winters mit Glättungskonstanten $\alpha_1 = \alpha_2 = \alpha_3 = 0.2$ anzuwenden ist.

4.6 Die Tabelle zeigt die Zahl der Nächtigungen (in 1000) von Fremden in einer Kärntner Gemeinde.

Jahr	1. Q	2. Q	3. Q	4. Q
1986	228	195	222	193
1987	287	253	284	266
1988	325	286	302	283
1989	332	288	318	286
1990	348	313	343	318

Zu bestimmen sind (a) die Saisonkomponenten und (b) Prognosewerte für die vier Quartale des Jahres 1991, wobei exponentielles Glätten nach Holt und Winters mit Glättungskonstanten $\alpha_1 = \alpha_2 = \alpha_3 = 0.3$ anzuwenden ist.

4.7 Die Tabelle zeigt die Umsätze einer Handelskette nach Quartalen.

Jahr	1. Q	2. Q	3. Q	4. Q
1989	20	13	45	61
1990	39	33	66	77
1991	57	48	83	99
1992	74	71	99	123

Die Zeitreihe ist in einem Diagramm darzustellen. Zu bestimmen sind (a) ihr Korrelogramm bis zur Ordnung 12; (b) die Saisonkomponenten und die desaisonalisierte Reihe. An diese ist (c) eine lineare Trendfunktion mittels Kleinst-Quadrat Schätzung anzupassen. Schließlich sollen durch exponentielles Glätten für die Glättungskonstante (d) $\alpha_1 = \alpha_2 = \alpha_3 = 0.1$ und $\alpha_1 = \alpha_2 = \alpha_3 = 0.3$ *ex post*-Prognosewerte geschätzt werden und (e) für die in (c) und (d) angewendeten Verfahren der mittlere quadratische Prognosefehler MSE bestimmt werden.

Lösungen der Übungsaufgaben

3: (a) $80.5 + 15.1(t - 1984)$, $\hat{x}_{1990} = 171.1$; (b) $91.84 \exp\{0.101(1 - 1984)\}$, $\hat{x}_{1990} = 168.4$; (c) $101 + 2.47(t - 1984) + 1.40(t - 1984)^2$, $\hat{x}_{1990} = 166.2$;
4: (b) $437 + 16.7(t - 1983)$, $\hat{x}_{1992} = 587.1$.

Kapitel 5

Maßzahlen: Index- und Verhältniszahlen

Unter statistischen Maßzahlen versteht man Zahlen, die einen bestimmten Sachverhalt quantifizieren, sodaß sie insbesondere einen Vergleich dieses Sachverhaltes in verschiedenen Regionen oder zu verschiedenen Zeiten ermöglichen.

Beispiele von Maßzahlen sind (a) der Mittelwert 74.3 kg des Körpergewichtes in einer Population, (b) der Anteil 71.6% der Löhne und Gehälter am österreichischen Netto-Inlandsprodukt im Jahr 1990[1] und (c) der Wert 120.0 des Verbraucherpreisindex 1986 für den Jänner 1993. Alle drei Maßzahlen sind einfach zu interpretieren und, etwa für Vergleiche von Populationen oder verschiedenen Zeiträumen, nützlich. Der Mittelwert des Körpergewichtes ist ein Lagemaß der Verteilung dieses Merkmals und gehört zu den Parametern einer Häufigkeitsverteilung, die im Kapitel 2 behandelt werden. Der Anteil der Löhne und Gehälter am österreichischen Netto-Inlandsprodukt ist das Beispiel einer Verhältniszahl, das sind Quotienten aus anderen Maßzahlen. Eine spezielle Form der Verhältniszahlen sind die Indexzahlen, für die der Verbraucherpreisindex als Beispiel steht. Dabei werden Maßzahlen gleicher Art zueinander ins Verhältnis gesetzt, in obigem Beispiel die Kosten des Warenkorbes im Berichtsmonat zu denen im Basismonat.

Der Schwerpunkt dieses Kapitels sind – wegen ihrer Bedeutung – die Indexzahlen. Sie werden im Abschnitt 5.1 behandelt, wobei Preisindizes im Vordergrund stehen. Die wichtigen Techniken des Umbasierens und Verkettens von Indexreihen werden ebenso wie das Deflationieren vorgestellt. Der Abschnitt 5.2 gibt einen Überblick über Verhältniszahlen.

[1]Quelle: *Statistisches Handbuch für die Republik Österreich, 1991.* Wien: Österreichisches Statistisches Zentralamt.

5.1 Indexzahlen

Zur Verdeutlichung des Sachverhaltes beginnen wir mit dem folgenden Beispiel.

Beispiel 5.1 Die Tabelle gibt die jährlichen Durchschnittspreise für (A) Bohnenkaffee (250g) und (B) Kleiner Brauner, mit Bedienungszuschlag[2] aufgrund von Preiserhebungen zum Verbraucherpreisindex zwischen 1982 bis 1990 an:

	Bohnenkaffee		Kl. Brauner	
Jahr	Preis	Index	Preis	Index
1982	33.20	100.0	11.80	100.0
1983	32.90	99.1	12.20	103.4
1984	34.40	103.9	13.10	111.0
1985	35.90	108.1	13.60	115.3
1986	38.60	116.3	14.10	119.5
1987	33.80	101.8	14.40	122.0
1988	30.80	92.8	14.80	125.4
1989	30.70	92.5	14.80	125.4
1990	28.60	86.1	15.20	128.8

Abbildung 5.1(a) zeigt diese Preise als Zeitreihendiagramm. Viel besser als die aktuellen Zahlen macht eine Tabelle oder Abbildung der Indizes dieser Preise Besonderheiten und Unterschiede in der Entwicklung der beiden Preise klar. Den Index für das Jahr t erhalten wir, wenn wir den Preis dieses Jahres durch den einer Basisperiode dividieren. *Abbildung 5.1(b)* zeigt die Entwicklung der Indizes der Preise für Bohnenkaffee und Kleinen Brauner, wobei als Basisperiode das Jahr 1978 gewählt wurde. Ähnlichkeiten und Unterschiede der Entwicklung, die aus den aktuellen Preisen nicht unmittelbar ablesbar sind, werden aus der Darstellung der Indizes deutlich.

Der Preisindex gibt also an, den wievielfachen Preis der Basispriode man in der Berichtsperiode bezahlen muß. Ein Produktionsindex gibt an, auf das Wievielfache der Produktion der Basispriode die Produktion in der Berichtsperiode gestiegen ist. Neben Preis- und Produktionsindizes gibt es Indizes zur Einkommensentwicklung, zur Außenhandelsdynamik, zur Beschreibung der Produktivität, Indizes aus der Umweltstatistik, etc. Die Publikationen

[2] Quelle: *Statistisches Handbuch für die Republik Österreich, 1991.* Wien: Österreichisches Statistisches Zentralamt.

des Österreichischen Statistischen Zentralamtes, der statistischen Abteilungen von Bundeswirtschafts- und Arbeiterkammer, des Institutes für Wirtschaftsforschung, der Nationalbank und ähnlicher Institutionen sind voll von Indexzahlen.

Abbildung 5.1: Entwicklung des Index der jährlichen Durchschnittspreise für Bohnenkaffee (250g) und einen Kleinen Braunen (mit Bedienungszuschlag).

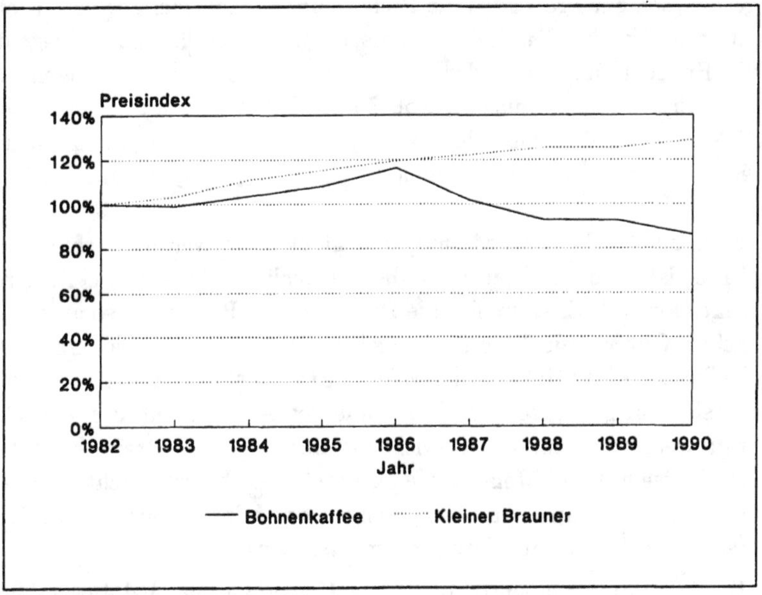

Ein Index, der nur eine einzige Größe berücksichtigt, wird auch Meßzahl genannt. Die meisten Indizes berücksichtigen nicht nur eine Größe, sondern verküpfen mehrere, sachlich verwandte Größen. So gehen in den Verbraucherpreisindex die Preise einer langen Liste von Konsumgütern ein. Dabei werden die einzelnen Preise mit den Mengen eines Warenkorbes, d.s. durchschnittlich konsumierte Gütermengen, gewichtet. Solche Indizes haben eine große Bedeutung im Wirtschaftsleben. So spielt der Verbraucherpreisindex eine wichtige Rolle bei Lohn- und Gehaltsverhandlungen, ist Planungsgrundlage für Haushaltsentscheidungen, wird in Miet- und Pachtverträgen als Basis für Entgeltanpassungen vereinbart, dient als Deflator zur Umrechnung zwischen nominellen und realen Größen, etc. Ähnlich dienen andere Indizes als Grundlage für Entscheidungen im Wirtschaftsleben.

5.1.1 Preisindizes

Das Phänomen, daß die Kaufkraft unseres Geldes mit der Zeit abnimmt, nennt man Inflation. Ihr Ausmaß wird durch die Änderung des Preisniveaus gemessen, und als Instrument dienen dazu Preisindizes. Ein Preisindex beschreibt die Entwicklung der Preise eines zusammenhängenden Komplexes von Wirtschaftsgütern. Beispiele sind der Verbraucherpreisindex, der Pensionistenindex, der Großhandelspreisindex, der Baukostenindex, der Index der Weltmarktpreise, der Preisindex der an einer Börse gehandelten Aktien, etc. Aus dem Namen der Indizes geht hervor, um welchen Komplexes von Wirtschaftsgütern es jeweils geht.

Wie gesagt, soll ein Preisindex die Preise einer ganzen Menge von Gütern repräsentieren. Ein Problem bei der Konstruktion eines Preisindex liegt darin, daß die Preisentwicklungen der einzelnen Güter zu einem einzigen Indexwert verknüpft werden müssen, wobei natürlich bestimmte Anforderungen zu erfüllen sind. Diese Anforderungen resultieren teilweise aus inhaltlichen, teilweise aus formalen Überlegungen.

- Eine inhaltliche Anforderung, die nicht ohne weiteres erfüllt werden kann, ist, daß der Preisindex die tatsächliche Preisentwicklung repräsentieren soll. Es stellt sich die Frage, wie die Preise von so unterschiedlichen Gütern wie 1 kg Brot, 1 kWh elektrische Energie, ein Dutzend Nelken, 1 Eintrittskarte der Wiener Staatsoper (Stehplatz), 1 Lebensversicherungspolizze, 1 Lithographie von A. Lehmden etc. berücksichtigt werden sollen. Die Gewichtung der einzelnen Preise erfolgt üblicherweise mit den Mengen, die durchschnittlich verbraucht oder gehandelt werden; man nennt diese Mengen den **Warenkorb** des Preisindex (siehe die Übersicht *Verbraucherpreisindex*).

  Die Inflation für einen individuellen Konsumenten wird durch den Verbraucherpreisindex nur dann repräsentiert, wenn er sein Geld für genau jene Gütermengen ausgiebt, die die dem Warenkorb entsprechen. Ob es einen solchen "durchschnittlichen" Konsumenten gibt, ist allerdings sehr fraglich. Der aktuelle Warenkorb eines Konsumenten wird mehr und andere als die 615 Güter umfassen, die der Warenkorb des Österreichischen Verbraucherpreisindex 1986 enthält. Der aktuelle Konsum wird vom Wohnort, von der sozialen Zugehörigkeit, von individuellen Gewohnheiten etc. abhängen. Ein Student legt sein Geld anders an als ein Pensionist oder ein Handelsvertreter oder ein Tourist. Dazu kommt, daß sich die Konsumgewohnheiten über die Zeit verändern.

- Es sei I_{rs} ein Index, der den Preis des Warenkorbes in der Berichtsperiode s, bezogen auf die Basisperiode r, angibt. Der Ökonom I. Fisher hat eine Reihe von Kriterien, die sogenannten **Fisher'schen Tests**, vorgeschlagen, die von einem Preisindex vernünftigerweise zu verlangen sind. Dazu gehören:

  (a) **Proportionalitätstest:** $I_{rs} = \lambda$, wenn sich alle Preise zwischen r und s um den Faktor λ ändern.

(b) **Rund- oder Zirkulartest:** $I_{ab}I_{bc}I_{ca} = 1$. Erfüllt ein Index diesen Test, dann erfüllt er auch die Eigenschaften

(c) $I_{ab} = I_{ba}^{-1}$ (**Umkehrtest**)

(d) $I_{ab}I_{bc} = I_{ac}$ (**modifizierter Rundtest**)

Es läßt sich zeigen, daß die Fisher'schen Tests so streng sind, daß es keinen Preisindex geben kann, der sie alle erfüllt.

5.1.2 Preisindizes nach Laspeyres und nach Paasche

Die für die praktische Berechnung wichtigsten Preisindizes sind der Preisindex nach Laspeyres und der nach Paasche. Wie alle Preisindizes repräsentieren sie die Entwicklung der Preise eines Komplexes von Wirtschaftsgütern, die im Warenkorb enthalten sind.

Im folgenden wird angenommen, daß der Warenkorb n Wirtschaftsgüter enthält; dementsprechend erstrecken sich die Summierungen über die Menge dieser Wirtschaftsgüter ($i = 1, \ldots, n$).

Die **Preismeßzahl** $P_{0t}^{(i)}$ des i-ten Wirtschaftsgutes für die Berichtsperiode t und die Basisperiode 0 ist definiert zu

$$P_{0t}^{(i)} = \frac{p_{ti}}{p_{0i}},$$

wobei p_{0i} (p_{ti}) der Preis einer Einheit dieses Wirtschaftsgutes im Basisjahr (im Berichtsjahr) ist. Preismeßzahlen erfüllen von den Fisher'schen Tests den Rundtest und den Proportionalitätstest. Meist werden die Werte von Preismeßzahlen – und Preisindizes – in Prozent angegeben.

Beispiel 5.2 Vergleiche die Indizes der jährlichen Durchschnittspreise für Bohnenkaffee (250g) und einen Kleinen Braunen (mit Bedienungszuschlag) in den Spalten 3 und 5 von Beispiel 5.1.

Preisindizes für einen Warenkorb von n Wirtschaftsgüter werden berechnet als gewichteter Mittelwert der Preismeßzahlen der einzelnen Güter:

$$P_{0t} = \frac{\sum_i w_i P_{0t}^{(i)}}{\sum w_i},$$

wobei die Gewichte w_i geeignet zu wählen sind.

Eine aus naheliegenden Gründen kaum gebräuchliche Gewichtung ist das arithemtische Mittel der Preismeßzahlen. Die Gewichte werden gewählt zu $w_i = 1$ für $i = 1, \ldots, n$. Damit ergibt sich für den Preisindex

$$P_{0t} = \frac{1}{n} \sum_i P_{0t}^{(i)}$$

Dieser Preisindex erfüllt zwar den Proportionalitätstest, nicht aber die anderen, oben genannten Tests. Wichtiger als das arithmetische Mittel sind gewichtete Mittel der Preismeßzahlen.

Definition 5.1 *Mit den Gewichten* $w_i = q_{0i}p_{0i}$ *ergibt sich der* **Preisindex nach Laspeyres** *zu*

$$P_{0t}^L = \frac{\sum_i q_{0i}p_{ti}}{\sum_i q_{0i}p_{0i}},$$

wobei q_{0i} *die in der Basisperiode verkaufte Menge des i-ten Gutes ist.*

Der Preisindex nach Laspeyres repräsentiert die Entwicklung des Preises des Warenkorbes, dessen mengenmäßige Zusammensetzung die der Basisperiode ist. Hingegen gibt der Preisindex nach Paasche an, in welchem Ausmaß sich der Preis des Warenkorbes der Berichtsperiode im Vergleich zur Basisperiode verändert hat.

Definition 5.2 *Mit den Gewichten* $w_i = q_{ti}p_{0i}$ *ergibt sich der* **Preisindex nach Paasche** *zu*

$$P_{0t}^P = \frac{\sum_i q_{ti}p_{ti}}{\sum_i q_{ti}p_{0i}},$$

wobei q_{ti} *die in der Berichtsperiode verkaufte Menge des i-ten Gutes ist.*

Diese Preisindizes erfüllen zwar den Proportionalitätstest, nicht aber den Rundtest und die anderen oben genannten Tests.

Beispiel 5.3 Durchschnittspreise (p) und durchschnittlicher Verbrauch (q) pro Kopf und Jahr ausgewählter Lebensmittel[3]

		1986	1987	1988	1989	1990
Trinkmilch	p öS/l	11.60	11.70	11.60	11.83	10.50
	q(l)	103.7	102.4	102.0	103.1	102.9
Kartoffel	p öS/kg	5.65	7.77	7.32	7.57	9.17
	q(kg)	61.5	61.7	61.3	61.8	61.8
Zucker	p öS/kg	16.60	16.70	16.70	15.70	15.30
	q(kg)	35.2	35.4	35.9	37.2	36.6
Bier	p öS/.5l	7.46	7.49	7.50	7.46	7.61
	q(l)	117.8	114.1	116.0	118.6	121.5

(a) Die Folge der Preismeßzahlen (in %) für Bier, Basis 1988, lautet
99.5, 99.9, 100.0, 99.5, 101.5

[3]Quelle: *Statistisches Handbuch für die Republik Österreich, 1991.* Wien: Österreichisches Statistisches Zentralamt.

(b) Der Preisindex $P^L_{86,t}$ nach Laspeyres (in %), Basis 1986, ergibt sich zu 100.0, 104.91, 103.68, 103.66, 102.47

(c) Der Preisindex $P^P_{86,t}$ nach Paasche (in %), Basis 1986, ergibt sich zu 100.0, 104.98, 103.70, 103.57, 102.45

(d) Aus $P^L_{86,88} = 1.0368$ und $P^L_{86,87}.P^L_{87,88} = 1.0491 \times 0.9882 = 1.0367$ folgt

$$P^L_{87,88} \neq P^L_{86,88} P^L_{86,87};$$

d.h., der Rundtest ist nicht erfüllt.

Der Preisindex, der üblicherweise zur Anwendung kommt, ist der Index nach Laspeyres. Der Grund dafür ist, daß das Erheben des Warenkorbes eine aufwendige und teure Sache ist, und daß daher das Bestimmen des Index nach Laspeyres, der mit dem für die Basisperiode erhobenen Warenkorb auskommt, billiger ist. Natürlich bleibt es nicht erspart, den Warenkorb von Zeit zu Zeit neu zu bestimmen. Das Österreichische Statistische Zentralamt macht das im Rhytmus von 10 Jahren.

Bei der Benutzung von Preisindizes sind eine Reihe von Punkten zu bedenken, die aus der Konstruktion resultieren.

- Das Erhebungsschema von Warenkorb und Preisen hat Konsequenzen dafür, wie gut die vom Preisindex ausgewiesene Änderung des Geldwertes der Realität entspricht.
- Insbesondere ist zu beachten, daß die Qualität der Waren und Dienstleistungen (und deren Änderungen) nicht in den Preisindex eingehen, sehr wohl aber als (zumindest subjektive) Komponente des Geldwertes anzusehen ist.

5.1.3 Folgen von Meß- und Indexzahlen

Beim Arbeiten mit Folgen von Indexzahlen werden häufig die folgenden beiden Operationen verwendet:

- Ändern der Basisperiode (Basisänderung)
- Verketten (oder Verknüpfen) zweier Folgen

Beide Operationen setzen voraus, daß der interessierende Index den Fisher'schen Rundtest erfüllt. Der wichtige Index nach Laspeyres jedoch erfüllt diese Voraussetzung nicht (vergleiche Beispiel 5.3(d)). Glücklicherweise sind dennoch die Ergebnisse der Anwendung der beiden Operationen für die meisten Zwecke von ausreichender Genauigkeit. Schließlich interessiert man sich oft für

- Durchschnittliche Indexänderungen

Basisänderung

Das Ändern der Basisperiode einer Folge von Indexzahlen $\{I_{0t}, t = 0, \ldots, n\}$ kann, vorausgesetzt das Zutreffen des Fisher'schen Rundtest, durch eine einfache Quotientenbildung erfolgen, wie man sich leicht überzeugt.

Satz 5.1 $\{I_{0t}, t = 0, \ldots, n\}$ *sei eine Folge von Meß- oder Indexzahlen, bezogen auf die Basisperiode 0. Daraus ergibt sich die entsprechende Folge* $\{I_{rt}, t = 0, \ldots, n\}$, *bezogen auf die* geänderte Basisperiode r, *zu*

$$I_{rt} = \frac{I_{0t}}{I_{0r}}, \quad t = 0, \ldots, n$$

Beispiel 5.4 Aus der Folge des Preisindex ausgewählter Lebensmittel nach Laspeyres [vergleiche Beispiel 5.3(b)], Basisperiode 1986, ergibt sich die Folge mit Basisperiode 1988 zu

96.45, 101.19, 100.0, 99.98, 98.83

Verketten zweier Folgen

Verschiedene Folgen von Indexzahlen zum gleichen Sachverhalt haben als Ursache oft Veränderungen des Warenkorbes. So wurde der Verbraucherpreisindex 1976 durch den Verbraucherpreisindex 1986 abgelöst, nachdem aus einer Konsumerhebung im Jahr 1984 ein neuer Warenkorb festgelegt worden war. Das Verketten zweier Folgen erlaubt das Fortschreiben der Folgen.

Satz 5.2 $\{I_{rt}^{(1)}, t = 1, \ldots, s\}$ *sei eine Folge von Meß- oder Indexzahlen, bezogen auf die Basisperiode r; von der Periode s an existiere eine neue Folge (mit identer oder leicht modifizierter Definition des Index)* $\{I_{qt}^{(2)}, t = s, \ldots, n\}$, *die auf die Basisperiode q bezogen sei. Die beiden Folgen können zu einer* gemeinsamen Folge verkettet *werden, wobei die zweite Folge an die erste angehängt wird:*

$$I_{rt} = \begin{cases} I_{rt}^{(1)}, & t = 1, \ldots, s \\ \frac{I_{rs}^{(1)}}{I_{qs}^{(2)}} I_{qt}^{(2)}, & t = s+1, \ldots, n \end{cases}$$

oder die erste Folge vor die zweite gestellt wird:

$$I_{st} = \begin{cases} \frac{I_{qs}^{(2)}}{I_{rs}^{(1)}} I_{rt}^{(1)}, & t = 1, \ldots, s-1 \\ I_{qt}^{(2)}, & t = s, \ldots, n \end{cases}$$

Die Periode s nennt man die **Verkettungsperiode**.

Beispiel 5.5 In der Tabelle sind ein alter Index A (Basis 1977) und ein revidierter Index B (Basis 1988) der Industrieproduktion angegeben. Die letzten beiden Spalten zeigen verkettete Indizes für die Basisperioden 1977 (C) und 1988 (D).

Jahr	Index A	Index B	Index C	Index D
1985	139.2	–	139.2	91.7
1986	142.9	–	142.9	94.1
1987	146.4	–	146.4	96.4
1988	151.8	100.0	151.8	100.0
1989	–	104.3	158.3	104.3
1990	–	106.7	162.0	106.7
1991	–	107.8	163.6	107.8
1992	–	111.2	168.8	111.2

Stehen von beiden zu verkettenden Indexfolgen die Werte von mehreren Perioden zur Verfügung, so kann die Verkettungsperiode eine der Perioden aus dem Überlappungsbereich sein.

Durchschnittliche Indexänderung

Die Größen, die im Zusammenhang mit einem Preis- oder sonstigen Index naturgemäß am meisten interessieren, sind seine absolute Änderung R_t und seine relative Änderung r_t

$$r_t = R_t - 1 = \frac{P_{0,t} - P_{0,t-1}}{P_{0,t-1}} = \frac{\sum_i q_{0i} p_{t,i}}{\sum_i q_{0i} p_{t-1,i}} - 1$$

Die relative Änderung des Verbraucherpreisindex wird auch **Inflationsrate** genannt. Liegt eine Folge $\{R_t, t = 1, \ldots, n\}$ der absoluten Änderungen eines Index vor, so interessiert oft die Durchschnittliche Indexänderung, das ist jener Prozentsatz R_m, um den sich der Index in jeder Periode ändern müßte, um über einen bestimmten Zeitraum hinweg eine vorgegebene Gesamtänderung zu realisieren. Man erhält die Durchschnittliche Indexänderung als Geometrisches Mittel der einzelnen Änderungen. Wegen $I_{0,t} = R_t I_{0,t-1}$ ergibt sich $I_{0,n} = I_{0,0} R_m^n = I_{0,0} R_1 \ldots R_n$, sodaß

$$R_m = (\Pi_{i=1}^n R_i)^{1/n} = \left(\frac{I_{0,n}}{I_{0,0}}\right)^{1/n} .$$

Die n-te Wurzel des Produktes von n Faktoren ist das **geometrische Mittel** der Indexänderung.

Beispiel 5.6 Aus den Zahlen der Tabelle von Beispiel 5.5 ergibt sich, daß die Industrieproduktion (a) zwischen 1985 und 1989 jährlich im Mittel um 3.3% und (b) zwischen 1989 und 1992 jährlich im Mittel um 2.2% gestiegen ist.

5.1.4 Deflationieren von ökonomischen Daten

Bei der Analyse von ökonomischen Daten steht man oft vor dem Problem, daß Änderungen von Größen, die in Geldwerten ausgedrückt werden, nur teilweise reale Änderungen sind: Zum anderen Teil kommt die Änderung daher, daß die Meßgröße, das Geld, seinen Wert ändert. Die Daten in aktuellen Preisen nennt man **nominelle Daten**. Durch das **Deflationieren** werden aus den nominellen Daten **reale Daten** gemacht, das sind Daten in Preisen einer Basisperiode. Änderungen, die sich aus der Analyse realer Daten ergeben, entsprechen einer einheitlichen Preisbasis und repräsentieren daher auch reale Änderungen.

Sei $\sum p_{ti}q_{ti}$ der (nominelle) Wert einer Größe für die Periode t, die sich aus Mengen q_{ti} zu Preise p_{ti} ergibt. Der reale Wert dieser Größe zu Preisen der Basisperiode 0 ist

$$\sum p_{0i}q_{ti} = \sum p_{ti}q_{ti}\frac{\sum p_{0i}q_{ti}}{\sum p_{ti}q_{ti}}.$$

Durch Dividieren des nominellen Wertes durch den Preisindex nach Paasche erhält man den realen Wert.

In der Praxis der Ökonomen wird der jeweilige Preisindex nach Paasche (der für jede Größe ein anderer sein müßte) durch eine sogenannten **Deflator** ersetzt. In Österreichi wird üblicherweise der Verbraucherpreisindex als Deflator genommen.

Beispiel 5.7 In der Tabelle sind aus der volkswirtschaftlichen Gesamtrechnung drei Komponenten des verfügbaren Güter- und Leistungsvolumens zu laufenden Preisen und zu Preisen von 1983 angegeben: (A) Privater und (B) Öffentlicher Konsum sowie (C) Brutto-Anlageinvestitionen

Jahr	Priv. Konsum		Öfftl. Konsum		Investitionen	
1981	596.5	654.0	195.2	217.0	267.9	295.2
1982	640.2	661.9	214.3	222.0	262.9	271.1
1983	694.8	694.8	226.9	226.9	269.6	269.6
1984	733.2	694.3	237.8	227.4	282.9	275.2
1985	775.5	719.9	255.0	231.8	304.4	289.0
1986	804.4	723.4	270.7	235.7	324.0	299.7
1987	837.8	746.1	280.4	236.6	342.1	309.0
1988	880.1	771.1	288.4	237.4	371.2	327.7
1989	928.3	792.7	302.9	239.2	402.6	345.5
1990	991.9	821.1	321.2	242.8	435.1	361.7

5.2 Typen von Maßzahlen

Unter den statistischen Maßzahlen sind neben den Indexzahlen die sogenannten Verhältniszahlen von praktischer Bedeutung. Sie sind Quotienten von Charakteristika verschiedener statistischer Teilpopulationen. Je nach sachlogischem Bezug zwischen den Teilpopulationen werden die folgenden Kategorien von Verhältniszahlen unterschieden:

- Meßzahlen
- Gliederungszahlen
- Beziehungszahlen

Die **Meßzahlen**, die sich dadurch ergeben, daß eine (meist zeitliche) Folge von gleichartigen Größen auf eine dieser Größen, die Beobachtung der Basisperiode, bezogen wird, haben wir im Abschnitt 5.1 kennengelernt. Es ist dazu nichts weiteres zu sagen.

Gliederungszahlen sind Maßzahlen, die sich dadurch ergeben, daß die Charakteristika mehrerer Teilpopulationen auf die analoge Größe der übergeordneten Population, die Basis, bezogen werden. Gliederungszahlen werden wie Meßzahlen meist in Prozent angegeben.

Beispiel 5.8 Die Tabelle gibt die Verwendung (in Prozent) des österreichischen Brutto-Inlandsproduktes (BIP) im Jahr 1990 wieder; Basis ist das BIP 1990, das 1.789,39 Mrd.öS (in laufenden Preisen) betrug.

Verwendung	Anteil
Öffentlicher Konsum	17.95
Privater Konsum	55.43
Lagerveränderung	1.17
Brutto-Anlageinvestitionen	24.32
Exporte i.w.s.	41.06
Importe i.w.s.	–39.93

Beziehungszahlen sind Maßzahlen, die sich als Verhältnis verschiedenartiger, aber sachlogisch miteinander zusammenhängender Größen ergeben.

Beispiel 5.9 Erträge der Weinernte im Jahre 1990 in 1000 Hektolitern und als Beziehungszahl "Ertrag pro Hektar" in Hektolitern pro Hektar nach Bundesländern:

Bundesland	Ertrag	Ertr./ha
Burgenland	1,291.0	66.0
Niederösterreich	1,717.5	53.8
Steiermark	133.6	46.7
Wien	23.2	42.5
Österreich	3,166.3	57.6

Andere Beispiele für Beziehungszahlen sind

- der Umsatz pro Mitarbeiter
- das Anlagekapital eines Betriebes pro Mitarbeiter
- die Wertschöpfung je geleistete Arbeitsstunde (Arbeitsproduktivität) oder je Einheit des Anlagevermögens (Kapitalproduktivität)
- die Zahl der Arbeitsunfälle pro Betriebstag
- die Zahl der Manager je 1000 Mitarbeiter

Die Verwendung von Maßzahlen kann leicht irreführend sein. Auch mittels formal richtiger Ergebnisse von statistischen Analysen kann man – absichtlich oder unabsichtlich – einen falschen Eindruck erwecken, etwa, indem man Definitionen oder Voraussetzungen nicht oder nur ungenau angibt.

5.A Ergänzende Beispiele

Beispiel 5.10 Die Indizes der Verbraucherpreise (VPI) 1976 (Basis 1976) und 1986 (Basis 1986) haben im Jahresdurchschnitt die Werte

Jahr	VPI 76	VPI 86
1981	128.7	–
1982	135.7	–
1983	140.2	–
1984	148.1	–
1985	152.9	–
1986	155.5	100.0
1987	–	101.4
1988	–	103.4
1989	–	106.0
1990	–	109.5
1991	–	113.1

Folgende Aufgaben sind zu lösen: (a) die Folge ist zu verketten und auf die Basisperiode 1983 zu beziehen; (b) der VPI 1976 hätte sich für 1987 und 1988 zu 157.4 und 161.2 ergeben; welche Werte hätte der verkettete Index für 1983 bei Basisperiode 1986 und Verkettungsperioden 1986, 1987 und 1988 ergeben; und schließ ist (c) die durchschnittliche Inflationsrate zwischen 1981 und 1988 zu bestimmen.

(a) Das Verketten erfolgt durch Multiplizieren der VPI 86 Werte mit dem VPI 76 Wert 155.5 für 1986 (Spalte A); die Basisänderung durch Dividieren der verketteten Folge durch den Wert 140.2 für 1983 (Spalte B):

Jahr	VPI 76	VPI 86	(A)	(B)
1981	128.7	–	128.7	91.8
1982	135.7	–	135.7	96.8
1983	140.2	–	140.2	100.0
1984	148.1	–	148.1	105.6
1985	152.9	–	152.9	109.1
1986	155.5	100.0	155.5	110.9
1987	–	101.4	157.7	112.5
1988	–	103.4	160.8	114.7
1989	–	106.0	164.8	117.5
1990	–	109.5	170.3	121.4
1991	–	113.1	175.9	125.4

(b) Verkettungsperiode 1986: $140.2\frac{100.0}{155.5} = 90.16$
Verkettungsperiode 1987: $140.2\frac{101.4}{155.5} = 90.32$
Verkettungsperiode 1988: $140.2\frac{103.4}{155.5} = 89.93$

(c) Sie beträgt 3.23%:

$$R_m = \left(\Pi_{i=1982}^{1988} R_i\right)^{1/7} = \left(\frac{160.8}{128.7}\right)^{1/7} = 1.0323\,.$$

5.B Anwendungsbeispiele

Der Österreichische Verbraucherpreisindex

Der Verbraucherpreisindex 1986 wird vom Österreichischen Statistischen Zentralamt monatlich erhoben und veröffentlicht. Er mißt die Änderungen in den Lebenshaltungskosten der Österreicher.

- **Warenkorb**

Der dem Verbraucherpreisindex zugrundeliegende Warenkorb wurde nach den Ergebnissen der Konsumerhebung 1984[4] festgelegt. In dieser Erhebung wurden in freiwilliger Mitarbeit von 6599 Haushalten je ein Monat lang alle Ausgaben in Haushaltsbücher eingetragen. Die Haushalte kamen zu etwa gleichen Teilen aus den neun Bundesländern; innerhalb jedes Bundeslandes wurden die Haushalte in etwa gleichem Umfang aus Schichten nach (a) Gemeindetyp, (b) sozialer Stellung des Haushaltsvorstandes und (c) Haushaltstyp und Zahl der Einkommensbezieher ausgewählt. Etwa gleich viele Haushaltsbücher wurden in den Monaten März 1984 bis Februar 1985 geführt. Die Tabelle zeigt die durchschnittlichen Ausgaben eines Österreichers in öS und die relativen Gewichte der Ausgaben pro Kopf für Gruppen von Gütern und Diensleistungen.

Verbrauchsausgaben	Ausgaben in öS		relat. Gewicht	
Ernährung	2.342.00		22.86	
Verzehr außer Haus		506.70		4.95
Tabakwaren	168.10		1.64	
Wohnung	1.526.00		14.90	
Beheizung	754.20		7.36	
Einrichtung, Hausrat	911.00		8.89	
Bekleidung	1.148.00		11.20	
Herrenbekleidung		292.90		2.86
Damenbekleidung		484.80		4.73
Körper-, Gesundheitspflege	653.10		6.38	
Bildung, Erholung	1.155.00		11.27	
Urlaub		306.10		2.99
Verkehr, Post, Sonstige	1.586.90		15.49	
privater Verkehr		1.237.00		12.07
Summe	10.240.00		100.00	

Aus den Ergebnissen der Konsumerhebung wurde ein Verbrauchsschema von 615 Waren und Dienstleistungen erstellt, das als Warenkorb des Verbraucherpreisindex verwendet wird.

- **Berechnung des Index**

Die Preise der 615 Waren und Dienstleistungen des Warenkorbes werden monatlich in 2.500 Geschäften in 20 österreichischen Städten erhoben. Der Verbraucherpreisindex ist ein Preisindex nach Laspeyres. Die Preise enthalten die Mehrwertsteuer. Die Werte des Gesamtindex

[4]Quelle: *Konsumerhebung 1984*. Wien: Österreichisches Statistisches Zentralamt.

und der Teilindizes (nach Verbrauchsgruppen entsprechend der Gliederung der obigen Tabelle) werden mit einer Verzögerung von einem bis drei Monaten publiziert und können u.a. von einem Tonbanddienst der Österreichischen Statistischen Zentralamtes abgehört werden. Daneben werden die Durchschnittspreise ausgewählter Waren und Dienstleistungen veröffentlicht. Ein Preisindex, der ebenso auf den monatlich erhobenen Preisen aber einem anderen Warenkorb basiert, ist der Pensionistenindex.

5.C Übungsaufgaben

5.1 Die 1985 bis 1991 erzeugten Mengen von Papier betragen in Mio. Tonnen:

$$1.787, 1.836, 1.989, 2.259, 2.359, 2.547, 2.705$$

Es sind zu bestimmen (in %)

(a) die Folge des Produktionsmengenindex auf der Basis 1985;

(b) die Folge des Produktionsmengenindex auf der Basis 1988;

(c) die Folge der jährlichen, relativen Zuwachsraten;

(d) die durchschnittliche, jährliche Zuwachsrate zwischen 1985 und 1991.

5.2 Die Tabelle gibt die jährlichen Durchschnittspreise p pro Mengeneinheit und die durchschnittlichen pro Kopf Verbrauchsmengen q in Arbeitnehmerhaushalten für vier Lebensmittel an, die im Warenkorb eines einfachen Index der Ernährungskosten enthalten sind.

		1991	1992	1993
Brot	p	19.90	20.60	21.40
	q	62.5	63.8	61.0
Butter	p	78.00	82.20	79.20
	q	5.4	5.1	5.3
Milch	p	10.50	10.20	10.60
	q	103.4	102.1	102.9
Eier	p	2.59	2.66	2.69
	q	14.6	14.5	14.0

Für 1992 und 1993 sind die Indizes, Basis 1991, der Ernährungskosten einer Person zu ermitteln

(b) als arithmetisches Mittel der Preismeßzahlen,

(b) nach Laspeyres,

(c) nach Paasche.

5.3 Kann unter der Annahme, daß im Jahr 1994 nur die Eierpreise (auf öS 3.00) steigen, durch Variation des Eierverbrauches der Preisindex (vergl. Aufg. 2)

(a) nach Laspeyres

(b) nach Paasche

auf dem Niveau von 1993 gehalten werden?

5.4 Die Tabelle gibt die jährlichen Durchschnittspreise p pro Mengeneinheit und die durchschnittlichen Verbrauchsmengen q der Haushalte für drei Lebensmittel an, die im Warenkorb eines einfachen Index der Ernährungskosten enthalten sind.

		1990	1991	1992
Brot	p	19.10	19.90	20.60
	q	141.6	146.8	153.1
Butter	p	81.30	78.00	82.20
	q	15.4	14.6	16.3
Eier	p	2.73	2.59	2.66
	q	43.8	44.4	46.1

Zu ermitteln sind (a) die Indexwerte $P^L_{90,t}$ nach Laspeyres für t =91, 92. (b) Der Index $P^L_{90,t}$ aus (a) ist auf die Basis 1992 umzubasieren und die sich ergebenden Indexwerte sind anzugeben. (c) Gilt $P^L_{90,92} = P^L_{90,91}P^L_{91,92}$?

5.5 Die Tabelle enthält die Folgen des Pensionistenindex (PI) 1976 und 1986 für den Zeitraum 1981 bis 1991.

Jahr	PI 76	PI 86
1981	129.6	–
1982	137.2	–
1983	141.6	–
1984	150.1	–
1985	155.0	–
1986	158.3	100.0
1987	161.5	100.4
1988	–	101.5
1989	–	103.4
1990	–	106.3
1991	–	110.1

(a) Die beiden Folgen sind zu verketten (Verkettungsperiode 1986, Basisperiode 1981).

(b) Die beiden Folgen sind zu verketten (Verkettungsperiode 1987, Basisperiode 1988).

(c) Wie hoch sind die durchschnittlichen Inflationsraten für Pensionisten (in %) für die Perioden 1981 bis 1985 und 1987 bis 1991?

5.6 Die Tabelle enthält die Folgen eines Index der Industrieproduktion (IPI).

Jahr	IPI 73	IPI 81	IPI 86
1980	128.3	–	–
1981	131.6	100.0	–
1982	–	101.6	–
1983	–	103.2	–
1984	–	104.6	–
1985	–	108.1	–
1986	–	110.3	–
1987	–	111.6	100.0
1988	–	–	101.0
1989	–	–	105.5
1990	–	–	111.6
1991	–	–	119.2

(a) Der verkettete Index für den gesamten Zeitraum, Basisperiode 1980, ist zu bestimmen.

(b) Die durchschnittliche Zuwachsrate der Industrieproduktion zwischen 1980 und 1991 ist anzugeben.

Lösungen der Übungsaufgaben

1: (a) 100.0, 102.7, 111.3, 126.4, 132.0, 142.5, 151.4; (b) 79.1, 81.3, 88.0, 100.0, 104.4, 112.7, 119.7; (c) 2.74, 8.33, 13.57, 4.43, 7.97, 6.20; (d) 7.15. **2:** (a) 100.0, 102.2, 103.4; (b) 100.0, 101.3, 104.0; (c) 100.0, 101.3, 104.0. **3:** (a) 13.1 Eier; (b) nein, außer wenn $q_{Eier,94} = 0$. **4:** (a) 100.0, 101.4, 105.5; (b) 94.8, 96.1, 100.0; (c) nein, da $1.0548 \neq 1.0113 \times 1.0400 = 1.0544$. **5:** (a) 100.0, 105.9, 109.3, 115.8, 119.6, 122.1, 122.6, 124.0, 126.3, 129.8, 134.5; (b) 79.4, 84.0, 86.7, 91.9, 94.9, 96.9, 98.9, 100.0, 101.9, 104.7, 108.5; (c) 4.58, 2.33. **6:** (a) 128.3, 131.6, 133.7, 135.8, 137.7, 142.3, 145.2, 146.9, 148.3, 154.9, 163.9, 175.1; (b) 2.87.

Kapitel 6

Grundaufgaben der Wahrscheinlichkeitsrechnung

Die Grundaufgabe der Wahrscheinlichkeitsrechnung läßt sich mit N. Schmitz sehr schön wie folgt beschreiben: "Die Wahrscheinlichkeitstheorie hat sich die Aufgabe gestellt, reale, 'zufallsabhängige' Vorgänge in mathematische Modelle zu erfassen und an Hand dieser Modelle Gesetzmäßigkeiten aufzuzeigen. Überspitzt könnte man es als Ziel der Wahrscheinlichkeitstheorie formulieren, in Situationen, in denen keine sicheren Prognosen möglich sind, dennoch sinnvolle Vorhersagen zu erarbeiten". Beispiele 'zufallsabhängiger' Vorgänge sind das Werfen einer Münze, das Werfen eines Würfels; das Warten auf die erste '6' beim Werfen eines Würfels; die Anzahl der Kunden, die in einem Zeitintervall der Länge t einen Supermarkt betreten; die Lebensdauer von elektronischen Bauteilen, usw. Allen diesen Vorgängen ist gemeinsam, daß *à priori* das Ergebnis einer Durchführung dieses Vorganges nicht mit Sicherheit vorhergesagt werden kann. Die Wahrscheinlichkeitstheorie erlaubt es nun, basierend auf einem mathematischen Modell, zu Aussagen von der Art zu gelangen, daß die Wahrscheinlichkeit für das Auftreten einer '6' den Wert 1/6 hat, daß die im Durchschnitt zu erwartende Anzahl von Kunden 10 ist, usw.

Das allen Überlegungen zugrundeliegende mathematische Modell wird durch drei Hauptbestandteile beschrieben: (i) die Identifikation aller möglichen Ergebnisse des Experiments (**Ergebnisraum**), (ii) die Identifikation der interessierenden **Ereignisse** und (iii) die Zuordnung von **Wahrscheinlichkeiten** zu den Ereignissen. Die Wahrscheinlichkeiten werden vorerst als '*à priori* Realisierungschancen' der Ereignisse verstanden in dem Sinn, daß wir eine Aussage über das Ergebnis des zufallsabhängigen Prozesses vor der konkreten Durchführung des Vorganges machen. In diesem einführenden Kapitel werden diese drei Bestandteile näher besprochen.

6.1 Ergebnisraum und Ereignisse

Den weiteren Überlegungen liegen sogenannte **Zufallsexperimente** zugrunde, das sind Experimente mit den folgenden Eigenschaften: (i) alle möglichen Ergebnisse des Experimentes können *à priori* angegeben werden, (ii) das Ergebnis einer Durchführung des Experiments kann nicht exakt vorhergesagt werden, und (iii) das Experiment kann unter (mehr oder weniger) identischen Bedingungen wiederholt werden.

Als ersten Bestandteil des mathematischen Modells für ein Zufallsexperiment definieren wir den Ergebnisraum.

Definition 6.1 *Die Menge E aller möglichen, voneinander verschiedenen Ausgänge eines Zufallsexperimentes heißt* **Ergebnisraum**; *die Elemente von E heißen* **Elementarereignisse. Ereignisse** *sind Teilmengen von E.*

Entsprechend der Definition als Mengen wird für Ereignisse auch die in der Mengenlehre übliche Notation verwendet, also große lateinische Buchstaben als Symbole für Ereignisse und kleine lateinische Buchstaben für ihre Elemente, die Elementarereignisse.

Beispiel 6.1 Ein Experiment bestehe im Werfen eines Würfels. Der Ergebnisraum ist die Menge E aller möglichen Augenzahlen, die die Elementarereignisse darstellen: $E = \{1, 2, \ldots, 6\}$. Als Ereignisse definieren wir (a) A_1: *eine gerade Augenzahl wird geworfen* und (b) A_2: *eine durch drei teilbare Augenzahl wird geworfen.*

Die den Ereignissen entsprechen Mengen $A_1 \subset E$ und $A_2 \subset E$ sind

(a) $A_1 = \{2, 4, 6\}$ und

(b) $A_2 = \{3, 6\}$.

Beispiel 6.2 Ein Experiment bestehe in der zufällige Auswahl eines Elementes einer Warensendung und in der Prüfung des Elementes auf einen Defekt. Der Vorgang wird dreimal wiederholt. Kodiert man ein defektes Stück mit 1 und ein nichtdefektes Stück mit 0, so ist der Ergebnisraum die Menge aller Trippel: $E = \{(000), \ldots, (111)\}$. Ereignisse, die beim Durchführen einer derartigen **Annahmeprüfung** einer Sendung von Massenprodukten eintreten können, sind z.B.:

(a) B_1: *alle geprüften Stücke sind in Ordnung*; $B_1 = \{(000)\}$;

(b) B_2: *ein oder mehrere Stücke sind defekt*; $B_2 = \{(100), (010), (001), \ldots, (111)\}$.

Beispiel 6.3 Ein Würfel wird so lange geworfen, bis zum ersten Mal eine '6' geworfen wird; die interessierende Größe sei die Anzahl der notwendigen Versuche. Der Ergebnisraum E ist die Menge aller natürlichen Zahlen, $E=\{1,2,\ldots\}$. Ein Beispiel eines Ereignisses ist A: *die Anzahl der notwendigen Versuche ist höchstens drei*: $A = \{1,2,3\} \subset E$.

Beispiel 6.4 Die Anzahl der Kunden, die zwischen 8 und 9 Uhr einen Supermarkt betreten, ist ein Zufallsereignis. Der Ergebnisraum E ist die Menge der nichtnegativen ganzen Zahlen. Ein interessierendes Ereignis könnte sein A: *höchstens 10 Kunden kommen*, $A = \{0,1,\ldots,10\} = \{x|x \in N, x \leq 10\}$, wobei N die Menge der natürlichen Zahlen ist.

Beispiel 6.5 Ein Experiment bestehe in der Untersuchung der Lebensdauer von elektronischen Bauteilen. Der Ergebnisraum ist die Menge der nichtnegativen reellen Zahlen R^+. Als Ereignisse interessieren uns Intervalle, so z.B. das Ereignis $A = \{x|x \in R, 0 \leq x \leq 3.5\} \subset R^+$: *die Lebensdauer beträgt höchstens 3.5 Jahre.*

Diese Beispiele illustrieren, daß man grundsätzlich zwei Typen von Ergebnisräumen unterscheiden kann, nämlich diskrete und stetige.

Ein **diskreter Ergebnisraum** ist ein Ergebnisraum, der **endlich** viele oder höchstens **abzählbar** unendlich viele Elementarereignisse umfaßt. Jede Teilmenge des Ergebnisraumes ist ein Ereignis. Die Potenzmenge $\mathcal{P}(E) = \{A|A \subset E\}$ des Ergebnisraumes E enthält daher alle möglichen Ereignisse.

Ein **stetiger Ergebnisraum** ist ein Ergebnisraum, in dem die Elementarereignisse ein Kontinuum bilden, d.h., die Menge der Elementarereignisse ist die Menge der reellen Zahlen oder eine Teilmenge davon. Als Ereignisse werden wir ausschließlich (halboffene) Intervalle betrachten, etwa von der Form $I_1 = \{x|x \leq a\}$ oder $I_2 = \{x|a < x \leq b\}$.

Nach dem Gesagten sind Ereignisse als Mengen definiert. Wendet man auf Ereignisse die mengentheoretischen Verknüpfungen wie Komplement, Vereinigung und Durchschnitt an, so ergeben sich neue Ereignisse (siehe *Tabelle 6.1*).

Das **Komplement** A^c einer Menge A ist die Menge aller Elemente, die nicht in A enthalten sind:

$$A^c = \{x|x \notin A\};$$

die Mengenoperation ist auf eine Grundmenge bezogen, die in der Wahrscheinlichkeitsrechnung die Menge E der Elementarereignisse ist. In der Sprache der Ereignisalgebra besteht das Ereignis A^c darin, daß A nicht eintritt.

Die **Vereinigung** von zwei Mengen A und B ist die Menge aller Elemente mit der Eigenschaft, Element von A oder B zu sein:

$$A \cup B = \{x | \, x \in A \,\text{oder}\, x \in B\} ;$$

das Ereignis $A \cup B$ tritt ein, wenn A oder B oder A und B eintreten. Verallgemeinert definiert man die Vereinigung der Mengen A_i, $i = 1, \ldots, n$ ($n \geq 2$), als

$$\bigcup_{i=1}^{n} A_i = \{x \,|\, x \in A_1 \,\text{oder}\, x \in A_2 \,\text{oder}\, \ldots x \in A_n\} ;$$

die Menge $\bigcup_i A_i$ besteht aus der Menge aller jener Elemente, die in zumindest einer der Mengen A_i enthalten sind.

Der **Durchschnitt** zweier Mengen A und B ist definiert als Menge aller Elemente, die Element sowohl von A als auch von B sind:

$$A \cap B = \{x | x \in A \,\text{und}\, x \in B\} ;$$

$A \cap B$ tritt ein, wenn A und B eintreten. Der Durchschnitt der Mengen A_i, $i = 1, \ldots, n$ ($n \geq 2$), ist

$$\bigcap_{i=1}^{n} A_i = \{x | \, x \in A_1 \,\text{und}\, x \in A_2 \,\text{und}\, \ldots x \in A_n\} ;$$

die Menge $\bigcap_i A_i$ besteht demnach aus all jenen Elementen, die in **jeder** der Mengen A_i enthalten sind. Gilt für zwei Mengen A und B, daß $A \cap B = \emptyset$, so heißen die beiden Mengen disjunkt; gilt für zwei Ereignisse A und B, daß $A \cap B = \emptyset$, so sagt man, A und B sind **disjunkte Ereignisse** oder **A und B schließen einander aus.**

Auch in wahrscheinlichkeitstheoretischen Anwendungen sind die beiden **Regel von de Morgan** nützlich:

$$(A \cup B)^c = A^c \cap B^c, \quad (A \cap B)^c = A^c \cup B^c.$$

Allgemein gilt, daß man aus mengentheoretischen Aussagen durch Ersetzen von "Menge" durch "Ereignis" und von "Element" durch "Elementarereignis" entsprechende Aussagen für Ereignisse erhält. Einen Überblick über die Verknüpfungen und ihre Anwendung auf die Angaben des Beispiels 6.1 gibt die *Tabelle 6.1*.

Tabelle 6.1: Verknüpfungen von Ereignissen und Anwendungen auf die Angaben von Beispiel 6.1 mit $E = \{1,2,3,4,5,6\}$, $A_1 = \{2,4,6\}$ und $A_2 = \{3,6\}$.

Ereignis	Darstellung in Symbolen der Mengenalgebra	Anmerkungen	Beispiel
A tritt **nicht** ein	$A^c = E - A$	komplementäres Ereignis	$A_1^c = \{1,3,5\}$
A tritt sicher ein	$A = E$	sicheres Ereignis	irgendeine Zahl wird mit Sicherheit geworfen
A tritt **sicher nicht** ein	$A = E^c = \emptyset$	unmögliches Ereignis	
A_1 **und** A_2 treten gemeinsam ein	$A_1 \cap A_2$ oder $A_1 A_2$ oder A_1, A_2		$A_1 \cap A_2 = \{6\}$
A_1 **oder** A_2 treten ein (nicht ausschliessendes oder)	$A_1 \cup A_2$ oder $A_1 + A_2$	eines der Ereignisse $A_1 \cap A_2^c$ oder $A_1 \cap A_2$ oder $A_1^c \cap A_2$ tritt ein	$A_1 \cup A_2 = \{2,3,4,6\}$

6.2 Wahrscheinlichkeiten

Nachdem wir den Ergebnisraum und die uns interessierenden Ereignisse definiert haben, wird in diesem Abschnitt die Zuordnung von Wahrscheinlichkeiten zu den Ereignissen behandelt. Dabei verstehen wir unter der Wahrscheinlichkeit $P\{A\}$ eines Ereignisses A eine Zahl, die gewisse Eigenschaften erfüllen muß. Anschließend werden wir auf die Frage eingehen, wie man im konkreten Fall die Zahlenwerte für Wahrscheinlichkeiten bestimmen kann. Der Ausgangspunkt sind die Axiome von A. Kolmogoroff, dem russischen Mathematiker und Begründer der modernen Wahrscheinlichkeitstheorie.

6.2.1 Die Axiome von Kolmogoroff

Definition 6.2 Axiome *(A. Kolmogoroff, 1933)*

A1 $P\{A\} \geq 0$ *für jedes beliebige Ereignis* A*;*

A2 $P\{E\} = 1$, *d.h., dem* **sicheren Ereignis** E *wird die Wahrscheinlichkeit 1 zugeordnet;*

A3 *Sind die Ereignisse $A_1, A_2, \ldots$ paarweise disjunkt, d.h., $A_i \cap A_j = \emptyset$ für alle $i \neq j$, wobei $\emptyset$ die leere Menge ist, so gilt*

$$P\{A_1 \cup A_2 \cup \ldots\} = P\{A_1\} + P\{A_2\} + \ldots$$

(Additivität der Wahrscheinlichkeiten).

Die Wahrscheinlichkeit jedes Ereignisses ist nach dem Axiom A1 eine nichtnegative, reelle Zahl. Axiom A2 normiert die Wahrscheinlichkeiten. Schließlich verlangt man in Axiom A3, daß die Wahrscheinlichkeit eines Ereignisses, das als Vereinigung von disjunkten Ereignissen dargestellt werden kann, gleich der Summe der einzelnen Wahrscheinlichkeiten ist. Aus den Axiomen folgt unmittelbar

Satz 6.1 *Die Wahrscheinlichkeit des unmöglichen Ereignisses ist Null:*

$$P\{\emptyset\} = 0\,.$$

Mit der Festlegung, daß die Wahrscheinlichkeit eines Ereignisses eine reelle Zahl ist, die die Kolmogoroff'schen Axiome erfüllt, ist die Frage noch nicht beantwortet, wie man im konkreten Fall numerische Werte von Wahrscheinlichkeiten bestimmen kann. Dazu sind Modellvorstellungen zu entwickeln, die typischerweise für die beiden Fälle eines diskreten und eines stetigen Ergebnisraumes verschieden sind.

6.2.2 Wahrscheinlichkeiten für diskrete Ergebnisräume

Im diskreten Fall kann man Wahrscheinlichkeiten definieren, indem man jedem Elementarereignis die Wahrscheinlichkeit seines Eintretens zuordnet; durch Summation über die Wahrscheinlichkeiten seiner Elemente erhält man die Wahrscheinlichkeit eines beliebigen Ereignisses. Wenn der Ergebnisraum aus endlich vielen, **gleichwahrscheinlichen** Elementarereignissen besteht, kann man den **klassischen Wahrscheinlichkeitsbegriff** (P.S. Laplace, 1812) zur Festlegung der Wahrscheinlichkeiten verwenden. Sei die Anzahl der gleichwahrscheinlichen Elementarereignisse $n(E) = n$. Dann wird jedem Elementarereignis e_i, $i = 1, \ldots, n$, als Wahrscheinlichkeit seines Eintretens

$$P\{e_i\} = \frac{1}{n}$$

zugeordnet.

Beispiel 6.6 Beim Roulette haben alle möglichen Ausgänge $\{0, \ldots, 36\}$ die gleiche Chance, realisiert zu werden ("ideales" Rouletterad); die Wahrscheinlichkeit ist für jeden Ausgang $\frac{1}{37}$.

Definition 6.3 Klassischer Wahrscheinlichkeitsbegriff: *Für ein beliebiges Ereignis $A \subset E$ gilt*

$$P\{A\} = \sum_{e_i \in A} P\{e_i\} = \frac{\text{Anzahl der Elemente in } A}{\text{Anzahl der Elemente in } E} = \frac{n(A)}{n(E)}$$

wobei $n(A)$ bzw. $n(E)$ die Anzahl der Elemente in A bzw. in E ist.

Man sagt auch, "$n(A)$ ist die Zahl der für A günstigen Ausgänge." Die so definierten Zahlen erfüllen, wie man sich leicht überzeugt, die Kolmogoroff'schen Axiome. Zur numerische Berechnung dieser Wahrscheinlichkeiten können kombinatorische Methoden verwendet werden; vergleiche dazu den Abschnitt 6.4 über kombinatorische Hilfsmittel.

Beispiel 6.7 Der Ergebnisraum des Experiments in Beispiel 6.1 ist die Menge $E = \{1, \ldots, 6\}$. Wenden wir das Gleichwahrscheinlichkeitsargument an, so ergibt sich für die dort definierten Ereignisse A_1 und A_2

(a) $P\{A_1\} = \frac{n(\{2,4,6\})}{n(E)} = \frac{3}{6}$;

(b) $P\{A_2\} = \frac{n(\{3,6\})}{n(E)} = \frac{2}{6}$;

(c) $P\{A_1 \cup A_2\} = \frac{n(\{2,3,4,6\})}{n(E)} = \frac{4}{6}$.

Das Gleichwahrscheinlichargument ist natürlich nur im Fall eines endlichen Ergebnisraumes sinnvoll: Enthält E abzählbar viele Elementarereignisse, so könnte man, falls man das Gleichwahrscheinlichargument einfach überträgt, jedem Elementarereignis nur mehr die Wahrscheinlichkeit Null zuordnen; damit hätten aber auch alle aus endlich vielen Elementarereignissen zusammengesetzten Ereignisse die Wahrscheinlichkeit Null. Man wird gleichwahrscheinliche Elementarereignisse kaum erwarten können, wenn der Ergebnisraum abzählbar ist.

Eine Möglichkeit, in dieser Situation sinnvoll Wahrscheinlichkeiten zu definieren, bietet folgende Überlegung. Die Zuordnung von Wahrscheinlichkeiten zu Elementarereignissen kann man sich als Funktion vorstellen, deren Definitionsbereich E ist und deren Wertebereich das Intervall $[0, 1]$ der reellen Achse ist: Jedem Elementarereignis e_i, $i = 1, 2, \ldots$, wird als Funktionswert eine nichtnegative Zahl p_i zugeordnet, wobei die Summe aller p_i den Wert 1 hat:

$$P\{e_i\} = p_i \geq 0,\ i = 1, 2, \ldots, \quad \text{mit} \quad \sum_i p_i = 1.$$

Beispiel 6.8 Im Beispiel 6.3 besteht der Ergebnisraum aus der Menge der natürlichen Zahlen, $E = \{1, 2, \ldots\}$; wir haben es also mit einem abzählbaren Ergebnisraum zu tun. Wie können dem Elementarereignis e_i: *genau i Versuche sind notwendig*, $i = 1, 2, \ldots$, beispielsweise die Wahrscheinlichkeit

$$p_i = \left(\frac{5}{6}\right)^{i-1} \frac{1}{6}$$

zuordnen. Diese p_i erfüllen die Kolmogoroff'schen Axiome: Daß $\sum p_i = 1$, ergibt sich aus der Anwendung der Summenformel für die geometrische Reihe.

Die Wahrscheinlichkeit des Ereignisses A: *die Anzahl der notwendigen Versuche ist höchstens 2* ergibt sich zu

$$P(A) = \sum_{i=1}^{2} \left(\frac{5}{6}\right)^{i} \frac{1}{6} = \left(\frac{5}{6} + \frac{25}{36}\right) \frac{1}{6} = 0.255\,.$$

Wie bei der Annahme gleichwahrscheinlicher Elementarereignisse liegen auch den Wahrscheinlichkeiten in Beispiel 6.8 Modellvorstellungen zugrunde, die das numerische Festlegen der Wahrscheinlichkeiten gestatten. Spezielle Modelle werden wir im Kapitel 8 "Wichtige Wahrscheinlichkeitsverteilungen" behandeln.

Man kann sich auch hier leicht überzeugen, daß die p_i die Kolmogoroff'schen Axiome erfüllen. Wegen $p_i \geq 0$ für alle i ist $P\{A\} = \sum_{e_i \in A} P\{e_i\} = \sum_{i:e_i \in A} p_i \geq 0$ (A1), und $P\{E\} = \sum_i p_i = 1$ (A2). Sind die Ereignisse A_j, $j = 1, \ldots, k$ mit geeignetem k, disjunkt, so gilt, da die Ereignisse A_j aus diskreten Punkten e_{ji}, $i = 1, \ldots, n_j$, bestehen, offensichtlich (A3):

$$P\{\bigcup_{j=1}^{k} A_j\} = P\{\bigcup_{j=1}^{k}(\bigcup_{i=1}^{n_j}\{e_{ji}\})\} = \sum_{j=1}^{k}\sum_{i=1}^{n_j} P\{e_{ji}\} = \sum_{j=1}^{k} P\{A_j\}\,.$$

Der klassische Wahrscheinlichkeitsbegriff erfüllt diese Definition der Wahrscheinlichkeiten. Das ergibt sich sofort, wenn man $P\{e_i\} = p_i = \frac{1}{n}$ setzt.

6.2.3 Wahrscheinlichkeiten für stetige Ergebnisräume

Im diskreten Fall konnten wir, vom einzelnen Elementarereignis ausgehend, Wahrscheinlichkeiten für beliebige Ereignisse definieren: Jedem Elementarereignis wird eine nichtnegative Zahl zugeordnet, deren Summe gleich Eins ist. Im stetigen Fall kann dieser Zutritt nicht mehr verwendet werden: Elementarereignisse sind die reellen Zahlen, von denen es in jedem Intervall der Zahlengeraden überabzählbar viele gibt, und als Ereignisse betrachten wir Intervalle der Zahlengeraden. Jedem Elementarereignis kann nur mehr Null als Wahrscheinlichkeit zugeordnet werden, denn würde man ihm eine positive, auch beliebig kleine Wahrscheinlichkeit zuordnen, so reichen bereits endlich viele Elementarereignisse aus, um die Normierungsregel, das Axiom 2, zu verletzen.

Da wir ausschließlich Intervalle I der Zahlengeraden als Ereignisse betrachten werden, bietet sich folgender Zutritt zur Definition von Wahrscheinlichkeiten an: Es sei $f(x)$ eine Funktion mit den Eigenschaften

$$f(x) \geq 0, \quad \text{und} \quad \int_{-\infty}^{+\infty} f(x)\, dx = 1\,;$$

dann erfüllt der Wert des Integrals über das Intervall I,

$$\int_I f(x)\, dx\,,$$

die Axiome von Kolmogoroff. Wegen $f(x) \geq 0$ ist $\int_I f(x)\, dx \geq 0$ für alle Intervalle I (A1). Die Wahrscheinlichkeit des sicheren Ereignisses ist wegen $\int_{-\infty}^{+\infty} f(x)\, dx = 1$ gleich Eins (A2). Aus der Interpretation des bestimmten Integrals als Flächeninhalt folgt, daß auch das dritte Axiom erfüllt ist: Der Inhalt einer Fläche, die als Vereinigung disjunkter Teilflächen dargestellt werden kann, ist natürlich gleich der Summe der einzelnen Teilflächeninhalte. Gilt $I = \bigcup_i I_i$ mit disjunkten I_i, so ist

$$\int_I f(x)\, dx = \sum_i \int_{I_i} f(x)\, dx.$$

Am Rande soll angemerkt werden, daß nicht für jede Funktion das Integral $\int_I f(x)\, dx$ für jedes beliebige I existieren muß. Streng genommen müssen wir deshalb die Integrierbarkeit von $f(x)$ explizit voraussetzen und im Anwendungsfall auch überprüfen. Für die Funktionen $f(x)$, die in diesem Buch vorkommen, wird diese Voraussetzung allerdings stets erfüllt sein, und wir werden auf die Frage der Intergrierbarkeit nicht weiter eingehen.

Beispiel 6.9 Im Beispiel 6.5 besteht der Ergebnisraum aus der Menge der nichtnegativen rellen Zahlen. Definieren wir die Wahrscheinlichkeit für das Ereignis A_t: *die Lebensdauer beträgt höchstens t Zeiteinheiten*, wobei $t \geq 0$, mit

$$P\{A_t\} = \int_0^t e^{-x}\, dx$$

so sind die Kolmogoroff'schen Axiome erfüllt: Wegen $f(x) = e^{-x} \geq 0$ für alle $x \geq 0$ gilt

$$P\{A_t\} = \int_0^t e^{-x} dx = 1 - e^{-t} \geq 0$$

für ein beliebiges $t \geq 0$ (A1), und es gilt (A2):

$$\int_0^{+\infty} e^{-x}dx = -e^{-x}\Big|_0^{+\infty} = -(\lim_{t\to\infty} e^{-t} - 1) = 1\,.$$

Daß das Axiom (A3) erfüllt ist, läßt sich analog dem unmittelbar vor dem Beispiel Gesagten zeigen.

Der Wahl einer geeigneten Funktion $f(x)$ in einer konkreten Anwendung liegen wie im Fall eines diskreten Ergebnisraumes Modellvorstellungen zugrunde. Beispiele werden im Kapitel 8 "Wichtige Wahrscheinlichkeitsverteilungen" behandelt.

Zusammenfassend läßt sich sagen, daß das mathematische Modell für ein Zufallsexperiment durch die Bestandteile Ergebnisraum, Ereignisse und Wahrscheinlichkeit beschrieben wird. Um ein Modell für eine konkrete Anwendung zu spezifizieren, ist es notwendig, alle möglichen Elementarereignisse aufzulisten und davon ausgehend die interessierenden Ereignisse zu definieren. Im diskreten Fall kann man durch Zuordnung von Wahrscheinlichkeiten zu den einzelnen Elementarereignissen Wahrscheinlichkeiten für die interessierenden Ereignisse durch Summation ermitteln. Ist E die Menge der reellen Zahlen oder eine Teilmenge davon, kann man Wahrscheinlichkeiten durch den Wert des bestimmten Integrals über eine geeignete Funktion definieren.

Der Definition der Wahrscheinlichkeiten liegen in allen Anwendungsfällen Modellvorstellungen zugrunde. Wie jedes Modell muß sich auch ein wahrscheinlichkeitstheoretisches Modell eine Überprüfung an Hand der Realität gefallen lassen. So ist z.B. die Frage zu klären, ob das Gleichwahrscheinlichkeitsargument für bestimmte Anwendungen eine adäquate Beschreibung darstellt. Im stetigen Fall muß die Funktion $f(x)$ geeignet spezifiziert werden.

6.2.4 Interpretationen von Wahrscheinlichkeiten

Da man den konkreten Wert der Wahrscheinlichkeit eines Ereignisses nicht beobachten kann, so ist er natürlich auch nicht exakt meßbar. Die Wahrscheinlichkeit eines Ereignisses kann als ein Maß für die Unsicherheit aufgefaßt werden, mit der es eintritt. Für die Frage, wie Aussagen von der Art $P\{A\} = 0.5$ zu interpretieren sind, gibt es eine Reihe von Zutritten, von denen zwei näher beschrieben werden sollen. Diese zwei Auffassungen sind die Grundlage für zwei unterschiedliche Schulen in der Statistik.

Statistischer Wahrscheinlichkeitsbegriff

Der **Frequentist** geht bei seinem Wahrscheinlichkeitsbegriff, dem statistischen, der auf den österreichischen Mathematiker R. von Mises zurückgeht, davon aus, daß Experimente (theoretisch) wiederholt ausgeführt werden können, wobei die Ergebnisse der verschiedenen Ausführungen einander nicht beeinflussen (**unabhängige Wiederholungen**). Beim Experiment "Wurf eines Würfels" ist das leichter vorstellbar als bei einem so komplexen Vorgang, wie es beispielsweise eine Studie der Wirkung einer Werbeaktion auf den Umsatz mit einem bestimmten Artikel ist.

Definition 6.4 Statistischer Wahrscheinlichkeitsbegriff: *(R. von Mises, 1931) Für ein beliebiges Ereignis A wird $P\{A\}$ als ein "Grenzwert" der relativen Häufigkeit $h(A)$ des Auftretens von A unter n Wiederholungen des Experimentes definiert, wobei $n \to \infty$.*

Entsprechend dieser Vorstellung bedeutet $P\{A\} = 0.5$, daß im "long run", d.h. in einer langen Folge von unabhängigen Durchführungen des zugrundeliegenden Experiments, das Ereignis A in 50% der Fälle eintritt; die relative Häufigkeit des Eintretens von A ist 0.5. Auch relative Häufigkeiten erfüllen, wie man sich leicht überzeugt, die in *Definition 6.2* angegebenen Axiome.

Da man aber in jedem Fall nur endlich viele Wiederholungen eines Experiments durchführen kann, erhebt sich die Frage, wie man $P\{A\}$ eines Ereignisses A aus einer endlichen Folge von unabhängigen Durchführungen bestimmen oder "schätzen" kann. Im dritten Teil des Buches über die Schließende Statistik wird gezeigt werden, daß auch bei endlicher Wiederholungszahl die relative Häufigkeit des Eintretens von A als approximativer Wert einer unbekannten Wahrscheinlichkeit genommen werden kann. Die *Abbildung 6.1* illustriert diesen Sachverhalt, der ein wichtiges Argument für die Sicht der Wahrscheinlichkeit als Grenzwert der relativen Häufigkeit ist.

Subjektiver Wahrscheinlichkeitsbegriff

Der **Subjektivist** interpretiert die Wahrscheinlichkeit $P\{A\}$ als die subjektive Einschätzung der Chance, die eine Person dem Eintreten des Ereignisses A zuordnet. Diese Vorstellung geht auf Savage (1954) zurück. Da verschiedene Personen verschiedene Einschätzungen desselben Ereignisses haben, können die subjektiven Wahrscheinlichkeiten mehrerer Personen für ein und dasselbe Ereignis unterschiedlich sein.

Subjektive Wahrscheinlichkeiten können beispielsweise aus der Wettquote in einer fairen Wette abgeleitet werden, mit der jemand auf das Eintreten eines Ereignisses setzt. Eine faire Wette ist dadurch definiert, daß der Erwartete Gewinn für die wettenden Personen Null ist. Jemand halte es für angemessen, bei Eintreten von A einen Gewinn von a Einheiten zu bekommen, wenn er bei Nichteintreten von A seinen Einsatz von b Einheiten verliert; die Wettquote für A beträgt dann $a : b$ oder $\frac{a}{b} : 1$. Für den erwarteten Gewinn gilt dann

$$a \cdot P\{A\} + (-b) \cdot P\{A^c\} = 0\,.$$

Abbildung 6.1: Relative Häufigkeit $h(K)$, mit der unter n Würfen einer Münze Kopf (K) erzielt wird.

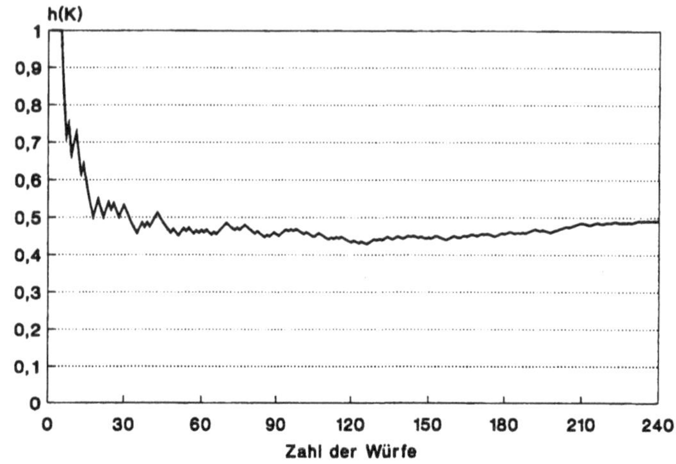

Daraus ergibt sich die (subjektive) Wahrscheinlichkeit

$$P\{A\} = \frac{b}{a+b},$$

was man durch Anwenden von $P\{A^c\} = 1 - P\{A\}$ – siehe *Satz 6.2(a)* in Abschnitt 6.3 – erhält. Der Quotient $P\{A\}/P\{A^c\}$ wird auch die **Odds** (aus dem Englischen) genannt; vergleiche auch die Kapitel 11.3 und 12.3.

Beispiel 6.10 Jemand bietet seinem Wettpartner den 10-fachen Einsatz für das Ereignis, daß innerhalb der nächsten 5 Jahre ein Mensch den Mond betreten wird. Der Anbieter der Wette ist der Überzeugung, daß

$$\begin{aligned} & P\{\textit{ein Mensch betritt den Mond innerhalb von 5 Jahren}\} \\ = \ & \frac{1}{10+1} = 0.091\,. \end{aligned}$$

Unter geeigneten Voraussetzungen erfüllen subjektive Wahrscheinlichkeiten die in *Definition 6.2* angegebenen Axiome.

6.3 Rechenregeln für Wahrscheinlichkeiten

Aus den Axiomen in *Definition 6.2* ergeben sich unmittelbar einige einfache Folgerungen, bzw. Rechenregel, die in den folgenden Sätzen zusammengefaßt werden.

Satz 6.2 *Für beliebige Ereignisse A, B gilt*

(a) $P\{A^c\} = 1 - P\{A\}$;

(b) $0 \leq P\{A\} \leq 1$;

(c) *aus* $A \subset B$ *folgt* $P\{A\} \leq P\{B\}$.

Eine Anwendung des *Satzes 6.2(a)* zeigt das folgende Beispiel.

Beispiel 6.11 In der Annahmeprüfung eines Betriebes (vergleiche Beispiel 6.2) steht X für die Zahl der defekten unter drei geprüften Stücken. Damit können wir die Ereignisse $A = \{X = 0\}$ und $B = \{1 \leq X \leq 3\} = \{X > 0\} = A^c$ definieren, für die gilt

$$P\{A\} = P\{X = 0\} = 1 - P\{X > 0\} = 1 - P\{A^c\} = 1 - P\{B\}.$$

6.3.1 Multiplikationssatz

Wie oben ausgeführt, können wir die Wahrscheinlichkeit eines Ereignisses als seine "*à priori* Realisierungschance" interpretieren. Man kann nun die Frage stellen, wie sich die Einschätzung dieser *à priori* Realisierungschance ändert, wenn – etwa nach dem Durchführen des Experiments – zusätzliche Information zur Verfügung steht. Dazu wollen wir folgendes Beispiel betrachten:

Beispiel 6.12 Die Mitarbeiter eines Unternehmens verteilen sich entsprechend der folgenden Tabelle auf Männer und Frauen bzw. auf Arbeiter und Angestellte.

Geschlecht	Arbeiter	Angestellte	total
m	1169	427	1596
w	41	330	371
total	1210	757	1967

Das Zufallsexperiment bestehe darin, einen Mitarbeiter zufällig auszuwählen. Als interessierende Ereignisse definieren wir, daß die ausgewählte Person A: *Arbeiter* und B: *weiblich* ist. Unter der Annahme, daß alle

Mitarbeiter die gleiche Chance haben, ausgewählt zu werden, erhalten wir nach dem klassischen Wahrscheinlichkeitsbegriff $P\{A\} = \frac{1210}{1967} = 0.615$ und $P\{B\} = \frac{371}{1967} = 0.189$.

Als nächstes interessiert uns das Ereignis, daß die ausgewählte Person Arbeiter ist, wobei nun die Auswahl nur unter weiblichen Mitarbeiter getroffen werden soll. Diese zusätzliche Information bedeutet, daß der Ergebnisraum des Experiment auf die zweite Zeile in obiger Tabelle eingeschränkt ist. Die Wahrscheinlichkeit von $A|B$, das ist das Ereignis: *A unter der Bedingung, daß B eingetreten ist*, ergibt sich demnach zu $P\{A|B\} = \frac{41}{371} = 0.111$.

Beachte die Beziehung

$$P\{A|B\} = \frac{n(A \cap B)}{n(B)} = \frac{n(A \cap B)/n(E)}{n(B)/n(E)} = \frac{P\{A \cap B\}}{P\{B\}}.$$

Basierend auf dieser Überlegung können wir den Begriff der bedingten Wahrscheinlichkeit definieren.

Definition 6.5 *A und B seien zwei beliebige Ereignisse. Die* **bedingte Wahrscheinlichkeit** *von A, wenn B eingetreten ist, ist*

$$P\{A|B\} = \frac{P\{A \cap B\}}{P\{B\}},$$

vorausgesetzt, daß $P\{B\} \neq 0$.

$A|B$ nennt man ein **bedingtes Ereignis**, das sich vom unbedingten Ereignis A dadurch unterscheidet, daß es den Eintritt oder Nichteintritt von B berücksichtigt. Man kann zeigen, daß die bedingten Wahrscheinlichkeiten die Kolmogoroff'schen Axiome erfüllen.

Da wir $P\{B\} > 0$ vorausgesetzt haben, können wir in der Definitionsgleichung der bedingten Wahrscheinlichkeit beide Seiten mit $P\{B\}$ multiplizieren und erhalten so den Multiplikationssatz.

Satz 6.3 Multiplikationssatz *für zwei beliebige Ereignisse A und B:*

$$P\{A \cap B\} = P\{A|B\} \cdot P\{B\} = P\{B|A\} \cdot P\{A\}.$$

Auf Beispiel 6.12 angewendet, können wir mit Hilfe dieses Satzes die folgende Wahrscheinlichkeit berechnen.

Beispiel 6.13 Die Wahrscheinlichkeit, daß ein zufällig ausgewählter Mitarbeiter des in Beispiel 6.12 erwähnten Unternehmens ein Arbeiter (A) und weiblich (B) ist, ergibt sich zu

$$P\{A \cap B\} = P\{A|B\} \cdot P\{B\} = \frac{41}{371} \cdot \frac{371}{1967} = \frac{41}{1967} = 0.021\,.$$

Natürlich hätte man das Ergebnis – rascher – direkt berechnen können, indem man aus der Tabelle $n(A \cap B) = 41$ abliest.

Der Multiplikationssatz kann auf mehr als zwei Ereignisse verallgemeinert werden.

Satz 6.4 Multiplikationssatz *für n Ereignisse $A_1, A_2, \ldots, A_n$:*

$$\begin{aligned} & P\{A_1 \cap A_2 \cap \ldots \cap A_n\} \\ = \;& P\{A_1\} \cdot P\{A_2|A_1\} \cdot P\{A_3|A_1 \cap A_2\} \ldots P\{A_n| \cap_{i=1}^{n-1} A_i\}\,. \end{aligned}$$

Beispiel 6.14 Aus einer Urne mit zehn Losen, von denen nur eines gewinnt, werden drei Lose gezogen (**Ziehen ohne Zurücklegen**). A_i sei das Ereignis, daß im i-ten Versuch ein Los gezogen wird, das nicht gewinnt. Die Wahrscheinlichkeit für das Ereignis $B = A_1 \cap A_2 \cap A_3$, daß das Gewinnlos nicht gezogen wird, ergibt sich zu

$$\begin{aligned} P\{B\} &= P\{A_1 \cap A_2 \cap A_3\} \\ &= P\{A_1\} \cdot P\{A_2|A_1\} \cdot P\{A_3|A_1 \cap A_2\} \\ &= \frac{9}{10} \cdot \frac{8}{9} \cdot \frac{7}{8} = \frac{7}{10} = 0.7\,. \end{aligned}$$

Ein Entnahmeverfahren, das in der Praxis kaum angewendet wird, ist das **Ziehen mit Zurücklegen:** Das gezogene Los wird in die Urne zurückgelegt, bevor der nächste Versuch durchgeführt wird. Dann ergäbe sich

$$\begin{aligned} P\{B\} &= P\{A_1 \cap A_2 \cap A_3\} \\ &= P\{A_1\} \cdot P\{A_2|A_1\} \cdot P\{A_3|A_1 \cap A_2\} \\ &= \frac{9}{10} \cdot \frac{9}{10} \cdot \frac{9}{10} = 0.729\,. \end{aligned}$$

Beachte! Die bedingten Wahrscheinlichkeiten $P\{A_2|A_1\}$ und $P\{A_3|A_1 \cap A_2\}$ haben beim Ziehen mit Zurücklegen den gleichen Wert wie die unbedingte Wahrscheinlichkeit $P\{A_1\}$, wie das intuitiv auch zu erwarten ist!

Ist für zwei Ereignisse A und B die bedingte Wahrscheinlichkeit $P\{A|B\}$ gleich der unbedingten Wahrscheinlichkeit $P\{A\}$, so spricht man von **Unabhängigkeit** der beiden Ereignisse.

Definition 6.6 *Zwei Ereignisse A_1 und A_2 sind* **unabhängig,** *wenn gilt*

$$P\{A_1 \mid A_2\} = P\{A_1\} \text{ bzw. } P\{A_2 \mid A_1\} = P\{A_2\}.$$

Sind zwei Ereignisse unabhängig, so folgt daraus sofort der

Satz 6.5 Multiplikationssatz für unabhängige Ereignisse: *Seien A und B unabhängige, sonst beliebige Ereignisse, so gilt*

$$P\{A \cap B\} = P\{A\} \cdot P\{B\}.$$

Beispiel 6.15 Ein Würfel wird zweimal geworfen. Das Ereignis A_i tritt ein, wenn im i-ten Versuch, $i = 1, 2$, eine '6' geworfen wird. Aus der Natur des Experiments ist klar, daß $P\{A_2 \mid A_1\} = P\{A_2\}$. Somit ergibt sich

$$P\{A_1 \cap A_2\} = P\{A_1\} \cdot P\{A_2\} = \frac{1}{6} \cdot \frac{1}{6} = 0.028.$$

Auf den Unterschied zwischen disjunkten und unabhängigen Ereignissen sei hier ausdrücklich hingewiesen. Disjunktheit ist eine mengentheoretische Eigenschaft: Die Ereignisse A und B sind disjunkt, wenn sie keine gemeinsamen Elementarereignisse besitzen, also $A \cap B = \emptyset$. Die Unabhängigkeit zweier Ereignisse bezieht sich auf die Wahrscheinlichkeit, mit der diese Ereignisse eintreten: A und B sind unabhängig, wenn $P\{A \cap B\} = P\{A\}P\{B\}$.

Beachte! Disjunkte Ereignisse können nicht unabhängig sein! Für die beiden disjunkten Ereignisse A und B ($A \cap B = \emptyset$) mit $P\{A\} > 0$ und $P\{B\} > 0$ gilt $P\{A \cap B\} = 0 \neq P\{A\}P\{B\}$!

Gilt für n Ereignisse, daß jedes Paar von ihnen unabhängige Ereignisse sind, so nennt man sie **paarweise unabhängig.** Allerdings sind sie deshalb nicht notwendigerweise (vollständig) unabhängig.

Definition 6.7 *Die Ereignisse A_1, A_2, ..., A_n sind* **vollständig unabhängig,** *falls die folgenden $2^n - n - 1$ Beziehungen gelten:*

$$\begin{aligned} P\{A_i \cap A_j\} &= P\{A_i\}P\{A_j\}, \ 1 \le i < j \le n, \\ P\{A_i \cap A_j \cap A_k\} &= P\{A_i\}P\{A_j\}P\{A_k\}, \ 1 \le i < j < k \le n, \\ &\vdots \\ P\{A_1 \cap A_2 \ldots \cap A_n\} &= P\{A_1\}P\{A_2\} \ldots P\{A_n\}. \end{aligned}$$

Paarweise Unabhängigkeit wird also von der vollständigen Unabhängigkeit impliziert; umgekehrt gilt das allerdings nicht!

Beispiel 6.16 Eine Urne enthält vier Kugeln, die die Nummern '1' bis '4' tragen. Eine Kugel wird gezogen. Das Ereignis $A = \{1,2\}$ tritt ein, wenn die Kugel mit der '1' oder die mit der '2' gezogen wird; analog definieren wir $B = \{1,3\}$ und $C = \{1,4\}$. Somit gilt $A \cap B \cap C = A \cap B = A \cap C = B \cap C = \{1\}$. Man überzeugt sich leicht, daß die Ereignisse paarweise unabhängig sind; so gilt $P\{A \cap B\} = \frac{1}{4} = P\{A\} \cdot P\{B\}$. Allerdings sind sie nicht vollständig unabhängig:

$$P\{A \cap B \cap C\} = P\{1\} = \frac{1}{4} \neq P\{A\} \cdot P\{B\} \cdot P\{C\} = \frac{1}{8}.$$

Für die praktische Anwendung läuft das Überprüfen der vollständigen Unabhängigkeit darauf hinaus, die Relationen der *Definition 6.7* nachzuvollziehen, was bei größerem n rechenaufwendig sein kann. Glücklicherweise ist in der Praxis die Unabhängigkeit vielfach entweder Bestandteil der Modellvoraussetzungen oder in der Definition des zugrundeliegenden Zufallsexperiments bereits enthalten. So spricht man z.B. von unabhängigen Wiederholungen eines Experiments usw. In diesem Fall kann man für alle Teilmengen $A_{i_1}, A_{i_2}, \ldots, A_{i_k}$ aus $A_1, A_2, \ldots, A_n$ die Multiplikationsregel für unabhängige Ereignisse verwenden:

$$P\left\{\bigcap_{j=1}^{k} A_{i_j}\right\} = \Pi_{j=1}^{k} P\{A_{i_j}\},$$

Das folgende Beispiel soll zeigen, daß die Unabhängigkeit, falls sie unterstellt werden kann, das Rechnen erheblich vereinfacht.

Beispiel 6.17 Das Zufallsexperiment in Beispiel 6.3 besteht darin, einen Würfel so lange zu werfen, bis zum ersten Mal die '6' geworfen wird. Der Ergebnisraum besteht aus der Menge der natürlichen Zahlen. Im Beispiel 6.8 haben wir dem Elementarereignis A_k: *genau k Versuche sind notwendig, bis zum ersten Mal die '6' auftritt*, die Wahrscheinlichkeit

$$P\{A_k\} = \left(\frac{5}{6}\right)^{k-1} \frac{1}{6}$$

zugeordnet. Mit der Annahme der Unabhängigkeit des Würfelwurfes kann diese Wahrscheinlichkeit motiviert werden. Dazu zerlegen wir das Ereignis A_k in die beiden Ereignisse B_k: *in den ersten $k-1$ Versuchen keine '6'* und C_k: *im k-ten Versuch zum ersten Mal die '6'*. Falls wir unterstellen, daß die Würfelwürfe voneinander unabhängig durchgeführt werden, ist die Wahrscheinlichkeit, in den ersten $k-1$ Versuchen keine '6' zu werfen,

$$P\{B_k\} = \underbrace{\frac{5}{6}\frac{5}{6}\cdots\frac{5}{6}}_{k-1} = \left(\frac{5}{6}\right)^{k-1};$$

die Wahrscheinlichkeit, im k-ten Versuch eine '6' zu werfen, ist $P\{C_k\} = 1/6$. Wegen der unterstellten Unabhängigkeit können wir diese Wahrscheinlichkeiten miteinander multiplizieren, und es ergibt sich der angegebene Ausdruck.

Vergleiche dazu auch Beispiel 6.28.

6.3.2 Additionssatz

Das dritte Axiom von Kolmogoroff stellt eine Rechenregel für die Wahrscheinlichkeit der Vereinigung von disjunkten Ereignissen dar. Für nichtdisjunkte Ereignisse ergibt sich der folgende Satz, wenn man das Ereignis $A \cup B$ als Vereinigung der disjunkten Teilmengen $A \cup B^c$, $A \cup B$ und $A^c \cup B$ schreibt: $A \cup B = (A \cup B^c) \cap (A \cup B) \cap (A^c \cup B)$, und das dritte Axiom von Kolmogoroff anwendet.

Satz 6.6 Additionssatz für beliebige Ereignisse *A und B:*

$$P\{A \cup B\} = P\{A\} + P\{B\} - P\{A \cap B\}.$$

Sind die Ereignisse A und B disjunkt, so hat der letzte Summand der rechten Seite den Wert Null und es ergibt sich der Additionssatz für disjunkte Ereignisse.

Beispiel 6.18 Ein Würfel wird geworfen; A (B) sei das Ereignis, eine durch 2 (3) teilbare Zahl zu würfeln. Die Wahrscheinlichkeit, eine Zahl zu werfen, die durch 2 oder 3 teilbare ist, ergibt sich zu

$$P\{A \cup B\} = P\{A\} + P\{B\} - P\{A \cap B\} = \frac{3}{6} + \frac{2}{6} - \frac{1}{36} = \frac{4}{6}.$$

Der Additionssatz kann auf mehr als zwei Ereignisse verallgemeinert werden. Auch die folgende Formel ergibt sich aus disjunkten Zerlegungen.

Satz 6.7 Additionssatz für beliebige Ereignisse $A_1, A_2, \ldots$

$$\begin{aligned} & P\{A_1 \cup A_2 \cup A_3 \cup \ldots\} \\ = \; & P\{A_1\} + P\{A_1^c \cap A_2\} + P\{A_1^c \cap A_2^c \cap A_3\} + \ldots \end{aligned}$$

Eine andere Möglichkeit, Wahrscheinlichkeiten für Ereignisse der Form $\bigcup_i A_i$ zu berechnen, bietet das sogenannte **Einschluß-Ausschluß-Prinzip**

$$P\{\bigcup_{i=1}^{n} A_i\} = \sum_i P\{A_i\} - \sum_{i<j} P\{A_i \cap A_j\}$$

$$+ \sum_{i<j<k} P\{A_i \cap A_j \cap A_k\}$$
$$- \dots$$
$$+ (-1)^{n+1} P\{A_1 \cap \dots \cap A_n\}.$$

Für $n = 3$ ergibt sich beispielsweise

$$\begin{aligned} P\{A_1 \cup A_2 \cup A_3\} &= P\{A_1\} + P\{A_2\} + P\{A_3\} \\ &\quad - P\{A_1 \cap A_2\} - P\{A_2 \cap A_3\} - P\{A_1 \cap A_3\} \\ &\quad + P\{A_1 \cap A_2 \cap A_3\}. \end{aligned}$$

Vergleiche dazu auch Beispiel 6.35.

6.3.3 Der Satz von der totalen Wahrscheinlichkeit

Mit Hilfe des Satzes von der totalen Wahrscheinlichkeit kann man die unbedingte Wahrscheinlichkeit eines Ereignisses A aus den bedingten Wahrscheinlichkeiten $A|B_j$ berechnen.

Satz 6.8 Satz von der totalen Wahrscheinlichkeit: *Das Ereignis A kann gemeinsam mit einem der einander paarweise ausschließenden Ereignisse $B_1, \dots, B_k$ eintreten, wobei $\cup_{i=1}^{k} B_i = E$. Dann gilt*

$$P\{A\} = \sum_{i=1}^{k} P\{A \mid B_i\} \cdot P\{B_i\}.$$

Beispiel 6.19 Aus den Mitarbeitern des Unternehmens in Beispiel 6.12 wird eine Person zufällig ausgewählt. Wir definieren die Ereignisse A: *sie ist Arbeiter*, und B: *sie ist weiblich.* Für das Ereignis A gilt dann mit dem Satz von der totalen Wahrscheinlichkeit

$$\begin{aligned} P\{A\} &= P\{A \mid B\} \cdot P\{B\} + P\{A \mid B^c\} \cdot P\{B^c\} = \\ &= \frac{41}{371} \cdot \frac{371}{1967} + \frac{1169}{1596} \cdot \frac{1596}{1967} = 0.615 \end{aligned}$$

Beachte, daß $B \cup B^c = E$!

Die Wahrscheinlichkeiten der bedingten Ereignisse $A|B$ und $A|B^c$ können aus der Tabelle von Beispiel 6.12 leicht bestimmt werden. Die Berechnung der unbedingten Wahrscheinlichkeit von A erfordert die Benutzung des Satzes von der totalen Wahrscheinlichkeit.

6.3.4 Der Satz von Bayes

Eine damit zusammenhängende Fragestellung kann mit dem Satz von Bayes beantwortet werden.

Satz 6.9 Satz von Bayes: *Unter den Voraussetzungen des Satzes von der totalen Wahrscheinlichkeit gilt für* $j = 1, \ldots, k$

$$P\{B_j|A\} = \frac{P\{A|B_j\}}{P\{A\}} P\{B_j\} = \frac{P\{A|B_j\}}{\sum_{i=1}^{k} P\{A|B_i\} \cdot P\{B_i\}} P\{B_j\}.$$

Die bedingte Wahrscheinlichkeit $P\{B_j|A\}$ ist definiert zu

$$P\{B_j|A\} = \frac{P\{A \cap B_j\}}{P\{A\}}.$$

Anwendung des Multiplikationssatzes im Zähler und des *Satzes 6.8* im Nenner gibt die Aussage von *Satz 6.9.* Die Wahrscheinlichkeiten $P\{B_j\}$ bzw. $P\{B_j|A\}$ im *Satz 6.9* werden **à priori Wahrscheinlichkeit** bzw. **à posteriori Wahrscheinlichkeit** genannt: Der Satz von Bayes beschreibt, wie die *à priori* Wahrscheinlichkeit des Eintretens von B_j, $j = 1, \ldots, k$, durch den Eintritt von A verändert wird.

> **Beispiel 6.20** Die Wahrscheinlichkeit für das Ereignis B, daß ein zufällig ausgewählter Mitarbeiter des Unternehmens in Beispiel 6.12 weiblich ist, beträgt $P\{B\} = \frac{371}{1967} = 0.189$. Wenn ein Mitarbeiter tatsächlich ausgewählt wurde und wir wissen, daß er Arbeiter ist (und somit das Ereignis A eingetreten ist), so können wir dieses Wissen beim Bestimmen der Wahrscheinlichkeit berücksichtigen, daß die ausgewählte Person weiblich ist:

$$P\{B|A\} = \frac{P\{A|B\}}{P\{A\}} P\{B\} = \frac{\frac{41}{371} \cdot \frac{371}{1967}}{\frac{1210}{1967}} = 0.034.$$

Vergleiche dazu auch Beispiel 6.32.

6.4 Kombinatorische Hilfsmittel

Bei der Berechnung von Wahrscheinlichkeiten nach dem klassischen Wahrscheinlichkeitsbegriff sind kombinatorische Formeln eine wichtige Hilfe zum Auszählen der Zahl der Ausgänge eines Experiments. Allerdings erfordert das Anwenden dieser Hilfsmittel einige Übung. Das sei zum Trost aller jener gesagt, die bei ihren Versuchen die Sprödigkeit der Kombinatorik entdecken.

Die *Tabelle 6.2* gibt eine Übersicht der wichtigen Formeln. Diese erlauben die Berechnung der Anzahl der Konfigurationen von k Elementen (Konfigurationen der Ordnung k) aus einer Menge vom Umfang n. Ist die Reihenfolge der Elemente für die Unterscheidung der Konfigurationen unerheblich, so spricht man von **Kombinationen**; andernfalls spricht man von **Variationen**.

Tabelle 6.2: Anzahl der Konfigurationen der Ordnung k aus einer Menge von n Elementen.

	ohne Wiederholungen	mit Wiederholungen
Kombinationen	$c_{n,k} = \binom{n}{k} = \frac{n!}{k!(n-k)!}$ $= \frac{n(n-1)...(n-k+1)}{k!}$	$c^w_{n,k} = \binom{n+k-1}{k}$
Variationen	$v_{n,k} = \frac{n!}{(n-k)!} = \binom{n}{k}k!$ $= n(n-1)...(n-k+1)$	$v^w_{n,k} = n^k$

Beispiel 6.21 Aus der Menge $\{a,b,c\}$ können die folgenden $c_{3,2} = \binom{3}{2} =$ 3 Kombinationen der Ordnung 2 gebildet werden:

$$\{a,b\}, \{a,c\}, \{b,c\}.$$

Die Menge der Variationen der Ordnung 2 umfaßt folgende $v_{3,2} = \frac{3!}{(3-2)!} =$ 6 Konfigurationen:

$$(a,b), (a,c), (b,a), (b,c), (c,a), (c,b).$$

Sowohl die Anzahl der Kombinationen als auch die Anzahl der Variationen ohne Wiederholungen kann mit der Stichprobenentnahme unter **Ziehen ohne Zurücklegen** in Zusammenhang gebracht werden: Die Anzahl der Kombinationen der Ordnung 2 aus der Menge $M = \{a,b,c\}$ ist gleich der Anzahl der verschiedenen **Teilmengen** aus M, das sind die ungeordneten Konfigurationen von jeweils zwei Elementen aus M. Allgemein können wir aus $n \geq k$ Elementen $\binom{n}{k}$ Teilmengen vom Umfang k bilden. Diese Teilmengen lassen sich auch als **ungeordnete Stichproben** vom Umfang k aus n Elementen auffassen. Die Anzahl der Variationen der Ordnung 2 aus der Menge M ist gleich der Anzahl der verschiedenen **Tupel** aus M, das sind die geordneten Konfigurationen von jeweils zwei Elementen aus M. Allgemein gibt es $n(n-1)(n-2)\dots(n-k+1)$ geordnete k-Tupel aus $n \geq k$ Elementen, die wir wieder als Anzahl der **geordneten Stichproben** vom Umfang k aus n Elementen auffassen können.

Dürfen Elemente in der Konfiguration mehrfach vorkommen, so spricht man von Konfigurationen **mit Wiederholungen**.

Beispiel 6.22 Aus der Menge $\{a,b,c\}$ lassen sich $c^w_{3,2} = \binom{4}{2} = 6$ Kombinationen der Ordnung 2 mit Wiederholungen bilden:

$$\{a,a\},\{a,b\},\{a,c\},\{b,b\},\{b,c\},\{c,c\}.$$

Die Menge der Variationen der Ordnung 2 mit Wiederholungen umfaßt folgende $v^w_{3,2} = 3^2 = 9$ Konfigurationen:

$$(a,a),(a,b),(a,c),(b,a),(b,b),(b,c),(c,a),(c,b),(c,c).$$

Analog zu obigen Überlegungen läßt sich die Anzahl der Kombinationen bzw. die der Variationen mit Wiederholungen mit der Stichprobenentnahme unter **Ziehen mit Zurücklegen** in Verbindung bringen, wobei wieder zwischen ungeordneten und geordneten Stichproben zu unterscheiden ist.

6.5 Wahrscheinlichkeitsbäume

Wahrscheinlichkeitsbäume sind ein anschauliches Hilfsmittel zur Darstellung der möglichen Ausgänge eines (mehrstufigen) Zufallsexperimentes und zur Ermittlung der zugehörigen Wahrscheinlichkeiten.

Abbildung 6.2: Wahrscheinlichkeitsbaum eines Zufallsexperimentes mit k Ausgängen.

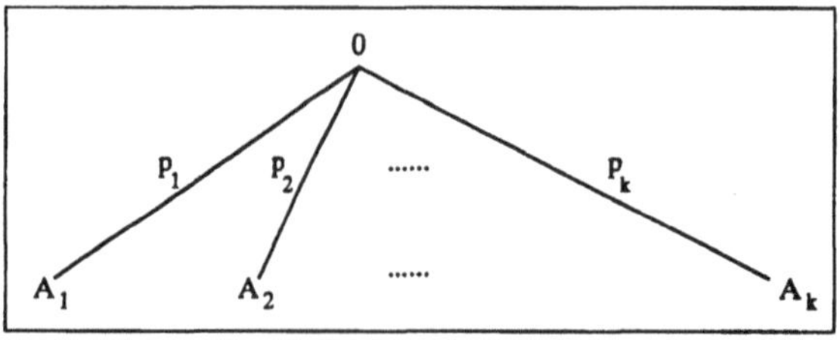

Der in *Abbildung 6.2* gezeigte Wahrscheinlichkeitsbaum charakterisiert ein Experiment mit den disjunkten Ereignissen $A_1, \ldots, A_k$. Die Kanten sind mit den Wahrscheinlichkeiten $P\{A_i\} = p_i$ bewertet, wobei $\sum p_i = 1$ vorausgesetzt wird. Eine derartige Verzweigung erlaubt die Verwendung des Additionssatzes für disjunkte Ereignisse:

$$P\{A_i \cup A_j\} = p_i + p_j.$$

Ist ein Experiment aus Teilexperimenten zusammengesetzt, so ergibt sich ein mehrstufiger Baum, wie er in *Abbildung 6.3* dargestellt ist.

Abbildung 6.3: Wahrscheinlichkeitsbaum eines zweistufigen Zufallsexperimentes

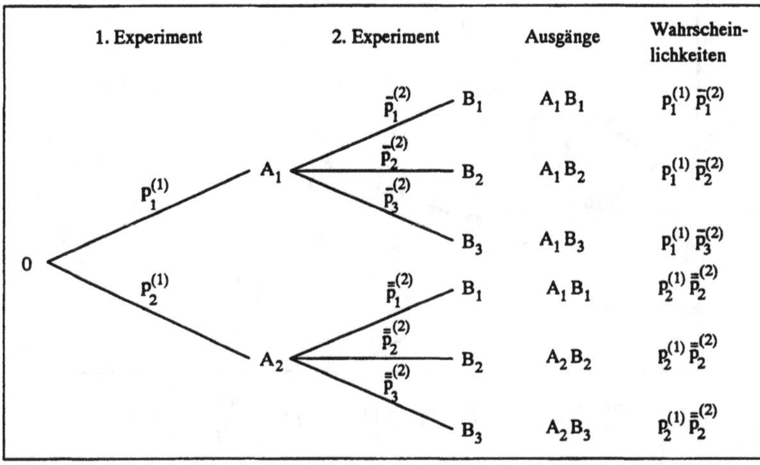

Die Wahrscheinlichkeit $P\{A_1B_3\} = p_1^{(1)}\bar{p}_3^{(2)}$ für das zusammengesetzte Ereignis A_1B_3 erhält man durch Multiplikation der Wahrscheinlichkeiten, die zu den zum Ausgang A_1B_3 führenden Kanten gehören. Dabei wurde der Multiplikationssatz angewendet: Die Wahrscheinlichkeiten der zweiten Stufe dieses Baumes sind bedingte Wahrscheinlichkeiten

$$\bar{p}_i^{(2)} = P\{B_i \mid A_1\},$$

die auf einer dritten Stufe wären bedingte Wahrscheinlichkeiten der Form

$$\bar{p}_i^{(3)} = P\{C_i \mid B_1 \cap A_1\},$$

usw.

Beispiel 6.23 In einem Behälter befinden sich 10 Werkstücke, davon drei Ausschußstücke.

(a) Die Wahrscheinlichkeit ist gesucht, daß eines von zwei zufällig entnommenen Werkstücken Ausschuß ist (Ziehen ohne Zurücklegen); mit X: *Anzahl der Ausschußstücke* ist

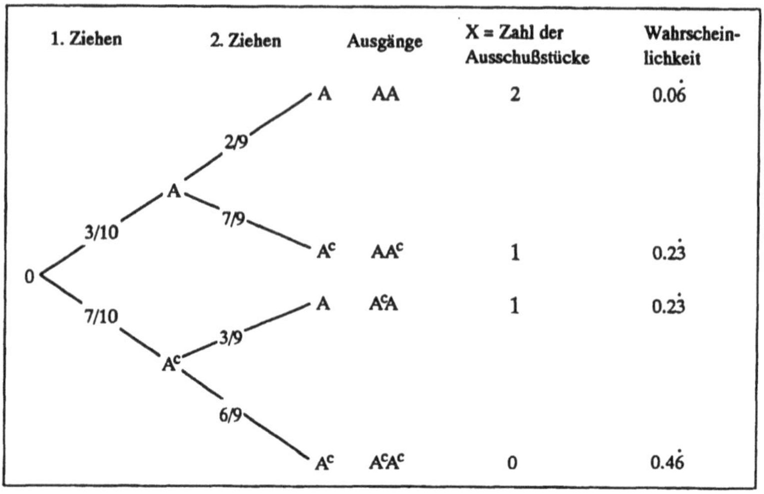

$$P\{X=1\} = P\{A_1A_2^c \cup A_1^cA_2\} = \frac{21}{90} + \frac{21}{90} = 0.4\dot{6}\,;$$

(b) wie (a) mit Zurücklegen vor dem zweiten Ziehen.

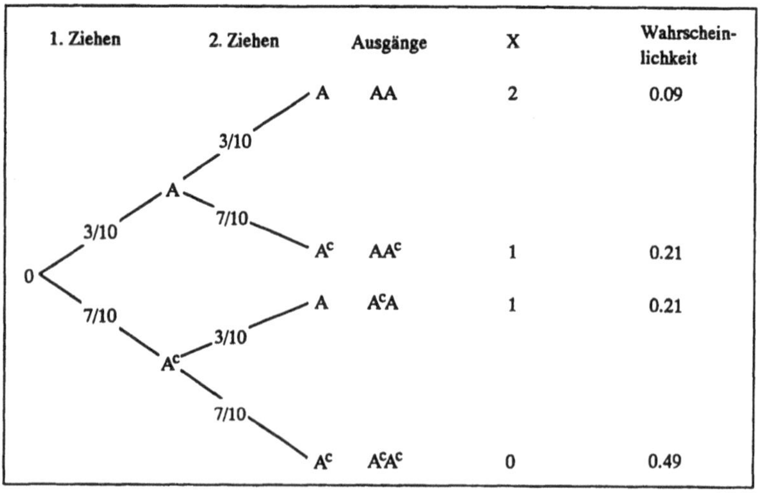

$$P\{X=1\} = \frac{21}{100} + \frac{21}{100} = 0.42\,.$$

Beispiel 6.24 Der Wahrscheinlichkeitsbaum zum Satz von der totalen Wahrscheinlichkeit hat folgendes Aussehen:

Für das Ereignis, daß A eintritt, ergibt sich aus dem Wahrscheinlichkeitsbaum

$$\begin{aligned} P\{A\} &= P\{AB_1 \cup \ldots \cup AB_k\} \\ &= \sum_{i=1}^{k} P\{A \mid B_i\} \cdot P\{B_i\}\,. \end{aligned}$$

Abbildung 6.4: Der Wahrscheinlichkeitsbaum zum Satz von der totalen Wahrscheinlichkeit.

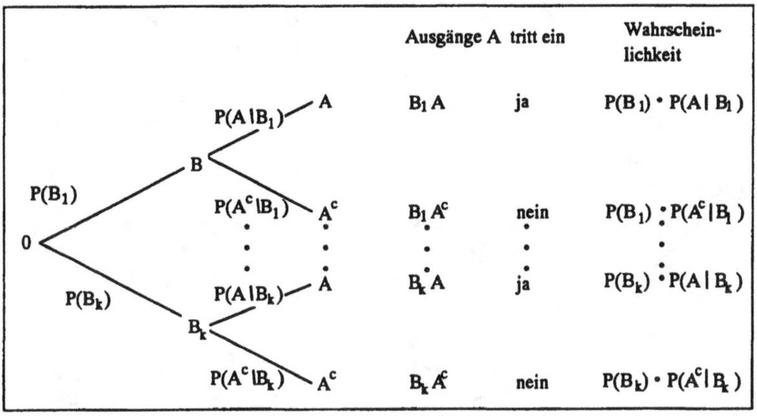

Vergleiche dazu auch die Beispiele 6.25–6.27.

6.A Ergänzende Beispiele

Beispiel 6.25 Zwei Behälter enthalten je vier Kugeln, die mit den Zahlen '0' bis '3' numeriert sind. Aus jedem Behälter wird eine Kugel zufällig gezogen. Mit X: *Ziffer der Kugel aus dem ersten Behälter*, und Y: *Ziffer der Kugel aus dem zweiten Behälter* definieren wir die Ereignisse $A = \{X = 3\}$, $B = \{Y = 2\}$, $C = \{X \leq 2\}$, $D = \{X \neq Y\}$, und $F = \{X + Y = 1\}$. Die folgenden Wahrscheinlichkeiten sind zu bestimmen: (a) $P\{A\}$, (b) $P\{B\}$, (c) $P\{A \cap B\}$, (d) $P\{C\}$, (d) $P\{B \cup C\}$, (e) $P\{D\}$, und (f) $P\{F\}$.

Die Abbildung zeigt den Wahrscheinlichkeitsbaum zu diesem Experiment. Die gesuchten Wahrscheinlichkeiten sind

(a) $P\{A\} = 1/4$;

(b) $P\{B\} = 1/4$;

(c) $P\{A \cap B\} = 1/16$;

(d) $P\{C\} = 3/4$;

(e) $P\{B \cup C\} = 3/4 + 1/4 - 3/16 = 13/16$;

(f) $P\{D\} = 1 - P\{X = Y\} = 1 - 1/4 = 3/4$;

(g) $P\{F\} = P\{\{X = 1, Y = 3\} \cup ... \cup \{X = 3, Y = 1\}\} = P\{X = 1, Y = 3\} + ... + P\{X = 3, Y = 1\} = 3/16$.

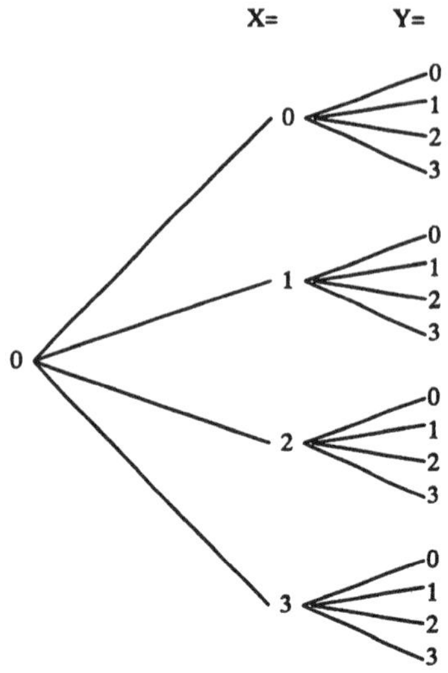

Ausgänge	A	B	C	D	E	Wahrscheinlichkeit
0 0	-	-	+	-	-	1/16
0 1	-	-	+	+	-	1/16
0 2	-	+	+	+	-	1/16
0 3	-	-	+	+	-	1/16
1 0	-	-	+	+	-	1/16
1 1	-	-	+	-	-	1/16
1 2	-	+	+	+	-	1/16
1 3	-	-	+	+	+	1/16
2 0	-	-	+	+	-	1/16
2 1	-	-	+	+	-	1/16
2 2	-	+	+	-	+	1/16
2 3	-	-	+	+	-	1/16
3 0	+	-	-	+	-	1/16
3 1	+	-	-	+	+	1/16
3 2	+	+	-	+	-	1/16
3 3	+	-	-	-	-	1/16

Beispiel 6.26 Ein Experiment besteht darin, daß drei Elemente aus einer Produktion ausgewählt werden. Wir definieren die Ereignisse A_i: *das i-te Element ist ein Ausschußstück*, $i = 1, 2, 3$, und X: *Zahl der Ausschußstücke unter den gezogenen Elementen.* Die Wahrscheinlichkeit der Ereignisse $\{X = 0\}$ und $\{X = 1\}$ sind für die folgenden Situationen zu bestimmen: (a) Die drei Elemente werden aus einer laufenden Produktion zufällig ausgewählt (es wird davon ausgegangen, daß die Qualität eines später ausgewählten Elementes nicht von der Qualität der früher ausgewählten Elemente abhängt); die Ausschußquote der Produktion beträgt 0.10. (b) Die drei Elemente werden zufällig aus einem Behälter gezogen, in dem sich zehn Elemente, davon ein Ausschußstück, befinden.

(a) Die gesuchten Wahrscheinlichkeiten sind

$$\begin{aligned}
P\{X=0\} &= 0.729 = P\{A_1^c \cap A_2^c \cap A_3^c\} = \\
&= P\{A_1^c\}P\{A_2^c\}P\{A_3^c\} = 0.9^3 = 0.729\,, \\
P\{X=1\} &= 3 \cdot 0.081 = 0.243 \\
&= P\{(A_1^c \cap A_2^c \cap A_3^c) \cup (A_1 \cap A_2^c \cap A_3^c) \\
&\qquad \cup (A_1^c \cap A_2^c \cap A_3^c)\} = \binom{3}{1} \cdot 0.1 \cdot 0.9^2\,;
\end{aligned}$$

die Abbildung zeigt den Wahrscheinlichkeitsbaum zu diesem Experiment:

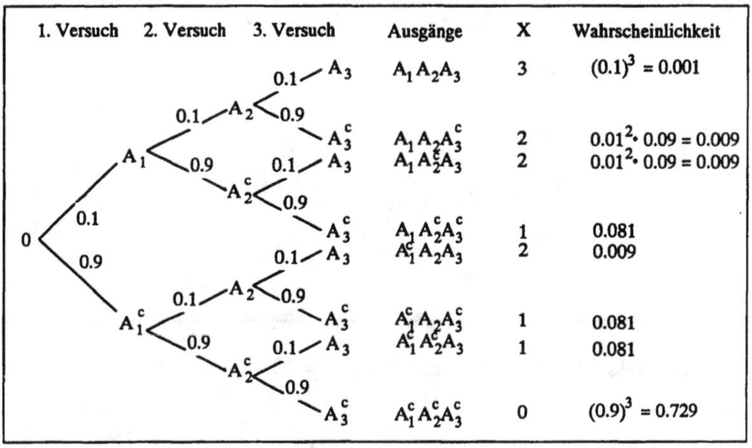

(b) Die gesuchten Wahrscheinlichkeiten sind

$$\begin{aligned} P\{X=0\} &= 0.7 \\ &= P\{A_1^c \cap A_2^c \cap A_3^c\} = \\ &= P\{A_1^c\}P\{A_2^c \mid A_1^c\}P\{A_3^c \mid A_1^c \cap A_2^c\} \\ &= 0.9 \cdot 0.8 \cdot 0.875\,, \\ P\{X=1\} &= 0.1 \cdot 3 = 0.3\,; \end{aligned}$$

der Wahrscheinlichkeitsbaum zu dem Experiment ist:

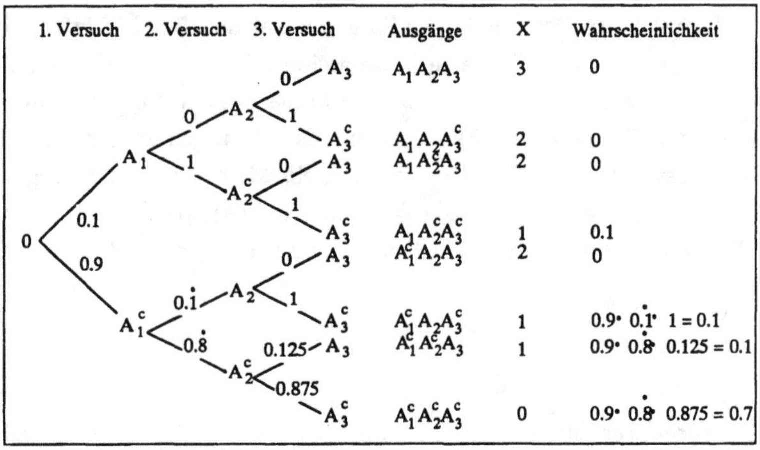

Beispiel 6.27 Eine Münze wird so oft geworfen, bis Kopf erscheint. Wir definieren die Ereignisse A_i: *im i-ten Wurf wird Kopf erzielt*, $i = 1, 2, \ldots$. Die folgenden Wahrscheinlichkeiten sind zu bestimmen, wobei X für die *Zahl der notwendigen Würfe* steht:

(a) $P\{X \geq 5\}$;

(b) $P\{X \text{ ist gerade}\}$.

Der Wahrscheinlichkeitsbaum zu dem Experiment ist

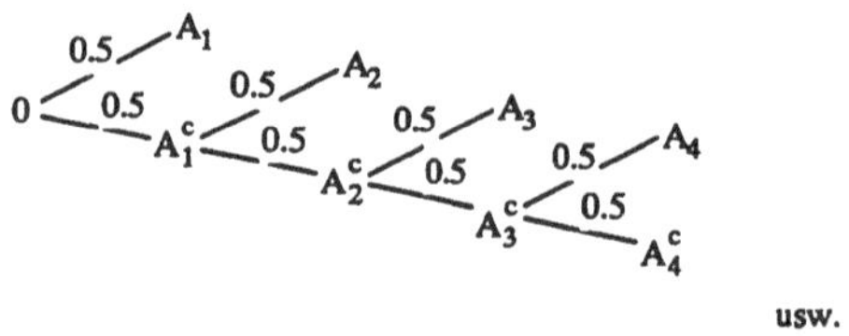

X	Wahrsch.
1	0.5
2	0.5^2
3	0.5^3
4	0.5^4
⋮	⋮

(a) Die Wahrscheinlichkeit für $\{X \geq 5\}$ ergibt sich zu

$$\begin{aligned} P\{X \geq 5\} &= 1 - P\{X \leq 4\} \\ &= 1 - [P\{A_1\} + P\{A_1^c \cap A_2\} + ...] \\ &= 1 - [0.5 + ... + 0.5^4] = 1 - 0.9375 = 0.0625\,; \end{aligned}$$

(b) die Wahrscheinlichkeit für $\{X \text{ gerade}\}$ ergibt sich zu

$$\begin{aligned} &P\{X \text{ gerade}\} \\ &= P\{A_1^c \cap A_2\} + P\{A_1^c \cap A_2^c \cap A_3^c \cap A_4\} + ... \\ &= 0.5^2 + 0.5^4 + ... = 0.5^2 \cdot \frac{1}{1 - 0.25} = 0.\dot{3}\,. \end{aligned}$$

Beispiel 6.28 Der Anteil der Frauen unter den Beschäftigten eines Unternehmens beträgt 0.5. In eine Kommission mit sechs Mitgliedern wurden nur Männer gesandt. Mit X: *Anzahl der Frauen in der Kommission* können wir das Ereignis als $\{X = 0\}$ schreiben. Es soll angenommen werden, daß bei der Auswahl jeder der sechs Personen ein Mitarbeiter zufällig gewählt wurde, wobei p die Wahrscheinlichkeit ist, daß die gewählte Person weiblich ist. Die Wahrscheinlichkeit für $\{X = 0\}$ ist zu bestimmen für

(a) $p = 0.5$,

(b) $p = 0.2$,

(c) $p = 0.1$.

Interpretieren Sie das Ergebnis hinsichtlich einer behaupteten Diskriminierung der Frauen ($p < 0.5$) in diesem Unternehmen.

(a) Für $p = 0.5$ ergibt sich

$$P\{X = 0\} = (1 - 0.5)^6 = 0.016\,;$$

(b) für $p = 0.2$ ergibt sich

$$P\{X = 0\} = (1 - 0.2)^6 = 0.262\,;$$

(c) für $p = 0.1$ ergibt sich

$$P\{X = 0\} = (1 - 0.1)^6 = 0.531\,.$$

Beispiel 6.29 Ein Verein mit 15 Mitgliedern bestimmt per Los seinen Präsidenten und seinen Kassier. Mit welcher Wahrscheinlichkeit p wird ein bestimmtes Mitglied, Herr R., eine dieser Funktionen erhalten?

Das Experiment besteht in der Auswahl von zwei aus der Menge von 15 Mitgliedern, wobei es auf die Reihenfolge ankommt: $n(E) = V_{15,2} = 15 \cdot 14 = 210$. Günstige Ausgänge sind unter allen 210 Ausgängen jene, wo Herr R. eine der beiden ausgewählten Personen ist: $n(A) = 2 \cdot 14 = 28$.

$$p = \frac{2 \cdot 14}{15 \cdot 14} = 0.13\dot{3}.$$

Beispiel 6.30 Mit welcher Wahrscheinlichkeit p haben mindestens zwei der Anwesenden einer Gesellschaft von 15 Personen den gleichen Geburtstag (Tag und Monat)?

Das Experiment besteht im Feststellen der Geburtstage der 15 Personen. Der Ausgang A: *mindestens zwei der 15 Personen haben den gleichen Geburtstag* läßt sich als Variation der Ordnung 15 aus den Zahlen $\{1, \ldots, 365\}$ darstellen: $n(E) = 365^{15}$. Günstige Ausgänge sind alle jene, wo mindestens zwei der Geburtstage gleich sind, d.h., ausgenommen jene, wo alle Geburtstage verschieden sind: $n(A) = n(E) - V_{365,15}$. Es ergibt sich

$$P\{A\} = 1 - \frac{365 \cdot 364 \cdot \ldots \cdot 351}{365^{15}} = 1 - 0.747 = 0.253\,.$$

Vergleiche dazu auch Beispiel 6.33.

Beispiel 6.31 Im Verein von Beispiel 6.29 gibt es 6 Frauen und 9 Männer. Mit welcher Wahrscheinlichkeit sitzen in einem per Zufall bestimmten vierköpfigen Ausschuß zwei oder drei Frauen?

Mit X: *Zahl der Frauen* ist das fragliche Ereignis $\{X = 2 \text{ oder } X = 3\}$. Seine Wahrscheinlichkeit ergibt sich zu

$$\begin{aligned} P\{X = 2 \text{ oder } X = 3\} &= P\{X = 2\} + P\{X = 3\} \\ &= \frac{\binom{6}{2}\binom{9}{2}}{\binom{15}{4}} + \frac{\binom{6}{3}\binom{9}{1}}{\binom{15}{4}} = \frac{15 \cdot 36 + 20 \cdot 9}{1365} = 0.527\,. \end{aligned}$$

Beispiel 6.32 Die Münze R hat die Vorderseite "Kopf" und die Rückseite "Zahl"; die Münze F hat auf Vorderseite und Rückseite "Kopf". Eine der beiden Münze wird zufällig ausgewählt und aufgeworfen. Wie groß ist (a) die

Wahrscheinlichkeit, im Experiment "Wurf der Münze" das Ergebnis "Kopf" zu erzielen; (b) die *à posteriori* Wahrscheinlichkeit, mit der die Münze R gewählt wurde, wenn im Experiment "Wurf der Münze" das Ergebnis "Kopf" erzielt wurde.

Wir definieren die Ereignisse K: *im Münzwurf wurde "Kopf" erzielt*, und B_i: *die Münze i wurde geworfen*, $i = R$ oder F.

(a) Der Satz von der totalen Wahrscheinlichkeit ergibt

$$\begin{aligned} P\{K\} &= P\{K \mid B_R\}P\{B_R\} + P\{K \mid B_F\}P\{B_F\} \\ &= \frac{1}{2}\cdot\frac{1}{2} + 1\cdot\frac{1}{2} = \frac{3}{4} = 0.75, \end{aligned}$$

da für die *à priori* Wahrscheinlichkeiten $P\{B_i\} = \frac{1}{2}$, $i = R, F$, gilt;

(b) aus dem Satz von Bayes folgt für die gesuchte *à posteriori* Wahrscheinlichkeit

$$P\{B_R \mid K\} = \frac{\frac{1}{2}\cdot\frac{1}{2}}{\frac{3}{4}} = \frac{1}{3} = 0.33\dot{3};$$

Natürlich gilt, daß $P\{B_R \mid K^c\} = 0$!

6.B Weiterführende Beispiele

Beispiel 6.33 Das **Geburtstags-Problem** wurde schon in Beispiel 6.30 für einen speziellen Fall behandelt. In der allgemeineren Formulierung beträgt die Zahl der Personen k. Der Einfachheit halber nehmen wir an, daß jeder Tag des Jahres mit gleicher Wahrscheinlichkeit der Geburtstag einer Person ist; einen Geburtstag am 29. Februar schließen wir aus. Mit den Ereignissen A_i: *die i-te befragte Person hat einen Geburtstag, der von dem aller früher Befragten verschieden ist*, können wir die Wahrscheinlichkeit des Ereignisses B: *alle k Geburtstage sind verschieden* folgendermaßen berechnen. Es gilt

$$P\{B_k\} = P\{A_1 \cap A_2 \cap \ldots \cap A_k\}.$$

Die Wahrscheinlichkeiten der Ereignisse $P\{A_1\} = \frac{365}{365}$, $P\{A_2|A_1\} = \frac{364}{365}$, etc. und $P\{A_i|A_1 \cap \ldots \cap A_{i-1}\} = \frac{365-i+1}{365}$ ergeben sich aus der Überlegung, daß für die i-te Person nur mehr $365 - (i-1)$ Tage bleiben, an dem nicht schon eine vorher befragte Person ihren Geburtstag hat. Anwendung des Multiplikationssatzes gibt

$$P\{B_k\} = \frac{365}{365}\cdot\frac{364}{365}\cdot\ldots\cdot\frac{365-k+1}{365}.$$

Die folgende Tabelle zeigt die Wahrscheinlichkeiten der Ereignisse B_k und B_k^c: *mindestens zwei unter k Personen haben den gleichen Geburtstag* für verschiedene Werte von k.

k	$P\{B_k\}$	$P\{B_k^c\}$
3	0.992	0.008
5	0.973	0.027
8	0.926	0.074
10	0.883	0.117
15	0.748	0.252
23	0.493	0.507
50	0.030	0.970

Beachte! Unter 23 Personen finden sich mindestens zwei mit gleichem Geburtstag! Unter 50 und mehr Personen ist es ein praktisch sicheres Ereignis, daß mindestens zwei von ihnen den gleichen Geburtstag haben!

Beispiel 6.34 Die Firmen A und B teilen sich den Markt für ein bestimmtes Produkt. Die Wahrscheinlichkeit, daß ein Verbraucher von einer zur nächsten Periode von A (von B) nach B (nach A) wechselt, ist 0.3 (0.25). Sein Kaufverhalten in zurückliegenden Perioden sei ohne Einfluß auf diesen Wechsel. Wir definieren die Ereignisse A_i: *ein Verbraucher konsumiert in der i-ten Periode die Marke A*. Wegen der letztgenannten Eigenschaft, die die **Markoff-Eigenschaft** genannt wird, gilt z.B.

$$P\{A_i \mid A_0 \cap A_1 \cap ... \cap A_{i-1}\} = P\{A_i \mid A_{i-1}\} = 0.75\,.$$

Wegen dieser Eigenschaft gilt auch

$$\begin{aligned} &P\{A_0 \cap A_1 \cap \ldots \cap A_n\} \\ &= P\{A_0\} \cdot P\{A_1 \mid A_0\} \ldots P\{A_n \mid A_0 \cap \ldots \cap A_{n-1}\} \\ &= P\{A_0\} \cdot \Pi_{i=1}^n P\{A_i \mid A_{i-1}\}\,. \end{aligned}$$

Der Wahrscheinlichkeitsbaum hat folgendes Aussehen.

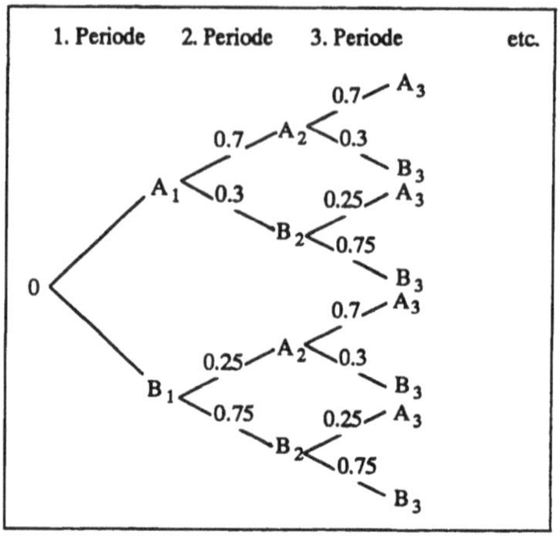

Wegen der Markoff-Eigenschaft kann die im Wahrscheinlichkeitsbaum enthaltene Information auch in folgenden Übergangsdiagrammen zusammengefaßt werden.

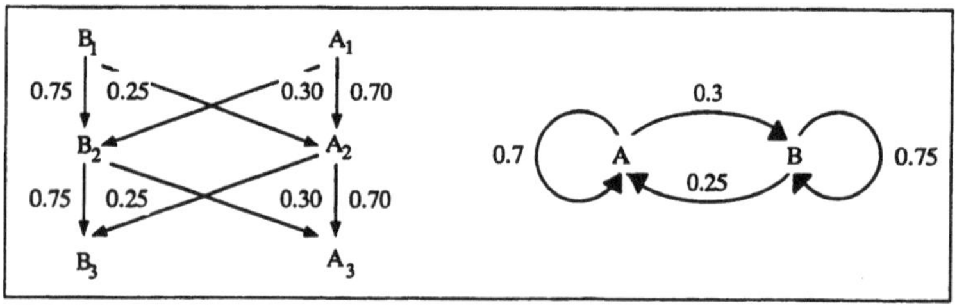

Die folgenden Fragen sollen beantwortet werden:

(a) Welchen Marktanteil hat A in Periode 1, wenn gilt: $\phi_0 = (0.1, 0.9)$?

(b) Welche Marktanteile ergeben sich nach einer weiteren Periode?

(c) Mit welcher Wahrscheinlichkeit wechselt ein Konsument von A nach genau k Perioden zum ersten Mal zur Marke B?

Die Berechnungen kann man sich durch Anwenden der Matrixnotation erleichtern. Für die 2-komponentigen Zeilenvektoren der Zustandswahrscheinlichkeiten

$$\phi_i = (P\{A_i\}, P\{B_i\})$$

gilt wegen des Satzes von der totalen Wahrscheinlichkeit zwischen ϕ_0 und ϕ_1 die Beziehung

$$\phi_1 = \phi_0 U$$

mit der Matrix U der Übergangswahrscheinlichkeiten

$$U = \begin{pmatrix} P\{A_1 \mid A_0\} & P\{B_1 \mid A_0\} \\ P\{A_1 \mid B_0\} & P\{B_1 \mid B_0\} \end{pmatrix}.$$

Da U nicht von der Periode abhängt, gilt für ein beliebiges $i = 1, 2, \ldots$

$$\phi_i = \phi_{i-1} U = \phi_0 U^i .$$

(a) Anwenden von $\phi_i = \phi_{i-1}U$ gibt

$$\phi_1 = (0.1, 0.9) \begin{pmatrix} 0.7 & 0.3 \\ 0.25 & 0.75 \end{pmatrix} = (0.295, 0.705).$$

Der Marktanteil von A wächst von 0.1 auf fast 0.3.

(b) Ein weiteres Anwenden von $\phi_i = \phi_{i-1}U$ gibt

$$\phi_2 = (0.1, 0.9)U^2 = (0.383, 0.617).$$

(c) Mit X: *Zahl der Perioden bis zum ersten Wechsel von Marke A zu B* ergibt sich für das Ereignis $\{X = k\}$

$$\begin{aligned} P\{X = k\} &= P\{A_0 \cap A_1 \cap \ldots \cap A_{k-1} \cap B_k\} \\ &= P\{A_0\}P\{A_1 \mid A_0\} \ldots P\{B_k \mid A_{k-1}\} \\ &= 1 \cdot 0.7^{k-1} \cdot 0.3 . \end{aligned}$$

Beispielsweise ist für $k = 3$: $P\{X = 3\} = 0.147$.

Beispiel 6.35 Jemand schreibt n Briefe und die zugehörigen Umschläge. Anschließend wird jeder Brief in einen zufällig ausgewählten Umschlag gesteckt. Mit p_n bezeichnen wir die Wahrscheinlichkeit, daß zumindest ein Brief in den zugehörigen Umschlag gelangt ist.

(a) Welchen Wert hat p_n?

(b) Gegen welchen Wert strebt p_n für $n \to \infty$?

(a) Wie definieren das Ereignis A_i: *der i-te Brief ist im richtigen Umschlag.* Mit Hilfe des Einschluß-Ausschluß-Prinzips ergibt sich

$$\begin{aligned} p_n &= P\{\text{zumindest ein Brief im zugehörigen Umschlag}\} \\ &= P\{A_1 \cup \ldots \cup A_n\} \\ &= \sum_i P\{A_i\} - \sum_{i \leq j} P\{A_i \cap A_j\} + \ldots \end{aligned}$$

mit

$$\begin{aligned} P\{A_i\} &= \frac{1}{n}, \quad i = 1, \ldots, n, \\ P\{A_i \cap A_j\} &= \frac{1}{n} \cdot \frac{1}{n-1}, \quad i, j = 1, \ldots, n, \, i \neq j, \\ P\{A_i \cap A_j \cap A_k\} &= \frac{1}{n(n-1)(n-2)} \quad \text{etc.} \end{aligned}$$

erhalten wir

$$\begin{aligned} p_n &= n\frac{1}{n} - \binom{n}{2}\frac{1}{n(n-1)} \pm \ldots + \binom{n}{n}\frac{(-1)^{n+1}}{n!} \\ &= 1 - \frac{1}{2!} + \frac{1}{3!} \pm \ldots + \frac{1}{n!}(-1)^{n+1}. \end{aligned}$$

(b) Die Taylorreihe für e^x lautet

$$e^x = 1 + x + \frac{1}{2!}x^2 + \frac{1}{3!}x^3 + \ldots;$$

setzen wir $x = -1$, so ergibt sich

$$1 - \frac{1}{2!} + \frac{1}{3!} \pm \ldots = 1 - e^{-1},$$

sodaß $\lim_{n\to\infty} p_n = p_\infty = 1 - e^{-1}$.

6.C Übungsaufgaben

Die Wahrscheinlichkeiten der folgenden Ereignisse sind zu berechnen, wobei gegebenenfalls Wahrscheinlichkeitsbäume benützt werden sollen.

6.1 Beim Wurf zweier Würfel wird die Summe der Augenzahlen von

(a) 8

(b) mindestens 8

(c) höchstens 8

erzielt.

6.2 Beim Wurf von

(a) einem Würfel

(b) zwei Würfeln

(c) drei Würfeln

wird keine (eine) '6' geworfen.

6.3 Ein Würfelpaar wird zweimal geworfen; im ersten Wurf wird eine Summe der Augenzahlen von höchstens 7, im zweiten Wurf werden keine Augenpaare erzielt.

6.4 Das erreichte Lebensalter von 1134 Personen zeigt die Tabelle.

Altersklasse	Zahl der Personen
0 – 19	27
20 – 39	149
40 – 50	451
> 60	507

(a) Eine zufällig ausgewählte Person dieser Population ist mindestens 40 Jahre alt;

(b) unter drei zufällig ausgewählten Personen ist eine weniger als 40 Jahre alt geworden.

6.5 Auf ein Bücherbrett werden 5 rot- und 3 schwarzgebundene Bücher in zufälliger Reihenfolge gestellt. Wie groß ist die Wahrscheinlichkeit, daß die drei schwarzgebundenen nebeneinander zu stehen kommen ?

6.6 Aus einem Behälter mit 10 numerierten Kugeln werden vier in fallender Folge gezogen (ohne Zurücklegen).

6.7 Zehn mit '0' bis '9' numerierte Kugeln werden zufällig angeordnet. Die Nummern '0' bis '2' kommen in dieser Reihenfolge nebeneinander zu liegen.

6.8 Ein Würfel wird dreimal geworfen und eine Folge fallender Augenzahlen realisiert.

6.9 Von den Personen einer Gesellschaft haben zumindest zwei denselben Geburtstag; die Zahl der Anwesenden ist

(a) 5,

(b) 19.

6.10 Es werden fünfstellige Nummern gebildet, beginnend mit 00001. Eine zufällig gezogene Nummer enthält keine gleichen Ziffern.

6.11 In einem Behälter befinden sich 24 Kugeln, 8 davon schwarz. Jemand zieht drei nicht-schwarze Kugeln (ohne Zurücklegen).

6.12 Ein Behälter enthalte unter N Werkstücken M defekte. Von n zufällig dem Behälter entnommenen Stücken sind x defekt.

6.13 16 Fußballmannschaften werden in zwei Gruppen zu je 8 gelost. Die beiden stärksten Mannschaften werden

(a) in verschiedene Gruppen gelost,

(b) in dieselbe Gruppe gelost.

6.14 Zwei von zehn Losen gewinnen. Unter fünf zufällig gezogenen sind

(a) ein Gewinnlos,

(b) mindestens ein Gewinnlos,

(c) beide Gewinnlose.

6.15 Das Ereignis A tritt bei Ausführung eines Experimentes mit der Wahrscheinlichkeit $p = 0.4$ ein; das Experiment wird wiederholt, bis A eintritt.

(a) Drei Versuche sind notwendig;

(b) höchstens drei Versuche sind notwendig.

6.16 Zwei Schützen A und B zielen auf eine Scheibe. Durchschnittlich trifft A bei drei von vier Schüssen, B bei vier von sieben Schüssen. Bei gleichzeitigem Schießen von A und B wird die Scheibe

(a) mindestens einmal getroffen,

(b) genau einmal getroffen.

6.17 Zwei Pistolenschützen A und B stehen je zwei Kugeln zur Verfügung. Sie schießen abwechselnd auf eine Glühbirne; A beginnt. Die Trefferwahrscheinlichkeit von A (B) beträgt 1/3 (1/4). A zerstört die Glühbirne.

6.18 In einem Korb sind 5 Äpfel, 7 Birnen; im zweiten Korb sind 3 Äpfel und 9 Birnen. Einer der Körbe wird zufällig gewählt und diesem eine zufällige Frucht entnommen; die gezogene Frucht ist die Birne.

6.19 Zwei Zündholzschachteln enthalten je zwei abgebrannte und zwei frische Zündhölzer. Aus der ersten Schachtel wird zufällig ein Holz gezogen und in die zweite Schachtel gelegt. Sodann wird aus der zweiten Schachtel ein gutes Holz gezogen.

6.20 In einer Urne befinden sich fünf weiße und sieben schwarze Kugeln. Eine Kugel wird zufällig gezogen und aus einem entsprechenden Vorrat eine Kugel der anderen Farbe in die Urne gelegt. Dieser Vorgang wird wiederholt. Im dritten Versuch wird eine weiße Kugel gezogen.

6.21 Es wird zufällig eine der Zahlen 1, 2 oder 3 ausgewählt. Die ausgewählte Zahl ist die Zahl der Würfel, die anschließend geworfen werden. Eine Summe der Augenzahlen von 5 wird erzielt.

6.22 Eine der Zahlen $1, 2, \ldots, 10$ wird zufällig ausgewählt und durch drei geteilt. Beträgt der Rest 0, 1 oder 2, so wird aus Korb A (B, C) eine Frucht zufällig ausgewählt. Jeder der Körbe A, B und C enthält 10 Früchte, darunter 2 (6, 7) Orangen. Eine Orange wird gezogen.

6.23 In einem Korb sind fünf Äpfel und fünf Birnen, in einem zweiten Korb drei Äpfel und sieben Birnen. Eine der Zahlen $1, \ldots, 5$ wird zufällig ausgewählt und durch zwei dividiert; beträgt der Rest 0, wird aus dem ersten, sonst aus dem zweiten Korb eine Frucht zufällig gezogen. Die Wahrscheinlichkeit ist anzugeben,

(a) eine Birne zu ziehen

(b) daß eine zufällig gezogene Birne aus dem ersten Korb stammt.

6.24 Ein Test zeigt die tatsächliche Erkrankung mit einer Wahrscheinlichkeit von 0.9 an. Bei Nichterkrankung zeigt er fälschlich die Krankheit mit 0.01 an. Eine Population sei zu 0.2% erkrankt. Die Wahrscheinlichkeit ist zu bestimmen,

(a) daß der Test für eine zufällig ausgewählte Person die Krankheit anzeigt;

(b) daß eine Person, für die der Test die Krankheit angezeigt hat, auch wirklich krank ist.

6.25 Von einem Produkt wurde in der Fabrik A 5%, in der Fabrik B 4% und in der Fabrik C 2% Ausschuß produziert. Von 100 Schachteln zu je fünf Stück des Produktes stammen 20, 30 bzw. 50 von den Fabriken A, B und C. Ein Stück wird zufällig ausgewählt; wie groß ist die Wahrscheinlichkeit, daß es defekt ist?

6.26 Ein Stück (Aufg. 25) wurde als defekt festgestellt. Wie groß ist die Wahrscheinlichkeit, daß es von

(a) Fabrik A

(b) Fabrik A oder B stammt?

6.27 Studenten wurden zu Beginn eines Kurses auf Eignung getestet. Von den 40%, die das Studienziel nicht erreichten, hatten 90% ein negatives Testergebnis. Von jenen, die das Ziel erreichten, hatten 1% ein negatives Testergebnis. Wie groß ist die Wahrscheinlichkeit, daß ein Student mit negativem Testergebnis das Studienziel erreicht hat?

6.28 Fünf Spieler ziehen nacheinander eine Kugel aus einem Behälter, in dem sich vier rote und drei weiße Kugeln befinden (ohne Zurücklegen). Der Spieler, der zuerst eine weiße Kugel zieht, ist Gewinner. Der

(a) erste

(b) dritte

(c) fünfte

Spieler gewinnt.

6.29 Die aus einem zufällig gewählten Korb zufällig gezogene Frucht (Aufg. 18) wird in einen dritten Korb gelegt, der vier Äpfel und fünf Birnen enthält. Eine sodann zufällig aus dem dritten Korb gezogene Frucht ist eine Birne.

6.30 Jeder der Spieler A, B und C wirft einmal (in dieser Reihenfolge) drei Würfel. Der erste Spieler, der die Augensumme 7 wirft, gewinnt.

(a) C gewinnt;

(b) keiner der Spieler gewinnt.

6.31 A, B und C werfen in dieser Folge ein Würfelpaar so lange, bis ein Spieler eine Summe der Augenzahlen von fünf wirft und somit gewinnt. B gewinnt.

6.32 Die Wahrscheinlichkeiten der in Beispiel 3 definierten Ereignisse sind zu berechnen, wobei die geworfene Münze nicht ideal ist: $P\{\text{Kopf}\} = 0.4$.

6.33 Drei Schifahrer, darunter Franz K., fahren fünf Abfahrten.

(a) Franz K. gewinnt alle Abfahrten. Die Behauptung sei zutreffend, daß er gleich gut wie die beiden anderen fahre, und das Ergebnis nur zufällig zustandegekommen sei.

(b) Franz K. hat in Wirklichkeit eine Gewinnchance von 0.8.

(c) Die Gewinnchance sei für alle Schifahrer gleich; irgendeiner von ihnen gewinnt alle Rennen.

(d) Franz K. gewinnt kein Rennen und stellt die in (a) angeführte Behauptung auf.

(e) Franz K. gewinnt kein Rennen und hat nur eine Gewinnchance von 0.1.

6.34 Die in Beispiel 6.28 gebildete Kommission hat 10 Mitglieder, darunter eine Frau. Die Wahrscheinlichkeit für die Nominierung einer Frau ist

(a) 0.5 (keine Diskriminierung der Frauen);

(b) 0.2, 0.1, 0.03.

6.35 Auf einen Regentag folgt mit $p = 0.3$ ein Sonnentag, auf einen Sonnentag mit $p = 0.25$ ein Regentag. Heute ist ein Regentag. Wie groß ist die Wahrscheinlichkeit, daß

(a) morgen

(b) übermorgen

(c) überübermorgen

ein Regentag (Sonnentag) ist?

6.36 Der Gewinner eines Spieles zwischen A und B gewinnt im nächsten Durchgang wieder mit einer Wahrscheinlichkeit von 2/3. A gewann die erste Partie.

(a) A gewinnt die übernächste Partie;

(b) B gewinnt die übernächste Partie;

(c) B gewinnt von den nächsten beiden Partien mindestens eine;

(d) A gewinnt von den nächsten drei Partien zwei.

6.37 Die Marktanteile m_i, $i = 1, 2, 3$, der Zahnpastenmarken A, B und C betragen $M_0' = (0.4, 0.2, 0.4)$. Im Laufe eines Jahres behält A 85% seiner Kunden und verliert an B (C) 5% (10%). B behält 75% und verliert an A (C) 15% (10%). C behält 90% und verliert an A und B je 5%. Unter Annahme gleicher Kaufgewohnheiten sind die Marktanteile der Marken

(a) nach einem Jahr

(b) nach 2 Jahren

zu bestimmen.

6.38 Eine zufällig ausgewählte Person (vergleiche Aufg. 37) verwendet heute die Marke B. Die Wahrscheinlichkeit ist anzugeben, daß sie erstmals nach zwei Jahren die Marke C verwendet.

Lösungen der Übungsaufgaben

1: (a) 13.9%; (b) 41.7%; (c) 72.2%. **2:** (a) 83.3% (16.7%); (b) 69.4% (27.7%); (c) 57.9% (34.7%). **3:** 48.6%. **4:** (a) 84.5%; (b) 33.2%. **5:** 10.7%. **6:** 4.2%. **7:** 1.1%. **8:** 9.3%. **9:** (a) 2.7%; (b) 11.7%. **10:** 30.2%. **11:** 27.7%. **12:** $\binom{M}{x} \times \binom{N-M}{n-x} / \binom{N}{n}$. **13:** (a) 53.3%; (b) 46.7%. **14:** (a) 55.6%; (b) 77.8%; (c) 22.2%. **15:** (a) 14.4%; (b) 78.4%. **16:** (a) 89.3%; (b) 46.4%. **17:** 50%. **18:** 66.7%. **19:** 50%. **20:** 44.2%. **21:** 10.2%. **22:** 51.0%. **23:** (a) 62.0%; (b) 32.3%. **24:** (a) 1.2%; (b) 15.3%. **25:** 3.2%. **26:** (a) 31.3%; (b) 68.8%. **27:** 1.6%. **28:** (a) 42.9%; (b) 17.1%; (c) 2.9%. **29:** 56.7%. **30:** (a) 6.0%; (b) 80.6%. **31:** 33.2%. **32:** (a) 13% (b) 37.5%. **33:** (a) 0.4%; (b) 32.8%; (c) 1.2%; (d) 13.2%; (e) 59.0%. **34:** (a) 1%; (b) 26.8%, 38.7%, 22.8%. **35:** (a) 70.00% (30.0%); (b) 56.5% (43.5%); (c) 50.4% (49.6%). **36:** (a) 55.6%; (b) 44.4%; (c) 55.6%; (d) 29.6%. **37:** (a) 39%, 19%, 42%; (b) 38.1%, 18.3%, 43.6%. **38:** 18.0%.

Kapitel 7

Zufallsvariable und Wahrscheinlichkeitsverteilungen

In diesem Kapitel werden wir ein wichtiges Instrument kennenlernen, das das Lösen von Aufgaben der Wahrscheinlichkeitsrechnung und der Statistik wesentlich erleichtert: Die Wahrscheinlichkeitsverteilung. Interessieren wir uns beispielsweise für das Ergebnis der Annahmeprüfung einer einlangenden Warensendung, d.i. das Feststellen der Zahl der defekten Exemplare in einer Stichprobe aus der Sendung, als Grundlage für die Entscheidung über Annehmen oder Zurückschicken der Sendung, so können wir folgende Überlegung anstellen. Unter der Annahme, daß die Ausschußquote $100p\%$ beträgt, können wir die Wahrscheinlichkeiten für 0, 1, 2, ... defekte Exemplare unter den n Exemplaren der Stichprobe berechnen. Der Wert einer solchen Größe wie die *Zahl der defekten Exemplare* hängt vom Zufall ab und kann, wie eine Variable, alle möglichen Werte annehmen; man nennt sie **Zufallsvariable**. Die Werte oder Realisationen, die sie annehmen kann, entsprechen Ereignissen, und die Zuordnung zwischen den Realisationen und den Wahrscheinlichkeiten für deren Eintreten heißt **Wahrscheinlichkeitsverteilung**. Sie ist das Analogon zur Verteilung der relativen Häufigkeiten, mit denen die Realisationen beobachtet werden.

Wie bei Häufigkeitsverteilungen kann die in einer Wahrscheinlichkeitsverteilung enthaltene Information durch einzelne Parameter zusammenfassend beschrieben werden. So enthält der Mittelwert der Verteilung einen Großteil der interessierenden Information, wenn es um den Vergleich zweier Populationen geht. Von zwei Warensendungen ist uns diejenige lieber, die eine im Durchschnitt geringere Zahl von defekten Exemplaren in der Annahmeprüfung liefert. Momente sind das zweite wichtige Thema dieses Kapitels.

7.1 Zufallsvariable

Im Kapitel 6 "Grundaufgaben der Wahrscheinlichkeitsrechnung" haben wir gesehen, daß ein mathematisches Modell für einen zufälligen Vorgang aus drei Bestandteilen besteht, (a) dem Ergebnisraum, (b) den darauf definierten Ereignissen und (c) der Zuordnung von Wahrscheinlichkeiten zu diesen Ereignissen. In vielen praktischen Anwendungen interessiert man sich jedoch nicht so sehr für die ursprünglichen Elementarereignisse und die entsprechenden Ereignisse, sondern für daraus abgeleitete Größen. Das wollen wir zunächst an den folgenden beiden Beispielen illustrieren, wobei wir wieder mit dem Beispiel eines einfachen Würfelwurfs beginnen.

Beispiel 7.1 Das Modell für den Wurf eines Würfels besteht aus den folgenden Bestandteilen: (a) dem Ergebnisraum $E = \{e_1, e_2, ..., e_6\}$, wobei e_i, $i = 1, \ldots, 6$, das Elementarereignis *die Augenzahl i wird erzielt* repräsentiert; (b) der Potenzmenge von E, die alle 2^6 möglichen Ereignisse enthält, und (c) der Wahrscheinlichkeit 1/6, die bei Anwendung des klassischen Wahrscheinlichkeitsbegriff jedem Elementarereignis zugeordnet wird. Ausgehend von diesem Modell können wir unter Anwendung der Rechenregeln aus Abschnitt 6.3 für alle möglichen Ereignisse Wahrscheinlichkeiten berechnen.

Auf der Basis dieses Modells können wir durch Definition der Größe X: *Rest bei Division der erzielten Augenzahl durch 3* zu einem anderen Zufallsexperiment übergehen. Durch die Definition der Variablen X kommen wir zu einem abgeleiteten Ergebnisraum E^*, dessen Elemente sich mit $e_i^* = e_i \bmod 3$ als Rest der Division der erzielten Augenzahl e_i durch 3 ergeben: $E^* = \{0, 1, 2\}$. Für jedes $e \in E$ erhalten wir als Bild die Zahl $X(e) \in E^*$. Der abgeleitete Ergebnisraum E^* ist wieder ein diskreter Ergebnisraum, und jede der 2^3 Teilmengen von E^* ist ein mögliches Ereignis. Insbesondere werden uns Ereignisse vom Typ $\{X = 1\}$ und $\{X \leq 1\}$ interessieren. Dabei ist $\{X = 1\}$ eine Kurzschreibweise für das Ereignis $\{e \mid X(e) = 1\} = \{e_1, e_4\}$, d.i. die Menge aller Elementarereignisse aus E, denen durch X der Wert 1 zugeordnet ist; analog gilt $\{X \leq 1\} = \{e \mid X(e) \leq 1\} = \{e_1, e_3, e_4, e_6\}$. Um das Modell zu vervollständigen, müssen wir den Ereignissen noch Wahrscheinlichkeiten zuordnen. Diese Wahrscheinlichkeiten können wir mit Hilfe der Korrespondenz zwischen E und E^* definieren. Da dem Ereignis $\{e_1, e_4\} = \{1, 4\}$ die Wahrscheinlichkeit $\frac{1}{3}$ zugeordnet wird, ergibt sich

$$P\{X = 1\} = P\{e \mid X(e) = 1\} = P\{e_1, e_4\} = P\{1, 4\} = \frac{1}{3}.$$

Analog erhält man

$$P\{X \leq 1\} = P\{e \mid X(e) \leq 1\} = P\{1,3,4,6\} = \frac{2}{3}.$$

Dieses Beispiel zeigt, daß wir uns die Größe X als Funktion $X : E \to E^*$ vorstellen können. Der Definitionsbereich von X ist die Menge E der Elementarereignisse, und jedem Elementarereignis wird eine der Zahlen aus E^* oder – allgemeiner – eine reelle Zahl zugeordnet. Eine solche Größe X werden wir im weiteren als Zufallsvariable bezeichnen. Mit ihrer Hilfe können wir Ereignisse in der Form $\{X = 1\}$ und $\{X \leq 1\}$, aber auch in der Form $\{X \leq 1.5\}$ schreiben.

Der Definition Y: *erzielte Augenzahl* entspricht der abgeleitete Ergebnisraum $E^* = E$ und die identische Funktion $Y(e) = e$.

Das nächste Beispiel zeigt, wie man auch im Fall stetiger Ergebnisräume Zufallsvariable definieren kann.

Beispiel 7.2 Die Lebensdauer eines elektronischen Bauteils hängt vom Zufall ab, und wir können deshalb das Feststellen dieser Lebensdauer als Zufallsexperiment auffassen. Das Modell für das Experiment hat die folgenden Bestandteile: Der Ergebnisraum ist die Menge der nichtnegativen reellen Zahlen R^+; als Ereignisse werden Intervalle I der Zahlengeraden betrachtet; jedem Ereignis I kann durch $\int_I f(x)\,dx$ mit geeigneter Funktion $f(x) \geq 0$ eine Wahrscheinlichkeit zugeordnet werden. Ein typisches Ereignis ist, daß die Lebensdauer zwischen einem und 2.5 Jahren liegt.

Ausgehend von diesem Modell definieren wir die Zufallsvariable W, die den Wert 1 annimmt, wenn die Lebensdauer des Bauteils größer als t Zeiteinheiten ist, und 0, wenn sie kleiner als t Zeiteinheiten ist. Der vom ursprünglichen stetigen Ergebnisraum R^+ abgeleitete Ergebnisraum $E^* = \{0,1\}$ ist diskret. Im neuen Ergebnisraum ergibt sich aus der Definition des Modells für die Lebensdauer die Wahrscheinlichkeit beispielsweise für $\{W = 0\}$ zu

$$P\{W = 0\} = P\{e \mid e \leq t\} = \int_0^t f(x)\,dx.$$

Formal können wir für die Lebensdauer selbst ebenfalls eine Zufallsvariable einführen. Wir definieren Z: *Lebensdauer des elektronischen Bauteils*. Jedem Elementarereignis $e \in R^+$ ordnen wir wieder eine nichtnegative Zahl, eben die Lebensdauer zu. Z ist demnach die identische Funktion: $Z(e) = e$, und der abgeleitete Ergebnisraum ist $E^* = E = R^+$. Die interessierenden Ereignisse sind von der Form $\{Z \in I\} = \{e \mid Z(e) \in I\}$. Die Wahrscheinlichkeit erhalten wir zu

$$P\{Z \in I\} = P\{e \mid Z(e) \in I\} = \int_I f(x)\,dx.$$

Die beiden Beispiele zeigen, daß man Zufallsvariable wie folgt definieren kann.

Definition 7.1 *Eine* **Zufallsvariable** X *ist eine geeignete Abbildung*

$$X : E \to R$$

von E in die Menge R der reellen Zahlen.

Das heißt, daß jedem Elementarereignis $e \in E$ durch X eine reelle Zahl $X(e) \in R$ zugeordnet wird. In der *Definition* 7.1 soll das Wort "geeignet" darauf hinweisen, daß die Abbildung X die Anforderung erfüllen muß, daß jedem Ereignis im abgeleitenen Ergebnisraum E^* auch ein Ereignis, d.h. eine Teilmenge aus E, entsprechen muß. So entspricht im Beispiel 7.1 dem Ereignis $\{X \leq 1\}$ das Ereignis $\{e_1, e_3, e_4, e_6\} \subset E$ und dem Ereignis $\{X < 0\}$ die leere Menge $\emptyset \subset E$, d.h. das unmögliche Ereignis.

7.2 Wahrscheinlichkeitsverteilungen

Entsprechend den beiden Beispielen unterscheiden wir zwei Typen von Zufallsvariablen und damit auch zwei Typen von Wahrscheinlichkeitsverteilungen.

Diskrete Zufallsvariable: Sie nehmen höchstens abzählbar viele Werte an. Beispiele sind die Zufallsvariablen X und Y aus Beispiel 7.1 und W aus Beispiel 7.2.

Stetige Zufallsvariable: Sie können jeden Wert aus einem Intervall der Zahlengeraden annehmen. Ein Beispiel ist die Variable Z aus Beispiel 7.2.

Zufallsvariable werden in der Folge mit großen, ihre Werte oder Realisationen mit analogen kleinen lateinischen Buchstaben bezeichnet.

7.2.1 Diskrete Wahrscheinlichkeitsverteilungen

Definition 7.2 *Eine* **diskrete Wahrscheinlichkeitsverteilung** *ist eine Zuordnung zwischen den Werten x, die eine diskrete Zufallsvariable X annehmen kann, und den Wahrscheinlichkeiten, mit denen sie diese Werte annimmt:*

$$f(x) = P\{X = x\}$$

für alle $x \in R$. *Die Funktion* $f(x)$ *heißt* **Wahrscheinlichkeitsfunktion.**

Eine diskrete Wahrscheinlichkeitsverteilung wird demnach durch eine diskrete Funktion, eben die Wahrscheinlichkeitsfunktion $f(x)$, beschrieben, deren Definitionsbereich die Werte x sind, die die zugrundeliegende Zufallsvariable annehmen kann, und deren Wertebereich die entsprechenden Wahrscheinlichkeiten sind.

Beispiel 7.3 Das Experiment sei wieder der Wurf eines Würfels. Auf diesem Experiment definieren wir die Zufallsvariable X: *Rest bei Division der erzielten Augenzahl durch 3.* Die Wahrscheinlichkeitsverteilung von X zeigt die folgende Tabelle.

x	0	1	2
$f(x)$	1/3	1/3	1/3

Die üblichere Schreibweise für diese Wahrscheinlichkeitsverteilung ist

$$f(x) = \begin{cases} 1/3 & \text{falls } x = 0 \\ 1/3 & \text{falls } x = 1 \\ 1/3 & \text{falls } x = 2 \\ 0 & \text{sonst} \end{cases}$$

Da die drei möglichen Werte, die X annehmen kann, mit gleicher Wahrscheinlichkeit realisiert werden, heißt diese Verteilung auch die **diskrete Gleichverteilung.**

Aus der *Definition* 7.2 ergeben sich die folgenden Eigenschaften der Wahrscheinlichkeitsfunktion.

Satz 7.1 Eigenschaften der Wahrscheinlichkeitsfunktion $f(x)$*:*

(a) $f(x) \geq 0$ *für alle* $x \in R$*;*

(b) $\sum_x f(x) = 1$, *wobei die Summation über alle* $x \in R$ *geht;*

(c) $P\{X \in I\} = \sum_{x \in I} f(x)$ *für ein beliebiges Ereignis* $I \subset R$.

Umgekehrt kann man sagen, daß jede diskrete Funktion mit den obigen Eigenschaften Wahrscheinlichkeitsfunktion für eine entsprechende Zufallsvariable sein kann.

Vergleiche dazu auch Beispiel 7.23.

7.2.2 Stetige Wahrscheinlichkeitsverteilungen

Definition 7.3 *Eine Zufallsvariable X heißt* **stetig**, *wenn es eine nichtnegative, auf R definierte Funktion $f(x)$ gibt, sodaß für jedes Intervall $I \subset R$ gilt*

$$P\{X \in I\} = \int_{x \in I} f(x)\, dx\,;$$

$f(x)$ heißt Wahrscheinlichkeitsdichte oder **Dichte(funktion).**

Stetige Wahrscheinlichkeitsverteilungen werden demnach durch eine Dichtefunktion beschrieben, die die folgenden Eigenschaften besitzt.

Satz 7.2 Eigenschaften der Dichtefunktion *$f(x)$ einer stetigen Zufallsvariablen:*

(a) $f(x) \geq 0$ *für jedes x mit* $-\infty < x < \infty$*;*

(b) $\int_{-\infty}^{\infty} f(x)\, dx = 1$*;*

(c) $P\{a < X \leq b\} = \int_a^b f(x)\, dx$.

Beachte! Die Wahrscheinlichkeit $P\{a < X \leq b\}$ entspricht der Fläche unter $f(x)$ im Intervall $(a, b]$; der Wert der Dichtefunktion an einer Stelle x selbst ist keine Wahrscheinlichkeit!

Beispiel 7.4 Die *Verspätung eines Zuges* (in Minuten) sei durch eine Zufallsvariable X repräsentiert. Wir nehmen an, daß diese Zufallsvariable im Intervall [0,24] gleichverteilt sei. Auch wenn diese Annahme nicht sehr realistisch ist, wollen wir sie dennoch in für dieses Beispiel akzeptieren. Die stetige Gleichverteilung ist dadurch charakterisiert, daß die Wahrscheinlichkeit für ein Intervall gegebener Länge proportional der Länge des Intervalls ist. Die Dichtefunktion ist, wie man sich leicht überlegen kann,

$$f(x) = \begin{cases} 1/24 & 0 \leq x \leq 24 \\ 0 & \text{sonst} \end{cases}$$

Für die Wahrscheinlichkeit des Ereignisses A: *der Zug hat eine Verspätung zwischen 8 und 12 Minuten* ergibt sich

$$\begin{aligned} P\{A\} &= P\{8 \leq X \leq 12\} = P\{8 < X \leq 12\} = \\ &= \int_8^{12} \frac{1}{24} dx = \frac{1}{24} \cdot (12 - 8) = \frac{1}{6}\,. \end{aligned}$$

Vergleiche dazu auch Beispiel 7.25.

7.2.3 Verteilungsfunktion

Neben Wahrscheinlichkeits- und Dichtefunktion ist für jede Wahrscheinlichkeitsverteilung die sogenannte Verteilungsfunktion $F(x)$ definiert. Der Wert der Verteilungsfunktion von X an einer Stelle x ist die Wahrscheinlichkeit, mit der das Ereignis $\{X \leq x\}$ eintritt:

$$F(x) = P\{X \leq x\}.$$

Definition 7.4 *Die* **Verteilungsfunktion** *einer Zufallsvariablen X ist definiert als*

$$F(x) = P\{X \leq x\} = \begin{cases} \sum_{u \leq x} P\{X = u\} & \text{falls } X \text{ diskret} \\ \int_{-\infty}^{x} f(u)du & \text{falls } X \text{ stetig} \end{cases}$$

Sie ist für alle x mit $-\infty < x < \infty$ definiert.

Aus der *Definition* 7.4 ergeben sich unmittelbar einsichtig die folgenden Eigenschaften einer Verteilungsfunktion.

Satz 7.3 Eigenschaften der Verteilungsfunktion:

(a) $F(x)$ ist nicht abnehmend, d.h. $F(x_1) \leq F(x_2)$ für beliebige $x_1 < x_2$;

(b) $\lim_{x \to -\infty} F(x) = 0$, $\lim_{x \to \infty} F(x) = 1$;

(c) $F(x)$ ist (zumindest) rechtsseitig stetig.

Man kann wieder umgekehrt formulieren: Jede Funktion, die die obigen Eigenschaften hat, kann Verteilungsfunktion für eine Wahrscheinlichkeitsverteilung sein.

Beispiel 7.5 Das Experiment sei wieder der Würfelwurf (vergleiche Beispiel 7.3); die Zufallsvariable X ist der *Rest, der sich bei Division durch 3 ergibt.* Die Verteilungsfunktion ist dann

$$F(x) = \begin{cases} 0 & x < 0 \\ 1/3 & 0 \leq x < 1 \\ 2/3 & 1 \leq x < 2 \\ 1 & x \geq 2 \end{cases}$$

Im Falle einer diskreten Wahrscheinlichkeitsverteilung hat die Verteilungsfunktion $F(x)$ also die Form einer Treppenfunktion, die an jenen Stellen x, die die Zufallsvariable annehmen kann, Sprungstellen hat; die Sprunghöhen sind die Wahrscheinlichkeiten, mit denen die Zufallsvariable diese Werte annimmt.

Beispiel 7.6 Die Verteilungsfunktion der Gleichverteilung der Zufallsvariablen X: *Verspätung eines Zuges* aus Beispiel 7.4 ist

$$F(x) = \int_{-\infty}^{x} \frac{1}{24}\, du = \begin{cases} 0 & x < 0 \\ x/24 & 0 \leq x < 24 \\ 1 & x \geq 24 \end{cases}$$

Abbildung 7.1: Graphen der Wahrscheinlichkeits- und Verteilungsfunktion der Zufallsvariablen X: *Verspätung des Zuges* aus Beispiel 7.6.

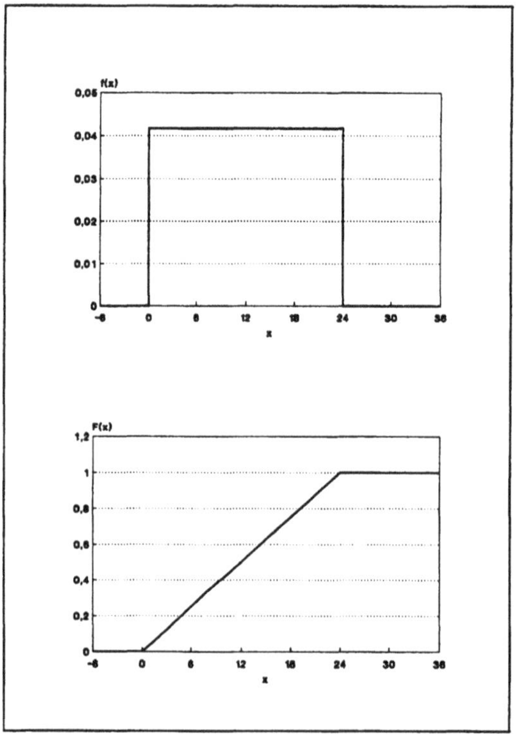

Die Verteilungsfunktion kann ebenso wie die Wahrscheinlichkeits- oder die Dichtefunktion zur Berechnung von Wahrscheinlichkeiten verwendet werden. So ergibt sich unmittelbar aus der Definition von $F(x)$:

$$\begin{aligned} P\{X \leq b\} &= F(b)\,; \\ P\{X > a\} &= 1 - P\{X \leq a\} = 1 - F(a)\,; \\ P\{a < X \leq b\} &= F(b) - F(a)\,. \end{aligned}$$

Beachte! Für eine stetige Zufallsvariable X und für ein beliebiges x gilt: $P\{x < X \leq x\} = 0$. Daher ist

$$P\{a < X < b\} = P\{a \leq X \leq b\} = P\{a \leq X < b\} = P\{a < X \leq b\}.$$

Im Fall einer diskreten Zufallsvariablen gilt hingegen

$$P\{a \leq X \leq b\} = F(b) - F(a) + f(a).$$

Beispiel 7.7 Zu den Angaben von Beispiel 7.3 können wir mit Hilfe der Verteilungsfunktion die folgenden Wahrscheinlichkeiten berechnen

$$\begin{aligned} P\{1 < X \leq 2\} &= F(2) - F(1) = 1 - \frac{2}{3} = \frac{1}{3}; \\ P\{1 \leq X \leq 2\} &= P\{X = 1\} + P\{1 < X \leq 2\} \\ &= F(2) - F(1) + f(1) = \frac{2}{3}. \end{aligned}$$

Bei stetigen Verteilungen besteht zwischen Dichte- und Verteilungsfunktion die Beziehung

$$f(x) = \frac{dF(x)}{dx}$$

an allen Stellen x, an denen $F(x)$ differenzierbar ist.

7.2.4 Perzentile

Mit Hilfe der Verteilungsfunktion können die sogenannten **Perzentile** einer Verteilung berechnet werden, wobei wir uns hier auf den Fall einer stetigen Verteilung beschränken wollen.

Definition 7.5 *Das* **p-Perzentil** *oder p-Quantil der Wahrscheinlichkeitsverteilung einer Zufallsvariablen X mit der Verteilungsfunktion $F(x)$ ist eine Zahl x_p, für die gilt:*

$$P\{X \leq x_p\} = F(x_p) = p.$$

Mit der inversen Funktion F^{-1} der Verteilungsfunktion F kann das p-Perzentil x_p geschrieben werden als

$$x_p = F^{-1}(p).$$

Häufig verwendete Perzentile sind die **Quartile** $x_{0.25}$ und $x_{0.75}$, das 0.5-Perzentil $x_{0.5}$, genannt der **Median** der Verteilung, sowie das untere bzw. obere **Dezil** $x_{0.1}$ bzw. $x_{0.9}$.

Beispiel 7.8 Die *Ausfallszeit eines elektronischen Bauteils (in 100 Betriebsstunden)* sei repräsentiert durch die Zufallsvariable X mit der Dichte

$$f(x) = 2e^{-2x}, \; x > 0 \, .$$

Der Median der Verteilung, d.i. jener Zeitpunkt, zu dem der Bauteil mit einer Wahrscheinlichkeit von 50% ausgefallen ist, ergibt sich aus

$$P\{X \leq x_{0.5}\} = 2 \int_0^{x_{0.5}} e^{-2x} \, dx = 1 - e^{-2x} = 0.5$$

zu

$$x_{0.5} = -\frac{1}{2} \ln 0.5 = 0.347$$

oder 34.7 Stunden.

Vergleiche dazu auch Beispiel 7.25(e).

7.3 Funktionen von Zufallsvariablen

Eine Funktion $g(X) = Y$ der Zufallsvariablen X ist wieder eine Zufallsvariable, falls g eine entsprechend dem in Abschnitt 7.1 Gesagten geeignete Funktion ist. Die Wahrscheinlichkeitsverteilung der Zufallsvariablen Y kann aus der Verteilung von X berechnet werden. Das soll das folgende Beispiel illustrieren.

Beispiel 7.9 Der Radius der Öffnung einer Zahnpastatube ist, bedingt durch Variationen in den Produktionsbedingungen, ein Zufallsergebnis. Der *Radius* sei repräsentiert durch die Zufallsvariable R mit der Dichte $f(x) = 10$ für $2.05 \leq x \leq 2.15$. Wenn der Radius eine Zufallsvariable ist, so ist natürlich auch die *Querschnittsfläche* $F = R^2\pi$ zufällig. Wie groß ist die Wahrscheinlichkeit, daß diese Querschnittsfläche größer als 14.25 mm^2 ist? Wir erhalten

$$\begin{aligned} P\{F > 14.25\} &= P\{R^2\pi > 14.25\} \\ &= P\left\{R > \sqrt{\frac{14.25}{\pi}}\right\} = \int_{2.13}^{2.15} 10x \, dx \\ &= P\{R > 2.13\} = 0.2 \, . \end{aligned}$$

Im folgenden zeigen wir, wie allgemein die Wahrscheinlichkeitsverteilung einer Zufallsvariablen $Y = g(X)$ aus der Verteilung von X abgeleitet wird. F_X

und F_Y seien die Verteilungsfunktionen von X und Y; dann gilt, vorausgesetzt, daß g ein-eindeutig ist,

$$F_Y(y) = P\{Y \leq y\} = P\{g(X) \leq y\} = P\{X \leq g^{-1}(y)\} = F_X[g^{-1}(y)].$$

Die Wahrscheinlichkeitsfunktion der Funktion $Y = g(X)$ einer diskreten Zufallsvariablen X erhält man aus

$$f_Y(y) = P\{Y = y\} = \sum_{x:g(x)=y} P\{X = x\}.$$

Ist X eine stetige Zufallsvariable, so ergibt sich die Dichtefunktion von Y durch Differenzieren von $F_X[g^{-1}(y)]$ zu

$$f_Y(y) = f_X[g^{-1}(y)] \cdot \left| \frac{d}{dy} g^{-1}(y) \right|.$$

Vergleiche dazu auch Beispiel 7.25(f).

7.4 Mehrdimensionale Zufallsvariable

Die bis jetzt betrachteten Zufallsvariable waren eindimensional: Jedem Elementarereignis wurde durch Definition der Zufallsvariablen **eine** reelle Zahl zugeordnet. Eindimensionale Zufallsvariable lassen sich auf n-dimensionale Zufallsvariable verallgemeinern, indem man jedem Elementarereignis nicht eine reelle Zahl, sondern einen n-komponentigen Vektor reeller Zahlen zuordnet. Diese Verallgemeinerung ist dann nützlich, wenn zur Beschreibung eines Zufallsexperimentes mehrere Zufallsvariable nötig sind, die gemeinsam betrachtet werden. Das illustrieren die folgenden Überlegungen.

- Bei der Ausführung eines Experimentes interessieren mehrere Merkmale. Es werden von einer zufällig ausgewählten Person z.B. die Körpergröße, das Körpergewicht und ihr Einkommen erhoben.

- Ein Experiment wird mehrfach ausgeführt oder setzt sich aus Teilexperimenten zusammen; auf jeder Ausführung des Experimentes oder auf jedem Teilexperiment wird eine Zufallsvariable definiert; vergleiche Beispiel 6.26.

Im folgenden Beispiel wird auf einem Experiment eine 2-dimensionale Zufallsvariable definiert.

Beispiel 7.10 Das Experiment besteht im Werfen eines roten und eines blauen Würfels. Der Ergebnisraum ist die Menge aller Paare der Form

$$E = \{(i,j) \mid i,j \in \{1,2,\ldots,6\}\},$$

wobei die erste Komponente das Ergebnis des roten Würfels, die zweite Komponente die des blauen repräsentiert. Auf diesem Ergebnisraum definieren wir die beiden Zufallsvariable X: *Summe der geworfenen Augenzahlen* und Y: *Absolutbetrag der Differenz der beiden geworfenen Augenzahlen*. Jede der Zufallsvariablen X bzw. Y allein betrachtet, ordnet jedem Elementarereignis (i, j) einen Wert x bzw. y zu; beispielsweise ergeben sich $X = 2$ bzw. $Y = 0$, wenn das Ereignis $(1, 1)$ eintritt. Durch Definition der zweidimensionalen Zufallsvariablen (X, Y) wird jedem der Elementarereignisse (i, j) ein Zahlenpaar (x, y) zugeordnet, etwa dem Elementarereignis $(1, 1)$ das Paar $(2, 0)$. Die Definition der zweidimensionalen Zufallsvariablen führt zu einem neuen Ergebnisraum E^*, wobei die neuen Elementarereignisse $(x, y) \in E^*$ durch folgende Korrespondenz aus $(i, j) \in E$ abgeleitetet werden: $e_1 = (1, 1) \rightarrow (2, 0)$, $e_2 = (1, 2) \rightarrow (3, 1)$, usw. Der Ergebnisraum E^* besteht aus der Menge aller Paare der Form

$$\{(x, y) \mid x \in \{2, 3, \ldots, 12\}, y \in \{0, 1, \ldots, 5\}\}.$$

Im abgeleiteten Ergebnisraum E^* können Wahrscheinlichkeiten analog zum eindimensionalen Fall durch folgende Korrespondenz definiert werden. Das Ereignis $\{(X, Y) = (x, y)\}$ ist wieder ein Kürzel für das Ereignis $\{e \mid X(e) = x, Y(e) = y\}$, d.h. für die Menge aller Elementarereignisse e im ursprünglichen Ergebnisraum E, die durch Definition der zweidimensionalen Zufallsvariablen (X, Y) das Wertepaar (x, y) zugeordnet bekommen. So entspricht z.B. dem Ereignis $\{(X, Y) = (3, 1)\}$ die Menge $\{e \mid X(e) = 3, Y(e) = 1\} = \{(1, 2), (2, 1)\}$ im ursprünglichen Ergebnisraum E. Diesem Ereignis wird unter Anwendung des klassischen Wahrscheinlichkeitsbegriffs die Wahrscheinlichkeit $\frac{2}{36}$ zugeordnet, womit auch dem Ereignis $\{(X, Y) = (3, 1)\}$ die Wahrscheinlichkeit $\frac{2}{36}$ zugeordnet wird. Wir können also schreiben

$$P\{(X, Y) = (3, 1)\} = P\{X = 3, Y = 1\} = \frac{2}{36}.$$

Analog erhält man

$$P\{(X, Y) = (2, 0)\} = P\{X = 2, Y = 0\} = \frac{1}{36}$$

und

$$P\{X \leq 2, Y \leq 1\} = \frac{3}{36}.$$

Der allgemeine Fall ist die n-dimensional Zufallsvariable $X = (X_1, \ldots, X_n)$. Die Zuordnung

$$P\{(X_1, \ldots, X_n) \in I\} = P\{e \mid [X_1(e), \ldots, X_n(e)] \in I\}$$

heißt (induzierte) **gemeinsame Verteilung** der Zufallsvariablen X, wobei I ein n-dimensionales Intervall der Form

$$I = \{(x_1, \ldots, x_n) \mid a_1 < x_1 \leq b_1, \ldots, a_n < x_n \leq b_n\}$$

ist. Analog zu den eindimensionalen Zufallsvariablen kann man diskrete und stetige n-dimensionale Zufallsvariable und damit diskrete und stetige n-dimensionale Wahrscheinlichkeitsverteilungen unterscheiden.

7.4.1 Diskrete mehrdimensionale Zufallsvariable

Die Zufallsvariable $X = (X_1, \ldots, X_n)$ heißt diskret, wenn sie nur endlich viele bzw. höchstens abzählbar viele Werte (Punkte) der Form $(x_1, \ldots, x_n)$ annehmen kann. Die zugehörige, diskrete Verteilung können wir mit einer Wahrscheinlichkeitsfunktion beschreiben, die in diesem Fall eine Funktion von n Argumenten ist, von denen jedes für eine der n Zufallsvariablen steht:

$$f(x_1, \ldots, x_n) = P\{X_1 = x_1, \ldots, X_n = x_n\}.$$

Wie bei der eindimensionalen Zufallsvariablen muß die Wahrscheinlichkeitsfunktion die Eigenschaften

(a) $f(x_1, x_2 \ldots, x_n) \geq 0$ und

(b) $\sum_{x_1} \sum_{x_2} \cdots \sum_{x_n} f(x_1, x_2 \ldots, x_n) = 1$

erfüllen. Wahrscheinlichkeiten für einzelne Ereignisse erhält man durch geeignete Summation über $f(x_1, x_2, \ldots, x_n)$. Die Verteilungsfunktion ist in Analogie zur eindimensionalen Zufallsvariablen

$$\begin{aligned} F(x_1, \ldots, x_n) &= P\{X_1 \leq x_1, \ldots, X_n \leq x_n\} \\ &= \sum_{u_1 \leq x_1} \cdots \sum_{u_n \leq x_n} f(u_1, \ldots, u_n) \end{aligned}$$

Ausgehend von $f(x_1, x_2 \ldots, x_n)$ können durch Summation über die "nicht interessierenden" Variablen die sogenannten **Rand-** oder **marginalen Verteilungen** erhalten werden: Im zwei-dimensionalen Fall sei die Verteilung der Zufallsvariablen (X, Y) durch die Wahrscheinlichkeitsfunktion $f(x, y)$ gegeben. Durch Summation über y erhält man die marginale Verteilung der Zufallsvariablen X:

$$P\{X = x\} = \sum_y P\{X = x, Y = y\}$$

oder in anderer Schreibweise

$$f_X(x) = \sum_y f(x,y)\,.$$

Analog erhält man $P\{Y = y\} = \sum_x P\{X = x, Y = y\}$ und $f_Y(y) = \sum_x f(x,y)$. Für höherdimensionale Zufallsvariable können auch mehrdimensionale Randverteilungen abgeleitet werden.

Weiters können bedingte Verteilungen definiert werden: Die **bedingte Verteilung** von X, gegeben, daß die Variable Y den Wert y angenommen hat, ist

$$\begin{aligned} P\{X = x \mid Y = y\} &= \frac{P\{X = x, Y = y\}}{P\{Y = y\}} \\ &= f(x \mid y) = \frac{f(x,y)}{f_Y(y)}\,. \end{aligned}$$

Der bedingten Verteilung entspricht die bedingte Zufallsvariable $X|Y = y$; die Bedingung ist der Eintritt des Ereignisses $\{Y = y\}$. Analog gilt für die bedingte Verteilung von $Y \mid X = x$

$$\begin{aligned} P\{Y = y \mid X = x\} &= \frac{P\{X = x, Y = y\}}{P\{X = x\}} \\ &= f(y \mid x) = \frac{f(x,y)}{f_X(x)}\,. \end{aligned}$$

Wie das folgende Beispiel illustriert, kann man die Werte der Wahrscheinlichkeitsfunktion einer zwei-dimensionalen Zufallsvariablen als zwei-dimensionale Tabelle schreiben; die Randverteilungen ergeben sind als Zeilen- bzw. Spaltensummen der Tabelle.

Beispiel 7.11 (Fortsetzung von Beispiel 7.10) Auf dem Experiment "Werfen zweier Würfel" definieren wir wieder die beiden Zufallsvariablen X: *Summe der Augenzahlen* und Y: *Absolutbetrag der Differenz der Augenzahlen.* Der Ergebnisraum des Zufallsexperimentes besteht aus der Menge aller Paare mit

$$\{(x,y) \mid x \in \{2,3,\ldots,12\} \text{ und } y \in \{0,1,\ldots,5\}\}\,.$$

Die gemeinsame Verteilung der beiden Zufallsvariablen (X,Y) zeigt die Tabelle.

Y / X	0	1	2	3	4	5	$P\{X=x\}$
2	$\frac{1}{36}$	0	0	0	0	0	$\frac{1}{36}$
3	0	$\frac{2}{36}$	0	0	0	0	$\frac{2}{36}$
4	$\frac{1}{36}$	0	$\frac{2}{36}$	0	0	0	$\frac{3}{36}$
5	0	$\frac{2}{36}$	0	$\frac{2}{36}$	0	0	$\frac{4}{36}$
6	$\frac{1}{36}$	0	$\frac{2}{36}$	0	$\frac{2}{36}$	0	$\frac{5}{36}$
7	0	$\frac{2}{36}$	0	$\frac{2}{36}$	0	$\frac{2}{36}$	$\frac{6}{36}$
8	$\frac{1}{36}$	0	$\frac{2}{36}$	0	$\frac{2}{36}$	0	$\frac{5}{36}$
9	0	$\frac{2}{36}$	0	$\frac{2}{36}$	0	0	$\frac{4}{36}$
10	$\frac{1}{36}$	0	$\frac{2}{36}$	0	0	0	$\frac{3}{36}$
11	0	$\frac{2}{36}$	0	0	0	0	$\frac{2}{36}$
12	$\frac{1}{36}$	0	0	0	0	0	$\frac{1}{36}$
$P\{Y=y\}$	$\frac{6}{36}$	$\frac{10}{36}$	$\frac{8}{36}$	$\frac{6}{36}$	$\frac{4}{36}$	$\frac{2}{36}$	1

Aus dieser gemeinsamen Verteilung läßt sich beispielsweise ablesen, daß

$$P\{X \leq 5, Y \leq 3\} = \frac{10}{36}.$$

Die letzte Spalte bzw. die letzte Zeile enthält die Randverteilung der Zufallsvariablen X bzw. Y:

x	2	3	4	5	6	7	8	9	10	11	12
$P\{X=x\}$	$\frac{1}{36}$	$\frac{2}{36}$	$\frac{3}{36}$	$\frac{4}{36}$	$\frac{5}{36}$	$\frac{6}{36}$	$\frac{5}{36}$	$\frac{4}{36}$	$\frac{3}{36}$	$\frac{2}{36}$	$\frac{1}{36}$

y	0	1	2	3	4	5
$P\{Y=y\}$	$\frac{6}{36}$	$\frac{10}{36}$	$\frac{8}{36}$	$\frac{6}{36}$	$\frac{4}{36}$	$\frac{2}{36}$

Die bedingte Verteilung von X, gegeben daß $Y = 2$ realisiert wurde, ergibt sich entsprechend $P\{X = x|Y = 2\} = P\{X = x, Y = 2\}/P\{Y = 2\}$ zu

$$f(x|Y=2) = P\{X = x|Y = 2\} = \begin{cases} \frac{2}{8} & \text{wenn } x = 4, \\ \frac{2}{8} & \text{wenn } x = 6, \\ \frac{2}{8} & \text{wenn } x = 10, \\ 0 & \text{sonst.} \end{cases}$$

Wie immer bei bedingten Verteilungen schränkt man den Ergebnisraum durch die Bedingung ein, in diesem Fall auf die Spalte $Y = 2$ der obigen Tabelle.

Vergleiche dazu auch Beispiel 7.28.

7.4.2 Stetige mehrdimensionale Zufallsvariable

Aus den obigen Überlegungen sieht man, daß die Verallgemeinerung von ein- auf mehrdimensionale Zufallsvariable darauf hinausläuft, von Wahrscheinlichkeitsfunktionen, die von einem Argument abhängen, auf solche überzugehen, die von n Argumenten abhängen. Auch im stetigen Fall läßt sich die Verallgemeinerung so verstehen: Eine n-dimensionale stetige Verteilung wird durch eine n-dimensionale Dichte, die sogenannte **gemeinsame Dichte** $f(x_1, x_2, \ldots, x_n)$, beschrieben, für die wieder gelten muß

(a) $f(x_1, x_2, \ldots, x_n) \geq 0$ und

(b) $\int\int \ldots \int f(x_1, x_2, \ldots, x_n) dx_1 dx_2 \ldots dx_n = 1$.

Ereignisse sind hier n-dimensionale Intervalle; Wahrscheinlichkeiten lassen sich durch Integration der Dichte über diese Intervalle errechnen. Die gemeinsame Verteilungsfunktion $F(x_1, \ldots, x_n)$ ist in Analogie zur eindimensionalen Zufallsvariablen

$$\begin{aligned} F(x_1, \ldots, x_n) &= P\{X_1 \leq x_1, \ldots, X_n \leq x_n\} \\ &= \int_{-\infty}^{x_1} \ldots \int_{-\infty}^{x_n} f(u_1, \ldots, u_n)\, du_1 \ldots du_n . \end{aligned}$$

Auch bei stetigen Verteilung sind marginale und bedingte Verteilungen definiert. Ihre Definition kann fast wörtlich vom diskreten Fall übernommen werden: Im zwei-dimensionalen Fall sei die Verteilung der Zufallsvariablen (X, Y) durch die Dichtefunktion $f(x, y)$ gegeben. Durch Integration über y erhält man die **marginale Dichte** oder Randdichte der Zufallsvariablen X zu

$$f_X(x) = \int_y f(x, y) dy .$$

Analog ergibt sich $f_Y(y) = \int_x f(x, y) dx$. Für höherdimensionale Zufallsvariable können auch mehrdimensionale Randverteilungen angegeben werden. Darüberhinaus können wieder bedingte Verteilungen definiert werden. Die **bedingte Dichte** von $X|Y = y$, gegeben, daß die Variable Y den Wert y angenommen hat, ist

$$f(x \mid y) = \frac{f(x, y)}{f_Y(y)} = \frac{f(x, y)}{\int_x f(x, y) dx} .$$

Analog ist die bedingte Dichte von $Y \mid X = x$

$$f(y \mid x) = \frac{f(x, y)}{f_X(x)} = \frac{f(x, y)}{\int_y f(x, y) dy} .$$

Beispiel 7.12 Die bivariate Zufallsvariable (X, Y) habe die gemeinsame Dichte

$$f(x,y) = \begin{cases} \frac{3x+5y}{4} & \text{wenn } 0 \leq x \leq 1, 0 \leq y \leq 1, \\ 0 & \text{sonst.} \end{cases}$$

Die marginale Dichte der Variablen Y erhalten wir nach

$$\begin{aligned} \int_0^1 f(x,y)\,dx &= \int_0^1 \frac{3x+5y}{4}\,dx = \frac{1}{4}\left(3\int_0^1 x\,dx + 5y\int_0^1 dx\right) \\ &= \frac{1}{4}\left(\frac{3x^2}{2}\Big|_0^1 + 5yx\Big|_0^1\right) = \frac{3+10y}{8}, \end{aligned}$$

zu

$$f_Y(y) = \begin{cases} \frac{3+10y}{8} & \text{wenn } 0 \leq y \leq 1, \\ 0 & \text{sonst} \end{cases}$$

Die bedingte Dichte von $X|Y = y$ ergibt sich für alle x mit $0 \leq x \leq 1$ zu

$$f(x|y) = \frac{f(x,y)}{f_Y(y)} = \frac{6x+10y}{3+10y}.$$

Beispielsweise ergibt sich für die bedingte Wahrscheinlichkeit $P\{X \leq 0.5|Y = 0.5\}$ der Ausdruck

$$\begin{aligned} P\{X \leq 0.5|Y = 0.5\} &= \int_0^{0.5} \frac{6x + 10 \cdot 0.5}{3 + 10 \cdot 0.5}\,dx \\ &= \frac{1}{8}\int_0^{0.5} (6x+5)\,dx = \frac{1}{2}. \end{aligned}$$

Vergleiche dazu auch Beispiel 7.29.

7.4.3 Unabhängige Zufallsvariable

Eine für viele Anwendungen wichtige Definition ist die folgende.

Definition 7.6 *Die Zufallsvariablen* $X_1, \ldots, X_n$ *heißen* **unabhängig**, *wenn für alle Ereignisse* $I_1, \ldots, I_n$ *gilt, daß*

$$P\{X_1 \in I_1, \ldots, X_n \in I_n\} = P\{X_1 \in I_1\} \cdot \ldots \cdot P\{X_n \in I_n\}.$$

Diese Definition besagt, daß die Zufallsvariablen $X_1, \ldots, X_n$ dann unabhängig sind, wenn die korrespondierenden Ereignisse $\{e \mid X_i(e) \in I_i\}$, $i =$

$1, \ldots, n$, unabhängig sind. Setzen wir $\{X_i(e) \in I_i\} = \{X_i(e) \leq x_i\}$, $i = 1, \ldots, n$, so ergibt sich

$$P\{X_1 \leq x_1, X_2 \leq x_2, \ldots, X_n \leq x_n\} = \Pi_{i=1}^n P\{X_i \leq x_i\}.$$

Die Zufallsvariablen sind unabhängig, wenn die gemeinsame Verteilungsfunktion $F(x_1, \ldots, x_n)$ als Produkt der Verteilungsfunktionen der einzelnen Variablen geschrieben werden kann. Dann ist die gemeinsame Wahrscheinlichkeits- oder Dichtefunktion das Produkt der Dichten- bzw. Wahrscheinlichkeitsfunktionen $f_i(x_i)$ der einzelnen Zufallsvariablen:

$$f(x_1, x_2, \ldots, x_n) = \Pi_{i=1}^n f_i(x_i).$$

Besonders einfach ist der Fall, wenn in einer Menge von unabhängigen Zufallsvariablen alle die gleiche Verteilung haben. Ist $f(x)$ die Dichte- bzw. Wahrscheinlichkeitsfunktion jeder von n unabhängigen Zufallsvariablen, dann ist die gemeinsame Verteilung

$$f(x_1, x_2, \ldots, x_n) = [f(x_i)]^n.$$

Wie die Unabhängigkeit von Ereignissen ist die Unabhängigkeit von Zufallsvariablen oft ein Bestandteil der Definition des zugrundeliegenden Experiments.

Beispiel 7.13 Im Beispiel 6.26 werden drei Elemente aus einer Produktion zufällig ausgewählt und überprüft. Zur Beschreibung des Ergebnisses führen wir die Zufallsvariablen X_i: *Qualität des i-ten Elementes*, $i = 1, \ldots, 3$, ein: $X_i = 0$ bedeutet, daß das i-te Element in Ordnung ist, $X_i = 1$, daß es Ausschuß ist. Nachdem die Elemente zufällig ausgewählt werden, ist die *Definition* 7.5 erfüllt, und die Variablen X_i sind unabhängig. Beträgt die Ausschußquote der Produktion 0.1, so erhalten wir

$$\begin{aligned} & P\{X_1 = 0, X_2 = 0, X_3 \leq 1\} \\ = \;& P\{X_1 = 0, X_2 = 0, X_3 = 0\} + P\{X_1 = 0, X_2 = 0, X_3 = 1\} \\ = \;& 0.9^2 \cdot 0.1 + 0.9^3 = 0.081 + 0.729 = 0.81. \end{aligned}$$

Beispiel 7.14 Jede der n unabhängigen, diskreten Zufallsvariablen X_i, $i = 1, \ldots, n$, habe die Wahrscheinlichkeitsfunktion

$$f(x) = \frac{e^{-\lambda}\lambda^x}{x!}, x = 0, 1, \ldots.$$

Dann ist die gemeinsame Verteilung des Vektors $(X_1, \ldots, X_n)'$

$$\begin{aligned} f(x_1, \ldots, x_n) &= \Pi_{i=1}^n f(x_i) = \Pi_{i=1}^n \frac{e^{-\lambda}\lambda^{x_i}}{x_i!} \\ &= \frac{e^{-n\lambda}\lambda^{\sum_{i=1}^n x_i}}{\Pi_{i=1}^n x_i!} . \end{aligned}$$

Analog ergibt sich für die gemeinsame Dichte von n unabhängigen, stetigen Zufallsvariablen X_i mit der Dichtefunktion $f(x) = \beta e^{-x\beta}$

$$f(x_1, \ldots, x_n) = \Pi_{i=1}^n f(x_i) = \Pi_{i=1}^n \beta e^{-x_i\beta} = \beta^n e^{-\beta \sum_{i=1}^n x_i} .$$

7.4.4 Zufallsstichproben

Einer Zufallsstichprobe liegt folgender Sachverhalt zugrunde. Die Beobachtungen $x_1, \ldots, x_n$ sind unabhängige Wiederholungen von Realisationen einer Zufallsvariablen X. Diese x_i werden als Beobachtungen von Zufallsvariablen $X_1, \ldots, X_n$ interpretiert, die alle dieselbe Verteilung haben, d.h. identisch verteilt sind. Die X_i nennt man auch die **Stichprobenvariablen**.

Definition 7.7 *$X_1, \ldots, X_n$ seien unabhängige und identisch verteilte Zufallsvariable mit der Verteilung $f(x)$. Dann bilden die $X_1, \ldots, X_n$ eine* **Zufallsstichprobe aus der Verteilung** *f.*

Da die Anwendung des Zufallsprinzips beim Ziehen einer Stichprobe die Regel ist, spricht man statt von einer Zufallsstichprobe meist kurz von Stichprobe.

Beispiel 7.15 Die Lebensdauer von elektronischen Bauteilen sei eine Zufallsvariable X mit der Dichtefunktion

$$f(x) = \begin{cases} \beta \exp\{-\beta x\} & x > 0 \\ 0 & x \leq 0 \end{cases}$$

Die Stichprobenvariablen $X_1, \ldots, X_n$ haben die gemeinsame Dichte

$$f(x_1, \ldots, x_n) = \beta^n \exp\left(-\beta \sum_{i=1}^n x_i\right) .$$

Die Beobachtungen $x_1, \ldots, x_n$ der Stichprobe werden verwendet, um Größen wie den Stichprobenmittelwert etc. zu berechnen. Eine entsprechende Funktion $\phi(X_1, \ldots, X_n)$ der Stichprobenvariablen X_i nennen wir Stichprobenstatistik. Als Funktion von Zufallsvariablen ist ϕ wieder eine Zufallsvariable, deren Verteilung aus jener von $X_1, \ldots, X_n$ hergeleitet werden kann. Beispiele von Stichprobenvariablen sind

$$\begin{aligned} \bar{X} &= \frac{1}{n}\sum_{i=1}^{n} X_i \\ M_n &= \max(X_1, \ldots, X_n) \\ N_n &= \min(X_1, \ldots, X_n). \end{aligned}$$

Beispiel 7.16 Für die Zufallsstichprobe aus der Exponentialverteilung (vergl. Beispiel 7.15) soll die Verteilungsfunktion

$$F_M(t) = P\{\max(X_1, \ldots, X_n) \leq t\}$$

der maximalen Lebensdauer M der n Stichprobenelemente ermittelt werden. Dazu verwenden wir die Identität $\{\max(X_1, \ldots, X_n) \leq t\} = \{X_1 \leq t, \ldots, X_n \leq t\}$; wegen der Unabhängigkeit der X_i und unter Berücksichtigung ihrer Verteilungfunktion $F(x) = 1 - \exp\{-\beta x\}$ ergibt sich

$$F_M(t) = \prod_{i=1}^{n} P\{X_i \leq t\} = [F(t)]^n = (1 - \exp\{-\beta t\})^n.$$

Für die Dichtefunktion erhalten wir

$$f_M(t) = n[F(t)]^{n-1} f(t) = n\beta(1 - \exp\{-\beta t\})^{n-1} \exp\{-\beta t\}.$$

7.5 Momente der Wahrscheinlichkeitsverteilung

Wahrscheinlichkeitsverteilungen werden durch ihre Wahrscheinlichkeits- oder Dichtefunktion beschrieben. In manchen Situationen interessiert nicht die gesamte in der Verteilung enthaltene Information, sondern nur einzelne Parameter der Verteilung, die sogenannten **Momente**, oder von den Momenten abgeleitete Größen. Beispiele sind der Erwartungswert, die Varianz und die Standardabweichung einer Verteilung: Diese Größen sind für die Wahrscheinlichkeitsverteilung analog definiert wie die gleichnamigen Stichprobenparameter, die auf der Häufigkeitsverteilung basieren und in Kapitel 2 "Deskriptive und explorative Datenanalyse" behandelt wurden.

Momente sind Spezialfälle des in der folgenden Definition angegeben Erwartungswertes.

Definition 7.8 *Der* **Erwartungswert** $\mathrm{E}\{g(X)\}$ *der Funktion* $g(X)$ *einer Zufallsvariablen* X *ist definiert zu*

$$\mathrm{E}\{g(X)\} = \begin{cases} \sum_i g(x_i)f(x_i), & \textit{wenn } X \textit{ diskret,} \\ \int_{-\infty}^{+\infty} g(x)f(x)dx, & \textit{wenn } X \textit{ stetig,} \end{cases}$$

vorausgesetzt, daß die Summe absolut konvergiert, bzw. der Integrand absolut integrierbar ist.

Die absolute Konvergenz stellt, zumindest im diskreten Fall, sicher, daß der Erwartungswert ohne Rücksicht auf die Summierreihenfolge gebildet werden kann.

Die wichtigsten Spezialfälle der *Definition* 7.8 sind die gewöhnlichen und zentralen Momente k-ter Ordnung. Das k-te **gewöhnliche Moment** $E\{X^k\}$ erhalten wir, wenn wir $g(X) = X^k$ setzen. Das erste gewöhnliche Moment ($k = 1$) von X heißt Erwartungswert.

Definition 7.9 *Der* **Erwartungswert** $E\{X\}$ *einer Zufallsvariablen X ist*

$$\mu = E\{X\} = \begin{cases} \sum_i x_i f(x_i), & \textit{wenn } X \textit{ diskret,} \\ \int_{-\infty}^{+\infty} x f(x)\, dx, & \textit{wenn } X \textit{ stetig.} \end{cases}$$

Das Symbol μ (aus dem griechischen Alphabet, gesprochen "mü") ist das allgemein verwendete Kürzel für den Erwartungswert.

Beispiel 7.17 Für die folgenden Zufallsvariablen ist der Erwartungswert zu bestimmen.

(a) Für die Zufallsvariable X: *Rest bei Division der erzielten Augenzahl durch 3* aus Beispiel 7.2 erhalten wir

$$\mu_X = \sum_{i=0}^{2} i \cdot P\{X = i\} = 0 \cdot \frac{1}{3} + 1 \cdot \frac{1}{3} + 2 \cdot \frac{1}{3} = 1\,;$$

(b) der Erwartungswert der Zufallsvariablen Y: *Verspätung des Zuges* aus Beispiel 7.4 ist

$$\mu_Y = \int_{-\infty}^{\infty} y\, f(y)\, dy = \int_0^{24} \frac{y}{24}\, dy = \frac{y^2}{48}\bigg|_0^2 4 = 12\,.$$

Vergleiche dazu auch Beispiel 7.26.

Ähnlich wie der Stichprobenmittelwert ist der Erwartungswert $E\{X\}$ einer Zufallsvariablen X eine Maß für die Lage ihrer Verteilung.

Das k**-te zentrale Moment** der Zufallsvariablen ergibt sich, wenn wir in $E\{g(X)\}$ für $g(X)$ die Funktion $(X - \mu)^k$ einsetzen. Die größte Bedeutung unter den zentrale Momenten hat das zweite Moment, die Varianz.

Definition 7.10 *Das* **zweite zentrale Moment** *der Zufallsvariablen X ist definiert zu*

$$E\{(X - \mu)^2\} = \begin{cases} \sum_x (x - \mu)^2 f(x) & \textit{wenn } X \textit{ diskret,} \\ \int_{-\infty}^{+\infty} (x - \mu)^2 f(x)\, dx & \textit{wenn } X \textit{ stetig.} \end{cases}$$

Das zweite zentrale Moment von X heißt **Varianz**

$$\mathrm{Var}\{X\} = \sigma^2 = \mathrm{E}\{(X-\mu)^2\};$$

$\sigma = \sqrt{\sigma^2}$ heißt **Standardabweichung** von X.

Der folgende Satz stellt einige wichtige Eigenschaften und Rechenregeln für Erwartungswert und Varianz zusammen.

Satz 7.4 Eigenschaften von Erwartungswert und Varianz *einer Zufallsvariablen X:*

(a) für ein beliebiges reelles c gilt $\mathrm{E}\{c\} = c$, $\mathrm{Var}\{c\} = 0$;

(b) $\mathrm{E}\{aX+b\} = a \cdot \mathrm{E}\{X\} + b$;

(c) $\mathrm{Var}\{aX+b\} = a^2 \cdot \mathrm{Var}\{X\}$;

(d) **Verschiebungssatz:**

$$\mathrm{E}\{(X-\mu)^2\} = \mathrm{E}\{X^2\} - \mu^2.$$

Die Eigenschaften (a)–(c) ergeben sich unmittelbar aus der Definition der entsprechenden Momente. Der Verschiebungssatz ergibt sich, wenn man in der Definition der Varianz der Ausdruck $(X-\mu)^2$ ausquadriert und die Eigenschaften (a)–(b) für den Erwartungswert anwendet. Der Verschiebungssatz vereinfacht wesentlich das praktische Berechnen der Varianz.

Beispiel 7.18 Die Varianzen der in Beispiel 7.17 definierten Zufallsvariablen X: *Rest bei Division der erzielten Augenzahl durch 3* aus Beispiel 7.2 und Y: *Verspätung des Zuges* aus Beispiel 7.4 ergeben sich wie folgt:

(a) $\sigma_X^2 = \sum_{i=0}^{2} i^2 \cdot \frac{1}{3} - 1 = \frac{2}{3}$;

(b) $\sigma_Y^2 = \int_0^{24} \frac{x^2}{24}\, dx - 12^2 = \frac{x^3}{3 \cdot 24}\Big|_0^2 4 - 12^2 = 48.$

Vergleiche dazu auch Beispiel 7.23.

Am Rande soll erwähnt werden, daß man den Erwartungswert physikalisch als Schwerpunkt der durch die Wahrscheinlichkeitsverteilung beschriebene Massenverteilung interpretieren kann. Die Varianz ist in diesem Sinn das zugehörige Trägheitsmoment dieser Masseverteilung. Der Erwartungswert einer diskreten Verteilung kann als mit den Wahrscheinlichkeiten gewogener Mittelwert aufgefaßt werden.

7.5.1 Standardisieren einer Zufallsvariablen

Eine Zufallsvariable Z mit der Eigenschaft $\mathrm{E}\{Z\} = 0$ und $\mathrm{Var}\{Z\} = 1$ nennt man eine standardisierte Zufallsvariable. Mit der folgenden Transformation kann jede beliebige Zufallsvariable standardisiert werden.

Satz 7.5 Standardisieren einer Zufallsvariablen: *Hat die Zufallsvariable X die Momente $\mathrm{E}\{X\} = \mu$ und $\mathrm{Var}\{X\} = \sigma^2$, so erhält man mit der Transformation*

$$Z = \frac{X - \mu}{\sigma}$$

die standardisierte Zufallsvariable Z mit den Momenten $\mathrm{E}\{Z\} = 0$ und $\mathrm{Var}\{Z\} = 1$.

7.5.2 Tschebyscheff'sche Ungleichung

Eine in Theorie und Anwendung wichtige Beziehung, die Tschebyscheff'sche Ungleichung, gibt einen Hinweis auf die wichtige Rolle, die die Standardabweichung für die Beurteilung einer Verteilung hat.

Satz 7.6 Tschebyscheff'sche Ungleichung: *Für eine beliebige Zufallsvariable X mit $\mathrm{E}\{X\} = \mu$ und $\mathrm{Var}\{X\} = \sigma^2$ gilt für jedes reelle $k > 0$*

$$P(|X - \mu| \geq k\sigma) \leq \frac{1}{k^2};$$

eine andere Schreibweise ergibt sich durch Substituieren von $\varepsilon = k\sigma$ für k:

$$P(|X - \mu| \geq \varepsilon) \leq \frac{\sigma^2}{\epsilon^2},$$

wobei $\varepsilon > 0$ eine reelle Zahl ist.

Was immer X für eine Verteilung hat, ist die Wahrscheinlichkeit mindestens $1 - \frac{1}{k^2}$, daß eine Realisation von X im Intervall $(\mu - k\sigma, \mu + k\sigma)$ liegt. Die Tabelle illustriert dieses fundamentale Gesetz für einige Werte von k.

k	$P(\vert X - \mu\vert \leq k\sigma)$	$P(\vert X - \mu\vert > k\sigma)$
1	0.00	1.00
2	0.75	0.25
3	0.89	0.11

Beispiel 7.19 Die Zufallsvariable X: *Verspätung des Zuges* aus Beispiel 7.4 hat die Momente $\mu = 12$ und $\sigma = \sqrt{48}$. Die Wahrscheinlichkeiten und die entsprechenden Tschebyscheff'schen Schranken ergeben sich für $k = 1$

$$\begin{aligned} P(|X - 12| \geq \sqrt{48}) &= 1 - P(12 - \sqrt{48} \leq X \leq 12 + \sqrt{48}) \\ &= 1 - \int_{5.07}^{18.93} \frac{1}{24} dx = 0.423 < 1.000 = \frac{1}{1^2}, \end{aligned}$$

für $k = 1.5$

$$P(|X - 12|) \geq 1.5 \cdot \sqrt{48}) = 0.134 < 0.444 = \frac{1}{1.5^2},$$

und für $k = \frac{12}{\sqrt{48}} = 1.73$

$$P(|X - 12| \geq 12) = 0 < 0.333 = \frac{1}{1.732^2}.$$

Das Beispiel 7.19 zeigt, daß die Tschebyscheffsche Ungleichung relativ vorsichtig abschätzt. Das ist plausibel, wenn man die universelle Gültigkeit der Ungleichung bedenkt. Die Tschebyscheffsche Ungleichung ist (zumindest) für alle Verteilungen mit existierender Varianz erfüllt. Kennt man die tatsächliche Verteilung – wie in Beispiel 7.19 –, so kann man natürlich die entsprechende Wahrscheinlichkeit genau berechnen.

Vergleiche dazu auch Beispiel 7.23.

7.5.3 Momente mehrdimensionaler Verteilungen

Die Momente mehrdimensionaler Verteilungen sind analog denen eindimensionaler definiert. Sei $X = (X_1, \ldots, X_n)$ eine n-dimensionale Zufallsvariable mit Wahrscheinlichkeits- oder Dichtefunktion $f(x_1, \ldots, x_n)$, so ist der Erwartungswert einer Funktion $g(X_1, \ldots, X_n)$

$$\begin{aligned} &\mathrm{E}\{g(X_1, \ldots, X_n)\} \\ &= \begin{cases} \sum_{x_1} \cdots \sum_{x_n} g(x_1, \ldots, x_n) f(x_1, \ldots, x_n) \\ \int_{-\infty}^{+\infty} \cdots \int_{-\infty}^{+\infty} g(x_1, \ldots, x_n) f(x_1, \ldots, x_n) dx_1 \ldots dx_n \end{cases} \end{aligned}$$

für diskrete bzw. stetige X. Der folgende Satz ergibt sich, wenn wir in dieser Definition für die Funktion $g(x_1, \ldots, x_n)$ die Linearkombination $\sum_{i=1}^n a_i X_i$ oder das Produkt $\prod_i X_i$ setzen.

Satz 7.7 Eigenschaften von Erwartungswert und Varianz *einer Menge von Zufallsvariablen X_i, $i = 1, \ldots, n$:*

(a) Sowohl für unabhängige als auch für abhängige Zufallsvariable X_i und beliebige $a_i \epsilon R$ gilt

$$\mathrm{E}\left\{\sum_{i=1}^n a_i X_i\right\} = \sum_{i=1}^n a_i \, \mathrm{E}\{X_i\};$$

(b) *für unabhängige Zufallsvariable X_i gilt*

$$\mathrm{E}\{\Pi_{i=1}^n X_i\} = \Pi_{i=1}^n \mathrm{E}\{X_i\};$$

(c) *für unabhängige Zufallsvariable X_i und beliebige $a_i \epsilon R$ gilt*

$$\mathrm{Var}\left\{\sum_{i=1}^n a_i X_i\right\} = \sum_{i=1}^n a_i^2 \,\mathrm{Var}\{X_i\}.$$

Als Spezialfälle ergeben sich die folgenden, für Anwendungen wichtige Regeln: Setzen wir $a_i = 1$, $i = 1, \ldots, n$, so ergibt sich

$$\mathrm{E}\left\{\sum_{i=1}^n X_i\right\} = \sum_{i=1}^n \mathrm{E}\{X_i\};$$

der Erwartungswert einer Summe von Zufallsvariablen ist gleich der Summe der einzelnen Erwartungswerte! Setzen wir $a_i = n^{-1}$, $i = 1, \ldots, n$, und ist $\mathrm{E}\{X_i\} = \mu$ und $\mathrm{Var}\{X_i\} = \sigma^2$ für alle i, so erhalten wir für $\sum_i a_i X_i$ den Mittelwert $\bar{X}$ der Stichprobe X_i, $i = 1, \ldots, n$, eine Zufallsvariable mit

$$\mathrm{E}\{\bar{X}\} = \mathrm{E}\left\{\sum_{i=1}^n \frac{1}{n} X_i\right\} = \mu.$$

Der Erwartungswert des Mittelwertes $\bar{X}$ von Zufallsvariablen X_i mit gleichem $\mathrm{E}\{X_i\} = \mu$ ist μ! Sind die Zufallsvariablen X_i auch unabhängig, so gelten weiters

$$\begin{aligned} \mathrm{Var}\left\{\sum_{i=1}^n X_i\right\} &= \sum_{i=1}^n \mathrm{Var}\{X_i\}, \\ \mathrm{Var}\{\bar{X}\} &= \frac{1}{n}\sigma^2. \end{aligned}$$

Die Varianz einer Summe von unabhängigen Zufallsvariablen ist gleich der Summe der einzelnen Varianzen. Die Varianz des Mittelwertes $\bar{X}$ von unabhängigen Zufallsvariablen mit gleichem σ^2 ist der n-te Teil von σ^2!

7.5.4 Kovarianz und Korrelationkoeffizient

Die Kovarianz und der Korrelationkoeffizient sind Maße für die lineare Abhängigkeit zwischen zwei Zufallsvariablen.

Definition 7.11 *Die* **Kovarianz** σ_{XY} *zwischen den Zufallsvariablen X und Y ist definiert zu*

$$\sigma_{XY} = \mathrm{Cov}\{X, Y\} = \mathrm{E}\{(X - \mu_X)(Y - \mu_Y)\},$$

wobei $\mu_X = \mathrm{E}\{X\}$, $\mu_Y = \mathrm{E}\{Y\}$.

Zur praktischen Berechnung der Kovarianz kann man von der Beziehung

$$\text{Cov}\{X,Y\} = \text{E}\{X \cdot Y\} - \mu_X \cdot \mu_Y$$

Gebrauch machen, wobei

$$\text{E}\{X \cdot Y\} = \begin{cases} \sum_x \sum_y xyf(x,y) & \text{wenn } X,Y \text{ diskret,} \\ \int_{-\infty}^{+\infty} \int_{-\infty}^{+\infty} xyf(x,y)\,dx dy & \text{wenn } X,Y \text{ stetig.} \end{cases}$$

Natürlich ist $\text{Cov}\{X,X\} = \text{Var}\{X\}$.

Definition 7.12 *Der* **Korrelationskoeffizient** ρ_{XY} *der Zufallsvariablen* X *und* Y *ist definiert zu*

$$\rho_{XY} = \frac{\sigma_{XY}}{\sqrt{\sigma_X^2}\sqrt{\sigma_Y^2}}.$$

Die Kovarianz (und damit der Korrelationskoeffizient) von zwei voneinander **unabhängigen** Zufallsvariablen ist Null; dies ergibt sich unmittelbar aus der Beziehung

$$\text{Cov}\{X,Y\} = \text{E}\{XY\} - \mu_X\mu_Y = \mu_X\mu_Y - \mu_X\mu_Y = 0\,.$$

Die Umkehrung dieser Aussage ist nicht notwendigerweise richtig. Besteht zwischen den Zufallsvariablen X und Y ein linearer Zusammenhang der Form, daß $P\{Y = a \pm bX\} = 1$, so nimmt der Korrelationskoeffizient den Wert 1 oder -1 an. Der Korrelationskoeffizient (und die Kovarianz) ist ein Maß für die Stärke des **linearen** Zusammenhanges zwischen Zufallsvariablen (vergleiche dazu auch das Kapitel 13 "Assoziationsmaße "). Diese Eigenschaften sind im folgenden Satz zusammengefaßt.

Satz 7.8 Eigenschaften der Kovarianz σ_{XY} **und des Korrelationskoeffizienten** ρ_{XY} *zwischen den Zufallsvariablen* X *und* Y*:*

(a) $\text{Cov}\{X,Y\} = 0$, *wenn* X *und* Y *unabhängig sind;*

(b) $-1 \leq \rho_{XY} \leq 1$;

(c) $\rho = \pm 1$, *falls* $P\{Y = a \pm bX\} = 1$.

Die Bedingung in *Satz* 7.8(c) bedeutet, daß die Realisation von Y mit der von X durch die Geradenbeziehung $a + bX$ bzw. $a - bX$ zusammenhängt.

Die Varianz einer Summe von n unabhängigen Zufallsvariablen ist die Summe der Varianzen der einzelnen Zufallsvariablen. Im allgemeinen Fall, wenn die Zufallsvariablen nicht notwendigerweise unabhängig sind, hängt die Varianz der Summe auch von den Kovarianzen zwischen den Zufallsvariablen ab.

Satz 7.9 *Die* **Varianz einer Linearkombination** $\sum_i a_i X_i$ *von Zufallsvariablen* X_i, $i = 1, \ldots, n$, *mit beliebigen* $a_i \epsilon R$ *ist*

$$\mathrm{Var}\left\{\sum_{i=1}^{n} a_i X_i\right\} = \sum_{i=1}^{n} a_i^2 \,\mathrm{Var}\{X_i\} + \sum_{i \neq j}\sum a_i a_j \,\mathrm{Cov}\{X_i, X_j\}\,.$$

Beispiel 7.20 Für X_1, X_2 und X_3 gelte: $\mathrm{E}\{X_i\} = 0$, $\mathrm{Var}\{X_i\} = 1$, und $\mathrm{Cov}\{X_i, X_j\} = 0.5$ für alle i, j.

(a) $\mathrm{E}\{X_1 + X_2 + X_3\} = 0$;

(b) $\mathrm{Var}\{X_1 + X_2 + X_3\} = 3 + 6 \cdot 0.5 = 6$.

Beachte! Sind die Zufallsvariablen X_i unabhängig, so gilt $\mathrm{Cov}\{X_i, X_j\} = 0$ für alle i, j, und die Aussage von *Satz 7.9* ist identisch mit der von *Satz 7.8(c)*.

7.5.5 Zufallsvektoren

Oft wird bei der Analyse von mehrdimensionalen Verteilungen die Matrixnotation benützt. Der n-komponentige Zufallsvektor

$$X = \begin{pmatrix} X_1 \\ \vdots \\ X_n \end{pmatrix}$$

hat als Komponenten die Zufallsvariablen X_i, $i = 1, \ldots, n$. Seine Wahrscheinlichkeitsverteilung hat als Momente einen Erwartungswertvektor μ und eine Kovarianzmatrix Σ der folgenden Form

$$\mu = \begin{pmatrix} \mu_1 \\ \mu_2 \\ \vdots \\ \mu_n \end{pmatrix}, \quad \Sigma = \begin{pmatrix} \sigma_1^2 & \sigma_{12} & \ldots & \sigma_{1n} \\ \sigma_{21} & \sigma_2^2 & \ldots & \sigma_{2n} \\ \vdots & \vdots & \vdots & \vdots \\ \sigma_{n1} & \sigma_{n2} & \ldots & \sigma_n^2 \end{pmatrix}$$

mit $\mu_i = \mathrm{E}\{X_i\}$, $\sigma_{ij} = \mathrm{Cov}\{X_i, X_j\}$ und $\sigma_i^2 = \mathrm{Var}\{X_i\}$.

Beispiel 7.21 Im Beispiel 7.10 haben wir auf dem Zufallsexperiment "Wurf zweier Würfel" die beiden Zufallsvariablen X: *Summe der Augenzahlen* und Y: *Absolutbetrag der Differenz der Augenzahlen* definiert. Aus den Randverteilungen der beiden Zufallsvariablen erhalten wir die Erwartungswerte $\mathrm{E}\{X\} = \frac{252}{36} = 7$ und $\mathrm{E}\{Y\} = \frac{70}{36} = 1.944$; die zweiten Momente sind $\mathrm{E}\{X^2\} = \frac{1974}{36} = 54.833$ und $\mathrm{E}\{Y^2\} = \frac{210}{36} = 5.833$, sodaß sich die

Varianzen zu $\text{Var}\{X\} = 5.8333$ und $\text{Var}\{Y\} = 2.05$ ergeben; die Kovarianz $\text{Cov}\{X,Y\}$ ergibt sich wegen $\text{E}\{XY\} = \frac{2}{36}(3{\cdot}1+4{\cdot}2+\ldots+11{\cdot}1) = \frac{490}{36}$ zu

$$\text{Cov}\{X,Y\} = \text{E}\{XY\} - \text{E}\{X\}\,\text{E}\{Y\} = \frac{490}{36} - \frac{252}{36}\cdot\frac{70}{36} = 0\,;$$

die beiden Zufallsvariable sind unkorreliert, jedoch offensichtlich nicht unabhängig, da z.B. $P\{X = 4, Y = 1\} = 11/36 \neq P\{X = 4\}\ P\{Y = 1\} = (3/36)^2$! In Matrixnotation fassen wir X und Y im Vektor V zusammen und schreiben

$$V = \begin{pmatrix} X \\ Y \end{pmatrix}, \quad \text{E}\{V\} = \mu = \begin{pmatrix} 7 \\ 1.944 \end{pmatrix}, \quad \text{Cov}\{V\} = \begin{pmatrix} 5.833 & 0 \\ 0 & 2.05 \end{pmatrix}.$$

7.6 Das Schwache Gesetz der Großen Zahlen

Die Fragestellung soll an folgendem Beispiel illustriert werden.

Beispiel 7.22 Eine ideale Münze mit den Seiten "Kopf" und "Adler" wird wiederholt geworfen. Auf diesem Zufallsexperiment definieren wir Zufallsvariable X_i, $i = 1, 2, \ldots$, die das Ergebnis des i-ten Wurfes anzeigen:

$$X_i = \begin{cases} 0, & \text{wenn Kopf} \\ 1, & \text{wenn Adler} \end{cases}$$

erzielt wird, wobei $P\{X_i = 0\} = P\{X_i = 1\} = 0.5$. Die ersten beiden Momente von X_i sind $\text{E}\{X_i\} = 0 \cdot P\{X_i = 0\} + 1 \cdot P\{X_i = 1\} = 0.5$ und $\text{Var}\{X_i\} = 0.25$. Die Zufallsvariable

$$Z_n = \frac{1}{n}\sum_{i=1}^{n} X_i$$

gibt die relative Häufigkeit an, mit der in n unabhängigen Versuchen Adler erzielt wird. Für den Erwartungswert und die Varianz der Zufallsvariablen Z_n ergeben sich

$$\text{E}\{Z_n\} = \frac{1}{n}\left[\text{E}\{X_1\} + \ldots + \text{E}\{X_n\}\right] = 0.5$$

und wegen der Unabhängigkeit der X_i (vergleiche *Satz* 7.7)

$$\begin{aligned} \text{Var}\{Z_n\} &= \frac{1}{n^2}[\text{Var}\{X_1\} + \ldots + \text{Var}\{X_n\}] \\ &= \frac{1}{n^2}\cdot n \cdot 0.25 = \frac{0.25}{n}. \end{aligned}$$

Die Anwendung der Tschebyscheff'schen Ungleichung ergibt für ein beliebiges, reelles $\varepsilon > 0$

$$P\{|Z_n - 0.5| \geq \varepsilon\} \leq \frac{\mathrm{Var}\{Z_n\}}{\varepsilon^2} = \frac{0.25}{n\varepsilon^2} \to 0 \quad \text{wenn} \quad n \to \infty .$$

Das bedeutet, daß die Wahrscheinlichkeit von beliebig kleinen Abweichungen ε zwischen der Wahrscheinlichkeit, "Adler" zu werfen, und der relativen Häufigkeit, mit der "Adler" erzielt wurde, mit zunehmendem n gegen Null geht; vergleiche den Statistischen Wahrscheinlichkeitsbegriff in Abschnitt 6.2 und *Abbildung 6.1.*

Man sagt auch, die Folge der Zufallsvariablen $Z_1, Z_2, \ldots$ erfüllt das Schwache Gesetz der Großen Zahlen. Um dieses Gesetz beschreiben zu können, führen wir einen stochastischen Konvergenzbegriff ein, mit dem wir das Verhalten einer Folge von Zufallsvariablen charakterisieren können.

Definition 7.13 *Eine Folge von Zufallsvariablen* $X_1, X_2, \ldots$ **konvergiert in Wahrscheinlichkeit** *gegen eine Konstante* c*, wenn für jedes reelle* $\varepsilon > 0$ *gilt:*

$$\lim_{n\to\infty} P\{|X_n - c| > \varepsilon\} = 0 .$$

Dafür schreibt man auch

$$\operatorname*{plim}_{n\to\infty} X_n = c .$$

Das Beispiel 7.22 zeigt eine Anwendung dieses Konzeptes der Konvergenz: Die Folge von Zufallsvariablen Z_i: *relative Häufigkeit von "Adler"* konvergiert in Wahrscheinlichkeit gegen die Konstante 0.5. Eine etwas allgemeinere Situation liegt der folgenden Formulierung des Schwachen Gesetzes der Großen Zahlen zugrunde.

Satz 7.10 Schwaches Gesetz der Großen Zahlen: X_1, X_2, ... *seien unabhängig und identisch verteilte Zufallsvariable mit Erwartungswert* μ *und Varianz* σ^2*. Dann konvergiert die Folge* $\bar{X}_n = \frac{1}{n}\sum_{i=1}^{n} X_i$, $n = 1, 2, \ldots$, *für wachsendes* n *in Wahrscheinlichkeiten gegen den Erwartungswert* μ.

Die Richtigkeit des Satzes kann man mit Hilfe der Tschebyscheff'schen Ungleichung zeigen. Die Zufallsvariablen X_i, $i = 1, 2, \ldots$, stehen für die unabhängigen Realisationen der Zufallsvariablen X, die alle die gleichen Momente $\mathrm{E}\{X_i\} = \mu$ und $\mathrm{Var}\{X_i\} = \sigma^2$ haben. Die Zufallsvariable $Z_n = \bar{X}_n = \frac{1}{n}\sum_{i=1}^{n} X_i$ ist der Stichprobenmittelwert der Realisationen X_i, $i = 1, \ldots, n$, und hat die Momente $\mathrm{E}\{\bar{X}_n\} = \mu$ und $\mathrm{Var}\{\bar{X}_n\} = \frac{\sigma^2}{n}$ (vergleiche *Satz 7.7*). Somit sind die Voraussetzungen des *Satzes 7.8* erfüllt. Aus der Tschebyscheff'schen Ungleichung folgt die Konvergenz in Wahrscheinlichkeit. Für ein beliebiges, reelles $\varepsilon > 0$ gilt

$$P(|\bar{X}_n - \mu| \geq \varepsilon) \leq \frac{\mathrm{Var}\{\bar{X}_n\}}{\varepsilon^2} = \frac{\sigma^2}{n\varepsilon^2}.$$

Für $n \to \infty$ geht die Wahrscheinlichkeit des Ereignisses $P(|\bar{X}_n - \mu| \geq \varepsilon)$ gegen Null und die Zufallsvariable $\bar{X}_n$ konvergiert in Wahrscheinlichkeit gegen μ: $\mathrm{plim}_{n\to\infty} X_n = \mu$.

7.A Ergänzende Beispiele

Beispiel 7.23 In einem Behälter befinden sich Kugeln mit den Nummern 3, 17, 25, 30, 41; eine Kugel wird gezogen. Die Wahrscheinlichkeitsverteilung sowie Erwartungswert und Varianz sind anzugeben für die auf diesem Zufallsexperiment definierten Zufallsvariablen (a) X: *Ziffernsumme der gezogenen Kugel*, (b) Y = *Ziffernsumme der gezogenen Kugel unter der Bedingung, daß sie kleiner als 8 ist* und (c) Z mit $Z = 1$, wenn eine Primzahl gezogen wurde, $Z = 0$ sonst; (d) wie viele unabhängige Wiederholungen sind nötig, damit die Wahrscheinlichkeit kleiner als 0.05 ist, daß die relative Häufigkeit, mit der Kugeln mit Primzahlen gezogen werden, von 0.6 um 0.1 oder mehr abweicht?

(a) Für die Zufallsvariable X: *Ziffernsumme der gezogenen Kugel* erhalten wir

e_i	3,30	41	25	17
x	3	5	7	8
$f(x)$	2/5	1/5	1/5	1/5
$F(x)$	2/5	3/5	4/5	1

$\mathrm{E}\{X\} = 5.2$, $\mathrm{Var}\{X\} = 4.16$, $\sigma_X = 2.04$.

(b) Die bedingte Ziffernsumme unter der Bedingung, daß sie kleiner als 8 ist, können wir mit X schreiben als $Y = X|X < 8$; es ergibt sich

e_i	3,30	41	25	17
y	3	5	7	8
$f(y)$	2/4	1/4	1/4	0
$F(y)$	2/4	3/4	1	1

$\mathrm{E}\{Y\} = 4.5$, $\mathrm{Var}\{Y\} = 2.75$, $\sigma_Y = 1.66$.

(c) Für Z ergibt sich

e_i	25,30	3,17,41
z	0	1
$f(z)$	2/5	3/5
$F(z)$	2/5	1

$\mathrm{E}\{Z\} = 0.6$, $\mathrm{Var}\{Z\} = 0.24$, $\sigma_Z = 0.49$.

(d) Die relative Häufigkeit, mit der Kugeln mit Primzahlen gezogen werden, kann als Zufallsvariable $U_n = \frac{1}{n}\sum_{i=1}^{n} Z_i$ geschrieben werden. Aus der Tschebyscheff'schen Ungleichung $P(|X-\mu| \geq \varepsilon) \leq \frac{\sigma^2}{\varepsilon^2}$ folgt mit $\mathrm{E}\{U_n\} = 0.6$ für jedes n, $\mathrm{Var}\{U_n\} = \frac{p(1-p)}{n} = \frac{0.24}{n}$ und der Aussage $P\{|U - 0.6| \geq 0.1\} < 0.05$, daß

$$\frac{p(1-p)}{n\varepsilon^2} < 0.05$$

oder

$$n > \frac{p(1-p)}{0.05\varepsilon^2} = \frac{0.6 \cdot 0.4}{0.05 \cdot 0.01} = 480\,.$$

Beispiel 7.24 Die Dichtefunktion der Zufallsvariablen X hat folgende Form:

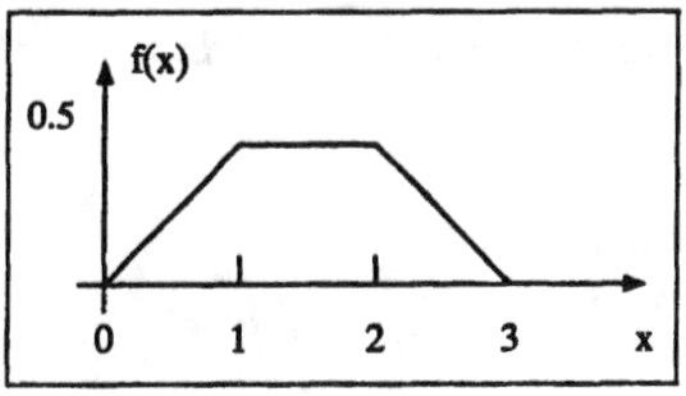

Es sind zu bestimmen (a) Dichtefunktion und (b) Verteilungsfunktion von X, und (c) $P\{X \leq 1.5\}$.

(a) Aus geometrischen Überlegungen ergibt sich die Dichtefunktion von X zu

$$f(x) = \begin{cases} 0.5x & 0 \leq x < 1 \\ 0.5 & 1 \leq x < 2 \\ 1.5 - 0.5x & 2 \leq x < 3 \\ 0 & \text{sonst;} \end{cases}$$

sie erfüllt die Voraussetzung $f(x) \geq 0$; die Fläche unter der Kurve ist 1:

$$\int_0^3 f(x)dx = 0.5\int_0^1 x dx + 0.5\int_1^2 dx + \int_2^3 (1.5 - 0.5x)dx = 1\,;$$

(b) für die Verteilungsfunktion erhalten wir

$$F(x) = \begin{cases} 0 & x < 0 \\ 0.25x^2 & 0 \leq x < 1 \\ -0.25 + 0.5x & 1 \leq x < 2 \\ -1.25 + 1.5x - 0.25x^2 & 2 \leq x < 3 \\ 1 & x \geq 3 \end{cases}$$

beispielsweise gilt für $1 \leq x < 2$:

$$\begin{aligned} P\{X \leq x\} &= P\{X < 0\} + P\{0 \leq X < 1\} + P\{1 \leq X \leq x\} \\ &= 0 + \int_0^1 0.5u\,du + \int_1^x 0.5\,du = -0.25 + 0.5\,x\,; \end{aligned}$$

(c) mit Hilfe der Verteilungsfunktion ergibt sich

$$P\{X \leq 1.5\} = F(1.5) = -0.25 + 0.5 \cdot 1.5 = 0.5\,.$$

Beispiel 7.25 Die Zufallsvariable X heißt **exponentialverteilt** mit dem Prameter 3, wenn ihre Dichte gegeben ist durch

$$f(x) = \begin{cases} k \cdot e^{-3x} & c \geq 0, \\ 0 & \text{sonst.} \end{cases}$$

Es sind zu bestimmen (a) k so, daß $f(x)$ eine Dichte ist, (b) die Verteilungsfunktion von X, (c) $P\{1 < X \leq 5\}$, (d) $P\{0 < X \leq 0.5\}$, (e) der Erwartungswert $\mathrm{E}\{X\}$ und der Median $x_{0.5}$, und (f) die Verteilung von $\sqrt{X}$.

(a) Damit $f(x)$ eine Dichte ist, muß k so gewählt werden, daß die Fläche unter der Kurve $f(x)$ den Wert 1 hat; aus

$$\int_{-\infty}^{\infty} f(x)\,dx = 1 = k\int_0^{\infty} e^{-3x}dx = -\frac{k}{3}e^{-3x}\,\Big|_0^{\infty} = 0 + \frac{k}{3} = 1$$

ergibt sich $k = 3$;

(b) die Verteilungsfunktion ist

$$\begin{aligned} F(x) &= \int_{-\infty}^{x} f(u)du = 3\int_0^{x} e^{-3u}du \\ &= \frac{3}{-3}e^{-3u}\,\Big|_0^{x} = 1 - e^{-3x}\,; \end{aligned}$$

für $x > 0$, und Null sonst;

(c) $P\{1 < X \leq 5\} = F(5) - F(1) = e^{-3} - e^{-15} = 0.050$;

(d) $P\{0 < X \leq 0.5\} = F(0.5) - F(0) = 0.777$;

(e) zur Bestimmung des Erwartungswertes $\mathrm{E}\{X\}$ wenden wir die partielle Integration an:

$$\begin{aligned} \mathrm{E}\{X\} &= 3\int_0^{\infty} xe^{-3x}dx = \frac{3}{-3}\cdot xe^{-3x}|_0^{\infty} - \frac{3}{-3}\int_0^{\infty} e^{-3x}dx = \\ &= -\frac{1}{3}e^{-3x}|_0^{\infty} = \frac{1}{3}\,; \end{aligned}$$

beachte, daß $\lim_{x\to\infty} xe^{-3x} = 0$:

$$\lim_{x\to\infty} xe^{-3x} = \lim_{x\to\infty}\frac{x}{e^{3x}} = \lim_{x\to\infty}\frac{1}{3e^{3x}} = 0$$

wegen der Regel von l'Hospital; die Beziehung

$$3\int_0^{x} e^{-3u}du = 1 - e^{-3x} = 0.5$$

liefert $x_{0.5} = -\frac{1}{3}\ln 0.5$;

(f) die Verteilung der Zufallsvariablen $Y = \sqrt{X}$, wobei X exponentialverteilt ist, ergibt sich aus

$$F_Y(y) = P\{Y \leq y\} = P\{\sqrt{X} \leq y\} = P\{X \leq y^2\} = F_X(y^2)\,;$$

ersetzen wir in der Verteilungsfunktion F_X das Argument x durch y^2, so ergibt sich die Verteilungsfunktion der Zufallsvariablen Y zu

$$F_Y(y) = 1 - e^{-3y^2},$$

und daraus die Dichte durch Differentiation zu

$$f_Y(y) = 6ye^{-3y^2},$$

die beide für alle $y \geq 0$ definiert sind; die Verteilung von Y heißt **Rayleigh Verteilung.**

Beispiel 7.26 Für die Angaben von Beispiel 6.34 ist der Erwartungswert der Zahl der Perioden X zu bestimmen, nach denen ein Konsument zum ersten Mal von Marke A zu Marke B wechselt.

Die Wahrscheinlichkeitsfunktion von X ist

$$P\{X = k\} = 0.7^{k-1} \cdot 0.3, \quad k = 1, 2, \ldots;$$

die erwartete Zahl der Perioden ergibt sich zu

$$\mathrm{E}\{X\} = \sum_{k=1}^{\infty} k\, P\{X = k\} = 0.3 \sum_{k=1}^{\infty} k\, 0.7^{k-1} = \frac{0.3}{(1-0.7)^2} = 3.33;$$

zur Summation benützen wir

$$\sum_{i=1}^{\infty} i \cdot q^{i-1} = \frac{1}{(1-q)^2},$$

was sich durch Differenzieren von $\sum_{i=0}^{\infty} q^i = (1-q)^{-1}$ nach q ergibt.

Beispiel 7.27 Der Anteil X des Zusatzes zu einem Treibstoff ist zufällig und hat die Dichtefunktion $f(x) = kx(1-x)$ für $0 \leq x \leq 1$ und 0 sonst. Der Anteil X bestimmt den Preis Z, zu dem der Treistoff verkauft wird. Ist der Anteil kleiner als 1/3, so beträgt der Preis S 8.-, liegt der Anteil zwischen 1/3 und 2/3, so beträgt der Preis S 9.-, und für einen Anteil von mehr als 2/3 beträgt der Preis S 12.-. Zu bestimmen sind (a) die Wahrscheinlichkeitsfunktion $f(z)$ und (b) der Erwartungswert $\mathrm{E}\{Z\}$ des Preises.

(a) Wegen $P\{Z = 8\} = P\{X \leq 1/3\} = \int_0^{1/3} f(x)\, dx$ können wir $f_Z(8)$ aus der Verteilung von X ableiten. Dazu müssen wir aber erst den Wert von k bestimmen. Aus der Eigenschaft $\int_{\infty}^{\infty} f(x)\, dx = 1$, die für jede beliebige Dichtefunktion erfüllt sein muß, f erhalten wir

$$\begin{aligned} \int_{\infty}^{\infty} f(x)\, dx &= k \int_0^1 x(1-x)\, dx \\ &= k \left(\frac{x^2}{2} \bigg|_0^1 - \frac{x^3}{3} \bigg|_0^1 \right) = k \left(\frac{1}{2} - \frac{1}{3} \right) = \frac{k}{6} = 1 \end{aligned}$$

sodaß $k = 6$; die Dichtefunktion von X lautet

$$f(x) = \begin{cases} 6x(1-x) & 0 \le x \le 1, \\ 0 & \text{sonst}. \end{cases}$$

Diese Verteilung ist ein Spezialfall der **Betaverteilung**

$$f(x) = \begin{cases} kx^{\alpha-1}(1-x)^{\beta-1} & 0 \le x \le 1, \\ 0 & \text{sonst}, \end{cases}$$

die für positive, reelle α und β definiert ist. Damit ergibt sich $f_Z(8) = P\{X \le 1/3\} = 6\int_0^{1/3} x(1-x)\,dx = 0.259$ und analog $f_Z(9)$ und $f_Z(12)$:

z	$f_Z(z)$
8	0.259
9	0.482
12	0.259

(b) Da X eine Zufallsvariable ist, ist auch Z zufällig. Der Erwartungswert $\mathrm{E}\{Z\}$ ergibt sich aus

$$\begin{aligned} \mathrm{E}\{Z\} &= \sum_{z=8,9,12} zP\{Z=z\} \\ &= 8P\{X \le 1/3\} + 9P\{1/3 < X \le 2/3\} + 12P\{2/3 < X \le 1\}. \end{aligned}$$

Setzen wir die in (a) erhaltenen Wahrscheinlichkeiten $f_P(z)$ ein, so erhalten wir

$$\mathrm{E}\{Z\} = 8 \cdot 0.259 + 9 \cdot 0.482 + 12 \cdot 0.259 = 9.52.$$

Beispiel 7.28 Die Zufallsvariablen (X, Y) haben die gemeinsame Wahrscheinlichkeitsfunktion

$$P\{X = x, Y = y\} = \begin{cases} \frac{1}{72}3x + 2y & x = 1,2,3,\ y = 0,1,2, \\ 0 & \text{sonst.} \end{cases}$$

Die gemeinsame Verteilung kann man als eine 3×3-Tafel schreiben, deren Eintragungen die entsprechenden Wahrscheinlichkeiten sind:

Y / X	0	1	2	$P\{X = x\}$
1	$\frac{3}{72}$	$\frac{5}{72}$	$\frac{7}{72}$	$\frac{15}{72}$
2	$\frac{6}{72}$	$\frac{8}{72}$	$\frac{10}{72}$	$\frac{24}{72}$
3	$\frac{9}{72}$	$\frac{11}{72}$	$\frac{13}{72}$	$\frac{33}{72}$
$P\{Y = y\}$	$\frac{18}{72}$	$\frac{24}{72}$	$\frac{30}{72}$	1

Es sind zu bestimmen (a) die Wahrscheinlichkeiten $P\{X \le 2, Y \le 1\}$, $P\{X > Y\}$ und $P\{X \le 2 | Y = 1\}$, (b) die Momente $\mathrm{E}\{X\}, \mathrm{E}\{Y\}, \mathrm{Cov}\{X, Y\}$ und der Korrelationskoeffizient ρ_{XY}, und (c) der Erwartungswert $\mathrm{E}\{X|Y = 2\}$.

(a) Aus der Tabelle der gemeinsamen Verteilung kann abgelesen werden

$$P\{X \leq 2, Y \leq 1\} = \frac{22}{72} = 0.306,$$

$$P\{X > Y\} = \frac{50}{72} = 0.694,$$

$$P\{X \leq 2 | Y = 1\} = \frac{P\{X \leq 2, Y = 1\}}{P\{Y = 1\}} = \frac{13}{24} = 0.542;$$

(b) die letzte Spalte bzw. die letzte Zeile der Tafel enthält die Randverteilung der Zufallsvariablen X bzw. Y; die Randverteilung von X ist

x	1	2	3
$P\{X = x\}$	$\frac{15}{72}$	$\frac{24}{72}$	$\frac{33}{72}$

die Randverteilung von Y ist

y	0	1	2
$P\{Y = y\}$	$\frac{18}{72}$	$\frac{24}{72}$	$\frac{30}{72}$

die Erwartungswerte sind $\mathrm{E}\{X\} = 2.25$ und $\mathrm{E}\{Y\} = 1.167$ und die Varianzen ergeben sich zu $\mathrm{Var}\{X\} = 0.6042$ und $\mathrm{Var}\{Y\} = 0.6381$; mit

$$\mathrm{E}\{XY\} = \frac{1}{72}(1 \cdot 1 \cdot 5 + 1 \cdot 2 \cdot 7 + \ldots + 3 \cdot 2 \cdot 13) = 2.583$$

erhalten wir $\mathrm{Cov}\{X, Y\} = -0.043$; der Korrelationskoeffizient ergibt sich zu $\rho_{XY} = -0.069$; die beiden Zufallsvariable sind schwach negativ korreliert;

(c) die bedingte Verteilung von X, gegeben, daß Y den Wert 2 angenommen hat, ergibt sich nach

$$P\{X = x | Y = 2\} = \frac{P\{X = x, Y = 2\}}{P\{Y = 2\}}$$

zu

x	1	2	3
$P\{X = x \vert Y = 2\}$	$\frac{7}{30}$	$\frac{10}{30}$	$\frac{13}{30}$

der Erwartungswert dieser Verteilung ist

$$\mathrm{E}\{X | Y = 2\} = \frac{1}{30}(1 \cdot 7 + 2 \cdot 10 + 3 \cdot 13) = 2.2 .$$

Beachte! Der **bedingte Erwartungswert**, $\mathrm{E}\{X|Y\}$ ist im Gegensatz zum unbedingten Erwartungswert eine Zufallsvariable und bestimmt durch die Realisation der bedingenden Variablen Y. Wird die Realisation spezifiziert, so ist der Erwartungswert eine fixe Zahl.

Beispiel 7.29 Die Zufallsvariablen (X, Y) haben die gemeinsame Dichte

$$f(x, y) = \begin{cases} \frac{2(2x+3y)}{5} & 0 < x < 1, 0 < y < 1, \\ 0 & \text{sonst} \end{cases}$$

Es sind zu bestimmen (a) die Wahrscheinlichkeit $P\{X \leq 0.5, Y \leq 0.5\}$, (b) die marginale Dichte von X, (c) die bedingte Dichte $f(x|y)$ und der Erwartungswert $\mathrm{E}\{X|Y = 0.5\}$, (d) die bedingte Dichte $f(y|x)$, und (e) der Korrelationskoeffizient ρ_{XY}.

(a) Aus der gemeinsamen Dichte können wir die gesuchte Wahrscheinlichkeit wie folgt berechnen:

$$\begin{aligned}
&P\{X \le 0.5, Y \le 0.5\} \\
&= \int_0^{1/2}\int_0^{1/2} \frac{2(2x+3y)}{5}\,dx dy = \\
&= \frac{2}{5}\left[\int_0^{1/2}\int_0^{1/2} 2x\,dx dy + \int_0^{1/2}\int_0^{1/2} 3y\,dx dy\right] = \\
&= \frac{2}{5}\left[\int_0^{1/2}\left(2\int_0^{1/2} x\,dx\right)dy + \int_0^{1/2}\left(3\int_0^{1/2} y\,dy\right)dx\right] = \\
&= \frac{2}{5}\left[\frac{1}{4}\int_0^{1/2} dy + \frac{3}{8}\int_0^{1/2} dx\right] = \frac{1}{5}.
\end{aligned}$$

Geometrisch interpretiert entspricht diese Wahrscheinlichkeit dem Volumen unter der Fläche $f(x,y)$ im Bereich $0 \le x \le 0.5, 0 \le y \le 0.5$.

(b) Die marginale Dichte von X ist

$$f_X(x) = \frac{2}{5}\int_0^1 f(x,y)\,dy = \frac{2}{5}\int_0^1 (2x+3y)\,dy = \frac{4x+3}{5};$$

die marginale Dichte von Y ist

$$f_Y(y) = \frac{2}{5}\int_0^1 f(x,y)\,dx = \frac{2}{5}\int_0^1 (2x+3y)\,dx = \frac{2(1+3y)}{5}.$$

(c) Die bedingte Dichte von X, gegeben Y, ist

$$f(x|y) = \frac{f(x,y)}{f_Y(y)} = \frac{2x+3y}{1+3y},\ 0 < x < 1,$$

sodaß

$$P\{X \le 0.5|Y = 0.5\} = \int_0^{0.5} \frac{2x + 3\cdot 0.5}{1+3\cdot 0.5}\,dx = \frac{2}{5}.$$

Der bedingte Erwartungswert ist

$$\mathrm{E}\{X|Y = 0.5\} = \int_0^1 x\frac{2x+3\cdot 0.5}{1+3\cdot 0.5}\,dx = \frac{17}{30}.$$

(d) Analog ergibt sich die bedingte Dichte von Y unter X zu

$$f(y|x) = \frac{2(2x+3y)}{4x+3},\ 0 < y < 1.$$

(e) Aus den marginalen Dichten für X und Y ergibt sich $\mu_X = 17/30$, $\mu_Y = 3/5$, $\sigma_X = 0.281$ und $\sigma_Y = 0.416$; die $\mathrm{Cov}\{X,Y\}$ ergibt sich mit

$$\begin{aligned}
\mathrm{E}\{XY\} &= \int_0^1\int_0^1 xyf(x,y)\,dx dy \\
&= \frac{2}{5}\left(2\int_0^1\int_0^1 x^2y\,dx dy + 3\int_0^1\int_0^1 xy^2\,dx dy\right) \\
&= \frac{2}{5}\left(2\int_0^1 y\left[\int_0^1 x^2\,dx\right]dy + 3\int_0^1 x\left[\int_0^1 y^2\,dy\right]dx\right) \\
&= \frac{2}{5}\left(\frac{2}{3}\int_0^1 ydy + \int_0^1 x\,dx\right) = \frac{1}{3}
\end{aligned}$$

zu

$$\text{Cov}\{X,Y\} = \text{E}\{XY\} - \text{E}\{X\}\,\text{E}\{Y\} = \frac{1}{3} - \frac{17}{30}\frac{3}{5} = -\,0.00667$$

Der Korrelationskoeffizient ρ_{XY} ist dann

$$\rho_{XY} = \frac{\text{Cov}\{X,Y\}}{\sigma_X\sigma_Y} = -\,\frac{0.00667}{0.281\cdot 0.416} = -\,0.56\,.$$

Beispiel 7.30 Eine Zufallsstichprobe vom Umfang 2 wird aus einer Verteilung mit der Dichte $f(x) = 1$, wenn $0 < x < 1$, und Null sonst gezogen. Zu bestimmen sind (a) $P\{X_1 > X_2\}$ und (b) $P\{\bar{X} > 0.9\}$.

(a) Die gemeinsame Verteilung der Stichprobe X_1, X_2 ist wegen der Unabhängigkeit

$$f(x_1,x_2) = f(x_1)f(x_2) = \begin{cases} 1 & 0 < x_1 < 1,\, 0 < x_2 < 1, \\ 0 & \text{sonst}\;. \end{cases}$$

Geometrisch handelt es sich um einen Würfel der Kantenlänge 1. Daher muß gelten, daß $P\{X_1 > X_2\} = 0.5$. Das ist auch das Resultat, wenn man das Integral löst

$$P\{X_1 > X_2\} = \int\int f(x_1,x_2)\,dx_1dx_2 = \int\int 1\,dx_1dx_2\,,$$

wobei der Integrationsbereich die Menge aller Punkte $\{(x_1,x_2)|x_1 > x_2\} = \{(x_1,x_2)|0 < x_1 < 1, 0 < x_2 < x_1\}$ ist; damit erhalten wir

$$P\{X_1 > X_2\} = \int_0^1 \left(\int_0^{x_1} dx_2\right) dx_1 = \int_0^1 x_1dx_1 = 0.5\,.$$

(b) Wir erhalten

$$\begin{aligned} P\{\bar{X} > 0.9\} &= P\{\tfrac{1}{2}(x_1 + x_2) > 0.9\} \\ &= P\{x_1 + x_2 > 1.8\} = \int\int 1\,dx_1dx_2\,, \end{aligned}$$

wobei der Integrationsbereich $\{(x_1,x_2)|x_1 + x_2 > 1.8\}$ die Menge der Punkte $\{(x_1,x_2)|0.8 < x_1 < 1, 1.8 - x_1 < x_2 < 1\}$ ist:

$$\begin{aligned} P\{\bar{X} > 0.9\} &= \int_{0.8}^1 \left(\int_{1.8-x_1}^1 1\,dx_2\right) dx_1 \\ &= \int_{0.8}^1 (x_1 - 0.8)\,dx_1 = 0.02\,. \end{aligned}$$

7.C Übungsaufgaben

7.1 Für die Zufallsvariable X: *Summe der Augenzahlen, die beim Wurf zweier Würfel erzielt wird* sind die Wahrscheinlichkeitsfunktion $f(x)$ und die Verteilungsfunktion $F(x)$ zu bestimmen. Damit sind die folgenden Wahrscheinlichkeiten sind anzugeben:

(a) $P\{X < 2\}$,
(b) $P\{1 \leq X \leq 5\}$,
(c) $P\{X > 5\}$,
(d) $P\{2.5 < X \leq 3\}$.

7.2 Wie Aufg. 1, wenn X das Produkt der Augenzahlen ist, die beim Wurf zweier Würfel erzielt werden.

7.3 Wie Aufg. 1, wenn X die kleinere der Augenzahlen ist, die beim Wurf zweier Würfel erzielt werden.

7.4 Drei Kugeln mit den Nummern '1', '2' und '3' werden zufällig angeordnet. X ist die Zahl der Kugeln, die an jenem Platz zu liegen kommen, der ihrer Nummer entspricht. Zu bestimmen sind
(a) $P\{X < 2\}$,
(b) $P\{1 \leq X \leq 5\}$,
(c) $P\{X > 5\}$,
(d) $P\{2.5 < X \leq 3\}$,
(e) $\mathrm{E}\{X\}$, und
(f) $\mathrm{Var}\{X\}$.

7.5 Aus einer Lieferung von 100 Werkstücken, von denen zehn defekt sind, werden zufällig fünf Werkstücke ausgewählt. Die Wahrscheinlichkeitsfunktion der Zufallsvariablen X: *Anzahl der defekten unter den gezogenen Werkstücken* ist zu bestimmen.

7.6 Die Wahrscheinlichkeitsfunktion der Zufallsvariablen X: *Ziffernsumme von zufällig erzeugten, 2-stelligen Zahlen* ist zu bestimmen.

7.7 Eine Sendung wird durch Prüfen zufällig ausgewählter Stücke so lange kontrolliert, bis ein Stück fehlerhaft ist. Die Wahrscheinlichkeit, daß ein Stück fehlerhaft ist, sei 0.2. Die Prüfungsergebnisse seien unabhängig. Für die Zufallsvariable X: *Zahl der geprüften Stücke* sind zu bestimmen
(a) die Wahrscheinlichkeitsfunktion,
(b) $\mathrm{E}\{X\}$,
(c) $\mathrm{Var}\{X\}$.

7.8 Die Zufallsvariable X hat die Dichtefunktion

$$f(x) = \begin{cases} a & -1 \leq x \leq 1.5 \\ 0 & \text{sonst} \end{cases}$$

Zu bestimmen sind
(a) der Wert der Konstanten a,
(b) die Verteilungsfunktion.

7.9 Wie Aufg. 8, jedoch $f(x) = ax$, $0 \leq x \leq 2$.

7.10 Wie Aufg. 8, jedoch $f(x) = ax$, $-1 \le x \le 0$.

7.11 Wie Aufg. 8, jedoch $f(x) = a \cdot e^{-x/4}$, $x \ge 0$.

7.12 Wie Aufg. 8, jedoch $f(x) = ax(1-x)$, $0 \le x \le 1$.

7.13 Für die Angabe von Aufg. 11 sind zu ermitteln
(a) $P\{0 < X \le 0.5\}$,
(b) $P\{0.4 < X \le 1\}$.

7.14 Für die Angaben von Aufg. 12 sind die Wahrscheinlichkeiten der Aufg. 13 zu bestimmen.

7.15 Die Lebensdauer X eines Produktes sei verteilt nach

$$f(x) = \begin{cases} \frac{3}{125}x^2 & 0 \le x \le 5 \\ 0 & \text{sonst} \end{cases}$$

Die Verteilungfunktion ist zu bestimmen und damit zu berechnen
(a) $P\{X \le 2.5\}$,
(b) $P\{2 < X \le 3\}$.

7.16 Von einer im Intervall $[-1, 1]$ symmetrisch dreiecksverteilten Zufallsvariablen sind zu bestimmen
(a) die Dichtefunktion,
(b) die Verteilungsfunktion.

7.17 Die Zufallsvariable X hat die Wahrscheinlichkeitsfunktion

x	-2	-1	0	2	3
$f(x)$	0.1	0.2	0.1	0.4	0.2

es sind zu bestimmen
(a) $\mathrm{E}\{X\}$,
(b) $\mathrm{Var}\{X\}$.

7.18 Für die Zufallsvariable $Y = 3X - 1$ sind die Aufgabenstellungen von Aufg. 17 zu lösen.

7.19 Die Zufallsvariable X hat die Dichtefunktion $f(x) = (1/4) \cdot e^{-x/4}$, $x \ge 0$. Es sind zu bestimmen
(a) $\mathrm{E}\{X\}$,
(b) $\mathrm{Var}\{X\}$.

7.20 Wie Aufg. 19, wenn die Zufallsvariable X die Dichtefunktion $f(x) = 6x(1-x)$, $0 \le x \le 1$, hat.

7.21 Die Zufallsvariable X hat die Dichtefunktion $f(x) = 3x^2$, $0 \le x \le 1$. Es ist zu bestimmen:

(a) $E\{X\}$,
(b) $E\{X^2\}$,
(c) $Var\{X\}$.

7.22 Die Zufallsvariable X hat die Dichtefunktion $f(x) = 0.75(1 - x^2)$, $-1 \leq x \leq 1$. Zu bestimmen sind

(a) $E\{X\}$,
(b) $E\{2.5X + 1\}$.

7.23 Die **Schiefe** $\gamma = E\{X - \mu\}^3/\sigma^3$ ist zu ermitteln für die Zufallsvariable X mit

(a) $f(x) = (1/4) \cdot e^{-x/4}$, $x \geq 0$,
(b) $f(x) = 6x(1 - x)$, $0 \leq x \leq 1$.

7.24 Für die Zufallsvariable X mit der Dichtefunktion $f(x) = (1/4) \cdot e^{-x/4}$, $x \geq 0$ sind

(a) $E\{Y\}$,
(b) $Var\{Y\}$

von $Y = 2X - 3$ zu bestimmen.

7.25 Wie Aufg. 24 für die Zufallsvariable X mit der Dichtefunktion $f(x) = 6x(1 - x)$, $0 \leq x \leq 1$.

7.26 Die Wahrscheinlichkeitsverteilung der Zahl X der Ausfälle einer Maschine im Laufe einer Woche wird durch die folgenden Häufigkeiten beschrieben, die den Aufzeichnungen über einige Jahre entnommen wurden: Die Wahrscheinlichkeiten für 0, 1 und 2 Ausfälle betragen 0.2, 0.7 und 0.1. Zu bestimmen sind

(a) der Erwartungswert und die Standardabweichung der wöchentlichen Ausfälle,

(b) der Erwartungswert und die Standardabweichung der täglichen Ausfälle (es wird an 5 Tagen der Woche gearbeitet), und

(c) die erwarteten wöchentlichen Reparaturkosten $E\{R\}$, wenn die wöchentlichen Reparaturkosten R von der Zahl X der der Ausfälle nach $R = 300 + 100X^2$ bestimmt sind.

7.27 Für die Angaben von Aufg. 35 aus Kapitel 6 ist die erwartete Zahl von Regentagen vor dem ersten Sonnentag zu bestimmen, wenn heute ein Regentag ist.

7.28 Eine ideale Münze wird n mal geworfen. Zu bestimmen sind

(a) der Erwartungswert und die Varianz der relativen Häufigkeit, mit der Kopf erzielt wird;

(b) mittels der Tschebyscheff'schen Ungleichung eine obere Schranke für die Wahrscheinlichkeit, daß die relative Häufigkeit, mit der Kopf geworfen wird, von ihrem Erwartungswert um mehr als 0.05 abweicht, wenn $n = 200$;

(c) jenes n, für das die in (b) angegebenen Wahrscheinlichkeit höchstens 0.4 ist.

7.29 Vier Münzen werden geworfen. Auf diesem Zufallsexperiment sind die beiden Zufallsvariablen X: *Anzahl der Köpfe* und Y: *Anzahl der Adler, bevor der erste Kopf kommt*, definiert. Zu bestimmen sind

(a) die gemeinsame Verteilung von (X, Y),
(b) die beiden Randverteilungen,
(c) $P\{X \geq 3, Y \geq 0\}$, $P\{X \geq 2, Y \leq 1\}$,
(d) der Korrelationskoeffizient ρ_{XY},
(e) die bedingte Verteilung $f(x|Y = 0)$.

7.30 Die Zufallsvariable (X, Y) habe gemeinsame Dichte

$$f(x,y) = \begin{cases} \frac{1}{3}(x+y) & 0 < x < 2, 0 < y < 1, \\ 0 & \text{sonst.} \end{cases}$$

Zu bestimmen sind

(a) die beiden marginalen Dichten,
(b) die beiden bedingten Dichten,
(c) der bedingte Erwartungswert von X, gegeben $Y = 0.5$,
(d) der Korrelationskoeffizient ρ_{XY}.

7.31 Das Gewicht der in einer Abfüllanlage gefüllten Flaschen hat einen Erwartungswert von 70 dag und eine Standardabweichung von 2dag. Die abgefüllte Menge hat einen Erwartungswert von 500 dag und eine Standardabweichung von 0.5 dag. Zu bestimmen sind

(a) der Erwartungswert und
(b) die Standardabweichung

des Gewichtes der gefüllten Flaschen.

Lösungen der Übungsaufgaben

1: (a) 0; (b) 10/36; (c) 26/36; (d) 2/36. **2:** (a) 1/36; (b) 10/36; (c) 26/36; (d) 2/36. **3:** (a) 11/36; (b) 35/36; (c) 1/36; (d) 7/36. **4:** (a) 5/6; (b) 2/3; (c) 0; (d) 1/6; (e) 1; (f) 1. **5:** $f(0) = 0.584$, $f(1) = 0.340$, $f(2) = 0.070$, $f(3) = 0.006$, $f(4) = f(5) = 0$. **6:** $f(0) = 1/100$, $f(1) = 2/100, \ldots, f(9) = 10/100$,

$f(10) = 9/100, \ldots, f(18) = 1/100$. **7:** (a) $f(x) = 0.8^{x-1} \cdot 0.2,\ x = 1, 2, \ldots$; (b) 5; (c) 20. **8:** (a) 0.4; (b) $F(x) = 0.4(1+x)$ wenn $-1 \leq x \leq 1.5$. **9:** (a) 0.5; (b) $0.25x^2$ wenn $0 \leq x \leq 2$. **10:** (a) -2; (b) $1 - x^2$ wenn $-1 \leq x \leq 0$. **11:** (a) 0.25; (b) $1 - e^{-x/4}$ wenn $x \geq 0$. **12:** (a) 6; (b) $x^2(3 - 2x)$ wenn $0 \leq x \leq 1$. **13:** (a) 11.8%; (b) 12.6%. **14:** (a) 50%; (b) 64.8%. **15:** (a) 1/8; (b) 19/125. **16:** (a) $f(x) = 1+x$ wenn $-1 \leq x \leq 0$, $f(x) = 1-x$ wenn $0 \leq x \leq 1$; (b) $F(x) = 0.5(1 + 2x + x^2)$ wenn $-1 \leq x \leq 0$, $F(x) = 0.5(1 + 2x - x^2)$ wenn $0 \leq x \leq 1$. **17:** (a) 1; (b) 3. **18:** (a) 2; (b) 27. **19:** (a) 4; (b) 16. **20:** (a) 0.5; (b) 0.05. **21:** (a) 0.75; (b) 0.6; (c) 0.038. **22:** (a) 0; (b) 1. **23:** (a) 2; (b) 0. **24:** (a) 5; (b) 64. **25:** (a) -2; (b) 0.2. **26:** (a) 0.9, 0.539; (b) 0.18, 0.108; (c) 410. **27:** $2.\dot{3}$. **28:** (a) 1/2, $1/4n$; (b) 0.5; (c) 250. **29:** (a) $f(0,4) = f(1,0) = f(1,1) = f(1,2) = f(1,3) = f(2,2) = f(3,1) = f(4,0) = 1/16$, $f(2,1) = 2/16$, $f(2,0) = f(3,1) = 3/16$; (b) $f_X(0) = f_X(4) = 1/16$, $f_X(1) = f_X(3) = 4/16$, $f_X(2) = 6/16$; $f_Y(0) = 8/16$, $f_Y(1) = 4/16$, $f_Y(2) = 2/16$, $f_Y(3) = f_Y(4) = 1/16$; (c) 5/16, 2/16; (d) -0.747; (e) $f(1|0) = f(4|0) = 1/8$, $f(2|0) = f(3|0) = 3/8$. **30:** (a) $f_X(x) = (2x + 1)/6$, wenn $0 < x < 2$; $f_Y(y) = 2(1 + y)/3$, wenn $0 < y < 1$; (b) $f(x|y) = (x + y)/[2(1 + y)]$, wenn $0 < x < 2$; $f(y|x) = [2(x + y)]/(2x + 1)$, wenn $0 < y < 1$; (c) 11/9; (d) $-0 - 027$. **31:** (a) 570; (b) 2.06.

Kapitel 8

Wichtige Wahrscheinlichkeitsverteilungen

In diesem Kapitel werden einige in Theorie und Anwendung häufig vorkommende Verteilungen behandelt. Die schon in Kapitel 7 vorgenommene Systematisierung in diskrete und stetige Verteilungen bestimmt auch die Gliederung dieses Kapitels. Die wichtigsten Verteilungen unter den diskreten sind die Binomial- und die Poisson-Verteilung, unter den stetigen ist es die Normalverteilung. Eine Übersicht der behandelten Wahrscheinlichkeitsfunktionen gibt *Tabelle 8.1.*

Tabelle 8.1: Wahrscheinlichkeitsfunktion $f(x) = P\{X = x\}$ bzw. $f(x_1, \ldots, x_r) = P\{X_1 = x_1, \ldots, X_r = x_r\}$ und Momente folgender diskreter Verteilungen: Binomialverteilung $B(n,p)$, Poisson-Verteilung $P(\lambda)$, hypergeometrische Verteilung $H(M,N,n)$ und Multinomialverteilung $M(n, p_1, ..., p_r)$.

$X \sim$	f	$\mathrm{E}\{X\}$	$\mathrm{Var}\{X\}$	σ_{ij}
$B(n,p)$	$\binom{n}{x}p^x(1-p)^{n-x}$	np	$np(1-p)$	–
$P(\lambda)$	$\frac{\lambda^x}{x!}e^{-\lambda}$	λ	λ	–
$H(M,N,n)$	$\frac{\binom{M}{x}\binom{N-M}{n-x}}{\binom{N}{n}}$	$n\frac{M}{N}$	$n\frac{M}{N}(1-\frac{M}{N})(\frac{N-n}{N-1})$	–
$M(n,p_1,\ldots,p_r)$	$\frac{n!}{x_1!\ldots x_r!}p_1^{x_1}\ldots p_r^{x_r}$	$n\,p_i$	$np_i(1-p_i)$	$-np_ip_j$

In diesem und den folgenden Kapiteln wird oft die Schreibweise $X \sim f$ verwendet, zu lesen als "X ist verteilt nach f" oder "X folgt der f-Verteilung". Dabei steht f für die Dichte- oder Wahrscheinlichkeitsfunktion oder für die symbolische Bezeichnung der Verteilung.

8.1 Diskrete Wahrscheinlichkeitsverteilungen

Die wichtigsten diskreten Verteilungen betreffen die Häufigkeit, mit der bei der wiederholten Ausführung eines Experiments ein bestimmtes Ereignis eintritt. Ein typisches Beispiel ist die Binomialverteilung, die die Wahrscheinlichkeitsverteilung der Häufigkeit eines bestimmten Ausganges bei unabhängigen, identischen Wiederholungen eines Experimentes beschreibt, etwa beim Urnenexperiment "Ziehen mit Zurücklegen". Modifikationen der Situation, die der Binomialverteilung zugrunde liegt, führen zur hypergeometrischen Verteilung und der Multinomialverteilung: Die hypergeometrische Verteilung bezieht sich auf Experimente vom Typ "Ziehen ohne Zurücklegen", die Multinomialverteilung auf Experimente, bei denen das wiederholt ausgeführte Experiment mehr als einen Ausgang haben kann. Eine andere Modifikation führt zur Poisson-Verteilung. Sie beschreibt die Häufigkeit eines bestimmten Ereignisses nicht bei einer fixen Zahl von Wiederholungen des Experimentes, sondern in einem gegebenen Zeit- oder räumlichen Intervall.

8.1.1 Hypergeometrische Verteilung

Der hypergeometrischen Verteilung liegt ein Experiment zugrunde, bei dem n Elemente aus N zur Auswahl stehenden Elementen zufällig ausgewählt werden, die in zwei Kategorien, "markierte" und "nicht markierte" oder rote und blaue, zerfallen; von den N Elementen sind M markiert und $N-M$ nicht markiert. Bei jeder Auswahl eines Elements hat jedes zur Verfügung stehende Element gleiche Chance, gezogen zu werden. Die gezogenen Elemente werden nicht zurückgelegt (**Ziehen ohne Zurücklegen**).

Definition 8.1 *Die auf dem beschriebenen Experiment definierte Zufallsvariable X:* Zahl der markierten Elemente unter den gezogenen *heißt* **hypergeometrisch** *verteilt mit den Parametern N, M, und n; man schreibt*

$$X \sim H(N, M, n).$$

Die Wahrscheinlichkeitsfunktion einer hypergeometrisch verteilten Zufallsvariablen X gibt der folgende Satz.

Satz 8.1 *Für die hypergeometrisch verteilte Zufallsvariable $X \sim H(N, M, n)$ lautet die Wahrscheinlichkeitsfunktion*

$$f(x) = P\{X = x\} = \frac{\binom{M}{x}\binom{N-M}{n-x}}{\binom{N}{n}}$$

für $x = 0, 1, \ldots, n$ mit $0 \leq x \leq M$ und $0 \leq n - x \leq N - M$.

Im Abschnitt 6.4 über kombinatorische Hilfsmittel haben wir das Instrumentarium zum Verständnis der Wahrscheinlichkeitsfunktion aus Satz 8.1 kennengelernt. $\binom{M}{x}$ ist die Anzahl der möglichen Auswahlen von x markierten Elementen aus den M vorhandenen. Analog ist $\binom{N-M}{n-x}$ die Anzahl möglicher Auswahlen nichtmarkierter Elemente aus den vorhandenen nichtmarkierten Elementen. Das Ereignis $\{X = x\}$ tritt genau dann ein, wenn x markierte und $n - x$ nichtmarkierte Elemente ausgewählt werden.

Beispiel 8.1 Aus einer Urne mit zehn Losen, von denen zwei gewinnen, werden drei gezogen. Mit welcher Wahrscheinlichkeit wird mindestens ein Gewinnlos gezogen?

(a) Das Ereignis A: *es wird kein Gewinnlos gezogen* kann mit den Ereignissen A_i: *im i-ten Versuch wird ein Los gezogen, das nicht gewinnt*, $i = 1, \ldots, 3$, geschrieben werden als $A = A_1 \cap A_2 \cap A_3$. Die Wahrscheinlichkeit von A ist

$$\begin{aligned} P\{A\} &= P\{A_1 \cap A_2 \cap A_3\} \\ &= P\{A_1\} \cdot P\{A_2|A_1\} \cdot P\{A_3|A_1 \cap A_2\} \\ &= \frac{8}{10} \cdot \frac{7}{9} \cdot \frac{6}{8} = 0.4\dot{6}. \end{aligned}$$

Die gesuchte Wahrscheinlichkeit ist somit $46.\dot{6}\%$.

(b) Für die Zufallsvariable X: *Zahl der Gewinnlose unter den gezogenen Losen* gilt $X \sim H(10, 2, 3)$; das interessierende Ereignis $\{X \geq 0\}$ hat die Wahrscheinlichkeit

$$P\{X \geq 0\} = 1 - P\{X = 0\} = 1 - \frac{\binom{2}{0}\binom{8}{3}}{\binom{10}{3}} = \frac{8!3!7!}{3!5!10!} = 0.4\dot{6}.$$

Der folgende Satz gibt Erwartungswert und Varianz einer hypergeometrisch verteilten Zufallsvariablen an.

Satz 8.2 *Für die hypergeometrisch verteilte Zufallsvariable* $X \sim H(N, M, n)$ *gilt*

$$\begin{aligned} \mathrm{E}\{X\} &= n\frac{M}{N}, \\ \mathrm{Var}\{X\} &= n\frac{M}{N}(1 - \frac{M}{N})\frac{N-n}{N-1}. \end{aligned}$$

Beispiel 8.2 Die in Beispiel 8.1 definierte Zufallsvariable X: *Zahl der Gewinnlose unter den gezogenen Losen* mit $X \sim H(10, 2, 3)$ hat den Erwartungswert $\mathrm{E}\{X\} = 3\frac{2}{10} = 0.6$ und die Varianz $\mathrm{Var}\{X\} = 3\frac{2}{10}(1 - \frac{2}{10})\frac{7}{9} = 0.373$; die Standardabweichung beträgt $\sigma_X = 0.611$.

Vergleiche dazu auch Beispiel 8.12.

Durch die folgende **Approximation** kann die Berechnung der Wahrscheinlichkeiten von hypergeometrisch verteilten Zufallsvariablen erleichtert werden. Für $X \sim H(N, M, n)$ mit großen N, M und $N - M$ sowie kleinem n/N (Faustregel: $n/N < 0.05$) gilt näherungsweise

$$P\{X = x\} \doteq \binom{n}{x} p^x (1-p)^{n-x},$$

wobei $p = M/N$. Das ist die Binomialverteilung (vergleiche den folgenden Abschnitt 8.1.2), die zur näherungsweisen Berechnung von Wahrscheinlichkeiten hypergeometrisch verteilter Zufallsvariabler verwendet werden kann. Vergleiche dazu Beispiel 8.13.

8.1.2 Binomialverteilung

Das der Binomialverteilung zugrundeliegende Experiment ist das sogenannte **Bernoulli-Experiment**: Es besteht aus n unabhängigen Ausführungen eines Zufallsexperimentes mit zwei möglichen Ausgängen, A und A^c, die man mit "Erfolg" und "Mißerfolg" bezeichnet. Die Erfolgswahrscheinlichkeit hat für alle Ausführungen den gleichen Wert $P\{A\} = p$. Eine typische Anwendung sind Experimente vom Typ **Ziehen mit Zurücklegen** aus einer Gesamtheit, die in zwei Teilgesamtheiten zerfällt.

Definition 8.2 *Die Zufallsvariable* X*:* Zahl der "Erfolge" *im oben definierten Bernoulli-Experiment nennt man binomial- oder Bernoulli-verteilt:*

$$X \sim B(n, p).$$

Der folgende Satz gibt die Wahrscheinlichkeitsfunktion einer binomial- oder Bernoulli-verteilten Zufallsvariablen an.

Satz 8.3 *Für die binomialverteilte Zufallsvariable* $X \sim B(n, p)$ *lautet die Wahrscheinlichkeitsfunktion*

$$f(x) = P\{X = x\} = \binom{n}{x} p^x (1-p)^{n-x}$$

für $x = 0, 1, \ldots, n$, *wobei* $0 \leq p \leq 1$.

Das Ereignis $\{X = x\}$ tritt unter n unabhängigen Versuchen dann ein, wenn x Erfolge und $n - x$ Mißerfolge beobachtet werden; die Wahrscheinlichkeit für x Erfolge ist p^x und die für die Mißerfolge ist $(1-p)^{n-x}$. Wegen der

Unabhängigkeit der Wiederholungen hat jede Folge von x Erfolgen und $n-x$ Mißerfolgen die Wahrscheinlichkeit $p^x(1-p)^{n-x}$. Da es $\binom{n}{x}$ Möglichkeiten gibt, unter n Versuchen die x Erfolge zu erzielen, erhalten wir den in *Satz 8.3* angegebenen Ausdruck für $f(x)$.

Je näher der Parameter p bei 0.5 liegt, umso symmetrischer ist die Wahrscheinlichkeitsfunktionen der Binomialverteilung; für $p < 0.5$ ($p > 0.5$) ist sie rechtsschief (linksschief).

Beispiel 8.3 Ein Würfel wird dreimal geworfen. Die Zufallsvariable X: *Zahl der '6' unter den drei erzielten Augenzahlen* folgt der Verteilung $X \sim B(3, 1/6)$: Die Wiederholungen der Würfe sind unabhängig, und die Wahrscheinlichkeit für das Werfen der '6' ist stets 1/6. Wir berechnen die folgenden Wahrscheinlichkeit:

(a) $P\{X = 1\} = \binom{3}{1}(\frac{1}{6})^1(\frac{5}{6})^2 = 0.347;$

(b) $P\{X \leq 1\} = P\{X = 0\} + P\{X = 1\} = (\frac{5}{6})^2(\frac{5}{6} + 3 \cdot \frac{1}{6}) = 0.926;$

(c) $P\{X > 1\} = 1 - P\{X \leq 1\} = 0.074.$

Vergleiche dazu auch die Beispiele 8.14 und 8.15.

Der folgende Satz gibt Erwartungswert und Varianz einer binomialverteilten Zufallsvariablen X an.

Satz 8.4 *Für die binomialverteilte Zufallsvariable $X \sim B(n,p)$ gilt*

$$\begin{aligned} \mathrm{E}\{X\} &= np, \\ \mathrm{Var}\{X\} &= np(1-p). \end{aligned}$$

Beispiel 8.4 Der Erwartungswert der Zahl der '6' unter drei Würfen mit einem Würfel (vergleiche Beispiel 8.3) beträgt $np = 3\,\frac{1}{6} = 0.5$. Die Standardabweichung beträgt

$$\sigma = \sqrt{3 \cdot \frac{1}{6} \cdot \frac{5}{6}} = 0.65\,.$$

Vergleiche dazu auch die Beispiele 8.16 und 8.17.

Eine in verschiedenen Anwendungen wichtige Eigenschaft der Binomialverteilung ist, daß die Summe von n unabhängigen $B(1,p)$-verteilten Zufallsvariablen $B(n,p)$-verteilt sind: Gilt $X_i \sim B(1,p)$ für $i = 1, \ldots, n$, so ist auch die Summe $\sum_{i=1}^n X_i$ binomialverteilt:

$$\sum_{i=1}^{n} X_i \sim B(n,p)\,.$$

8.1.3 Poisson-Verteilung

Eine Klasse von Problemen mit großer praktischer Bedeutung sind die **Warteschlangenprobleme.** Nehmen wir als Beispiel eine Bankfiliale: Das Erscheinen der Bankkunden ist nicht vorhersagbar. In einem Intervall von fünf Minuten können 0, 1, 2, etc., aber auch mehr als 20 Kunden einlangen. Fragen, deren Antworten interessieren können, sind: Wieviele Schalter sollen offen gehalten werden? Wie lange ist die sich bildende Warteschlange im Durchschnitt? Wie lange kann sie werden? Wie groß ist der Anteil der Zeit, in der der Schalterbeamte nicht beschäftigt ist?

Einige dieser Frage können wir beantworten, wenn es uns gelingt, den Prozeß des Einlangens der Kunden zu beschreiben. Die Klasse von Ereignisfolgen oder Prozessen, die uns in diesem Abschnitt interessiert, sind die Poisson-Prozesse. Mit ihnen sind zwei Wahrscheinlichkeitsverteilungen verbunden: Die diskrete Poisson-Verteilung, die Wahrscheinlichkeiten für die Zahl der Ereignisse in bestimmten Zeitintervallen liefert; und die Exponentialverteilung, die Wahrscheinlichkeiten für die Dauer zwischen Ereignissen gibt.

Poisson-verteilte Zufallsvariable

Bevor wir uns mit dem Poisson-Prozeß beschäftigen, soll die Poisson-Verteilung eingeführt werden.

Definition 8.3 *Die Zufallsvariable X heißt Poisson-verteilt mit dem Parameter λ, $X \sim P(\lambda)$, wenn die Wahrscheinlichkeitsfunktion von X die Form*

$$f(x) = P\{X = x\} = \frac{e^{-\lambda}\lambda^x}{x!}$$

für $x = 0, 1, \ldots$ hat, wobei der Parameter $\lambda > 0$ eine reelle Zahl ist.

Die Wahrscheinlichkeitsfunktionen der Poisson-Verteilungen wird mit wachsendem Parameter λ zunehmend symmetrischer.

Der Parameter λ hat eine doppelte Interpretation, wie das der folgende Satz zeigt.

Satz 8.5 *Für die Poisson-verteilte Zufallsvariable $X \sim P(\lambda)$ gilt*

$$\mathrm{E}\{X\} = \mathrm{Var}\{X\} = \lambda\,.$$

Eine wichtige Eigenschaft der Poissonverteilung ist, daß Summen unabhängig Poisson-verteilter Zufallsvariabler wieder Poisson-verteilt sind. Sind die $X_i \sim P(\lambda_i)$, $i = 1, \ldots, n$, unabhängig, so gilt

$$\sum_{i=1}^{n} X_i \sim P\left(\sum_{i=1}^{n} \lambda_i\right).$$

Die Poisson-Verteilung hat zwei wichtige Anwendungen:

1. sie erlaubt, Poisson-Prozesse zu beschreiben;
2. sie kann zur Approximation der Binomialverteilung verwendet werden.

Vergleiche dazu auch Beispiel 8.18.

Der Poisson-Prozeß

Der Poisson-Prozeß ist eine Folge von Ereignissen mit folgenden drei Eigenschaften:

1. **Unabhängigkeit:** die Zahl der Ereignisse, die in disjunkten Intervallen eintreten, sind unabhängig; man sagt auch, der Poisson-Prozeß "hat kein Gedächtnis".
2. **Proportionalität:** die Wahrscheinlichkeit für das Eintreten eines Ereignisses in einem Intervall ist proportional der Länge des Intervalls;
3. **Linearität:** die Wahrscheinlichkeit, daß zwei oder mehr Ereignisse in einem Intervall eintreten, ist vernachlässigbar, wenn die Intervallänge genügend klein ist.

Zu den Beispielen von Prozessen, für die diese Annahmen realistisch sind, gehört das Einlangen von Kunden im oben skizzierten Warteschlangenproblem. Den Zusammenhang zwischen Poisson-Prozeß und Poisson-Verteilung gibt der folgende Satz.

Satz 8.6 *Treffen die Voraussetzungen des Poisson-Prozesses zu, so gilt für die Zufallsvariable X_t:* Zahl der Ereignisse, die in einem Intervall der Länge t eintreten

$$X_t \sim P(\mu t)\,;$$

μ ist die mittlere Zahl der Ereignisse pro Längen-Einheit.

Die Poissonverteilung ist also die Wahrscheinlichkeitsverteilung für Zufallsvariable von der Art Zahl der Kunden, die je Minute in eine Bankfiliale betreten, Zahl der einlangenden Telephonate je Zeiteinheit, Zahl der Fahrzeuge, die je Sekunde ein Staßenstück passieren, etc. In der Natur finden sich ebenfalls Poisson-verteilte Phänomene: So folgt die Zahl der von einem α-Strahler emittierten Partikel dieser Verteilung.

Poisson-Prozesse müssen nicht in der Zeit ablaufen. Die Ereignisse können auch in einer räumlichen Dimension angeordnet sein. So zeigt sich, daß die

Zahl der Druckfehler je Seite einer Zeitung Poisson-verteilt ist: Das interessierende Ereignis ist hier das Auffinden der Fehler, die zufällig über die Zeilen, eine räumliche Dimension, verteilt sind. Anwendungen in der Qualitätskontrolle, beim Design von Suchtechniken mittels Radar oder bei der Planung von Schiffsrouten durch ein Minenfeld liegen Poisson-Prozesse in räumlichen Dimensionen zugrunde.

Beispiel 8.5 Das Einlangen von Kunden, die eine Bankfiliale betreten, erfülle die Voraussetzungen des Poisson-Prozesses. Die durchschnittliche Zahl der Kunden, die je Minute eintreten, sei 2. Die Zahl der je t Minuten einlangenden Kunden folgt dann der Poison-Verteilung $P(2t)$.

(a) Die Zufallsvariablen X: *Zahl der Kunden, die pro Minute eintreten,* und Y: *Zahl der Kunden, die pro 5 Minuten eintreten*, folgen den Verteilungen $X \sim P(2)$ und $Y \sim P(10)$.

(b) Mit welcher Wahrscheinlichkeit treten innerhalb von einer Minute mehr als zwei Kunden ein?

$$P\{X > 2\} = P\{X \leq 2\} = e^{-2}\left(1 + 2 + \frac{2^2}{2}\right) = 0.6767\,.$$

(c) Mit welcher Wahrscheinlichkeit treten innerhalb von 5 Minuten höchstens drei Kunden ein?

$$P\{Y \leq 3\} = e^{-10}\left(1 + 10 + \frac{10^2}{2} + \frac{10^3}{6}\right) = 0.0103\,.$$

Vergleiche dazu auch Beispiel 8.19.

Grenzen der Anwendbarkeit

Vor der Anwendung der Poisson-Verteilung muß sorgfältig geprüft werden, ob die Vorraussetzungen eines Poisson-Prozesses erfüllt sind. Das kann geschehen, indem man die Plausibilität der drei Annahmen überprüft. Eine empirische Überprüfung kann durch die Anwendung des Anpassungstests erfolgen, bei dem die beobachteten Häufigkeiten mit den bei Zutreffen der Poisson-Verteilung zu erwartenden Häufigkeiten verglichen werden; siehe Kapitel 12. Dementsprechend gibt es Prozesse, für die die Anwendbarkeit nur durch den empirischen Befund gerechtfertigt wird. Zur Illustration demonstrieren wir in Beispiel 8.20 die gute Übereinstimmung der Verteilung der jährlichen Zahl der Todesfälle in Regimentern der preußischen Kavallerie durch Hufschläge mit einer Poisson-Verteilung. Es kann nicht von vorneherein angenommen werden, daß die Voraussetzungen eines Poisson-Prozesses erfüllt sind.

Ein interessantes Phänomen ist es, daß für Poisson verteilte Zufallsvariable auch extrem große Werte realisiert werden können. Die *Tabelle 8.2* zeigt die

Wahrscheinlichkeitsfunktion der Verteilung $P(1.5)$. Das Ereignis $\{X = 9\}$ hat nur mehr eine Wahrscheinlichkeit von 0.0000236, kann also unter 10.000 Beobachtungen nur mehr zweimal erwartet werden. Noch viel unwahrscheinlicher sind Ereignisse $\{X = 15\}$ oder $\{X = 20\}$. Doch auch das Ereignis, daß 100 Kunden in einem Intervall die Bank betreten, in dem im Durchschnitt nur 1.5 Kunden einlangen, hat eine von Null verschiedene Wahrscheinlichkeit.

Tabelle 8.2: Wahrscheinlichkeitsfunktion f von $P(1.5)$.

x	$f(x)$
0	0.22313
1	0.33470
2	0.25102
3	0.12551
4	0.04707
5	0.01412
6	0.00353
7	0.00076
8	0.00014
9	0.00002

Die vielleicht wichtigste Beschränkung der Anwendbarkeit betrifft den Parameter λ, der als eine für den Prozeß konstante Zahl vorausgesetzt wurde. Die durchschnittliche Zahl der einlangenden Bankkunden variiert in Wirklichkeit über die Tageszeit, über die Wochentage und über das Jahr. Die Bank trägt dem Rechnung, indem sie die Zahl der offen gehaltenen Schalter der Nachfrage nach ihren Dienstleistungen anpaßt; diese wird eben durch die durchschnittliche Zahl der einlangenden Kunden charakterisiert. Wie in diesem Fall muß bei vielen Anwendungen damit gerechnet werden, daß λ über größere Zeiträume nicht konstant ist.

Die Wartezeit-Verteilung

Die Wartezeit-Verteilung beschreibt die Wahrscheinlichkeitsverteilung der Länge T des Intervalls zwischen dem Eintritt von zwei aufeinanderfolgenden Ereignissen ("Wartezeit") eines Poisson-Prozesses. Diese Länge oder Dauer ist natürlich eine zufällige Größe. Wenn X_t für die Eintrittshäufigkeit eines Poisson-Prozesses im Intervall der Länge t steht, so gilt $X_t \sim P(\mu t)$. Dem Ereignis $\{T > t\}$ entspricht das Ereignis $\{X_t = 0\}$, d.h., daß kein Ereignis (im Intervall der Länge t) eingetreten ist. Somit gilt für jedes $t \geq 0$

$$P\{T \leq t\} = F_T(t) = 1 - P\{X_t = 0\} = 1 - e^{-\mu t};$$

die zugehörige Dichtefunktion ist $f_T(t) = \mu e^{-\mu t}$ für $t \geq 0$. Das ist die Dichtefunktion der Exponentialverteilung mit dem Parameter μ, $T \sim E(\mu)$. Die Exponentialverteilung ist die Verteilung einer stetigen Zufallsvariablen. Wir haben sie bereits in Beispiel 7.23 in Kapitel 7 kennengelernt und werden sie ausführlich im folgenden Abschnitt 8.2 behandeln.

Satz 8.7 *Sei X_t die Eintrittshäufigkeit eines Ereignisses in einem Intervall der Länge t in einem Poisson-Prozeß,*

$$X_t \sim P(\mu t),$$

so ist die "Wartezeit" T zwischen zwei aufeinanderfolgenden Ereignissen exponentialverteilt mit dem Parameter μ:

$$T \sim E(\mu).$$

Beispiel 8.6 Mit welcher Wahrscheinlichkeit vergehen zwischen dem Eintreten von zwei Kunden in Beispiel 8.5 mehr als eine Minute? Für X: *Zahl der Kunden pro Minute* gilt $X \sim P(2)$. Aus Satz 8.7 ergibt sich, daß für die Zufallsvariable T: *Zeit zwischen dem Eintritt von zwei Kunden* gilt: $T \sim E(2)$. Damit erhalten wir

$$P\{T > 1\} = 1 - F(1) = 1 - (1 - e^{-2}) = e^{-2} = 0.135.$$

Vergleiche dazu auch Beispiel 8.19.

Approximation der Binomialverteilung

Die Wahrscheinlichkeitsfunktion der Poisson-Verteilung kann man entsprechend der folgenden Überlegung herleiten. Wenn wir das interessierende Zeitintervall in genügend schmale Zeitscheiben zerlegen, so wird wegen der vorausgesetzten Eigenschaften der Proportionalität und Linearität in jeder solchen Scheibe entweder ein Ereignis oder kein Ereignis stattfinden; daß mehr Ereignisse als eines eintreten, vernachlässigen wir. Die Verteilung der Häufigkeiten können demnach in guter Näherung durch eine Binomialverteilung repräsentiert werden. Die nur näherungsweise Gültigkeit der Aussage kommt daher, daß in jeder Zeitscheibe auch mehr als ein Ereignis stattfinden kann. Wegen der Linearität des Poisson-Prozesses ist das aber umso unwahrscheinlicher, je schmäler die Zeitscheiben sind. Es läßt sich zeigen, daß die Wahrscheinlichkeitsfunktion der Binomialverteilung in die der Poisson-Verteilung (vergleiche *Definition* 8.3) übergeht, wenn die Breite der Zeitscheiben gegen Null geht.

Aus dem Gesagten folgt, daß die Poissonverteilung dazu verwendet werden kann, Wahrscheinlichkeiten von binomialverteilten Zufallsvariable näherungsweise zu berechnen. Das ist eine wichtige Anwendung der Poissonverteilung. Für die binomialverteilte Zufallsvariable $X \sim B(n,p)$ mit großem n und kleinem p (Faustregel: $n \geq 50, p \leq 0.1$ und $np \leq 10$) gilt näherungsweise:

$$P\{X = x\} \doteq e^{-\lambda} \frac{\lambda^x}{x!},$$

wobei $\lambda = np$.

Beispiel 8.7 Zwei Würfel werden wiederholt geworfen. Das Werfen einer Doppelsechs '66' hat die Wahrscheinlichkeit $1/36$. Wir definieren die Zufallsvariable X: *Zahl der '66'*. Führen wir das Experiment n-mal aus, so gilt $X \sim B(n, 1/36)$. Wie groß ist die Wahrscheinlichkeit des Ereignisses $\{X = 1\}$?

(a) Für $n = 36$ erhalten wir mit Hilfe der Binomialverteilung

$$P\{X = 1\} = \binom{36}{1} \frac{1}{36} \left(\frac{35}{36}\right)^{35} = 0.373\,;$$

näherungsweise ergibt sich mit Hilfe der Poissonverteilung

$$P\{X = 1\} \doteq \frac{1}{1!} e^{-1} = 0.368\,.$$

Beachte den Unterschied im Rechenaufwand!

(b) Die Approximation wird natürlich mit wachsendem n besser; so erhalten wir bei $n = 72$

$$P\{X = 1\} = \binom{72}{1} \frac{1}{36} \left(\frac{35}{36}\right)^{71} = 0.2706$$

und

$$P\{X = 1\} \doteq \frac{2}{1!} e^{-2} = 0.2707\,.$$

Vergleiche dazu auch Beispiel 8.18.

8.1.4 Weitere diskrete Verteilungen

Diskrete Gleichverteilung

Die Zufallsvariable X heißt diskret gleichverteilt über k Werte, wenn ihre Wahrscheinlichkeitsfunktion durch

$$f(x) = \begin{cases} \frac{1}{k} & x = 1, 2, \ldots, k \\ 0 & \text{sonst} \end{cases}$$

gegeben ist. Jeder der k möglichen Werte wird mit gleicher Wahrscheinlichkeit realisiert. Die diskrete Gleichverteilung ist ein Modell für zufällige Vorgänge wie das Werfen eines Würfels oder einer Münze.

Beispiel 8.8 Die Zufallsvariable X: *erzielte Augenzahl beim Wurf eines Würfels* ist diskret gleichverteilt und hat die Wahrscheinlichkeitsfunktion

$$f(x) = \begin{cases} 1/6 & x = 1, 2, \ldots, 6 \\ 0 & \text{sonst} \end{cases}$$

Geometrische und negative Binomialverteilung

Die Zufallsvariable X: *Anzahl der Versuche bis zum ersten Erfolg in einer Folge von Bernoulli-Experimenten* ist **geometrisch verteilt** mit der Wahrscheinlichkeitsfunktion

$$f(x) = \begin{cases} (1-p)^{x-1}p & x = 1, 2, \ldots, \\ 0 & \text{sonst} , \end{cases}$$

wobei p mit $0 < p < 1$ die Erfolgswahrscheinlichkeit der Bernoulli-Experimente ist. Erwartungswert und Varianz sind $\mathrm{E}\{X\} = 1/p$ und $\mathrm{Var}\{X\} = (1-p)/p^2$.

Eine Verallgemeinerung der geometrischen Verteilung ergibt sich für die Zufallsvariable Y: *Anzahl der Versuche bis zum r-ten Erfolg in einer Folge von Bernoulli-Experimenten*. Die Wahrscheinlichkeitsverteilung dieser Zufallsvariablen ist die **negative Binomialverteilung** mit der Wahrscheinlichkeitsfunktion

$$f(y) = \begin{cases} \binom{y-1}{r-1} p^r (1-p)^{y-r} & y = r, r+1, \ldots, \\ 0 & \text{sonst} . \end{cases}$$

Diese Funktion ergibt sich aus

$$\begin{aligned} P\{Y = y\} &= P\{r-1 \text{ Erfolg in den ersten } y-1 \text{ Versuchen}\} \\ &\qquad \times P\{\text{Erfolg im } y\text{-ten Versuch}\} \\ &= \binom{y-1}{r-1} p^{r-1}(1-p)^{y-1-(r-1)} p . \end{aligned}$$

Für $r = 1$ ergibt sich die geometrische Verteilung.

Mehrdimensionale hypergeometrische Verteilung

Die in Abschnitt 8.1.1 eingeführte hypergeometrische Verteilung kann zur mehrdimensionalen hypergeometrischen Verteilung verallgemeinert werden: Das zugrundeliegende Experiment ist wieder vom Typ "Ziehen ohne Zurücklegen" aus einer Gesamtheit, die aus N Elementen besteht, die aber aus $k > 2$ Teilgesamtheiten von $N_1, N_2, \ldots, N_k$ Elemente zusammengesetzt ist. Beispielsweise kann ein Behälter, aus dem eine Stichprobe gezogen werden soll, weiße, rote und blaue Kugeln ($k = 3$) enthalten. Die Zufallsvariablen X_i stehen für die Anzahl der Elemente vom Typ i in der Stichprobe vom

Umfang n; $\{X_i = x_i\}$ repräsentiert das Ereignis, daß sich genau x_i Elemente vom Typ i in der Stichprobe finden. Der Zufallsvektor $X = (X_1, X_2, \ldots, X_k)$ ist dann mehrdimensional (oder multivariat) hypergeometrisch verteilt,

$$(X_1, X_2, \ldots, X_k) \sim H(N, N_1, \ldots, N_k, n),$$

mit der gemeinsamen Wahrscheinlichkeitsfunktion

$$\begin{aligned} f(x_1, x_2, \ldots, x_k) &= P\{X_1 = x_1, X_2 = x_2, \ldots, X_k = x_k\} \\ &= \frac{\binom{N_1}{x_1}\binom{N_2}{x_2}\cdots\binom{N_k}{x_k}}{\binom{N}{n}}, \end{aligned}$$

wobei die x_i ganze Zahlen sind und die Bedingung $\sum_i^k x_i = n$ erfüllen. Außerdem muß $\sum_i^k N_i = N$ gelten. Für $k = 2$ ergibt sich die hypergeometrische Verteilung, wie man durch Einsetzen sieht. Jede einzelne Zufallsvariable X_i ist ebenfalls hypergeometrisch verteilt! Daher gilt für den Erwartungswert und die Varianz der *Satz* 8.2. Die Kovarianz zwischen X_i und X_j ist

$$\mathrm{Cov}\{X_i, X_j\} = -\frac{n n_i n_j (N-n)}{N^2(N-1)}.$$

Multinomialverteilung

Wie die hypergeometrische Verteilung zur mehrdimensionalen hypergeometrischen Verteilung verallgemeinert werden kann, so kann die Binomialverteilung zur **Multinomialverteilung** verallgemeinert werden: Das wiederholt ausgeführte Experiment hat $k > 2$ verschiedene Ausgänge $A_1, \ldots, A_k$. Die Wahrscheinlichkeiten dieser Ausgänge seien $P\{A_i\} = p_i$ für $i = 1, \ldots, k$; sie bleiben wieder für alle Wiederholungen dieselben. Das Experiment wird n-fach ausgeführt. Wir definieren die Zufallsvariablen X_i: *Anzahl der Ausgänge A_i unter den n Wiederholungen* für $i = 1, \ldots, k$. Der Vektor $(X_1, \ldots, X_k)$ ist dann multinomialverteilt mit den Parametern $n, p_1, p_2, \ldots, p_k$:

$$(X_1, \ldots, X_r) \sim M(n, p_1, \ldots, p_r).$$

Der folgende Satz gibt die gemeinsame Verteilung an.

Satz 8.8 *Für den Vektor $(X_1, \ldots, X_k) \sim M(n, p_1, \ldots, p_k)$ mit $\sum_{i=1}^n p_i = 1$ lautet die Wahrscheinlichkeitsfunktion*

$$\begin{aligned} f(x_1, \ldots, x_k) &= P\{X_1 = x_1, \ldots, X_k = x_k\} \\ &= \frac{n!}{x_1! \ldots x_k!} \cdot p_1^{x_1} \cdots p_k^{x_k}, \end{aligned}$$

wobei die x_i ganze Zahlen sind mit $\sum_{i=1}^k x_i = n$.

Beispiel 8.9 Die Gewinnchancen von drei Rennfahrern seien 0.5, 0.3 und 0.2. Sie fahren sechs Rennen. Die Zufallsvariable X_i gibt die Anzahl der Siege von Fahrer i an ($i = 1, \ldots, 3$). Wir interessieren uns für folgende Wahrscheinlichkeiten:

(a) Mit $(X_1, X_2, X_3) \sim M(6, 0.5, 0.3, 0.2)$ ergibt sich

$$P\{X_1 = 1, X_2 = 2, X_3 = 3\} = \frac{6!}{1!2!3!} 0.5\, 0.3^2\, 0.2^3 = 0.022\,;$$

(b) mit $Z = X_2 + X_3$ folgt $(X_1, Z) \sim M(6, 0.5, 0.5)$ und wir erhalten

$$P\{X_1 = 1, Z = 5\} = P\{X_1 = 1\} = \binom{6}{1} 0.5^1\, 0.5^5 = 0.094.$$

Vergleiche dazu auch Beispiel 8.21.

Beachte! Für $r = 2$ gilt, daß $M(n, p_1, p_2) = M(n, p_1, 1 - p_1)$ identisch mit der Binomialverteilung $B(n, p_1) = B(n, 1 - p_1)$ ist, wie man durch Einsetzen in *Satz 8.8* sieht! Jede Komponente X_i ist binomialverteilt: $X_i \sim B(n, p_i)$ für $i = 1, \ldots, k$!

Der folgende Satz gibt die Erwartungswerte und die Varianzen der X_i sowie die Kovarianzen der Komponenten eines multinomialverteilten Zufallsvektors an.

Satz 8.9 *Für die r Zufallsvariablen X_i des multinomialverteilten Vektors $(X_1, \ldots, X_r) \sim M(n, p_1, \cdots, p_r)$ gilt:*

$$\begin{aligned}
\mathrm{E}\{X_i\} &= np_i\,, \quad i = 1, \ldots, k, \\
\mathrm{Var}\{X_i\} &= np_i(1 - p_i)\,, \quad i = 1, \ldots, k, \\
\mathrm{Cov}\{X_i, X_j\} &= -\,np_ip_j\,, \quad i, j = 1, \ldots, k; i \neq j\,.
\end{aligned}$$

8.2 Stetige Wahrscheinlichkeitsverteilungen

Eine Übersicht der behandelten Wahrscheinlichkeitsverteilungen findet sich in *Tabelle 8.3.*

8.2.1 Normalverteilung

Die Normalverteilung ist die wohl wichtigste Wahrscheinlichkeitsverteilung. Einerseits treten in vielen praktischen Anwendungsfällen normalverteilte oder näherungsweise normalverteilte Zufallsvariable auf, und andererseits kann die Normalverteilung zur näherungsweisen Berechnung von Wahrscheinlichkeiten anderer Verteilungen benützt werden. Eine Übersicht über die

Tabelle 8.3: Dichtefunktion $f(x)$ und Momente der stetigen Verteilungen: Gleichverteilung $U(a,b)$, Exponentialverteilung $E(\beta)$ und Normalverteilung $N(\mu,\sigma^2)$ bzw. $N(0,1)$.

$X \sim$ verteilt nach	$f(x)$	$\mathrm{E}\{X\}$	$\mathrm{Var}\{X\}$
$U(a,b)$	$\begin{cases} \frac{1}{b-a} & a \le x \le b \\ 0 & \text{sonst} \end{cases}$	$\frac{a+b}{2}$	$\frac{(b-a)^2}{12}$
$E(\beta)$	$\begin{cases} \beta \exp(-x\,\beta) & x \ge 0 \\ 0 & \text{sonst} \end{cases}$	$1/\beta$	$1/\beta^2$
$N(\mu,\sigma^2)$	$\frac{1}{\sqrt{2\pi\sigma^2}} \exp\left\{-\frac{1}{2}\left(\frac{x-\mu}{\sigma}\right)^2\right\}$ $-\infty < x < \infty$	μ	σ^2
$N(0,1)$	$\frac{1}{\sqrt{2\pi}} \exp\left\{-\frac{1}{2}z^2\right\}$ $-\infty < z < \infty$	0	1

Möglichkeiten, Verteilungen durch die Normalverteilung zu approximieren, gibt die *Tabelle 8.4*.

Definition der Normalverteilung

Definition 8.4 *Die Zufallsvariable X heißt normalverteilt mit den Parametern μ und σ^2, $X \sim N(\mu,\sigma^2)$, wenn ihre Dichtefunktion die Form hat*

$$f(x) = \frac{1}{\sqrt{2\pi\sigma^2}} \exp\left\{-\frac{1}{2\sigma^2}(x-\mu)^2\right\},$$

für alle x mit $-\infty < x < \infty$; die Parameter μ und σ^2 sind reelle Zahlen mit $-\infty < \mu < \infty$ und $\sigma^2 > 0$.

Die Dichtefunktion der Normalverteilung, die **Gauß'sche Glockenkurve**, ist symmetrisch um den Wert μ und hat zwei Wendepunkte, die bei $\mu - \sigma$ und $\mu + \sigma$ liegen. Den Effekt verschiedener Werte von μ und σ^2 illustriert die *Abbildung 8.1*.

Die Verteilungsfunktion $F(x) = P\{X \le x\}$ erhält man durch die Integration

$$F(x) = \int_{-\infty}^{x} f(t)\,dt$$

für $-\infty < x < \infty$. Die Bedeutung der beiden Parameter μ und σ^2 zeigt der folgende Satz.

Abbildung 8.1: Gauß'sche Glockenkurve (a) der $N(0,1)$-, (b) der $N(3,1)$- und (c) der $N(0,4)$-Verteilung.

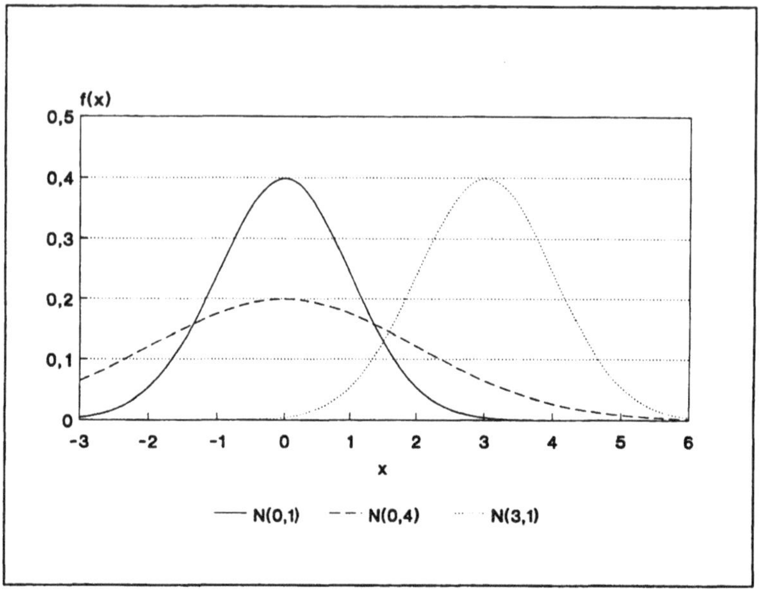

Satz 8.10 *Die normalverteilte Zufallsvariable* $X \sim N(\mu, \sigma^2)$ *hat die Momente*

$$\begin{aligned} \mathrm{E}\{X\} &= \mu, \\ \mathrm{Var}\{X\} &= \sigma^2. \end{aligned}$$

Satz 8.11 *Das Standardisieren einer normalverteilten Zufallsvariablen* $X \sim N(\mu, \sigma^2)$ *ergibt die* **standardisiert normalverteilte Zufallsvariable**

$$Z = \frac{X - \mu}{\sigma} \sim N(0,1);$$

sie hat den Erwartungswert Null und die Varianz Eins.

Die standardisierte Zufallsvariable Z hat somit die Dichtefunktion

$$\varphi(z) = \frac{1}{\sqrt{2\pi}} e^{-z^2/2}$$

für $-\infty < z < \infty$; ihre Verteilungsfunktion erhält man durch die Integration

$$\Phi(z) = \int_{-\infty}^{z} \varphi(t)\, dt$$

für $-\infty < z < \infty$. Die Symbole φ und Φ sind Klein- und Großschreibung desselben Buchstaben (sprich "fi") aus dem griechischen Alphabet. Da die Integration der Dichtefunktion der Normalverteilung keine elementare Aufgabe ist, enthalten die meisten Statistikbücher Tabellen ausgewählter Werte der Verteilungsfunktion $\Phi(z)$ und entsprechende Perzentile. Die *Tafeln 4* und *5* im Anhang sind ein Beispiel für solche Tabellierung. Wegen der Symmetrie der Dichtefunktion gilt

$$\Phi(-z) = 1 - \Phi(z).$$

Daher ist in *Tafel 4* die Verteilungsfunktion $\Phi(z)$ nur für $z \geq 0$ tabelliert.

Berechnung von Wahrscheinlichkeiten

Wie in Kapitel 7 ausgeführt, interessieren uns bei stetigen Zufallsvariablen Ereignisse von der Form $\{a < X \leq b\}$. Zur Berechnung von Wahrscheinlichkeiten solcher Ereignisse verwendet man die Verteilungsfunktion:

$$P\{a < X \leq b\} = F(b) - F(a).$$

Die Verteilungsfunktion $F(x)$ der Zufallsvariablen X mit $X \sim N(\mu, \sigma^2)$ kann durch die Substitution $\frac{x-\mu}{\sigma} = z$ auf die Verteilungsfunktion $\Phi(z)$ zurückgeführt werden. Wegen

$$\begin{aligned} P\{X \leq x\} &= \frac{1}{\sqrt{2\pi\sigma^2}} \int_{-\infty}^{x} \exp\left\{-\frac{1}{2\sigma^2}(x-\mu)^2\right\} dx \\ &= \frac{1}{\sqrt{2\pi}} \int_{-\infty}^{\frac{x-\mu}{\sigma}} \exp\left\{-\frac{z^2}{2}\right\} dz = \Phi\left(\frac{x-\mu}{\sigma}\right) \end{aligned}$$

gilt

$$\begin{aligned} F(x) &= P\{X \leq x\} = P\left\{\frac{X-\mu}{\sigma} \leq \frac{x-\mu}{\sigma}\right\} \\ &= P\left\{Z \leq \frac{x-\mu}{\sigma}\right\} = \Phi\left(\frac{x-\mu}{\sigma}\right). \end{aligned}$$

Das folgende Beispiel zeigt, wie die Normalverteilungstafel zur Berechnung von Wahrscheinlichkeiten verwendet werden kann

Beispiel 8.10 Die Zufallsvariable X sei normalverteilt mit $X \sim N(2, 9)$. Gesucht sind (a) die Wahrscheinlichkeit $P\{0 < X \leq 5\}$ und (b) jener Wert c, für den $P\{|X - \mu| < c\} = 0.9$ gilt.

(a) Das Ereignis $\{0 < X \leq 5\}$ hat die Wahrscheinlichkeit

$$\begin{aligned} P\{0 < X \leq 5\} &= P\left\{\frac{0-2}{3} < \frac{X-2}{3} \leq \frac{5-2}{3}\right\} \\ &= P\left\{-\frac{2}{3} < Z \leq 1\right\} = \Phi(1) - \Phi(-0.6\dot{6}) \\ &= 0.841 - 0.255 = 0.586. \end{aligned}$$

(b) Aus $P\{|X-\mu|<c\} = P\{-c<X-\mu<c\} = 0.9$ erhalten wir den Wert von c wegen

$$\begin{aligned} P\left\{-\frac{c}{\sigma} < \frac{X-\mu}{\sigma} < \frac{c}{\sigma}\right\} &= \Phi\left(\frac{c}{\sigma}\right) - \Phi\left(-\frac{c}{\sigma}\right) \\ &= \Phi\left(\frac{c}{\sigma}\right) - 1 + \Phi\left(\frac{x}{\sigma}\right) = 0.9 \end{aligned}$$

durch Anwenden der inversen Verteilungsfunktion Φ^{-1} auf

$$\Phi\left(\frac{c}{\sigma}\right) = \frac{1.9}{2} = 0.95 = \Phi(1.645)$$

zu

$$c = 1.645\,\sigma = 4.94\,.$$

Der Übergang von der vorletzten zur letzten Zeile erfolgt durch Anwenden der inversen Verteilungsfunktion Φ^{-1}.

Linearkombinationen normalverteilter Zufallsvariabler

Eine für viele Anwendungen wichtige Eigenschaft von unabhängigen normalverteilten Zufallsvariablen gibt der folgende Satz.

Satz 8.12 *Die Zufallsvariablen $X_1,\ldots,X_n$ seien unabhängig normalverteilt: $X_i \sim N(\mu_i,\sigma_i^2)$. Dann folgt die Linearkombination $\sum_{i=1}^n a_i X_i$ der Normalverteilung $N(\mu,\sigma^2)$:*

$$\sum_{i=1}^n a_i X_i \sim N(\mu,\sigma^2)$$

mit $\mu = \sum_{i=1}^n a_i\mu_i$ und $\sigma^2 = \sum_{i=1}^n a_i^2\sigma_i^2$.

Diese Eigenschaft gilt ganz allgemein für lineare Funktionen normalverteilter Zufallsvariabler: Lineare Funktionen normalverteilter Zufallsvariabler sind wieder normalverteilt.

Vergleiche dazu auch die Beispiele 8.22 und 8.24.

8.2.2 Abgeleitete Verteilungen

Im folgenden führen wir einige von der Normalverteilung abgeleitete Wahrscheinlichkeitsverteilungen ein, die in den Kapiteln zur Statistischen Inferenz immer wieder angewendet werden.

Satz 8.13 χ^2**-Verteilung:** *Die Zufallsvariablen $Z_1, \ldots, Z_m$ seien unabhängig und standardisiert normalverteilt: $Z_i \sim N(0,1)$. Dann folgt die Zufallsvariable $T = \sum_{i=1}^m Z_i^2$ der Chi-Quadrat-Verteilung mit m Freiheitsgraden:*

$$T \sim \chi^2(m);$$

die Momente der Chi-Quadrat Verteilung mit m Freiheitsgraden sind

$$\mathrm{E}\{T\} = m, \quad \mathrm{Var}\{T\} = 2m.$$

Das Symbol χ (sprich "chi") kommt aus dem Griechischen. Perzentile der Chi-Quadrat Verteilung sind in *Tafel A.7* im Anhang tabelliert.

Satz 8.14 *Student's t*-**Verteilung:** *Der Quotient*

$$T = \frac{X}{\sqrt{Y/m}},$$

gebildet aus einer Zufallsvariablen X mit $X \sim N(0,1)$ und einer davon unabhängig verteilten Zufallsvariablen Y mit $Y \sim \chi^2(m)$, folgt der t-Verteilung mit m Freiheitsgraden:

$$T \sim t(m);$$

die Momente der t-Verteilung mit m Freiheitsgraden sind

$$\mathrm{E}\{T\} = 0, \quad \mathrm{Var}\{T\} = \frac{m}{m-2};$$

die Varianz ist nur für $m > 2$ definiert.

Die Bezeichnung geht auf das Pseudonym "Student" zurück, unter dem der Schotte W.S. Gosset seine bahnbrechende Arbeit über die t-Verteilung publizierte. Perzentile der t-Verteilung sind in *Tafel A.6* im Anhang tabelliert.

Satz 8.15 F**-Verteilung:** *Der Quotient*

$$T = \frac{T_1/m_1}{T_2/m_2}$$

aus den unabhängigen Zufallsvariablen T_1 mit $T_1 \sim \chi^2(m_1)$ und T_2 mit $T_2 \sim \chi^2(m_2)$ folgt der F-Verteilung mit m_1 und m_2 Freiheitsgraden:

$$T \sim F(m_1, m_2);$$

der Erwartungswert der F-Verteilung mit m_1 und m_2 Freiheitsgraden ist

$$\mathrm{E}\{T\} = \frac{m_2}{m_2-2},$$

vorausgesetzt, daß $m_2 > 2$.

Perzentile der F-Verteilung sind in *Tafel A.8* im Anhang tabelliert.

8.2.3 Weitere stetige Verteilungen

Stetige Gleichverteilung

Sie ist das stetige Gegenstück zur diskreten Gleichverteilung.

Definition 8.5 *Die Zufallsvariable X heißt (stetig)* **gleichverteilt** *im Intervall $a \leq x \leq b$, $X \sim U(a,b)$, wenn für ihre Dichtefunktion $f(x)$ gilt*

$$f(x) = \begin{cases} \frac{1}{b-a} & a \leq x \leq b, \\ 0 & \text{sonst.} \end{cases}$$

Der folgende Satz gibt Erwartungswert und Varianz der stetig gleichverteilten Zufallsvariablen.

Satz 8.16 *Für die stetig gleichverteilte Zufallsvariable X mit $X \sim U(a,b)$ gilt*

$$\begin{aligned} \mathrm{E}\{X\} &= \frac{b+a}{2}, \\ \mathrm{Var}\{X\} &= \frac{(b-a)^2}{12}. \end{aligned}$$

Vergleiche dazu auch Beispiel 7.4.

Exponentialverteilung

Die Exponentialverteilung haben wir als "Wartezeit-Verteilung" bei der Behandlung des Poisson-Prozesses in Abschnitt 8.1.3 kennengelernt. In ähnlicher Weise wird sie als Wahrscheinlichkeitsverteilung von Zeitspannen (oder räumlichen Intervallen) zwischen dem Eintreten von Ereignissen angewendet. Eine weitere häufige Anwendung der Exponentialverteilung findet sich in Lebensdaueruntersuchungen.

Definition 8.6 *Die Zufallsvariable X heißt* **exponentialverteilt** *mit dem Parameter β, $X \sim E(\beta)$, wenn für ihre Dichtefunktion $f(x)$ gilt*

$$f(x) = \begin{cases} \beta e^{-x\beta} & x \geq 0, \\ 0 & \textit{sonst,} \end{cases}$$

wobei $\beta > 0$.

Vergleiche dazu auch die Beispiele 8.19 und 8.25.

Der folgende Satz gibt Erwartungswert und Varianz der exponentialverteilten Zufallsvariablen.

Satz 8.17 *Für die exponentialverteilte Zufallsvariable X, $X \sim E(\beta)$, gilt*

$$\begin{aligned} \mathrm{E}\{X\} &= \frac{1}{\beta}, \\ \mathrm{Var}\{X\} &= \frac{1}{\beta^2}. \end{aligned}$$

8.3 Zentraler Grenzwertsatz; Approximationen

Die *Tabelle 8.4* gibt eine Übersicht über Approximationen, die zwischen Wahrscheinlichkeitsverteilungen vorgenommen werden können. Basis für viele Approximationen ist der Zentrale Grenzwertsatz, der in der Formulierung von Lindeberg und Levy folgendermaßen lautet.

Satz 8.18 Zentraler Grenzwertsatz: *Die Zufallsvariablen X_i seien unabhängig und identisch verteilt mit $\mathrm{E}\{X_i\} = \mu$ und $\mathrm{Var}\{X_i\} = \sigma^2$, $i = 1, 2, \ldots$. Es sei $S_n = X_1 + X_2 \ldots + X_n$ und Z_n die standardisierte Summe,*

$$Z_n = \frac{S_n - n\mu}{\sqrt{n\sigma^2}};$$

dann gilt

$$\lim_{n\to\infty} P\{Z_n \leq z\} = \Phi(z).$$

Man sagt auch, Z_n ist asymptotisch normalverteilt. Für endliches, aber genügend großes n ist Z_n näherungsweise normalverteilt; wir schreiben dafür $Z_n \dot{\sim} N(0,1)$.

Dieser Satz ist insoferne bemerkenswert, als er aussagt, daß die asymptotische Verteilung der standardisierten Partialsummen die Normalverteilung ist, gleichgültig, welcher Verteilung die einzelnen Summanden folgen, solange sie nur die (schwachen) Voraussetzungen der Unabhängigkeit und identischen Verteilung erfüllen. Eine große Zahl von Varianten des Zentralen Grenzwertsatzes gibt Bedingungen an, unter denen die Summe von Zufallsvariablen asymptotisch normalverteilt ist.

Eine unmittelbare Konsequenz des Zentralen Grenzwertsatzes ist die asymptotische Normalverteilung des Mittelwertes einer Stichprobe aus einer beliebigen Verteilung: Wegen

$$P\{Z_n < z\} = P\left\{\frac{S_n - n\mu}{\sqrt{n\sigma^2}} < z\right\} = P\left\{\frac{\bar{X}_n - \mu}{\sigma}\sqrt{n} < z\right\},$$

ergibt sich

$$\lim_{n\to\infty} P\left\{\frac{\bar{X}_n - \mu}{\sigma}\sqrt{n} < z\right\} = \Phi(z).$$

Ein Spezialfall des Zentralen Grenzwertsatzes ist der **Grenzwertsatz nach de Moivre und Laplace**. Wir gehen davon aus, daß die Zufallsvariable $S_n \sim B(n,p)$ als Summe von identisch und unabhängig verteilten Zufallsvariablen $X_i \sim B(1,p)$ aufgefaßt werden kann (vergleiche Beispiel 7.20). Daher gelten $\mathrm{E}\{S_n\} = np$ und $\mathrm{Var}\{S_n\} = np(1-p)$, und die Verteilungsfunktion von $Z_n = (S_n - np)/\sqrt{np(1-p)}$ strebt nach *Satz 8.18* gegen die Verteilungsfunktion der standardisierten Normalverteilung:

$$S_n \overset{\cdot}{\sim} N[np, np(1-p)].$$

Bei der Approximation einer diskreten Zufallsvariablen X durch eine stetige Y empfiehlt es sich, zur Verbesserung der Genauigkeit eine **Stetigkeitskorrektur** vorzunehmen:

$$P\{a \le X \le b\} \doteq P\{a - 0.5 < Y \le b + 0.5\}.$$

Die Logik der Korrektur ist, die Wahrscheinlichkeit des Ereignisses $\{X = x\}$ durch das Integral

$$\int_{x-0.5}^{x+0.5} f(y)\,dy$$

zu approximieren, $x = a, \ldots, b$, wobei $f(y)$ die Dichtefunktion von Y ist. *Abbildung 8.2* illustriert das für die Approximation der binomialverteilteilten Zufallsvariablen X, $X \sim B(n,p)$, durch die normalverteilte Zufallsvariable Y mit $Y \sim N[np, np(1-p)]$.

> **Beispiel 8.11** Die Zufallsvariable X sei binomialverteilteilt: $B(n,p)$. Die Wahrscheinlichkeit $P\{a \le X \le b\}$ kann näherungsweise bestimmt werden zu
>
> $$P\{a \le X \le b\} \doteq \Phi\left(\frac{b + 0.5 - np}{\sqrt{np(1-p}}\right) - \Phi\left(\frac{a - 0.5 - np}{\sqrt{np(1-p)}}\right).$$
>
> Die *Abbildung 8.2* illustriert diesen Sachverhalt.

Eine naheliegende Frage ist natürlich, wie groß n sein muß, damit diese Approximation keine zu großen Fehler verursacht. Man kann zeigen, daß der Fehler wesentlich von der Schiefe der Verteilung der einzelnen Summanden

Abbildung 8.2: Approximation der Binomialverteilung $B(n, p)$ durch die Normalverteilung $N[np, np(1-p)]$.

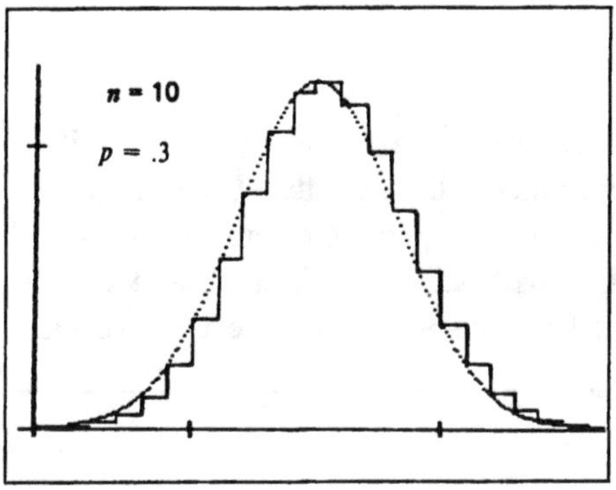

abhängt. Ist diese Verteilung symmetrisch, was bei vielen praktischen Anwendungen der Fall ist, so kann man erwarten, daß der Fehler schon bei relativ kleinem n hinreichend klein ist. Hinweise in Form von Faustregeln gibt für häufig verwendete Verteilungen die *Tabelle 8.4*.

Vergleiche dazu auch die Beispiele 8.18 und 8.25.

8.A Ergänzende Beispiele

Beispiel 8.12 Ein Kartenspiel enthält 52 Karten mit je 13 von vier Farben. Wie groß ist die Wahrscheinlichkeit, daß ein Spieler in einem Blatt von 13 Karten (a) drei Herzkarten, (b) höchstens zwei Asse, und (c) fünf Asse erhält; (d) wie groß sind Erwartungswert und Varianz der Anzahl der Piquekarten in einem Blatt?

(a) Bei $N = 52$ Karten, darunter $M = 13$ Herzkarten, folgt die Zufallsvariable X: *Zahl der Herzkarten unter den $n = 13$ Karten des Blattes* der hypergeometrischen Verteilung $H(52, 13, 13)$, und wir erhalten

$$P\{X = 3\} = \frac{\binom{13}{3} \cdot \binom{39}{10}}{\binom{52}{13}} = 0.286\,;$$

(b) die Zufallsvariable Y: *Zahl der Assen* folgt der hypergeometrischen Verteilung $H(52, 4, 13)$, und wir erhalten

$$\begin{aligned} P\{Y \leq 2\} &= 1 - P\{Y \geq 3\} \\ &= 1 - \left[\frac{\binom{4}{3}\binom{48}{10}}{\binom{52}{13}} + \frac{\binom{4}{4}\binom{48}{9}}{\binom{52}{13}}\right] = 0.956\,; \end{aligned}$$

Tabelle 8.4: Approximationen von Wahrscheinlichkeitsverteilungen. Die numerischen Spezifikationen, die bei den Übergängen zwischen den Wahrscheinlichkeitsverteilungen angegeben sind, sollen als Faustregeln verstanden werden; die Approximationen geben für die meisten praktischen Fälle hinreichend genaue Ergebnisse, wenn diese Faustregeln eingehalten werden.

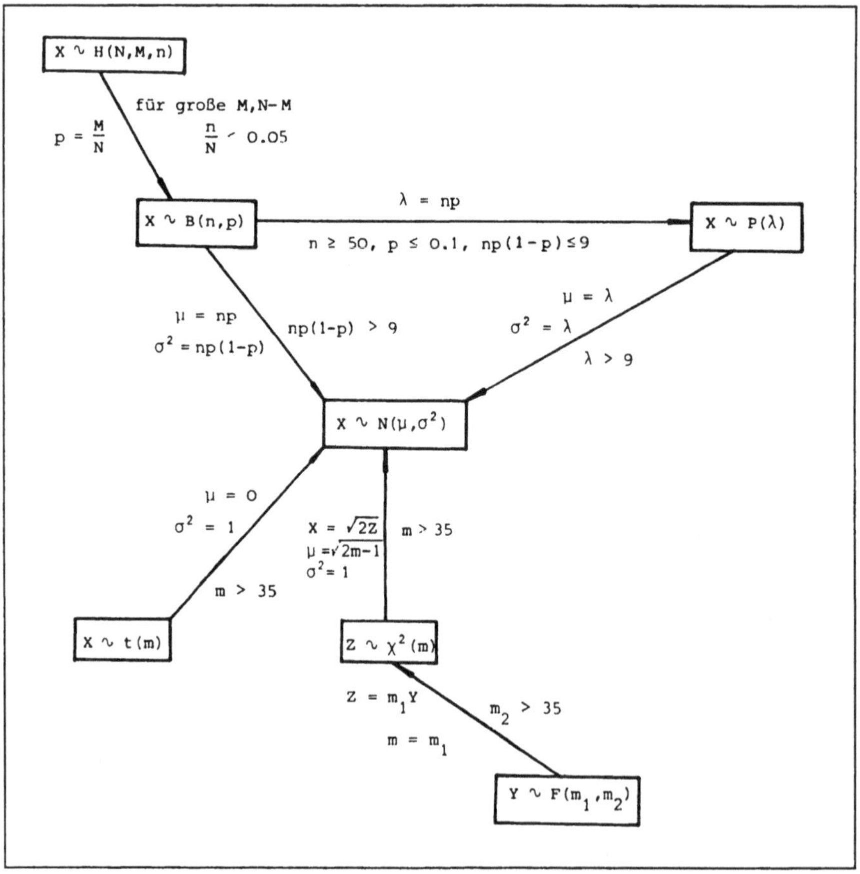

(c) mit Y: ***Zahl der Assen***, $Y \sim H(52, 4, 13)$, erhalten wir

$$P\{Y = 5\} = \frac{\binom{4}{5}\binom{48}{4}}{\binom{52}{13}} = 0\,,$$

weil $\binom{4}{5} = 0$, bzw. weil $x > M$;

(d) der Erwartungswert und die Varianz von Z: ***Anzahl der Piquekarten in einem Blatt***, $Z \sim H(52, 13, 13)$, sind

$$\begin{aligned} \mathrm{E}\{Z\} &= 13 \cdot \frac{13}{52} = 3.25\,, \\ \mathrm{Var}\{Z\} &= 13 \cdot \frac{13}{52} \cdot \frac{39}{52} \cdot \frac{39}{51} = 1.86\,. \end{aligned}$$

Beispiel 8.13 Die in Beispiel 8.12(a) und (b) zu ermittelnden Wahrscheinlichkeiten sind näherungsweise mittels der Binomialverteilung zu bestimmen.

(a) Die hypergeometrisch verteilte Zufallsvariable X: ***Zahl der Herzkarten***, $X \sim H(52, 13, 13)$, ist näherungsweise binomialverteilt: $B(13, 0.25)$; damit ergibt sich

$$P\{X = 3\} = \binom{13}{3} \cdot 0.25^3 \cdot 0.75^{10} = 0.252\,;$$

(b) die Zufallsvariable Y: ***Zahl der Assen***, $Y \sim H(52, 4, 13)$, folgt näherungsweise der Binomialverteilung $B(13, \frac{1}{13})$, und wir erhalten

$$P\{Y \leq 2\} = 1 - \left(\frac{1}{13}\right)^3 \left(\frac{12}{13}\right)^9 \left[\binom{13}{3}\frac{12}{13} + \binom{13}{4}\frac{1}{13}\right] = 0.929\,.$$

Beispiel 8.14 Die Gewinnchance von A im Tennisspiel gegen B sei 0.6. Die Wahrscheinlichkeit für B, mehr als die Hälfte der Wettkämpfe zu gewinnen, ist zu bestimmen, wenn (a) 3, (b) 5 Wettkämpfe ausgetragen werden. Für den letzteren Fall sind (c) Erwartungswert und Standardabweichung der Zahl der von B gewonnenen Kämpfe zu ermitteln.

(a) Die Zufallsvariable X: ***Zahl der von B gewonnenen Kämpfe*** folgt – bei Zutreffen der Voraussetzungen – der Binomialverteilung, $X \sim B(3, 0.4)$; die gesuchte Wahrscheinlichkeit ist

$$P\{X \geq 2\} = \binom{3}{2} \cdot 0.4^2 \cdot 0.6 + \binom{3}{3} \cdot 0.4^3 = 0.352\,;$$

(b) die Zufallsvariable Y: ***Zahl der von B gewonnenen Kämpfe*** folgt nun der Binomialverteilung $B(5, 0.4)$; die gesuchte Wahrscheinlichkeit ist

$$P\{X \geq 3\} = \binom{5}{3} \cdot 0.4^3 \cdot 0.6^2 + \ldots + \binom{5}{5} \cdot 0.4^5 = 0.317\,;$$

(c) für die Momente von $Y \sim B(5, 0.4)$ gilt $\mathrm{E}\{Y\} = 5 \cdot 0.4 = 2$, $\mathrm{Var}\{Y\} = 5 \cdot 0.4 \cdot 0.6 = 1.2$ und $\sigma_Y = 1.095$.

Beispiel 8.15 Eine Krankheit wird mit dem Medikament A erfahrungsgemäß in 50% der Fälle geheilt: Man sagt, es hat eine Heilwirkung von 0.5 oder von 50%. Mit einem neuen Medikament B werden 10 von 12 an dieser Krankheit leidenden Patienten geheilt. Zu bestimmen ist (a) die Wahrscheinlichkeit des Ereignisses $\{X \geq 10\}$ für den Fall, daß das Medikament B wie A eine Heilwirkung von 50% hat; (b) die Wahrscheinlichkeiten dieses Ereignisses für Heilwirkungen des Medikaments B von $10i\%$, $i = 4, \ldots, 10$.

(a) Mit der Zufallsvariablen X: *Zahl der mit B geheilten Patienten* lautet das Ereignis $\{X \geq 10\}$; X folgt – bei Zutreffen der Vorausssetzungen – der Binomialverteilung $B(12, 0.5)$, wenn die Heilwirkung 50% beträgt; die gesuchte Wahrscheinlichkeit ist

$$P\{X \geq 10\} = \sum_{k=10}^{12} \binom{12}{k} \cdot 0.5^{12} = (66 + 12 + 1) \cdot 0.5^{12} = 0.019\,;$$

(b) die Zufallsvariable X: *Zahl der mit B geheilten Patienten* folgt der Binomialverteilung $B(12, p)$, wenn die Heilwirkung $100p\%$ beträgt; die gesuchten Wahrscheinlichkeiten des Ereignisses $\{X \geq 10\}$,

$$P\{X \geq 10\} = \sum_{k=10}^{12} \binom{12}{k} \cdot p^k \cdot (1-p)^{12-k}\,,$$

zeigt die Tabelle:

p	P
1.0	1.000
0.9	0.889
0.8	0.558
0.7	0.253
0.6	0.083
0.5	0.019
0.4	0.003

Beachte! Das Eintreten des Ereignisses $\{X \geq 10\}$ ist für ein p mit $p > 0.5$ viel plausibler als für den Fall $p = 0.5$; der empirische Befund spricht dafür, daß das Medikament B eine höhere Heilwirkung als A hat!

Beispiel 8.16 Die Spieler A und B aus Beispiel 8.14 nehmen an einem Turnier teil, in dessen Rahmen sie drei Wettkämpfe auszutragen haben. Die ausgesetzten Prämien sind öS 10.000 für 3 Siege, öS 5.000 für 2 Siege und öS 1.000 für weniger als 2 Siege. Zu bestimmen sind die Gewinnerwartung von (a) Spieler A und (b) Spieler B. *Beachte:* Die Zufallsvariable $G(X)$: *erzielter Gewinn* ist eine Funktion der Zufallsvariablen X: *Zahl der Siege*; G hat den Erwartungswert

$$\mathrm{E}\{G(X)\} = \sum_{i=0}^{3} G(X = i) P\{X = i\} = 10.000 \cdot P\{X = 3\}$$

$$+ 5.000 \cdot P\{X = 2\} + 1.000 \cdot P\{X < 2\}.$$

(a) Für Spieler A ergeben sich für die Zufallsvariable X: ***Zahl der von A erzielten Siege***, $X \sim B(3, 0.6)$, die Wahrscheinlichkeiten $P\{X = 3\} = 0.6^3 = 0.216$, $P\{X = 2\} = 3 \cdot 0.4 \cdot 0.6^2 = 0.432$, und $P\{X < 2\} = 1 - 0.216 - 0.432 = 0.352$; der erwartete Gewinn ist daher $\mathrm{E}\{G(X)\} = 467.20$;

(b) für Spieler B folgt die Zufallsvariable Y: ***Zahl der von B erzielten Siege*** der Binomialverteilung $B(3, 0.4)$; wir erhalten die Wahrscheinlichkeiten $P\{Y = 3\} = 0.064$, $P\{Y = 2\} = 0.288$ und $P\{Y < 2\} = 0.648$ und den erwarteten Gewinn zu $\mathrm{E}\{G(Y)\} = 272.80$.

Beispiel 8.17 Schläuche für Radreifen werden mit einer Ausschußquote von 0.06 produziert. Es wurden 25 zufällig ausgewählte Schläuche in einer Schachtel verpackt. Der Erzeuger zahlt folgende Vergütungen $V(x)$ an seine Kunden, wenn sie in einer Schachtel x defekte Schläuche vorfinden:

x	$V(x)$
1	30.–
2	70.–
3	120.–

Sind mehr als drei Schläuche einer Schachtel defekt, so ersetzt er die ganze Schachtel durch eine andere. Es sind zu bestimmen (a) die Wahrscheinlichkeitsverteilung für die in einer Schachtel gefundenen defekten Schläuche, wenn die Bedingung erfüllt ist, daß höchstens drei Schläuche defekt sind, und (b) die erwartete Vergütung, die der Erzeuger – bei Zutreffen dieser Bedingung – für eine Schachtel bezahlt.

(a) Die Zufallsvariable X: ***Anzahl der defekten Schläuche*** folgt der Binomialverteilung $B(25, 0.06)$; die Verteilung der bedingten Zufallsvariable $X = k|X \leq 3$ ergibt sich wegen

$$P\{X = k|X \leq 3\} = \begin{cases} \frac{P\{X=k\}}{P\{X\leq 3\}} & k = 0, \ldots, 3 \\ 0 & \text{sonst} \end{cases}$$

zu

k	$P\{X = k\|X \leq 3\}$
0	0.227
1	0.361
2	0.277
3	0.135

(b) die erwartete Vergütung beträgt somit

$$\mathrm{E}\{V(X)\} = \sum_{x=0}^{3} x \cdot P(X = x|X \leq 3) = 46.42.$$

Beispiel 8.18 Eine Versicherung hat mit 500 PKW-Besitzern eine Haftpflichtversicherung abgeschlossen. Erfahrungsgemäß beträgt die Wahrscheinlichkeit, daß ein Klient im Laufe eines Jahres einen oder mehrere Schadensfälle verursacht, $p = 0.01$. Die Wahrscheinlichkeit, daß mehr als drei Versicherte einen oder mehrere Schadensfälle verursachen, ist zu bestimmen (a) unter der Annahme der Binomialverteilung, (b) durch Approximation der Binomialverteilung durch eine Poisson-Verteilung, und (c) durch Approximation der Binomialverteilung durch eine Normalverteilung; (d) wie groß ist der relative Fehler bei (b) und (c)?

(a) Die Zufallsvariable X: ***Zahl der Versicherten mit Schadensfällen*** folgt – bei Zutreffen der Voraussetzungen – der Binomialverteilung $B(500, 0.01)$; die gesuchte Wahrscheinlichkeit $P\{X > 3\}$ berechnet sich zu

$$\begin{aligned} P\{X > 3\} &= 1 - P\{X \leq 3\} \\ &= 1 - 0.99^{97}\left[0.99^3 + \binom{500}{1} 0.99^2\, 0.01 \right. \\ &\qquad \left. + \binom{500}{2} 0.99 \cdot 0.01^2 + \binom{500}{3} 0.01^3\right] = 0.736\,; \end{aligned}$$

(b) die Zufallsvariable X, $X \sim B(500, 0.01)$, kann wegen großem n und kleinem p näherungsweise als Poisson-verteilt behandelt werden: $X \dot{\sim} P(5)$; wir erhalten

$$P\{X > 3\} \doteq 1 - e^{-5}\left(1 + 5 + \frac{25}{2} + \frac{125}{6}\right) = 0.735\,;$$

(c) approximieren wir die Binomialverteilung $B(500, 0.01)$ der Zufallsvariablen X mit der Normalverteilung, $X \dot{\sim} N(5, 4.95)$, so erhalten wir für die gesuchte Wahrscheinlichkeit

$$\begin{aligned} P\{X > 3\} &= P\{4 \leq X \leq 500\} \\ &\doteq \Phi\left(\frac{500.5 - 5}{\sqrt{4.95}}\right) - \Phi\left(\frac{3.5 - 5}{\sqrt{4.95}}\right) \\ &= \Phi(222.71) - \Phi(-0.675) = 1 - 0.250 = 0.750\,; \end{aligned}$$

(d) der unter Benutzung der Binomialverteilung erhaltene, exakte Wert für $P\{X > 3\}$ beträgt 0.736; der relative Fehler beträgt –0.1% für (b) und 1.9% für (c). Der vergleichsweise große Fehler in (c) ist darauf zurückzuführen, daß die Binomialverteilung mit $p = 0.01$ extrem schief ist und das n für eine gute Approximation durch die Normalverteilung zu klein ist.

Beispiel 8.19 Auf der Startbahn eines Flughafens finden im Durchschnitt 24 Starts pro Stunde statt. Zu bestimmen ist (a) die Wahrscheinlichkeit, daß innerhalb von fünf Minuten mehr als ein Start erfolgt, (b) die Wahrscheinlichkeit für mehr als 160 Starts zwischen 6 und 12 Uhr; (c) die Zeit, die im Durchschnitt zwischen zwei Starts vergeht, und (d) die Wahrscheinlichkeit, daß zwischen zwei Starts mehr als zwei Minuten vergehen.

(a) Da die Zufallsvariable X: ***Zahl der Starts pro Stunde***, die unter der Voraussetzung eines zugrundeliegenden Poisson-Prozesses poissonverteilt ist, $X \sim P(24)$, gilt für die Zufallsvariable Y: ***Zahl der Starts pro fünf Minuten***, daß $Y \sim P(2)$; die gesuchte Wahrscheinlichkeit ist

$$\begin{aligned} P\{Y > 1\} &= 1 - (P\{Y = 0\} + P\{Y = 1\}) = \\ &= 1 - e^{-2}(1+2) = 0.594\,; \end{aligned}$$

(b) die Zufallsvariable Z: ***Anzahl der Starts pro Tag*** ist dann Poisson-verteilt, $Z \sim P(144)$; da λ groß ist, gilt approximativ $Z \dot{\sim} N(144, 144)$, und die gesuchte Wahrscheinlichkeit ist

$$P\{Z > 160\} \doteq 1 - \Phi\left(\frac{160 + 0.5 - 144}{12}\right) = 1 - \Phi(1.38) = 0.084\,;$$

(c) die Zufallsvariable T: ***Zeit zwischen zwei Starts*** (in Stunden) ist im Rahmen eines Poisson-Prozesses exponentialverteilt, $T \sim E(24)$; daher gilt

$$\mathrm{E}\{T\} = \frac{1}{24}\,;$$

durchschnittlich vergehen 2.5 Minuten zwischen zwei Starts;

(d) die zwei Minuten entsprechen 1/30 Stunde; damit ergibt sich für die gesuchte Wahrscheinlichkeit

$$P\{T > 1/30\} = e^{-24/30} = 0.449\,.$$

Beispiel 8.20 Die folgende Tafel gibt die jährliche Zahl x der Toten in Regimentern der preußischen Kavallerie durch Hufschlag, die in einem Zeitraum von 20 Jahren bei zehn Regimentern registriert wurden:

x	Jahre mit x Toten pro Regiment
0	109
1	65
2	22
3	3
4	1
> 4	0

Im Durchschnitt verunglückten 0.61 Soldaten pro Jahr und Regiment. Es ist zu bestimmen, (a) mit welchen Wahrscheinlichkeiten die Zahl X der Toten in einem Regiment $x = 0, 1, \ldots, 4$ und > 4 beträgt, wenn $X \sim P(0.61)$, und (b) mit welchen Häufigkeiten $H(x)$ die Ereignisse $\{X = x\}$, $x = 0, 1, \ldots, 4$ und > 4, zu erwarten sind, wenn $X \sim P(0.61)$.

(a) Aus der Wahrscheinlichkeitsfunktion der Poisson-Verteilung der Zufallsvariablen X: ***Zahl der Toten in einem Jahr und Regiment durch Hufschlag*** erhalten wir $f(0) = e^{-0.61} = 0.543$, $f(1) = 0.331$, $f(2) = 0.101$, $f(3) = 0.021$, $f(4) = 0.003$, und $P\{X > 4\} = 0.001$;

(b) aus $H(x) = n\,P\{X = x\}$ mit $n = 200$ ergeben sich die erwarteten Häufigkeiten $H(0) = 108.68$, $H(1) = 66.28$, $H(2) = 20.22$, $H(3) = 4.12$, $H(4) = 0.62$, und $H(>4) = 0.08$ in guter Übereinstimmung mit den beobachteten Werten.

Beispiel 8.21 In eine Hühnerbrutmaschine werden 15 Eier eingelegt. Aus der Erfahrung sei bekannt, daß die Eier mit $p_1 = 0.05$ unbefruchtet sind, mit $p_2 = 0.10$ ein männliches und mit $p_3 = 0.85$ ein weibliches Kücken geben. Die Zufallsvariablen X_1, X_2 und X_3 repräsentieren (1) die Anzahl der unbefruchteten Eier, (2) die Anzahl der männlichen und (3) die Anzahl der weiblichen Küken. Zu bestimmen sind (a) $P\{X_1 = 0, X_2 \leq 1\}$ und (b) $P\{X_3 \geq 14\}$.

(a) Die Wahrscheinlichkeit $P\{X_1 = 0, X_2 \leq 1\}$ ergibt sich zu

$$\begin{aligned} & P\{X_1 = 0, X_2 = 0 \text{ oder } 1, X_3 = 15 - X_1 - X_2\} \\ = \; & \frac{15!}{0!0!15!}0.05^0\,0.10^0\,0.85^{15} + \frac{15!}{0!1!14!}0.05^0\,0.10^1\,0.85^{14} \\ = \; & 0.85^{14}(0.85 + 15\,0.10) = 0.24\,; \end{aligned}$$

(b) $P\{X_3 \geq 14\} = \binom{15}{14}0.85^{14}0.15 + \binom{15}{15}0.85^{15}0.15^0 = 0.32$; beachte, daß X_3 wie jede andere Komponente des Zufallsvektors (X_1, X_2, X_3) als marginale Verteilung die Binomialverteilung hat.

Beispiel 8.22 Der Durchmesser X von Drehstücken und der Durchmesser Y der entsprechenden Gegenstücke seien normalverteilt: $X \sim N(4.2, 0.01)$ und $Y \sim N(4.35, 0.0044)$. Zu bestimmen ist die Wahrscheinlichkeit, daß (a) $\{X > 4.35\}$ für ein zufällig ausgewähltes Drehstück, daß (b) zwei zufällig ausgewählte Stücke "zusammenpassen", d.h., daß das Gegenstück einen zwischen 0.01 und 0.23 größeren Durchmesser als das Drehstück hat, und daß (c) in einer Packung von 25 Drehstücken nicht mehr als zwei nicht entsprechende Stücke enthalten sind, wenn als Genauigkeitsanforderung verlangt wird, daß der Durchmesser vom Sollwert 4.2 um maximal 5% abweicht.

(a) Die Wahrscheinlichkeit für das Ereignis $\{X > 4.35\}$ ist

$$\begin{aligned} P\{X > 4.35\} &= 1 - P\{X \leq 4.35\} \\ &= 1 - \Phi\left(\frac{4.35 - 4.2}{0.1}\right) = 1 - \Phi(1.5) = 0.067\,; \end{aligned}$$

(b) die beiden Stücke passen dann zusammen, wenn für die Differenz $U = Y - X$ der beiden Durchmesser gilt: $0.01 < U \leq 0.23$; als Differenz unabhängig normalverteilter Zufallsvariabler ist U wieder normalverteilt, $U = Y - X \sim N(0.15, 0.0144)$; daher gilt

$$P\{0.01 < U \leq 0.23\} = \Phi(0.67) - \Phi(-1.17) = 0.626\,;$$

(c) für die Wahrscheinlichkeit, daß ein Drehstück entspricht, erhalten wir $P\{3.99 \leq X \leq 4.41\} = 0.964$; die Zufallsvariable Z: *Anzahl der nicht entsprechenden Drehstücke pro Paket* ist verteilt nach $B(25, 0.036)$, sodaß

$$P\{Z \leq 2\} = \sum_{k=0}^{2} \binom{25}{k} 0.036^k 0.964^{25-k} = 0.941\,.$$

Beispiel 8.23 Eine ideale Münze wird 10mal geworfen. Die Wahrscheinlichkeit, daß zwischen 4 und 6 Köpfen geworfen werden, ist zu bestimmen (a) exakt und (b) näherungsweise mittels der Normalverteilung.

(a) Die Zufallsvariable X: *Zahl der Köpfe* ist binomialverteilt: $X \sim B(10, 0.5)$; wir erhalten die exakte Wahrscheinlichkeit zu

$$P\{4 \leq X \leq 6\} = \left[\binom{10}{4} + \binom{10}{5} + \binom{10}{6}\right] \cdot \left(\frac{1}{2}\right)^{10} = 0.656\,;$$

(b) die Verwendung der approximativen Normalverteilung, $X \mathrel{\dot\sim} N(5, 2.5)$, ergibt unter Verwendung der Stetigkeitskorrektur den angenäherten Wert

$$\begin{aligned} P\{4 \leq X \leq 6\} &\doteq \Phi\left(\frac{6.5-5}{\sqrt{2.5}}\right) - \Phi\left(\frac{3.5-5}{\sqrt{2.5}}\right) \\ &= \Phi(0.95) - \Phi(-0.95) = 0.658\,. \end{aligned}$$

Beachte! Das Approximationskriterium, $np(1-p) > 9$, ist bei weitem nicht erfüllt. Trotzdem beträgt der relative Fehler $\frac{0.658-0.656}{0.656} = 0.003$ nur ca. 0.3%. Diese gute Übereinstimmung kommt von der Symmetrie der Binomialverteilung mit $p = 0.5$.

Beispiel 8.24 Ein Unternehmen versendet Kaffee in Paketen zu 500g; dazu werden 25 Pakete in Versandschachteln verpackt. Das Gewicht X (in Gramm) des in jedes Paket gefüllten Kaffees ist normalverteilt $[N(500, 5)]$, das Gewicht Y (in Gramm) der Verpackung folgt $N(10, 0.5)$, und auch das Gewicht V der Versandschachtel ist normalverteilt nach $N(2000, 20)$. Zu bestimmen ist (a) die Verteilung des Bruttogewichts der Kaffeepakete, (b) die Verteilung des Bruttogewichts eines zum Versand fertigen Schachtel mit 25 Paketen, und (c) die Wahrscheinlichkeit, daß das durchschnittliche Bruttogewicht von 25 Kaffeepaketen größer als 517g ist.

(a) Das Bruttogewicht G eines Kaffeepakets ist die Summe des Gewichts des Inhalts und der Verpackung, $G = X + Y$; die Verteilung von G ist, vorausgesetzt die Unabhängigkeit von X und Y, die Normalverteilung $N(510, 5.5)$.

(b) Das Gewicht S einer zum Versand fertigen Schachtel mit 25 Kaffeepaketen ist $S = G_1 + \ldots + G_{25} + V$ und folgt, vorausgesetzt die Unabhängigkeit der G_i und V, der Normalverteilung $N(14750, 157.5)$.

(c) Das durchschnittliche Bruttogewicht von 25 Kaffeepaketen ist $\bar{G} = (G_1 + \ldots + G_{25})/25$ mit $\bar{G} \sim N(510, 5.5/25)$. Damit ergibt sich

$$P\{\bar{G} > 517\} = 1 - \Phi\left(\frac{517 - 510}{\sqrt{5.5}}5\right) = 1 - \Phi(2.13) = 0.017\,.$$

Beispiel 8.25 Die Lebensdauer eines elektronischen Bauteils folgt einer Exponentialverteilung mit einem Erwartungswert von 3.5 Jahren. Der Hersteller garantiert das einwandfreie Funktionieren des Bauteils während drei Jahren; fällt ein Bauteil in dieser Frist aus, so wird er kostenlos ausgetauscht. Zu bestimmen ist (a) die Wahrscheinlichkeit, daß ein Bauteil in der Garantiefrist ausfällt, und (b) der zu erwartende Nettogewinn bei Verkauf einer Bauteils, wenn der Verkaufspreis S 100 und die Kosten bei Ersatz S 50 betragen. Die Bauteile werden in Paketen zu 50 Stück versendet. Zu bestimmen ist (c) die Wahrscheinlichkeit, daß von den Bauteilen eines Pakets höchstens 20 Stück während der Garantiezeit ausfallen, und daß (d) ihre durchschnittliche Lebensdauer größer als vier Jahre ist. Schließlich ist die Wahrscheinlichkeit zu bestimmen, daß (e) ein Bauteil noch mindestens ein Jahr funktioniert, wenn er schon drei Jahre nicht ausgefallen ist, und daß (f) die maximale Lebensdauer von zehn zufällig ausgewählten Bauteilen größer als zwei Jahre ist.

(a) Für die Lebensdauer X gilt $X \sim E(1/3.5)$; damit ergibt sich

$$P\{X \leq 3\} = F(3) = 1 - e^{3/3.5} = 0.576\,.$$

(b) Der Nettogewinn G ist die Differenz zwischen Verkaufspreis 100 und den Kosten K; letztere sind eine Zufallsvariable mit der Wahrscheinlichkeitsfunktion

$$f(k) = \begin{cases} P\{X > 3\} = 0.424 & k = 0 \\ P\{X \leq 3\} = 0.576 & k = 50\,, \end{cases}$$

sodaß $\mathrm{E}\{K\} = 28.78$; damit ergibt sich

$$\mathrm{E}\{G\} = \mathrm{E}\{100 - K\} = 100 - 28.78 = 71.22\,.$$

(c) Für die Zufallsvariable Z: *Anzahl der Bauteile pro Paket, die während der Garantiezeit ausfallen*, gilt unter entsprechenden Voraussetzungen $Z \sim B(50, 0.576)$; damit ergibt sich

$$P\{Z \leq 20\} = \sum_{k=0}^{20} \binom{50}{k} 0.576^k 0.424^{50-k} = 0.0091\,;$$

bei Verwendung der Normalverteilung erhalten wir näherungsweise

$$P\{Z \leq 20\} \doteq \Phi\left(\frac{20 + 0.5 - 28.8}{\sqrt{12.21}}\right) = \Phi(-2.38) = 0.0088\,.$$

(d) Die durchschnittliche Lebensdauer $\bar{X} = (X_1 + \ldots + X_{50})/50$ hat den Erwartungswert der X_i, $\mathrm{E}\{\bar{X}\} = 3.5$, und die Varianz $\mathrm{Var}\{\bar{X}\} = 12.25/50 =$

0.245; nach dem Zentralen Grenzwertsatz gilt $\bar{X} \stackrel{\cdot}{\sim} N(3.5, 0.245)$, und wir erhalten

$$P\{\bar{X} > 4\} \doteq 1 - \Phi\left(\frac{4-3.5}{\sqrt{0.245}}\right) = 1 - \Phi(1.01) = 0.156\,;$$

der exakte Wert ist 0.1557.

(e) Die bedingte Wahrscheinlichkeit ist

$$\begin{aligned} P\{\bar{X} > 4 | \bar{X} > 3\} &= \frac{P\{\bar{X} > 4\}}{P\{\bar{X} > 3\}} = \frac{e^{-0.286 \cdot 4}}{e^{-0.286 \cdot 3}} \\ &= e^{-0.286 \cdot 1} = P\{\bar{X} > 1\}\,. \end{aligned}$$

Beachte! Die bedingte Wahrscheinlichkeit, ein weiteres Jahr zu funktionieren, ist unabhängig davon, wie lange der Bauteil schon funktioniert hat! Man sagt, die Exponentialverteilung hat kein Gedächtnis.

(f) Für die maximale Lebensdauer M gilt

$$\begin{aligned} P\{M > 2\} &= P\{\max[X_1, \ldots, X_{10}] > 2\} \\ &= 1 - P\{X_1 \le 2, \ldots, X_{10} \le 2\} \\ &= 1 - \prod_{i=1}^{10} P\{X_i \le 2\} = 1 - [F(2)]^{10} = 0.446\,. \end{aligned}$$

Beispiel 8.26 Die folgende Tafel illustriert die vorsichtige Abschätzung der Wahrscheinlichkeit $P(|X - \mu| > k\sigma)$ mit Hilfe der Tschebyscheff'schen Ungleichung für verschiedene Werte von k, wenn $X \sim N(\mu, \sigma^2)$ gilt:

$$P\{|X - \mu| \ge k\sigma\} \begin{cases} = P\left\{\frac{|X-\mu|}{\sigma} \ge k\right\} = 1 - [\Phi(k) - \Phi(-k)] \\ \le k^{-2} \end{cases}$$

k	exakter Wert $1 - [\Phi(k) - \Phi(-k)]$	Abschätzung k^{-2}
1	0.317	1.000
2	0.046	0.250
3	0.003	0.111

8.B Weiterführende Beispiele

Beispiel 8.27 Annahmeprüfung einer Warensendung. Soll eine umfangreiche Sendung gleichartiger Werkstücke von einem Betrieb übernommen werden, so erfolgt die Abnahme der Lieferung üblicherweise auf der Basis einer stichprobenweise Überprüfung; es wäre weder wirtschaftlich noch praktikabel, jedes einzelne Werkstück zu kontrollieren. Das einfachste Verfahren der Annahmeprüfung, der **einfache Stichprobenplan**, läuft in folgendes Schritten ab, wobei eine Lieferung von N Elementen geprüft werden soll, unter denen sich pN Ausschußstücke befinden (p heißt die **Ausschußquote**):

1. Aus der Lieferung wird eine Stichprobe vom Umfang n (Ziehen ohne Zurücklegen) entnommen.
2. Es wird die Anzahl x der Ausschußstücke in der Stichprobe bestimmt.
3. Die Lieferung wird akzeptiert, wenn $X \leq c$; ansonsten wird sie abgelehnt; c heißt **Annahmezahl.**

Die Wahrscheinlichkeit, daß eine Lieferung akzeptiert wird oder der realisierte Wert der Zahl der Ausschußstücke X höchstens gleich c ist, hängt von den Parametern n und c des Stichprobenplanes und natürlich auch von p ab. Für jede Wahl von n und c, d.i. für jeden Stichprobenplan, können wir die Wahrscheinlichkeit, daß die Lieferung akzeptiert wird, als Funktion der Ausschußquote p betrachten; diese Funktion nennen wir die **Operationscharakteristik** oder **OC-Kurve** (vom Englischen *operating charakteristic*) oder auch **Annahmekennlinie:**

$$\mathrm{OC}(p) = P\{\text{akzeptieren} \mid p\} = P\{X \leq c \mid p\}\,.$$

Das Berechnen der OC-Kurve ist eine klassische Anwendung der hypergeometrischen Verteilung: Die Zahl der Ausschußstücke in der Stichproben folgt der hypergeometrischen Verteilung $H(N, Np, n)$, und wir erhalten daher

$$\mathrm{OC}(p) = \sum_{k=0}^{c} \frac{\binom{Np}{k}\binom{N-Np}{n-k}}{\binom{N}{n}}\,,$$

wobei Np natürlich ganzzahlig sein muß. Zu bestimmen sind (a) die Wahrscheinlichkeiten $P\{\text{akzeptieren} \mid p\}$ für den Stichprobenplan $(n, c) = (80, 2)$, wobei die hypergeometrische Verteilung durch die Binomialverteilung und die Poisson-Verteilung approximiert werden soll, und (b) die OC-Kurven $\mathrm{OC}(p)$ im Bereich $p = 0$ bis 0.05 für die Stichprobenpläne $(n, c) = (50, 0)$, (50,1), (100,2), (200,2) und (200,4).

(a) Die Berechnung der Wahrscheinlichkeit

$$P\{\text{akzeptieren} \mid p\} = P\{X \leq 2 \mid p\} = \sum_{k=0}^{2} \frac{\binom{Np}{k}\binom{N-Np}{80-k}}{\binom{N}{80}}$$

können wir, ein großes N vorausgesetzt, die hypergeometrische Verteilung näherungsweise durch die Binomialverteilung ersetzen. Wir erhalten

$$P\{X \leq 2 \mid p\} \doteq \sum_{k=0}^{2} \binom{80}{k} p^k (1-p)^{n-k}\,.$$

Für $p = 0.01$ und 0.05 ergibt sich $P\{X \leq 2 \mid 0.01\} = 0.9534$ und $P\{X \leq 2 \mid 0.05\} = 0.2306$. Da n groß und p klein ist, könnten wir auch die Poissonverteilung zur Approximation verwenden; damit erhalten wir für die beiden Wahrscheinlichkeiten 0.9526 und 0.2306.

Aus der Formel für die Wahrscheinlichkeit $P\{X \leq c \mid p\}$ auf der Basis der Binomialverteilung können wir die folgenden Eigenschaften der OC-Kurve erkennen:

- $P\{X \leq c \mid p = 0\} = 1$,
- $P\{X \leq c \mid p = 1\} = 0$, und
- die OC-Kurve ist eine abnehmende Funktion von p.

Für den Anwender eines Stichprobenplans ist es wichtig zu wissen, bei welcher Ausschußquote die Lieferung (fast) immer und bei welchen sie (fast) nie akzeptiert wird. Für den Stichprobenplan (80, 2) haben wir herausgefunden, daß eine Lieferung mit 1%-iger Ausschußquote fast immer akzeptiert wird; enthält die Lieferung 5% Ausschuß, so wird durchschnittlich eine von vier Lieferungen akzeptiert.

(b) Die folgende Tabelle zeigt die errechneten Werte der Annahmekennlinie:

$100p$ (%)	$n = 50$, $c = 0$	$n = 100$, $c = 1$	$n = 100$, $c = 2$	$n = 200$, $c = 2$	$n = 200$, $c = 4$
0.0	1.00	1.00	1.00	1.00	1.00
0.5	0.78	0.97	0.99	0.92	1.00
1.0	0.61	0.91	0.92	0.68	0.95
1.5	0.47	0.83	0.81	0.42	0.82
2.0	0.37	0.74	0.68	0.24	0.63
2.5	0.29	0.65	0.54	0.13	0.44
3.0	0.22	0.56	0.42	0.06	0.29
3.5	0.17	0.48	0.32	0.03	0.17
4.0	0.14	0.41	0.24	0.00	0.10
4.5	0.11	0.35	0.17	0.00	0.06
5.0	0.08	0.29	0.13	0.00	0.03

Die Form der OC-Kurven zeigt die folgende Abbildung.

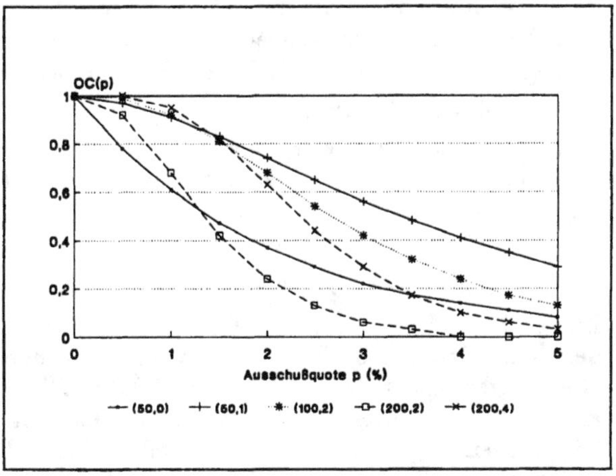

Beispiel 8.28 Auswahl eines Stichprobenplans für die Annahmeprüfung. In der Praxis haben wir das Problem, die Parameter n und c eines Stichprobenplans zur Annahmeprüfung einer Warensendung so zu wählen, daß bei Verwendung des Stichprobenplans Lieferungen mit akzeptabler Qualität p_a mit hoher und Lieferungen mit geringer Qualität p_r mit niedriger Wahrscheinlichkeit angenommen werden. Mit Hilfe der OC-Kurve $P(p)$ (vergleiche 8.27) kann diese Wahl getroffen werden. Dazu fixieren wir zwei Punkte auf der OC-Kurve so, daß $P(p_a) = 1 - \alpha$ und $P(p_r) = \beta$, wobei die Wahrscheinlichkeit α das **Produzentenrisiko** und β das **Konsumentenrisiko** heißen. Der Produzent oder Lieferant riskiert, daß die Lieferung – mit einer Wahrscheinlichkeit von (höchstens) α – nicht angenommen wird, obwohl er gute Qualität ($p \leq p_1$) liefert. Der Konsument oder Belieferte riskiert, daß er auch eine Lieferung von schlechter Qualität ($p \geq p_r$) mit einer Wahrscheinlichkeit von (bis zu) β annehmen muß.

Durch die Wahl der beiden Punkte der OC-Kurve ist der Stichprobenplan eindeutig festgelegt. Gesucht sind solche Werte n und c, für die $P(p_a) \geq 1-\alpha$ und $P(p_r) \leq \beta$ gelten (a) für gegebene Werte α, β, p_a und p_r, und (b) für $\alpha = 0.05$, $\beta = 0.10$, $p_a = 0.005$ und $p_r = 0.04$.

(a) Ausgangspunkt der Überlegungen ist die Poisson Approximation der hypergeometrischen Verteilung. Für die OC-Kurve mit den Parametern n und c gilt

$$P(p) \doteq \sum_{k=0}^{c} \frac{(np)^k \exp\{-np\}}{k!} .$$

Durch wiederholte partielle Integration der linken Seite ergibt sich die Identität

$$\int_{2np}^{\infty} \frac{y^c \exp\{-y/2\}}{c!2^{c+1}} dy = \sum_{k=0}^{c} \frac{(np)^k \exp\{-np\}}{k!} ;$$

der Integrand ist die Dichte einer χ^2-verteilten Zufallsvariablen Y mit $2c+2$ Freiheitsgraden; somit können wir die letzte Gleichung auch schreiben als $P\{Y > 2np\} = P\{X \leq c\}$. Daraus folgt die Beziehung

$$P(p) \doteq P\{Y > 2np\} ,$$

sodaß die beiden Parameter n und c aus zwei Perzentilen der $\chi^2(2c+2)$-Verteilung ermittelt werden können. Aus $1 - \alpha \leq P\{Y \geq 2np_a\}$ und $\beta \geq P\{Y \geq 2np_r\}$ folgen

$$\begin{aligned} \chi^2_\alpha(2c+2) &\geq 2np_a \\ , \chi^2_{1-\beta}(2c+2) &\leq 2np_r . \end{aligned}$$

(b) Aus $\alpha = 0.05$, $\beta = 0.10$, $p_a = 0.005$ und $p_a = 0.04$ ergeben sich nach dem in (a) Gesagten die beiden Parameter des Stichprobenplanes aus den Gleichungen $0.05 \geq P\{Y \leq 0.01n\}$ und $0.9 \leq P\{Y \leq 0.08n\}$, wobei Y eine $\chi^2(2c + 2)$-verteilte Zufallsvariable ist. Gesucht ist somit eine mit $2c + 2$ Freiheitsgraden χ^2-verteilte Zufallsvariable, deren 0.05-Perzentil den Wert $0.01n$ und deren 0.9-Perzentil den Wert $0.08n$ hat, oder für die gilt

$$\frac{\chi^2_{0.9}(2c+2)}{\chi^2_{0.05}(2c+2)} \leq 8\,.$$

Aus der *Tafel A.7* der χ^2-Verteilung im Anhang sehen wir, daß für $Y \sim \chi^2(6)$ die Beziehungen $\chi^2_{0.05}(6) = 10.645$ und $\chi^2_{0.9}(6) = 1.635$ erfüllt sind, wobei wir nur geradzahlige Freiheitsgrade betrachten, Damit ergeben sich die beiden Ungleichungen $0.01n \leq 1.635$ und $0.08n \geq 10.645$ und daraus $133.1 \leq n \leq 163.5$. Aus diesem Intervall wählen wir den kleinsten Wert für n, der diese Anforderung erfüllt: $n = 134$; c ergibt sich dann aus $2c+c=6$ zu $c = 2$. Der Stichprobenplan hat somit die Parameter $n = 134$ und $c = 2$.

Beispiel 8.29 Verteilungen der Exponentialfamilie. Eine Klasse von Wahrscheinlichkeitsverteilungen, die aus theoretischen Gründen besondere Bedeutung hat, ist die Exponentialfamilie mit einem Parameter.

Definition 8.7 *Die Klasse der Verteilungen*

$$f_\theta(x) = \exp\{Q(\theta)T(x) + D(\theta) + S(x)\}$$

bei denen $D(\theta)$ und die strikt monotone Funktion $Q(\theta)$ nur vom Parameter θ und $S(x)$ und $T(x)$ nur von x abhängen, heißt die **Exponentialfamilie mit einem Parameter***; dieser eine Parameter ist die skalare Größe θ; x kann auch ein Vektor sein.*

Beachte, daß f Dichte- oder Wahrscheinlichkeitsfunktion sein kann! Es ist zu zeigen, daß

(a) die Binomialverteilung,

(b) die Poissonverteilung,

(c) die Exponentialverteilung,

(d) die Normalverteilung bei bekanntem σ^2

(e) die gemeinsame Verteilung der Stichprobenvariablen aus einer Verteilung dieser Familie wieder zu dieser Verteilungsfamilie gehört.

(a) Die Umformumg der Wahrscheinlichkeitsfunktion der Binomialverteilung gibt

$$\begin{aligned} f(x;p) &= \binom{n}{x} p^x (1-p)^{n-x} \\ &= \exp\{x \ln\frac{p}{1-p} + n\ln(1-p) + \ln\binom{n}{x}\}\,. \end{aligned}$$

Sie gehört zur Exponentialfamilie: Der Vergleich zeigt, daß $Q(p) = \ln\frac{p}{1-p}$, $T(x) = x$, $D(p) = \ln(1-p)$ und $S(x) = \ln\binom{n}{x}$.

(b) Für die Poissonverteilung folgt aus

$$f(x;\lambda) = \frac{\exp\{-\lambda\}\lambda^x}{x!} = \exp\{x \ln \lambda - \lambda - \ln x!\}\,,$$

daß sie zur Exponentialfamilie gehört: $Q(\lambda) = \ln\lambda$, $T(x) = x$, $D(\lambda) = \lambda$ und und $S(x) = \ln x!$.

(c) Die Dichtefunktion der Exponentialverteilung ist

$$f(x;\beta) = \beta \exp\{-\beta x\} = \exp\{-\beta x + \ln\beta\}\,.$$

Der Vergleich zeigt, daß f zur Exponentialfamilie gehört: $Q(\beta) = -\beta$, $T(x) = x$, $D(\beta) = \ln\beta$ und $S(x) = 0$.

(d) Die die Dichtefunktion der Normalverteilung mit bekanntem σ^2 können wir schreiben als

$$\begin{aligned} f(x;\mu) &= \frac{1}{\sqrt{2\pi\sigma^2}} \exp\left\{-\frac{1}{2\sigma^2}(x_i-\mu)^2\right\} \\ &= \exp\{\mu\frac{x}{2\sigma^2} - \frac{\mu^2}{2\sigma^2} - \frac{1}{2}\ln 2\pi\sigma^2 - \frac{x^2}{2\sigma^2}\}\,. \end{aligned}$$

Der Vergleich zeigt, daß die Dichte Element der Exponentialfamilie ist; $T(x) = x$. Beachte, daß gleiches gilt, wenn die Dichte als Funktion von σ^2 bei bekanntem μ geschrieben wird!

(e) Die Verteilung des Vektors $(X_1,\ldots,X_n)$ wird beschrieben durch

$$\begin{aligned} f(x_1,\ldots,x_n;\theta) &= \prod_{i=1}^n f(x_i;\theta) \\ &= \exp\{Q(\theta)\sum_i T(x_i) + nD(\theta) + \sum_i S(x)\}\,; \end{aligned}$$

da die Terme $nD(\theta)$ und $Q(\theta)$ Funktionen nur des Parameters θ, und $\sum_i S(x_i)$ und $\sum_i T(x_i)$ nur von den x_i abhängen, gehört die Verteilung der Stichprobe aus dieser Verteilung wiederum zur Exponentialfamilie.

8.C Übungsaufgaben

8.1 Wie groß ist die Wahrscheinlichkeit, mit einem Würfelpaar in mindestens drei von vier Würfen Augenpaare zu werfen?

8.2 Wie groß ist die Wahrscheinlichkeit, daß von fünf zufällig ausgewählten Personen höchstens eine an einem Samstag geboren ist?

8.3 In einer Urne befinden sich numerierte Kugeln mit den Nummern '1' bis '10'. Wie groß ist die Wahrscheinlichkeit, unter zehn gezogenen Kugeln (Ziehen mit Zurücklegen) mindestens fünf

(a) mit gerader Zahl

(b) mit durch drei teilbarer Zahl

zu haben?

8.4 In einer Fabrik werden je acht Glühlampen in einen Karton verpackt. Die Wahrscheinlichkeit, daß eine Lampe defekt ist, sei 0.1. Wie groß ist die Wahrscheinlichkeit, daß in einem Karton

(a) mindestens eine

(b) höchstens eine

defekte Lampe enthalten ist?

8.5 Wie groß ist die Wahrscheinlichkeit, daß von vier zufällig ausgewählten Kartons (Aufg. 4)

(a) jeder mindestens eine defekte Lampe

(b) jeder genau eine defekte Lampe

(c) mindestens einer weniger als zwei defekte Lampen

enthält?

8.6 Ein Karton (Aufg. 4) wird zufällig ausgewählt. Die Wahrscheinlichkeit $f(p)$, daß genau eine der enthaltenen Glühlampen defekt ist, soll für $p = 0.0, 0.1, \ldots, 1.0$ bestimmt und graphisch dargestellt werden.

8.7 Ist die Wahrscheinlichkeit größer,

(a) mit einem Würfel mindestens eine '6' unter 4 Würfen, oder

(b) mit einem Würfelpaar mindestens eine '66' unter 24 Würfen

zu erzielen (Wette des Chevalier de Méré)?

8.8 Die Spieler aus Beispiel 8.11 spielen ein Turnier von 5 Wettkämpfen. Die Gewinnprämien sind öS 5.000 für mindestens 4 Siege, öS 3.000 für 3 Siege, öS 1.000 für 2 Siege und öS 200 für einen oder keinen Sieg. Welche Gewinnerwartung hat

(a) Spieler A

(b) Spieler B?

8.9 Wie groß sind (a) der Erwartungswert, (b) die Standardabweichung der Anzahl der defekten Lampen in einem Karton aus Aufg. 4?

8.10 In einer Produktion von Schläuchen für Radreifen sind erfahrungsgemäß 6% defekt. Die Schläuche werden zu je 25 Stück verpackt. Die Wahrscheinlichkeit ist anzugeben, daß eine zufällig ausgewählte Packung

(a) drei

(b) höchstens 2

(c) keinen

defekten Schlauch enthält.

8.11 Ein Fahrradhändler läßt sich am Beginn jedes Monats zehn Packungen (Aufg. 10) liefern;

(a) der Erwartungswert der Zahl von defekten Schläuchen ist anzugeben;

(b) mit welcher durchschnittlichen Entschädigung kann der Händler rechnen, wenn er je defektem Schlauch öS 10, bei drei oder mehr defekten Schläuchen in einer Packung zusätzlich eine Vergütung von öS 100 für diese Packung erhält.

8.12 Für Mittelwert und Varianz einer binomialverteilten Zufallsvariable X gelte $\mathrm{E}\{X\} = 10$ und $\mathrm{Var}\{X\} = 6$. Zu ermitteln sind die Werte von

(a) n,

(b) p.

8.13 Das Ereignis A tritt unter fünf unabhängigen Ausführungen eines Experimentes mit einer Wahrscheinlichkeit von 0.9 mindestens einmal ein. Wie groß ist die Wahrscheinlichkeit für A bei jeder Ausführung des Experimentes?

8.14 Wie oft muß eine Münze geworfen werden, damit die Wahrscheinlichkeit größer als 0.8 ist, daß mindestens einmal Kopf geworfen wurde?

8.15 $X \sim B(10, 0.4)$; gesucht ist

(a) der größte Wert k, für den $P(X \leq k) < 0.05$ gilt;

(b) der kleinste Wert k, für den $P(X \geq k) < 0.05$.

8.16 Jemand behauptet, ein System zu kennen, mit dem er seine Gewinnchance im Roulette beim Setzen auf Rot oder Schwarz von ca. 0.5 auf 0.75 erhöht. Um seine Behauptungen zu prüfen, spielt er 10 Spiele; die Wahrscheinlichkeit der folgenden Ereignisse sind zu ermitteln unter den beiden Voraussetzungen: (i) seine Behauptung trifft zu; (ii) er hat nur geraten ($p = 0.5$):

(a) er gewinnt bei mindestens einem der Spiele

(b) er gewinnt bei mindestens 7 der 10 Spiele

(c) er gewinnt bei höchstens 6 der 10 Spiele.

8.17 Die Sterbewahrscheinlichkeit betrage für eine bestimmte Krankheit 0.005. Wie groß ist die Wahrscheinlichkeit, daß von 300 Erkrankten

(a) drei Personen sterben

(b) drei oder mehr Personen sterben?

8.18 Die Wahrscheinlichkeit, daß eine Buchseite mehr als 2 Druckfehler enthält, betrage 0.0035. Mit welcher Wahrscheinlichkeit findet sich unter 200 Seiten

(a) keine

(b) mehr als eine

Seite mit mehr als zwei Druckfehlern?

8.19 Eine Packung von Nägeln enthalte 1000 Stück; 0.5% der produzierten Nägel sind erfahrungsgemäß fehlerhaft. Wie groß ist die Wahrscheinlichkeit, daß in einer Packung

(a) mehr als 5 Nägel

(b) höchstens zehn Nägel

fehlerhaft sind?

8.20 Wie groß ist die Wahrscheinlichkeit, daß in zwei Packungen von Nägeln (Aufg. 19) insgesamt

(a) mehr als 5 Nägel

(b) höchstens 10 Nägel

fehlerhaft sind?

8.21 In der Telephonzentrale einer Firma langen je Minute durchschnittlich 2 Telephonate ein. Wie groß ist die Wahrscheinlichkeit, daß im Verlauf einer bestimmten Minute

(a) höchstens zwei

(b) vier oder mehr

Telephonate einlangen? Mit welcher Wahrscheinlichkeit vergehen

(c) mehr als 1.5 Minuten zwischen zwei Telephonaten?

(d) Wie groß ist die mittlere Dauer zwischen zwei Telephonaten?

Wie groß ist die Wahrscheinlichkeit, daß im Verlauf von fünf Minuten

(e) kein

(f) mehr als ein

Telephonat einlangt?

8.22 Wie groß ist die Wahrscheinlichkeit, daß unter 21 Personen

(a) mindestens eine

(b) höchstens zwei

an einem Samstag Geburtstag haben?

8.23 Wie groß ist die Wahrscheinlichkeit, daß unter den Lampen von 2 zufällig ausgewählten Kartons (Aufg. 4) höchstens 2 defekt sind? Verwenden Sie

(a) die Binomialvereilung

(b) die Poissonverteilung.

Die Wahrscheinlichkeiten $P(X = k)$, $k = 0, \ldots, 16$ von (a) und (b) sind graphisch darzustellen.

8.24 Wie groß ist die Wahrscheinlichkeit, daß unter 200 Personen

(a) mindestens eine

(b) höchstens zwei

heute Geburtstag haben?

8.25 Elektrische Bauteile werden mit einer Ausschußquote von 1.5% produziert. Enthält eine ausgelieferte Packung zu 144 Stück mindestens 3 und höchstens 5 defekte Stücke, so bezahlt der Verkäufer öS 150, bei mehr als 5 defekten Stücken öS 250 als Konventionalstrafe. Wie groß ist die zu erwartende Strafe für eine zufällig ausgewählte Packung?

8.26 Ein Liefervertrag für isolierten Draht sieht vor, daß der Abnehmer, wenn er bei Prüfung von zufällig ausgewählten Drahtstücken in der Gesamtlänge von 10m mehr als 3 Isolationsfehler findet, eine Pönalezahlung von öS 500 erhält. Die erwartete Pönalezahlung ist zu bestimmen, wenn die durchschnittliche Zahl der Fehler je Meter 0.15 beträgt.

8.27 Bei einer Verlosung gewinnt jeder öS 5.000, der an einem bestimmten, zufällig ausgewählten Tag Geburtstag hat. Wie groß ist die Wahrscheinlichkeit, daß die vorgesehene Gewinnsumme von öS 15.000 nicht ausreicht, wenn 730 Personen teilnehmen?

8.28 Der Hersteller der Nägel (Aufg. 19) behauptet, die Ausschußquote sei 0.25%; es besteht der Verdacht, daß sie in Wirklichkeit viel größer ist;

(a) wieviele der 1000 Nägel in einer Packung müssen mindestens fehlerhaft sein, damit die Wahrscheinlichkeit, so viele oder mehr fehlerhafte Nägel zu finden, weniger als 0.05 beträgt, wenn die Behauptung des Herstellers zutrifft;

(b) wie groß ist die Wahrscheinlichkeit dieses Ereignisses, wenn die Ausschußquote in Wirklichkeit 0.5% beträgt?

8.29 Die durchschnittliche Zahl der Druckfehler, die einem Setzer je Seite passieren, sei 3. Seiten mit 5 oder mehr Druckfehlern werden in einer anderen Abteilung weiterverarbeitet; es sind anzugeben

(a) die Wahrscheinlichkeit für $0, 1, \ldots, 4$ Druckfehler je Seite unter der Bedingung, daß höchstens 4 Fehler vorkommen können;

(b) die mittlere Zahl der Druckfehler unter der Bedingung, daß höchstens 4 Fehler vorkommen können.

8.30 Die mittlere Zahl der Kinder in Familien ist anzugeben, die solange Kinder bekommen,

(a) bis ein Knabe zur Welt kommt (die Wahrscheinlichkeit für eine Knabengeburt betrage 0.5);

(b) wie (a), jedoch höchstens 5 Kinder.

8.31 Ein Kartenspiel enthält 52 Karten mit je 13 von 4 Farben. Wie groß ist die Wahrscheinlichkeit,

(a) daß ein Spieler in einem Blatt von 13 Karten 2 oder 3 Herzkarten erhält?

(b) des Ereignisses von (a), wenn näherungsweise die Binomialverteilung verwendet wird?

(c) in 2 von 3 unabhängig voneinander ausgegebenen Blättern genau 3 Herzkarten zu erhalten?

8.32 In einer Lieferung von 100 Motoren sind $0, 2, 4, \ldots, 10$ defekt. Die Wahrscheinlichkeiten sind zu bestimmen und graphisch darzustellen (Abszisse: Anteil der defekten Motoren), daß in einer Stichprobe von 5 Motoren kein defekter enthalten ist.

8.33 Angenommen, es seien 5 defekte Motoren in der Lieferung (Aufg. 32). Zu bestimmen ist die erwartete Anzahl und die Varianz der Zahl der defekten Stücke unter Verwendung

(a) der exakten Verteilung,

(b) der approximativen Binomialverteilung.

8.34 Für die Angaben von Beispiel 8.21 ist die Wahrscheinlichkeit gesucht, daß

(a) höchstens ein unbefruchtetes Ei und höchstens 2 Eier mit männlichen Kücken ausgebrütet werden;

(b) mehr als ein Ei mit männlichen Kücken ausgebrütet werden.

8.35 Wie groß ist die Wahrscheinlichkeit, aus der Urne (Aufg. 3) unter 10 gezogenen Kugeln (Ziehen mit Zurücklegen)

(a) zweimal '3', einmal '2' und dreimal '6' zu bekommen?

(b) viermal eine gerade Zahl, zweimal '1' und dreimal eine ungerade Zahl größer als '3' zu bekommen?

8.36 $X \sim N(2, 1)$; es ist zu bestimmen

(a) $P\{X \leq 3\}$,

(b) $P\{X > 1.5\})$,

(c) $P\{0 < X \leq 1.5\}$.

8.37 $X \sim N(5, 9)$; die Konstante c ist zu ermitteln aus

(a) $P\{X > c\} = 0.75$,

(b) $P\{|X - 5| < c\} = 0.95$,

(c) $P\{|X - 5| > c\} = 0.1$.

8.38 $X \sim N(\mu, \sigma^2)$; es gilt $P\{X \leq 3\} = 0.80$. Es ist zu bestimmen:

(a) σ, wenn $\mu = -2$,

(b) μ, wenn $\sigma = 2$.

8.39 $X \sim N(\mu, \sigma^2)$; es gilt $P\{\mu - c \leq X \leq \mu + c\} = 0.99$. Es ist zu bestimmen

(a) c wenn $\sigma = 2$,

(b) σ wenn $c = 0.5$.

8.40 Die Zufallsvariable Y sei die Lebensdauer von Fernsehröhren: $\mu = 3$ Jahre, $\sigma = 1.5$ Jahre. Mit welcher Wahrscheinlichkeit liegt die durchschnittliche Lebensdauer von 50 Röhren einer Zufallsstichprobe, wenn Y normalverteilt ist,

(a) über 3.5 Jahre,

(b) unter 2.8 Jahren?

8.41 Die Lebensdauer von Glühbirnen sei normalverteilt mit $\mu = 2000$ Stunden und $\sigma = 500$ Stunden. Mit welcher Wahrscheinlichkeit versagt eine Glühbirne nach frühestens 2250 Stunden?

8.42 Die Bruchfestigkeit von Kettengliedern folge $N(\mu, 120)$. Wie groß muß μ mindestens sein, damit höchstens 1% der Kettenglieder eine Festigkeit von weniger als 1000 kg haben?

8.43 Die Stärke eines Papiers sei normalverteilt mit $\mu = 0.03$cm und $\sigma = 0.004$cm. Welcher Verteilung folgt die Höhe eines Stoßes von 120 solcher Papiere?

8.44 Eine Lieferung wird abgelehnt, wenn in einer Stichprobe von 500 Stück 5 oder mehr defekte Stücke enthalten sind. Sind tatsächlich 0.5% der Stücke defekt, wie groß ist dann die Wahrscheinlichkeit, daß die Lieferung abgelehnt wird? Diese Wahrscheinlichkeit ist auf der Basis der

(a) Binomialverteilung

(b) Poissonverteilung

(c) Normalverteilung

zu berechnen.

8.45 Eine Münze wird 50mal geworfen. Wie groß ist die Wahrscheinlichkeit, höchstens 20mal Kopf zu werfen?

8.46 Wie oft muß ein Würfel geworfen werden, damit mit einer Wahrscheinlichkeit von 0.5 mindestems 50mal eine Augenzahl von '6' erzielt wird?

8.47 Zwei Würfel werden geworfen. Wie viele Würfe sind zu machen, damit die Wahrscheinlichkeit 0.5 beträgt, daß mindestens 10mal eine Summenaugenzahl von '7' erzielt wird?

8.48 Eine Ware wird mit einem Ausschußanteil von 5% geliefert. Welche Menge enthält mit einer Wahrscheinlichkeit von 0.5 mindestens 120 nichtdefekte Stücke?

8.49 Ein Hotel hat 100 Zimmer. Der Besitzer weiß aus Erfahrung, daß 20% der vorbestellten Zimmer nicht belegt werden. Wie viele Bestellungen könnte er entgegennehmen, wenn er mit einer Wahrscheinlichkeit von 0.95% keinen Gast abweisen möchte?

8.50 Die Glieder einer Kette aus 145 Gliedern (Aufg. 42) werden auf Bruchfestigkeit geprüft. Mit welcher Wahrscheinlichkeit müssen weniger als 10 Kettenglieder ersetzt werden, wenn die Glieder bei der Prüfung mit

(a) 1020 kg
(b) 1010 kg
(c) 1000 kg

belastet werden?

Lösungen der Übungsaufgaben

1: 1.62%. **2:** 84.82%; **3:** (a) 62.30%; (b) 15.03%. **4:** (a) 56.95%; (b) 81.31%. **5:** (a) 10.52%; (b) 2.14%; (c) 99,88%. **6:** 0, 38.26, 33.55, 19.76, 8.96, 3.13, 0.8, 0.1,0,0,0%. **7:** (a) 51.77%; (b) 49.14%. **8:** (a) 2969.41; (b) 1539.39. **9:** 0.80; 0.85. **10:** (a) 12.73%; (b) 81.29%; (c) 21.29%. **11:** (a) 15; (b) 337.11. **12:** (a) 25; (b) 0.4. **13:** 36.60%. **14:** 3. **15:** (a) 1; (b) 8. **16:** (a) 99.99%; 99.90%; (b) 77.59%; 17.19%; (c) 22.41%; 82.81%. **17:** (a) 12.55%; (b) 19.12%. **18:** (a) 49.99%; (b) 15.58%. **19:** (a) 38.40%; (b) 98.63%. **20:** (a) 93.29%; (b) 58.31%. **21:** (a) 67.67%; (b) 14.29%; (c) 50%; (d) 0.5 min; (e) 67.03%; (f) 6.16%. **22:** (a) 96.07%; (b) 40.58%. **23:** (a) 78.92%; (b) 78.34%. **24:** (a) 42.19%; (b) 98.17%. **25:** S 57.29. **26:** S 32.82. **27:** 14.29%. **28:** (a) 6; $P(X \geq 6) = 0.042$; (b) 38.40%. **29:** 0.061, 0.183, 0.275, 0.275, 0.206. **30:** (a) 2; (b) 1.94. **31:** (a) 49.22%; (b) 45.75%; (c) 17.55%. **32:** 100%, 90.2%, 81.2%, 72.9%, 65.3%, 58.4%. **33:** (a) 0.25, 0.2279; (b) 0.25, 0.2375. **34:** (a) 66.96%; (b) 45.10%. **35:** (a) 0.30%; (b) 2.13%. **36:** (a) 84.13%; (b) 69.15%; (c) 28.57%. **37:** (a) 2.98; (b) 5.88; (c) 4.94. **38:** (a) 5.95; (b) 1.32. **39:** (a) 5.16; (b) 0.194. **40:** (a) 0.91%; (b) 17.36%. **41:** 30.9%. **42:** 1025.5kg. **43:** $N(3.6,\ 0.0019)$. **44:** (a) 10.83%; (b) 10.88%; (c) 10.20%. **45:** 10.20%. **46:** 297. **47:** 57. **48:** 126. **49:** 117. **50:** (a) 0.0%; (b) 28.1%; (c) 100.0%.

Kapitel 9

Konzepte der statistischen Inferenz

Das zentrale Problem der Statistischen Inferenz oder Schließenden Statistik ist die Möglichkeit, aus den Ergebnissen einer Stichprobe Rückschlüsse auf die Grundgesamtheit zu ziehen, der diese Stichprobe entstammt.

Beispiel 9.1 In einer Großstadt hat die Zahl x der je Haushalt pro Arbeitstag zugestellten Poststücke (ohne Postwurfsendungen) folgende Häufigkeitsverteilung:

x	$h(x)$
0	0.12
1	0.58
2	0.24
≥ 3	0.06

Aus Anlaß der bevorstehenden Neuordnung der Postzustellung möchte die Postverwaltung auf Grund einer Stichprobe Informationen über die Verteilung der zuzustellenden Poststücke bekommen, die ihr nicht bekannt ist. Es wird davon ausgegangen, daß die Zufallsvariable X: *Anzahl der pro Haushalt und Arbeitstag zugestellten Poststücke* einer Poissonverteilung folgt. Das entspricht den Ergebnissen mehrerer früherer Untersuchungen. In die Stichprobe werden 500 zufällig ausgewählte Haushalte einbezogen.

Die interessierenden Fragestellungen können die Verteilung von X oder ihre Parameter oder Charakteristika betreffen. Eine typische Fragestellung zur Verteilung ist: "Wie viele Haushalte bekommen keine Post?". Fragestellungen zu den Parametern der Verteilung sind beispielsweise: "Wie groß ist die mittlere Anzahl von Poststücken, die einem Haushalt zugestellt werden müssen?" oder "Ist es plausibel, daß die mittlere Zahl der Poststücke kleiner als eins ist?".

Wie wir sehen werden, machen die zur Beantwortung solcher Fragestellungen benützten statistischen Verfahren von der aus früheren Untersuchungen bekannten Poissonverteilung Gebrauch. Ein derartiges Hintergrund- oder *à priori*-Wissen muß bei Verdacht natürlich in Frage gestellt werden.

Das Beispiel soll einige Punkte deutlich machen, die mit der Konzeption und Anwendung von Verfahren der statistischen Inferenz verknüpft sind.

- Die Anwendung dieser Verfahren erfordert eine gute Kenntnis des Sachhintergrundes der Fragestellung. So ist vor dem Ziehen einer Stichprobe die interessierende Grundgesamtheit (Gesamtheit, Population, statistische Masse) genau festzulegen, insbesondere ist sie zeitlich, räumlich und sachlich einzugrenzen. Dabei ist es natürlich wesentlich, das Ziel der Untersuchung zu berücksichtigen. Dazu kann der Statistiker wenig beitragen und gibt die Statistik wenig Hilfe. Ganz allgemein kann gesagt werden, daß die Anwendung von statistischen Verfahren in den meisten Situationen an den Experten in den Sachfragen höhere Anforderungen stellt als an den Statistiker. Der Schwerpunkt des Problems liegt stets in der sachgerechten Konzeption der Untersuchung und in der Interpretation ihrer Ergebnisse. Die Hilfestellung des Statistikers betrifft die Formulierung des statistischen Problems, die Auswahl des anzuwendenden statistischen Verfahrens und die Interpretation der Ergebnisse.

- Die Verfahren der statistischen Inferenz setzen sich aus drei Elementen zusammen,

    1. den Beobachtungsdaten, die als Ergebnis des Ziehens einer Stichprobe erhalten werden; das Design der Stichprobe spielt dabei eine wichtige Rolle;
    2. die Frage- oder Aufgabenstellung und das damit zusammenhängende statistischen Verfahren, etwa das Berechnen eines Mittelwertes;
    3. das Hintergrund- oder *à priori*-Wissen, das in die Konzeption des statistischen Verfahrens eingeht.

Die im Beispiel 9.1 zu analysierenden Daten sind das Ergebnis einer Zufallsstichprobe. Die Zufallsvariablen $X_1, \ldots, X_{500}$ repräsentieren die Zufallsstichprobe aus der Grundgesamtheit, deren interessierendes Merkmal durch die Zufallsvariable X mit der Wahrscheinlichkeits- bzw. Dichtefunktion $f(x;\theta)$ beschrieben wird; sie sind – bei genügend großer Grundgesamtheit und nicht zu großem Stichprobenumfang – unabhängig und identisch verteilt. Solche Daten fallen am ehesten als Ergebnis eines geplanten Experiments an. In den meisten Anwendungssituationen ist das Design der Stichprobe nicht so einfach. Daten aus dem Wirtschaftsleben haben häufig den Charakter von (ungeplanten) Beobachtungen oder sind Zeitreihen.

Typische Aufgabenstellungen der Inferenz sind:

(a) Das **Schätzen von Parametern:** für den unbekannten Wert des Parameters θ von $f(x;\theta)$ ist zu bestimmen

- ein numerischer Wert $\hat{\theta}$ (**Punktschätzer**) für θ bzw. für die einzelnen Komponenten von θ, oder
- ein Intervall $U < \theta < O$, in dem der unbekannte Wert mit vorgegebener Wahrscheinlichkeit enthalten ist (**Konfidenzintervall**).

(b) Das **Testen von Hypothesen:** es soll entschieden werden über das Zutreffen einer Behauptung betreffend

- die zugrundeliegende Verteilung $f(x;\theta)$ (**Anpassungstest**) oder
- den oder die Parameter θ (**Signifikanztest**).

Beispiel 9.2 In der Sprache von Beispiel 9.1 könnten derartige Aufgabestellungen etwa lauten: "Wie groß ist die mittlere Zahl μ_X der Briefe je Haushalt?" oder "Gib eine untere und eine obere Schranke an, sodaß die Wahrscheinlichkeit 0.95 beträgt, daß in einem so konstruierten Intervall der unbekannte wahre Wert von μ_X enthalten ist." oder "Trifft es zu, daß die zugrunde liegende Verteilung die Poissonverteilung ist?" oder "Trifft es zu, daß die mittlere Zahl der Briefe 0.9 beträgt?". Die Fragestellungen sind entsprechend der obigen Übersicht angeordnet.

Das Hintergrundwissen, etwa die Poissonverteilung der Anzahl der pro Haushalt und Arbeitstag zugestellten Poststücke, ist entscheidend für die Konzeption des anzuwendenden statistischen Verfahrens und damit auch für das Ergebnis der statistischen Analyse. Eine falsche Annahme kann eine fatale Fehlentscheidung zur Folge haben. Daher ist die kritische Prüfung des Hintergrundwissens ein wichtiger Punkt der statistischen Analyse. Neben der Plausibilitätsprüfung der Ergebnisse gibt es verschiedene Verfahren der statistischen Methodenlehre, die zur Prüfung der Gültigkeit des Hintergrundwissens verwendet werden können. Man spricht von Verfahren der **Adäquatheitsprüfung** oder **diagnostischen Prüfung.**

Beispiel 9.3 Zur Prüfung der Behauptung, die Anzahl der pro Haushalt und Arbeitstag zugestellten Poststücke folge einer Poissonverteilung (vergleiche Beispiel 9.1), berechnen wir die Wahrscheinlichkeiten $p_x = P\{X = x|\lambda = 1.25\}$, $x = 0, 1, 2, \ldots$, für den Fall, daß die mittlere Zahl der zugestellten Briefe 1.25 ist, die sich aus der Häufigkeitsverteilung ergibt. Die folgende Tabelle stellt die tatsächlichen Häufigkeiten $h(x)$ diesen Wahrscheinlichkeiten p_x gegenüber:

x	$h(x)$	p_x
0	0.12	0.29
1	0.58	0.36
2	0.24	0.22
≥ 3	0.06	0.13

Wir sehen für $x = 0$ und $x = 1$ erhebliche Abweichungen zwischen den beiden Größen. Das muß uns an der Richtigkeit der Annahme zweifeln lassen. Möglichkeiten der formalen Prüfung werden wir kennenlernen.

Aufgabe dieses Kapitels ist es, die wichtigen grundlegenden Überlegungen, Begriffe und Konstruktionsprinzipien der statistischen Inferenz zu präsentieren. Konkrete Anwendungen werden ausführlicher in den späteren Kapiteln diskutiert. In Abschnitt 9.1 werden wir das Schätzen von Parametern, in Abschnitt 9.2 das Testen von Hypothesen behandeln.

9.1 Schätzen von Parametern

9.1.1 Punktschätzung

Die Problemstellung läßt sich folgendermaßen beschreiben: Gegeben sei eine Stichprobe $X_1, X_2, \ldots, X_n$ aus einer Gesamtheit, die durch eine Zufallsvariable X mit Dichte- oder Wahrscheinlichkeitsfunktion $f(x;\theta)$ charakterisiert wird. Typischerweise ist zwar die Funktion f festgelegt; der die konkrete Verteilung bestimmende Parameter θ ist dagegen unbekannt. Von ihm weiß man nur, daß er in einer Menge Θ von möglichen Werte für θ enthalten ist, dem sogenannten Parameterraum. Wie können wir auf Grund der Daten einer Stichprobe (und auf der Basis der Spezifikation von f) zu einem numerischen Wert für den unbekannten Parameter kommen? Das Instrument, das für eine solche Entscheidung über θ herangezogen wird, nennt man Schätzfunktion.

Definition 9.1 *Eine* **Schätzfunktion** *für einen unbekannten Parameter θ ist eine Funktion $\hat{\theta}(X_1, \ldots, X_n)$ der Stichprobenvariablen $X_1, \ldots, X_n$.*

Wesentlich dabei ist, daß diese Funktion $\hat{\theta}(X_1, \ldots, X_n)$ auf der Basis der Stichprobe berechenbar und unabhängig vom unbekannten Parameter ist. Als Funktion der Stichprobenvariablen ist die Schätzfunktion $\hat{\theta}(X_1, \ldots, X_n)$ eine Zufallsvariable mit einer entsprechenden Verteilung, die **Stichprobenverteilung** (*sampling distribution*). Setzt man die Realisationen, das sind die beobachteten Werte x_i der Stichprobenvariablen X_i, $i = 1, \ldots, n$, in die Schätzfunktion ein, so erhält man als Realisation der Schätzfunktion einen **Schätzwert**, die sogenannte **Punktschätzung**.

Es gibt verschiedene Methoden zur Konstruktion von Schätzfunktionen; zwei davon werden wir in der Folge näher besprechen. Das Unterscheidungsmerkmal der beiden Methoden ist das Faktum, ob die zugrunde liegende Wahrscheinlichkeitsverteilung f spezifiziert wird: Die Methoden sind

- die Maximum-Likelihood (ML) Schätzung und
- die Kleinst-Quadrat (KQ) Schätzung.

9.1.2 Die Maximum-Likelihood Schätzung

Im folgenden Beispiel soll die Grundidee der Maximum-Likelihood Schätzung, oft kurz Likelihoodschätzung genannt, an Hand des Münzwurfexperiments näher dargestellt werden.

Beispiel 9.4 Im Kapitel 6 "Grundaufgaben der Wahrscheinlichkeitsrechnung" wurde das Modell für das Experiment "Münzwurf" besprochen, wobei entsprechend dem klassischen Wahrscheinlichkeitsbegriff für die Wahrscheinlichkeit, eines der beiden Ergebnisse "Kopf" und "Adler" zu realisieren, 1/2 unterstellt wurde. Im Rahmen der statistischen Inferenz drehen wir die Fragestellung um: Wie groß ist die Wahrscheinlichkeit, mit einer bestimmten Münze "Kopf" zu realisieren?

Zur Beantwortung der Frage stehen uns zwei Arten von Information zur Verfügung: (a) die Beobachtungen aus einer Folge von n Wiederholungen des Experiments und (b) das wahrscheinlichkeitstheoretische Modell zur Beschreibung dieses Experiments. Das Modell enthält für jede Durchführung des Experiments eine Zufallsvariable X_i, $i = 1, \ldots, n$, mit

$$X_i = \begin{cases} 1 & \text{falls im } i\text{-ten Versuch "Kopf" erzielt wird,} \\ 0 & \text{falls im } i\text{-ten Versuch "Adler" erzielt wird.} \end{cases}$$

Die Verteilung der X_i ist die Bernoulli-Verteilung, $B(1,p)$, wobei p die (zu schätzende) Wahrscheinlichkeit ist, "Kopf" zu erzielen; die Verteilung der X_i kann daher durch

$$f(x;p) = p^x(1-p)^{1-x},$$

mit $x = 0, 1$ geschrieben werden. Falls man nun in n unabhängigen Wiederholungen des Experiments für die Zufallsvariablen $X_1, \ldots, X_n$ die Werte $x_1, \ldots, x_n$ beobachtet, wobei jedes der x_i eine 0 oder 1 sein kann, je nachdem, ob "Adler" oder "Kopf" realisiert wurde, so ist die gemeinsame

Wahrscheinlichkeitsfunktion wegen der Unabhängigkeit der Zufallsvariablen X_i

$$\begin{aligned} f(x_1,\ldots,x_n;p) &= P\{X_1 = x_1,\ldots,X_n = x_n\} \\ &= P\{X_1 = x_1\}\ldots P\{X_n = x_n\} \\ &= p^{x_1}(1-p)^{1-x_1}\ldots p^{x_n}(1-p)^{1-x_n} \\ &= p^{\sum_i x_i}(1-p)^{n-\sum_i x_i}. \end{aligned}$$

Im Rahmen der Wahrscheinlichkeitsrechnung haben wir diese gemeinsame Wahrscheinlichkeitsfunktion bei gegebenem Parameter p als Funktion der realisierten Werte x_1, ..., x_n betrachtet. Im Rahmen der statistischen Inferenz drehen wir die Interpretation um: Für beobachtete Werte $x_1,\ldots,x_n$ betrachten wir $f(x_1,\ldots,x_n;p)$ als Funktion des unbekannten Parameters p; wir bezeichnen sie als Likelihoodfunktion L:

$$L(p|x_1,\ldots,x_n) = f(x_1,\ldots,x_n;p)\,.$$

Die Likelihoodfunktion ist die – von p abhängige – Wahrscheinlichkeit, die Stichprobe $x_1, x_2, \ldots, x_n$ zu beobachten. Das englische Wort *likelihood* bedeutet Wahrscheinlichkeit; es wird von manchen Autoren mit "Mutmaßlichkeit" übersetzt.

Ein naheliegender Gedanke ist es, aus der Menge aller möglichen Werte für p jenen als Schätzer $\hat{p}$ auszuwählen, für den L, die Wahrscheinlichkeit, genau diese Stichprobe zu erhalten, maximal ist. Das Optimierungsproblem können wir lösen, indem wir die erste Ableitung von L nach p Null setzen. Erleichtert wird dies durch Logarithmieren der Likelihoodfunktion; dabei wird aus dem Produkt eine Summe, die im allgemeinen leichter als das entsprechende Produkt zu differenzieren ist. Da der Logarithmus eine monotone Transformation ist, nehmen L und $\ln L$ für dasselben p ihr Maximum an. Logarithmieren der Likelihoodfunktion liefert

$$l(p) = \ln L = \sum_i x_i \ln p + \left(n - \sum_i x_i\right) \ln(1-p),$$

Nullsetzen der ersten Ableitung

$$\frac{dl}{dp} = \frac{\sum_i x_i}{p} - \frac{n - \sum_i x_i}{1-p}$$

und Auflösen nach p ergibt

$$\hat{p} = \frac{1}{n}\sum_i x_i\,.$$

Die Schätzfunktion, geschrieben als Funktion der Stichprobenvariablen, erhalten wir durch Ersetzen der x_i durch die entsprechenden Zufallsvariablen X_i:

$$\hat{p}(X_1, X_2, \ldots, X_n) = \frac{1}{n} \sum_i X_i \,,$$

das ist die relative Häufigkeit, mit der in der Folge der n Versuche "Kopf" erzielt wurde. Einsetzen der beobachteten Werte x_i ergibt die reelle Zahl $\hat{p}$, den Schätzwert.

Als Summe von n unabhängig $B(1,p)$-verteilten Zufallsvariablen ist $\hat{p}(X)$ selbst wieder eine Zufallsvariable, deren Stichprobenverteilung für hinreichend großes n wegen des Zentralen Grenzwertsatzes näherungsweise eine Normalverteilung mit den Parametern p und $p(1-p)/n$ ist:

$$\hat{p}(X_1, X_2, \ldots, X_n) \stackrel{.}{\sim} N\left[p, \frac{p(1-p)}{n}\right] .$$

Das Beipiel 9.4 hat einige Begriffe eingeführt, die im weiteren etwas allgemeiner definiert werden sollen. Voraussetzung zur Anwendung der ML-Schätzung ist, daß das zugrundeliegende wahrscheinlichkeitstheoretische Modell bis auf die unbekannten Parameter vollständig spezifiziert werden kann. Dies ist notwendig, da die Likelihoodfunktion, die die Basis aller Überlegungen bildet, die gemeinsame Wahrscheinlichkeits- oder Dichtefunktion der Stichprobenvariablen ist.

Definition 9.2 *Die* **Likelihoodfunktion** $L(\theta|x_1, \ldots, x_n)$ *ist die gemeinsame Wahrscheinlichkeits- oder Dichtefunktion der Stichprobenvariablen* X_i, $i = 1, \ldots, n$, *betrachtet als Funktion des unbekannten Parameters* θ

$$L(\theta|x_1, \ldots, x_n) = \Pi_{i=1}^n f(x_i; \theta) .$$

Im Gegensatz zur Wahrscheinlichkeitsrechnung, in der die gemeinsame Dichte- oder Wahrscheinlichkeitsfunktion als Funktion der $x_1, x_2, \ldots, x_n$ bei gegebenem θ angesehen wird, betrachten wir bei der Likelihoodschätzung die gemeinsame Dichte- bzw. Wahrscheinlichkeitsfunktion als Funktion des unbekannten Parameters θ. Das Maximum Likelihood-Prinzip gibt an, wie wir von der Likelihoodfunktion zur Schätzfunktion für den Parameter kommen.

Maximum-Likelihood (ML)-Prinzip: Als Schätzfunktion nimmt man jenes Argument $\hat{\theta}$, für welches die Likelihoodfunktion $L(\theta|x_1, \ldots, x_n)$ ihren maximalen Wert annimmt; das kann man schreiben als

$$\hat{\theta} = \arg\max_{\theta} L(\theta|x_1, \ldots, x_n) .$$

Sind die Stichprobenvariablen diskret, so ist nach diesem Prinzip jenes $\hat{\theta}$ zu wählen, bei dem die Wahrscheinlichkeit, die beobachtete Stichprobe zu realisieren, maximal wird.

In vielen Fällen wird das Maximum von L durch Nullsetzen der ersten Ableitung von L aufgefunden. Dabei ist es oft vorteilhaft, die **logarithmierte Likelihoodfunktion**

$$l(\theta|x_1,\ldots,x_n) = \ln L(\theta|x_1,\ldots,x_n)$$

zu maximieren. L und l haben ihr Maximum an der gleichen Stelle, da die logarithmische Transformation monoton ist. Zur Untersuchung der Frage, ob die Likelihoodfunktion an der Stelle des ML-Schätzers ein Maximum hat, müssen wir die zweite Ableitung untersuchen.

Beispiel 9.5 Auf einer Großbaustelle wurden in einer Periode von 80 Tagen $x = 0, 1, \ldots$ Arbeitsunfälle mit folgenden Häufigkeiten registriert.

x	0	1	2	3	4	≥ 5
Häufigkeit	34	28	11	5	2	0

Unter der Annahme, daß die beobachteten Häufigkeiten einer Poissonverteilung $P(\lambda)$ entsprechen, ist (a) die ML-Schätzfunktion und der entsprechende Schätzwert für λ zu bestimmen, der als Schätzung für die durchschnittliche Zahl der Arbeitsunfälle pro Tag angesehen werden kann, und (b) die Häufigkeitsverteilung an die Poissonverteilung anzupassen und die Verteilung der erwarteten Häufigkeiten zu ermitteln. Dazu definieren wir die Zufallsvariable X: *Zahl der Arbeitsunfälle pro Tag*, wobei $X \sim P(\lambda)$.

(a) Die Likelihoodfunktion für die Stichprobe vom Umfang n aus einer Poissonverteilung ergibt sich zu

$$L(\lambda|x_1,\ldots,x_n) = \Pi_{i=1}^{n} \frac{\lambda^{x_i}}{x_i!} e^{-\lambda} = \frac{e^{-n\lambda}\lambda^{\sum x_i}}{\Pi x_i!}.$$

Das Maximum der logarithmischen Likelihoodfunktion

$$l(\lambda) = -n\lambda + \sum x_i \ln \lambda - \ln \Pi x_i!$$

wird durch das Nullsetzen der ersten Ableitung

$$\frac{dl}{d\lambda} = -n + \sum x_i \frac{1}{\lambda}$$

bestimmt. Die Schätzfunktion ergibt sich als Funktion der Stichprobenvariablen zu

$$\hat{\lambda} = \frac{1}{n}\sum_{i=1}^{n} X_i.$$

Der ML-Schätzer $\hat{\lambda}$ ist somit das arithmetische Mittel der Stichprobenvariablen. Da die einzelnen Stichprobenvariablen Poisson-verteilt mit dem Parameter λ sind, folgt daraus $\mathrm{E}\{\hat{\lambda}\} = \lambda$ und $\mathrm{Var}\{\hat{\lambda}\} = \lambda/n$. Als Summe von Poisson-verteilten Zufallsvariablen hat $\hat{\lambda}$ als Stichprobenverteilung eine Poisson-Verteilung, und unter Anwendung des Zentralen Grenzwertsatzes ist $\hat{\lambda}$ für hinreichend großes n näherungsweise normalverteilt:

$$\hat{\lambda} \dot{\sim} N\left(\lambda, \frac{\lambda}{n}\right).$$

Der Schätzwert, das ist der auf Grund der beobachteten Stichprobenwerte realisierte Wert der Schätzfunktion, ist das arithmetische Mittel der Beobachtungen

$$\hat{\lambda} = \frac{1}{80}(1 \cdot 28 + 2 \cdot 11 + 3 \cdot 5 + 4 \cdot 2) = 0.913.$$

(b) Die erwarteten Häufigkeiten H_x, $x = 0, 1, \ldots$, mit denen unter der Annahme $X \sim P(0.913)$ Unfälle zu erwarten sind, ergeben sich, da es sich um ein Multinomialexperiment handelt, zu $H_x = n\,p_x$, wobei

$$p_x = P\{X = x\} = \frac{0.913^x}{x!}e^{-0.913}$$

für $x = 1, 2, \ldots$. Die zu erwartenden Häufigkeiten ergeben sich zu

x	0	1	2	3	4	≥ 5
H_x	32.10	29.31	13.38	4.07	0.93	0.19

Beispiel 9.6 Die Menge X (in ml), die in einer Abfüllanlage in jede Falsche gefüllt wird, sei eine Zufallsvariable X mit $X \sim N(\mu, 4)$. Ihre Standardabweichung $\sigma = 2\,\text{ml}$ ist aus langjähriger Erfahrung bekannt. Der Erwartungswert μ hängt von der aktuellen Justierung der Maschine ab und ist nach jeder Veränderung der Einstellung empirisch zu überprüfen.

Es wurde eine Stichprobe vom Umfang $n = 16$ gezogen. Die Summe der Stichprobenwerte ist $\sum x_i = 1575.2\text{ml}$. Für μ soll ein ML-Schätzer hergeleitet werden.

Zur Konstruktion der Schätzfunktion für μ gehen wir von der gemeinsamen Dichtefunktion der Stichprobenvariablen aus:

$$\begin{aligned} f(x_1, \ldots, x_n; \mu) &= \prod_{i=1}^{n} (2\pi\sigma^2)^{-\frac{1}{2}} \exp\left\{-\frac{1}{2}\frac{(x_i - \mu)^2}{\sigma^2}\right\} \\ &= (2\pi\sigma^2)^{-\frac{n}{2}} \exp\left\{-\frac{1}{2}\sum_{i=1}^{n}\frac{(x_i - \mu)^2}{\sigma^2}\right\}; \end{aligned}$$

die logarithmische Likelihoodfunktion ist dann

$$l(\mu) = -\frac{n}{2}\ln(2\pi\sigma^2) - \frac{1}{2}\sum_{i=1}^{n}\frac{(x_i-\mu)^2}{\sigma^2}.$$

Nullsetzen der ersten Ableitung von $l(\mu)$ nach μ ergibt die ML-Schätzfunktion

$$\hat{\mu} = \frac{1}{n}\sum_{i=1}^{n} X_i = \bar{X};$$

vergleiche *Tabelle 9.1.* Einsetzen der Beobachtungen gibt den Punktschätzer $\bar{x} = 98.45$ml.

Die Schätzfunktion $\bar{X}$ ist eine Zufallsvariable; als Linearkombination normalverteilter Stichprobenvariablen ist $\bar{X}$ wiederum normalverteilt:

$$\bar{X} \sim N\left(\mu, \frac{\sigma^2}{n}\right).$$

Beispiel 9.7 Das interessierende Merkmal einer Grundgesamtheit sei repräsentiert durch die Zufallsvariable X, $X \sim N(\mu, \sigma^2)$; μ und σ^2 sind unbekannt. Eine Stichprobe $X_1, \ldots, X_n$ vom Umfang n wird gezogen. Für μ und σ^2 sind ML-Schätzfunktionen zu bestimmen.

Ausgehend von der Normalverteilung von X ergibt sich die logarithmische Likelihoodfunktion – als Funktion der beiden unbekannten Parameter μ und σ^2 betrachtet – zu

$$l(\mu, \sigma^2) = -\frac{n}{2}\ln 2\pi - \frac{n}{2}\ln\sigma^2 - \frac{1}{2}\sum_{i=1}^{n}\frac{(x_i-\mu)^2}{\sigma^2}.$$

Durch Nullsetzen der ersten beiden partiellen Ableitungen

$$\begin{aligned}\frac{\partial l}{\partial \mu} &= -\frac{2}{\sigma^2}\sum_{i=1}^{n}(x_i-\mu),\\ \frac{\partial l}{\partial \sigma^2} &= -\frac{n}{2\sigma^2} - \frac{1}{2\sigma^4}\sum_{i=1}^{n}(x_i-\mu)^2,\end{aligned}$$

erhalten wir die beiden ML-Schätzfunktionen

$$\begin{aligned}\hat{\mu} &= \frac{1}{n}\sum_{i=1}^{n} X_i = \bar{X},\\ \hat{\sigma}^2 &= \frac{1}{n}\sum_{i=1}^{n}(X_i-\bar{X})^2;\end{aligned}$$

vergleiche *Tabelle 9.1.*

9.1.3 Die Kleinst-Quadrat Schätzung

War es im Rahmen der Likelihoodschätzung notwendig, das zugrundeliegende Modell bis auf die zu schätzenden Parameter vollständig zu spezifizieren, so genügt für die Kleinst-Quadrat Schätzung die Spezifikation eines linearen Modells und die der ersten beiden Momente der Verteilung. Die Idee der **Methode der Kleinsten Quadrate** soll an Hand des folgenden einführenden Beispiels näher erklärt werden.

Beispiel 9.8 $X_1, \ldots, X_n$ ist eine Stichprobe aus einer Verteilung mit unbekanntem Erwartungswert μ; auf Grund der Beobachtungen $x_1, \ldots, x_n$ soll der Wert von μ geschätzt werden. Wie für die ML-Schätzung benötigen wir auch für die Kleinst-Quadrat Schätzung ein Modell, das die Entstehung der Beobachtungen erklärt. Während wir für die ML-Schätzung eine Annahme über die Wahrscheinlichkeitsverteilung benötigen, genügt es für die Kleinst-Quadrat Schätzung anzunehmen, daß die Beobachtungen X_i eine Linearkombination aus einem globalen Mittelwert μ und einer individuellen Abweichung ε_i sind:

$$X_i = \mu + \varepsilon_i ,$$

wobei die sogenannten **Störgrößen** ε_i Zufallsvariable mit folgenden Eigenschaften sind:

$$\mathrm{E}\{\varepsilon_i\} = 0, \quad \mathrm{Cov}\{\varepsilon_i, \varepsilon_j\} = \begin{cases} \sigma^2 & i = j, \\ 0 & i \neq j; \end{cases}$$

die ε_i sind also unkorrelierte Zufallsvariable mit Erwartungswert Null und konstanter Varianz σ^2. Die grundlegende Idee der Kleinst-Quadrat Schätzung ist es, für $\hat{\mu}$ jenen Wert zu nehmen, für den die Summe der Quadrate der Abweichungen $S(\mu) = \sum_i \varepsilon_i^2 = \sum_i (X_i - \mu)^2$ zwischen den Beobachtungen X_i und dem zu schätzenden Erwartungswert μ ein Minimum wird:

$$\hat{\mu} = \arg\min_{\mu} S(\mu)$$

Differenzieren von $S(\mu)$ nach μ ergibt

$$\frac{dS(\mu)}{d\mu} = \frac{d}{d\mu} \sum_i (X_i - \mu)^2 = -2 \sum_i (X_i - \mu) .$$

Nullsetzten und Auflösung nach μ ergibt die Kleinst-Quadrat Schätzfunktion

$$\hat{\mu} = \frac{1}{n} \sum_i X_i ,$$

für die $S(\mu)$ minimal ist, wie man durch Einsetzen in die zweite Ableitung von $S(\mu)$ zeigen kann. Die Schätzfunktion ist das arithmetische Mittel der Stichprobenvariablen.

Da wir die Wahrscheinlichkeitsverteilung der ε_i nicht spezifiziert haben, können wir auch nicht unmittelbar angeben, welche Wahrscheinlichkeitsverteilung $\hat{\mu}$ besitzt. Aus dem Zentralen Grenzwertsatz folgt allerdings, daß $\hat{\mu}$ für hinreichend großes n in guter Näherung einer Normalverteilung folgt. Würden wir in Ergänzung zu den getroffenen Annahmen eine Normalverteilung für die ε_i spezifizieren, so wären auch die X_i normalverteilte Zufallsvariable, und wir könnten den ML-Schätzer bestimmen: Dieser ML-Schätzer ist identisch mit dem Kleinst-Quadrat Schätzer $\hat{\mu}$. Das trifft natürlich nicht notwendigerweise zu, wenn die X_i einer anderen als der Normalverteilung folgen.

Als wichtigen Anwendungsfall der Kleinst-Quadrat Schätzung werden wir in Kapitel 11 die Schätzung der Parameter des linaren Regressionsmodells besprechen.

Die *Tabelle 9.1* gibt eine Übersicht über vielfach verwendete Schätzfunktionen.

Tabelle 9.1: Häufig verwendete Schätzfunktionen $\hat{\theta}$ für Parameter θ der Verteilung der Zufallsvariablen X. Wenn nicht anders spezifiziert, ist X beliebig verteilt. Die Schätzer $\hat{p}$, $\hat{\lambda}$ und $\hat{\beta}$ sind ML-Schätzer; gilt $X \sim N(\mu, \sigma^2)$, so sind $\hat{\mu}$ und $\hat{\sigma}_a^2$ ML Schätzer.

θ	$\hat{\theta}$	$\mathrm{E}\{\hat{\theta}\}$	$\mathrm{Var}\{\hat{\theta}\}$
$\mu = \mathrm{E}\{X\}$	$\hat{\mu} = \bar{X} = \frac{1}{n}\sum X_i$	μ	$\frac{1}{n}\mathrm{Var}\{X\}$
$\sigma^2 = \mathrm{Var}\{X\}$	$\hat{\sigma}_a^2 = \frac{1}{n}\sum(X_i - \bar{X})^2$	$\frac{n-1}{n}\sigma^2$	–
	$\hat{\sigma}_b^2 = \frac{1}{n-1}\sum(X_i - \bar{X})^2$	σ^2	–
p , $X \sim B(n,p)$	$\hat{p} = \frac{X}{n}$	p	$\frac{p(1-p)}{n}$
λ , $X \sim P(\lambda)$	$\hat{\lambda} = \bar{X}$	λ	$\frac{\lambda}{n}$
β , $X \sim E(\beta)$	$\hat{\beta} = \bar{X}^{-1}$	β	$\frac{\beta^2}{n}$

9.1.4 Kriterien zur Beurteilung von Schätzfunktionen

Durch Anwendung des ML-Prinzips oder der Methode der Kleinsten Quadrate können wir eine Schätzfunktion für einen unbekannten Parameter herleiten. Eine naheliegende Frage ist, "wie gut" ein solcher Schätzer ist. Ausgangspunkt für die Beantwortung der Frage ist das Definieren von geeigneten Gütekriterien.

Die Problemstellung wird üblicherweise im Rahmen entscheidungstheoretischer Überlegungen behandelt. Dazu definieren wir für den zu schätzenden unbekannten Parameter θ und die entsprechende Schätzfunktion $\hat{\theta}$ eine sogenannte **Verlustfunktion** $G(\hat{\theta},\theta)$, die den "Verlust" mißt, den wir erleiden, wenn der wahre Parameter θ durch $\hat{\theta}$ geschätzt wird. Naheliegenderweise verlangen wir, daß

$$G(\hat{\theta},\theta)\begin{cases} = 0 & \text{falls } \theta = \hat{\theta}\,, \\ > 0 & \text{falls } \theta \neq \hat{\theta}\,. \end{cases}$$

Außerdem verlangen wir, daß G eine zunehmende Funktion von $|\hat{\theta} - \theta|$ ist. Der Schätzer $\hat{\theta}$ wird uns umso lieber sein, je weniger er von θ verschieden ist, d.h., je geringer der Wert der Verlustfunktion G ist. Eine Funktion, die dies leistet, ist die quadratische Funktion $G(\hat{\theta},\theta) = (\hat{\theta} - \theta)^2$.

Da θ unbekannt ist, kann G nicht direkt berechnet werden. Da $\hat{\theta}$ eine Zufallsvariable ist, kann der Erwartungswert der Verlustfunktion, die sogenannte **Risikofunktion**

$$R(\hat{\theta},\theta) = \mathrm{E}\{G(\hat{\theta},\theta)\}$$

berechnet und die Güte der Schätzfunktion mit ihrer Hilfe beurteilt werden. Für die quadratische Verlustfunktion nennt man die Risikofunktion $R(\hat{\theta},\theta) = \mathrm{E}\{(\hat{\theta} - \theta)^2\}$ den **mittleren quadratischen Fehler** (MQF) oder *mean squared error (MSE)*; man kann ihn auch schreiben als

$$\begin{aligned} \mathrm{MQF}(\hat{\theta},\theta) &= \mathrm{E}\{(\hat{\theta} - \theta)^2\} = \mathrm{Var}\{\hat{\theta}\} + (\theta - \mathrm{E}\{\hat{\theta}\})^2 \\ &= \mathrm{Var}\{\hat{\theta}\} + (\mathrm{Bias})^2\,. \end{aligned}$$

Die Abweichung zwischen $\mathrm{E}\{\hat{\theta}\}$ und θ nennt man die **Verzerrung** oder den **Bias** von $\hat{\theta}$.

Eine Schätzfunktion $\hat{\theta}$ wird uns umso lieber sein, je geringer ihr MQF ist. Da beide Summanden nichtnegativ sind, bedeutet das, daß ein guter Schätzer einen möglichst kleinen Bias und eine möglichst geringe Varianz haben soll. Wir haben damit zwei Gütekriterien erhalten,

(a) die Erwartungstreue, die impliziert, daß der Bias den Wert Null hat, und

(b) die minimale Varianz

der Schätzfunktion, die wir im weiteren behandeln.

Definition 9.3 *Eine Schätzfunktion $\hat{\theta}(X_1, \ldots, X_n)$ für θ heißt* **erwartungstreu,** *wenn gilt*

$$\mathrm{E}\{\hat{\theta}(X_1, \ldots, X_n)\} = \theta \,.$$

Diese Eigenschaft stellt sicher, daß man den wahren Wert des Parameters im Durchschnitt vieler Schätzungen richtig schätzt.

Für eine erwartungstreue Schätzfunktion gilt $\mathrm{MQF}(\hat{\theta}, \theta) = \mathrm{Var}\{\hat{\theta}\}$; unter zwei erwartungstreuen Schätzern werden wir den vorziehen, der weniger (um θ) streut. Es stellt sich die Frage, ob es für θ einen Schätzer $\hat{\theta}$ mit minimaler Varianz gibt, sodaß für jeden anderen Schätzer $\tilde{\theta}$ gilt: $\mathrm{Var}\{\hat{\theta}\} \leq \mathrm{Var}\{\tilde{\theta}\}$. Für erwartungstreue Schätzfunktionen konnten die beiden Statistiker H. Cramér und C.R. Rao tatsächlich zeigen, daß es eine untere Schranke der Varianz des Schätzers gibt: Für einen beliebigen erwartungstreuen Schätzer $\hat{\theta}$ gilt

$$\mathrm{Var}\{\hat{\theta}\} \geq -\frac{1}{\mathrm{E}\{\partial^2 lnL/\partial\theta^2\}} \,.$$

Die rechte Seite der Ungleichung nennt man die **Cramér-Rao Schranke.** Eine erwartungstreue Schätzfunktion, deren Varianz gleich der Cramér-Rao Schranke ist, nennt man einen **erwartungstreuen Schätzer mit gleichmäßig minimaler Varianz** oder *uniformly minimum variance unbiased (UMVU)* Schätzer.

Eine andere Möglichkeit, die Güte einer Schätzfunktion zu beurteilen, beruht auf der Forderung, daß sich Schätzer und wahrer Wert bei genügend großem Stichprobenumfang beliebig wenig unterscheiden. Diese Forderung führt zum Begriff der Konsistenz der Schätzfunktion. Dazu bezeichnen wir die Schätzfunktion mit $\hat{\theta}_n$, wobei der Index n angibt, daß in die Schätzung n Beobachtungen eingehen. Die Schätzfunktion $\hat{\theta}_n$ heißt **konsistent,** wenn für jedes reelle $\varepsilon > 0$ gilt

$$\lim_{n\to\infty} P\{|\hat{\theta}_n - \theta| < \varepsilon\} = 1 \,;$$

mit zunehmendem Stichprobenumfang geht die Wahrscheinlichkeit gegen Eins, daß der Schätzer $\hat{\theta}_n$ in einem beliebig kleinen Intervall um θ zu liegen kommt. Der Parameter wird asymptotisch richtig geschätzt. Man schreibt dafür auch

$$\operatorname*{plim}_{n\to\infty} \hat{\theta}_n = \theta \,.$$

Beispiel 9.9 In Beispiel 9.5 haben wir für den Parameter λ der Poisson-Verteilung die ML-Schätzfunktion $\hat{\lambda} = \frac{1}{n}\sum_{i=1}^{n} X_i$ erhalten.

(a) Aus

$$\mathrm{E}\{\hat{\lambda}\} = \frac{1}{n}\sum_{i=1}^{n}\mathrm{E}\{X_i\} = \lambda$$

folgt, daß $\hat{\lambda}$ eine erwartungstreue Schätzfunktion ist.

(b) Die Cramér-Rao Schranke für die Varianz einer erwartungstreuen Schätzfunktion für λ erhalten wir als Reziprokwert des negativen Erwartungswertes der zweiten Ableitung der logarithmischen Likelihoodfunktion nach λ. Wie in Beispiel 9.5 gezeigt, ist die erste Ableitung der logarithmischen Likelihoodfunktion nach λ

$$\frac{dl}{d\lambda} = -n + \frac{1}{\lambda}\sum_i x_i\,;$$

nochmaliges Differenzieren ergibt

$$\frac{d^2l}{d\lambda^2} = -\frac{1}{\lambda^2}\sum_i x_i\,.$$

Setzen wir die entsprechenden Zufallsvariablen X_i für die Beobachtungen x_i und bilden den Erwartungswert, so erhalten wir

$$\mathrm{E}\left\{\frac{d^2l}{d\lambda^2}\right\} = -\frac{n}{\lambda}\,;$$

die Cramér-Rao Schranke ist also λ/n.

(c) Für die Varianz des Schätzers $\hat{\lambda}$ ergibt sich

$$\mathrm{Var}\{\hat{\lambda}\} = \left(\frac{1}{n}\right)^2\sum_{i=1}^{n}\mathrm{Var}\{X_i\} = \left(\frac{1}{n}\right)^2 n\lambda = \frac{\lambda}{n}\,.$$

Das ist aber die Cramér-Rao Schranke; daher ist $\hat{\lambda}$ ein erwartungstreuer Schätzer mit gleichmäßig minimaler Varianz.

(d) Schließlich soll noch die Konsistenz von $\hat{\lambda}$ gezeigt werden. Aus der Anwendung der Tschebyscheff'schen Ungleichung

$$P\{|\hat{\lambda}-\lambda| \geq \varepsilon\} \leq \frac{\mathrm{Var}\{\hat{\lambda}\}}{\varepsilon^2} = \frac{\lambda}{n\varepsilon^2}$$

ergibt sich, daß die Wahrscheinlichkeit der linken Seite gegen Null geht, wenn $n \to \infty$, und somit $\hat{\lambda}$ eine konsistente Schätzfunktion ist.

Ähnliche Überlegungen zeigen, daß auch die Schätzfunktion $\hat{p} = \frac{1}{n}\sum_{i=1}^{n} X_i$ für den Parameter p der Binomialverteilung (siehe Beispiel 9.4) und $\hat{\mu} = \bar{X}$ einer beliebig verteilten Zufallsvariablen X erwartungstreue Schätzer und auch konsistente Schätzer sind. Die Schätzfunktion $\hat{p}$ und in vielen Situationen auch $\bar{X}$ sind Schätzer mit gleichmäßig minimaler Varianz.

Beispiel 9.10 Das interessierende Merkmal einer Grundgesamtheit sei repräsentiert durch die Zufallsvariable X, $X \sim N(\mu, \sigma^2)$; μ und σ^2 sind unbekannt. In Beispiel 9.7 wurden ML-Schätzfunktionen $\hat{\mu}$ und $\hat{\sigma}^2$ hergeleitet, wenn eine Stichprobe $X_1, \ldots, X_n$ zur Verfügung steht. Die Eigenschaften von (a) $\hat{\mu}$ und (b) $\hat{\sigma}^2$ sind zu bestimmen.

(a) Die ML-Schätzfunktion für μ ergab sich zu

$$\hat{\mu} = \frac{1}{n}\sum_{i=1}^{n} X_i = \bar{X},$$

Ähnlich wie in Beispiel 9.9 kann man zeigen, daß $\hat{\mu}$ ein erwartungstreuer Schätzer mit gleichmäßig minimaler Varianz ist.

(b) Die ML-Schätzfunktion für σ^2 nennen wir $\hat{\sigma}^2_{ML}$. Für sie haben wir in Beispiel 9.9 erhalten

$$\hat{\sigma}^2_{ML} = \frac{1}{n}\sum_{i=1}^{n} (X_i - \bar{X})^2;$$

$\hat{\sigma}^2_{ML}$ hat den Erwartungswert $\frac{n-1}{n}\sigma$ und ist demnach nicht erwartungstreu:

$$\begin{aligned} \mathrm{E}\left\{\sum_{i=1}^{n}(X_i - \bar{X})^2\right\} &= \sum \mathrm{E}\{(X_i - \bar{X})^2\} \\ &= \sum \mathrm{E}\{(X_i - \mu)^2\} - 2\sum \mathrm{E}\{(X_i - \mu)(\bar{X} - \mu)\} \\ &\quad + \sum \mathrm{E}\{(\mu - \bar{X})^2\} \\ &= n\sigma^2 - 2n\frac{\sigma^2}{n} + n\frac{\sigma^2}{n} = (n-1)\sigma^2. \end{aligned}$$

Der Bias von $\hat{\sigma}^2_{ML}$ beträgt $-\sigma^2/n$. Eine erwartungstreue Schätzfunktion für σ^2 ist

$$\hat{\sigma}^2 = \frac{1}{n-1}\sum_{i=1}^{n}(X_i - \bar{X})^2.$$

Vergleiche auch *Tabelle 9.1.*

9.1.5 Intervallschätzung und Konfidenzintervalle

Die Punktschätzung liefert einen einzelnen Wert für den unbekannten Parameter. Mehr Information über den Parameter bietet ein Schätzintervall, in dem der unbekannte Parameter mit entsprechend hoher Wahrscheinlichkeit enthalten ist. Ein solches Schätzintervall ist deshalb von besonderer Bedeutung, weil seine Breite die Genauigkeit oder Ungenauigkeit der Schätzung repräsentiert. Diese Problemstellung ist Gegenstand der **Intervallschätzung.**

Definition 9.4 *Ein* **100 γ%-Konfidenzintervall** *für den Parameter θ der Wahrscheinlichkeitsverteilung $f(x;\theta)$ der Zufallsvariablen X ist ein zufälliges Intervall der Form*

$$[U(X_1, X_2, \ldots, X_n), O(X_1, X_2, \ldots, X_n)]$$

mit der Eigenschaft

$$P\{U(X_1, \ldots, X_n) \leq \theta \leq O(X_1, \ldots, X_n)\} = \gamma,$$

wobei die X_i, $i = 1, \ldots, n$, eine Stichprobe aus $f(x;\theta)$ sind. Die Wahrscheinlichkeit γ wird die **Konfidenzzahl** *oder Konfidenzkoeffizient genannt.*

Die Konfidenzzahl γ gibt die Wahrscheinlichkeit an, mit der das zu ermittelnde Konfidenzintervall den unbekannten Parameter θ enthält. Die untere und die obere Intervallgrenze $U(X_1, \ldots, X_n)$ bzw. $O(X_1, \ldots, X_n)$ sind wiederum Zufallsvariable und müssen unabhängig vom unbekannten Parameter sein. Sie ergeben sich aus der Forderung, daß

$$P\{\theta \leq U(X_1, \ldots, X_n)\} + P\{\theta \geq O(X_1, \ldots, X_n)\} = 1 - \gamma.$$

Die Aufteilung von $1-\gamma$ auf die beiden Ereignisse $\{\theta \leq U(X_1, \ldots, X_n)\}$ und $\{\theta \geq O(X_1, \ldots, X_n)\}$ ist in verschiedener Weise möglich. Bei einer symmetrischen Verteilung der X_i hat das Konfidenzintervall die minimale Länge, wenn den beiden Ereignissen die Wahrscheinlichkeit $(1-\gamma)/2$ zugeordnet wird. Diese Aufteilung ist auch bei nicht-symmetrischen Verteilungen die gebräuchlichste.

Beachte! Die Aussage "$[U(X_1, \ldots, X_n), O(X_1, \ldots, X_n)]$ enthält θ mit einer Wahrscheinlichkeit von 100γ%" ist nur richtig, wenn U und O Zufallsvariable sind. Hat man Zahlenwerte $u = U(x_1, \ldots, x_n)$ und $o = O(x_1, \ldots, x_n)$ ermittelt, so ist die Aussage "$[u, o]$ enthält θ" entweder richtig (sie hat Wahrscheinlichkeit 1) oder falsch (sie hat Wahrscheinlichkeit 0)!

Zur Ermittlung der beiden Schranken geht man von einer Punktschätzung für θ aus und verwendet die Stichprobenverteilung von $\hat{\theta}$. Durch Umformung erhält man dann das Konfidenzintervall. Das folgende Beispiel zeigt, wie man ein Konfidenzintervall für den Parameter μ der Normalverteilung herleitet.

Beispiel 9.11 Fortsetzung von Beispiel 9.6: Die Menge X (in ml), die in einer Abfüllanlage in jede Falsche gefüllt wird, sei eine Zufallsvariable $X \sim N(\mu, 4)$. Die Standardabweichung $\sigma = 2$ml ist aus langjähriger Erfahrung bekannt. Der Erwartungswert μ hängt von der aktuellen Justierung der Maschine ab und ist nach jeder Veränderung der Einstellung empirisch zu überprüfen. Es wurde eine Stichprobe vom Umfang $n = 16$

gezogen. Der Stichprobenmittelwert ist $\bar{x} = 98.45$ml. Für μ ist ein 95% Konfidenzintervall zu bestimmen.

Zur Konstruktion des Konfidenzintervalls gehen wir von der ML-Schätzfunktion für μ aus:

$$\hat{\mu} = \bar{X} \sim N\left(\mu, \frac{\sigma^2}{n}\right).$$

Wegen der Symmetrie der Normalverteilung wählen wir zwei symmetrisch gelegene Schranken $\pm c$, sodaß für die standardisierte Variable $(\bar{X} - \mu)\sqrt{n}/\sigma$ gilt

$$P\left\{-c \leq \frac{\bar{X} - \mu}{\sigma}\sqrt{n} \leq c\right\} = \gamma.$$

Durch Umformen erhalten wir aus dem Ereignis in der geschwungenen Klammer das Konfidenzintervall für μ:

$$P\left\{\bar{X} - c\frac{\sigma}{\sqrt{n}} \leq \mu \leq \bar{X} + c\frac{\sigma}{\sqrt{n}}\right\} = \gamma,$$

für das wir nur mehr die Konstante c zu bestimmen haben. Aus

$$P\left\{-c \leq \frac{\bar{X} - \mu}{\sigma}\sqrt{n} \leq c\right\} = \Phi(c) - \Phi(-c) = 2\Phi(c) - 1 = \gamma$$

folgt $\Phi(c) = (1+\gamma)/2$; c ist das $(1+\gamma)/2$-Perzentil der $N(0,1)$-Verteilung: $c = \Phi^{-1}[(1+\gamma)/2] = z_{(1+\gamma)/2}$.

Wir setzen nun die Angaben des Beispiels ein. Für $\gamma = 0.95$ ist c das 0.975-Perzentil: c=1.960. Mit $\sigma = 2$, $n = 16$ und $\bar{x} = 98.45$ ergibt sich für das Konfidenzintervall

$$97.47 \leq \mu \leq 99.43\,.$$

Dieses Intervall ist als die Realisation des zufälligen Intervalls

$$\bar{X} - 1.96\sigma/\sqrt{n} \leq \mu \leq \bar{X} + 1.645\sigma/\sqrt{n}$$

zu interpretieren. Es enthält den unbekannten Paramter oder enthält ihn nicht. Es ist also falsch zu sagen, das Intervall $[97.47, 99.43]$ enthält μ mit der Wahrscheinlichkeit γ. Wir können das Konfidenzintervall nur so interpretieren, daß 95% der Intervalle, die auf der Basis von (wiederholt gezogenen) Stichproben vom Umfang 16 ermittelt werden, das unbekannte μ enthalten.

Die halbe Breite des Konfidenzintervalls ist

$$\Phi^{-1}\left(\frac{1+\gamma}{2}\right)\frac{\sigma}{\sqrt{n}}.$$

Daraus folgt, daß das Konfidenzintervall für μ umso breiter ist, je größer σ ist, die Standardabweichung von X, eine Größe, auf die man keinen Einfluß hat. Die Breite hängt auch von den beiden willkürlich wählbaren Größen n und γ ab: Je größer n und je kleiner γ sind, umso schmäler ist das Konfidenzintervall.

Im nächste Beispiel bestimmen wir ein Konfidenzintervall für μ, wobei aber die für viele Anwendungen unrealistische Voraussetzung einer bekannten Varianz aufgegeben wird. Das Beispiel zeigt darüberhinaus die Konstruktion eines Konfidenzintervalls für eine nichtsymmetrische Verteilung.

Beispiel 9.12 Fortsetzung von Beispiel 9.7: Das interessierende Merkmal einer Grundgesamtheit sei repräsentiert durch die Zufallsvariable X, $X \sim N(\mu, \sigma^2)$; μ und σ^2 sind unbekannt. In Beispiel 9.7 haben wir auf der Basis der Stichproben $X_1, \ldots, X_n$ ML-Schätzfunktionen für μ und σ^2 hergeleitet. Es sind Konfidenzintervalle für (a) μ und (b) σ^2 zu bestimmen.

(a) Ausgehend von der ML-Schätzfunktion $\hat{\mu} = \bar{X}$ können wir das Konfidenzintervall für μ wie in Beispiel 9.11 konstruieren: Wäre σ^2 bekannt, so würden wir von

$$P\left\{-c \leq \frac{\bar{X}-\mu}{\sigma}\sqrt{n} \leq c\right\} = \gamma$$

ausgehen, wobei die Konstante c das Perzentil $\Phi^{-1}[(1+\gamma)/2]$ der $N(0,1)$-Verteilung ist. Da die Varianz σ^2 unbekannt ist, ersetzen wir sie durch die erwartungstreue Schätzung $\hat{\sigma}^2$ aus Beispiel 9.10; man kann zeigen, daß die Zufallsvariable

$$\frac{\bar{X}-\mu}{\hat{\sigma}}\sqrt{n}$$

t-verteilt mit $n-1$ Freiheitsgraden ist. Die t-Verteilung ist ähnlich der Normalverteilung und symmetrisch um ihren Erwartungswert 0; daher wählen wir die Konstante c aus

$$P\{-c \leq \frac{\bar{X}-\mu}{\sqrt{\hat{\sigma}^2}}\sqrt{n} \leq c\} = \gamma$$

als das Perzentil

$$F^{-1}\left(\frac{1+\gamma}{2}\right) = t_{\frac{1+\gamma}{2}}(n-1)$$

der t-Verteilung mit $n-1$ Freiheitsgraden. Das Konfidenzintervall für μ ist somit

$$\bar{X} - t_{\frac{1+\gamma}{2}}(n-1)\frac{\hat{\sigma}}{\sqrt{n}} \leq \mu \leq \bar{X} + t_{\frac{1+\gamma}{2}}(n-1)\frac{\hat{\sigma}}{\sqrt{n}}.$$

(b) Ausgangspunkt zur Konstruktion des Konfidenzintervalls für σ^2 ist die Verteilung der erwartungstreuen Schätzfunktion (vergleiche Beispiel 9.10)

$$\hat{\sigma}^2 = \frac{1}{n-1}\sum_{i=1}^{n}(X_i - \bar{X})^2.$$

Man kann zeigen, daß die Summe von Quadraten normalverteilter Zufallsvariabler

$$\frac{1}{\sigma^2}\sum_{i=1}^{n}(X_i - \bar{X})^2 = \frac{n-1}{\sigma^2}\hat{\sigma}^2$$

eine χ^2-verteilte Zufallsvariable mit, da wir den Parameter μ geschätzt haben, jedoch nur mehr $n-1$ Freiheitgraden ist. Wegen der Nichtsymmetrie der χ^2-Verteilung wählen wir zwei Schranken, c_1 und c_2, so, daß

$$P\left\{c_1 \leq \frac{n-1}{\sigma^2}\hat{\sigma}^2 \leq c_2\right\} = \gamma.$$

Teilen wir $1-\gamma$ wieder zu gleichen Teilen auf die beiden Ereignisse $\{\frac{n-1}{\sigma^2}\hat{\sigma}^2 < c_1\}$ und $\{\frac{n-1}{\sigma^2}\hat{\sigma}^2 > c_2\}$ auf, so ergeben sich c_1 und c_2 als $\frac{1-\gamma}{2}$- und $\frac{1+\gamma}{2}$-Perzentil der χ^2-Verteilung mit $n-1$ Freiheitgraden:

$$c_1 = \chi^2_{\frac{1-\gamma}{2}}(n-1), \quad c_2 = \chi^2_{\frac{1+\gamma}{2}}(n-1).$$

Das Konfidenzintervall ergibt sich aus

$$P\left\{\chi^2_{\frac{1-\gamma}{2}}(n-1) \leq \frac{n-1}{\sigma^2}\hat{\sigma}^2 \leq \chi^2_{\frac{1+\gamma}{2}}(n-1)\right\} = \gamma$$

zu

$$\frac{1}{\chi^2_{\frac{1+\gamma}{2}}(n-1)}(n-1)\hat{\sigma}^2 \leq \sigma^2 \leq \frac{1}{\chi^2_{\frac{1-\gamma}{2}}(n-1)}(n-1)\hat{\sigma}^2.$$

9.1.6 Simultane Konfidenzintervalle

Im vorigen Beispiel wurden die beiden Parameter μ und σ^2 isoliert betrachtet und für jeden Parameter ein eigenes Konfidenzintervall hergeleitet. Das sogenannte **simultane Konfidenzintervall** kontrolliert die mit den beiden Intervallen verbundene Unsicherheit gemeinsam. Das soll am Sachverhalt von Beispiel 9.12 illustriert werden.

Für die beiden Parameter μ und σ^2 der normalverteilten Zufallsvariablen X von Beispiel 9.12, $X \sim N(\mu, \sigma^2)$, sollen Konfidenzintervalle so konstruiert werden, daß

$$P\{\bar{X} - c\frac{\hat{\sigma}}{\sqrt{n}} \leq \mu \leq \bar{X} + c\frac{\hat{\sigma}}{\sqrt{n}}, d_1(n-1)\hat{\sigma}^2 \leq \sigma^2 \leq d_2(n-1)\hat{\sigma}^2\} = \gamma$$

d.h., γ soll die Wahrscheinlichkeit dafür sein, daß beide Parameter in ihren Konfidenzintervallen enthalten sind. Das Problem besteht im wesentlichen darin, die Schranken c, d_1 und d_2 geeignet zu wählen.

Wir bezeichnen das Ereignis $\{\bar{X} - c\,\hat{\sigma}/\sqrt{n} \leq \mu \leq \bar{X} + c\,\hat{\sigma}/\sqrt{n}\}$, daß μ in seinem Intervall liegt, mit M, und das Ereignis $\{d_1(n-1)\hat{\sigma}^2 \leq \sigma^2 \leq d_2(n-1)\hat{\sigma}^2\}$, daß σ^2 in seinem Intervall liegt, mit S. Wären die Ereignisse M und S unabhängig, so könnten wir wegen $P\{M \cap S\} = P\{M\}\,P\{S\} = \gamma = \gamma_1\gamma_2$ getrennte Konfidenzintervalle wie in Beispiel 9.12 bestimmen: Ein $100\gamma_1\%$ Konfidenzintervall für μ und ein $100\gamma_2\%$ Konfidenzintervall für σ^2. Die Wahrscheinlichkeit wäre γ, daß beide Parameter in ihren Konfidenzintervallen enthalten sind.

In Wirklichkeit sind aber M und S abhängige Ereignisse. Das erkennt man etwa daran, daß beide Intervalle von $\hat{\sigma}$ bestimmt sind. Wir können deshalb nur eine Abschätzung für die Konfidenzintervalle machen, für die wir die Bonferroni Ungleichung benützen. Die **Bonferroni Ungleichung** lautet für beliebige Ereignisse A_i

$$P\{\bigcup_i A_i\} \leq \sum_i P\{A_i\};$$

sie ist plausibel, wenn man an den Additionssatz 6.6 denkt. Mit Hilfe der Regel von de Morgan läßt sich die linke Seite schreiben als

$$P\{\bigcup_i A_i\} = 1 - P\{\bigcap_i A_i^c\}.$$

Angewendet auf $P\{M \cap S\} = 1 - P\{M^c \cup S^c\} = \gamma$ oder $P\{M^c \cup S^c\} = 1 - \gamma$ erlaubt die Bonferroni Ungleichung die folgende Abschätzung: Wegen

$$P\{M^c \cup S^c\} \leq P\{M^c\} + P\{S^c\} = 1 - \gamma$$

können wir $1 - \gamma$ auf die beiden Ereignisse aufteilen und sind sicher, daß das simultane Ereignis $\{M^c \cup S^c\}$ eine geringere oder eine höchstens so große Wahrscheinlichkeit wie $1 - \gamma$ hat. Weil γ nicht ganz ausgenützt wird, spricht man von konservativen Konfidenzintervallen. Teilen wir $1 - \gamma$ wieder zu gleichen Teilen auf die beiden Konfidenzintervalle auf, so ergibt sich

$P\{M^c\} \leq (1-\gamma)/2$ und $P\{S^c\} \leq (1-\gamma)/2$. Die konservativen Konfidenzintervalle bestimmen wir dann aus

$$P\{M\} \geq \frac{1+\gamma}{2}, \quad P\{S\} \geq \frac{1+\gamma}{2}.$$

Teilt man die Konfidenzzahl $\gamma = 0.9$ zu gleichen Teilen auf die beiden Intervalle, so muß jedes der beiden Konfidenzintervalle für eine Konfidenzzahl von $(1+\gamma)/2 = 0.95$ bestimmt werden. Die Wahrscheinlichkeit, daß beide Intervalle die Parameter enthalten, ist dann zumindest 0.9.

9.2 Testen von Hypothesen

Die Problemstellung läßt sich folgendermaßen beschreiben: Gegeben ist wieder eine Stichprobe $X_1, \ldots, X_n$ aus einer Grundgesamtheit, die durch eine Zufallsvariable X mit Dichte- oder Wahrscheinlichkeitsfunktion $f(x;\theta)$ beschrieben wird. Auf der Basis der Stichprobe soll eine Behauptung oder Hypothese über die zugrundeliegende Verteilung getestet werden. Wir unterscheiden zwei Typen von Hypothesen.

(a) Hypothesen über die Verteilung wie z.B. die Behauptung, daß die Beobachtungen aus einer Gleichverteilung oder aus einer Normalverteilung stammen; beim Testen wird die Güte der Anpassung (*goodness of fit*) der Beobachtungen an die hypothetische Verteilung überprüft.

(b) Hypothesen über einzelne Kenngrößen der Verteilung, wie z.B. Lage- oder Streuungsparameter. Bei den Testverfahren, den sogenannten **Signifikanztesten**, kann man, je nachdem, wie weitgehend die Verteilung f spezifiziert ist, verschiedene Typen unterscheiden:

- bei **parametrischen Testen** ist die Verteilungsform von f festgelegt. Der Test betrifft nur den (oder die) Parameter, der die konkrete Verteilung aus der Klasse der Verteilungen f bestimmt (man sagt, dieser Parameter indiziert oder parameterisiert die Verteilungsklasse). Beispielsweise wird unter der Annahme, daß X normalverteilt sei, $X \sim N(\mu, \sigma^2)$, eine Hypothese über den Erwartungswert μ getestet.
- Bei **nichtparametrischen Testen** (oft auch verteilungsfreie Teste genannt) ist dagegen die Klasse der behaupteten Verteilungen so weit, daß sie nicht durch einen Parameter indiziert werden kann. So kann die Hypothese getestet werden, daß der Median von f den Wert Null hat, wobei die Form von f nicht weiter spezifiziert ist.

Bei einem **Einstichprobentest** liegt nur eine Stichprobe vor, wie wir das bisher angenommen haben. Es gibt auch Testverfahren, die auf zwei, in der Regel unabhängigen Stichproben $X_1, \ldots, X_m$ und $Y_1, \ldots, Y_n$ aus Verteilungen F und G basieren; wir sprechen von einem **Zweistichprobentest**. Hier könnte die Behauptung interessieren, daß die beiden Stichproben aus der gleichen Verteilung stammen ($F = G$). Noch allgemeiner nennt man Teste, die auf mehreren Stichproben basieren, **Mehrstichprobenteste**.

Im folgenden Abschnitt werden die Vorgangsweise und einige Grundideen und Begriffe der Testkonstruktion an Hand eines Beispiels illustriert.

9.2.1 Die Technik des Testens

Ein Glückspiel basiere auf Würfen einer Münze. Dann hängt die Gewinnchance davon ab, ob die Münze eine ideale Münze ist oder nicht. Um diese Frage zu beantworten, überprüfen wir die Münze empirisch, indem wir 100 Münzwürfe durchführen. Ist die Münze eine ideale Münze, $P\{\text{Kopf}\} = 0.5$, so sollte die Zahl der geworfenen Köpfe in der Nähe von 50 liegen. Ist sie dagegen nicht ideal - etwa verbogen - und beträgt die Wahrscheinlichkeit beispielsweise $P\{\text{Kopf}\} = 0.6$, so ist zu erwarten, daß die Zahl der geworfenen Köpfe größer als 50 ist.

Wenn wir das Experiment der 100 Münzwürfe ausgeführt haben und uns entscheiden müssen, ob wir das Glückspiel mit dieser Münze beginnen wollen, könnten wir folgendermaßen vorgehen: Wir verwerfen die Behauptung, daß die Münze ideal sei, falls "zu viele" Köpfe geworfen wurden. Die Frage ist natürlich, ab wievielen geworfenen Köpfen wir von "zu vielen" sprechen sollen. Die folgende Formalisierung gibt uns eine Antwort auf diese Frage.

Die zu überprüfende Behauptung, $P\{\text{Kopf}\} = 0.5$, nennen wir die **Nullhypothese** und symbolisieren sie durch H_0. Der Nullhypothese steht die Behauptung $P\{\text{Kopf}\} = 0.6$ gegenüber, die sogenannte **Alternativhypothese** oder Alternative, symbolisiert durch H_1. Man sagt, H_0: $p = 0.5$ wird gegen H_1: $p = 0.6$ getestet. Der Test ist eine Entscheidungsregel: Verwerfe H_0, falls die Anzahl der beobachteten Köpfe einen geeignet gewählten Wert k annimmt oder übersteigt. Wenn wir dem i-ten Wurf der Münze, $i = 1, \ldots, 100$, die Zufallsvariable

$$X_i = \begin{cases} 1 & \text{falls Kopf im } i\text{-ten Wurf} \\ 0 & \text{falls Adler im } i\text{-ten Wurf} \end{cases}$$

zuordnen, gibt die Zufallsvariable $T = \sum_i X_i$ die Zahl der geworfenen Köpfe an. Die Zufallsvariable T heißt **Teststatistik**; auf ihr beruht unsere Entscheidung:

verwerfe H_0, falls $T \geq k$

Die Menge aller Werte, die die Teststatistik annehmen kann, heißt **Stichprobenraum**. Er wird durch den Test in zwei disjunkte Teilmengen zerlegt: in den **kritischen** oder **Verwerfungsbereich** K, und in den **Annahmebereich** K^c. In unserem Beispiel ist der Stichprobenraum die Menge $\{0, 1, \ldots, 100\}$; der kritischen Bereich ist die Menge $K = \{k, k+1, \ldots, 100\}$. Der Grenzpunkt k zwischen K und K^c wird die **kritische Schranke** genannt.

Durch die Wahl von k steuern wir die Wahrscheinlichkeit, eine Fehlentscheidung zu begehen. Da wir auf Grund einer Stichprobe entscheiden müssen, können wir zwei Arten von Fehlentscheidung treffen:

- Das Verwerfen die Null-Hypothese, obwohl sie richtig ist (**Fehler 1. Art**); wir schreiben das Ereignis als $\{T \in K \mid H_0\}$; und
- Das Nichtverwerfen die Null-Hypothese, obwohl sie falsch – und damit die Alternative richtig ist – (**Fehler 2. Art**); dafür schreiben wir $\{T \in K^c \mid H_1\}$.

Die Wahrscheinlichkeit, den Fehler 1. Art zu begehen, wird auch das **Signifikanzniveau**, die Signifikanzzahl oder das Niveau des Tests genannt und üblicherweise mit dem griechischen Buchstaben α bezeichnet. Die Wahrscheinlichkeit, den Fehler 2. Art zu begehen, wird üblicherweise mit dem griechischen Buchstaben β bezeichnet. Die Wahrscheinlichkeit $1 - \beta$, sich für die zutreffende Alternative zu entscheiden – oder den Fehler 2. Art zu vermeiden –, heißt die **Macht** des Testes. Die Tabelle 9.2 gibt eine Übersicht.

Tabelle 9.2: Entscheidung und Wirklichkeit beim Testen von Hypothesen.

	wahrer Zustand	
Entscheidung	H_0 trifft zu	H_1 trifft zu
H_0 wird nicht verworfen ($T \in K^c$)	richtige Entscheidung $P\{T \in K^c \mid H_0\} = 1 - \alpha$	Fehler 2. Art $P\{T \in K^c \mid H_1\} = \beta$
H_0 wird verworfen ($T \in K$)	Fehler 1. Art $P\{T \in K \mid H_0\} = \alpha$	richtige Entscheidung $P\{T \in K \mid H_1\} = 1 - \beta$

Je größer wir die kritische Schranke k wählen, umso geringer wird die Wahrscheinlichkeit α, den Fehler 1. Art zu begehen. Für unser Beispiel illustriert das die folgende Tabelle, die durch Approximation der Binomialverteilung durch die Normalverteilung erhalten wurde.

k	$P\{T \geq k\|H_0\}$	$P\{T \geq k\|H_1\}$
52	0.3821	0.0414
54	0.2420	0.0923
56	0.1357	0.1792
57	0.0968	0.2375
58	0.0668	0.3050
59	0.0446	0.3798
60	0.0287	0.4594
62	0.0107	0.6202
64	0.0035	0.7625
66	0.0010	0.8692
68	0.0002	0.9371
70	0.0001	0.9737

Der Test wird nun so konstruiert, daß man einen Wert für α festlegt; damit kann der Wert für k aus der Bedingung

$$P\{T \in K \mid H_0\} \leq \alpha$$

bestimmt werden. Verwenden wir für α den häufig gebrauchten Wert 0.05, so lesen wir aus der Tabelle: $k = 59$. Werden unter 100 Würfen der Münze 60 oder mehr Köpfe realisiert, so wird die Behauptung, die Münze sei ideal, verworfen. So viele Köpfe wären nicht plausibel, wenn H_0 zutrifft. Die Alternative H_1 ist dann viel plausibler: Falls $p = 0.60$ zutrifft, beträgt die Wahrscheinlichkeit $1 - \beta = 0.4594$, also ca. 50%, die richtige Entscheidung zu treffen.

Beachte! Der Wert von $p = 0.60$ für die Alternative ist für die Ermittlung der kritischen Schranke k unerheblich!

Zum Test der Hypothese H_0: $p = p_0$ gegen die Alternative H_1: $p > p_0$ auf der Basis der Teststatistik $T(X_1, \ldots, X_n)$ sind folgende **Verfahrensschritte** auszuführen.

1. Wähle das Signifikanzniveau α.
2. Bestimme die kritische Schranke k_α aus $P\{T \geq k_\alpha | H_0\} \leq \alpha$.
3. Berechne die Macht $1 - \beta = P\{T \geq k_\alpha | H_1\}$ des Tests.
4. Ziehe die Stichprobe $(x_1, \ldots, x_n)$.
5. Ermittle den Wert $t = T(x_1, \ldots, x_n)$ der Teststatistik T.
6. Verwerfe H_0, falls $t \geq k_\alpha$; behalte sie bei, wenn $t < k_\alpha$.

Beachte! Die ersten drei Schritte sind vom Ergebnis der Stichprobe unabhängig!

Ein äquivalente Vorgangsweise basiert auf dem Begriff der **Überschreitungswahrscheinlichkeit** oder p-**Wert**, das ist die Wahrscheinlichkeit, mit der bei Zutreffen von H_0 der beobachtete Wert t der Teststatistik oder ein im Sinn der Alternative noch extremerer Wert realisiert würde:

$$p = P\{T \geq t | H_0\}$$

Die Nullhypothese wird verworfen, wenn p kleiner als das Signifikanzniveau α ist.

Im Beispiel kann die Überschreitungswahrscheinlichkeit aus der Tabelle abgelesen werden. Hätten wir beispielsweise 57 Köpfe unter den 100 Würfen realisiert, so wäre der p-Wert 9.68%; hätten wir 64 Köpfe realisiert, so wäre der p-Wert 0.35%. Im ersteren Fall hätten wir im Test auf dem Niveau 0.05 die Nullhypothese nicht verworfen, im letzteren Fall schon.

Die Angabe des p-Wertes ist informativer als die Aussage über Verwerfen oder Nichtverwerfen der Nullhypothese. Deshalb wird in statistischen Programmpaketen sehr häufig zum Wert der Teststatistik der entsprechende p-Wert angegeben.

Zum Test der Hypothese H_0: $p = p_0$ gegen die Alternative H_1: $p > p_0$ auf der Basis des p-Wertes werden folgende **Verfahrensschritte** ausgeführt.

1. Wähle das Signifikanzniveau α.
2. Berechne die Macht $1 - \beta = P\{T \geq k_\alpha | H_1\}$ des Tests.
3. Ziehe die Stichprobe $(x_1, \ldots, x_n)$.
4. Ermittle den Wert $t = T(x_1, \ldots, x_n)$ der Teststatistik T.
5. Berechne die Überschreitungswahrscheinlichkeit $p = P\{T \geq t | H_0\}$
6. Verwerfe H_0, falls $p \leq \alpha$; behalte sie bei, wenn $p > k_\alpha$.

Ideal wäre ein Testverfahren, bei dem die beiden Fehler mit Wahrscheinlichkeit Null begangen werden. Das ist unmöglich: Wollten wir erreichen, daß die Wahrscheinlichkeit für einen Fehler erster Art Null ist, so müßten wir in unserem Beispiel $k = 100$ setzen; dann wäre aber die Wahrscheinlichkeit für einen Fehler zweiter Art Eins. Je kleiner die Wahrscheinlichkeit für den einen Fehler ist, umso größer ist die für den anderen. Die klassische Vorgangsweise besteht darin, α festzulegen und daraus die kritische Schranke zu bestimmen. Welche Konsequenzen diese Vorgangsweise für die Qualität der Entscheidung hat, werden wir im weiteren diskutieren. Die Vorgangsweise hat jedenfalls zwei Vorteile:

- Wir haben die Kontrolle über den Fehler 1. Art: Wählen wir $\alpha = 0.05$, so kommt es durchschnittlich bei einem von 20 Testen vor, daß H_0 irrtümlich verworfen wird. Das hat natürlich Konsequenzen dafür, welche Behauptung zur Nullhypothese und zur Alternative gemacht wird.

- Wir werden sehen, daß diese Vorgangsweise unter bestimmten Situationen zu Testverfahren führt, die bei gegebener Wahrscheinlichkeit für den Fehler 1. Art eine minimale Wahrscheinlichkeit für den Fehler 2. Art und damit die maximale Macht haben; wir sprechen dann von einem besten Test.

9.2.2 Neyman-Pearson'scher Fundamentalsatz

Dieser Satz, der auf eine Arbeit von J. Neyman und E.S. Pearson zurückgeht, die in den 30er Jahren publiziert wurde, gibt Bedingungen an, unter denen es einen besten Test gibt, d.h. einen Test, der maximale Macht bei einem gegebenen α hat. Die hier präsentierte Formulierung behandelt den Test **einfacher Hypothesen**, d.s. Hypothesen, die die Verteilung der Stichprobenvariablen vollständig festlegen. Eine einfache Nullhypothese ist z.B. die Hypothese, daß der Parameter p der Binomialverteilung wie im Beispiel von Abschnitt 9.2.1 den Wert 0.5 hat.

Satz 9.1 Neyman-Pearson'scher Fundamentalsatz: *Die Zufallsvariablen $X_1, \ldots, X_n$ seien eine Stichprobe aus einer Grundgesamtheit mit Wahrscheinlichkeitsverteilung $f(x;\theta)$. Es soll die einfache Nullhypothese H_0: $\theta = \theta_0$ gegen die einfache Alternative H_1: $\theta = \theta_1$ mit $\theta_1 > \theta_0$ getestet werden. Die Entscheidungsregel*

$$\text{verwerfe } H_0, \text{ falls } \frac{f_1(x_1, \ldots, x_n)}{f_0(x_1, \ldots, x_n)} \geq \delta$$

mit einem reellen $\delta > 0$ definiert einen **besten Test**, *wobei $f_i(x_1, \ldots, x_n)$ die gemeinsame Wahrscheinlichkeits- oder Dichtefunktion der X_i unter H_i, $i = 0, 1$, ist. Die Zahl δ wird so bestimmt, daß*

$$P\{H_0 \text{ verwerfen} \mid H_0\} \leq \alpha\,,$$

d.h., daß der Test das Signifikanzniveau α einhält.

Sind die X_i diskrete Stichprobenvariablen, so sagt der Fundamentalsatz von Neyman-Pearson, daß ein Test mit Niveau α maximale Macht hat, wenn die Nullhypothese verworfen wird, falls die Stichprobe unter H_1 eine größere als die δ-fache Wahrscheinlichkeit der Stichprobe unter H_0 hat. Im folgenden Beispiel werden wir sehen, wie für die Hypothesen des Beispiels von

Abschnitt 9.2.1 aus dem Neyman-Pearson'schen Fundamentalsatz ein bester Test konstruiert wird.

Beispiel 9.13 (Fortsetzung des Beispiels von Abschnitt 9.2.1). Die Zufallsvariable X_i der Stichprobe ist nach $B(1,p)$ verteilt; die gemeinsame Verteilung der X_i ist

$$f(x_1,\ldots,x_n) = p^{\sum_i x_i}(1-p)^{n-\sum_i x_i}.$$

Die Nullhypothese H_0: $p = 0.5 = p_0$ soll gegen die Alternative H_1: $p = 0.6 = p_1$ getestet werden; beide Hypothesen sind einfach. Der Test nach dem Fundamentalsatz von Neyman-Pearson ist jener Test, dessen kritischer Bereich alle jene Elemente des Stichprobenraumes enthält, für die gilt:

$$\begin{aligned}\frac{f_1(x_1,\ldots,x_n)}{f_0(x_1,\ldots,x_n)} &= \frac{p_1^{\sum_i x_i}(1-p_1)^{n-\sum_i x_i}}{p_0^{\sum_i x_i}(1-p_0)^{n-\sum_i x_i}} \\ &= \left(\frac{p_1}{p_0}\frac{1-p_0}{1-p_1}\right)^{\sum_i x_i}\left(\frac{1-p_1}{1-p_0}\right)^n \geq \delta\end{aligned}$$

mit $\delta > 0$. Multiplizieren mit $\left(\frac{1-p_0}{1-p_1}\right)^n$ und Logarithmieren gibt

$$\sum_i x_i \ln\left(\frac{p_1}{p_0}\frac{1-p_0}{1-p_1}\right) \geq n\ln\left(\frac{1-p_0}{1-p_1}\right) + \ln\delta = \delta^*$$

oder

$$\sum_i x_i \geq \left[\ln\frac{p_1(1-p_0)}{p_0(1-p_1)}\right]^{-1}\delta^* = k\,.$$

Da $p_1 > p_0$ und somit $1-p_1 < 1-p_0$, ist $\frac{p_1(1-p_0)}{p_0(1-p_1)} > 1$; daher ist der Logarithmus dieses Ausdruckes positiv und k eine positive reelle Zahl. Die – in Zufallsvariablen X_i geschriebene – (optimale) Entscheidungsregel,

$$\text{verwerfe } H_0,\text{ falls } \sum_{i=1}^{n} X_i \geq k\,,$$

ist genau dieselbe, die wir im Beispiel von Abschnitt 9.2.1 intuitiv verwendet haben! Der kritische Wert k ergibt sich aus der Nebenbedingung, daß der Test das Niveau α einhalten soll:

$$P\{\sum_{i=1}^{n} X_i \geq k \mid H_0\} \leq \alpha\,.$$

Da die Teststatistik $T = \sum_i X_i$ unter H_0 eine binomialverteilte Zufallsvariable mit $B(n, 0.5)$ ist, ergibt sich k aus

$$P\left\{\sum_{i=1}^{n} X_i \geq k \mid H_0\right\} = \left(\frac{1}{2}\right)^n \sum_{x=k}^{n} \binom{n}{x} \leq \alpha\,;$$

für k ist die kleinste Zahl zu wählen, das diese Bedingung erfüllt. Für $\alpha = 0.05$ ergibt sich $k = 59$ (siehe Abschnitt 9.2.1).

Da die Teststatistik T eine diskrete Zufallsvariable ist, kann es sein, daß das Signifikanzniveau α nicht vollständig ausgeschöpft wird. So ergibt sich in Beispiel 9.13 die Wahrscheinlichkeit für den Fehler 1. Art zu $P\{\sum X_i \geq 59|H_0\} = 0.0446 < 0.05$. Man nennt einen Test, dessen Wahrscheinlichkeit, den Fehler 1. Art zu begehen, kleiner als das Niveau α ist, einen **konservativen** Test. Beachte, daß ein konservativer Test eine geringere Macht hat als der analoge nichtkonservative Test.

Wie schon in Abschnitt 9.2.1 erwähnt, geht der konkrete Wert von p unter der Alternative in die Konstruktion des Tests nicht ein. Für jeden Wert p der Alternative H_1: $p > p_0$ erhalten wir die gleiche kritische Schranke. Der Test ist ein bester Test für alle Werte p der Alternative. Eine Testprozedur mit dieser Eigenschaft heißt ein **gleichmäßig bester Test** (*uniformly most powerful oder UMP-Test*). Es folgt daraus, daß wir diesen Test auch erhalten, wenn wir H_0: $p = p_0$ gegen die Alternative H_1: $p > p_0$ testen. Eine solche Alternative, die mehr als einen Wert des Parameterraumes umfaßt, nennen wir eine **zusammengesetzte** Alternative. Ähnliche Überlegungen gelten für den Test von H_0: $p = p_0$ gegen die zusammengesetzte Alternative H_1: $p < p_0$; in der Argumentation ist nur die Richtung der Entscheidung umzudrehen: H_0 ist für kleine Werte der Teststatistik zu verwerfen. Auch dieser Test ist ein gleichmäßig bester Test. Die Teste heißen **einseitig**, wenn unter H_1 entweder $p < p_0$ oder $p > p_0$ gilt. *Beachte!* Ein Test gegen die **zweiseitige** Alternative H_1: $p \neq p_0$ kann nicht ein gleichmäßig bester Test sein.

Im folgenden Beispiel wird demonstriert, wie wir den Fundamentalsatz von Neyman-Pearson verwenden können, um für den Parameter μ der Normalverteilung einen gleichmäßig besten Test zu konstruieren.

Beispiel 9.14 Die Zufallsvariable X folgt der Normalverteilung, $X \sim N(\mu, 1)$, mit bekannter Varianz $\sigma^2 = 1$. Auf der Basis der Stichprobe $X_1, \ldots, X_n$ soll ein Test mit Niveau α der Nullhypothese H_0: $\mu = \mu_0$ gegen (a) die einseitige Alternative (b) die zweiseitige Alternative H_1: $\mu \neq \mu_0$ hergeleitet werden.

(a) Für ein beliebiges $\mu_1 > \mu_0$ ergibt sich ein bester Test aus der Entscheidungsregel: verwerfe H_0, falls

$$\begin{aligned}&\frac{f_1(x_1,\ldots,x_n)}{f_0(x_1,\ldots,x_n)}\\ &= \exp\left[-\frac{1}{2}\sum(x_i-\mu_1)^2+\frac{1}{2}\sum(x_i-\mu_0)^2\right]\geq\delta\,;\end{aligned}$$

daraus ergibt sich die Entscheidungsregel

$$\text{verwerfe } H_0, \text{ falls } \frac{1}{n}\sum_{i=1}^{n}X_i=\bar{X}\geq k\,.$$

Den kritischen Wert k erhalten wir wieder aus der Forderung, daß der Test das Niveau α einhalten soll:

$$P\left\{\frac{1}{n}\sum_{i=1}^{n}X_i\geq k\;\middle|\;H_0\right\}=\alpha\,.$$

Unter H_0 ist die Teststatistik $\bar{X}$ normalverteilt: $\bar{X}\sim N(\mu_0,\frac{\sigma^2}{n})$. Daher ergibt sich k aus

$$P\{\bar{X}\geq k\mid H_0\}=1-\Phi\left(\frac{k-\mu_0}{\sigma}\sqrt{n}\right)=\alpha$$

zu

$$k=\mu_0+z_{1-\alpha}\frac{\sigma}{\sqrt{n}}\,.$$

Der Test ist ein gleichmäßig bester Test, da der kritische Bereich für alle $\mu_1>\mu_0$ der gleiche ist, unabhängig vom Wert von μ_1.

(b) Für die zweiseitige Alternative ist es naheliegend, H_0 immer dann zu verwerfen, wenn der beobachtete Wert für die Teststatistik zu sehr von μ_0 verschieden ist, d.h. wenn gilt $\{\bar{X}\leq k_1\}$ oder $\{\bar{X}\geq k_2\}$, wobei sich die kritischen Schranken k_1 und k_2 aus der Forderung

$$P\{\bar{X}\leq k_1 \text{ oder } \bar{X}\geq k_2|H_0\}=\alpha$$

ergeben. Teilt man α zu gleichen Teilen auf die beiden kritischen Bereiche auf, so erhält man

$$P\{\bar{X}\leq k_1|H_0\}=P\{\bar{X}\geq k_2|H_0\}=\frac{\alpha}{2}\,.$$

Aus

$$P\{\bar{X}\leq k_1|H_0\}=\Phi\left(\frac{k_1-\mu_0}{\sigma}\sqrt{n}\right)=\frac{\alpha}{2}$$

ergibt sich

$$k_1=\mu_0-z_{1-\frac{\alpha}{2}}\frac{\sigma}{\sqrt{n}}\,;$$

analog erhält man $k_2=\mu_0+z_{1-\frac{\alpha}{2}}\sigma/\sqrt{n}$, das symmetrisch zu k_1 liegt. Der Test ist kein gleichmäßig bester Test.

Nach dem Fundamentalsatz von Neyman-Pearson kann beim Test einer einfachen Nullhypothese gegen eine einfache Alternative ein bester Test gefunden werden. Der Test einer einfachen Nullhypothese gegen eine zusammengesetzte Alternative kann, wie das Beispiel 9.14 gezeigt hat, ein gleichmäßig bester Test sein. Allerdings hängt es von der Verteilung der Stichprobenvariablen ab, ob ein solcher gleichmäßig bester Test existiert; siehe dazu das Beispiel 9.29.

9.2.3 Der Likelihood Quotienten Test

Der Fundamentalsatz von Neyman-Pearson zeigt, wie man einen besten Test konstruieren kann, mit dem man eine einfache Nullhypothese gegen eine einfache Alternative testet. Nach diesem Konstruktionsprinzip haben wir auch Teste für zusammengesetzte Alternativen hergeleitet. Ein allgemeineres Konstruktionsprinzip führt zum Likelihood Quotienten Test, der zum Testen von – auch zusammengesetzten – Nullhypothesen und Alternativen verwendet werden kann.

Die Wahrscheinlichkeitsverteilung $f(x;\theta)$ von X sei von einem Parametervektor θ bestimmt; der Parameterraum sei Θ. Die Nullhypothese H_0: $\theta \in \Theta_0$, wonach θ Element der Teilmenge Θ_0 des Parameterraumes ist, soll auf dem Signifikanzniveau α gegen die Alternative H_1: $\theta \in \Theta_1 = \Theta_0^c$ getestet werden. Dazu steht eine Stichprobe $X_1, \ldots, X_n$ zur Verfügung. Die Likelihoodfunktion $L(\theta) = f(x_1, \ldots, x_n; \theta)$ dieser Stichprobe ist für gegebene x_i eine Funktion von θ. Wir bezeichnen mit $L(\hat{\Theta}_0) = \max_{\theta \in \Theta_0} f(x_1, \ldots, x_n; \theta)$ die Likelihoodfunktion an der Stelle des ML-Schätzers $\hat{\theta}$, den wir erhalten, wenn wir die möglichen Schätzer auf Θ_0 einschränken, mit $L(\hat{\Theta})$ die Likelihoodfunktion an der Stelle des uneingeschränkt geschätzten θ. $L(\hat{\Theta}_0)$ ist also das Maximum von L unter H_0, $L(\hat{\Theta})$ das uneingeschränkte Maximum. Ein Test der Form

$$\text{verwerfe } H_0, \quad \text{wenn } \lambda(X_1, \ldots, X_n) = \frac{L(\hat{\Theta}_0)}{L(\hat{\Theta})} < c$$

heißt **Likelihood Quotienten Test** (*likelihood ratio test*); die Konstante c wird aus der Nebenbedingung bestimmt, daß das Signifikanzniveau α eingehalten wird. Wegen $\Theta_0 \subset \Theta$ gelten $L(\hat{\Theta}_0) \leq L(\hat{\Theta})$ und $\lambda \geq 0$. Der Likelihood Quotient $\lambda(x_1, \ldots, x_n)$ hängt nur von den x_i und nicht von θ ab; daher können wir $\lambda(X_1, \ldots, X_n)$ als Teststatistik verwenden. Die kritische Schranke bestimmt sich aus

$$\max_{\theta \in \Theta_0} P\{\lambda(X_1, \ldots, X_n) < c\} = \alpha .$$

Sind die Stichprobenvariablen diskret, so kann der Zähler des Likelihood Quotienten als der größte Wert der Wahrscheinlichkeit interpretiert werden, mit der die Stichprobe $x_1, \ldots, x_n$ realisiert wird, wenn die Nullhypothese zutrifft; der Nenner ist der größte Wert dieser Wahrscheinlichkeit überhaupt. H_0 wird verworfen, wenn ein $\theta \in \Theta_1$ eine bessere Erklärung für die Stichprobe gibt als das beste $\theta \in \Theta_0$, d.h., wenn der Wert von λ klein (kleiner als c) ist.

Beispiel 9.15 Sei $x_1, \ldots, x_n$ eine Stichprobe aus $N(\mu, \sigma^2)$, wobei σ^2 unbekannt ist. Die Nullhypothese H_0: $(\mu, \sigma^2) \in \Theta_0 = \{\mu_0, \sigma^2 > 0\}$ soll gegen die zweiseitige Alternative H_1: $(\mu, \sigma^2) \in \Theta_1 = \{\mu \neq \mu_0, \sigma^2 > 0\}$ getestet werden. Der Test hängt vom Wert des unbekannten, wenn auch nicht unmittelbar interessierenden, Parameter σ^2 ab; einen solchen Parameter nennt man einen **Störparameter**. Die Likelihoodfunktion der Stichprobe ist

$$L(\mu, \sigma^2) = (2\pi\sigma^2)^{-n/2} \exp\left[-\frac{1}{2\sigma^2}\sum(x_i - \mu)^2\right].$$

Mit $(\mu, \sigma^2) \in \Theta_0$ hat L das Maximum, wenn $\sigma^2 = \frac{1}{n}\sum(x_i - \mu_0)^2 = s_0^2$. Das Maximum ist dann

$$L(\hat{\Theta}_0) = (2\pi s_0^2)^{-n/2} e^{-n/2}.$$

Für $\theta \in \Theta$ hat L das Maximum, wenn $\mu = \bar{x}$ und $\sigma^2 = \frac{1}{n}\sum(x_i - \bar{x})^2 = s^2$; das Maximum ist

$$L(\hat{\Theta}) = (2\pi s^2)^{-n/2} e^{-n/2}.$$

Der Likelihood Quotient ergibt sich zu

$$\lambda(X_1, \ldots, X_n) = \left[1 + \frac{T^2}{n-1}\right]^{-n/2},$$

wobei

$$T = \frac{\bar{X} - \mu_0}{\sqrt{\frac{\sum(X_i - \bar{X})^2}{n-1}}}\sqrt{n}$$

eine t-verteilte Zufalssvariable mit $n-1$ Freiheitsgraden ist. Da λ eine monoton abnehmende Funktion von T^2 ist, impliziert $\lambda < c$, daß $T^2 \geq k$ für ein reelles k. Wir wählen k so, daß $P\{T \leq -k\} + P\{T \geq k\} = \alpha$: k ergibt sich als das $1 - \alpha/2$ Perzentil $t_{1-\alpha/2}(n-1)$ der t-Verteilung mit $n-1$ Freiheitsgraden. Der sogenannte **Student'sche t-Test** hat somit die Form

$$\text{verwerfe } H_0, \quad \text{wenn} \quad \left|\frac{\bar{X} - \mu_0}{\sigma}\sqrt{n}\right| \geq t_{1-\alpha/2}(n-1),$$

oder

$$\text{verwerfe } H_0, \quad \text{wenn } \bar{X} \leq \mu_0 - t_{1-\alpha/2}(n-1)\frac{\sigma}{\sqrt{n}}$$
$$\text{oder wenn } \bar{X} \geq \mu_0 + t_{1-\alpha/2}(n-1)\frac{\sigma}{\sqrt{n}}.$$

Vergleiche den analogen Test bei bekanntem σ^2 in Beispiel 9.14.

Das Konstruktionsprinzip des Likelihood Quotienten Test ist ein intuitives. Sind Nullhypothese und Alternative einfach, so ergibt sich als Likelihood Quotienten Test jener beste Test, den wir aus der Anwendung des Fundamentalsatzes von Neyman-Pearson erhalten.

Das Bestimmen der kritischen Schranken und erst recht der Macht des Likelihood Quotienten Tests sind nicht immer einfache Aufgaben, da bei endlichem n die Verteilung von $\lambda(X)$ oft nicht ohne weiteres herleitbar ist. Eine wichtige Eigenschaft des Likelihood Quotienten Test ist allerdings, daß die Zufallsvariable $-2\ln\lambda(X)$ asymptotisch χ^2-verteilt ist; die Freiheitsgrade sind die Differenz zwischen der Anzahl der unabhängigen Parameter in Θ und der Anzahl unabhängier Parameter in Θ_0. Damit ist es in vielen Situationen möglich, Teste zu konstruieren, für die die Fehlerwahrscheinlichkeiten zumindest näherungsweise bestimmt werden können.

9.2.4 Konfidenzintervalle und Teste

Zwischen der Intervallschätzung und dem Testen von Hypothesen besteht ein enger Zusammenhang. Das soll am folgenden Beispiel illustriert werden.

Beispiel 9.16 Das interessierende Merkmal einer Grundgesamtheit sei repräsentiert durch die Zufallsvariable X mit $X \sim N(\mu, \sigma^2)$; die Varianz σ^2 sei bekannt. Ein 90%iges Konfidenzintervall für μ soll aus einer Stichprobe bestimmt werden. Wegen

$$P\{\bar{X} - 1.645\frac{\sigma}{\sqrt{n}} < \mu < \bar{X} + 1.645\frac{\sigma}{\sqrt{n}}\} = 0.90$$

ergeben sich die Grenzen des Konfidenzintervalls, wenn wir den beobachteten Stichprobenmittelwert einsetzen, zu

$$\bar{x} - 1.645\frac{\sigma}{\sqrt{n}}, \quad \bar{x} + 1.645\frac{\sigma}{\sqrt{n}}.$$

Im Test von H_0: $\mu = \mu_0$ gegen die zweiseitige Alternative H_1: $\mu \neq \mu_0$ mit α=0.10 verwerfen wir H_0, wenn $\{\bar{X} \leq k_u\}$ oder $\{\bar{X} \geq k_o\}$, wobei sich die obere und untere kritische Schranke aus

$$P\{\bar{X} \leq k_u \text{ oder } \bar{X} \geq k_o | H_0\} = \alpha$$

ergeben. Teilen wir das Signifikanzniveau gleichmäßig auf die beiden Teile des kritischen Bereichs auf, so erhalten wir die kritischen Schranken, das sind die Grenzen des Annahmebereiches, zu

$$\mu_0 - 1.645\frac{\sigma}{\sqrt{n}}, \quad \mu_0 + 1.645\frac{\sigma}{\sqrt{n}}.$$

Konfidenzintervall und Annahmebereich des zweiseitigen Teste haben die gleiche Länge; das Konfidenzintervall hat als Bezugspunkt den Stichprobenmittelwert, $\bar{x}$, der Annahmebereich den Erwartungswert unter H_0, μ_0.

Man sieht daraus, daß Konfidenzintervall und zweiseitiger Test in gewissem Sinne dual sind. Ist $U(X) \leq \theta \leq O(X)$ ein $100(1-\alpha)$%-Konfidenzintervall für θ, so wird die Nullhypothese H_0: $\theta = \theta_0$ gegen die zweiseitige Alternative H_1: $\theta \neq \theta_0$ mit Signifikanzniveau α dann verworfen, wenn θ_0 außerhalb des Konfidenzintervalls liegt! Daraus ergeben sich zwei Konseuqenzen:

1. Das Konfidenzintervall kann als zweiseitiger Test benützt werden, der immer dann H_0 verwirft, wenn μ_0 außerhalb des Konfidenzintervalls liegt.

2. Das Konfidenzintervall ist die Menge aller möglichen μ_0, die der zweiseitige Test (der einfachen Nullhypothese H_0: $\mu = \mu_0$) nicht verwirft.

9.2.5 Eigenschaften von Testen

Die Gütefunktion ist eine Verallgemeinerung der Macht $1 - \beta(\theta) = P\{T \in K|H_1\}$ eines Tests. Wird die Nullhypothese H_0: $\theta = \theta_0$ gegen die Alternative H_1: $\theta > \theta_0$ getestet, so ist die **Gütefunktion** definiert als

$$1 - \beta(\theta) = P\{T \in K|\theta\};$$

das ist die Wahrscheinlichkeit, H_0 zu verwerfen, als Funktion des Parameters θ. Die Gütefunktion ist ein wichtiges Charakteristikum eines Tests. Sie erlaubt den Vergleich mehrere Teste, etwa um jene Testprozedur auszuwählen, die die größte Macht gegen die entsprechende Alternative hat. Darüberhinaus können mit Hilfe der Gütefunktion wichtige Eigenschaften des Tests definiert und auch die Frage nach dem für eine Entscheidung notwendigen Stichprobenumfang beantwortet werden.

Beispiel 9.17 In Beispiel 9.14 wurde ein gleichmäßig bester Test der Nullhypothese H_0: $\mu = \mu_0$ gegen die Alternative H_1: $\mu > \mu_0$ hergeleitet, wobei μ der Erwartungswert von $X \sim N(\mu, \sigma^2)$ ist; die Varianz wurde als bekannt vorausgesetzt. Die Gütefunktion dieses Tests ergibt sich zu

$$\begin{aligned} 1-\beta(\mu) &= P\{\bar{X} \geq k \mid \mu\} \\ &= 1-\Phi\left(\frac{k-\mu}{\sigma}\sqrt{n}\right) \end{aligned}$$

mit dem kritischen Wert $k = \mu_0 + z_{1-\alpha}\sigma/\sqrt{n}$. Somit erhalten wir

$$\begin{aligned} 1-\beta(\mu) &= P\{\bar{X} \geq \mu_0 + z_{1-\alpha}\frac{\sigma}{\sqrt{n}} \mid \mu\} \\ &= 1-\Phi\left(\frac{\mu_0 + z_{1-\alpha}\frac{\sigma}{\sqrt{n}} - \mu}{\sigma}\sqrt{n}\right) \\ &= 1-\Phi\left(-\frac{\sqrt{n}}{\sigma}(\mu-\mu_0) + z_{1-\alpha}\right)\ ; \end{aligned}$$

siehe auch *Abbildung 9.1* beim Beispiel 9.23.

Für spezielle Werte von μ ergeben sich folgende Interpretationen der Gütefunktion.

(a) Für $\mu = \mu_0$ gilt $1-\beta(\mu_0) = 1-\Phi(z_{1-\alpha}) = \alpha$: Der Wert der Gütefunktion an der Stelle μ_0 ist die Wahrscheinlichkeit für den Fehler erster Art.

(b) Wegen

$$-\frac{\sqrt{n}}{\sigma}(\mu-\mu_0) + z_{1-\alpha} < z_{1-\alpha}$$

für $\mu > \mu_0$ und wegen der Monotonie der Verteilungsfunktion gilt

$$\begin{aligned} & 1-\Phi\left[-\frac{\sqrt{n}}{\sigma}(\mu-\mu_0) + z_{1-\alpha}\right] \\ &= 1-\beta(\mu) > 1-\beta(\mu_0) = 1-\Phi(z_{1-\alpha})\,. \end{aligned}$$

Das bedeutet, daß die Wahrscheinlichkeit, H_0 zu verwerfen, wenn $\mu > \mu_0$ zutrifft, größer ist als die Wahrscheinlichkeit, H_0 zu verwerfen, wenn H_0 gilt. Ein Test mit dieser Eigenschaft heißt i **erwartungstreu.**

(c) Für $\mu > \mu_0$ gilt

$$\begin{aligned} & \lim_{n\to\infty}\left\{1-\Phi\left[-\frac{\sqrt{n}}{\sigma}(\mu-\mu_0) + z_{1-\alpha}\right]\right\} \\ &= 1-\Phi\left\{\lim_{n\to\infty}\left[-\frac{\sqrt{n}}{\sigma}(\mu-\mu_0) + z_{1-\alpha}\right]\right\} = 1\,, \end{aligned}$$

da die Verteilungsfunktion $\Phi(x)$ eine stetige Funktion der Grenze x ist, wir daher lim und Φ vertauschen können und $\lim_{x\to-\infty}\Phi(x) = 0$. Das bedeutet, daß für $\mu > \mu_0$ die Wahrscheinlichkeit, H_0 zu verwerfen, mit $n \to \infty$ gegen Eins geht. Ein Test mit dieser Eigenschaft heißt **konsistent**.

Erwartungstreue und Konsistenz sind offensichtlich zwei Eigenschaften, die man sinnvollerweise von einem Test verlangen wird. Ein gleichmäßig bester Test ist, wie man zeigen kann, erwartungstreu. Für ihn gilt, daß seine Gütefunktion oberhalb der Gütefunktionen aller anderen Teste verläuft.

Die Wahl des geeigneten **Stichprobenumfanges** wird an folgendem Beispiel illustriert.

Beispiel 9.18 Für den Erwartungswert μ von $X \sim N(\mu, \sigma^2)$, σ^2 bekannt, soll die Nullhypothese H_0: $\mu = \mu_0$ gegen die Alternative H_1: $\mu > \mu_0$ für ein Signifikanzniveau $\alpha = 0.05$ getestet werden; vergeiche die Beispiele 9.14 und 9.17. Kriterium für die Wahl des Stichprobenumfanges ist die Macht des Tests für $\mu^* = \mu_0 + 0.5\sigma$. Falls μ^* der tatsächliche Erwartungswert ist, soll H_0 mit der Wahrscheinlichkeit von mindestens $p = 0.8$ verworfen werden. H_0 wird verworfen, wenn $\bar{X} \geq k = \mu_0 + z_{1-\alpha}\sigma/\sqrt{n}$. Damit gilt

$$\begin{aligned} & P\left\{\bar{X} \geq \mu_0 + z_{1-\alpha}\frac{\sigma}{\sqrt{n}} \mid \mu^*\right\} \\ = \quad & 1 - \Phi\left(\frac{\mu_0 + z_{1-\alpha}\frac{\sigma}{\sqrt{n}} - \mu^*}{\sigma}\sqrt{n}\right) \geq p, \end{aligned}$$

da $\bar{X} \sim N(\mu^*, \frac{\sigma^2}{n})$, wenn $\mu = \mu^*$. Daraus folgt

$$z_{1-\alpha} - \frac{\sqrt{n}}{\sigma}(\mu^* - \mu_0) = z_{1-p}$$

und schließlich

$$n = \left(\frac{z_{1-\alpha} - z_{1-p}}{\mu^* - \mu_0}\sigma\right)^2.$$

Für die Angaben des Beispiels ($\alpha = 0.05$, $p = 0.8$ und $\mu^* = \mu_0 + 0.5\sigma$) ergibt sich

$$n = \left(\frac{z_{0.95} - z_{0.2}}{0.5\sigma}\sigma\right)^2 = [(1.645 + 0.842)2]^2 = 24.74\,.$$

Wählen wir $n = 25$, so wir H_0 mit einer Wahrscheinlichkeit von mindestens 0.8 verworfen, wenn $\mu = \mu_0 + 0.5\sigma$.

Für $\alpha < p$ gilt $z_{1-\alpha} > z_{1-p}$; daraus sieht man, daß der Stichprobenumfang bei gegebenem α und p eine zunehmende Funktion von σ und eine abnehmende Funktion in $\mu_1 - \mu_0$ ist: Große Abweichungen von der Nullhypothese werden leichter erkannt als kleine Abweichungen; ist die Variabilität groß, so muß auch der Stichprobenumfang größer werden.

Im Beispiel 9.18 folgt der Stichprobenumfang bei gegebenem α aus der Festlegung eines Punktes der Gütefunktion. Allerdings ist die Berechnung nicht in allen Situationen so einfach wie in diesem Beispiel. So ist sie bereits ein schwieriges Problem, wenn die Varianz σ^2 in Beispiel 9.18 unbekannt ist und der t-Test angewendet werden muß.

9.3 Weitere Testverfahren

In Abschnitt 9.2 haben wir gesehen, daß die Konstruktion eines Tests von der Verteilung des interessierenden Merkmals bestimmt ist. Eine Klasse von Testen, die ohne die exakte Spezifizierung dieser Verteilung auskommt, sind die nichtparametrischen Testprozeduren. Mit ihrer Hilfe können wie mit einem parametrischen Test Hypothesen etwa über Lage- oder Streuungscharakteristika beurteilt werden. Wir werden drei Typen von nichtparametrischen Testen behandeln,

- den Vorzeichentest,
- Rangteste, und
- Vorzeichenrangteste.

Das Prinzip dieser Teste wird jeweils am Beispiel eines typischen Vertreters erläutert. Nach ähnlichen Prinzipien, die bei der Konstruktion nichtparametrischer Teste Anwendung finden, können auch Schätzer hergeleitet werden. Schließlich werden wir uns mit der Klasse der Anpassungsteste befassen.

9.3.1 Nichtparametrische Signifikanzteste

Die Problemstellung bei nichtparametrischen Testprozeduren läßt sich folgendermaßen beschreiben: $X_1, \ldots, X_n$ ist eine Stichprobe aus einer stetigen Verteilung mit Dichte $f(x)$. Diese Dichte wird nur ganz allgemein spezifiziert, etwa als stetige Verteilung, die symmetrisch um Null ist. Natürlich entsprechen einer so allgemeinen Beschreibung eine große Zahl von Verteilungen. Man spricht von der Familie solcher Verteilungen. Beispielsweise gehört auch die Normalverteilung zu dieser Verteilungsfamilie.

Nachdem man die Verteilung von X nicht kennt, ist es auch nicht möglich, die Verteilung einer auf der Basis der $X_1, \ldots, X_n$ definierten Teststatistik herzuleiten. Die grundlegende Idee der nichtparametrischen Inferenz ist, die Teststatistik nicht mit den X_i, sondern mit transformierten Variablen zu definieren. Im einfachsten Fall berücksichtigt man nur das Vorzeichen der X_i. Ein anderes Beispiel einer Transformation der X_i sind die Übergange auf die Positionsnummer (den Rang) der X_i in der Folge der nach der Größe sortierten X_i bzw. auf den mit dem Vorzeichen multiplizierten Rang.

Vorzeichentest

Als erstes behandeln wir einen Test, dessen Teststatistik nur die Vorzeichen der X_i berücksichtigt. Die Verteilung des interessierenden Merkmals X sei stetig und symmetrisch um den Parameter θ, den Median der Verteilung. Die Nullhypothese H_0: $\theta = \theta_0$ soll auf dem Signifikanzniveau α gegen die Alternative H_1: $\theta > \theta_0$ getestet werden. Gilt tatsächlich H_0, so wissen wir, daß

$$P\{X > \theta_0\} = P\{X < \theta_0\} = 0.5\,.$$

In der Stichprobe $X_1, \ldots, X_n$ können wir daher $n/2$ Beobachtungen erwarten, die größer bzw. kleiner als θ_0 sind. Gilt hingegen für den Median in Wirklichkeit $\theta > \theta_0$, so finden wir $P\{X > \theta_0\} > 0.5$ und $P\{X < \theta_0\} < 0.5$; der Median ist zu größeren Werten hin verschoben, und wir haben mehr große Beobachtungen zu erwarten.

Als Teststatistik können wir die Zufallsvariable

$$V = \sum_{i=1}^{n} \psi(X_i - \theta_0)$$

verwenden mit der Indikatorvariablen

$$\psi(X_i - \theta_0) = \begin{cases} 1 & \text{falls } X_i - \theta_0 > 0 \\ 0 & \text{falls } X_i - \theta_0 \leq 0\,; \end{cases}$$

V zählt die Anzahl der positiven Abweichungen zwischen den X_i und θ_0, kurz, die Anzahl der positiven Vorzeichen; unter H_0 folgt V der Binomialverteilung $B(n, 0.5)$. Wir verwerfen H_0, wenn $V \geq k$, wenn also zu viele positive Abweichungen gefunden werden. Der kritische Wert k_α ergibt sich aus der Forderung

$$P\{V \geq k_\alpha \mid H_0\} = 0.5^n \sum_{x=k}^{n} \binom{n}{x} \leq \alpha\,.$$

Ein Test wie der in diesem Abschnitt beschriebene heißt **Vorzeichentest**, da er von den Beobachtungen ausschließlich die Vorzeichen - die Richtung der Abweichungen - berücksichtigt.

Rangteste

Ein zweiter Typ von nichtparametrischen Testen basiert auf den Rängen der Beobachtungen.

Definition 9.5 *$X_1, \ldots, X_n$ sei eine Stichprobe aus einer stetigen Verteilung. Die Zufallsvariable $X_{(i)}$ aus der Folge der nach der Größe geordneten Variablen X_i,*

$$X_{(1)} \leq \ldots \leq X_{(n)},$$

heißt **Ordnungsstatistik**; *X_i hat die* **Rangstatistik** *$R(X_i) = R_i$, falls*

$$X_i = X_{(R_i)};$$

den realisierten Wert r_i der Rangstatistik R_i nennt man **Rangzahl** *oder* **Rang** *der Beobachtung x_i.*

Die Ränge der Beobachtungen $x_1, \ldots, x_n$ sind Zahlen aus $\{1, \ldots, n\}$; der **Rangvektor** $r = (r_1, \ldots, r_n)$ ist eine Permutation der ersten n natürlichen Zahlen. Die implizit vorausgesetzte Eindeutigkeit der Rangordnung wird dadurch gewährleistet, daß die Beobachtungen aus einer stetigen Verteilung stammen, sodaß gleiche Beobachtungen die Wahrscheinlichkeit Null haben.

Beispiel 9.19 Eine Stichprobe umfaßt die Beobachtungen

$$x_1 = 17.2, \ x_2 = -12.9, \ x_3 = 21.3, \ x_4 = -10.0, \ x_5 = 4.8.$$

Die nach der Größe geordneten Beobachtungen, die Ordnungsstatistiken, sind

$$x_{(1)} = x_2, \ x_{(2)} = x_4, \ x_{(3)} = x_5, \ x_{(4)} = x_1, \ x_{(5)} = x_3;$$

die erste Ordnungsstatistik ist $x_2 = -12.9$; x_2 hat den Rang 1, die zweite Ordnungsstatistik ist $x_4 = -10.0$; x_4 hat den Rang 2. Der Rangvektor ist $r = (4, 1, 5, 2, 3)$.

Als Beispiel eines Tests, der auf Rangzahlen basiert, zeigen wir den Rangsummen Test von Wilcoxon, ein Zweistichprobentest, mit dem die Lage von zwei Populationen verglichen werden kann.

Die beiden Populationen werden durch die stetigen Zufallsvariablen X und Y mit Verteilungsfunktionen F und G repräsentiert. Die Nullhypothese H_0: $F = G$, wonach X und Y der gleichen Verteilung folgen, soll gegen die Alternative H_1: $F > G$ getestet werden; $F > G$ steht für $P\{X \leq a\} \geq P\{Y \leq a\}$: X unterschreitet mit größerer Wahrscheinlichkeit ein beliebiges a als Y. Man sagt, die Zufallsvariable X und deren Verteilung ist **stochastisch kleiner** als Y (oder Y ist **stochastisch größer** als X). Beispielsweise ist die Lebensdauer (die insgesamt zurückgelegte Strecke) eines LKW stochastisch größer als die eines PKW. Ein Spezialfall ist die **Verschiebungs-Alternative**, bei der die Verteilung von Y zu größeren ($\Delta > 0$) oder kleineren ($\Delta < 0$) Werten hin verschoben ist: $G(x) = F(x - \Delta)$; gilt für den Verschiebungsparameter $\Delta > 0$, so ist Y tendenziell größer als X.

Der **Wilcoxon Rangsummentest** basiert auf zwei unabhängigen Stichproben $X_1, \ldots, X_m$ und $Y_1, \ldots, Y_n$. Als Teststatistik W benützt er die Summe

$$W = \sum_{i=1}^{n} R_i ,$$

wobei die R_i die Rangstatistiken der Y_i in der durch Vereinigen der $\{X_i\}$ und $\{Y_i\}$ erhaltenen gemeinsamen Stichprobe mit $m+n$ Beobachtungen sind. Unter H_0 ist zu erwarten, daß die Ränge der Y_i gleichverteilt über die Zahlen zwischen 1 und $m + n$ sind. Ist Y stochastisch größer als X, so müssen wir mit vermehrt größeren Rängen der Y_i rechnen. Dementsprechend wird H_0 verworfen, wenn

$$W \geq k_{m,n,\alpha}$$

für ein so gewähltes $k_{m,n,\alpha}$, daß das gewünschte Signifikanzniveau α eingehalten wird. Es ist leicht einzusehen, daß $k_{m,n,\alpha}$ auch von den Stichprobenumfängen m und n abhängt. Perzentile $k_{m,n,\alpha}$ der Verteilung von W unter H_0 findet man in *Tafel A.9* im Anhang. Zur Berechnung der Wahrscheinlichkeitverteilung von W siehe Beispiel 9.30.

Erwartungswert und Varianz von W sind unter H_0

$$\begin{aligned} \mathrm{E}\{W\} &= \frac{n(m+n+1)}{2} = \mu_W , \\ \mathrm{Var}\{W\} &= \frac{mn(m+n+1)}{12} = \sigma_W^2 . \end{aligned}$$

Die asymptotische Verteilung von W ist die Normalverteilung. Für hinreichend große m und n ist W näherungsweise normalverteilt nach $N(\mu_W, \sigma_W^2)$; man verwirft H_0, falls

$$\frac{W - \mu_W}{\sigma_W} \geq z_{1-\alpha},$$

wobei $z_{1-\alpha}$ das $(1 - \alpha)$-Perzentil der standardisierten Normalverteilung ist.

Eine zweite Möglichkeit, einen Zweistichprobentest für die Entscheidung zwischen H_0: $F = G$ und H_1: $F > G$ zu treffen, beruht auf folgender Überlegung. Ist Y tatsächlich stochastisch größer als X, so gibt es viele Beobachtungspaare (X_i, Y_j) in den beiden unabhängigen Stichproben $X_1, \ldots, X_m$ und $Y_1, \ldots, Y_n$, für die gilt $X_i < Y_j$. Der **U-Test von Mann-Whitney** verwirft die Nullhypothese dann, wenn die Anzahl der Paare (X_i, Y_j) mit

$X_i < Y_j$ größer als eine dem Niveau α entsprechende kritische Schranke k_α ist. Die Teststatistik des U-Tests ist

$$U = \sum_i \sum_j \psi(Y_j - X_i),$$

wobei die Indikatorvariable ψ definiert ist zu

$$\psi(Y_j - X_i) = \begin{cases} 1 & \text{falls } Y_j > X_i, \\ 0 & \text{falls } Y_j \leq X_i. \end{cases}$$

H_0 wird verworfen, wenn $U \geq k_\alpha$. Es läßt sich zeigen, daß zwischen dem U des Tests von Mann-Whitney und dem W des Rangsummentests von Wilcoxon die algebraische Beziehung

$$W = U + \frac{n(n+1)}{2}$$

besteht. Demnach sind die beiden Teste äquivalent; siehe dazu das Beispiel 9.30. Wegen des geringeren rechnerischen Aufwandes zieht man den Wilcoxon Test vor.

Vorzeichenrangteste

Eine dritte Möglichkeit zur Konstruktion nichtparametrischer Teste beruht auf einer Transformation, die sowohl Vorzeichen als auch Rang der Beobachtungen berücksichtigt. Das soll am Beispiel des Vorzeichenrangtests (*signed rank test*) von Wilcoxon illustriert werden.

Die Testsituation ist die des Vorzeichentests: Die Verteilung des interessierenden Merkmals X ist stetig und symmetrisch um den Median θ. Die Nullhypothese H_0: $\theta = \theta_0$ soll auf dem Signifikanzniveau α gegen die Alternative H_1: $\theta > \theta_0$ getestet werden.

Ein Nachteil der Transformation, die nur das Vorzeichen berücksichtigt, ist, daß kleine Abweichungen das gleiche Gewicht bekommen wie große, obwohl große Abweichungen besonders gegen die Nullhypothese sprechen können. Dieser Nachteil soll durch die Verwendung der signierten Ränge vermieden werden.

Definition 9.6 *$X_1, \ldots, X_n$ sei eine Stichprobe aus einer stetigen Verteilung. Der* **absolute Rang** *$R^+(X_i) = R_i^+$ von X_i ist der Rang von $|X_i|$ unter den Zufallsvariablen $|X_1|, \ldots, |X_n|$. Der* **signierte Rang** *von X_i ist definiert zu*

$$\psi(X_i)R^+(X_i),$$

wobei $\psi(X_i)$ die Indikatorvariable für ein positives Vorzeichen von X_i ist: $\psi(X_i) = 1$, wenn $X_i > 0$, und $\psi(X_i) = 0$ sonst.

Beispiel 9.20 Der Vektor r der absoluten Ränge der Stichprobe

$$x_1 = 17.2\,,\ x_2 = -12.9\,,\ x_3 = 21.3\,,\ x_4 = -10.0\,,\ x_5 = 4.8\,.$$

aus Beispiel 9.19 ist $r = (4,3,5,2,1)$, der der signierten Ränge ist $r^+ = (4,0,5,0,1)$.

Der **Vorzeichenrangtest von Wilcoxon** geht von der Stichprobe $X_1, \ldots, X_n$ aus der stetigen, um θ symmetrischen Verteilung aus und ermittelt zunächst die Zufallsvariablen $Z_i = X_i - \theta_0$. Die Teststatistik W^+ ist die Summe der signierten Ränge der Z_i:

$$W^+ = \sum_{i=1}^{n} \psi(Z_i) R_i^+(Z_i)\,.$$

Die Nullhypothese $\theta = \theta_0$ wird verworfen, wenn $W^+ \geq k_{n,\alpha}$, wobei $k_{n,\alpha}$ die dem Niveau α entsprechende kritische Schranke ist. Das entspricht der Überlegung, daß wir bei Zutreffen der Alternative viele große, positive Differenzen $X_i - \theta_0$ zu erwarten haben.

Für kleine Stichprobenumfänge n ist die Verteilung von W^+ nicht geschlossen darstellbar; sie muß enumerative bestimmt werden. Perzentile $k_{n,\alpha}$ der Verteilung von W^+ unter H_0 sind in *Tafel A.10* des Anhanges angegeben. Erwartungswert und Varianz von W^+ sind unter H_0

$$\begin{aligned} \mathrm{E}\{W^+\} &= \frac{n(n+1)}{4} = \mu_{W^+}\,, \\ \mathrm{Var}\{W^+\} &= \frac{n(n+1)(2n+1)}{12} = \sigma^2_{W^+}\,. \end{aligned}$$

Asymptotisch folgt W^+ der Normalverteilung $N(\mu_{W^+}, \sigma^2_{W^+})$, sodaß für hinreichend großes n näherungsweise das $(1-\alpha)$-Perzentil der Normalverteilung als kritische Schranke verwendet werden kann.

Am Rande sei erwähnt, daß das Ermitteln der Gütefunktion bei nichtparametrischen Testen im allgemeinen keine einfache Aufgabe ist. Das kommt unter anderem daher, daß die Verteilungsfreiheit bei Zutreffen der Alternative oft nicht mehr gegeben ist und daher die Verteilung der Teststatistik von der Verteilung des interessierenden Merkmals abhängt.

9.3.2 Nichtparametrische Schätzverfahren

Nach ähnlichen Prinzipien wie die, die bei der Konstruktion nichtparametrischer Teste Anwendung finden, können auch nichtparametrische Schätzverfahren einschließlich nichtparametrischer Konfidenzintervalle hergeleitet werden. Das soll am Beispiel eines Schätzverfahrens illustriert werden, das auf Rangstatistiken basiert.

Die zwei Stichproben $X_1, \ldots, X_m$ und $Y_1, \ldots, Y_n$ stammen von Populationen mit stetigen Verteilungen $F(x)$ und $G(y) = F(x - \Delta)$. Der Wert des Verschiebungsparameters Δ soll geschätzt werden. Als Schätzer $\hat{\Delta}$ suchen wir jenen Wert a, um den die $\{Y_j\}$ verschoben werden müssen, damit sie bestmöglich mit den $\{X_i\}$ übereinstimmen. Die Übereinstimmung messen wir mittels eines Tests der Hypothese H_0: $F = G$, den wir auf die beiden Stichproben $X_1, \ldots, X_m$ und $Y_1 - a, \ldots, Y_n - a$ anwenden. Die Teststatistik U des Mann-Whitney Tests ist die Zahl der Beobachtungspaare, für die $Y_j - a > X_i$ bzw. $Y_j - X_i > a$. Wir ordnen den Beobachtungspaaren $\{(X_i, Y_j), i = 1, \ldots, m, j = 1, \ldots, n\}$ die mn Differenzen $D_{ij} = Y_j - X_i$ zu und sortieren diese nach der Größe; die entsprechenden Ordnungstatistiken sind die $D_{(s)}$, $s = 1, \ldots, mn$. Setzen wir für a den Median der mn Differenzen:

$$a = \hat{\Delta} = D_{0.5}\,,$$

so ist die Hälfte der Paare (X_i, Y_j) größer und die andere Hälfte kleiner als a. Die Teststatistik U nimmt für $a = \hat{\Delta}$ ihren Erwartungswert $mn/2$ an; die Übereinstimmung der beiden Stichproben ist am besten. Der nichtparametrische Schätzer $\hat{\Delta} = D_{0.5}$ heißt nach seinen beiden Erfindern **Hodges-Lehmann Schätzer**.

Ein $100(1-\alpha)$%iges nichtparametrisches Konfidenzintzervall für den Verschiebungsparameter Δ ist

$$[D_{(k+1)}, D_{(mn-k+1)}]\,.$$

Dabei ist k das $\alpha/2$-Perzentil der Verteilung der Teststatistik U des Mann-Whitney Tests. Bei hinreichend großen m und n kann k approximativ nach

$$k = \frac{mn}{2} - z_{1-\frac{\alpha}{2}} \sqrt{\frac{mn(m+n+1)}{12}}$$

berechnet werden.

9.3.3 Anpassungsteste

Unter einem Anpassungstest versteht man einen Test, bei dem die Nullhypothese geprüft wird, wonach die Beobachtungen einer Stichprobe Realisationen einer bestimmten Wahrscheinlichkeitsverteilung sind. So möchte man etwa wissen, ob die Voraussetzung eines Verfahrens erfüllt ist, das verlangt, daß die Stichprobe aus einer Normalverteilung stammt. Es geht also darum, die Güte der Anpassung (*goodness of fit*) mit der fraglichen Verteilung zu überprüfen, also die Nullhypothese zu "beweisen". Das Verwerfen der Nullhypothese würde bedeuten, daß die Stichprobe irgend einer anderen Verteilung entstammt. Im Gegensatz zu allen bisher behandelten Testen, den Signifikanztesten, haben wir keine Kontrolle über die Wahrscheinlichkeit, mit der der entscheidende Fehler begangen wird: Das irrtümliche Nichtverwerfen der fraglichen Verteilung ist der Fehler 2. Art.

Die Vorgangsweise soll am Beispiel des χ^2-Anpassungstests illustriert werden. Wie wir wissen, folgen die beim Wurf eines idealen Würfels erzielten Augenzahlen einer diskreten Gleichverteilung auf dem Ergebnisraum $E = \{1,2,3,4,5,6\}$. Hat man eine Stichprobe von n mit einem Würfel erzielten Augenzahlen, so kann man der Frage nachgehen, ob der Würfel ein idealer ist, d.h., ob die Nullhypothese H_0: $p_1 = p_2 = \ldots = p_6 = 1/6$ zutrifft, wobei p_i die Wahrscheinlichkeit ist, mit dem Würfel die Augenzahl i zu erzielen. Die Alternative ist das Nichtzutreffen von H_0, H_0^c, das wir schreiben können als H_1: $p_i \neq p_j$ für zumindest ein $i \neq j$.

Das Ergebnis der Experiments fassen wir in der Häufigkeitsverteilung b_i, $i = 1, \ldots, 6$, zusammen. Die b_i sind die sogenannten **beobachteten Häufigkeiten**. Die entsprechenden Zufallsvariablen B_i: *Häufigkeit der Augenzahl* i haben als gemeinsame Verteilung die Multinomialverteilung $M(n; p_1, \ldots, p_6)$. Unter H_0 sind die **erwarteten Häufigkeiten**

$$e_j = \mathrm{E}\{B_j\} = np_j = \frac{n}{6}.$$

Die Idee des **χ^2-Anpassungstest** besteht darin, die beobachteten den unter H_0 erwarteten Häufigkeiten gegenüberzustellen: Weichen sie zu sehr voneinander ab, so ist die Nullhypothese zu verwerfen. Die Teststatistik des χ^2-Anpassungstests ist **Pearson's χ^2-Statistik**

$$T = \sum_{i=1}^{6} \frac{(B_i - e_i)^2}{e_i},$$

die unter H_0 asymptotisch der χ^2-Verteilung folgt; die Zahl ihrer Freiheitgrade ist die um 1 verminderte Anzahl der Häufigkeiten, in diesem Beispiel also 5. Als Summe von Quadraten kann T nur nichtnegativ sein; ein großes T, d.h. große Abweichungen zwischen den b_i und e_i, spricht gegen H_0. Der χ^2-Test verwirft also H_0, falls $T > \chi^2_{1-\alpha}(5)$ ist, wobei $\chi^2_{1-\alpha}(5)$ das $(1-\alpha)$-Perzentil der χ^2-Verteilung ist.

Der χ^2-Anpassungstest ist das wohl älteste statistische Testverfahren. K. Pearson hat es erstmals im Jahr 1900 beschrieben.

Beispiel 9.21 Um zu prüfen, ob es sich bei einem Würfel um einen idealen Würfel handelt, wird er 120 mal geworfen. Das Experiment ergibt folgende Häufigkeiten b_i der Augenzahlen i:

i	b_i	i	b_i
1	28	4	14
2	10	5	16
3	21	6	31

Die erwarteten Augenzahlen sind $e_i = 120 \cdot 1/6 = 20$ für alle i. Wegen $T = \frac{(28-20)^2}{20} + \frac{(10-20)^2}{20} + \ldots = 16.9 > 11.07 = \chi^2_{0.95}(5)$ kann die Nullhypothese H_0: $p_i = 1/6$ bei $\alpha = 0.05$ nicht für zutreffend gehalten werden.

Der χ^2-Anpassungstest wird in folgenden Schritten ausgeführt, wobei wir davon ausgehen, daß die Anpassung einer Stichprobe aus einer diskreten Verteilung mit k Merkmalsausprägungen $x_1, \ldots, x_k$ und $P\{X = x_i\} = p_i$ ($\sum_i p_i = 1$) geprüft werden soll. Die Nullhypothese H_0: $p_i = p_i^0$, $i = 1, \ldots, k$, soll gegen die globale Alternative H_0^c getestet werden. Die Teststatistik ist

$$T = \sum_{i=1}^{k} \frac{(B_i - e_i)^2}{e_i},$$

wobei die Zufallsvariablen B_i für die beobachteten Häufigkeiten der x_i stehen; der Vektor $(B_1, \ldots, B_k)$ folgt bei Zutreffen von H_0 der Multinomialverteilung $M(n; p_1^0, \ldots, p_k^0)$; die e_i sind die unter H_0 erwarteten Häufigkeiten $e_i = \mathrm{E}\{B_i\} = np_i^0$. Die Teststatistik T folgt unter H_0 asymptotisch der χ^2-Verteilung mit $(k-1)$ Freiheitgraden. Die kritische Schranke $k_\alpha = \chi^2_{1-\alpha}(k-1)$ wird aus $P\{T \geq k_\alpha | H_0\} \leq \alpha$ bestimmt. Abschließend geben wir eine Liste der Verfahrensschritte.

Verfahrensschritte des χ^2-Anpassungstests:

1. Wähle das Signifikanzniveau α.
2. Bestimme die kritische Schranke $k_\alpha = \chi^2_{1-\alpha}(k-1)$.
3. Ziehe die Stichprobe und ermittle die Häufigkeiten $(b_1, \ldots, b_k)$.
4. Berechne den Wert
$$t = \sum_{i=1}^{k} \frac{(b_i - e_i)^2}{e_i}$$
der Teststatistik T.
5. Verwerfe H_0, falls $t \geq k_\alpha$; behalte sie bei, wenn $t < k_\alpha$.

Anpassungstest für stetige Merkmale

Den χ^2-Test kann man auch dann anwenden, wenn die der Stichprobe zugrundeliegende Verteilung eine stetige Verteilung ist. Es soll die Nullhypothese getestet werden, Daß die Verteilung durch eine genau spezifizierte Dichte f beschrieben wird. Dazu teilt man die Menge der Merkmalsausprägungen, d.i. die relle Achse oder ein Teil davon, in k disjunkte Teilintervalle $I_1, \ldots, I_k$. Die erwarteten Häufigkeiten, mit denen im Intervall I_i – oder in der Klasse I_i von Merkmalsausprägungen – Beobachtungen auftreten, ergeben sich zu $e_i = np_i^0$, wobei $p_i^0 = P_f\{X \in I_i\}$. Die Testprozedur wird wie für ein diskretes Merkmal ausgeführt.

Siehe auch Beispiel 9.27.

Zu bedenken ist, daß durch die Klassenbildung meistens Information verloren geht, was in einer geringeren Mächtigkeit des χ^2-Anpassungstests bei stetigen Problemen resultieren kann. Wieviel Information verlorengeht, hängt von der Klasseneinteilung (Zahl der Klassen, Intervallgrenzen) ab. Eine **Faustregel** sagt, daß die Klassen so gewählt werden sollen, daß $e_i \geq 1$ in allen Klassen und $e_i \geq 5$ in mindestens 80% der Klassen. Wird diese Regel verletzt, muß damit gerechnet werden, daß die asymptotische χ^2-Verteilung nur eine schlechte Näherung für die Verteilung der Teststatistik unter H_0 ist.

Der χ^2-Anpassungstest kann auch angewendet werden, wenn die Verteilung unter der Nullhypothese durch eine ganze Familie von Verteilungen wie die Poisson- oder Normalverteilungen beschrieben wird, deren Parameter nicht spezifiziert sind. Wir nehmen an, daß die Verteilung unter H_0 durch f beschrieben ist und von dem unbekannten Parameter θ abhängt, wobei θ ein r-Vektor ist ($r \geq 1$). Die Wahrscheinlichkeiten p_i^0 sind dann Funktionen von θ. Um den χ^2-Test anwenden zu können, müssen wir θ durch eine Schätzung $\hat{\theta}$ ersetzen und erhalten dann

$$T(\hat{\theta}) = \sum_{i=1}^{k} \frac{[b_i - np_i^0(\hat{\theta})]^2}{np_i^0(\hat{\theta})} .$$

Als Schätzer $\hat{\theta}$ können wir beispielsweise den ML-Schätzer nehmen. Werden r Parameter durch Schätzer ersetzt, so folgt $T(\hat{\theta})$ asymptotisch der χ^2-Verteilung mit $k-1-r$ Freiheitgraden. H_0 wird auf dem Niveau α verworfen, wenn

$$T(\hat{\theta}) \geq \chi^2_{1-\alpha}(k-r-1) ,$$

wobei $\chi^2_{1-\alpha}(k-r-1)$ das $(1-\alpha)$-Perzentil der χ^2-Verteilung mit $k-r-1$ Freiheitgraden ist.

Beispiel 9.22 Die folgenden Häufigkeiten von Druckfehlern pro Seite eines Buches wurden beobachtet:

Druckfehler-anzahl	Beobachtete Häufigkeit	Erwartete Häufigkeit
0	102	81.85
1	31	68.93
2	42	29.02
3	15	8.15
>3	0	2.05

Stützen diese Beobachtungen die Vermutung, daß die Zufallsvariable X: *Anzahl der Druckfehler pro Seite* Poisson-verteilt ist? Die Nullhypothese H_0: $X \sim P(\lambda)$ soll auf dem Niveau α gegen die Alternative $H_1 = H_0^c$ getestet werden, wobei der Parameter λ unbekannt ist. Der ML-Schätzer für λ ist das arithmetische Mittel $\hat{\lambda} = 160/190 = 0.842$. Wenn $X \sim P(0.842)$, ergibt sich $p_0^0(0.842) = P\{X = 0\} = 0.431$ und damit die zu erwartete Häufigkeit e_0 für Seiten ohne Fehler zu $190 \cdot 0.431 = 81.85$. Analog erhalten wir die übrigen erwarteten Häufigkeiten, die in der Tabelle angegeben sind.

Die Teststatistik $T(\hat{\lambda})$ folgt unter H_0 der χ^2-Verteilung mit $k-r-1 = 5-1-1 = 3$ Freiheitsgraden. Für sie ergibt sich $T(0.842) = 39.45 > 7.815 = \chi^2_{0.95}(3)$. Die Nullhypothese wird verworfen; die Poisson-Verteilung ist keine geeignete Beschreibung der Häufigkeitsverteilung.

Werden in einzelnen Klassen Gruppen von Merkmalsausprägungen zusammengefaßt, wie das in der Klasse "> 3" von Beispiel 9.22 der Fall ist, so muß die Schätzung von θ und die Berechnung von $T(\hat{\theta})$ auf der Basis der gleichen Klasseneinteilung erfolgen. Andernfalls ist nicht sichergestellt, daß $T(\hat{\theta})$ unter H_0 der $\chi^2(k-r-1)$ folgt; diese Einschränkung ist allerdings nur zu beachten, wenn die Zahl der Kategorien k nicht groß ist; bei großem k gilt die $\chi^2(k-r-1)$-Verteilung hinreichend genau fr $T(\hat{\theta})$. Das Schätzen aus den gruppierten Daten kann allerdings Probleme beim Berechnen des Schätzers verursachen; siehe dazu Beispiel 9.28.

9.A Ergänzende Beispiele

Beispiel 9.23 Das neues Medikament B soll zum medizinischen Gebrauch gegen eine Krankheit freigegeben werden, die traditionell mit Medikament A behandelt wird. Interessierende Hypothesen betreffen die Heilungswahrscheinlichkeit p und könnten sein:

1. Der Produzent von Medikament B möchte "beweisen", daß sein neues Medikament besser als das Medikament A ist, von dem man aus langjähriger Erfahrung die Heilungswahrscheinlichkeit $p = 0.6$ kennt.

2. Der Erzeuger von A möchte "beweisen", daß B schlechter als A ist.

3. Der Gesundheitsbehörde genügt als Zulassungsbedingung für B, daß das neue Medikament zumindest nicht schlechter als das alte ist, wobei die Macht des anzuwendenden Tests größer als 0.9 sein muß, wenn $p \leq 0.5$.

Für den Fall 1. ist (a) Nullhypothese und Alternative zu wählen, (b) das Signifikanzniveau α zu wählen, (c) die kritische Schranke des Tests und (d) die Gütefunktion zu bestimmen.

(a) Bei der Formulierung der Hypothesen eines Tests wählt man die zu beweisende Behauptung als Alternativhypothese. Wenn der Test zum Verwerfen der Nullhypothese führt und man die Alternative für richtig hält, kennt man die Wahrscheinlichkeit, daß diese Entscheidung irrtümlich zustande kam: Es ist die – frei wählbare – Wahrscheinlichkeit für den Fehler 1. Art, das Signifikanzniveau α. Wird die Nullhypothese nicht verworfen, so kann man allerdings keine Angabe darüber machen, mit welcher Wahrscheinlichkeit man eine Fehlentscheidung getroffen hat.

Im Fall 1. testen wir demnach die Nullhypothese H_0: $p = 0.6$ gegen die Alternative H_1: $p > 0.6$. In den beiden anderen Fällen ist H_0: $p = 0.6$ gegen H_1: $p < 0.6$ zu testen.

(b) Mit dem Signifikanzniveau legen wir fest, welche Wahrscheinlichkeit wir für den irrtümlichen Schluß tolerieren, das Medikament B sei das bessere, wenn das nicht zutrifft. Den Wert von α wählt man umso kleiner, je schwerwiegender die Konsequenzen dieses Irrtums sind. Geht es um einen Hustensaft, wird $\alpha = 0.05$ akzeptabel sein; bei einem Medikament, das in lebensbedrohenden Situationen eingesetzt wird, kann $\alpha = 0.001$ noch zu großzügig sein. Wir wählen für dieses Beispiel $\alpha = 0.05$.

(c) Es ist geplant, das Medikament B an einer Stichprobe von $n = 12$ Patienten zu erproben. Teststatistik ist die Zufallsvariable X: *Zahl der geheilten Patienten.* H_0 wird verworfen, wenn $X \geq k_\alpha$, also wenn die Anzahl der geheilten Versuchspersonen wesentlich zu größer ist, als es unter H_0 zu erwarten ist. Die kritische Schranke k_α erhalten wir aus der Forderung, daß der Test das vorgegebene Signifikanzniveau einhalten muß:

$$P\{X \geq k_\alpha \,|\, p = 0.6\} = \sum_{i=k_\alpha}^{12} \binom{12}{i} \cdot 0.6^i \cdot 0.4^{12-i} = 0.05\,.$$

Unter H_0 folgt X der Binomialverteilung $B(12, 0.6)$, die im folgenden tabelliert ist.

x	$f(x)$	$F(x)$
0	0.000	0.000
1	0.000	0.000
2	0.002	0.002
3	0.012	0.014
4	0.042	0.056
5	0.101	0.157
6	0.177	0.334
7	0.228	0.562
8	0.213	0.775
9	0.142	0.917
10	0.064	0.981
11	0.017	0.998
12	0.002	1.000

Der kritsche Wert ist $k_{0.05} = 11$, da $P\{X \geq 11 \,|\, p = 0.6\} = 0.019 \leq 0.05$. Damit ergibt sich als kritischer Bereich die Menge $K = \{11, 12\}$, als Annahmebereich die Menge $K^c = \{1, 2, \ldots, 10\}$. Ist die Zahl der Geheilten in der Stichprobe 11 oder größer, so kann Medikament B für das bessere gehalten, bzw. die Nullhypothese zugunsten der Alternative verworfen werden. Der Test ist der gleichmäßig beste Test.

(d) Die **Gütefunktion** ist die Macht $1 - \beta(p)$ des Tests in Abhängigkeit vom Parameter p:

$$1 - \beta(p) = P\{X \geq 11 \,|\, p\} = \sum_{i=11}^{12} \binom{12}{i} p^i (1-p)^{12-i}.$$

Die **Operations-Charakteristik (OC-Kurve)** $\beta(p)$ des Tests ist die Wahrscheinlichkeit, H_0 nicht zu verwerfen, in Abhängigkeit von p:

$$\beta(p) = P\{X \leq 10 \,|\, p\} = \sum_{i=0}^{10} \binom{12}{i} p^i (1-p)^{12-i}.$$

Die folgende Tabelle und die *Abbildung 9.1* geben Gütefunktion und OC-Kurve unseres Tests wieder.

p	$\beta(p)$	$1 - \beta(p)$
0.4	1.000	0.000
0.5	0.997	0.003
0.6	0.981	0.019
0.7	0.915	0.085
0.8	0.722	0.278
0.9	0.341	0.659
1.0	0.000	1.000

Beispiel 9.24 In einer Untersuchung des Bekanntheitsgrades eines Unternehmens (Anteil der Population, die das Unternehmen kennen) wurde eine Zufallsstichprobe von 64 Personen befragt; 50 von ihnen war das Unternehmen bekannt. Es soll bestimmt werden (a) ein Punktschätzer und (b) ein

Abbildung 9.1: OC-Kurve $\beta(p)$ und Gütefunktion $1-\beta(p)$ zum Test aus Beispiel 9.23.

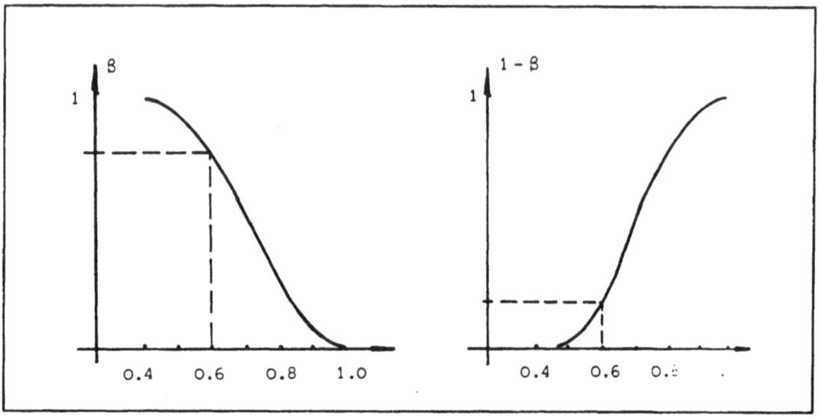

99%iges Konfidenzintervall für den Bekanntheitsgrad, und (c) der notwendige Stichprobenumfang, damit die halbe Länge eines 95%igen Konfidenzintervalls höchstens 10% lang ist. Weiters soll (d) getestet werden ($\alpha = 0.01$), ob der Bekanntheitsgrad gegenüber dem Vorjahr (70%) erhöht werden konnte, und (e) der Stichprobenumfang bestimmt werden, bei dem die Macht dieses Tests 90% beträgt, wenn der Bekanntheitsgrad in Wirklichkeit 75% ist.

(a) Die Anzahl der Befragten, die das Unternehmen kannten, folgt der Binomialverteilung $B(64, p)$; der ML-Schätzer für p ist die relative Häufigkeit der Befragten, die das Unternehmen kannten; $\hat{p} = 50/64 = 0.781$.

(b) Die asymptotische Verteilung der ML-Schätzfunktion $\hat{p}$ ist $N[p, p(1-p)/n]$. Das 100γ%-ige Konfidenzintervall ergibt sich aus

$$P\{-z_{\frac{1+\gamma}{2}} \leq \frac{\hat{p}-p}{\sqrt{p(1-p)}}\sqrt{n} \leq z_{\frac{1+\gamma}{2}}\} \doteq \gamma$$

näherungsweise zu

$$\hat{p} - z_{\frac{1+0.99}{2}}\sqrt{\frac{p(1-p)}{n}} \leq p \leq \hat{p} + z_{\frac{1+0.99}{2}}\sqrt{\frac{p(1-p)}{n}}.$$

Beachte! Die Grenzen des Konfidenzintervalls hängen vom unbekannten p ab und können nicht berechnet werden. Wenn wir an Stelle des unbekannten Parameters p den Schätzer $\hat{p}$ einsetzen, begehen wir einen zusätzlichen Fehler, der allerdings bei hinreichend großem n vernachlässigbar ist.

Das näherungsweise 99%-ige Konfidenzintervall ergibt sich ($z_{0.995} = 2.576$) zu $0.647 \leq p \leq 0.915$.

(c) Es soll gelten

$$P\{|\hat{p}-p| \leq 0.1\} \leq 0.95 .$$

Aus der Tschebyscheff'schen Ungleichung erhalten wir die Abschätzung

$$P\{|\hat{p}-p| \le 0.1\} \ge 1 - \frac{\mathrm{Var}\{\hat{p}\}}{0.1^2} = 1 - \frac{p(1-p)}{n\,0.1^2} \ge 0.95\,.$$

Daraus folgt

$$n \ge \frac{p(1-p)}{0.05 \cdot 0.1^2}\,.$$

Der Stichprobenumfang ist somit von der Varianz $\mathrm{Var}\{\hat{p}\} = p(1-p)/n$ unseres Schätzers $\hat{p}$ abhängig, die wir aber nicht kennen. Wir kennen – im Stadium der Planung der Stichprobe – nicht einmal einen Schätzer für p, den wir an Stelle von p benützen könnten. Eine Abschätzung für n erhalten wir, wenn wir von der Ungleichung $p(1-p) \le 0.5(1-0.5) = 0.25$ Gebrauch machen, die für alle $p \in [0,1]$ gilt. Damit ergibt sich, daß mit n=500 auch im ungünstigsten Fall die Stichproben den notwendigen Umfang hat.

(d) Die Verfahrensschritte (vergleiche Abschnitt 9.2.1) des Tests von H_0: $p = 0.7$ gegen H_1: $p > 0.7$ sind:

1. $\alpha = 0.01$.
2. Als Teststatistik nehmen wir die relative Häufigkeit $\hat{p}$, die näherungsweise der Normalverteilung $N[p, p(1-p)/n]$ folgt, und verwerfen H_0, wenn $\hat{p} \ge k_\alpha$, wobei k_α aus der Bedingung folgt, daß der Test das Signifikanzniveau einhalten muß:

$$P\{\hat{p} \ge k \,|\, p = 0.7\} = 1 - \Phi\left(\frac{k-0.7}{\sqrt{0.7 \cdot 0.3}}\sqrt{64}\right) = 0.01\,;$$

der kritische Wert ergibt sich näherungsweise zu

$$k_\alpha = 0.7 + 2.326\sqrt{\frac{0.7 \cdot 0.3}{64}} = 0.833\,.$$

3. Zur Berechnung der Gütefunktion siehe (e).
4. Der beobachtete Wert ist $\hat{p} = 0.78125 < 0.833 = k_\alpha$; H_0 kann nicht verworfen werden; man kann nicht sagen, daß der Bekanntheitsgrad seit dem letzten Jahr größer geworden sei.

(e) Bei einem Stichprobenumfang n ergibt sich der kritische Wert k_α des Tests aus (d) zu

$$k_\alpha = 0.7 + 2.326\sqrt{\frac{0.7 \cdot 0.3}{n}}\,;$$

n soll so bestimmt werden, daß der Test eine Macht von 95% gegen die Alternative $p = 0.75$ hat. Gilt tatsächlich $p = 0.75$, so folgt $\hat{p}$ näherungsweise der Normalverteilung $N[0.75, (0.75)(0.25)/n]$. Für die Macht bei $p = 0.75$ gilt

$$P\left\{\hat{p} \ge 0.7 + 2.326\sqrt{\frac{0.7 \cdot 0.3}{n}} \,\middle|\, p = 0.75\right\}$$

$$= \quad 1 - \Phi\left(\frac{0.7 + 2.326\sqrt{\frac{0.7 \cdot 0.3}{n}} - 0.75}{\sqrt{\frac{0.75 \cdot 0.25}{n}}}\right) \quad = \quad 0.95\,.$$

Daraus ergibt sich

$$\frac{0.7 + 2.326\sqrt{\frac{0.7\cdot 0.3}{n}} - 0.75}{\sqrt{\frac{0.75\cdot 0.25}{n}}} = -1.645$$

und schließlich $n = 1030$.

Beispiel 9.25 Die Lebensdauer X (in Betriebsstunden) eines Produktes sei verteilt nach $X \sim N(\mu, 100)$. Die erzeugende Firma möchte mit der Aussage in die Werbung gehen, daß die Lebensdauer größer als 1000 Betriebsstunden sei. Es sind anzugeben (a) Nullhypothese und Alternative eines Tests, mit dem diese Aussage gestützt werden kann, (b) die kritische Schranke $\bar{x}_k$ des Tests von H_0: $\mu = 1000$ gegen H_1: $\mu > 1000$, wenn die Entscheidung auf der Basis einer Stichprobe vom Umfang $n = 25$ und auf dem Niveau $\alpha = 0.01$ getroffen werden soll, (c) die Macht dieses Tests für $\mu = 1004$, $\mu = 1008$ und $\mu = 1012$, (d) der Annahmebereich des Tests von H_0: $\mu = 1000$ gegen H_1: $\mu \neq 1000$ für $\alpha = 0.05$ und (e) ein 95%-iges Konfidenzintervall für μ.

(a) Die Firma möchte die Wahrscheinlichkeit kontrollieren, daß sie irrtümlich eine zu hohe Lebensdauer behauptet; den mögliche Imageverlust durch einen solchen Irrtum will sie unbedingt vermeiden. Sie testet daher die Nullhypothese H_0: $\mu = 1000$ gegen die Alternative H_1: $\mu > 1000$.

(b) Die Teststatistik ist der Stichprobenmittelwert $\bar{X}$, der der Normalverteilung $N(\mu, \sigma^2/n)$ bzw. $N(\mu, 4)$ folgt. H_0 wird dann verworfen, wenn $\{\bar{X} \geq \bar{x}_k\}$, wobei $\bar{x}_k$ aus der Forderung bestimmt wird, daß der Test das Niveau $\alpha = 0.01$ einzuhalten hat. Da unter H_0 für die Teststatistik gilt: $\bar{X} \sim N(\mu_0, \sigma^2/n)$ bzw. $\bar{X} \sim N(1000, 4)$, ergibt sich der kritische Wert $\bar{x}_k$ aus

$$P\{\bar{X} \geq \bar{x}_k \,|\, \mu_0\} = 1 - \Phi\left(\frac{\bar{x}_k - \mu_0}{\sigma}\sqrt{n}\right) = 0.01$$

und wegen

$$\Phi\left(\frac{\bar{x}_k - \mu_0}{\sigma}\sqrt{n}\right) = 0.99 = \Phi(z_{0.99}) = \Phi(2.327)$$

zu

$$\bar{x}_k = \mu_0 + z_{0.99}\frac{\sigma}{\sqrt{n}} = 1000 + 2.327 \cdot 2 = 1004.65\,.$$

H_0 ist dann zu verwerfen, wenn beobachtete Stichprobenmittelwert größer als 1004.65 ist.

(c) Die Macht $1 - \beta(\mu)$ des Tests ist die Wahrscheinlichkeit, H_0 zu verwerfen, in Abhängigkeit des Parameters μ:

$$\begin{aligned} 1 - \beta(\mu) &= P\{\bar{X} \geq \bar{x}_k \,|\, \mu\} = 1 - \Phi\left(\frac{\bar{x}_k - \mu}{\sigma}\sqrt{n}\right) \\ &= 1 - \Phi\left(\frac{\mu_0 + z_{0.99}\sigma/\sqrt{n} - \mu}{\sigma}\sqrt{n}\right) \end{aligned}$$

$$
\begin{aligned}
&= 1-\Phi\left(z_{0.99}-\frac{\mu-\mu_0}{\sigma}\sqrt{n}\right)\\
&= 1-\Phi\left(2.327-\frac{\mu-1000}{2}\right)
\end{aligned}
$$

Damit ergibt sich

μ	$1-\beta(\mu)$
1004	0.371
1008	0.953
1012	1.000

(d) H_0 wird dann verworfen, wenn entweder $\{\bar{X} \leq \bar{x}_u\}$ oder $\{\bar{X} \geq \bar{x}_o\}$, wobei die beiden kritischen Werte aus der Bedingung

$$P\{\bar{X} \leq \bar{x}_u \text{ oder } \bar{X} \geq \bar{x}_o \,|\, \mu = 1000\} = \alpha$$

abgeleitet werden. Analog zur Konstruktion eines Konfidenzintervalls teilen wir das Signifikanzniveau α auf den unteren und oberen kritischen Bereich auf.

$$
\begin{aligned}
P\{\bar{X} \leq \bar{x}_u|\mu_0\} &= \Phi\left(\frac{\bar{x}_u-\mu_0}{\sigma}\sqrt{n}\right) = \frac{\alpha}{2} = \Phi(z_{\alpha/2})\\
P\{\bar{X} \geq \bar{x}_o|\mu_0\} &= 1-\Phi\left(\frac{\bar{x}_o-\mu_0}{\sigma}\sqrt{n}\right) = \frac{\alpha}{2} = \Phi(z_{\alpha/2})
\end{aligned}
$$

Daraus folgt

$$
\begin{aligned}
\bar{x}_o &= \mu_0 + z_{\alpha/2}\frac{\sigma}{\sqrt{n}} = 1000 - 1.96\cdot 2 = 996.08\\
\bar{x}_u &= \mu_0 - z_{\alpha/2}\frac{\sigma}{\sqrt{n}} = 1000 + 1.96\cdot 2 = 1003.92
\end{aligned}
$$

Der Annahmebereich ist somit das Intervall mit den Grenzen 1000 ± 3.92.

(e) Das 100γ%-ige Konfidenzintervall erhalten wir auf der Basis des Mittelwertes $\bar{X}$ aus der Definition

$$P\{\bar{X}-c \leq \mu \leq \bar{X}+c\} = \gamma\,.$$

Wegen $\bar{X} \sim N(\mu, \sigma^2/n)$ bzw. $\bar{X} \sim N(\mu, 4)$ ergibt sich

$$
\begin{aligned}
&P\{\bar{X}-c \leq \mu \leq \bar{X}+c\}\\
&\quad = P\left\{-\frac{c}{\sigma}\sqrt{n} \leq \frac{\bar{X}-\mu}{\sigma}\sqrt{n} \leq \frac{c}{\sigma}\sqrt{n}\right\} = 2\Phi\left(\frac{c}{\sigma}\sqrt{n}\right)-1\,,
\end{aligned}
$$

bzw.

$$c = z_{0.975}\frac{\sigma}{\sqrt{n}} = 1.96\cdot 2 = 3.92\,.$$

Das Konfidenzintervall hat die Grenzen $\bar{X} \pm 3.92$.

Beispiel 9.26 Auf einer Großbaustelle wurden in einer Periode von 80 Tagen im Durchschnitt 0.913 Arbeitsunfälle pro Tag registriert (vergleiche dazu

Beispiel 9.5). Zu bestimmen ist (a) die kritische Schranke des Tests von H_0 : $\lambda = \lambda_0 = 1$ gegen H_1: $\lambda < 1$ auf dem Niveau 0.05 und (b) ein 95%-iges Konfidenzintervall für λ.

(a) Die Zufallsvariable X: *Anzahl der Arbeitsunfälle pro Tag* folgt der Verteilung $P(\lambda)$. Die Teststatistik

$$\hat{\lambda} = \frac{1}{n}\sum X_i$$

ist eine Linearkombination von unabhängig und identisch Poisson-verteilten Zufallsvariablen X_i und ist wieder Poisson-verteilt. Damit könnte man den kritischen Wert exakt berechnen. Wir ziehen es vor, die kritische Schranke mit Hilfe der Normalverteilung $N(\lambda, \lambda/n)$ zu berechnen, die sich für hinreichend großen Stichprobenumfang n aus dem Zentralen Grenzwertsatz ergibt. Unter H_0 gilt

$$\hat{\lambda} \mathrel{\dot\sim} N\left(\lambda_0, \frac{\lambda_0}{n}\right);$$

die kritische Schranke λ_k folgt somit näherungsweise aus

$$P\{\hat{\lambda} \leq \lambda_k \mid \lambda = 1\} = \Phi[(\lambda_k - 1)\sqrt{80}] = 0.05 = \Phi(-1.645)$$

und ergibt sich zu

$$\lambda_k \doteq 1 - \frac{1.645}{\sqrt{80}} = 0.816\,.$$

Wegen $\hat{\lambda} = 0.913 > 0.816 = \lambda_k$ wird H_0 nicht verworfen.

(b) Wegen

$$Z = \frac{\hat{\lambda} - \lambda}{\sqrt{\lambda}}\sqrt{n} \mathrel{\dot\sim} N(0,1)$$

ergibt sich das symmetrische Konfidenzintervall um λ aus

$$P\left\{-z_{\frac{1+\gamma}{2}} \leq \frac{\hat{\lambda} - \lambda}{\sqrt{\lambda}}\sqrt{n} \leq z_{\frac{1+\gamma}{2}}\right\} \doteq \gamma;$$

die Grenzen des Konfindenzintervalls sind demnach $\hat{\lambda} \pm z_{\frac{1+\gamma}{2}}\sqrt{\lambda/n}$. Da λ unbekannt ist, ersetzen wir λ durch den Schätzwert $\hat{\lambda}$ und erhalten das näherungsweise Konfidenzintervall mit den Grenzen

$$\hat{\lambda} - z_{\frac{1+\gamma}{2}}\sqrt{\frac{\hat{\lambda}}{n}}, \quad \hat{\lambda} + z_{\frac{1+\gamma}{2}}\sqrt{\frac{\hat{\lambda}}{n}};$$

setzen wir die beobachteten Werte ein, so ergeben sich die Grenzen des 95%-igen Konfidenzintervalls zu 0.704 und 1.122. Das Konfidenzintervall können wir zweifach interpretieren:

1. Als Test von $H_0 : \lambda = 1$ gegen H_1: $\lambda \neq 1$ auf dem Niveau 0.05 führt es dazu, daß H_0 nicht verworfen wird, da $\lambda = 1$ im Konfidenzintervall enthalten ist.
2. Das 95%-ige Konfidenzintervall enthält alle λ_0, für die die Nullhypothese $H_0 : \lambda = \lambda_0$ im Test gegen H_1: $\lambda \neq 1$ zum Niveau 0.05 verworfen wird.

Beispiel 9.27 Ein Zufallszahlengenerator erzeugt Zufallszahlen, die normalverteilt mit Erwartungswert Null und Varianz 1 sein sollen. Um dies zu überprüfen, wurde eine Stichprobe von 20 Zufallszahlen ausgewählt, die sich ergaben zu

0.464	0.137	2.455	−0.323	−0.068
0.906	−0.513	−0.525	0.595	0.881
−0.482	1.678	−0.057	−1.229	−0.486
−1.787	−0.261	1.237	1.046	−0.508

Es sind anzugeben (a) H_0 und H_1 eines geeigneten Tests und (b) der entsprechende χ^2-Anpassungstest zum Niveau 0.05, wenn die realisierten Zufallszahlen in die drei Intervalle $I_1 = (-\infty, -0.5]$, $I_2 = (-0.5, 0.5]$ und $I_3 = (0.5, +\infty)$ klassifiziert werden.

(a) Die Zufallszahlen seien durch die Zufallsvariablen X repräsentiert. Wir testen H_0: $X \sim N(0,1)$ gegen $H_1 = H_0^c$.

(b) Die erwarteten Häufigkeiten e_i, $i = 1, 2, 3$, mit denen die realisierten Zufallszahlen in die drei Intervalle fallen, wenn tatsächlich eine $N(0,1)$-Verteilung vorliegt, sind $e_i = 20\,p_i$, wobei $p_i = P\{Z \in I_i\}$; die p_i sind $p_1 = 0.3085 = \Phi(-0.5)$, $p_2 = 0.8330$ und $p_3 = 0.3085$. Die beobachteten (b_i) und unter H_0 erwarteten Häufigkeiten sind in der Tabelle angegeben:

i	b_i	e_i
1	5	6.17
2	8	7.66
3	7	6.17

Der Wert der χ^2-Teststatistik ergibt sich zu

$$T = \frac{(5-6.17)^2}{6.17} + \frac{(8-7.66)^2}{7.66} + \frac{(7-6.17)^2}{6.17} = 0.349\,.$$

Der kritische Wert ist das 0.95-Perzentil $\chi^2_{0.95}(2)$ der χ^2-Verteilung mit 2 Freiheitsgraden. Da $T = 0.349 < 5.99$, wird H_0 nicht verworfen.

9.B Weiterführende Beispiele

Beispiel 9.28 ML-Schätzer erhalten wir durch das Aufsuchen des Arguments $\hat{\theta}$, für das die Likelihoodfunktion $L(\theta)$ oder logarithmische Likelihoodfunktion $l(\theta)$ ihr Maximum annimmt. In vielen Situationen ist es möglich, durch Nullsetzen der Ableitung der Likelihoodfunktion nach θ einen geschlossenen Ausdruck für $\hat{\theta}$ zu finden. In diesem Beispiel lernen wir zwei Fälle kennen, in denen diese Vorgangsweise nicht möglich ist: Gesucht ist der ML-Schätzer (a) des Parameters λ der Poisson-Verteilung $P(\lambda)$, wenn die Beobachtungen in gruppierter Form vorliegen, und (b) des Parameters N der hypergeometrischen Verteilung $H(N, M, n)$.

(a) Die Zufallsvariable X folgt der Poisson-Verteilung $P(\lambda)$, deren Parameter λ geschätzt werden soll. Die in n unabhängigen Wiederholungen des entsprechenden Experiments beobachteten Realisationen $x_1, \ldots, x_n$ stehen in Form der folgenden Häufigkeitsverteilung zur Verfügung:

j	$h(j)$
0	n_0
1	n_1
$\vdots$	$\vdots$
$\geq k$	n_k

Bei den n_k in der Kategorie "$j \geq k$" enthaltenen Beobachtungen sprechen wir von gruppierten Daten, da nur mehr die Zugehörigkeit zur Kategorie, nicht aber der beobachtete Wert bekannt ist. Gesucht ist ein **ML-Schätzer für λ auf der Basis der gruppierten Daten.**

Die dieser Häufigkeitsverteilung zugrundeliegende Verteilung ist die Multinomialverteilung $M[n, p_0(\lambda), p_1(\lambda), \ldots, p_k(\lambda)]$, deren Wahrscheinlichkeiten

$$p_i(\lambda) = \frac{\lambda^i}{i!}e^{-\lambda}$$

für $i = 0, 1, \ldots, k-1$ und

$$p_k(\lambda) = 1 - \sum_{j=1}^{k-1} \frac{\lambda^j}{j!}e^{-\lambda}$$

Funktionen von λ sind. Die **konzentrierte Likelihoodfunktion**, das ist jener Teil der Likelihoodfunktion, der vom zu schätzenden Parameter λ abhängt, ist demnach

$$L(\lambda) = [p_0(\lambda)]^{n_0}[p_1(\lambda)]^{n_1} \ldots [p_k(\lambda)]^{n_k} ;$$

die logarithmische Likelihoodfunktion ist

$$l(\lambda) = -\lambda \sum_{j=0}^{k-1} n_j + \ln \lambda \sum_{j=0}^{k-1} j n_j + n_k \ln \left(1 - \sum_{j=1}^{k-1} \frac{\lambda^j}{j!}e^{-\lambda}\right).$$

Der ML-Schätzer für λ ist die Nullstelle der Ableitung von $l(\lambda)$ nach λ. Zum Auffinden dieser Nullstelle muß ein iteratives Verfahren eingesetzt werden; eine geschlossene Form des ML-Schätzers kann nicht angegeben werden.

(b) Die Zufallsvariable Y folgt der hypergeometrischen Verteilung $H(N, M, n)$; der Parameter N soll geschätzt werden. Es sei ein Wert $Y = y$ realisiert worden. Nach dem Maximum-Likelihood Prinzip ist N so zu schätzen, daß $P\{Y = y\}$ für den ML-Schätzer $\hat{N}$ den größten Wert unter allen in Frage kommenden N annimmt. Da

$$P\{Y = y\} = p_Y(N) = \frac{\binom{M}{y}\binom{N-M}{n-y}}{\binom{N}{n}}$$

keine nach N differenzierbare Funktion ist, kann der ML-Schätzer nicht durch das Nullsetzen der Ableitung gefunden werden. Statt dessen untersuchen wir den Quotienten

$$Q(N) = \frac{p_Y(N)}{p_Y(N-1)} = \frac{(N-M)(N-n)}{N(N-M-n+y)}.$$

Man sieht, daß $p_Y(N)$ eine mit N zunehmende Funktion ist, wenn $Q(N) > 1$ ist; dann folgt aber, daß $(N-M)(N-n) > N(N-M-n+y)$ oder

$$N > M\frac{n}{y};$$

analog ist $Q(N) < 1$, wenn $N < Mn/y$. Die Wahrscheinlichkeit $p_Y(N)$ erreicht dann ihr Maximum, wenn N die größte ganze Zahl ist, die noch kleiner als Mn/y ist:

$$\hat{N} = \left[M\frac{n}{y}\right]_N,$$

wobei $[x]_N$ für die größte ganze Zahl steht, die kleiner als x ist.

In ähnlicher Weise erhält man den ML-Schätzer

$$\hat{M} = \left[(N+1)\frac{y}{n}\right]_N.$$

Beispiel 9.29 Die Verteilungen der Exponentialfamilie mit einem Paramter (vergleiche Beispiel 8.27) ist charakterisiert durch

$$f(x;\theta) = \exp\{Q(\theta)T(x) + R(\theta) + S(x)\}$$

mit reellem θ. Es ist zu zeigen, (a) daß der Test von H_0: $\theta = \theta_0$ gegen die Alternative H_1: $\theta > \theta_0$ zum Niveau α:

$$\text{verwerfe } H_0, \text{ wenn } \sum_{i=1}^{n} T(X_i) \geq k_\alpha,$$

ein gleichmäßig bester Test ist, wenn $Q(\theta)$ eine zunehmende Funktion von θ ist, und (b) daß für die Normalverteilung $N(\mu, \sigma^2)$, σ^2 bekannt, ein gleichmäßig bester Test von H_0: $\mu = \mu_0$ gegen die Alternative H_1: $\mu > \mu_0$ zum Niveau α durch

$$\text{verwerfe } H_0, \text{ wenn } \bar{X} \geq \mu_0 + z_{1-\alpha}\frac{\sigma}{\sqrt{n}},$$

wobei $z_{1-\alpha}$ das $(1-\alpha)$-Perzentil der standardisierten Normalverteilung ist.

(a) Die Stichprobe $X_1, \ldots, X_n$ aus einer Verteilung der Exponentialfamilie ist wiederum eine Verteilung dieser Verteilungsfamilie, die durch

$$f(x_1, \ldots, x_n; \theta) = \exp\left\{Q(\theta)\sum_{i=1}^{n} T(x_i) + nR(\theta) + \sum_{i=1}^{n} S(x_i)\right\}$$

charakterisiert ist (vergleiche Beispiel 8.27). Ein bester Test von H_0: $\theta = \theta_0$ gegen die Alternative H_1: $\theta = \theta_1 > \theta_0$ ergibt sich nach dem Fundamentalsatz von Neyman-Pearson, wenn H_0 verworfen wird, falls

$$\frac{f(x_1, \ldots, x_n; \theta_1)}{f(x_1, \ldots, x_n; \theta_0)} \geq \delta .$$

Einsetzen der gemeinsamen Verteilung gibt

$$[Q(\theta_1) - Q(\theta_0)]\sum_{i=1}^{n} T(x_i) \geq \ln\delta - n[Q(\theta_1) - Q(\theta_0)] ;$$

ist $R(\theta)$ eine zunehmende Funktion von θ, so ist $Q(\theta_1) - Q(\theta_0) > 0$ und es folgt

$$\sum_{i=1}^{n} T(x_i) \geq k_\alpha = \frac{\ln\delta - n[Q(\theta_1) - Q(\theta_0)]}{Q(\theta_1) - Q(\theta_0)}$$

wobei k_α so zu bestimmen ist, daß

$$P\left\{\sum_{i=1}^{n} T(x_i) \geq k_\alpha | \theta = \theta_0\right\} \leq \alpha .$$

Da der Verwerfungsbereich nicht von θ abhängt, solange nur $\theta > \theta_0$, handelt es sich um einen gleichmäßig besten Test.

Ist $R(\theta)$ eine abnehmende Funktion von θ, so ist

$$\text{verwerfe } H_0, \text{ wenn } \sum_{i=1}^{n} T(X_i) \leq k_\alpha ,$$

ein gleichmäßig bester Test.

(b) Die Dichtefunktion der Normalverteilung $N(\mu, \sigma^2)$, σ^2 bekannt, ist

$$f(x; \mu) = (2\pi\sigma^2)^{-\frac{1}{2}} \exp\left\{-\frac{1}{2\sigma^2}(x - \mu)^2\right\} ,$$

sodaß $T(x) = x$ und $Q(\mu) = \mu/\sigma$. Aus dem in (a) Gesagten, und da $Q(\mu)$ ein wachsende Funktion von μ ist, folgt, daß der Test

$$\text{verwerfe } H_0, \text{ wenn } \sum_{i=1}^{n} X_i \geq k_\alpha ,$$

ein gleichmäßig bester Test zum Niveau α ist. Wegen $\bar{X} \sim N(\mu, \sigma^2/n)$ ergibt sich mit $k_\alpha/n = k^*$ aus der Bedingung

$$P\{\bar{X} \geq k^* | H_0\} = 1 - \Phi\left(\frac{k^* - \mu_0}{\sigma}\sqrt{n}\right) = \alpha$$

die Gleichung für k^* zu

$$\Phi\left(\frac{k^* - \mu_0}{\sigma}\sqrt{n}\right) = 1 - \alpha = \Phi(z_{1-\alpha}) ,$$

woraus sich die kritische Schranke $k^* = \mu_0 + z_{1-\alpha}\sigma/\sqrt{n}$ ergibt.

Beispiel 9.30 Die Teststatistik $W = \sum_{i=1}^{n} R_i$ des Wilcoxon Rangsummentests zweier unabhängiger Stichproben $X_1, \ldots, X_m$ und $Y_1, \ldots, Y_n$ ist die Summe der Rangstatistiken R_i der Y_i in der durch Vereinigen der $\{X_i\}$ und $\{Y_i\}$ erhaltenen gemeinsamen Stichprobe mit $m + n$ Beobachtungen. Die Wahrscheinlichkeitsfunktion von W ist (a) für $m = 3$ und $n = 2$ und (b) für den allgemeinen Fall anzugeben. Es ist (c) zu zeigen, daß zwischen W und der Teststatistik U nach Mann-Whitney, d.i. die Anzahl der Paare (X_i, Y_j) mit $X_i < Y_j$, die Beziehung

$$U = W - \frac{n(n+1)}{2}$$

besteht.

(a) Unter der Nullhypothese identischer zugrundeliegender Verteilungen der X und Y sind alle $\binom{5}{2} = 10$ möglichen Anordnungen der nach der Größe geordneten 3 X_i und 2 Y_i gleich wahrscheinlich. Als Beispiel soll die Anordnung $xxyxy$ hergenommen werden, die sich ergibt, wenn die größte und drittgrößte Beobachtung ein Y ist; die Summe der Ränge der Y ist hier 9. Die 10 möglichen Anordnungen und die entsprechenden Werte von W gibt die Tabelle:

Anordnung	W
$xxxyy$	9
$xxyxy$	8
$xyxxy$	7
$yxxxy$	6
$xxyyx$	7
$xyxyx$	6
$yxxyx$	5
$xyyxx$	5
$yxyxx$	4
$yyxxx$	3

Die Verteilung von W unter H_0 ist

w	$f(w)$
3	1/10
4	1/10
5	2/10
6	2/10
7	2/10
8	1/10
9	1/10

Die Verteilung ist symmetrisch; das gilt allerdings nur unter H_0!

(b) Für beliebige m und n können wir schreiben

$$f(w) = P\{W = w\} = \frac{t_{m,n}}{\binom{m+n}{n}}$$

für $x = n(n+1)/2, n(n+1)/2+1, \ldots, n(2m+n+1)/2$; dabei ist $t_{m,n}$ die Anzahl der Teilmengen vom Umfang n aus der Menge $\{1, 2, \ldots, m+n\}$, für die die Summe ihrer Elemente den Wert x hat.

(c) $Y_{(1)} < Y_{(2)} < \ldots < Y_{(n)}$ seien die geordneten Y_i. $Y_{(1)}$ hat unter allen $m+n$ Beobachtungen den Rang R_1, somit sind $R_1 - 1$ Beobachtungen kleiner als $Y_{(1)}$, und da $Y_{(1)}$ das kleinste unter allen Y ist, gibt es insgesamt $R_1 - 1$ X_i, die kleiner als $Y_{(1)}$ sind. Analog können wir für alle $Y_{(j)}$ argumentieren: Die Anzahl der Y_i, die kleiner als $Y_{(j)}$ sind, ist $j-1$, und die Anzahl der X_i, die kleiner als $Y_{(j)}$ sind, ist daher $R_j - 1 - (j-1) = R_j - j$. Somit ist die Anzahl U der Paare (X_i, Y_j) mit $X_i < Y_j$

$$U = (R_1 - 1) + \ldots + (R_n - n) = \sum_i R_i - \sum_i i = W - \frac{n(n+1)}{2}.$$

9.C Übungsaufgaben

9.1 Eine Zufallsvariable X hat unter H_0 und unter H_1 die folgenden Wahrscheinlichkeitsfunktionen:

x	1	2	3	4	5	6
H_0	1/6	1/6	1/6	1/6	1/6	1/6
H_1	2/15	1/6	1/5	1/5	1/6	2/15

Eine Beobachtung x wird realisiert. Gilt $x \in \{3, 4\}$, so wird H_0 verworfen, ansonsten wird H_0 angenommen. Zu bestimmen sind

(a) die Wahrscheinlichkeit für den Fehler 1. Art,

(b) die Macht des Tests und

(c) die Wahrscheinlichkeit für den Fehler 2. Art.

9.2 Die Lebensdauer eines Werkstückes wird repräsentiert durch die Zufallsvariable X mit der Dichte

$$f_X(x) = \begin{cases} \frac{1}{\theta}\exp\{-\frac{x}{\theta}\} & x \geq 0, \\ 0 & \text{sonst}; \end{cases}$$

$\theta > 0$ ist der Parameter der Verteilung. Es wurde eine Stichprobe $x_1, \ldots, x_n$ gezogen. Es sind zu bestimmen

(a) die ML-Schätzfunktion $\hat{\theta}$

(b) der beste Test von H_0: $\theta = \theta_0$ gegen H_1: $\theta > \theta_0$ auf dem Niveau α

Der Test von H_0: $\theta = \theta_0$ gegen die zweiseitige Alternative H_1: $\theta \neq \theta_0$ hat den kritischen Bereich $K = \{X | x \leq c_1 \text{ oder } x \geq c_2\}$. Es sind zu bestimmen

(c) die kritischen Schranken c_1 und c_2,

(d) die Gütefunktion des Tests;

(e) ist der Test erwartungstreu?

9.3 Es wird vermutet, daß eine Schreibkraft am Nachmittag im Durchschnitt mehr Tippfehler macht als am Vormittag. Die Zahl der Tippfehlerpro Seite sei eine Poisson-verteilte Zufallsvariable X; die durchschnittliche Tippfehlerzahl pro Seite eines Textes, der am Vormittag geschrieben wurde, ist 1.25. Um die Vermutung zu überprüfen, werden acht Seiten eines an einem Nachmittag geschriebenen Textes zufällig ausgewählt; in diesem Text werden 19 Fehler gezählt. Es sind festzulegen bzw. zu bestimmen

(a) die Nullhypothese und eine geeignete Alternative,

(b) der kritische Wert des Tests zum Niveau $\alpha = 0.05$,

(c) das kleinste Signifikanzniveau, bei dem H_0 noch verworfen wird.

9.4 Die Zahl der Telephonanrufe je Minute wurde eine Stunde lang registriert:

Zahl der Anrufe	0	1	2	3	4
Häufigkeit	25	21	9	4	1

Es soll

(a) eine Poissonverteilung angepaßt,

(b) die Teststatistik des χ^2-Anpassungstests angegeben werden.

9.5 Im Laufe der Saison spielen 2 Tennisspieler 35 Turniere zu 3 Spielen (vergleiche Beispiel 6.2). Dabei ergeben sich folgende Häufigkeiten der Zahl der Siege für A je Turnier:

Zahl der Siege	0	1	2	3
Häufigkeit	1	13	14	7

Es soll

(a) eine Binomialverteilung angepaßt,

(b) die Teststatistik des χ^2-Anpassungstests angegeben werden.

9.6 Die folgende Tabelle enthält das Gewicht von zufällig ausgewählten 400 Kindern; der Stichprobenmittelwert beträgt 37.5, die Stichprobenstandardabweichung 8.3.

Gewicht	Häufigkeit
17.5–22.5	20
–27.5	33
–32.5	42
–37.5	99
–42.5	111
–47.5	46
–52.5	30
–57.5	19

Es soll

(a) eine Normalverteilung angepaßt,

(b) die Teststatistik des χ^2-Anpassungstests angegeben werden.

Kann mit $\alpha = 0.05$ davon ausgegangen werden, daß das Körpergewicht normalverteilt ist?

9.7 Die Tabelle gibt die Lebensdauer (in Monaten) von Bauteilen an:

Lebensdauer	Häufigkeit
0-2	23
2-4	14
4-6	7
6-8	3
8-10	3

Es soll

(a) eine Exponentialverteilung angepaßt,

(b) die Teststatistik des χ^2-Anpassungstests angegeben werden.

Kann mit $\alpha = 0.05$ davon ausgegangen werden, daß die Lebensdauer dieser Bauteile exponentialverteilt ist?

9.8 Von Werkstücken, die ein Jahr gelagert waren, sind nur mehr 70% brauchbar. Nach einer Änderung der Lagerbedingungen wird erwartet, daß der Anteil der brauchbaren Werkstücke zugenommen hat. Für einen Test auf Basis einer Stichprobe vom Umfang $n = 10$ und $\alpha = 0.15$ ist festzulegen bzw. zu bestimmen

(a) die Null-Hypothese und eine geeignete Alternative,

(b) der kritische Bereich.

9.9 Eine Firma hat seit Jahren einen Marktanteil von 40%. Nach dem Setzen einer neuen Werbeaktivität werden in einer Studie 15 Verkäufe der konkurrierenden Produkte beobachtet. Der kritische Bereich des Tests ist anzugeben, daß

(a) der Marktanteil erhöht wurde ($\alpha = 0.10$),

(b) der Marktanteil verändert wurde ($\alpha = 0.05$);

(c) wie (b), jedoch werden 200 Verkäufe einbezogen.

9.10 Jemand behauptet, ein System zu kennen, mit dem er seine Gewinnchance im Roulette beim Setzen auf Rot oder Schwarz von 0.5 auf 0.75 erhöht. Um diese Behauptung zu prüfen, wird H_0: $p = 0.5$ gegen H_1: $p > 0.5$ getestet. In einem Versuch werden zehn Spiele gespielt. Zu bestimmen sind

(a) $P\{$Fehler 1. Art$\}$, wenn die Behauptung dann für richtig gehalten wird, wenn er in allen zehn Fällen gewinnt;

(b) die kleinste Anzahl von Gewinnen, sodaß die Wahrscheinlichkeit für den Fehler 1. Art höchstens 0.06 beträgt;

(c) die Mächtigkeit des Testes aus (b) für $p = 0.5, 0.6, \ldots, 1.0$;

(d) wie (c), wenn 20 Spiele gespielt werden, und die Behauptung dann für richtig gehalten wird, wenn er in mindestens 17 Fällen gewinnt.

9.11 Die folgenden Geburtenzahlen wurden in Abhängigkeit von der Tageszeit beobachtet:

Zeitraum	18-22	22-2	2-6	6-10	10-14	14-18
Zahl der Geburten	359	478	541	409	398	429

Können die Häufigkeiten als Stichprobe aus einer Gleichverteilung über die angegebenen Zeiträume angesehen werden ($\alpha = 0.01$)? Der Wert der Teststatistik und der Annahmebereich sind anzugeben.

9.12 Eine Firma plant die Produktion von Motorrädern in drei Ausführungen: (1) für den Straßenverkehr, (2) für das Gelände und (c) mit Beiwagen. Die geplanten Anteile der zu produzierenden Stückzahlen betragen 60 : 30 : 10. Eine Umfrage unter 100 zufällig ausgewählten, potentiellen Abnehmern ergab eine Nachfrage nach den drei Typen von 69, 28 und 3 Stück. Kann die geplante Aufteilung vernünftigerweise beibehalten werden. Der Wert der Teststatistik und der Annahmebereich sind anzugeben. Der Test ist für

(a) $\alpha = 0.05$

(b) $\alpha = 0.01$

auszuführen.

9.13 Die Zahl der Schwarzfahrer in 576 kontrollierten Straßenbahnwagen betrugen:

Zahl der Schwarzfahrer	0	1	2	3	4	5
Zahl der Waggons	229	211	93	35	7	1

Die Behauptung ist zu prüfen ($\alpha = 0.05$), die Zahl der Schwarzfahrer je Waggon folge

(a) einer Poissonverteilung,

(b) einer Poissonverteilung mit $\lambda = 1$.

Der Wert der Teststatistik und der Annahmebereich sind anzugeben.

9.14 In einer Umfrage zeigte sich, daß von 972 Rauchern 447 die Zigaretten der Marke A, 525 die Marke B bevorzugen. Ist dieses Ergebnis vereinbar (α=0.01) mit der Behauptung,

(a) daß es unterschiedliche Präferenzen für die beiden Marken gibt?

(b) daß die Marke B beliebter ist?

Der Wert der Teststatistik und der Annahmebereich sind anzugeben.

9.15 Für die beiden Aufgabenstellungen von Aufg. 14 ist die Mächtigkeit des Testes zu bestimmen, wenn $p_B = 0.53$.

9.16 Durch Behandlung mit einem Medikament A wurden 12 von 48 Patienten geheilt. Es ist die Hypothese zu testen (α=0.05), daß die Wahrscheinlichkeit für die Heilung durch dieses Medikament 0.3 beträgt. Der Wert der Teststatistik und der Annahmebereich sind anzugeben.

9.17 In einer Firma unterzieht das Personalbüro die Bewerber einem Intelligenztest. Die erreichten IQ-Werte von 60 Bewerbern für Führungspositionen sind in der folgenden Tabelle enthalten:

108	112	117	119	110	106	113	111	114	120
122	112	110	109	118	116	112	108	105	106
115	119	117	114	112	111	121	118	116	111
109	110	112	108	119	113	111	108	116	118
114	112	115	114	108	110	116	110	109	112
118	117	112	113	107	111	109	120	123	115

Es ist die Behauptung zu prüfen (α=0.05), daß die erreichten IQ-Werte normalverteilt sind. Als Kategorien sind Intervalle gleicher Länge zwischen 100.5 und 130.5 zu wählen; die Zahl der Intervalle beträgt

(a) 6,

(b) 10.

Der Wert der Teststatistik und der Annahmebereich sind anzugeben.

Lösungen der Übungsaufgaben

1: (a) 2/6; (b) 6/15; (c) 9/15. **2:** (a) $\bar{X}$; (b) verwerfe H_0, wenn $\bar{X} > k_\alpha$ mit $k_\alpha = \theta_0 + z_{1-\alpha}\theta_0/\sqrt{n}$; (c) $c_1 = \theta_0 - z_{1-\alpha/2}\theta_0/\sqrt{n}$, $c_2 = \theta_0 + z_{1-\alpha/2}\theta_0/\sqrt{n}$; (d) $1-\beta(\theta) = \Phi[(c_1-\theta)\sqrt{n}/\theta] - \Phi[(c_2-\theta)\sqrt{n}/\theta]+1$; (e) ja. **3:** (a) H_0: $\lambda = 1.25$, H_1: $\lambda > 1.25$; (b) 15.2; (c) 0.002. **4:** (a) $P(0.91\dot{6})$; (b) 0.754. **5:** (a) B(3;0.59); (b) 1.55. **6:** (a) $N(37.5, 68.0)$; (b) 30.21. **7:** (a) E(2.96); (b) 2.31. **8:** (a) H_0: $p = 0.7$, H_1: $p > 0.7$; (b) $K = \{9, 10\}$. **9:** (a) $9 \leq X \leq 15$; (b) $0 \leq X \leq 1$, $11 \leq X \leq 15$; (c) $0 \leq X \leq 66, 93 \leq X \leq 200$. **10:** (a) 0.1%; (b) 8; (c) 0.0547, 0.1673, 0.3828, 0.6778, 0.9298, 1.0; (d) 0.0013, 0.0160, 0.1071, 0.4114, 1.0, 1.0. **11:** 48.06, [0, 15.09). **12:** (a) 6.38, [0, 5.99); (b) 6.38, [0, 9.21). **13:** (a) 1.31, [0, 9.49); (b) 3.93, [0, 11.07). **14:** (a) 0.46, [0.434, 0.566]; (b) 0.54, [0, 0.537). **15:** (a) 24.51%; (b) 32.28%. **16:** 0.58, [0, 3.84). **17:** (a) 1.81, [0, 9.49); (b) 5.28, [0, 9.49).

Kapitel 10

Inferenz über Lage und Variabilität

Im Kapitel 9 haben wir die wichtigsten Begriffe und Ideen der statistischen Inferenz kennengelernt. In diesem Kapitel werden Konfidenzintervalle und Testprozeduren für Hypothesen über die Lage und Variabilität im Ein- und Zweistichprobenfall behandelt. Basis dieser Verfahren ist ein wahrscheinlichkeitstheoretisches Modell, als dessen Realisation die Beobachtungen aufgefaßt werden. In Abhängigkeit von der Modellspezifikation werden wir verschiedene Testprozeduren unterscheiden: Wir gehen vom Fall aus, in dem das interessierende Merkmal der Normalverteilung folgt, und gelangen durch Aufgeben von mehr und mehr Voraussetzungen zu Verfahren, die, da sie auf weniger Annahmen beruhen, immer breiter anwendbar sind. Natürlich muß man, bevor man sich in einer konkreten Anwendung für eine Prozedur entscheidet, die Frage stellen, wie adäquat das zugrundeliegende Modell die Beobachtungen beschreibt.

10.1 Das Lageproblem

Als Lageproblem wird das Testen von Hypothesen über oder das Ermitteln eines Konfidenzintervalls für den Lageparameter (Erwartungswert, Median) einer Verteilung bezeichnet. Je nachdem, ob es um eine Population oder den Vergleich zweier Populationen geht, sprechen wir von einem Einstichprobenproblem oder von einem Zweistichprobenproblem.

10.1.1 Das Einstichproben-Lageproblem

Das Testen von Hypothesen über den Lageparameter eines Merkmals ist von großer praktischer Bedeutung. Beispielsweise soll die Behauptung eines Autohersteller überprüft werden, daß sein PKW im Stadtverkehr mit weniger als 10 Liter pro 100 km auskommt. Ein Unternehmer möchte wissen, ob der Bekanntheitsgrad seines Produktes höher als 30% ist. Es soll ein Alarm gegeben werden, wenn der Ausschußanteil bei einer Fabrikation mehr als 2% beträgt. Stimmt es, daß die Flugleistung einer Flugzeugturbine durch das neue Material der Gleitlager um 8000 Stunden erhöht wurde? In diesen Beispielen werden Problemstellungen angeführt, die Aussagen über den Lageparameter des interessierenden Merkmals verlangen.

Die Nullhypothese H_0: $\mu = \mu_0$, wonach der Erwartungswert μ einen hypothetischen Wert μ_0 hat, soll gegen eine geeignete Alternative getestet werden, oder es soll ein Konfidenzintervall für μ bestimmt werden. Der interessierende Lageparameter ist manchmal auch der Median des Merkmals. Wir ziehen die Stichprobe $X_1, \ldots, X_n$. Je nach Spezifikation der Wahrscheinlichkeitsverteilung der Stichprobenvariablen X unterscheiden wir verschiedene Fälle:

- X folgt einer Normalverteilung mit bekannter Varianz
- X folgt einer Normalverteilung mit unbekannter Varianz
- X folgt einer symmetrischen, stetigen Verteilung
- X ist beliebig verteilt

Beispiel 10.1 Um den Einfluß von Aspirin auf die Gerinnungszeit des Blutes zu untersuchen, wurde bei zehn Versuchspersonen die Gerinnungszeit vor $[X^{(v)}]$ und nach $[X^{(n)}]$ der Einnahme von Aspirin gemessen. Die beobachteten Differenzen $X = X^{(n)} - X^{(v)}$ sind in der Tabelle angegeben.

	$X_i^{(v)}$	$X_i^{(n)}$	X_i
1	116	105	−11
2	106	134	28
3	70	80	10
4	148	153	5
5	62	80	18
6	94	102	8
7	141	148	7
8	70	86	16
9	138	132	−6
10	86	90	4

Die folgende Abbildung zeigt das Punktdiagramm der beobachteten Differenzen.

```
MTB > dotplot 'Diff-gz'

 .    .          .. ..  .          .  .          .
-----+---------+---------+---------+---------+---------+-Diff-gz
   -7.0       0.0       7.0      14.0      21.0      28.0
```

Es soll die Vermutung überprüft werden, daß die Einnahme von Aspirin (im Durchschnitt) zu einer Verlängerung der Gerinnungszeit führt. Dementsprechend wird die Nullhypothese H_0: $\mathrm{E}\{X\} = 0$ gegen die einseitige Alternative H_1: $\mathrm{E}\{X\} > 0$ getestet. Das anzuwendende Testverfahren hängt von der Spezifikation der Wahrscheinlichkeitsverteilung von X ab.

Normalverteilung, σ^2 bekannt

$X_1, \ldots, X_n$ sei eine Stichprobe aus der Normalverteilung $N(\mu, \sigma^2)$, σ^2 bekannt. Der zu testende Parameter ist der Erwartungswert μ. Die Nullhypothese H_0: $\mu = \mu_0$ soll auf dem Niveau α gegen die einseitige Alternative H_1: $\mu > \mu_0$ getestet werden. Aus dem Abschnitt 9.2 wissen wir, daß es dafür einen gleichmäßig besten Test gibt: Er verwirft H_0 dann, wenn das arithmetische Mittel der Stichprobenbeobachtungen zu groß ist, d.h. wenn

$$\bar{X} \geq \mu_0 + z_{1-\alpha} \frac{\sigma}{\sqrt{n}}$$

oder wenn

$$\frac{\bar{X} - \mu_0}{\sigma} \sqrt{n} \geq z_{1-\alpha}$$

oder wenn der p-Wert $P\{\bar{X} \geq \bar{x} | H_0\}$ kleiner als α ist, wobei $z_{1-\alpha}$ das $(1-\alpha)$-Perzentil der $N(0,1)$-Verteilung und $\bar{x}$ der realisierte Stichprobenmittelwert ist.

Die *Tabelle 10.1* gibt für die verschiedenen in Frage kommenden Alternativen an, wie die kritischen Schranken bestimmt werden.

Normalverteilung, σ^2 unbekannt

Gegeben sei wieder eine Stichprobe $X_1, \ldots, X_n$ aus $N(\mu, \sigma^2)$; wir geben aber die Annahme, daß die Varianz bekannt sei, auf. Es soll wieder die Nullhypothese H_0: $\mu = \mu_0$ auf dem Niveau α gegen die einseitige Alternative H_1: $\mu > \mu_0$ getestet werden. Für diese Fragestellung haben wir im Abschnitt 9.2.3 den Einstichproben t-Test eingeführt, der die Nullhypothese dann verwirft, wenn

$$\frac{\bar{X} - \mu_0}{\hat{\sigma}} \sqrt{n} \geq t_{1-\alpha}(n-1),$$

Tabelle 10.1: Kritische Schranken für den Test von H_0: $\mu = \mu_0$ auf dem Niveau α bei verschiedenen Alternativen.

Alternative	kritische Schranke
H_1: $\mu > \mu_0$	$\bar{x}_k = \mu_0 + z_{1-\alpha}\frac{\sigma}{\sqrt{n}}$
H_1: $\mu < \mu_0$	$\bar{x}_k = \mu_0 - z_{1-\alpha}\frac{\sigma}{\sqrt{n}}$
H_1: $\mu \neq \mu_0$	$\bar{x}_{ku} = \mu_0 - z_{1-\frac{\alpha}{2}}\frac{\sigma}{\sqrt{n}}$
	$\bar{x}_{ko} = \mu_0 + z_{1-\frac{\alpha}{2}}\frac{\sigma}{\sqrt{n}}$

wobei $\hat{\sigma}^2 = \frac{1}{n-1}\sum_i (X_i - \bar{X})^2$ die auf Grund der Beobachtungen geschätzte Varianz und $t_{1-\alpha}(n-1)$ das $(1-\alpha)$-Perzentil der t-Verteilung mit $n-1$ Freiheitsgraden ist. Bei anderen Alternativen bestimmt man die kritischen Schranken analog den in *Tabelle 10.1* angegebenen Schranken.

Symmetrische Verteilung

In den beiden bisher behandelten Fällen war die Verteilung bis auf einen oder zwei unbekannte Parameter festgelegt: Die Stichprobenvariable folgten der Normalverteilung. Die Annahme der bekannten Verteilung lockern wir und verlangen nur mehr, daß die Stichprobe aus einer um θ, den Median, symmetrischen, stetigen Verteilung stammt. Es soll H_0: $\theta = \theta_0$ gegen H_1: $\theta > \theta_0$ getestet werden. Dazu verwenden wir den Vorzeichenrangtest von Wilcoxon (vergleiche Abschnitt 9.3.1). Wir definieren die Zufallsvariablen $Z_i = X_i - \theta_0$, die unter H_0 symmetrisch um Null verteilt sind, und bestimmen die Summe W^+ der signierten Ränge der Z_i: Der Test verwirft H_0, wenn

$$W^+ = \sum_{i=1}^{n} \psi(Z_i)R^+(Z_i) \geq k_\alpha ,$$

wenn also viele große, positive Differenzen $X_i - \theta_0$ beobachtet wurden. Kritische Werte k_α können der *Tafel 10* im Anhang entnommen werden; bei hinreichend großem Stichprobenumfang kann von der Normalverteilungsapproximation für die Verteilung von W^+ Gebrauch gemacht werden.

Beispiel 10.2 Für die Angaben von Beispiel 10.1 soll zur Überprüfung der Vermutung, daß die Einnahme von Aspirin zu einer Verlängerung der Gerinnungszeit führt, die Nullhypothese H_0: $\mathrm{E}\{X\} = 0$ auf dem Niveau 0.05 gegen die Alternative H_1: $\mathrm{E}\{X\} > 0$ getestet werden. Dazu soll als Verteilung von X (a) die Normalverteilung $N(\mu, \sigma^2)$ und (b) eine symmetrische, stetige Verteilung angenommen werden. Für den Fall der normalverteilten Variablen X soll (c) ein 95%-iges Konfidenzintervall für μ bestimmt werden.

(a) Unter der Annahme $X \sim N(\mu, \sigma^2)$ testen wir H_0: $\mu = 0$ gegen H_1: $\mu > 0$. Da σ^2 unbekannt ist, wenden wir den t-Test an. Aus den beobachteten Daten erhalten wir $\bar{x} = 7.9$ und $\hat{\sigma} = 11.31$. Der Wert der t-Teststatistik beträgt also $\frac{7.9-0}{11.31}\sqrt{10} = 2.21$. Für $\alpha = 0.05$ ist der kritische Wert der t-Verteilung mit 9 Freiheitgraden 1.833, H_0 ist zu verwerfen. Das gleiche Ergebnis liefert die MINITAB-Prozedur `ttest`, wenn die beobachteten Differenzen der Gerinnungszeit als Spalte `'Diff-gz'` gespeichert sind.

```
MTB > ttest 'Diff-gz';
SUBC> alternative=1.

             N      MEAN     STDEV   SE MEAN       T   P VALUE
Diff-gz     10     7.900    11.308     3.576    2.21     0.027
```

Das MINITAB-Protokoll zeigt, daß der p-Wert (0.027) kleiner als das Signifikanzniveau ist: H_0 ist zu verwerfen; die Daten stützen die Vermutung, daß die Gerinnungszeit durch Einnahme von Aspirin verlängert wird.

(b) Gehen wir davon aus, daß die $X_1, \ldots, X_n$ eine Stichprobe aus einer stetigen Verteilung mit Median θ sind, so entspricht der Behauptung, daß Aspirin keinen Effekt zeigt, $\theta = 0$; dann gilt $P\{X_i > 0\} = P\{X_i < 0\} = 0.5$, d.h., die Wahrscheinlichkeiten, eine positive oder eine negative Differenz zu realisieren, sind gleich groß. Einer Verlängerung der Gerinnungszeit entspricht ein positiver Median. Wir testen also H_0: $\theta = 0$ gegen H_1: $\theta > 0$. Dazu verwenden wir den Vorzeichenrangtest von Wilcoxon. Die Tabelle zeigt die Ergebnisse der einzelnen Schritte bei der Ermittlung der signierten Ränge:

	X_i	$\lvert X_i \rvert$	ψ	R^+		X_i	$\lvert X_i \rvert$	ψ	R^+
1	−11	11	0	7	6	8	8	1	5
2	28	28	1	10	7	7	7	1	4
3	10	10	1	6	8	16	16	1	8
4	5	5	1	2	9	−6	6	0	3
5	18	18	1	9	10	4	4	1	1

Die Teststatistik ergibt sich zu

$$\begin{aligned} W^+ &= \sum_{i=1}^{n} \psi(X_i) R^+(X_i) \\ &= 10 + 6 + 2 + 9 + 5 + 4 + 8 + 1 = 45; \end{aligned}$$

Da für $\alpha = 0.05$ der kritische Wert $k = 45$ beträgt, wird H_0 verworfen. Allerdings wird das Signifikanzniveau nicht ausgenützt: $P\{W^+ \geq 45|H_0\} = 0.042$. Das im wesentlichen gleiche Ergebnis liefert die MINITAB-Prozedur `wtest`.

```
MTB > wtest 'Diff-gz';
SUBC> alternative=1.

TEST OF MEDIAN = 0.000000 VERSUS MEDIAN G.T. 0.000000

                  N FOR   WILCOXON             ESTIMATED
             N    TEST   STATISTIC  P-VALUE       MEDIAN
Diff-gz     10      10        45.0    0.042        7.500
```

Bei der Berechnung des p-Wertes macht MINITAB von der Normalverteilungsapproximation Gebrauch: Wegen $\mathrm{E}\{W^+\} = n(n+1)/4 = 27.5$ und $\mathrm{Var}\{W^+\} = n(n+1)(2n+1)/24 = 96.25$ ergibt sich der p-Wert zu

$$P\{W^+ \geq 45 \,|\, H_0\} = 1 - \Phi\left(\frac{45 - 27.5}{\sqrt{96.25}}\right) = 0.039\,;$$

mit Stetigkeitskorrektur erhält man den im MINITAB-Protokoll angegebenen p-Wert von 0.042 wie bei Verwendung der Verteilung von W^+. Man sieht, daß schon bei relativ kleinem n die Approximation mit Hilfe der Normalverteilung recht genau ist. *Beachte!* Der im MINITAB-Protokoll angegebene Schätzer 7.5 für den Median ist der Hodges-Lehmann Schätzer für den Verschiebungsparameter Δ (siehe Abschnitt 9.3.2).

Wir könnten alternativ den Vorzeichentest anwenden und H_0 dann verwerfen, wenn "zu viele" positive Differenzen $\sum_i \psi(X_i)$ beobachtet wurden. Unter H_0 folgt die Teststatistik der Binomialverteilung $B(10, 0.5)$; der kritische Wert für $\alpha = 0.05$ ist $k = 9$. Da wir nur 7 positive Differenzen beobachtet haben, kann die Nullhypothese nicht verworfen werden. Beachte, daß der Vorzeichentest sehr konservativ ist; die Wahrscheinlichkeit $P\{\sum \psi(X_i) \geq 9|H_0\}$ beträgt nur 0.011. Als Konsequenz dieser Konservativität und wegen der Berücksichtigung nur der Vorzeichen hat dieser Test nur eine geringe Macht und verwirft nicht wie die beiden anderen Teste die Nullhypothese.

(c) Unter der Annahme $X \sim N(\mu, \sigma^2)$ erhalten wir das Konfidenzintervall für μ bei $\gamma = 0.95$ aus

$$P\left\{\bar{X} - t_{\frac{1+\gamma}{2}}(n-1)\frac{\hat{\sigma}}{\sqrt{n}} \leq \mu \leq \bar{X} + t_{\frac{1+\gamma}{2}}(n-1)\frac{\hat{\sigma}}{\sqrt{n}}\right\} = \gamma\,.$$

Setzen wir die beobachteten Werte ein, so ergeben sich als Grenzen des Intervalls -2.63 und 238.23.

Auf zwei mögliche Komplikationen soll an dieser Stelle aufmerksam gemacht werden.

- Hätte in unserem Beispiel eine der Differenzen X_i den Wert Null erhalten, so stellte sich die Frage, welches Vorzeichen $\psi(X_i)$ dieser Beobachtung zugeordnet werden soll. Das Zuordnen einer Eins erhöht den Wert von W^+ geringfügig gegenüber dem Fall, daß wir eine Null zuordnen. Die Entscheidung wird durch die eine oder andere Vorgangsweise nur unwesentlich beeinflußt, da $R^+(X_i)$ jedenfalls nur eine kleine Zahl ist. Wegen der vorausgesetzten Stetigkeit von X dürfte dieser Fall eigentlich gar nicht eintreten. Allerdings kann er eintreten, wenn die Genauigkeit der Messung nur eine beschränkte ist, oder, wenn die Voraussetzung der Stetigkeit verletzt wird. Besonders in letzterem Fall könnte dieses Problem auch mehrfach auftreten; über eine geeignete Vorgangsweise in einer solchen Situation gehen die Meinungen der Fachleute auseinander.

- Ein verwandtes Problem liegt vor, wenn zwei oder mehrere Beobachtungen den gleichen Wert haben, was ebenfalls bei Zutreffen der Voraussetzung der Stetigkeit nicht sein dürfte. Auf die Möglichkeit, solche "Bindungen" der Beobachtungen zu berücksichtigen, gehen wir im Zusammenhang mit dem analogen Zweistichproben-Test in Abschnitt 10.1.2 ein.

Beliebige Verteilung

Der Test des Erwartungswertes einer Verteilung basierte meistens auf seinem empirischen Gegenstück, dem arithmetischen Mittel der Stichprobenvariablen. Für viele Verteilungen ist die Verteilung von $\bar{X}$ jedoch nicht ohne weiteres ableitbar. Bei hinreichend großem Stichprobenumfang (Faustregel: $n > 35$) können approximative kritische Schranken oder ein approximatives Konfidenzintervall mit Hilfe des Zentralen Grenzwertsatzes berechnet werden. Er besagt, daß $\bar{X}$ aus identisch, sonst beliebig verteilten, unabhängigen Zufallsvariablen mit Mittelwert μ und Varianz σ^2 asymptotisch ($n \to \infty$) der Normalverteilung $N(\mu, \sigma^2/n)$ folgt. Demnach wird die Nullhypothe H_0: $\mu = \mu_0$ zugunsten der Alternative H_1: $\mu > \mu_0$ verworfen, falls $\bar{X} \geq \mu_0 + z_{1-\alpha}\hat{\sigma}/\sqrt{n}$, wobei die aus den Daten geschätzte Standardabweichung $\hat{\sigma}$ eingesetzt wurde.

Ein Spezialfall ist der Test des Parameters p der Binomialverteilung. Die Stichprobenvariablen können nur die Werte Null oder Eins annehmen. Dann ist $\bar{X} = \hat{p}$ die relative Häufigkeit der Merkmalsausprägung $X = 1$. Die

Tabelle 10.2: **Einstichproben-Lageproblem:** Kritische Schranken k_α für den Test von H_0: $\mu = \mu_0$ gegen H_1: $\mu > \mu_0$ auf dem Niveau α bei einer Stichprobe $X_1, \ldots, X_n$. Für den Test gegen H_1: $\mu < \mu_0$ ist (außer beim Vorzeichentest) das $(1-\alpha)$-Perzentil durch das α-Perzentil (z.B. $z_\alpha = -z_{1-\alpha}$) zu ersetzen. Beim zweisetigen Test ergeben sich die untere bzw. obere kritische Schranke durch Einsetzen des $\alpha/2$- bzw. $(1-\alpha/2)$-Perzentils.

Verteilungs-Voraussetzung	Test-Statistik	k_α
$N(\mu, \sigma^2)$		
σ bekannt	$\bar{X}$	$\mu_0 + z_{1-\alpha}\frac{\sigma}{\sqrt{n}}$
σ unbekannt	$\bar{X}$	$\mu_0 + t_{1-\alpha}\frac{\hat{\sigma}}{\sqrt{n}}$
symmetrisch		
n klein	W^+	siehe *Tafel A.10*
n groß	W^+	$\frac{1}{4}n(n+1)$
		$+z_{1-\alpha}\sqrt{\frac{1}{24}n(n+1)(2n+1)}$
beliebig, n groß	$\bar{X}$	$\mu_0 + z_{1-\alpha}\frac{\hat{\sigma}}{\sqrt{n}}$

Nullhypothese H_0: $p = p_0$ wird auf dem Niveau α zugunsten der Alternative H_1: $p > p_0$ verworfen, wenn

$$\hat{p} \geq p_0 + z_{1-\alpha}\sqrt{\frac{p_0(1-p_0)}{n}}.$$

Der Test ist der im Abschnitt 9.2.1 behandelte gleichmäßig beste Test. Beim Testen anderer Alternativen ermittelt man die kritischen Schranken analog den in *Tabelle 10.1* angegebenen Schranken.

10.1.2 Die Effizienz von Testverfahren

In Beispiel 10.2 könnten wir jedes der im Abschnitt 10.1 behandelten Testverfahren (Normalverteilungstest, t-Test, Vorzeichenrangtest) anwenden, wenn die Variable X der Normalverteilung mit bekannter Varianz folgt. Es erhebt sich die Frage nach einem Kriterium, das den Nachteil, den wir uns mit einem schlecht gewählten Test einhandeln, quantifiziert.

Zum Vergleich zweier Teste – die auf der Basis der gleichen Stichprobe entscheiden – können wir wieder die **Gütefunktion** heranziehen. Allerdings ist es oft nicht ohne weiteres möglich, die Gütefunktion des Testes anzugeben. Das soll am Beispiel von t- und Vorzeichenrangtest erläutert werden.

Während man die Gütefunktion des t-Tests mit Hilfe der sogenannten nichtzentralen t-Verteilung darstellen kann, ist die Berechnung der Gütefunktion für den Vorzeichenrangtest viel komplizierter; exakte Ergebnisse sind nur für spezielle Alternativen bekannt. Man behilft sich oft mit der Abschätzung aus künstlich erzeugten Daten, sogenannten Simulationen.

Simulationsexperimente zeigen, daß selbst bei Vorliegen einer normalverteilten Gesamtheit der Vorzeichenrangtest nur unwesentlich weniger mächtig ist als der für diese Situation konstruierte t-Test. Wendet man aber den t-Test fälschlicherweise dann an, wenn die zugrundeliegende Verteilung nicht die Normalverteilung ist, so kann der Vorzeichenrangtest mächtiger als der t-Test sein.

Ein anderes Maß zum Vergleich der Testprozedur S mit T ist die **Asymptotische Relative Effizienz** ARE(S, T): Sie ist im wesentlichen der Grenzwert des Quotienten der beiden Stichprobenumfänge, n_S und n_T, die notwendig sind, damit die beiden Teste – bei gleichem Signifikanzniveau – die gleiche Mächtigkeit haben.

Die folgende Tabelle zeigt einige Werte der Relativen Asymptotischen Effizienz ARE(t, W^+) für den Vergleich des t-Tests mit dem Vorzeichenrangtest:

verteilung	ARE(t, W^+)
Normalverteilung	$3/\pi = 0.955$
Gleichverteilung	1
Logistische Verteilung	$\pi^2/9 = 1.097$
Doppelexponentialverteilung	1.5

Man sieht, daß der Vorzeichenrangtest ein starker Konkurrent zum t-Test ist: Man verliert wenig, wenn die Verteilung eine Normalverteilung ist; 100 Beobachtungen beim Vorzeichenrangtest bieten, grob gesprochen, die gleiche Mächtigkeit wie 95 Beobachtungen beim optimalen t-Test. In den anderen angeführten Fällen hat der Vorzeichenrangtest größere Macht. Darüberhinaus kann unter gewissen Voraussetzungen gezeigt werden, daß ARE(t, W^+) stets mindestens 0.864 ist. Ob man sich für den t- oder für den Vorzeichenrangtest entscheidet, hängt natürlich davon ab, welche Information über die zugrundeliegende Verteilung vorhanden ist.

10.1.3 Das Zweistichproben-Lageproblem

Verfahren zum Vergleich des Lageparameters von zwei Populationen gehören zu den am häufigsten angewendeten statistischen Methoden. Wir skizzieren zunächst einige typische Problemstellungen: Ein Unternehmer möchte wissen, ob die Outputmenge zweier Maschinen unterschiedlich ist, oder ob die

Fehlerquote eines neuen Verfahrens geringer ist als die des bisher angewendeten Verfahrens. Einen Trainer interessiert, ob eine Trainingsmethode effizienter als eine andere ist. Ein Hersteller von Pharmazeutika möchte nachweisen, daß mit seinem Medikament eine längere beschwerdefreie Zeit als mit einem konkurrierenden Präparat erreicht wird. Bei allen diesen Beispielen gibt eine Aussage über die Lageparameter der entsprechenden Populationen die gewünschte Antwort.

Wir gehen davon aus, daß die beiden Populationen durch die Variablen X und Y charakterisiert sind, deren Verteilungen durch $f(x;\theta_X)$ und $f(y;\theta_Y)$ gegeben sind. Die Parameter θ_X und θ_Y stehen für den Erwartungswert oder für den Median der Variablen. Typischerweise wird die Nullhypothese H_0: $\theta_X = \theta_Y$ gegen eine entsprechende Alternative getestet oder ein Konfidenzintervall für $\theta_X - \theta_Y$ bestimmt. Die Grundlage dazu sind zwei unabhängige Stichproben $X_1, \ldots, X_m$ und $Y_1, \ldots, Y_n$. Wie beim Einstichproben-Lageproblem wird das anzuwendende Verfahren wesentlich durch die Spezifikation der Verteilung von X und Y bestimmt. Wir unterscheiden die Fälle

- X und Y folgen Normalverteilungen mit bekannten Varianzen
- X und Y folgen Normalverteilungen mit unbekannter, aber gleicher Varianz
- X und Y folgen beliebigen stetigen Verteilungen
- X und Y folgen beliebigen Verteilungen

Beispiel 10.3 Eine Trainingsmethode ist effektiver als eine andere, wenn die Zeit zum Erlernen einer bestimmten Tätigkeit mit ihr (im Durchschnitt) kürzer ist als mit der anderen. Um zwei Trainingsmethoden A und B zu vergleichen, wurden von 20 Versuchspersonen jeweils 10 zufällig ausgewählte Personen mit einer der beiden Methoden trainiert. Anschließend wurde für jede Person die Zeit (in Minuten) gemessen, die sie zur Verrichtung der trainierten Tätigkeit benötigt. Die Zeiten der mit Methode A trainierten Personen werden durch die Zufallsvariable X, die der mit B trainierten werden durch Y charakterisiert. Die gemessenen Zeiten sind

i	X_i	Y_i	i	X_i	Y_i	i	X_i	Y_i
1	15	23	5	16	23	9	27	25
2	20	31	6	21	17	10	24	28
3	11	13	7	18	28			
4	23	19	8	16	26			

Die folgende Abbildung zeigt die Punktdiagramme der beiden Datensätze.

```
MTB > dotplot c1 c2;
SUBC> start=0;
SUBC> same.

                 .     . :  .  .  .  .  .    .
-+---------+---------+---------+---------+---------+---Meth_A

                      .    .   .     :  ..   :   .
-+---------+---------+---------+---------+---------+---Meth_B
0.0       6.0      12.0      18.0      24.0      30.0
```

Stützen die Daten die Vermutung, daß Methode A die effektivere ist? Zur Beantwortung dieser Frage ist die Nullhypothese H_0: $\mu_X = \mu_Y$ gegen die Alternative H_1: $\mu_X < \mu_Y$ zu testen. Das anzuwendende Testverfahren hängt wieder von der Spezifikation der Wahrscheinlichkeitsverteilungen von X und Y ab.

X und Y normalverteilt mit bekannten Varianzen

$X_1, \ldots, X_m$ sei eine Stichprobe aus der Verteilung $N(\mu_X, \sigma_X^2)$, $Y_1, \ldots, Y_n$ eine von den X_i unabhängige Stichprobe aus $N(\mu_Y, \sigma_Y^2)$; die beiden Varianzen seien bekannt. Die Nullhypothese H_0: $\mu_X = \mu_Y$ soll auf dem Niveau α gegen die Alternative H_1: $\mu_X > \mu_Y$ getestet werden. Von den beiden Stichprobenmittelwerten kennen wir die Verteilung: $\bar{X} \sim N(\mu_X, \sigma_X^2/m)$ und $\bar{Y} \sim N(\mu_Y, \sigma_Y^2/n)$. Daraus folgt, daß die Differenz $\bar{X} - \bar{Y}$ ebenfalls normalverteilt ist: $\bar{X} - \bar{Y} \sim N(\mu_X - \mu_Y, \sigma_D^2)$, wobei

$$\sigma_D^2 = \frac{\sigma_X^2}{m} + \frac{\sigma_Y^2}{n};$$

Unter H_0 gilt dann $\bar{X} - \bar{Y} \sim N(0, \sigma_D^2)$. Der gleichmäßig beste Test verwirft H_0 dann, wenn die Differenz der beiden Stichprobenmittelwerte sehr groß ist: Beim Signifikanzniveau α wird H_0 verworfen, wenn

$$\bar{X} - \bar{Y} \geq z_{1-\alpha}\sigma_D$$

oder wenn

$$\frac{\bar{X} - \bar{Y}}{\sigma_D} \geq z_{1-\alpha}$$

oder wenn für den p-Wert gilt

$$P\{\bar{X} - \bar{Y} \geq \bar{x} - \bar{y} \mid H_0\} < \alpha,$$

wobei $z_{1-\alpha}$ das $(1-\alpha)$-Perzentil der $N(0,1)$-Verteilung und $\bar{x}$ und $\bar{y}$ die realisierten Stichprobenmittelwerte sind.

X und Y normalverteilt mit unbekannten, aber gleichen Varianzen

Wenn wir die Annahme bekannter Varianzen aufgegeben, können wir durch Einsetzen der Stichprobenvarianzen für σ_X^2 und σ_Y^2 eine unter H_0 t-verteilte Teststatistik herleiten, falls $\sigma_X^2 = \sigma_Y^2$. Der **Zweistichproben t-Test** verwirft H_0: $\mu_X = \mu_Y$ zugunsten der Alternative H_1: $\mu_X > \mu_Y$ auf dem Niveau α, wenn

$$\frac{\bar{X}-\bar{Y}}{\hat{\sigma}\sqrt{\frac{1}{m}+\frac{1}{n}}} \geq t_{1-\alpha}(m+n-2),$$

wobei $t_{1-\alpha}(m+n-2)$ das $(1-\alpha)$-Perzentil der t-Verteilung mit m+n-2 Freiheitsgraden ist und

$$\hat{\sigma}^2 = \frac{\sum_i(x_i-\bar{x})^2 + \sum_i(y_i-\bar{y})^2}{m+n-2} = \frac{(m-1)\,\hat{\sigma}_X^2 + (n-1)\,\hat{\sigma}_Y^2}{m+n-2}.$$

Trifft $\sigma_X^2 = \sigma_Y^2$ nicht zu, so ist das Herleiten der Verteilung der Teststatistik nicht ohne weiteres möglich; das entsprechende Testproblem nennt man das **Behrens-Fisher Problem**.

X und Y stetig verteilt

$X_1, \ldots, X_m$ und $Y_1, \ldots, Y_n$ seien zwei unabhängige Stichproben aus den stetigen Verteilungen mit den Verteilungsfunktionen F und G. Es soll die Nullhypothese H_0: $F = G$, wonach die beiden Stichproben aus derselben Verteilung stammen, gegen die Alternative H_1: $F > G$ getestet werden, daß die Y_i stochastisch größer als die X_i sind, daß die Y_i also zu größeren Werten tendieren. Als Test können wir den Wilcoxon **Rangsummentest** (vergleiche Abschnitt 9.3) verwenden, dessen Teststatistik $W_y = \sum_j R_j^{(y)}$ die Summe der Ränge $R_j^{(y)}$ der Beobachtungen Y_j unter allen $m+n$ Beobachtungen ist. Der Rangsummentest verwirft H_0, wenn $W_y \geq k_\alpha$ für eine geeignet gewählte kritische Schranke k_α, also dann, wenn die Y_i in der sortierten Folge der Beobachtungen auf den hinteren Plätzen stehen. Kritische Werte für W_y können der *Tafel 9* im Anhang entnommen werden. Bei hinreichend großen Stichprobenumfängen kann die Normalverteilungsapproximation für die Verteilung von W_y verwendet werden: H_0 wird dann verworfen, wenn

$$\frac{W_y - \frac{n(m+n+1)}{2}}{\sqrt{\frac{mn(m+n+1)}{12}}} \geq z_{1-\alpha}.$$

Obwohl wir unterstellen, daß X und Y stetige Variable sind, können – etwa als Folge der beschränkten Meßgenauigkeit – zwei oder mehrere Beobachtungen den gleichen Wert annehmen. Die Menge der Beobachtungen, die den gleichen Wert haben, nennen wir eine **Bindungsgruppe**, ihre Elemente heißen gebundene Beobachtungen oder **Bindungen**. Liegen Bindungen vor, so ist die Rangordnung nicht mehr eindeutig. Man behilft sich meist damit, daß man über die der Bindungsgruppe entsprechenden Ränge mittelt und die sich ergebende **mittlere Rangzahl** allen Beobachtungen der Gruppe zuordnet.

Treten gebundenen Beobachtungen auf, so bezeichnen wir die Teststatistik des Rangsummentests mit W_y^* statt mit W_y. Die Verteilung von W_y^* unter H_0 stimmt nicht mehr mit der von W_y überein, deren Perzentile in *Tafel 9* im Anhang abgelesen werden können; der Unterschied wird umso größer, je mehr Bindungen vorliegen. Für hinreichend große m und n können wir wieder eine Normalverteilungsapproximation verwenden. Der Erwartungswert von W_y^* bleibt von den gebundenen Werten unbeeinflußt: $\mathrm{E}\{W_y^*\} = \mathrm{E}\{W_y\} = n(m+n+1)/2$; die Varianz hängt von m, n und von der Zahl l der Bindungsgruppen ab:

$$\mathrm{Var}\{W_y^*\} = \frac{mn(N+1)}{12}\left[1 - \frac{\sum_{j=1}^{l} q_j(q_j^2-1)}{N(N^2-1)}\right],$$

wobei $N = m+n$ und q_j, $j = 1, 2, \ldots, l$, die Anzahl der Elemente in der j-ten Bindungsgruppe ist; der erste Faktor auf der rechten Seite ist die Varianz von W_y, der zweite Faktor ist die Korrektur für die Bindungen.

Beachte! In analoger Weise wird die Teststatistik des Vorzeichenrangtests von Wilcoxon modifiziert, wenn gebundene Beobachtungen vorliegen. Die für Bindungen korrigierte Varianz von W^+ ist kleiner als die unkorrigierte:

$$\mathrm{Var}\{W^+\} = \frac{n(n+1)(2n+1)}{24} - \frac{\sum_{i=1}^{l} q_i(q_i^2-1)}{48}.$$

Beispiel 10.4 Für die Angaben von Beispiel 10.3 soll zur Überprüfung der Vermutung, daß die Trainingsmethode A effektiver ist, die Nullhypothese H_0: $\mu_X = \mu_Y$ bzw. $F = G$ auf dem Niveau 0.05 gegen die Alternative H_1: $\mu_X < \mu_Y$ bzw. $F > G$ getestet werden. Dazu soll als Verteilungen von X und Y (a) die Normalverteilungen $N(\mu_X, \sigma_X^2)$ und $N(\mu_Y, \sigma_Y^2)$ und (b) beliebige stetige Verteilungen angenommen werden. Für den Fall der normalverteilten Variablen X und Y soll (c) ein 95%-iges Konfidenzintervall für $\mu_X - \mu_Y$ bestimmt werden.

(a) Unter der Annahme, daß $X \sim N(\mu_X, \sigma_X^2)$ und $Y \sim N(\mu_Y, \sigma_Y^2)$, testen wir H_0: $\mu_X - \mu_Y = 0$ gegen H_1: $\mu_X - \mu_Y < 0$. Da die Varianzen unbekannt sind, wenden wir den t-Test an. Wir müssen voraussetzen, daß $\sigma_X^2 = \sigma_Y^2$. Die beiden geschätzten Varianzen sind $\hat{\sigma}_X^2 = 23.21$ und $\hat{\sigma}_Y^2 = 30.90$; damit ergibt sich als Schätzer der gemeinsamen Varianz $\hat{\sigma}^2 = (9 \cdot 23.21 + 9 \cdot 30.90)/18 = 27.06$. Mit den Stichprobenmittelwerten $\bar{x} = 19.1$ und $\bar{y} = 23.3$ erhalten wir als Wert der Teststatistik

$$t = \frac{\bar{x} - \bar{y}}{\hat{\sigma}\sqrt{\frac{1}{m} + \frac{1}{n}}} = \frac{19.1 - 23.3}{\sqrt{27.06}\sqrt{\frac{1}{10} + \frac{1}{10}}} = -1.81\,.$$

Der Vergleich mit der kritischen Schranke $t_{0.05}(18) = -1.734$ führt dazu, daß H_0 verworfen wird. Die Daten stützen die Vermutung, daß die Methode A effizienter ist.

Das gleiche Ergebnis liefert die MINITAB-Prozedur `twosample`, wenn sie auf die in den Spalten `'Meth-A'` und `'Meth-B'` gespeicherten Beobachtungen angewendet wird.

```
MTB > twosample 'Meth_A' 'Meth_B';
SUBC> alternative=-1;
SUBC> pooled.

TWOSAMPLE T FOR Meth_A VS Meth_B
          N      MEAN     STDEV   SE MEAN
Meth_A   10     19.10      4.82       1.5
Meth_B   10     23.30      5.56       1.8

95 PCT CI FOR MU_A - MU_B: (-9.1, 0.7)

TTEST MU_A = MU_B (VS LT): T=-1.81 P=0.044 DF=18

POOLED STDEV = 5.20
```

Aus dem MINITAB-Protokoll können wir auch den p-Wert (0.044) ablesen, der (natürlich) kleiner als das Signifikanzniveau ist: H_0 ist zu verwerfen.

Beim zweiseitigen Test von H_0: $\mu_X = \mu_Y$ gegen die Alternative H_1: $\mu_X \neq \mu_Y$ mit $\alpha = 0.05$ wird – wegen der Symmetrie der t-Verteilung – H_0 verworfen, wenn die realisierte Differenz $\bar{x} - \bar{y}$ außerhalb des Annahmebereiches

$$0 \pm t_{0.975}(18)\,\hat{\sigma}\sqrt{\frac{1}{m} + \frac{1}{n}}$$

liegt. Setzt man die beobachteten Werte ein, so sieht man, daß $\bar{x} - \bar{y} = -4.2$ im Annahmebereich $[-4.89, 4.89]$ liegt; H_0 kann also nicht zugunsten der zweiseitigen Alternative verworfen werden, obwohl sie im einseitigen Test verworfen wird.

(b) Unterstellen wir nur, daß die X_i und die Y_i aus stetigen Verteilungen F und G stammen, so können wir zum Test von H_0: $F = G$

gegen die H_1: $F > G$ den Rangsummentest verwenden. Dazu sortieren wir die gemeinsame Stichprobe $\{Z_1, \ldots, Z_{m+n}\}$ der X_i und Y_i nach der Größe, ordnen den sortierten Beobachtungen $Z_{(i)}$ ihre Ränge R_i zu und bilden die Summe der Ränge der Y_i:

i	$Z_{(i)}$	X/Y	$R(Z_i)$	i	$Z_{(i)}$	X/Y	$R(Z_i)$
1	11	X	1	11	23	Y	12
2	13	Y	2	12	23	X	12
3	15	X	3	13	23	Y	12
4	16	X	4.5	14	24	X	14
5	16	X	4.5	15	25	Y	15.
6	17	Y	6	16	26	Y	16
7	18	X	7	17	27	X	17
8	19	Y	8	18	28	Y	18.5
9	20	X	9	19	28	Y	18.5
10	21	X	10	20	31	Y	20

In diesem Beispiel haben wir drei Bindungsgruppen. Die gebundenen Beobachtungen mit dem Wert 16 haben die Ränge 4 und 5, sodaß jeder von ihnen als mittlere Rangzahl 4.5 zugeordnet wird. Analog ordnen wir den drei Beobachtungen 23 die mittlere Rangzahl 11, den beiden Beobachtungen 28 die mittlere Rangzahl 18.5 zu.

Die Teststatistik W_y^*, die die Bindungen berücksichtigt, ergibt sich zu $W_y^* = 2 + 6 + 8 + 12 + 12 + 15 + 16 + 18.5 + 18.5 + 20 = 128$; ihr Erwartungswert ist $\mathrm{E}\{W_y^*\} = 10 \cdot 21/2 = 105$. Mit l=3, q_1=2, q_2=3 und q_3=2 erhalten wir die Varianz

$$\mathrm{Var}\{W_y^*\} = \frac{10 \cdot 10 \cdot 21}{12}\left(1 - \frac{2 \cdot 3 + 3 \cdot 8 + 2 \cdot 3}{20 \cdot 399}\right) = 174.21\,.$$

Die standardisierte Teststatistik des Rangsummentests ergibt sich zu 1.743; da $z_{0.95} = 1.645$, muß auch nach dem Rangsummentest die Nullhypothese verworfen werden. Das gleiche Ergebnis liefert die MINITAB-Prozedur `mann-whitney`, wenn die Beobachtungen als Spalte `'Meth-A'` und `'Meth-B'` gespeichert sind.

```
MTB > mann-whitney 'Meth_A' 'Meth_B';
SUBC> alternative=-1.

Mann-Whitney Confidence Interval and Test

Meth_A      N =  10      Median =        19.000
Meth_B      N =  10      Median =        24.000
Point estimate for ETA1-ETA2 is        -4.500
95.5 pct c.i. for ETA1-ETA2 is (-10.002,0.998)
W = 82.0
```

```
Test of ETA1 = ETA2 vs. ETA1 l.t. ETA2 is sign. at 0.0445
The test is significant at 0.0441 (adjusted for ties)
```

Der im MINITAB-Protokoll angegebene Wert $W_x = 82$ ist die Summe der Ränge der X_i; sie ergibt sich als Summe aller Ränge $(20 \cdot 21/2 = 210)$ minus die Summe der Ränge der Y_i. Die auf der Basis der Ränge der X_i und Y_i getroffenen Entscheidungen sind äquivalent; benützen wir die Ränge der X_i, so ist die Nullhypothese zu verwerfen, wenn die Summe klein ist. Das MINITAB-Protokoll zeigt, daß der p-Wert (0.0441) kleiner als das Signifikanzniveau ist: H_0 ist zu verwerfen; die Daten stützen die Vermutung, die Methode A die effizientere Methode ist.

(c) Ausgehend von der t-Verteilung der Teststatistik

$$T = \frac{\bar{X} - \bar{Y}}{\hat{\sigma}\sqrt{\frac{1}{m} + \frac{1}{n}}} \sim t(m + n - 2)$$

können wir das 95%-iges Konfidenzintervall für $\mu_X - \mu_Y$ berechnen. Wegen der Symmetrie der t-Verteilung wählen wir symmetrische Schranken für das Konfidenzintervall: Aus $P\{-c \leq T \leq c\} = \gamma$ folgt $c = t_{0.975}(18)$. Die Grenzen des Konfidenzintervalls ergeben sich in allgemeinen Größen zu

$$\bar{X} - \bar{Y} \pm t_{\frac{1+\gamma}{2}}(18)\, \hat{\sigma}\sqrt{\frac{1}{m} + \frac{1}{n}}.$$

Setzen wir die beobachteten Werte ein, so erhalten wir für die Grenzen −9.09 und 0.69. Das gleiche Ergebnis liefert auch die MINITAB-Prozedur `twosample`, wie aus dem in (a) gezeigten Protokoll zu ersehen ist.

Der Vergleich des Konfidenzintervalls mit dem Annahmebereich des zweiseitigen Tests zeigt die Ähnlichkeit der beiden Konstruktionen: Beide haben die doppelte Länge von

$$t_{\frac{1+\gamma}{2}}(18)\, \hat{\sigma}\sqrt{\frac{1}{m} + \frac{1}{n}};$$

das Zentrum des Konfidenzintervalls ist $\bar{x} - \bar{y}$, das des Annahmebereichs ist der Wert von $\mu_X - \mu_Y$ unter H_0.

Vergleicht man den Zweistichproben t-Test mit dem Wilcoxon Rangsummentest so können die Ausführungen über den Vorzeichenrangtest und den Einstichproben t-Test fast wörtlich übernommen werden: In den Anwendungen, für die der t-Test konstruiert wurde, ist er dem Rangsummentest vorzuziehen. In allen Situationen, in denen es nicht zutrifft, daß den Beobachtungen Normalverteilungen mit gleichen Varianzen zugrundeliegen, ist der Rangsummentest wieder ein starker Konkurrent für den Zwei-Stichproben t-Test.

X und Y beliebig verteilt

Sind die Umfänge der beiden Stichproben von X und Y hinreichend groß, so kann wieder ein Test von H_0: $\mu_1 = \mu_2$ gegen H_1: $\mu_1 > \mu_2$ zum Niveau α auf der Basis der asymptotischen Normalverteilung der beiden Stichprobenmittelwerte konstruiert werden. Der Test verwirft H_0, falls

$$\frac{\bar{X} - \bar{Y}}{\sqrt{\frac{\hat{\sigma}_X^2}{m} + \frac{\hat{\sigma}_Y^2}{n}}} \geq z_{1-\alpha} ,$$

wobei die unbekannten Varianzen durch die unabhängigen Schätzungen ersetzt wurden.

Ein Spezialfall ist der Test der Parameter p_1 und p_2 zweier Binomialverteilungen. Auf der Basis zweier unabhängiger Stichproben aus X und Y, die den Binomialverteilungen $B(m, p_1)$ und $B(n, p_2)$ folgen, soll die Nullhypothese H_0: $p_1 = p_2 = p$ gegen die Alternative H_1: $p_1 > p_2$ getestet werden, wobei p unbekannt ist. Die Differenz der relativen Häufigkeiten folgt entsprechend dem Zentralen Grenzwertsatz näherungsweise der Normalverteilung $N(p_1 - p_2, \sigma_p^2)$, wobei

$$\sigma_p^2 = \frac{p_1(1-p_1)}{m} + \frac{p_2(1-p_2)}{n} .$$

Unter H_0 gilt für die Varianz

$$\sigma_p^2 = p(1-p)\left(\frac{1}{m} + \frac{1}{n}\right) .$$

H_0 wird verworfen, wenn gilt

$$\frac{\hat{p}_1 - \hat{p}_2}{\sigma_p} \geq z_{1-\alpha} .$$

Da die Teststatistik $(\hat{p}_1 - \hat{p}_2)/\sigma_p$ durch σ_p vom unbekannten Parameter p abhängt, ersetzen wir p durch einen Schätzer $\hat{p}$. Unter H_0 gilt $p_1 = p_2$; p wird demnach als der Anteil der "Erfolge" unter den $m + n$ Beobachtungen geschätzt:

$$\hat{\sigma}_p^2 = \hat{p}(1-\hat{p})\frac{m+n}{mn}, \quad \text{mit } \hat{p} = \frac{\hat{p}_1 m + \hat{p}_2 n}{m+n} .$$

H_0 wird verworfen, wenn

$$\frac{\hat{p}_1 - \hat{p}_2}{\hat{\sigma}_p} \geq z_{1-\alpha} .$$

Tabelle 10.3: **Zweistichproben-Lageproblem:** Kritische Schranken k_α für den Test von H_0: $\mu_X = \mu_Y$ gegen H_1: $\mu_X > \mu_Y$ auf dem Niveau α bei Stichproben $X_1, \ldots, X_m$ und $Y_1, \ldots, Y_n$. Für den Test gegen H_1: $\mu_X < \mu_Y$ ist (außer beim Vorzeichentest) das $(1-\alpha)$-Perzentil durch das α-Perzentil (z.B. $z_\alpha = -z_{1-\alpha}$) zu ersetzen. Beim zweiseitigen Test ergeben sich die untere bzw. obere kritische Schranke durch Einsetzen des $\alpha/2$- bzw. $(1-\alpha/2)$-Perzentils.

Verteilungs-Voraussetzung	Test-Statistik	k_α
X, Y normalverteilt		
σ_X^2, σ_Y^2 bekannt	$\bar{X} - \bar{Y}$	$z_{1-\alpha}\sqrt{\frac{\sigma_X^2}{m} + \frac{\sigma_Y^2}{n}}$
$\sigma_X^2 = \sigma_Y^2$ unbekannt	$\bar{X} - \bar{Y}$	$t_{1-\alpha}\hat{\sigma}\sqrt{\frac{1}{m} + \frac{1}{n}}$
beliebig stetig		
n, m klein	W	siehe *Tafel A.9*
n, m groß	W	$\frac{1}{2}n(m+n+1) + z_{1-\alpha}\sqrt{\frac{1}{12}mn(n+m+1)}$
beliebig, n, m groß	$\bar{X} - \bar{Y}$	$z_{1-\alpha}\sqrt{\frac{\hat{\sigma}_X^2}{m} + \frac{\hat{\sigma}_Y^2}{n}}$

$$\hat{\sigma}^2 = \frac{\sum(X_i-\bar{X})^2 + \sum(Y_i-\bar{Y})^2}{m+n-2}$$

10.1.4 Design beim Zweistichproben-Lageproblem

Eine ähnliche Problemstellung wie in Beispiel 10.3 wurde auch in Beispiel 10.1 (Blutgerinnung mit und ohne Einnahme von Aspirin) behandelt: In beiden Beispielen wurden zwei Stichproben gezogen, um den Unterschied zwischen zwei Behandlungen zu beurteilen. Die statistischen Verfahren, die in den beiden Beispiele angewendet wurden, sind verschieden, weil das Design zum Erheben der analysierten Daten - der Versuchsplan - verschieden sind. Während die Personen im Beispiel 10.3 rein zufällig den beiden Trainingsmethoden zugeordnet werden – wir sprechen von einem **vollständig randomisierten Versuchsplan** (*completely randomized design*) –, sind in Beispiel 10.1 Paare von Beobachtungen durch die Person gekoppelt, an der gemessen wurde; diese Meßanordnung nennen wir einen **Paarvergleich**.

Natürlich könnten wir in der Situation von Beispiel 10.1 ebenfalls einen vollständig randomisierten Versuchsplan benützen, indem wir die entsprechenden Messungen an 20 verschiedenen Personen vornehmen, von denen 10 zufällig ausgewählte Personen in der einen und die übrigen 10 in der anderen Weise behandelt werden. Um den Effekt der beiden Designs zu verstehen, betrachten wir ein $200p\%$-iges Konfidenzintervall für die Differenz der Erwartungswerte $\mathrm{E}\{X_i^{(n)}\} - \mathrm{E}\{X_i^{(v)}\}$ der Gerinnungszeiten. Seine Grenzen sind

$$\bar{x}^{(n)} - \bar{y}^{(v)} \pm t_p \, \hat{\sigma}_D$$

wobei t_p das p-Perzentil der t-Verteilung und $\hat{\sigma}_D$ die geschätzte Standardabweichung von $\bar{X}^{(n)} - \bar{X}^{(v)}$ ist. Die Länge des Intervalls ist durch t_p und $\hat{\sigma}_D$ bestimmt. Im Fall des Paarvergleichs mit 10 Paaren beträgt die Zahl der Freiheitgrade 9 (siehe Beispiel 10.2); für den vollständig randomisierten Versuchsplan ist sie 18. Da für jedes $p > 0.5$ gilt: $t_p(9) > t_p(18)$, ist – bei gleichem $\hat{\sigma}_D$ – der vollständig randomisierte Versuchsplan vorzuziehen: Das Konfidenzintervall ist kürzer. Der Paarvergleich kann aber vorzuziehen sein, wenn die gekoppelten Beobachtungen positiv korreliert sind: Im Fall unabhängiger Stichproben addieren sich die Varianzen aus den beiden Stichproben,

$$\sigma_{D,u}^2 = \mathrm{Var}\{\bar{X}^{(n)} - \bar{X}^{(v)}\} = \frac{1}{n}(\sigma_v^2 + \sigma_n^2)\,;$$

bei positiver Korrelation bzw. positiver Kovarianz σ_{vn} zwischen den gekoppelten Beobachtungen $X^{(v)}$ und $X^{(n)}$ gilt hingegen

$$\sigma_{D,p}^2 = \mathrm{Var}\{\bar{X}^{(n)} - \bar{X}^{(v)}\} = \frac{1}{n}(\sigma_v^2 + \sigma_n^2 - \sigma_{vn}) < \sigma_{D,u}^2 \,.$$

In günstigen Fällen wird die Reduktion der Varianz den Verlust in den Freiheitsgraden mehr als ausgleichen, sodaß der Paarvergleich den unabhängigen Stichproben vorzuziehen ist: Er ergibt ein kürzeres Konfidenzintervall. In analoger Weise kann man argumentieren, daß in dieser Situation der t-Test mächtiger ist.

Beispiel 10.5 Wären die in der Tabelle von Beispiel 10.1 angegebenen Gerinnungszeiten unabhängige Beobachtungen von 20 Personen, so hätte die Differenz der Mittelwerte $\bar{x}^{(n)} - \bar{x}^{(v)} = 111.0 - 103.1 = 7.9$ den gleichen Wert wie der beim Paarvergleich erhaltene Wert. Die geschätzte Standardabweichung $\hat{\sigma}_{D,u} = 30.1$ wäre aber wesentlich größer als der Wert $\hat{\sigma}_{D,p} = 11.3$. Das ist entsprechend dem oben Gesagten eine Folge der hohen positiven Korrelation (0.94) der Gerinnungszeiten vor und nach Einnahme von Aspirin. Der Wert $t = 0.59$ der Teststatistik bei unabhängigen Stichproben entspricht einem p-Wert von 0.28; von Verwerfen der Nullhypothese ist keine Rede, obwohl acht von zehn Personen die Verbesserung zeigen.

```
  10 -                               VN
   9 -                                               N V
   8 -                         V     N
   7 -                                                  V N
   6 -                                 V  N
   5 -                       V     N
   4 -                                                    V N
   3 -                         V   N
   2 -                                     V         N
   1 -                                     N   V
     -
      +---------+---------+---------+---------+---------+--
      0        30        60        90       120       150
```

Die Abbildung zeigt die Gerinnungszeiten der zehn Personen, wobei für jede Person i eine Zeile gedruckt wurde, und der Wert $x_i^{(v)}$ durch 'V', der Wert $x_i^{(n)}$ durch 'N' durch dargestellt wird. Obwohl der Effekt der Einnahme von Aspirin bei der überwiegenden Zahl der Personen in Richtung und Größe ähnlich ist, haben andere Faktoren – vielleicht Alter, Geschlecht, Disposition, Gesundheitszustand, etc. – zur Folge, daß die beobachteten Gerinnungszeiten so stark variieren. Mißt man die $x_i^{(v)}$ und $x_i^{(n)}$ an der gleichen Person, so eliminiert man den Effekt aller dieser (kaum kontrollierbaren und jedenfalls nicht interessierenden) Faktoren aus der Analyse.

Das Eliminieren von nicht kontrollierbaren Faktoren durch Gruppieren der Beobachtungen so, daß sie unter ähnlichen Bedingungen gemacht werden, nennt man Blocken; die Menge der Untersuchungseinheiten, die diesen ähnlichen Bedingungen entsprechen, heißen **Blöcke**. Typische Blöcke sind die Produkte von derselben Maschine, die Tiere eines Wurfes, die Bewohner eines Ortes, etc. Werden mehrere Messungen an derselben Person gemacht, so bildet die Person einen Block, wie das im Beispiel 10.1 der Fall ist. Die Genauigkeit des Vergleichs auf der Basis der geblockten Daten wird erhöht, weil das Blocken die Unterschiede eliminiert, die zwischen den Elementen verschiedener Blöcke existieren.

10.2 Das Variabilitätsproblem

Neben dem Lageparameter ist die Variabilität das wichtigste Charakteristikum eines Merkmals. Aussagen über den Wert der Varianz sind eine häufig benötigte Entscheidungshilfe. Die Festlegung von Konfektionsgrößen unserer

Kleider basieren auf Messungen der Variabilität der menschlichen Körpermaße. Die Justierung einer maschinellen Getränke-Abfüllanlage soll unter Berücksichtigung der Variabilität der Abfüllmenge so vorgenommen werden, daß diese stets im tolerierten Bereich liegt.

Dieses letzte Beispiel ist ein Hinweis auf die Bedeutung des Variabilitätsparameters für industrielle Produktionsprozesse. Je größer die Variabilität des Prozeßcharakteristikums ist, umso schwieriger ist es, gewünschte Spezifikationen einzuhalten, und in der Folge, Konsumentenanforderungen zu erfüllen. Daher ist es das erste Ziel von Bemühungen der Qualitätsverbesserung, die Variabilität der Produktionsprozesse zu reduzieren. Verfahren zur Beurteilung (Schätzen, Testen) der Variabilität sind ein wesentliches Element des entsprechenden Instrumentariums.

In diesem Abschnitt behandeln wir das Testen von Hypothesen über und das Bestimmen eines Konfidenzintervalls für einen Parameter der Variabilität, nämlich die Varianz der Verteilung. Wir werden Verfahren zum Testen der Übereinstimmung einer Varianz mit einem hypothetischen Wert (Einstichprobenfall) und zum Vergleich zweier Varianzen (Zweistichprobenproblem) kennenlernen; in analoger Weise können Konfidenzintervalle berechnet werden.

10.2.1 Das Einstichproben-Variabilitätsproblem

Die in diesem Abschnitt behandelten Verfahren sind das Testen der Varianz eines Merkmals X auf Übereinstimmung mit einem hypothetischen Wert, H_0: $\sigma^2 = \sigma_0^2$, und das Bestimmen eines Konfidenzintervalls für σ^2, wobei wir uns auf den Fall beschränken, daß das interessierende Merkmal der Normalverteilung folgt. Basis der Verfahren ist eine Stichprobe $X_1, \ldots, X_n$. Die Verfahren sind wieder von der Spezifikation der Wahrscheinlichkeitsverteilung von X abhängig.

X normalverteilt mit unbekanntem μ

Die Nullhypothese H_0: $\sigma^2 = \sigma_0^2$ soll auf dem Niveau α gegen die Alternative H_1: $\sigma^2 > \sigma_0^2$ getestet werden. Es ist plausibel, H_0 dann zu verwerfen, wenn die Stichprobenvarianz $\hat{\sigma}^2$ wesentlich größer als σ_0^2 ist. Dazu machen wir von folgendem Satz Gebrauch.

Satz 10.1 *$X_1, \ldots, X_n$ sei eine Stichprobe von $N(\mu, \sigma^2)$. Die aus der* **Stichprobenvarianz**

$$\hat{\sigma}^2 = \frac{1}{n-1}\sum_{i=1}^{n}(X_i - \bar{X})^2$$

abgeleitete Zufallsvariable

$$T = (n-1)\frac{\hat{\sigma}^2}{\sigma^2}$$

ist χ^2*-verteilt mit* $n-1$ *Freiheitsgraden:* $T \sim \chi^2(n-1)$.

Nach diesem Satz gilt bei Zutreffen von H_0, daß

$$T = \frac{(n-1)\hat{\sigma}^2}{\sigma_0^2}$$

nach $\chi^2(n-1)$ verteilt ist. Wir werden H_0 verwerfen, wenn $T \geq \chi^2_{(1-\alpha)}(n-1)$, wobei $\chi^2_{(1-\alpha)}(n-1)$ das $(1-\alpha)$-Perzentil der $\chi^2(n-1)$-Verteilung ist.

Ein $100\gamma\%$-ges Konfidenzintervall für σ^2 ergibt sich zu

$$\frac{1}{\chi^2_{\frac{1+\gamma}{2}}(n-1)}(n-1)\hat{\sigma}^2 \leq \sigma^2 \leq \frac{1}{\chi^2_{\frac{1-\gamma}{2}}(n-1)}(n-1)\hat{\sigma}^2 .$$

X normalverteilt mit bekanntem μ

Es soll wieder die Nullhypothese H_0: $\sigma^2 = \sigma_0^2$ auf dem Niveau α gegen die Alternative H_1: $\sigma^2 > \sigma_0^2$ getestet werden. Dazu gehen wir analog zum Fall mit unbekannter Varianz vor. Allerdings ersetzen wir $\bar{X}$ in der Berechung der Stichprobenvarianz durch μ. Die Teststatistik ist hier

$$T = \frac{1}{\sigma_0^2}\sum_i (X_i - \mu)^2 .$$

Unter H_0 folgt T als Summe von Quadraten von $N(0,1)$-verteilten Zufallsvariablen der $\chi^2(n)$-Verteilung. Der kritische Wert ergibt sich als das entsprechende $(1-\alpha)$-Perzentil $\chi^2_{(1-\alpha)}(n)$. Man kann zeigen, daß dieser χ^2-Test - nicht aber der bei unbekanntem μ - ein gleichmäßig bester Test ist. Das folgt aus der Eigenschaft, daß die Normalverteilung mit bekanntem μ zur Exponentialfamilie gehört (siehe die Beispiele 8.27 und 9.29).

10.2.2 Das Zweistichproben-Variabilitätsproblem

Solche Problemstellungen ergeben sich beim Vergleich der Variabilität zweier Populationen. So stellt sich die Frage, ob die Produkte der neuen Maschine eine geringere Streuung haben als die der schon altersschwachen alten Maschine. Eine wichtige Rolle spielen Teste auf Gleichheit der Varianzen als diagnostische Prüfung der Annahme gleicher Varianzen beim Vergleich zweier Erwartungswerte bei unbekannten Varianzen (vergleiche Abschnitt

10.1.3). Basis der Verfahren sind zwei unabhängige Stichproben $X_1, \ldots, X_m$ und $Y_1, \ldots, Y_n$. Das anzuwendende Verfahren hängt wieder von den Verteilungsvoraussetzungen der X und Y ab.

X und Y normalverteilt mit unbekannten Erwartungswerten

Die Nullhypothese H_0: $\sigma_X^2 = \sigma_Y^2$ soll auf dem Niveau α gegen H_1: $\sigma_X^2 > \sigma_Y^2$ getestet werden. Wir verwerfen H_0, wenn die Stichprobenvarianz $\hat{\sigma}_X^2$ wesentlich größer als $\hat{\sigma}_Y^2$ ist. Dazu machen wir von folgendem Satz Gebrauch.

Satz 10.2 *$X_1, \ldots, X_m$ und $Y_1, \ldots, Y_n$ seien zwei unabhängige Stichproben aus $N(\mu_X, \sigma_X^2)$ und $N(\mu_Y, \sigma_Y^2)$. Die aus den Stichprobenvarianzen abgeleitete Zufallsvariable*

$$T = \frac{\hat{\sigma}_X^2}{\hat{\sigma}_Y^2} \cdot \frac{\sigma_Y^2}{\sigma_X^2}$$

ist F-verteilt mit $m-1$ und $n-1$ Freiheitgraden: $T \sim F(m-1, n-1)$.

Der sogenannte F-Test verwirft dann H_0, wenn

$$\frac{\hat{\sigma}_X^2}{\hat{\sigma}_Y^2} \geq F_{1-\alpha}(m-1, n-1),$$

wobei $F_{1-\alpha}(m-1, n-1)$ das $(1-\alpha)$-Perzentil der F-Verteilung mit $m-1$ und $n-1$ Freiheitgraden ist.

In der *Tafel 8* der F-Verteilung sind nur die Perzentile F_p mit $p > 0.5$ angegeben. Perzentile für $p < 0.5$ kann man mit Hilfe der Beziehung

$$F_\alpha(m-1, n-1) = \frac{1}{F_{1-\alpha}(n-1, m-1)}$$

aus den in der *Tafel 8* angegebenen ausrechnen. Damit kann die untere kritische Schranke eines zweiseitigen Tests oder die kritische Schranke des Tests gegen die Alternative H_1: $\sigma_X^2 < \sigma_Y^2$ bestimmt werden.

Ein 100γ%-iges Konfidenzintervall für den Quotienten ist

$$\frac{\hat{\sigma}_X^2}{\hat{\sigma}_Y^2} \frac{1}{F_{\frac{1+\gamma}{2}}(m-1, n-1)} \leq \frac{\sigma_X^2}{\sigma_Y^2} \leq \frac{\hat{\sigma}_X^2}{\hat{\sigma}_Y^2} F_{\frac{1+\gamma}{2}}(n-1, m-1).$$

X und Y stetig verteilt

In der Literatur finden sich verschiedene nichtparametrische Teste zum Vergleich von Varianzen, die angewendet werden können, wenn man ohne Annahme normalverteilter X und Y auskommen und nur die Stetigkeit der

Verteilungen voraussetzen möchte. Wir stellen hier den **Siegel-Tukey** Test vor, der auf nach einer speziellen Regel zugeordneten Rangzahlen basiert.

Der Test geht davon aus, daß die Verteilungen der X und Y den gleichen Lageparameter haben. Wir testen die Nullhypothese, daß die Verteilungen die gleiche Variabilität haben, gegen die Alternative, daß die Variabilität von Y größer als die von X ist. Dann streuen die Y_i mehr um den gemeinsamen Lageparameter als die X_i; die extremeren Beobachtungen in der Menge aller Beobachtungen sind die Y_i. Diese Eigenschaft nutzt der Siegel-Tukey Test, indem er den extremen Beobachtungen die kleinen Ränge zuordnet: In der Menge aller Beobachtungen wird der kleinsten Beobachtung der Rang 1 zugeordnet, der größten der Rang 2, der zweitgrößten der Rang 3, der zweitkleinsten der Rang 4, usw. Die Zuordnung der Ränge zur Folge der nach der Größe sortierten Beobachtungen ist

$$1, 4, 5, \ldots, 6, 3, 2\,.$$

Die Teststatistik ist die Summe $\sum_i \mathrm{TS}_i^{(y)}$ der Tukey-Siegel Ränge $\mathrm{TS}_i^{(y)}$ der Y_i. Trifft die Alternative zu, so haben die Y_i viele kleine Ränge: Der Siegel-Tukey Test verwirft H_0 bei kleinen Werten der Teststatistik. Die Siegel-Tukey Statistik hat unter H_0 dieselbe Verteilung wie die Teststatistik im Rangsummentest von Wilcoxon. Kritsche Werte können somit aus der *Tafel 9* im Anhang entnommen werden.

Beachte! Trifft die Annahme gleicher Lageparameter nicht zu, so kann der Test irreführend sein, da die Wahrscheinlichkeiten für den Fehler 1. und 2. Art von denen abweichen, mit denen wir bei Zutreffen der Annahme rechnen können. Die Annahme sollte daher überprüft werden.

Beispiel 10.6 Ein Gewürz-Importeur vertreibt ein Gewürzsalz für Brathühner in Gläsern zu je 50 Gramm. Die Maschine zum Abfüllen wurde überholt, da sich herausgestellt hatte, daß das Füllgewicht in letzter Zeit stark variierte. Zur Überprüfung des Erfolges der Servicearbeiten wurden vorher und nachher unabhängige Messungen der abgefüllten Salzmenge erhoben. Die folgende Tabelle zeigt diese Messungen.

	vorher	nachher
1	50.30	49.90
2	49.60	49.88
3	49.64	50.14
4	50.10	49.76
5	49.84	49.81
6		50.05

Die graphische Darstellung der Messungen zeigt deutlich, daß die später gemachten Messungen weniger streuen. Allerdings ist aufgrund einer solchen Inspektion nicht zu entscheiden, ob ein statistisch signifikanter Unterschied vorliegt. Deshalb soll die Nullhypothese H_0: $\sigma_v^2 = \sigma_n^2$ auf dem Niveau 0.05 gegen die Alternative H_1: $\sigma_v^2 > \sigma_n^2$ getestet werden, wobei (a) die Normalverteilung und (b) nur die Stetigkeit der Messungen unterstellt werden soll.

```
MTB > dotp 'vor' 'nach';
SUBC> same.

          . .              .                .           .
-------+---------+---------+---------+---------+----vor

                      .    .   . .        .     .
-------+---------+---------+---------+---------+----nach
     49.65     49.80     49.95     50.10     50.25
```

(a) Die Stichprobenstandardabweichungen ergeben sich zu $\hat{\sigma}_v = 0.300$ und $\hat{\sigma}_n = 0.145$. Als Wert der Teststatistik erhalten wir damit 4.281; mit Hilfe der MINITAB-Funktion `cdf` bekommen wir den p-Wert der zugehörigen F-Verteilung $F(4, 5)$ zu 0.071. Der Vergleich mit dem Signifikanzniveau 0.05 zeigt, daß die Nullhypothese nicht verworfen werden kann, obwohl nur in einem von 14 derartigen Vergleichen zufällig ein so extremes Ergebnis erwartet werden kann. Natürlich ist die Macht des Tests wegen des geringen Stichprobenumfanges gering; man wäre gut beraten, vor der Durchführung des Experimentes den notwendigen Stichprobenumfang abzuschätzen. Der Effekt der möglicherweise nicht zutreffenden Normalverteilung ist kaum abzuschätzen. In einem solchen Fall empfiehlt es sich, auf die Daten neben dem F-Test auch den nichtparametrischen Siegel-Tukey Test anzuwenden; der Vergleich der Ergebnisse gibt uns oft nützliche Einsichten und Bestärkung in der Entscheidung.

(b) Vor dem Durchführen des Siegel-Tukey Test überprüfen wir die Annahme gleicher Lageparameter. Unter der Annahme gleicher Varianzen erhält man einen t-Wert von -0.20, was einem p-Wert der t-Verteilung mit 9 Freiheitsgraden von 0.85 entspricht. Der p-Wert des nichtparametrischen Rangsummentests beträgt 0.784. Wenn auch wegen des geringen Datenumfanges die Teste auf Gleichheit der Lageparameter nicht allzu mächtig sind, geben sie keinen Anlaß zu vermuten, daß die Annahme gleicher Lageparameter verletzt ist. Zum Bestimmen der Teststatistik des Siegel-Tukey Tests sortieren wir die Beobachtungen nach der Größe und ordnen die Ränge in der angegebenen Weise zu.

		TS_i
49.60	v	1
49.64	v	4
49.76	n	5
49.81	n	8
49.84	v	9
49.88	n	11
49.90	n	10
50.05	n	7
50.10	v	6
50.14	n	3
50.30	v	2

Die Teststatistik des Siegel-Tukey Tests, die Summe der Siegel-Tukey Ränge der Beobachtungen vor den Servicearbeiten, hat den Wert

$$1 + 4 + 9 + 6 + 2 = 22\,.$$

Die kritische Schranke für den Test auf dem Niveau 0.05 ist 20, das 0.041-Perzentil (21 ist das 0.063-Perzentil). Die Nullhypothese kann nicht verworfen werden. Zur gleichen Entscheidung kommen wir durch Vergleich des p-Wertes 0.089 unserer Teststatistik mit dem Signifikanzniveau 0.05.

10.A Ergänzende Beispiele

Beispiel 10.7 Das interessierende Merkmal ist die Körpergröße X (in cm) von erwachsenen Personen. Eine Stichprobe von 48 Messungen hat den Stichprobenmittelwert $\bar{x} = 173.5$cm ergeben. Es ist zu bestimmen, (a) mit welcher Wahrscheinlichkeit der Stichprobenmittelwert $\bar{X}$ von 100 Messungen zwischen 174 und 176cm liegt, wenn $\mu_X = 175$cm und $\sigma_X = 8$cm, (b) ein 90%-iges Konfidenzintervall für den Erwartungswert der Körpergröße, (c) die kritische Schranke für den Test von H_0: $\mu = 175$ gegen die Alternative H_1: $\mu < 175$ auf dem Niveau 0.05, (d) die Macht des Testes aus (c) für $\mu = 172$, und (e) die Anzahl der benötigten Messungen, damit, falls tatsächlich $\mu = 173.5$ gilt, H_0 mit der Wahrscheinlichkeit von mindestens 0.9 verworfen wird.

(a) Als Linearkombination von unabhängigen und identisch verteilten Zufallsvariablen ist $\bar{X}$ wegen des Zentralen Grenzwertsatzes eine näherungsweise normalverteilte Zufallsvariable:

$$\bar{X} \stackrel{.}{\sim} N\left(175, \frac{64}{100}\right) ;$$

die gesuchte Wahrscheinlichkeit ergibt sich daher zu

$$P\{174 \leq \bar{X} \leq 176\} \doteq \Phi(1.25) - \Phi(-1.25) = 0.789 .$$

(b) Das Konfidenzintervall wird auf der Basis des näherungsweise normalverteilten Stichprobenmittelwertes ermittelt;

$$\bar{X} \stackrel{.}{\sim} N\left(\mu_X, \frac{\sigma_X^2}{n}\right) = N\left(\mu_X, \frac{64}{48}\right) ;$$

mit $z_{0.95} = 1.645$ ergeben sich die Grenzen des 90%-igen Konfidenzintervalls zu $173.5 \pm 1.645 \cdot 8/\sqrt{48}$; es lautet

$$171.6 \leq \mu_X \leq 175.4 .$$

(c) Der Test wird H_0 dann verwerfen, wenn $\bar{x}$ wesentlich kleiner als 175cm ist; die kritische Schranke k_α folgt aus der Bedingung, daß der Test das Signifikanzniveau $\alpha = 0.05$ einhalten muß. Berücksichtigen wir, daß unter H_0 gilt: $\bar{X} \stackrel{.}{\sim} N(175, 64/48)$, so ergibt sich k_α aus der Beziehung

$$P\{\bar{X} \leq k_\alpha | H_0\} = 1 - \Phi\left(\frac{k_\alpha - 175}{8}\sqrt{48}\right) = \alpha = \Phi(-1.645)$$

zu

$$k_\alpha \doteq 175 - 1.645\frac{8}{\sqrt{48}} = 173.1 ;$$

H_0 wird nicht verworfen, da $\bar{x} = 173.5 > k_\alpha = 173.1$ bzw. da der p-Wert mit 0.097 größer als das Niveau 0.05 ist.

(d) Ist tatsächlich $\mu_X = 172$, so gilt für die Teststatistik $\bar{X} \stackrel{.}{\sim} N(172, 64/48)$; die Macht des Tests ist 82.9%:

$$\begin{aligned} 1 - \beta(172) &= P\{\bar{X} \leq 173.1 | \mu = 172\} \\ &\doteq \Phi\left(\frac{173.1 - 172}{8}\sqrt{48}\right) = \Phi(0.95) = 0.829 . \end{aligned}$$

(e) Ist n hinreichend groß, so gilt wieder $\bar{X} \stackrel{.}{\sim} N(\mu_X, \sigma_X^2/\sqrt{n})$, und die kritische Schranke des Tests erhalten wir zu

$$k_\alpha \doteq 175 - 1.645 \cdot \frac{8}{\sqrt{n}} .$$

Für die Macht des Tests bei $\mu = 173.5$ soll gelten

$$\begin{aligned} 1 - \beta(173.5) &= P\{\bar{X} \leq k_\alpha | \mu = 173.5\} \\ &\doteq \Phi\left(\frac{175 - 1.645 \cdot 8\sqrt{n} - 173.5}{8}\sqrt{n}\right) \\ &= \Phi(0.1875\sqrt{n} - 1.645) = 0.9 = \Phi(1.28) ; \end{aligned}$$

daraus ergibt sich

$$\sqrt{n} = \frac{1.28 + 1.645}{0.1875} = 15.6$$

oder $n = 243.36$; der notwendige Stichprobenumfang beträgt $n = 244$. *Beachte!* Kaufmännisches Runden (auf 243) hätte zur Folge, daß die Macht $1 - \beta(173.5)$ den Wert 0.9 nicht erreicht!

Beispiel 10.8 Eine Lieferung von Werkstücken enthält ordnungsgemäße und defekte Elemente. In einer Stichprobe ($n = 64$) wurden acht defekte Stücke vorgefunden. Zu bestimmen sind (a) ein 95%-iges Konfidenzintervall für die Ausschußquote p_1; für den Test H_0: $p_1 = 0.08$ gegen H_1: $p_1 > 0.08$ auf dem Niveau $\alpha = 0.1$ (b) die kritische Schranke k_α und (c) die Operationscharakeristik $\beta(p_1)$. Eine unabhängige Stichprobe ($m = 100$, $\hat{p}_2 = 0.15$) aus einer zweiten Lieferung soll zum Vergleich der Ausschußquoten der beiden Lieferungen benützt werden: Für den Test von H_0: $p_1 = p_2$ gegen H_1: $p_1 \neq p_2$ auf dem Niveau 0.01 sind (d) die kritischen Schranken $k_{\alpha,u}$ und $k_{\alpha,o}$ zu bestimmen.

(a) Für hinreichend großes n ist die Schätzfunktion $\hat{p}_1$ normalverteilt mit

$$\hat{p}_1 \dot{\sim} N(p_1, \frac{p_1(1-p_1)}{n});$$

nach *Tabelle 10.1* erhält man die Grenzen des Konfidenzinervalls zu $\hat{p}_1 \pm z_{\frac{1+\gamma}{2}}\sigma_{\hat{p}}$. Ersetzt man den unbekannten Parameter p_1 in $\sigma_{\hat{p}}$ durch $\hat{p}_1$, so folgt für die geschätzte Varianz von $\hat{p}_1$

$$\hat{\sigma}^2_{\hat{p}} = \frac{\hat{p}_1(1-\hat{p}_1)}{n} = \frac{0.125 \cdot 0.875}{64} = 0.001709 = 0.0413^2;$$

mit $z_{(1+\gamma)/2} = z_{0.975} = 1.96$ erhalten wir für die Grenzen des Konfidenzintervalls 0.125 ± 0.081 oder

$$0.044 \leq p_1 \leq 0.206.$$

(b) Unter H_0 ist $\hat{p}_1$ asymptotisch normalverteilt mit $N(0.08, 0.08 \cdot 0.92/64)$, da ja in diesem Fall $p_1 = 0.08$. Entsprechend *Tabelle 10.1* ergibt sich die kritische Schranke zu

$$k_\alpha = 0.08 + 1.285 \cdot 0.0339 = 0.1235;$$

Da $\hat{p}_1 = 0.125$ größer als der kritische Wert 0.1235 ist, muß H_0 zugunsten H_1 verworfen werden; die Befürchtung des Abnehmers, die Ausschußquote sei größer als 0.08, ist als zutreffend anzusehen.

(c) Die Operationscharakeristik $\beta(p_1)$ des Tests ergibt sich als Funktion von p_1 zu

$$\begin{aligned}\beta(p_1) &= P\{\hat{p}_1 > k_\alpha | p_1\} \\ &\doteq 1 - \Phi\left(\frac{k_\alpha - p_1}{\sqrt{p_1(1-p_1)}}\sqrt{n}\right) = 1 - \Phi\left(\frac{0.1235 - p_1}{\sqrt{p_1(1-p_1)}}\sqrt{48}\right).\end{aligned}$$

(d) Als Teststatistik wird die Differenz der beiden geschätzten Anteilswerte $\hat{p}_1 - \hat{p}_2$ verwendet, für die unter H_0: $p_1 = p_2 = p$ näherungsweise gilt $\hat{p}_1 - \hat{p}_2 \dot{\sim} N[0, p(1-p)(1/n + 1/m)]$. Das unbekannte p ersetzen wir durch die Schätzung

$$\hat{p} = \frac{n\hat{p}_1 + m\hat{p}_2}{n+m} = \frac{64 \cdot 0.125 + 100 \cdot 0.15}{64 + 100} = 0.14;$$

das ist der Anteil der defekten Werkstücke unter den ingesamt gelieferten Stücken; damit erhalten wir als Schätzer der Varianz $\hat{\sigma}^2_{\hat{p}} = 0.056^2$. Der Annahmebereich des Tests ist das Intervall zwischen $k_{\alpha,u} = -0.143$ und

$k_{\alpha,o} = 0.143$; da $\hat{p}_1 - \hat{p}_2 = 0.15 - 0.125 = 0.025$ im Annahmebereich liegt, wird die Nullhypothese nicht verworfen.

Beispiel 10.9 Um die durchschnittliche Körpergröße X einer Population zu schätzen (vergleiche Beispiel 10.7) wird eine Stichprobe vom Umfang $n = 15$ gezogen: $\bar{x} = 173.5$cm, $\hat{\sigma} = 8.0$cm. Zu bestimmen sind ein 90%-iges Konfidenzintervall (a) ohne Annahme über Verteilung von X und (b) unter Annahme einer Normalverteilung.

(a) Da der Stichprobenumfang klein ist, können wir unsere Überlegungen nicht auf dem Zentralen Grenzwertsatz aufbauen; das Konfidenzintervall wird mit Hilfe der Tschebyscheff'schen Ungleichung bestimmt: Ignorieren wir den Fehler, der durch das Verwenden der geschätzten Varianz anstelle der tatsächlichen Varianz verursacht wird, so bestimmt sich k aus der Beziehung $P\{|\bar{X} - \mu| > k\sigma_{\bar{x}}\} \leq k^{-2} = 1 - \gamma = 0.1$ zu $k = 1/\sqrt{0.1} = 3.16$. Die Grenzen des Konfidenzintervalls ergeben sich zu $173.5 \pm 3.16 \cdot 8/\sqrt{15} = 173.5 \pm 6.53$; das 90%-Konfidenzintervall lautet somit

$$166.97 \leq \mu \leq 180.03\,.$$

(b) Die Grenzen des Konfidenzintervalle ergeben sich zu $\bar{X} \pm t_{0.95}(14)8/\sqrt{15}$; mit $t_{0.95}(14) = 1.761$ erhalten wir

$$169.86 \leq \mu \leq 177.14\,.$$

Beispiel 10.10 Die je Flasche abgefüllte Menge X eines Füllautomaten sei normalverteilt mit $\mu = 505$ cm^3. Zu bestimmen ist (a) die Wahrscheinlichkeit, daß der Stichprobenmittelwert von zehn Flascheninhalten geringer als 500 cm^3 ist, wenn $\sigma^2 = 35$; ein 95%-iges Konfidenzintervall für μ auf der Basis einer Stichprobe ($n = 16$) mit $\bar{x} = 503.7$ (b) unter Verwendung von $\sigma^2 = 35$ und (c) wenn anstelle der unbekannten Varianz der Schätzwert $\hat{\sigma}^2 = 34.8$ verwendet wird, (d) die kritischen Schranken und die Operationscharakteristik des Tests von H_0: $\mu = 505$ gegen H_1: $\mu \neq 505$ mit $\alpha = 0.05$ (für $\sigma^2 = 35$); die Entscheidung ist auf Grund obiger Stichprobe zu treffen.

(a) Basierend auf der (exakten) Verteilung $\bar{X} \sim N(505, 3.5)$ ergibt sich

$$P\{\bar{X} \leq 500\} = \Phi\left(\frac{500 - 505}{\sqrt{3.5}}\right) = \Phi(-2.67) = 0.004\,.$$

(b) Aus der Verteilung $\bar{X} \sim N(\mu, 3.5)$ erhalten wir mit $z_{0.975} = 1.96$ für die Grenzen des Konfidenzintervalls $503.7 \pm 1.96 \cdot \sqrt{35}/\sqrt{16} = 503.7 \pm 2.9$; das 95%-ige Konfidenzintervall lautet somit

$$500.8 \leq \mu \leq 506.6\,.$$

(c) Ersetzen wir die unbekannte Varianz durch den Schätzwert $\hat{\sigma}^2 = 34.8$, so müssen wir das Konfidenzintervall mit Hilfe der t-Verteilung berechnen; mit $t_{0.975}(15) = 2.131$ ergibt sich für die Grenzen $503.7 \pm 2.13 \cdot \sqrt{34.8}/\sqrt{16} = 503.7 \pm 3.14$; das Konfidenzintervall lautet somit

$$500.56 \leq \mu \leq 506.84$$

und ist etwas breiter als das in (b) erhaltene.

(d) Mit $z_{0.975} = 1.96$ ergibt sich für die kritischen Schranken

$$\begin{aligned} k_{\alpha,u} &= 505 - 1.96 \cdot \sqrt{35}/\sqrt{16} = 505 - 2.9 = 502.1 \\ k_{\alpha,o} &= 505 + 2.9 = 507.9 \end{aligned}$$

und somit als Annahmebereich $[502.1, 507.9]$. Die Operationscharakteristik ergibt sich zu

$$\begin{aligned} \beta(\mu) &= P\{k_{\alpha,u} \leq \bar{X} \leq k_{\alpha,o} | \mu\} \\ &= \Phi\left(\frac{507.9 - \mu}{\sqrt{35}}\sqrt{16}\right) - \Phi\left(\frac{502.1 - \mu}{\sqrt{35}}\sqrt{16}\right); \end{aligned}$$

da $\bar{x} = 503.7$ im Annahmebereich liegt, wird H_0 nicht verworfen.

Beispiel 10.11 Die tägliche Arbeitsleistung vor (X) bzw. nach (Y) Installation einer Klimaanlage in einer Werkhalle betrugen im Mittel von 40 Messungen $\bar{x} = 94.25$ produzierte Einheiten bzw. im Mittel von 50 Messungen $\bar{y} = 99.60$ produzierte Einheiten. Die Varianzen sind $\hat{\sigma}_X^2 = 58.4$ bzw. $\hat{\sigma}_Y^2 = 90.5$. Stützt dieses Ergebnis die Behauptung, daß die verbesserten Arbeitsbedingungen zu erhöhter Arbeitsleistung führen? Zu bestimmen ist für den Test von H_0: $\mu_X = \mu_Y$ gegen H_1: $\mu_X < \mu_Y$ $(\alpha = 0.05)$ (a) die kritische Schranke, (b) der p-Wert der Teststatistik und (c) die Macht des Tests für $\mu_X - \mu_Y = -5$.

(a) Als Teststatistik wird die Differenz $\bar{X} - \bar{Y}$ verwendet, die unter H_0 wegen des Zentralen Grenzwertsatzes näherungsweise normalverteilt ist:

$$\bar{X} - \bar{Y} \stackrel{.}{\sim} N\left(0, \frac{58.4}{40} + \frac{90.5}{50}\right).$$

Die kritische Schranke ist

$$k_\alpha = -1.645 \cdot \sqrt{\frac{58.4}{40} + \frac{90.5}{50}} = -1.645 \cdot 1.808 = -2.97;$$

der realisierte Wert der Teststatistik liegt im Verwerfungsbereich: $94.25 - 99.60 = -5.35 < -2.97 = k_\alpha$; H_0 muß verworfen werden. Die gleiche Entscheidung ergibt sich aus dem Vergleich der standardisierten Teststatistik $\frac{94.25-99.60}{1.808} = -2.96$ mit dem Perzentil $z_{0.05} = -1.645$.

(b) Der p-Wert ergibt sich zu

$$P\{\bar{X} - \bar{Y} \leq -5.35 | H_0\} = \Phi\left(\frac{-5.35}{1.808}\right) = \Phi(-2.959) = 0.0015;$$

da der p-Wert kleiner als $\alpha = 0.05$ ist, muß H_0 verworfen werden.

(c) Die Macht des Test für $\mu_X - \mu_Y = -5$ ist

$$\begin{aligned} 1-\beta(-5) &= P\{\bar{X}-\bar{Y} \le k_\alpha | \mu_X - \mu_Y = -5\} \\ &= \Phi\left(\frac{-2.97+5}{1.808}\right) = \Phi(1.116) = 0.868 . \end{aligned}$$

Beachte! Dieses Ergebnis für die Macht setzt voraus, daß die Varianz vor und nach Installation der Klimaanlage die gleiche ist.

Beispiel 10.12 Zur Produktion eines elektronischen Bauteils stehen zwei Methoden A und B zur Verfügung. Um zu entscheiden, bei welcher der beiden Methoden die damit produzierten Bauteile eine im Durchschnitt längere Lebensdauer haben, wurden 13 mit A und 12 mit B produzierte Bauteile zufällig ausgewählt und ihre Lebensdauer beobachtet. Das Ergebnis des Experiments zeigt die Tabelle.

A	B	A	B	A	B
44	35	38	39	46	51
44	47	58	32	30	39
56	55	53	41	41	
46	29	49	42		
47	40	35	57		

Unterstützen die Beobachtungen die Vermutung, daß Methode A der Methode B überlegen ist? Zu bestimmen sind (a) deskriptive Statistiken ($\bar{x}$, $\hat{\sigma}^2$, Interquartilsabstand) und Box-Plots der beiden Stichproben, zum Testen der Gleichheit der Lageparameter der beiden Populationen gegen die Alternative, daß die mit A produzierten Bauteile eine höhere Lebensdauer haben ($\alpha = 0.05$), Teststatistik und kritische Schranke (b) des Zweistichproben t-Tests und (c) des Rangsummentests nach Wilcoxon.

(a) Das MINITAB-Protokoll zeigt die gewünschten Charakteristika der beiden Stichproben und die Box-Plots.

```
MTB > describe 'LB-A' 'LD-B'

              N      MEAN    MEDIAN    TRMEAN     STDEV    SEMEAN
LD-A         13     45.15     46.00     45.36      8.00      2.22
LD-B         12     42.25     40.50     42.10      8.74      2.52

            MIN       MAX        Q1        Q3
LD-A      30.00     58.00     39.50     51.00
LD-B      29.00     57.00     36.00     50.00
```

Die Interquartilsabstände sind 11.5 (A) und 14 (B).

```
                            ---------------
LD-A      -----------------I        +     I--------------
                            ---------------

                      ---------------------
LD-B -------------I     +                 I------------
                      ---------------------

    ---+---------+---------+---------+---------+---------+
     30.0      36.0      42.0      48.0      54.0      60.0
```

Man erkennt, daß Methode A eine etwas größere durchschnittliche Lebensdauer ergibt, wobei die Variabilität etwas kleiner ist.

(b) Voraussetzung des Zweistichproben t-Tests ist, daß beide Stichproben aus normalverteilten Grundgesamtheiten mit der gleichen Varianz stammen; mit dem t-Test können wir H_0: $\mu_A = \mu_B$ gegen H_1: $\mu_A > \mu_B$ testen. Die gemeinsam geschätzte Varianz ist

$$\hat{\sigma}^2 = \frac{(n_A - 1)\hat{\sigma}_A^2 + (n_B - 1)\hat{\sigma}_B^2}{n_A + n_B - 2} = \frac{12 \cdot 64.0 + 11 \cdot 76.4}{25 - 2} = 69.9\,;$$

Damit ergibt sich die t-Teststatistik zu

$$T = \frac{\bar{X}_A - \bar{X}_B}{\hat{\sigma}^2\sqrt{\frac{1}{13} + \frac{1}{12}}} = \frac{45.15 - 42.25}{8.63 \cdot 0.40} = 0.87$$

mit einem p-Wert von $P\{\bar{X}_A - \bar{X}_B > 0.87 | \mu_A = \mu_B\} = 0.20$; der Vergleich des beobachteten Wert der Teststatistik (0.87) mit der kritischen Schranke $t_{0.95}(23) = 1.714$ oder des p-Wertes mit $\alpha = 0.05$ ergibt, daß wir H_0 nicht verwerfen können.

(c) Der Rangsummentest nach Wilcoxon setzt lediglich voraus, daß die Beobachtungen Realisationen stetiger Merkmale sind. Mit dem Verfahren testen wir die Nullhypothese der Gleichheit des Lageparameters gegen die Alternative, daß die Beobachtungen der Stichprobe A stochastisch größer sind und demnach in der gemeinsam angeordneten Folge Z_i der Beobachtungen tendenziell die größeren Rangzahlen haben. Diese Rangzahlen zeigt die Tabelle:

Z_i	A/B	$R(Z_i)$	Z_i	A/B	$R(Z_i)$	Z_i	A/B	$R(Z_i)$
29	B	1	41	?	10.5	49	A	19
30	A	2	41	?	10.5	51	B	20
32	B	3	42	B	12	53	A	21
35	?	4.5	44	A	13.5	55	B	22
35	?	4.5	44	A	13.5	56	A	23
38	A	6	46	A	15.5	57	B	24
39	B	7	46	A	15.5	58	A	25
39	B	8	47	?	17.5			
40	B	9	47	?	17.5			

In drei der sechs Bindungsgruppen, die jeweils zwei Beobachtungen umfassen, sind die Stichproben durch "?" symbolisiert; ihre Beobachtungen stammen aus verschiedenen Stichproben. Das MINITAB-Protokoll zeigt das Ergebnis der Anwendung des Mann-Whitney Tests; die Wilcoxon

Teststatistik ergibt sich bei Verwendung mittlerer Rangzahlen bei Bindungen zu $W_A^* = 186.5$.

```
MTB > mann 'LD-A' 'LD-B';
SUBC> alternative 1.

Mann-Whitney Confidence Interval and Test

LD-A        N =  13     Median =        46.00
LD-B        N =  12     Median =        40.50
Point estimate for ETA1-ETA2 is          4.00
95.3 pct c.i. for ETA1-ETA2 is (-4.00,11.00)
W = 186.5
Test of ETA1 = ETA2 vs. ETA1 g.t. ETA2 is sign. at 0.1776
The test is significant at 0.1773 (adjusted for ties)

Cannot reject at alpha = 0.05
```

Der entsprechende p-Wert wird mittels der näherungsweise gültigen Normalverteilung berechnet: mit

$$
\begin{aligned}
\mathrm{E}\{W_A^*\} &= \frac{n(m+n+1)}{2} = \frac{13 \cdot 26}{2} = 169 \\
\mathrm{Var}\{W_A^*\} &= \frac{13 \cdot 12 \cdot 26}{12}\left\{1 - \frac{1}{25 \cdot 24^2}[6 \cdot 2(2^2-1)]\right\} = 337.16
\end{aligned}
$$

ergibt sich für die standardisierte Teststatistik 0.953 mit einem p-Wert von 0.1773; der Vergleich der Teststatistik mit der kritischen Schranke $z_{0.95} = 1.645$ oder des p-Wertes mit dem Signifikanzniveau 0.05 zeigt, daß H_0 nicht verworfen werden kann.

Beispiel 10.13 Der Durchmesser X von Kugellagerkugeln sei normalverteilt nach $X \sim N(\mu, \sigma_1^2)$. Die Stichprobenvarianz berechnet auf der Basis von $n = 25$ Beobachtungen beträgt $\hat{\sigma}_1^2 = 0.2$. Zu bestimmen sind (a) ein 90%iges Konfidenzintervall für die Varianz σ_1^2, (b) Teststatistik und kritische Schranke für den Test von H_0: $\sigma_1^2 = 0.1$ gegen H_1: $\sigma_1^2 > 0.1$ ($\alpha = 0.05$) und (c) Teststatistik und Annahmebereich für den Test von H_0: $\sigma_1^2 = 2\sigma_2^2$ gegen H_1: $\sigma_1^2 > 2\sigma_2^2$ ($\alpha = 0.10$), wenn in einer zweiten unabhängigen Stichprobe aus $n = 21$ Beobachtungen eine geschätzte Varianz von $\hat{\sigma}_2^2 = 0.15$ ermittelt wurde.

(a) Die beiden benötigten Perzentile der $\chi^2(24)$-Verteilung sind $\chi^2_{0.95}(24) = 36.4$ und $\chi^2_{0.05}(24) = 13.8$; das Konfidenzintervall ergibt sich damit zu

$$0.132 \leq \sigma_1^2 \leq 0.348\,.$$

(b) Für die Teststatistik erhalten wir $(n-1)\frac{\hat{\sigma}^2}{\sigma^2} = 48$; da der Wert größer als die kritische Schranke $\chi^2_{0.95}(24) = 36.4$ ist, muß H_0 zugunsten von H_1

verworfen werden; die Varianz der Kugeldurchmesser ist größer als 0.1. Die gleiche Entscheidung ergibt sich beim Vergleich des mit der MINITAB-Prozedur `cdf` erhaltenen p-Wertes von 0.0025 mit $\alpha = 0.05$.

(c) Für die unter H_0 nach $F(24, 20)$ verteilten Teststatistik

$$\frac{\hat{\sigma}_1^2}{\hat{\sigma}_2^2}\frac{\sigma_2^2}{\sigma_1^2} = 0.5\,\frac{\hat{\sigma}_1^2}{\hat{\sigma}_2^2}$$

erhalten wir den Wert $0.6\dot{6}$; teilen wir das Signifikanzniveau zu gleichen Teilen auf den unteren und oberen kritischen Bereiche auf, so ergibt sich der Annahmebereich aus

$$F_{0.05}(24, 20) \leq 0.5\,\frac{\hat{\sigma}_1^2}{\hat{\sigma}_2^2} \leq F_{0.95}(24, 20)$$

zu $[0.247, 1.042]$; H_0 ist nicht zu verwerfen. Die gleiche Entscheidung ergibt sich beim Vergleich des mit der MINITAB-Prozedur `cdf` erhaltenen p-Wertes von 0.171 mit $\alpha = 0.10$.

10.C Übungsaufgaben

10.1 36 Realisationen einer Zufallsvariablen bilden eine Stichprobe. Wie viele Realisationen derselben Zufallsvariablen muß eine zweite Stichprobe umfassen, damit die Standardabweichung des zweiten Stichprobenmittelwertes 2/3 der des ersten beträgt?

10.2 Welches Verhältnis bilden die Umfänge zweier Stichproben der gleichen Zufallsvariablen, wenn die Standardabweichung des zweiten Stichprobenmittelwertes das k-fache der Standardabweichung des ersten ist?

10.3 Für X gilt: $\mu = 72$, $\sigma = 3$; wie groß ist die Wahrscheinlichkeit, daß für den Mittelwert aus einer Stichprobe von 80 Werten gilt

(a) $\bar{X} \leq 71.7$,

(b) $\bar{X} > 72.5$.

10.4 Für welchen Wert c gilt (Aufg. 3):

(a) $P\{\bar{X} > c\} = 0.90$,

(b) $P\{\bar{X} > c\} = 0.95$?

10.5 Das Körpergewicht einer Bevölkerung sei nach $N(72, 100)$ verteilt. Wie groß muß der Stichprobenumfang gewählt werden, damit das mittlere Gewicht der Personen mit einer Wahrscheinlichkeit von 0.9 mehr als 70 kg beträgt?

10.6 Die Zufallsvariable Y steht für das Gewicht von Äpfeln: $\mu = 15$dag, $\sigma = 3$dag; in einer Kiste befinden sich 36 zufällig ausgewählte Äpfel. Mit welcher Wahrscheinlichkeit ist das Durchschnittsgewicht der ausgewählten Äpfel

(a) geringer als 16dag

(b) größer als 14.5dag

(c) zwischen 14 und 16dag?

(d) Wie groß ist die Wahrscheinlichkeit, daß das Gesamtgewicht eines Kisteninhalts mehr als 550dag beträgt?

10.7 In welchem symmetrischen Intervall um den Mittelwert wird $\bar{X}$ (Aufg. 3) mit einer Wahrscheinlichkeit von
(a) 90%
(b) 95%
(c) 99%
realisiert?

10.8 In welchem Intervall um den Mittelwert wird $\bar{X}$ (Aufg. 3, jedoch X normalverteilt) mit einer Wahrscheinlichkeit von 0.9 realisiert, wenn der Stichprobenumfang folgende Werte hat:
(a) 10,
(b) 20,
(c) 40;
(d) in welchem Verhältnis stehen die Intervallängen?

10.9 Wie groß muß der Stichprobenumfang gewählt werden, damit ein symmetrisches Intervall um den Mittelwert, in dem $\bar{X}$ (Aufg. 3) mit einer Wahrscheinlichkeit von 0.95 liegt, höchstens die Länge 1 hat?

10.10 Eine Stichprobe von Umfang 36 einer Zufallsvariablen X mit $\sigma^2 = 36$ ergibt $\bar{x} = 108$; zu bestimmen ist ein 95%-iges Konfidenzintervall für $\mathrm{E}\{X\} = \mu$.

10.11 Wie groß muß der Stichprobenumfang in Aufg. 10 (mindestens) gewählt werden, damit das Konfidenzintervall eine Länge von höchstens 2 hat?

10.12 Wie groß muß der Stichprobenumfang in Aufg. 10 (zumindest) gewählt werden, damit ein 99%-iges Konfidenzintervall eine Länge von höchstens 2 hat?

10.13 Welches Konfidenzintervall ergibt sich (Aufg. 10), wenn X normalverteilt ist und die unbekannte Varianz σ_X^2 durch $\hat{\sigma}_X^2 = 42$ ersetzt wird, bei einem Stichprobenumfang von
(a) 31,
(b) 51,
(c) 201?

10.14 Die Standardabweichung der Größe von Bewohnern der Stadt A ist 6.4cm. Der Mittelwert der Größen von 100 zufällig ausgewählten Bewohnern ergab sich zu 171.3cm; zu bestimmen sind die Grenzen eines Konfidenzintervalls für den Mittelwert zur Konfidenzzahl

(a) 0.99,

(b) 0.98.

10.15 In der Stadt A (B) ist die Standardabweichung der Größe der Bewohner 6.4cm (6.3cm); der Mittelwert $\bar{x}_A$ ($\bar{x}_B$) der Größe von 100 (80) zufällig ausgewählten Personen ergab sich zu 171.3cm (174.9cm); welche Grenzen hat ein 95%-iges Konfidenzintervall für die Differenz $\mu_A - \mu_B$, wenn μ_i der Mittelwert der Größe der Bewohner von i ($i = A, B$) ist?

10.16 Die Standardabweichungen in Aufg. 15 seien unbekannt; Schätzer seien $s_A = 6.7$cm, $s_B = 6.0$cm; welche Grenzen hat unter dieser Bedingung das Konfidenzintervall (Aufg. 15)?

10.17 Wieviele Stichprobenwerte (Aufg. 14) müssen ermittelt werden, damit ein 99%-iges Konfidenzintervall eine Länge von höchstens 5cm hat?

10.18 Für X gilt: $\sigma^2 = 25$; eine Stichprobe vom Umfang 16 ergibt $\bar{x} = 22$. Zu bestimmen ist ein 95%-iges Konfidenzintervall für den Mittelwert

(a) unter Annahme der Normalverteilung,

(b) unter Benutzung der Tschebyscheff'schen Ungleichung.

10.19 Der Mittelwert aus vier unabhängigen Messungen eines Gewichtes sei 225kg; die Standardabweichung, mit der die Waage anzeigt, sei 4kg. Zu bestimmen ist ein 90%-iges Konfidenzintervall für das tatsächliche Gewicht

(a) unter Annahme der Normalverteilung des Meßfehlers,

(b) ohne diese Annahme.

10.20 Der von einem Entfernungsmesser angezeigte Wert wird mit einem Fehler abgelesen, dessen Standardabweichung 2m beträgt; wieviele unabhängige Messungen müssen vorgenommen werden, damit mit einer Sicherheit von mindestens 0.99 der Fehler einer Entfernungsangabe höchstens 1.5m beträgt, wenn der Ablesefeher

(a) normalverteilt ist,

(b) eine unbekannte Verteilung hat.

10.21 Auf zwei Entfernungsmessern (A, B) werden 10 bzw. 12 unabhängige Messungen einer Distanz vorgenommen; die Ablesungen betragen im Mittel $\bar{x}_A = 804$m und $\bar{x}_B = 798$m; ihre Standardabweichungen sind $s_A = 2.9$m und $s_B = 2.4$m; der Meßfehler wird als normalverteilt angenommen.

(a) Ein 95%-iges Konfidenzintervall für die Differenz der tatsächlichen Längen ist anzugeben;

(b) welche Voraussetzung muß in (a) über die Varianz der Meßfehler gemacht werden?

10.22 Unter 100 unabhängigen Wiederholungen eines Versuches trat das Ereignis A 35-mal ein; zu bestimmen ist ein Konfidenzintervall für die Wahrscheinlichkeit des Ereignisses A mit der Konfidenzzahl

(a) 0.90,

(b) 0.80.

10.23 Durch Behandlung mit einem Medikament A wurden 12 von 48 Patienten geheilt; für die Wahrscheinlichkeit, geheilt zu werden, ist ein 95%-iges Konfidenzintervall zu bestimmen.

10.24 Mit einem Medikament A wurden 12 von 48 Patienten, mit einem anderen Medikament B wurden 24 von 42 Patienten geheilt; welche Grenzen hat ein 99%-iges Konfidenzintervall für die Differenz $p_B - p_A$?

10.25 In einer Studie wurde das Heiratsalter von Frauen aus zwei verschiedenen Regionen A und B untersucht; dazu wurde eine Stichprobe von 100 Frauen aus jeder Region befragt; auf die Frage "Heirateten Sie, bevor Sie 19 Jahre alt waren?", antworteten

	Region A	Region B
ja	62	29
nein	38	71

Ein 95%-iges Konfidenzintervall für $p_A - p_B$ ist zu berechnen, wobei p_A (p_B) der Anteil der Frauen in Region A (B) ist, die mit weniger als 19 Jahren heirateten.

10.26 Es gelte $X \sim N(\mu, 4)$; eine Stichprobe vom Umfang 25 ergab $\bar{x} = 14.7$; zu bestimmen sind der Wert der Teststatistik und der kritische Bereich für den Test ($\alpha = 0.05$) der Nullhypothese H_0: $\mu = 14$ gegen die Alternative

(a) H_1: $\mu > 14$,

(b) H_1: $\mu < 14$,

(c) H_1: $\mu \neq 14$.

10.27 Wie Aufg. 26, jedoch für $\alpha = 0.01$.

10.28 Für den Test aus Aufg. 26(a) ist die Macht zu bestimmen für

(a) $\mu = 14.7$,

(b) $\mu = 15$,

(c) $\mu = 15.5$.

10.29 Der Durchmesser eines Drehstückes beträgt im Durchschnitt von 121 Stichprobenwerten $\bar{x} = 15.1$mm; die Durchmesser streuen erfahrungsgemäß mit $\sigma = 0.2$mm; die Hypothese H_0: $\mu = 15$mm ist gegen H_1: $\mu > 15$mm zu testen ($\alpha = 0.05$).

10.30 Für die Angaben aus Aufg. 29 ist zu bestimmen

(a) die Macht des Testes für $\mu = 15.05$;

(b) der Stichprobenumfang, für den die Macht des Testes bei $\mu = 15.05$ mindestens 0.9 beträgt.

10.31 Ein Geflügelhändler bezieht von einer Geflügelfarm Truthühner mit einem vereinbarten mittleren Gewicht von 6kg; eine Stichprobe von 60 Hühnern ergibt einen Mittelwert $\bar{x} = 5.63$kg und $s = 2.5$kg. Es ist zu prüfen, ob der Verdacht des Händlers begründet ist, daß das mittlere Gewicht geringer als vereinbart sei ($\alpha = 0.05$); der Wert der Teststatistik und der kritische Bereich sind anzugeben.

10.32 Unter der Annahme, daß die Varianz unverändert bleibt, ist die Macht des Tests aus Aufg. 31 im Bereich $5 < \mu < 7$ graphisch darzustellen.

10.33 Eine Meinungsumfrage unter 400 Studenten ergab, daß sie im Mittel 5.1 Bücher pro Jahr lesen ($s = 6$ Bücher pro Jahr); es sei bekannt, daß in der gesamten Population im Durchschnitt 4 Bücher pro Jahr gelesen werden. Die Behauptung ist zu prüfen ($\alpha = 0.01$), daß die Lesegewohnheiten der Studenten von denen der Gesamtpopulation verschieden sind; der Wert der Teststatistik und der kritische Bereich sind anzugeben.

10.34 Es gelte $X \sim N(\mu, \sigma^2)$; eine Stichprobe vom Umfang 16 ergab $\bar{x} = 62$ und $s = 7$. Zu bestimmen sind der Wert der Teststatistik und der kritische Bereich für den Test ($\alpha = 0.05$) der Nullhypothese H_0: $\mu = 65.5$ gegen die Alternative

(a) H_1: $\mu < 65.5$,

(b) H_A: $\mu \neq 65.5$.

10.35 Wie Aufg. 34, jedoch $\alpha = 0.01$.

10.36 Eine Autotype braucht laut Hersteller 10 l Benzin/100 km; der Verbrauch wird als normalverteilt angenommen; ein Experiment mit 31 dieser Autos ergibt einen mittleren Verbrauch von 10.5 l/100 km und eine Standardabweichung von 0.6 l/100 km. Eine Konsumentenschutz-Zeitschrift behauptet, der Verbrauch sei höher als der vom Werk angegebene; kann diese Behauptung auf der Basis dieser Daten gehalten werden ($\alpha = 0.1$)? Der Wert der Teststatistik und der kritische Bereich sind anzugeben.

10.37 Es ist die Behauptung zu prüfen, daß die Heilungschance (Aufg. 23) geringer als 0.30 ist ($\alpha = 0.05$); der Wert der Teststatistik und der kritische Bereich sind anzugeben.

10.38 Der Geflügelhändler (Aufg. 31) erhält eine weitere Sendung; eine Stichprobe von 30 Truthühnern zeigt ein Durchschnittsgewicht von 5.95kg und $s = 2.4$kg. Unter der Annahme, daß für das Gewicht der Truthühner der beiden Lieferungen gilt: $X_1 \sim N(\mu_1, \sigma^2)$ und $X_2 \sim N(\mu_2, \sigma^2)$, ist H_0:

$\mu_1 = \mu_2$ gegen H_1: $\mu_1 \neq \mu_2$ zu testen ($\alpha = 0.05$); der Wert der Teststatistik und der kritische Bereich sind anzugeben.

10.39 Der Benzinverbrauch der beiden Autotypen A und B wurde stichprobenweise erhoben:

A: 20.3, 13.7, 13.8, 12.4, 16.0, 12.5, 19.4, 30.1, 35.6, 24.6
B: 19.9, 13.2, 11.7, 14.6, 14.1, 21.8, 25.5, 35.1, 25.5, 8.8;

es soll getestet werden, ob ihr mittlerer Benzinverbrauch als gleich angesehen werden kann ($\alpha = 0.05$), wobei annommen wird, daß der Benzinverbrauch der beiden Autotypen

(a) normalverteilt mit gleicher Varianz
(b) stetig verteilt

ist; der Wert der Teststatistik und der kritische Bereich sind anzugeben.

10.40 Die Behauptung ist zu prüfen, daß die Medikamente (Aufg. 24) verschiedene Heilchancen haben ($\alpha = 0.05$); der Wert der Teststatistik und der kritische Bereich sind anzugeben.

10.41 Eine Messung sei mit einem normalverteilten Meßfehler behaftet; eine Stichprobe von 25 Messungen ergab $\bar{x} = 100$cm und $s = 1$cm; zu bestimmen ist ein 95%-iges Konfidenzintervall für

(a) μ,
(b) σ^2,
(c) ein simultanes Bonferroni Intervall für μ und σ^2.

10.42 Eine Längenmessung sei mit einem normalverteilten Meßfehler behaftet; 20 unabhängige Messungen eines Gegenstandes ergaben $\bar{x} = 106$cm und $s = 1.5$cm. Zu bestimmen sind 95%-ige Konfidenzintervalle für

(a) μ,
(b) σ^2,
(c) ein simultanes Bonferroni Intervall für μ und σ^2.

10.43 Die Dauer der Bohrvorgänge an einem Werkstück (in Sekunden) sei normalverteilt; aus 101 Beobachtungen wurde eine Varianz von 32 geschätzt. Zu bestimmen ist ein Konfidenzintervall für σ^2 zur Konfidenzzahl

(a) 0.95,
(b) 0.99.

10.44 Für die Angaben von Aufg. 43 ist zu testen

(a) H_0: $\sigma^2 = 30$ gegen die Alternative H_1: $\sigma^2 > 30$ ($\alpha = 0.05$);

(b) einen Tag später wurde eine weitere Stichprobe gezogen: $n = 41$, $s^2 = 28$; die Behauptung, die Varianz hätte sich geändert, ist zu testen ($\alpha = 0.1$).

Die Werte der Teststatistik und die kritischen Bereiche sind anzugeben.

10.45 In einem Versuch mit einem Düngemittel wurden die folgenden Hektarerträge in Tonnen ermittelt:

$$40, 42, 56, 29, 49, 37, 14, 25;$$

daneben gemessene Kontrollwerte lauten:

$$27, 37, 37, 53, 30, 37, 30, 21.$$

Was lernt man aus den entsprechenden Box-Plots oder Punktdiagrammen? Kann die Behauptung akzeptiert werden, daß das Düngemittel eine ertragssteigernde Wirkung hat ($\alpha = 0.05$)? Der Wert der Teststatistik und der kritische Bereich sind anzugeben, wenn zum Test verwendet wird

(a) der Zweistichproben t-Test,

(b) der Rangsummentest von Wilcoxon.

(c) Können die Varianzen dieser beiden Stichproben als verschieden angesehen werden ($\alpha = 0.10$)?

10.46 Der Durchmesser eines Drehstückes sei normalverteilt; der Wert der Teststatistik und der kritische Bereich sind für folgende Fragestellungen anzugeben.

(a) Eine Stichprobe vom Umfang 16 ergibt $s = 0.83$mm; kann die Behauptung als zutreffend angesehen werden, daß $\sigma > 0.8$mm ($\alpha = 0.05$)?

(b) Eine spätere Stichprobe von 21 Werkstücken ergibt $s = 0.76$m; die Behauptung ist zu prüfen, daß sich die Varianz geändert hätte ($\alpha = 0.1$).

(c) Wie (b); die Behauptung ist zu prüfen, daß sich die Varianz um 25% verringert hätte ($\alpha = 0.10$).

Lösungen der Übungsaufgaben

1: 81. **2:** $n_1 : n_2 = k^2 : 1$. **3:** (a) 18.67%; (b) 6.81%. **4:** (a) 71.57; (b) 71.45. **5:** 41. **6:** (a) 97.72%; (b) 84.13%; (c) 95.45%; (d) 28.8%. **7:** (a) (71.45, 72.55); (b) (71.34, 72.66); (c) (71.13, 72.87). **8:** (a) (70.44, 73.56); (b) (70.90, 73.10); (c) (71.22, 72.78); (d) 2:1.41:1. **9:** 139. **10:** (106.04,109.96). **11:** 139. **12:** 240. **13:** (a) (105.63,110.37); (b) (106.18,109.82) oder (106.22,109.78); (c) (107.10, 108.90). **14:** (a) (169.65,172.95); (b) (169.8,172.8). **15:** (−5.47, −1.73). **16:** (−5.46, −1.74). **17:** 44. **18:** (a) (19.55, 24.45); (b) (16.41, 27.59). **19:** (a) (221.7,228.3); (b) (218.7,231.3). **20:** (a) 48; (b) 711. **21:** (a) (3.64,8.36); (b) $\sigma_A^2 = \sigma_B^2$. **22:** (a) (0.272, 0.428); (b) (0.289, 0.411). **23:** (0.13, 0.37). **24:** (0.067,0.576). **25:** (0.20,0.46). **26:** (a) $K^c = (-\infty, 14.66)$; (b) $K^c = (13.34, \infty)$; (c) $K^c = (13.22, 14.78)$. **27:** (a) $K^c = (-\infty, 14.93)$; (b) $K^c = (13.07, \infty)$; (c) $K^c = (12.97, 15.03)$. **28:** (a) 53.98%; (b) 80.23%; (c) 98.21%.

29: $K^c = (-\infty, 15.03)$. **30:** (a) 86.43%; (b) 137. **31:** -1.15, $K=(-\infty, -1.645]$. **33:** $K^c = (3.23, 4.78)$. **34:** (a) $K^c = (62.44, \infty)$; (b) $K^c = (61.77, 69.23)$. **35:** (a) $K^c = (60.95, \infty)$; (b) $K^c = (60.34, 70.66)$. **36:** $K^c = (-\infty, 10.27)$. **37:** $K^c = (0.19, 1]$. **38:** $-0.58 \in (-1.99, 1.99)$. **39:** (a) $0.23 \in (-2.10, 2.10)$; (b) 107. **40:** (a) 0.321, (0.203,0.203). **41:** (a) (99.59,100.41); (b) (0.61, 1.94); (c) (99.55, 100.45), (0.57, 2.14). **42:** (a) (105.3,106.7); (b) (1.3,4.8); (c) (105.18, 106.82), (1.01, 3.82). **43:** (a) (24.69,43.13); (b) (22.83,47.55). **44:** (a) 106.67, $K^c = [124.34, \infty)$; (b) $T = 1.14 \in (0.66, 1.59)$. **45:** (a) 0.43, $[2.15, \infty)$; (b) 73.5, [85, 136]; (c) $t = 1.99$, $(0.26, 3.79)^c$. **46:** (a) 16.15, $[24.996, \infty)$; (b) 1.19, $(0.45, 2.20)^c$; (c) 1.12, $(0.45, 2, 20)^c$.

Kapitel 11

Regressionsanalyse

Die Zielsetzung in vielen praktischen Problemstellungen ist es, Beziehungen zwischen zwei oder mehreren Variablen zu untersuchen. Bei Problemen der Regressionsanalyse interessiert uns die Frage, in welcher Weise eine bestimmte Variable (Responsevariable, abhängige Variable) von einer oder auch mehreren erklärenden (unabhängigen) Variable abhängt. Beispielsweise möchte der Anbieter eines Markenartikels wissen, wie sein Umsatz vom Werbeaufwand abhängt; der Produktionsmanager eines Betriebes möchte den Ertrag eines chemischen Prozesses oder die Reinheit des Produkts in Abhängigkeit von Temperatur und Druck im Reaktor kennen; der Manager einer Kette von Supermärkten möchte wissen, wie der Umsatz seiner Filialen von der Größe der Geschäftsräume und vom durchschnittlichen Einkommen der Bewohner des Standortes abhängt.

Die Regressionsanalyse setzt voraus, daß wir für die Beziehung zwischen den interessierenden Variablen ein Modell spezifizieren können. Verfahren der Regressionsanalyse erlauben uns, die Parameter des Regressionsmodells zu schätzen und statistische Teste zur Beurteilung des Modells und seiner Adäquatheit vorzunehmen. Dieses Instrumentarium ermöglicht uns, die Abhängigkeitsstruktur zwischen den Variablen zu studieren und zu verstehen. Die geschätzte Regressionsbeziehung erlaubt uns, die Kenntnis der erklärenden Variablen für das Berechnen von Prognosewerten für die Responsevariable zu benützen. Umgekehrt können wir jene Werte für die erklärenden Variablen aufsuchen, für die die Responsevariable einen bestimmten Wert oder ein Optimum annimmt.

11.1 Das einfache, lineare Regressionsmodell

In diesem Abschnitt wird das einfache, lineare Regressionsmodell behandelt, das wir schon im Kapitel 3.2 kennengelernt haben. Bei diesem Modell gehen wir davon aus, daß die Beziehung zwischen der Responsevariablen und einer einzigen erklärenden Variablen durch eine lineare Beziehung repräsentiert wird.

Beispiel 11.1 Der jährliche Umsatz Y (in MöS) in 14 Wiener Filialen eines Supermarktes und ihre Verkaufsfläche X (in m^2) betragen:

Filiale	Umsatz	Fläche
1., Fleischmarkt	7.48	157
2., Wehlistraße	2.19	109
3., Kundmanngasse	13.60	279
5., Arbeitergasse	3.25	120
7., Mariahilfer Straße	6.70	172
7., Zieglergasse	8.87	196
9., J. Tandler Platz	4.51	120
10., Raxstraße	11.04	247
11., Geringergasse	8.81	231
12., Eichenstraße	4.24	128
13., Firmiangasse	12.25	259
15., Gablenzgasse	4.92	116
17., Thaliastraße	6.87	189
21., Brünner Straße	11.44	242

Das Streudiagramm zeigt, daß die Annahme einer linearen Beziehung $Y = \alpha + \beta X$ zwischen Umsatz Y und Verkaufsfläche X die Beobachtungen in hohem Maße repräsentiert.

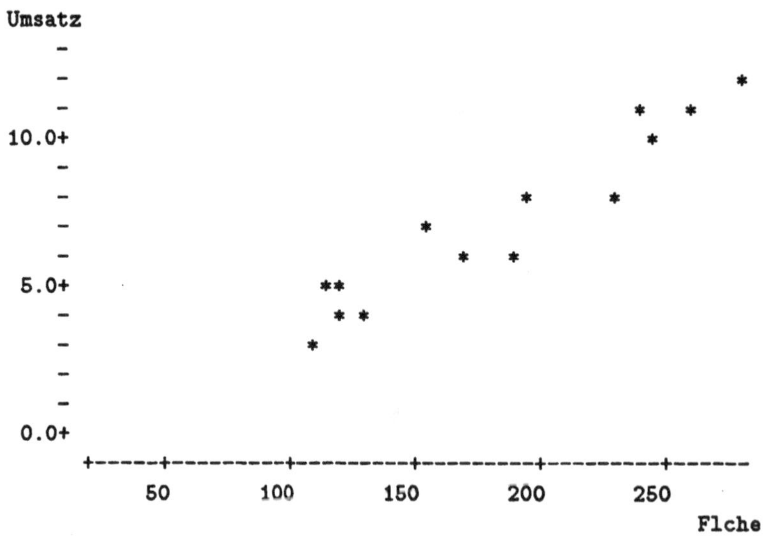

Das Schätzproblem der Regressionsanalyse betrifft das Auffinden geeigneter Zahlenwerte für die Regressionskoeffizienten α und β. Damit wird die Regressionsgerade festgelegt, mit deren Hilfe etwa Prognosen für den Umsatz bei gegebener Verkaufsfläche berechnet werden können.

Das einfache, lineare Regressionsmodell hat große Vorzüge hinsichtlich der rechnerischen Behandlung (wie wir sehen werden), besonders aber hinsichtlich der Interpretation seiner Charakteristika: Die Konstante β, Anstieg der Geraden in der $X - Y$ Ebene und Regressionskoeffizient der Variablen X, ist der zusätzliche jährliche Umsatz, der mit einer Vergrößerung um einen Quadratmeter verbunden ist. Natürlich ist die Beziehung $Y = \alpha + \beta X$, die wir aus der Inspektion einiger Beobachtungen als geeignetes Modell erkannt haben, nicht unbedingt gültig für Beobachtungen, die wesentlich von den im Diagramm sichtbaren abweichen. Das ergibt sich etwa aus dem logischen Argument, daß ein positiver Umsatz α bei keiner Verkaufsfläche ($X = 0$) nicht möglich ist.

Die Themen dieses Abschnitts sind (i) die Spezifikation des einfachen linearen Regressionsmodells, (ii) das Schätzen seiner Parameter, (iii) statistische Teste betreffend die Parameter und (iv) das Berechnen von Prognosewerten.

11.1.1 Die Spezifikation des Regressionsmodells

In Beispiel 11.1 sind die beiden Variablen Y und X durch die lineare Beziehung $Y = \alpha + \beta X$ miteinander verbunden. In der graphischen Darstellung dieser Beziehung repräsentiert der Parameter α, das **Interzept**, den Abschnitt auf der Y-Achse, und β mißt den **Anstieg** der Geraden oder die Veränderung von Y pro Einheit der Veränderung von X. Die Abweichungen der Beobachtungen (x_i, y_i) von der Regressionsgeraden werden als durch zufällige Einflüße verursacht angesehen.

Diese Überlegung führt zur folgenden Formulierung des linearen Regressionsmodells.

Definition 11.1 Einfaches, lineares Regressionsmodell: *Der Wert Y_i der Responsevariablen hängt nach*

$$Y_i = \alpha + \beta x_i + u_i$$

vom Wert x_i der erklärenden Variablen ab, $i = 1, \ldots, n$, wobei

(a) $x_1, \ldots, x_n$ als fixe, d.h. nichtzufällige Größen angesehen werden;

(b) *$u_1, \ldots, u_n$ die Fehlergrößen oder Störgrößen repräsentieren; sie sind nichtbeobachtbare Zufallsvariable mit den Eigenschaften*

$$E\{u_i\} = 0\,, \quad E\{u_i, u_j\} = \begin{cases} \sigma^2 & i = j\,, \\ 0 & i \neq j\,, \end{cases}$$

d.h., sie haben Erwartungswert Null und konstante Varianz und sind unkorreliert; manchmal wird zusätzlich die Normalverteilung vorausgesetzt:

$$u_i \sim N(0, \sigma^2)\,;$$

(c) *die Regressionskoeffizienten α und β bestimmen die Lage der Regressionsgeraden und sind unbekannt.*

Entsprechend dieser Modellspezifikation wird die Beobachtung Y_i an der Stelle x_i als eine Stichprobe vom Umfang Eins aus einer (Normal)verteilung mit Erwartungswert $\alpha + \beta x_i$ und Varianz σ^2 angesehen:

$$Y_i \sim N(\alpha + \beta x_i, \sigma^2)\,.$$

Die Regressionsbeziehung läßt sich für alle n Beobachtungen gemeinsam darstellen:

$$\begin{aligned} Y_1 &= \alpha + \beta x_1 + u_1 \\ \vdots \;&\;\vdots\;\; \vdots \\ Y_n &= \alpha + \beta x_n + u_n \end{aligned}$$

Dafür schreiben wir in Matrixnotation

$$\mathbf{y} = \mathbf{X} \begin{pmatrix} \alpha \\ \beta \end{pmatrix} + \mathbf{u}\,,$$

wobei der n-Vektor $\mathbf{y}$ die Beobachtungen der Responsevariablen, die $(n \times 2)$-Matrix $\mathbf{X}$ die Beobachtungen der erklärenden Variable und der n-Vektor $\mathbf{u}$ die Störgrößen enthält:

$$\mathbf{y} = \begin{pmatrix} y_1 \\ \vdots \\ y_n \end{pmatrix}, \quad \mathbf{X} = \begin{pmatrix} 1 & x_1 \\ \vdots & \vdots \\ 1 & x_n \end{pmatrix}, \quad \mathbf{u} = \begin{pmatrix} u_1 \\ \vdots \\ u_n \end{pmatrix};$$

die erste Spalte von $\mathbf{X}$ ist ein Vektor von Einsen, die der Multiplikator des Interzepts sind. Die Matrixschreibweise erlaubt, wie wir später sehen werden, Modelle mit mehreren erklärenden Variablen in formal gleicher Weise zu behandeln wie das einfache lineare Regressionsmodell.

11.1.2 Schätzen der Parameter

Das in der *Definition 11.1* formulierte Regressionsmodell hängt von drei Parametern ab, den Regressionskoeffizienten α und β und der Varianz der Störgrößen σ^2. Schätzwerte für die Parameter werden auf der Basis der Beobachtungen $(x_1, y_1), \ldots, (x_n, y_n)$ ermittelt.

Kleinst-Quadrat Schätzung der Regressionskoeffizienten

Die Schätzfunktionen für α und β ergeben sich nach dem Kleinst-Quadrat Prinzip durch Minimieren der Summe der Quadrate der Abweichungen zwischen den Beobachtungen y_i und den auf Grund der Regressionsgeraden geschätzten Werten $\alpha + \beta x_i$ für y_i:

$$S(\alpha, \beta) = \sum_i (y_i - \alpha - \beta x_i)^2 = \sum_i u_i^2 .$$

Wir suchen jene Werte $\hat{\alpha}$ und $\hat{\beta}$, für die diese Summe minimal ist. Partielles Differenzieren nach α und β und Nullsetzen liefert die **Normalgleichungen**, zwei lineare Gleichungen, die die Schätzer $\hat{\alpha}$ und $\hat{\beta}$ bestimmen:

$$n\hat{\alpha} + \hat{\beta} \sum_i x_i = \sum_i y_i , \tag{11.1}$$

$$\hat{\alpha} \sum_i x_i + \hat{\beta} \sum_i x_i^2 = \sum_i x_i y_i . \tag{11.2}$$

In Matrixnotation lauten die Koeffizientenmatrix und der Vektor der rechten Seite des Gleichungssystems

$$\mathbf{X}'\mathbf{X} = \begin{pmatrix} n & \sum_i x_i \\ \sum_i x_i & \sum_i x_i^2 \end{pmatrix} , \quad \mathbf{X}'\mathbf{y} = \begin{pmatrix} \sum_i y_i \\ \sum_i x_i y_i \end{pmatrix} ,$$

sodaß wir die Normalgleichungen in Matrixform schreiben können als

$$(\mathbf{X}'\mathbf{X}) \begin{pmatrix} \hat{\alpha} \\ \hat{\beta} \end{pmatrix} = \mathbf{X}'\mathbf{y} .$$

Die Lösung ist

$$\begin{pmatrix} \hat{\alpha} \\ \hat{\beta} \end{pmatrix} = (\mathbf{X}'\mathbf{X})^{-1}\mathbf{X}'\mathbf{y} ,$$

wobei wir natürlich unterstellt haben, daß die Matrix $(\mathbf{X}'\mathbf{X})$ invertierbar ist. Diese Darstellung kann leicht auf den Fall von mehreren erklärenden Variablen verallgemeinert werden. Für den Fall des einfachen Regressionsmodells ergeben sich explizite Formeln für die beiden Schätzfunktionen $\hat{\alpha}$ und $\hat{\beta}$ durch Invertieren von $(\mathbf{X}'\mathbf{X})$ und Ausmultiplizieren.

Satz 11.1 *Die Kleinst-Quadrat Schätzfunktionen der Regressionskoeffizienten sind*

$$\hat{\beta} = \frac{n\sum x_i Y_i - \sum x_i \sum Y_i}{n^2 S_{xx}},$$
$$\hat{\alpha} = \frac{\sum Y_i \sum x_i^2 - \sum x_i \sum x_i Y_i}{n^2 S_{xx}} = \bar{Y} - \hat{\beta}\bar{x},$$

wobei $S_{xx} = s_x^2 = \frac{1}{n}\sum x_i^2 - \bar{x}^2$ *die Stichprobenvarianz der* x_i *ist.*

Schätzung der Varianz der Störgrößen

Die Schätzfunktion für σ^2 basiert auf den **Residua**

$$\hat{u}_i = Y_i - \hat{Y}_i = Y_i - \hat{\alpha} - \hat{\beta}x_i,$$

das sind die Differenzen zwischen den beobachteten Werten Y_i und den mit Hilfe der geschätzten Regressionsgeraden prognostizierten Werten $\hat{Y}_i = \hat{\alpha} + \hat{\beta}x_i$. Mit Hilfe der Residua läßt sich eine Schätzfunktion für die Varianz der Störgrößen angeben.

Definition 11.2 *Die Schätzfunktion für die Varianz* σ^2 *der Störgrößen des einfachen, linearen Regressionsmodells ist*

$$\hat{\sigma}^2 = \frac{1}{n-2}\sum_i \hat{u}_i{}^2 = \frac{1}{n-2}\sum_i (Y_i - \hat{\alpha} - \hat{\beta}\,x_i)^2 .$$

Die Varianz der Störgrößen schätzen wir als Summe der Quadrate der Residua dividiert durch Anzahl der Beobachtungen minus Anzahl der geschätzten Regressionskoeffizienten.

Die Residua haben für die praktische Anwendung der Regressionsanalyse eine große Bedeutung, da viele Methoden der Adäquatheitsprüfung auf ihnen aufbauen. Zwei wichtige Eigenschaften der Residua sind

$$\sum \hat{u}_i = 0, \quad \sum \hat{u}_i x_i = 0;$$

man erhält sie durch Umformen der Normalgleichungen (11.1) und (11.2).

Beispiel 11.2 Der jährliche Umsatz (Y) in 14 Filialen eines Supermarktes und ihre Verkaufsfläche X (in m^2) betragen (vergleiche Beispiel 11.1)

i	y_i	x_i
1	7.48	157
2	2.19	109
3	13.60	279
4	3.25	120
5	6.70	172
6	8.87	196
7	4.51	120
8	11.04	247
9	8.81	231
10	4.24	128
11	12.25	259
12	4.92	116
13	6.87	189
14	11.44	242

Schätzwerte $\hat{\alpha}$ und $\hat{\beta}$ des linearen Regressionsmodells $Y = \alpha + \beta x + u$ sind zu bestimmen durch Einsetzen (a) in die Schätzfunktionen aus *Satz 11.1* und (b) in die in Matrixnotation gegebenen Schätzfunktionen. Außerdem soll (c) die Varianz der Störgrößen σ^2 geschätzt werden.

(a) Summation ergibt $\sum x_i = 2565$, $\sum y_i = 106.17$, $\sum x_i^2 = 516747$ und $\sum x_i y_i = 22145$; damit erhalten wir $\bar{x} = 183.2$, $\overline{x^2} = 36910.5$, $S_{xx} = 3348.26$ und $\bar{y} = 7.58$. Die Schätzwerte sind

$$\begin{aligned} \hat{\beta} &= \frac{n \sum x_i y_i - \sum x_i \sum y_i}{n^2 S_{xx}} \\ &= \frac{(14)(22145) - (2565)(106.17)}{14^2(3348.26)} = 0.0575\,, \\ \hat{\alpha} &= \bar{y} - \beta\bar{x} = 7.58 - (0.0575)(183.2) = -2.96\,. \end{aligned}$$

(b) Mit

$$(\mathbf{X}'\mathbf{X})^{-1} = \begin{pmatrix} 14 & 2565 \\ 2565 & 516747 \end{pmatrix}^{-1} = \begin{pmatrix} 0.78865 & -0.00392 \\ -0.00392 & 0.00002 \end{pmatrix}$$

und

$$\mathbf{X}'\mathbf{y} = \begin{pmatrix} 106.17 \\ 22145 \end{pmatrix}$$

ergibt sich der Kleinst-Quadrat Schätzer zu

$$\begin{pmatrix} \hat{\alpha} \\ \hat{\beta} \end{pmatrix} = \begin{pmatrix} 0.78865 & -0.00392 \\ -0.00392 & 0.00002 \end{pmatrix} \begin{pmatrix} 106.17 \\ 22145 \end{pmatrix} = \begin{pmatrix} -2.96 \\ 0.0575 \end{pmatrix}.$$

Die geschätzte Regressionsgerade lautet

$$\hat{y} = \hat{\alpha} + \hat{\beta}x = -2.96 + 0.0575\,x\,.$$

(c) Die folgende Tabelle zeigt neben den beobachteten Werten y_i der Responsevariablen die mit Hilfe der geschätzten Regressionsgeraden prognostizierten Werten $\hat{y}_i = \hat{\alpha} + \hat{\beta}x_i$ und die Residua $\hat{u}_i = y_i - \hat{y}_i$.

i	y_i	$\hat{y}_i$	$\hat{u}_i$
1	7.48	6.0675	1.41250
2	2.19	3.3075	−1.11750
3	13.60	13.0825	0.51750
4	3.25	3.9400	−0.69000
5	6.70	6.9300	−0.23000
6	8.87	8.3100	0.56000
7	4.51	3.9400	0.57000
8	11.04	11.2425	−0.20250
9	8.81	10.3225	−1.51250
10	4.24	4.4000	−0.16000
11	12.25	11.9325	0.31750
12	4.92	3.7100	1.21000
13	6.87	7.9075	−1.03750
14	11.44	10.9550	0.48500

Für die Summe der quadrierten Residua erhalten wir $\sum u_i^2 = 9.91$. Daraus ergibt sich für die geschätzte Varianz der Störgrößen $\hat{\sigma}^2 = 0.826$.

Statistische Eigenschaften der Schätzer

Bevor wir Verfahren der schließenden Statistik für die Regressionskoeffizienten und damit zusammenhängende Fragen behandeln, geben wir im folgenden Satz eine Übersicht über die Eigenschaften der Schätzer der Parameter des einfachen, linearen Regressionsmodells.

Satz 11.2 Eigenschaften der Schätzer der einfachen Regression:

(a) Die Kleinst-Quadrat Schätzer $\hat{\alpha}$ und $\hat{\beta}$ sind erwartungstreu:

$$\mathrm{E}\{\hat{\alpha}\} = \alpha\,, \quad \mathrm{E}\{\hat{\beta}\} = \beta\,;$$

(b) die Varianzen der beiden Schätzfunktionen sind

$$\mathrm{Var}\{\hat{\alpha}\} = \sigma^2_{\hat{\alpha}} = \sigma^2 \frac{\sum x_i^2}{n^2 S_{xx}}, \quad \mathrm{Var}\{\hat{\beta}\} = \sigma^2_{\hat{\beta}} = \sigma^2 \frac{1}{n S_{xx}}\,;$$

(c) unter der Annahme, daß die Störgrößen (und damit die Responsevariablen) normalverteilt sind: $u_i \sim N(0, \sigma^2)$, sind $\hat{\alpha}$ und $\hat{\beta}$ ebenfalls normalverteilt:

$$\hat{\alpha} \sim N\left(\alpha, \sigma^2 \frac{\sum x_i^2}{n^2 S_{xx}}\right), \quad \hat{\beta} \sim N\left(\beta, \sigma^2 \frac{1}{n S_{xx}}\right)\,;$$

(d) der Schätzer für die Varianz der Störgrößen,

$$\hat{\sigma}^2 = \frac{1}{n-2} \sum_i \hat{u}_i^2$$

ist ein erwartungstreuer Schätzer für σ^2: $\mathrm{E}\{\hat{\sigma}^2\} = \sigma^2$; unter der Annahme, daß die Störgrößen (und die Responsevariablen) normalverteilt sind: $u_i \sim N(0, \sigma^2)$, gilt außerdem

$$(n-2)\frac{\hat{\sigma}^2}{\sigma^2} \sim \chi^2(n-2),$$

und $\hat{\sigma}^2$ ist unabhängig von $\hat{\alpha}$ und $\hat{\beta}$.

Neben diesen Eigenschaften haben die Kleinst-Quadrat Schätzer $\hat{\alpha}$ und $\hat{\beta}$ die Eigenschaft, in einem bestimmten Sinn optimal zu sein, wie es das Gauß-Markoff Theorem beschreibt.

Satz 11.3 Gauß-Markoff Theorem: *Unter allen linearen, erwartungstreuen Schätzern für die Regressionskoeffizienten des linearen Regressionsmodells hat der Kleinst-Quadrat Schätzer die kleinste Varianz.*

Unter linearen Schätzern sind alle jene gemeint, die Linearkombinationen der Beobachtungen Y_i der Responsevariablen sind.

11.1.3 Inferenz im einfachen Regressionsmodell

Eine wichtige Eigenschaft des linearen Regressionsmodells ist die Möglichkeit, die Summe der quadrierten Abweichungen der Y_i von ihrem Mittelwert $\bar{Y}$ in zwei Summanden aufzuspalten, die Summe der quadrierten Abweichungen der $\hat{Y}_i$ von $\bar{Y}$ und die Summe der quadrierten Residua. Diese sogenannte Streuungszerlegung ist Grundlage des Bestimmtheitsmaßes, eines Kriteriums für das Vermögen des Regressionsmodells, die Y_i zu erklären. Ihm ist die Teststatistik eines Tests äquivalent, des F-Tests, der allerdings die Normalverteilung der Responsevariablen Y voraussetzt. Bei Zutreffen der Annahme der Normalverteilung der Y_i wissen wir (vergleiche *Satz 11.1*), daß auch der Schätzer $\hat{\beta}$ normalverteilt ist:

$$\hat{\beta} \sim N\left(\beta, \sigma^2 \frac{1}{nS_{xx}}\right).$$

Diese Eigenschaft ist Basis für das Testen von Hypothesen über β und für das Ermitteln von Konfidenzintervallen für β.

Streuungszerlegung

Die Regressionsbeziehung liefert für jedes x_i einen (*ex post*) Prognosewert $\hat{Y}_i = \hat{\alpha} + \hat{\beta} x_i$. Je besser die $\hat{Y}_i$ mit den entsprechenden Y_i übereinstimmen, umso besser erfüllt das Regressionsmodell seinen Zweck.

Zur Formalisierung dieser Überlegung führen wir zwei Größen SST und SSR ein. $\text{SST} = \sum_i (Y_i - \bar{Y})^2$ ist die Summe der Abweichungsquadrate der Y_i von ihrem Mittelwert $\bar{Y}$ (*total sum of squares*) und $\text{SSR} = \sum_i (\hat{Y}_i - \bar{Y})^2$ die durch das Regressionsmodell induzierte Summe der Abweichungsquadrate der $\hat{Y}_i$ von $\bar{Y}$ (*sum of squares due to regression, regression sum of squares*). Im Extremfall ist das Regressionsmodell so gut, daß es die Y_i exakt beschreibt ($\hat{Y}_i = Y_i$); dann gilt SST = SSR. Der ungünstigste Fall liegt vor, wenn die x_i überhaupt keinen Erklärungsbeitrag liefern, also $\beta = 0$; dann gilt $\hat{Y}_i = \bar{Y}$ und SSR = 0.

Die Differenz SST − SSR = SSE ist somit eine Zahl zwischen 0 und SST; der Anteil

$$R^2 = \frac{\text{SSR}}{\text{SST}} = 1 - \frac{\text{SSE}}{\text{SST}}$$

heißt **Bestimmtheitsmaß**; für R^2 gilt

$$0 \leq R^2 \leq 1 .$$

$R^2 = 0$ bedeutet, daß SSR = 0 oder $\hat{Y}_i = \bar{Y}$; das Regressionsmodell erklärt nichts (0%) von Y_i; $R^2 = 1$ bedeutet, daß SSR = SST oder $\hat{Y}_i = Y_i$; das Regressionsmodell erklärt die Y_i zu 100%. Da SST ein Vielfaches der Varianz der Y_i ist, sagen wir auch, das Regressionsmodell erklärt $100R^2\%$ der Variation der Y_i.

Das Bestimmtheitsmaß läßt sich auch als quadrierter **Stichproben Korrelationskoeffizient** zwischen den Y_i und x_i bestimmen. Mit $\hat{Y}_i - \bar{Y} = \hat{\alpha} + \hat{\beta} x_i - (\hat{\alpha} + \hat{\beta}\bar{x}) = \hat{\beta}(x_i - \bar{x})$ gilt

$$\begin{aligned} R^2 &= \frac{\text{SSR}}{\text{SST}} = \frac{\sum(\hat{Y}_i - \bar{Y})^2}{\sum(Y_i - \bar{Y})^2} = \frac{\hat{\beta}^2 \sum(x_i - \bar{x})^2}{\sum(Y_i - \bar{Y})^2} \\ &= \hat{\beta}^2 \frac{s_x^2}{s_y^2} = \frac{s_{xy}^2}{s_x^2 s_y^2} = r_{xy}^2 \end{aligned}$$

da

$$\hat{\beta}^2 = \frac{n \sum x_i Y_i - \sum x_i \sum Y_i}{n^2 S_{xx}} = \frac{\frac{1}{n}\sum(x_i - \bar{x})(Y_i - \bar{Y})}{\frac{1}{n}\sum(x_i - \bar{x})^2} = \frac{s_{xy}}{s_x^2} .$$

Der Name Streuungszerlegung spielt auf die Beziehung

$$\text{SST} = \text{SSR} + \text{SSE} = \text{SSR} + \sum_i \hat{u}_i^2$$

an; SSE ist die Summe der quadrierten Residua (*sum of squares due to error, error sum of squares*). Daß diese einfache Beziehung tatsächlich gilt, zeigt die folgende Umformung:

$$\begin{aligned} \text{SST} &= \sum(Y_i - \bar{Y})^2 = \sum[(Y_i - \hat{Y}_i) + (\hat{Y}_i - \bar{Y})]^2 \\ &= \sum(Y_i - \hat{Y}_i)^2 + \sum(\hat{Y}_i - \bar{Y})^2 + 2\sum(Y_i - \hat{Y}_i)(\hat{Y}_i - \bar{Y}) \\ &= \text{SSR} + \text{SSE}, \end{aligned}$$

da

$$\begin{aligned} &\sum(Y_i - \hat{Y}_i)(\hat{Y}_i - \bar{Y}) = \sum \hat{u}_i(\hat{Y}_i - \bar{Y}) \\ &= \sum \hat{u}_i(\hat{\alpha} + \hat{\beta}x_i - \bar{Y}) = \hat{\alpha}\sum \hat{u}_i + \hat{\beta}\sum \hat{u}_i x_i - \bar{Y}\sum \hat{u}_i = 0 \end{aligned}$$

wegen $\sum \hat{u}_i = 0$ und $\sum \hat{u}_i x_i = 0$.

Beachte! Diese Streuungszerlegung ist unabhängig von der Annahme der Normalverteilung der Y_i; sie gilt für beliebig verteilte Y_i.

F-Test und Varianzanalyse-Tafel

Mit dem F-Test wird die Nullhypothese H_0: $\beta = 0$ gegen die Alternative H_1: $\beta \neq 0$ getestet. Man kann damit überprüfen, ob die erklärende Variable tatsächlich zur Erklärung beiträgt. Gilt $\beta = 0$, ändert sich der erwartete Wert der Responsevariablen, $\alpha + \beta X$, nicht bei einer Veränderung der erklärenden Variablen X. Im Abschnitt über die multiple Regression werden wir sehen, daß der F-Test verwendet wird, um zu überprüfen, ob das Regressionsmodell als Ganzes zur Erklärung der Responsevariablen beiträgt, d.h., daß bei $k > 1$ erklärenden Variablen mindestens eine einen von Null verschiedenen Regressionskoeffizienten hat.

Aus H_0: $\beta = 0$ folgt: $\hat{Y}_i = \bar{Y} + \hat{u}_i$; daher gilt bei Zutreffen der Voraussetzung $u_i \sim N(0, \sigma^2)$, daß

$$\frac{\text{SST}}{\sigma^2} = \frac{\sum(Y_i - \bar{Y})^2}{\sigma^2} = \frac{\sum \hat{u}_i^2}{\sigma^2} \sim \chi^2(n-1).$$

Weiters gilt wegen $\text{Var}\{\hat{\beta}\} = \sigma_{\hat{\beta}}^2 = \sigma^2/(nSxx) = \sigma^2/[\sum(x_i - \bar{x})^2]$

$$\frac{\text{SSR}}{\sigma^2} = \frac{\hat{\beta}^2 \sum(x_i - \bar{x})^2}{\sigma^2} = \frac{\hat{\beta}}{\sigma_{\hat{\beta}}}^2 \sim \chi^2(1).$$

Schließlich läßt sich zeigen, daß

$$\frac{\text{SSE}}{\sigma^2} \sim \chi^2(n-2)$$

und daß SSE unabhängig von SSR ist. Daraus folgt für die Verteilung der Teststatistik T:

$$T = \frac{\frac{\text{SSR}}{\sigma^2}}{\frac{\text{SSE}}{\sigma^2}} \cdot \frac{n-2}{1} = \frac{\text{MSR}}{\text{MSE}} = \frac{\hat{\beta}^2 \sum_i (x_i - \bar{x})^2}{\sum_i (y_i - \hat{y}_i)^2} \frac{n-2}{1} \sim F(1, n-2)\,,$$

wobei MSR das mittlere Quadrat der Abweichungen der $\hat{Y}_i$ von $\bar{Y}$ (*regression mean square*) und MSE das Mittel der quadrierten Residua ist (*error mean square*). Der F-Tests verwirft die Nullhypothese H_0: $\beta = 0$, wenn der Wert der Teststatistik T im Verwerfungsbereich liegt. Für den Test zum Niveau α ist der kritische Wert das $(1-\alpha)$-Perzentil $F_{1-\alpha}(1, n-2)$ der F-Verteilung mit 1 und $n-2$ Freiheitgraden. Kleine Werte von T stützen die Nullhypothese.

Die Berechnungsweise und das Ergebnis dieses Testes wird häufig in Form der **Varianzanalyse-Tafel** dargestellt.

Variation: Beitrag	SS	FG	MS	F
R (durch x)	SSR	1	MSR	MSR / MSE
E (Rest)	SSE	$n-2$	MSE	
T (Gesamt)	SST	$n-1$		

Die Spalte SS (*sum of squares*, Summe der Quadrate) entspricht der Streuungszerlegung SST = SSR + SSE. Die analoge Beziehung erfüllen die Freiheitsgrade (Spalte FG). Die Spalte MS enthält die Quotienten SS/FG. In der Spalte F steht der Wert der Teststatistik T des F-Tests. MINITAB druckt in einer weiteren Spalte noch den p-Wert zum realisierten Wert der Teststatistik T.

Beachte! Die Teststatistik T des F-Tests kann mit Hilfe des Bestimmtheitsmaßes R^2 auch geschrieben werden als

$$T = \frac{R^2}{1-R^2}(n-2)\,.$$

Wie zu erwarten, ist T umso größer, je näher R^2 bei Eins liegt.

Inferenz über den Regressionskoeffizienten β

Die Frage, ob zwischen der Responsevariablen Y und der erklärenden Variablen X ein Zusammenhang besteht, kann auch auf der Basis des Schätzers $\hat{\beta}$ beurteilt werden. Wegen

$$\hat{\beta} \sim N\left(\beta, \sigma^2 \frac{1}{nS_{xx}}\right)$$

und

$$(n-2)\frac{\hat{\sigma}^2}{\sigma^2} \sim \chi^2(n-2)$$

und wegen der Unabhängigkeit von $\hat{\beta}$ und $\hat{\sigma}^2$ gilt

$$\frac{\hat{\beta}-\beta}{\hat{\sigma}}\sqrt{nS_{xx}} \sim t(n-2)\,.$$

Auf der Basis des so standardisierten Schätzers $\hat{\beta}$ kann die Nullhypothese H_0: $\beta = 0$ gegen Alternative H_1: $\beta > 0$ mit Hilfe des t-Tests getestet werden. H_0 wird auf dem Signifikanzniveau α dann verworfen, wenn

$$\frac{\hat{\beta}}{\hat{\sigma}}\sqrt{nS_{xx}} \geq t_{1-\alpha}(n-2)\,,$$

wobei die kritische Schranke $t_{1-\alpha}(n-2)$ das $(1-\alpha)$-Perzentil der t-Verteilung mit $(n-2)$ Freiheitsgraden ist. Ein 100γ-%iges Konfidenzintervall hat die Grenzen

$$\hat{\beta} \pm t_{\frac{1+\gamma}{2}}(n-2)\,\hat{\sigma}\sqrt{\frac{1}{nS_{xx}}}\,.$$

In analoger Weise können kritische Schranken und Konfidenzintervalle für das Interzept α auf der Basis von

$$\frac{\hat{\alpha}-\alpha}{\hat{\sigma}}\sqrt{\frac{n^2 S_{xx}}{\sum_i x_i^2}} \sim t(n-2)$$

bestimmt werden.

Beispiel 11.3 Fortsetzung von Beispiel 11.1 und 11.2. Für den Regressionskoeffizienten β ist die Nullhypothese H_0: $\beta = 0$ gegen H_1: $\beta > 0$ zu testen ($\alpha = 0.01$); die Nullhypothese besagt, die Verkaufsfläche hätte keinen Effekt auf den Umsatz, während die Alternative bedeutet, daß der Umsatz umso höher ist, je mehr Verkaufsfläche zur Verfügung steht. Als Test ist (a) der F-Test und (b) der t-Test zu verwenden; die Ergebnisse sind mit dem MINITAB-Protokoll zu vergleichen. Schließlich ist (c) ein 90%-iges Konfidenzintervalle für β zu bestimmen.

(a) Das Berechnen von SSR $= \hat{\beta}^2 \sum(x_i - \bar{x})^2 = 154.93$ und SST $= \sum(y_i - \bar{y})^2 = 164.84$ erlaubt uns das Anschreiben der Varianzanalyse-Tafel

Variation: Beitrag	SS	FG	MS	F
durch x	154.93	1	154.93	187.63
Rest	9.91	12	0.83	
Gesamt	164.84	13	12.68	

Die nach $F(1,12)$ verteilte Teststatistik hat den Wert 187.63 und ist größer als das entsprechende 99%-Perzentil $F_{0.99}(1,12) = 9.33$. Die Nullhypothese H_0: $\beta = 0$ muß daher zugunsten der Alternative verworfen werden, wonach das Regressionsmodell einen Erklärungsbeitrag leisten kann. Damit kann ein positiver Zusammenhang zwischen Umsatz und Verkaufsfläche als gegeben angenommen werden. Das Bestimmtheitsmaß beträgt $R^2 = 0.940$; 94% der Variabilität der Responsevariablen Umsatz werden durch die Variable Verkaufsfläche erklärt.

Das MINITAB-Protokoll zur Anwendung der MINITAB-Prozedur `regression` zeigt am Ende die Varianzanalyse-Tafel.

```
MTB > regression 'Y' 1 'x'

The regression equation is
Y = - 2.96 + 0.0575 x

Predictor         Coef        Stdev     t-ratio        p
Constant       -2.9578       0.8070       -3.67    0.003
x             0.057536     0.004200       13.70    0.000

s = 0.9087       R-sq = 94.0%     R-sq(adj) = 93.5%

Analysis of Variance

SOURCE        DF        SS         MS         F        p
Regression     1    154.93     154.93    187.63    0.000
Error         12      9.91       0.83
Total         13    164.84
```

(b) Die Varianz des geschätzten Regressionskoeffizienten $\hat{\beta}$ bestimmen wir aus

$$\mathrm{Var}\{\hat{\beta}\} = \sigma^2 \frac{1}{nS_{xx}} = \sigma^2 \frac{1}{(14)(3348.26)}.$$

Da σ^2 unbekannt ist, ersetzen wir es durch den Schätzer $\hat{\sigma}^2 = 0.8265$ und erhalten als Schätzer für $\mathrm{Var}\{\hat{\beta}\} = \sigma^2_{\hat{\beta}}$ den Wert $\hat{\sigma}^2_{\hat{\beta}} = 0.004198^2$. Der standardisierte Schätzer $\hat{\beta}$ ist verteilt nach

$$\frac{\hat{\beta} - \beta}{\hat{\sigma}_{\hat{\beta}}} \sim t(n-2).$$

Die Teststatistik ergibt sich zu $\frac{0.0575}{0.0042} = 13.70$; für $\alpha = 0.01$ ist der kritische Wert $t_{0.99}(12) = 2.681$; die Nullhypothese ist zu verwerfen. Analog könnten wir den p-Wert zur Entscheidung heranziehen.

(c) Mit $t_{0.95}(12) = 1.782$ erhalten wir für die Grenzen des Konfidenzintervalls $0.0575 \pm (1.782)(0.0042)$; das 90%-ige Konfidenzintervall ist

$$0.050 < \beta < 0.065\,.$$

Prognosewert und Prognoseintervall

Eine der wichtigsten Anwendungen der Regressionsrechnung besteht im Ermitteln von (*ex ante*) Prognosen für die Responsevariable. So soll vor dem Einrichten einer neuen Filiale unserer Supermarktkette der zu erwartende Umsatz geschätzt werden. Die auf den Daten der schon bestehenden Filialen geschätzte Regressionsbeziehung ermöglicht uns, für einen gegebenen Wert x_0 den erwarteten Wert Y_0 zu schätzen bzw. ein Konfidenzintervall für Y_0 zu ermitteln.

Der erwartete Wert der Responsevariablen für ein beliebiges x_0 ist

$$E\{Y_0|x_0\} = \alpha + \beta\, x_0\,.$$

Als Schätzfunktion für den **Prognosewert** $\hat{Y}_0$ verwendet wir

$$\hat{Y}_0 = \hat{\alpha} + \hat{\beta}\, x_0\,.$$

Erwartungswert und Varianz der Prognoseschätzung ergeben sich zu

$$\begin{aligned} \mathrm{E}\{\hat{Y}_0\} &= \alpha + \beta x_0\,, \\ \mathrm{Var}\{\hat{Y}_0\} &= \frac{\sigma^2}{n}\left[1 + \frac{(x_0 - \bar{x})^2}{S_{xx}}\right]; \end{aligned}$$

$\hat{Y}_0$ ist ein erwartungstreuer Schätzer für den zu erwartenden Wert der Responsevariablen.

Der **Prognosefehler** $Y_0 - \hat{Y}_0$ hängt von den Schätzern $\hat{\alpha}$ und $\hat{\beta}$ ab:

$$Y_0 - \hat{Y}_0 = u_0 - (\hat{\alpha} - \alpha) - (\hat{\beta} - \beta)x_0\,.$$

Aus $\mathrm{E}\{u_0\} = 0$ für die Störgröße u_0 von Y_0 und der Erwartungstreue von $\hat{\alpha}$ und $\hat{\beta}$ folgt

$$\mathrm{E}\{Y_0 - \hat{Y}_0\} = 0\,.$$

Da die Störgröße u_0 unabhängig von den Störgrößen u_i der Stichprobenwerte ist, gilt

$$\sigma_0^2 = \mathrm{Var}\{Y_0 - \hat{Y}_0\} = \sigma^2\left\{1 + \frac{1}{n}\left[1 + \frac{(x_0 - \bar{x})^2}{S_{xx}}\right]\right\}.$$

Als lineare Funktion der Y_i ist der Prognosefehler außerdem normalverteilt, wenn die Störgrößen normalverteilt sind. Standardisieren wir den Prognosefehler mit $\hat{\sigma}_0^2$, wobei wir die unbekannte Varianz σ^2 durch die Schätzung $\hat{\sigma}^2$ ersetzen, so erhalten wir eine $t(n-2)$-verteilte Größe. Nach entsprechender Umformung ergeben sich die Grenzen des 100γ%-igen Prognoseintervalls für Y_0 zu

$$\hat{Y}_0 \pm t_{\frac{1+\gamma}{2}} \hat{\sigma}_0 .$$

Beispiel 11.4 Fortsetzung von Beispiel 11.1 und 11.2. Für den Umsatz bei 200, 250 und 300m² sind (a) Prognosewerte und (b) 90%-ige Prognoseintervalle anzugeben.

(a) Aus der an die Daten angepaßten Regressionsbeziehung ergibt sich der Prognosewerte in x_0 zu

$$\hat{Y}_0 = -2.96 + 0.0575\, x_0 ;$$

die Prognosewerte für $x_0 = 200, 250$ und 300 betragen daher 8.54, 11.42 und 14.29.

(b) Die Varianz des Prognosefehlers in x_0 ist

$$\hat{\sigma}_0^2 = 0.826 \left\{ 1 + \frac{1}{10} \left[1 + \frac{(x_0 - 183.2)^2}{3348.26} \right] \right\} .$$

Die Prognoseintervalle

$$\hat{Y}_0 - t_{0.95}(12)\hat{\sigma}_0 \leq Y_0 \leq \hat{Y}_0 + t_{0.95}(12)\hat{\sigma}_0 ;$$

für Y_0 in x_0 zeigt die folgende Tabelle:

x_0	$\hat{Y}_0$	$\hat{\sigma}_0^2$	Intervall
200	8.54	0.890	$6.86 < Y_0 < 10.22$
250	11.42	0.964	$9.67 < Y_0 < 13.17$
300	14.29	1.125	$12.40 < Y_0 < 16.18$

Beachte! Der Konfidenzkoeffizient γ gilt nur für jedes isoliert betrachtete Intervall; gemeinsam betrachtet, bilden diese Intervalle kein 100γ%-iges Konfidenzband.

11.2 Das multiple lineare Regressionsmodell

Das multiple Regressionsmodell ist eine naheliegende Verallgemeinerung des einfachen linearen Regressionsmodells: Die Verallgemeinerung besteht darin, daß mehr als eine erklärende Variable zugelassen wird.

Beispiel 11.5 Es besteht die Vermutung, daß der Umsatz der Filialen unserer Supermarktkette (vergleiche Beispiel 11.1) neben der Verkaufsfläche auch vom durchschnittlichen Einkommen der Haushalte im Einzugsbereich der Filiale bestimmt wird. Die folgende Tabelle zeigt den entsprechenden Datensatz, der gegenüber dem in Beispiel 11.1 angegebenen um die Spalte "Einkommen" erweitert ist.

Filiale	Umsatz	Fläche	Einkommen
1	7.48	157	169.9
2	2.19	109	153.6
3	13.60	279	156.5
4	3.25	120	141.1
5	6.70	172	144.4
6	8.87	196	139.4
7	4.51	120	155.3
8	11.04	247	153.5
9	8.81	231	130.7
10	4.24	128	154.6
11	12.25	259	155.2
12	4.92	116	162.0
13	6.87	189	149.7
14	11.44	242	144.8

Das Streudiagramm der Variablen "Umsatz" gegen "Einkommen" läßt nicht erkennen, ob zwischen diesen Variablen ein linearer Zusammenhang besteht.

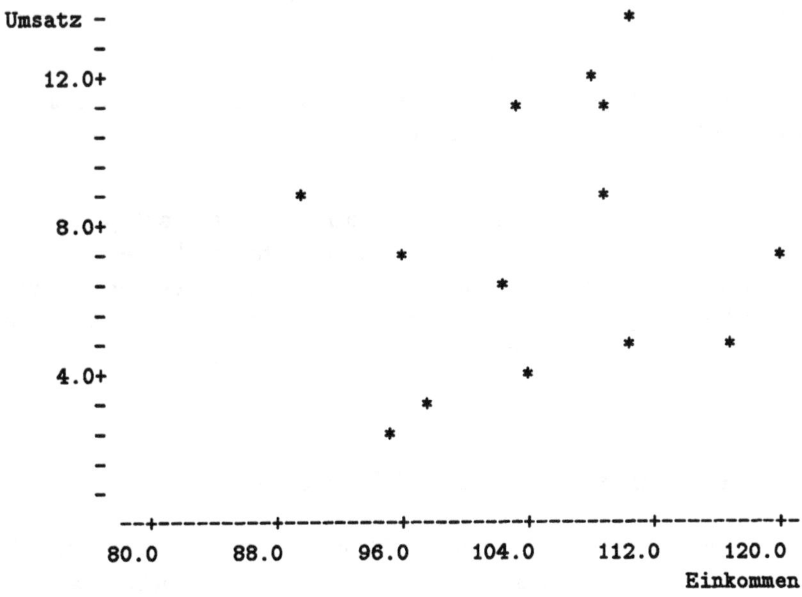

Auch der Korrelationskoeffizient, mit 0.222 wesentlich kleiner als die 0.969 zwischen Umsatz und Verkaufsfläche, ist kein deutlicher Hinweis auf einen möglichen Erklärungsbeitrag des Einkommens für den Umsatz. Allerdings zeigt das Streudiagramm der Residua aus der in Beispiel 11.2 ermittelten Regression gegen die Variable "Einkommen" eine Abhängigkeit des nicht erklärten Restes vom Einkommen; der Korrelationskoeffizient beträgt 0.996.

```
Residua -
        -                                                      *
        -                                                  *
     1.0+
        -
        -                                        * 2
        -                                       **
        -
     0.0+
        -                                ***
        -
        -                         *
        -
    -1.0+                        *
        -                       *
        -
        -               *
          --+---------+---------+---------+---------+---------+-
         80.0      88.0      96.0     104.0     112.0     120.0
                                                       Einkommen
```

Es bietet sich daher an, das Regressionsmodell für den Umsatz um die Variable "Einkommen" zu erweitern.

Ein solches Modell mit zwei erklärenden Variablen ist ein multiples Regressionsmodell. Wir behandeln in diesem Abschnitt statistische Verfahren zum Schätzen der Modellparameter, zum Testen von Hypothesen über die Parameter und zum Bestimmen von Prognosen. Weiters werden wir sehen, wie die Analyse der Residua ähnlich wie im Beispiel 11.5 über die Adäquatheit eines Regressionsmodells Aufschluß geben kann.

11.2.1 Modellspezifikation und Schätzung

Wir nehmen im Weiteren an, daß eine Stichprobe vom Umfang n zur Verfügung steht: Als i-te Beobachtung, $i = 1, \ldots, n$, wurden neben dem Wert

y_i der Responsevariablen die erklärenden Variablen $x_{i1}, \ldots, x_{ik}$ beobachtet. Das Regressionsmodell für die i-te Beobachtung, lautet

$$Y_i = \beta_0 + \beta_1 x_{i1} + \ldots + \beta_k x_{ik} + u_i \,.$$

Wir setzen voraus, daß die x_{ij} nichtzufällige Größen sind; außerdem werden wir sehen, daß die Punkte $(x_{i1}, \ldots, x_{ik})$, $i = 1, \ldots, n$, in denen die Responsevariable gemessen wurde, eine geeignete Anordnung haben müssen, damit wir das Schätzproblem lösen können. Für die Störgrößen u_i gelten die gleichen Annahmen wie beim einfachen, linearen Regressionsmodell: Ihr Erwartungswert ist Null, sie sind unkorreliert und sie haben alle die gleiche Varianz:

$$\begin{aligned} \mathrm{E}\{u_i\} &= 0\,, \\ \mathrm{Cov}\{u_i, u_j\} &= \begin{cases} \sigma^2 & i = j\,, \\ 0 & i \neq j \end{cases} \end{aligned}$$

Weiters setzen wir voraus, daß die u_i normalverteilt sind:

$$u_i \sim N(0, \sigma^2)\,.$$

Die Matrixschreibweise unseres multiplen Regressionsmodell ist viel kompakter und unterscheidet sich nicht von der des einfachen Regressionsmodells:

$$\mathbf{y} = \mathbf{X}\beta + \mathbf{u}\,;$$

dabei enthält der n-Vektor $\mathbf{y} = (Y_1, \ldots, Y_n)'$ die Beobachtungen der Responsevariablen; die $[n \times (k+1)]$-Matrix $\mathbf{X}$, auch **Designmatrix** genannt, enthält die Beobachtungen der k erklärenden Variablen und als erste Spalte einen Vektor von Einsen als Multiplikatoren für das Interzept:

$$\mathbf{X} = \begin{pmatrix} 1 & x_{11} & x_{12} & \ldots & x_{1k} \\ 1 & x_{21} & x_{22} & \ldots & x_{2k} \\ \vdots & \vdots & \vdots & \ldots & \vdots \\ 1 & x_{n1} & x_{n2} & \ldots & x_{nk} \end{pmatrix};$$

der $(k+1)$-Vektor $\beta = (\beta_0, \ldots, \beta_k)'$ enthält die Regressionskoeffizienten, und der n-Vektor $\mathbf{u} = (u_1, \ldots, u_n)'$ enthält die Störgrößen der einzelnen Beobachtungen.

Eine wichtige Voraussetzung für die Designmatrix ist, daß die Beobachtungen an solchen Punkten $(x_{i1}, \ldots, x_{ik})$ gemacht werden, daß die Designmatrix vollen Rang hat: $r(\mathbf{X}) = k + 1$. Andernfalls sind, wie wir sehen werden, die Schätzer der Regressionskoeffizienten nicht eindeutig. Wir haben schon erwähnt, daß die x_{ij} nichtzufällige Größen sein müssen. Mit Hilfe des Vektors

$\mathbf{x}_i = (1, x_{i1}, \ldots, x_{ik})'$ können wir die Modellgleichung für die i-te Beobachtung auch als

$$Y_i = \mathbf{x}_i'\beta + u_i$$

schreiben. Die stochastischen Eigenschaften der u_i schreiben wir in Matrixschreibweise als

$$\mathbf{u} \sim N(\mathbf{0}, \mathbf{\Sigma})\,;$$

die Momente der Verteilung sind der n-Vektor $\mathrm{E}\{\mathbf{u}\} = \mathbf{0}$ und die Kovarianzmatrix

$$\mathbf{\Sigma} = \begin{pmatrix} \sigma^2 & 0 & \ldots & 0 \\ 0 & \sigma^2 & \ldots & 0 \\ \vdots & \vdots & \ddots & \vdots \\ 0 & 0 & \ldots & \sigma^2 \end{pmatrix} = \sigma^2\mathbf{I}\,,$$

die als Varianzen der u_i in der Hauptdiagonale σ^2 und wegen der Unkorreliertheit der Störgrößen als Nichthauptdiagonalelemente Nullen hat; $\mathbf{I}$ ist die $(n \times n)$-Einheitsmatrix.

Beachte! In Matrixschreibweise unterscheidet sich das multiple Regressionsmodell nicht vom einfachen Regressionsmodell. Alle Ergebnisse dieses Abschnitts gelten (mit $k = 1$) auch für das einfache Regressionsmodell.

Die Schätzung der Regressionskoeffizienten β basiert wieder auf dem Kleinst-Quadrat Prinzip. Durch Ableiten der Summe der quadrierten Abweichungen, $S(\beta) = \mathbf{u}'\mathbf{u} = (\mathbf{y} - \mathbf{X}\beta)'(\mathbf{y} - \mathbf{X}\beta)$, nach β erhalten wir die Normalgleichungen

$$(\mathbf{X}'\mathbf{X})\beta = \mathbf{X}'\mathbf{y}\,.$$

Die symmetrische Matrix $\mathbf{X}'\mathbf{X}$ ergibt sich, wie man sich leicht überzeugt, zu

$$(\mathbf{X}'\mathbf{X}) = \begin{pmatrix} n & \sum_i x_{i1} & \sum_i x_{i2} & \ldots & \sum_i x_{ik} \\ \sum_i x_{i1} & \sum_i x_{i1}^2 & \sum_i x_{i1}x_{i2} & \ldots & \sum_i x_{i1}x_{ik} \\ \vdots & \vdots & \vdots & \vdots & \vdots \\ \sum_i x_{ik} & \sum_i x_{ik}x_{i1} & \sum_i x_{ik}x_{i2} & \ldots & \sum_i x_{ik}^2 \end{pmatrix}$$

und heißt Matrix der Summe der Quadrate und Kreuzprodukte. Für $k = 1$ haben wir sie im vorherigen Abschnitt besprochen.

Die Kleinst-Quadrat Schätzer für β ergeben sich als Lösung der Normalgleichungen zu

$$\hat{\beta} = (\mathbf{X}'\mathbf{X})^{-1}\mathbf{X}'\mathbf{y}\,.$$

Damit eine eindeutige Lösung existiert, müssen wir $r(\mathbf{X}) = k+1$ voraussetzen; dann hat die $[(k+1)\times(k+1)]$-Matrix $(\mathbf{X}'\mathbf{X})$ den Rang $k+1$ und ist invertierbar.

Wir untersuchen als Nächstes die Eigenschaften der Kleinst-Quadrat Schätzer $\hat{\beta}$, wobei wir die Matrixnotation beibehalten. Für den Erwartungswert erhalten wir

$$\begin{aligned} \mathrm{E}\{\hat{\beta}\} &= E\{(\mathbf{X}'\mathbf{X})^{-1}\mathbf{X}'\mathbf{y}\} = \mathrm{E}\{(\mathbf{X}'\mathbf{X})^{-1}\mathbf{X}'(\mathbf{X}\beta+\mathbf{u})\} \\ &= \mathrm{E}\{\beta + (\mathbf{X}'\mathbf{X})^{-1}\mathbf{X}'\mathbf{u}\} = \beta, \end{aligned}$$

da die erklärenden Variablen fixe Größen sind und $\mathrm{E}\{\mathbf{u}\} = \mathbf{0}$. Der Vektor $\hat{\beta}$ ist ein erwartungstreuer Schätzer. Das bedeutet, daß jede Komponente von $\hat{\beta}$ erwartungstreu ist.

Für die Kovarianzmatrix $\mathrm{Cov}\{\hat{\beta}\} = \mathbf{\Sigma}_{\hat{\beta}} = \mathrm{E}\{(\hat{\beta}-\beta)(\hat{\beta}-\beta)'\}$ für $\hat{\beta}$ ergibt sich

$$\begin{aligned} \mathbf{\Sigma}_{\hat{\beta}} &= \mathrm{E}\{[(\mathbf{X}'\mathbf{X})^{-1}\mathbf{X}'\mathbf{u}][(\mathbf{X}'\mathbf{X})^{-1}\mathbf{X}\mathbf{u}]'\} \\ &= \mathrm{E}\{(\mathbf{X}'\mathbf{X})^{-1}\mathbf{X}'\mathbf{u}\mathbf{u}'\mathbf{X}(\mathbf{X}'\mathbf{X})^{-1}\} = \sigma^2(\mathbf{X}'\mathbf{X})^{-1}. \end{aligned}$$

Da $\mathbf{X}'\mathbf{X}$ und damit auch $(\mathbf{X}'\mathbf{X})^{-1}$ keine Diagonalmatrix ist, sind die $\hat{\beta}_i$ nicht unkorreliert. Ausnahme ist der Fall, daß die Spalten von $\mathbf{X}$ orthogonale Vektoren sind.

Als Linearkombination normalverteilter Y_i ist jede Komponente von $\hat{\beta}$ eine lineare Schätzfunktion und normalverteilt: wir können schreiben

$$\hat{\beta} \sim N[\beta, \sigma^2(\mathbf{X}'\mathbf{X})^{-1}].$$

Die Eigenschaft, daß der Kleinst-Quadrat Schätzer unter allen linearen und erwartungstreuen Schätzer die kleinste Varianz hat (Gauß-Markoff Theorem), gilt auch für das multiple Regressionsmodell.

Ein erwartungstreuer Schätzer für die Varianz der Störgrößen ist

$$\hat{\sigma}^2 = \frac{\hat{\mathbf{u}}'\hat{\mathbf{u}}}{n-(k+1)},$$

wobei der n-Vektor $\hat{\mathbf{u}}$ die Residua $\hat{\mathbf{u}} = \mathbf{y} - \mathbf{X}\hat{\beta}$ enthält, das sind die Differenzen zwischen den beobachteten Werten der Responsevariablen, Y_i, und den (*ex post*) Prognosen $\mathbf{x}_i'\hat{\beta}$, die sich aus dem geschätzten Modell ergeben. Setzen wir die Normalverteilung der Störgrößen voraus, so gilt

$$\frac{\hat{\mathbf{u}}'\hat{\mathbf{u}}}{\sigma^2} \sim \chi^2(n-k-1);$$

darüberhinaus ist $\hat{\mathbf{u}}'\hat{\mathbf{u}}/\sigma^2$ unabhängig von $\hat{\beta}$ verteilt.

11.2.2 Inferenz im multiplen Regressionsmodell

Wie im Fall des einfachen Regressionsmodells können wir auf der Basis der Streuungszerlegung ein Bestimmtheitsmaß für die Fähigkeit des Modells einführen, die Beobachtungen der Responsevariablen zu erklären. Die im letzten Abschnitt definierten Verteilungseigenschaften geben uns die Möglichkeit, statistische Teste für den Erklärungsbeitrag der Regressorvariablen zu konstruieren.

F-Test und Varianzanalyse-Tafel

Wie im Fall des einfachen Regressionsmodells kann die Summe $\mathbf{y}'\mathbf{y}$ der quadrierten Werte der Responsevariablen in die Summe der quadrierten *ex post* Prognosen $\hat{\mathbf{y}}'\hat{\mathbf{y}} = \hat{\beta}'\mathbf{X}'\mathbf{X}\hat{\beta}$ und die Summe der quadrierten Residua $\hat{\mathbf{u}}'\hat{\mathbf{u}}$ aufgespalten werden:

$$\mathbf{y}'\mathbf{y} = \hat{\beta}'\mathbf{X}'\mathbf{X}\hat{\beta} + \hat{\mathbf{u}}'\hat{\mathbf{u}}\,;$$

siehe dazu das Beispiel 11.11. Erweitern der linken und rechten Seite um den Summanden $-n\bar{Y}^2$ und Berücksichtigen von $\text{SST} = \sum(Y_i - \bar{Y})^2 = \mathbf{y}'\mathbf{y} - n\bar{Y}^2$ und $\text{SSR} = \sum(\hat{Y}_i - \bar{Y})^2 = \hat{\beta}'\mathbf{X}'\mathbf{X}\hat{\beta} - n\bar{Y}^2$ erlaubt uns, die Streuungszerlegung als

$$\text{SST} = \text{SSR} + \text{SSE}$$

zu schreiben, wobei $\text{SSE} = \hat{\mathbf{u}}'\hat{\mathbf{u}}$. Wie im Fall des einfachen Regressionsmodells ist das **Bestimmtheitsmaß** definiert als

$$R^2 = \frac{\text{SSR}}{\text{SST}} = 1 - \frac{\text{SSE}}{\text{SST}}\,.$$

Auch die Interpretation bleibt gleich: R^2 ist ein Maß für den Anteil der durch die Regression erklärten Varianz an der Gesamtvarianz der Y_i. Es gilt

$$0 \le R^2 \le 1\,.$$

Die Größe SSE wird durch Hinzufügen von weiteren erklärenden Variablen tendenziell kleiner; das gilt sogar, wenn die hinzukommende Variable gar keinen signifikanten Erklärungsbeitrag liefert. Daher kann man R^2 beliebig groß machen, wenn man nur genügend viele erklärende Variable in das Modell aufnimmt. Das **korrigierte Bestimmtheitsmaß** als Kriterium $\bar{R}^2$ vermeidet dieses Problem, indem es nicht die Variationsbeiträge SSE und SST, sondern die Varianzen vergleicht:

$$\bar{R}^2 = 1 - \frac{\text{Var}\{\hat{u}_i\}}{\text{Var}\{Y_i\}} = 1 - \frac{\text{SSE}\,/(n-k-1)}{\text{SST}\,/(n-1)}\,.$$

Zwischen R^2 und $\bar{R}^2$ besteht die Beziehung

$$\bar{R}^2 = 1 - (1 - R^2)\frac{n-1}{n-k-1}.$$

Aus dieser Beziehung ergibt sich

(a) $\bar{R}^2 = R^2$, wenn $k = 0$;

(b) $\bar{R}^2 \leq R^2$, wenn $k > 0$;

(c) $\bar{R}^2$ kann negativ sein.

Die Streuungszerlegung kann in einer Varianzanalyse-Tafel dargestellt werden:

Variation: Beitrag	Summe der Quadrate	Freiheits-grade	Mittlere Summe der Quadrate
Regression x	SSR	k	SSR $/k$
Rest	SSE	$n-(k+1)$	SSE $/[n-(k+1)]$
Gesamt	SST	$n-1$	

Es läßt sich zeigen, daß bei Zutreffen von H_0: $\beta = \mathbf{0}$ gilt

$$\frac{\hat{\beta}'(\mathbf{X}'\mathbf{X})\hat{\beta}}{\hat{\mathbf{u}}'\hat{\mathbf{u}}} \frac{n-(k+1)}{k+1} \sim F(k+1, n-k-1).$$

Die Teststatistik kann als Quotient MSR / MSE aus der Varianzanalyse-Tafel abgelesen werden. Der F-Test verwirft die Nullhypothese H_0: $\beta = \mathbf{0}$ auf dem Niveau α zugunsten der Alternative H_1: H_0^c, das heißt, daß für mindestens ein β_i gilt: $\beta_i \neq 0$, wenn der Wert der Teststatistik größer als die kritische Schranke $F_{1-\alpha}(k+1, n-k-1)$ ist, das $(1-\alpha)$-Perzentil der $F(k+1, n-k-1)$-Verteilung. Dieser F-Test ist ein globaler Test des Regressionsmodells: Er zeigt an, ob das Modell als Ganzes zur Erklärung der Y_i beiträgt.

t-Test eines Regressionskoeffizienten

Aus der Eigenschaft $\hat{\beta} \sim N[\beta, \sigma^2(\mathbf{X}'\mathbf{X})^{-1}]$ können wir die Verteilung des Regressionskoeffizienten β_i ableiten: Da jede eindimensionale marginale Verteilung einer multivariaten Normalverteilung wieder eine Normalverteilung ist, gilt

$$\hat{\beta}_i \sim N(\beta_i, \sigma^2 a_{ii}),$$

wobei a_{ii} das i-te Hauptdiagonalelement der Matrix $(\mathbf{X}'\mathbf{X})^{-1}$ ist. Da $\hat{\mathbf{u}}'\hat{\mathbf{u}}/\sigma^2$ unabhängig von $\hat{\beta}_i$ und $\chi^2(n-k-1)$-verteilt ist, gilt

$$T = \frac{\hat{\beta}_i - \beta}{\sqrt{\sum_i \hat{u}_i^2}\sqrt{a_{ii}}}\sqrt{n-k-1} = \frac{\hat{\beta}_i - \beta}{\hat{\sigma}\sqrt{a_{ii}}} \sim t(n-k-1).$$

Diese t-verteilte Teststatistik T können wir zum Test der Nullhypothese H_0: $\beta_i = 0$ verwenden, wobei gegen die üblichen Alternativen getestet werden kann. Beispielsweise verwerfen wir H_0 zugunsten H_1: $\beta_i > 0$ im Test auf dem Niveau α, wenn die Teststatistik größer als die kritische Schranke $t_{1-\alpha}(n-k-1)$ ist, das $(1-\alpha)$-Perzentil der $t(n-k-1)$-Verteilung. Dieses Verwerfen bedeutet, daß für die Responsevariablen Y ein umso größerer Wert erwartet werden muß, je größer der Wert x_i der Regressorvariable ist.

Die Grenzen eines 100γ%-iges Konfidenzintervalls für β_i ergeben sich mit Hilfe der t-verteilten Statistik T zu

$$\hat{\beta}_i \pm t_{\frac{1+\gamma}{2}}(n-k-1)\hat{\sigma}\sqrt{a_{ii}}\,.$$

Beispiel 11.6 Für die in Beispiel 11.5 angegebenen Daten spezifizieren wir das Regressionsmodell $Y_i = \beta_0 + \beta_1 x_{i1} + \beta_2 x_{i2} + u_i$, das den erwarteten jährlichen Umsatz Y der Filiale i unserer Supermarktkette als lineare Funktion ihrer Verkaufsfläche (x_{i1}) und des durchschnittlichen Einkommens (x_{i2}) der Bevölkerung in ihrem Einzugsbereich erklärt. Es sollen (a) mit dem MINITAB-Programm `regression` die Modellparameter geschätzt und (b) R^2 mit $\bar{R}^2$ verglichen werden.

(a) Das folgende MINITAB-Protokoll zeigt die Anwendung des Programms `regression` auf die angegebenen Daten.

```
MTB > regr 'Y' 2 'x1' 'x2'

The regression equation is
Y = - 13.7 + 0.0579 x1 + 0.102 x2

Predictor       Coef        Stdev     t-ratio        p
Constant    -13.7331       0.2872      -47.82    0.000
x1         0.0578695    0.0003742      154.65    0.000
x2          0.101890     0.002629       38.75    0.000

s = 0.08093      R-sq = 100.0%     R-sq(adj) = 99.9%

Analysis of Variance

SOURCE         DF         SS         MS          F        p
Regression      2    164.771     82.385   12577.44    0.000
Error          11      0.072      0.007
Total          13    164.843

SOURCE         DF     SEQ SS
x1              1    154.934
x2              1      9.837
```

Die Varianzanalyse-Tafel ist um einen Teil erweitert, der die zusätzlichen Beiträge der einzelnen Regressorvariablen angibt, wenn die Variablen in der angegebenen Reihenfolge dem Modell hinzugefügt werden. Der Beitrag von x_1 (154.934) ist der schon im Beispiel 11.2 gefundene; es ist die Größe SSR im Modell, das x_1 als einzigen Regressor enthält. Vom verbleibenden Rest übernimmt 9.837 die Variable x_2; der dann noch verbleibende Rest beträgt 0.072.

(b) Das Bestimmtheitsmaß $R^2 = 0.99956$ ist nahezu 1; das MINITAB-Protokoll gibt den auf 0.1% gerundeten Wert an: `R-sq = 100.0%`. Für das korrigierte Bestimmtheitsmaß $\bar{R}^2 = 1-(\text{Var}\{\hat{u}_i\}/\,\text{Var}\{Y_i\})$ ergibt sich $\bar{R}^2 = 0.99948$, gerundet auf 0.1% der Wert `R-sq = 99.9%`. Die beiden Variablen "Fläche" und "Einkommen" erklären die Variation des Umsatzes nahezu vollständig.

Die Korrektur des Bestimmtheitsmaßes ist umso geringer, je kleiner das Verhältnis k/n ist.

11.2.3 Prognosen

Wie das einfache, lineare Regressionmodell kann auch das multiple Regressionsmodell zur Prognose des Wertes der Responsevariablen verwendet werden. Natürlich müssen wir voraussetzen, daß an der Stelle $\mathbf{x}_0$, für die der Prognosewert bestimmt werden soll, die geschätzte Regressionsbeziehung gültig ist; liegt die Stelle $\mathbf{x}_0$ außerhalb des Bereiches der Designpunkte der Stichprobe, die zum Schätzen der Modellparameter verwendet wurden, laufen wir Gefahr, daß das Modell dort nicht mehr gültig ist, und die Prognose deshalb vom tatsächlichen Wert abweicht. Umsatzprognosen auf der Basis des in Beispiel 11.2 geschätzten Modells für ein Kaufhaus mit 2000m^2 Verkaufsfläche werden möglicherweise vom tatsächlichen Umsatz stark abweichen, da unser Modell für Filialen mit Verkaufsflächen zwischen 100 und 300m^2 geschätzt wurde.

An der Stelle $\mathbf{x}_0 = (1, x_1^0, \ldots, x_k^0)'$ ist der zu erwartende Wert der Responsevariablen

$$\text{E}\{Y_0\} = \beta_0 + \beta_1 x_1^0 + \ldots + \beta_k x_k^0 = \mathbf{x}_0'\beta\,.$$

Setzen wir für die β_i die Schätzer ein, so erhalt wir die Prognoseschätzung

$$\hat{Y}_0 = \hat{\beta}_0 + \hat{\beta}_1 x_1^0 + \ldots + \hat{\beta}_k x_k^0 = \mathbf{x}_0'\hat{\beta}\,.$$

Da $\hat{\beta}$ erwartungstreu ist, ist auch die Prognoseschätzung $\hat{Y}_0$ eine erwartungstreue Schätzung: $\text{E}\{\hat{Y}_0\} = Y_0$. Die Varianz von $\hat{Y}_0$ ergibt sich zu $\text{Var}\{Y_0\} =$

$\sigma^2 \mathbf{x}_0'(\mathbf{X}'\mathbf{X})^{-1}\mathbf{x}_0$. Folgen die Störgrößen u_i des Regressionsmodells der Normalverteilung, so ist $\hat{\beta}$ normalverteilt; daraus folgt wieder die Normalverteilung der Prognoseschätzung:

$$\hat{Y}_0 \sim N[\mathbf{0}, \sigma^2 \mathbf{x}_0'(\mathbf{X}'\mathbf{X})^{-1}\mathbf{x}_0].$$

Auf der Basis dieser Verteilung kann ein $100\gamma\%$-iges Prognoseintervall analog zur Überlegung für das einfache Regressions-Modell mit Hilfe des Prognosefehlers

$$Y_0 - \hat{Y}_0 = \mathbf{x}_0'\beta - \mathbf{x}_0'\hat{\beta}$$

konstruiert werden, dessen Erwartungswert Null und dessen Varianz $\sigma^2[1 + \mathbf{x}_0'(\mathbf{X}'\mathbf{X})^{-1}\mathbf{x}_0]$ ist. Ersetzen wir die unbekannte Varianz σ^2 durch die Schätzung $\hat{\sigma}^2 = \hat{\mathbf{u}}'\hat{\mathbf{u}}/(n-k-1)$, so ergeben sich die Grenzen des Prognoseintervalls zu

$$\hat{\mathbf{x}}_0'\hat{\beta} \pm t_{\frac{1+\gamma}{2}}(n-k-1)\,\hat{\sigma}\sqrt{1 + \mathbf{x}_0'(\mathbf{X}'\mathbf{X})^{-1}\mathbf{x}_0}\,.$$

11.2.4 Adäquatheitsprüfung von Regressionsmodellen

Im Beispiel 11.5 haben wir die Inspektion des Streudiagramms der Residua gegen die Variable "Einkommen" benützt, um zu sehen, ob diese Variable im Regressionsmodell berücksichtigt werden muß. Ähnlich werden Residua in anderen Situationen als Mittel herangezogen, um Mängel eines Regressionsmodells zu entdecken. Die entsprechenden Verfahren bezeichnet man als Methoden der Adäquatheitsprüfung.

Mit der Spezifikation eines Regressionsmodells treffen wir verschiedene Annahmen, die die Voraussetzung dafür sind, daß die Schätzer bestimmte Eigenschaften haben. So hat beispielsweise das irrtümliche Nichtberücksichtigen einer relevanten Regressorvariablen zur Folge, daß die Schätzer der Regressionskoeffizienten nicht erwartungstreu sind. Die wichtigsten Annahmen des linearen Regressionsmodells sind:

- A1 die Elemente der Designmatrix $\mathbf{X}$ sind nichtzufällig
- A2 $\mathbf{X}$ hat vollen Rang
- A3 die Störgrößen und die Regressorvariablen sind voneinander unabhängig
- A4 die Varianz der Störgrößen ist für alle Beobachtungen gleich groß (Homoskedastizität)
- A5 die Störgrößen verschiedener Beobachtungen sind unkorreliert

A6 die Störgrößen sind normalverteilt

A7 alle relevanten Regressorvariablen x_i sind berücksichtigt und zwischen der Responsevariablen Y und den x_i besteht eine lineare Beziehung

Auf das Nichtzutreffen einiger dieser Annahmen können wir aus Streudiagrammen der Residua Hinweise bekommen.

So können wir wegen der Annahme (A6) erwarten, daß in einem Streudiagramm der Residua $\hat{u}_i$ gegen den Beobachtungsindex i fast alle Residua innerhalb der Grenzen $\pm 2\sigma$ liegen [für $S \sim N(0, \sigma^2)$ gilt $P\{-2\sigma < S \leq 2\sigma\} = 0.9504$]; außerhalb der Grenzen $\pm 3\sigma$ darf praktisch kein Residuum liegen. Ist das trotzdem der Fall, so sollte man die entsprechenden Beobachtungen identifizieren und versuchen, die Ursachen zu klären. Beispielsweise können einzelne extreme Beobachtungen durch Fehler in der Messung oder Übertragung der Daten entstanden sein.

Einzelne Beobachtungen, die einem anderen Verteilungsgesetz folgen als die große Masse der Daten, nennen wir **Ausreißer**. Einige wenige Ausreißer können die Ergebnisse einer Regressionsanalyse wesentlich verfälschen. MINITAB listet am Ende des Protokolls zum Programm `regression` alle jene Beobachtungen auf, für die die Residua extreme Werte haben. Die Abbildung zeigt das Streudiagramm der Residua dem Regressionsmodells aus Beispiel 11.6; es wurde mit dem MINITAB-Programm `tsplot` erzeugt. Die 6-te Beobachtungen hat ein Residuum, dessen Wert größer als $2\hat{\sigma}$ ist.

```
MTB > tsplot 'res-12'

     2.50+
         -
 res-12  -                  6
         -
         -
     1.25+
         -            4              9              4
         -               5
         -
         -                     7              2
     0.00+
         -
         -                              0
         -         3                       1
         -   1                    8              3
    -1.25+
         -      2
          +-----+-----+-----+-----+-----+-----+-----+
          0     2     4     6     8    10    12    14
```

Streudiagramme der Residua $\hat{u}_i$ gegen die Responsevariablen Y_i oder die Regressorvariablen x_i können Fehler in der Modellspezifikation aufdecken; das entspricht dem Verletzen der Annahme (A7). So zeigt die letzte Abbildung in Beispiel 11.5 das Streudiagramm der Residua gegen die fälschlicherweise nicht berücksichtigte Variable "Einkommen". Die hohe Korrelation zwischen den beiden Größen ist ein klarer Indikator dieses Mangels.

In ähnlicher Weise kann man aus diesen Streudiagrammen das Nichtzutreffen der Annahme (A4) erkennen. Eine besondere Form des Nichtzutreffens der Annahme (A4) findet man bei Modellen für zeitliche Phänomene. Der Ausdruck **serielle Korrelation** bezeichnet den Sachverhalt, daß im Zeitverlauf benachbarte Beobachtungen korreliert sind: $\mathrm{Cov}\{u_i, u_{i-1}\} \neq 0$. Man kann serielle Korrelation aus einem Streudiagramm der Residua $\hat{u}_i$ gegen $\hat{u}_{i-1}$ erkennen.

Es gibt eine Reihe von statistischen Testen, die die Nullhypothese des Zutreffens einer dieser Annahme gegen eine entsprechende Alternative prüfen. So können wir mit dem **Durbin-Watson Test** auf das Vorhandensein serieller Korrelation testen. Seine Teststatistik basiert auf dem seriellen Korrelationskoeffizienten

$$r_1 = \frac{\sum_{i=2}^{n} \hat{u}_i \hat{u}_{i-1}}{\sum_{i=1}^{n} \hat{u}_i^2},$$

der bei Zutreffen der Nullhypothese nahe bei Null liegt. Dieser Test und andere Methoden der Adäquatheitsprüfung werden besonders in der ökonometrischen Literatur diskutiert.

Hat man herausgefunden, daß eine Modellvoraussetzung verletzt ist, so wird man entweder das Modell so verändern, daß der Mangel behoben wird, oder man wird ein statistisches Verfahren anwenden, das die entsprechende Annahme nicht voraussetzt. Derartige Erweiterungen des klassischen linearen Regressions-Modell werden ebenfalls besonders in der ökonometrischen Literatur behandelt, auf die hier verwiesen werden soll.

11.3 Die logistische Regression

Entsprechend der großen Zahl von Bedingungen und Annahmen, die der Regressionsanalyse zugrunde liegen, gibt es eine ganze Reihe von Modifikationen und Erweiterungen des linearen Regressionsmodells und der entsprechenden statistischen Verfahren. Das nichtlineare Regressionsmodell, eine nichtlineare Beziehung in den Regressionsparametern, erfordert spezielle numerische Verfahren zur Parameterschätzung. Stochastische Regressorvariable haben veränderte statistische Eigenschaften zur Folge und die Verfahren der statistischen Inferenz werden wesentlich komplizierter. In diese Kategorie gehören dynamische Modelle, in denen die Responsevariable (auch) durch die eigene Vergangenheit erklärt werden. Spezielle Verfahren wurden auch für Regressionsmodelle entwickLt, bei denen die Voraussetzung der Homoskedastizität oder die der Unabhängigkeit der Störgrößen nicht zutrifft.

Eine besondere Klasse von Modellen liegen der logistischen Regression zugrunde, die wir in diesem Abschnitt behandeln werden, weil sie bei Problemstellungen in den Wirtschaftswissenschaften nützlich sind. Ihre Besonderheit ist, daß die Responsevariable keine stetige, sondern eine binäre Größe ist.

Beispiel 11.7 Ein Hersteller von PKW-Motoren will die Lebensdauer seiner Motoren studieren. Dazu zieht er eine Stichprobe von 30 PKW einer Marke mit seinen Motoren. Die PKW sind zum Zeitpunkt der Erhebung mindestens fünf Jahre alt. Folgende Daten werden erhoben:

- Wurde der Originalmotor vor Ende des fünften Betriebsjahres bereits ersetzt oder mußte an ihm eine große Reparatur vorgenommen werden (ja/nein)?
- Wieviele Kilometer sind mit dem Motor bis zum Ende des fünften Betriebsjahres zurückgelegt worden?
- Befindet sich der ordentliche Wohnsitz des KFZ-Besitzers in einer Stadt oder am Land?

Die Tabelle zeigt eine Listung der erhobenen Daten.

i	defekt (ja=1)	km	Land (0)/ Stadt (1)	i	defekt (ja=1)	km	Land (0)/ Stadt (1)
1	0	54.31	1	16	0	33.25	0
2	0	50.00	1	17	0	37.56	0
3	1	81.17	1	18	1	40.80	0
4	1	52.04	1	19	0	22.06	0
5	0	42.32	1	20	1	33.52	0
6	0	64.04	1	21	1	52.32	0
7	1	81.24	1	22	0	49.57	0
8	1	67.41	1	23	1	31.94	0
9	0	60.05	1	24	0	71.93	0
10	0	61.80	1	25	1	72.52	0
11	1	64.11	1	26	0	23.32	0
12	0	34.21	1	27	1	36.59	0
13	1	84.92	1	28	1	36.90	0
14	0	31.50	1	29	1	40.56	0
15	1	67.20	1	30	0	39.89	0

Es besteht die Vermutung, daß die Lebensdauer des Motors durch die Fahrleistung und die Fahrbedingungen bestimmt werden. Die Abbildung zeigt die kumulierten Häufigkeiten der Autos mit Motordefekten in Abhängigkeit von der Zahl der zurückgelegten Kilometer (in 1000), die diese Vermutung stützt.

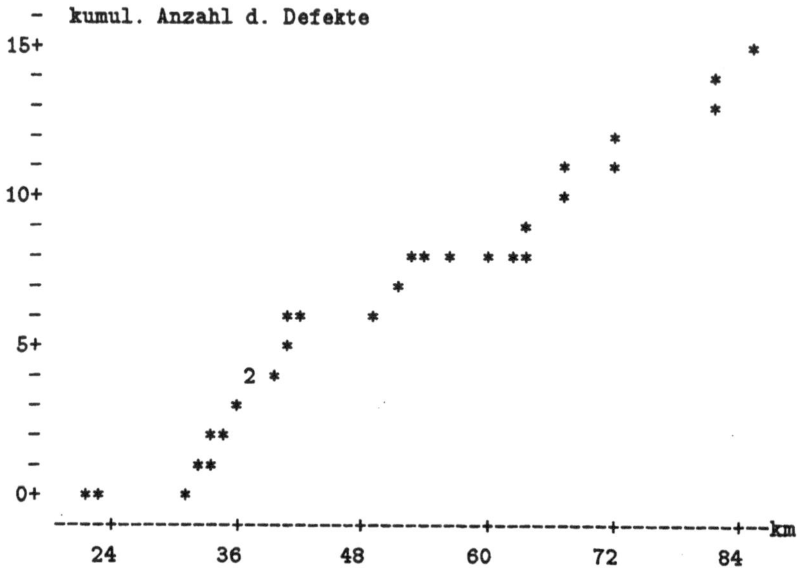

Daher sollen bei der Beurteilung des Anteils der "ja" auf die erste Frage auch die beiden anderen Angaben berücksichtigt werden. Es liegt nahe, ein Regressionsmodell für die Antwort Y auf die erste Frage zu spezifizieren, das als Regressorvariable die zurückgelegten Kilometer (x_1) und die Qualität des Wohnortes (x_2) enthält.

Für die Verteilung der Störgrößen und damit der Responsevariablen von Regressionsmodellen haben wir bisher die Normalverteilung postuliert. Die Variable Y ist in Beispiel 11.7 eine binäre Variablen: Sie nimmt nur zwei Merkmalsausprägungen (ja/nein) an, die wir mit 1 und 0 codieren wollen. Y ist daher nicht normalverteilt und wir können das Instrumentarium des bisher behandelten linearen Regressionsmodells nicht anwenden. Allerdings können wir die logistische Regression dazu benützen, die Erfogswahrscheinlichkeit als lineare Funktion der Regressorvariablen zu modellieren.

11.3.1 Spezifikation der logistischen Regression

Wie gehen davon aus, daß die Responsevariable Y binär ist, daß sie also nur die Werte Null und Eins annehmen kann, und daß die Wahrscheinlichkeit dieser Ereignisse gegeben ist durch

$$P\{Y=y\} = \begin{cases} \pi & y=1 \\ 1-\pi & y=0\,. \end{cases}$$

Wie bei der linearen Regression modellieren wir die Responsevariable Y als Summe des bedingten Erwartungswertes $\mathrm{E}\{Y|x\}$ von Y, gegeben den Wert x der erklärenden Variable, und einer Störgröße u,

$$Y = \mathrm{E}\{Y \mid x\} + u\,,$$

wobei der bedingte Erwartungswert

$$\mathrm{E}\{Y|x\} = 0 \cdot P\{Y=0 \mid x\} + 1 \cdot P\{Y=1 \mid x\} = \pi(x)$$

die Abhängigkeit von x trägt. Die Störgröße u kann nur zwei Werte annehmen: Je nachdem, welchen Wert Y hat, nimmt u die Werte $1-\pi(x)$ oder $-\pi(x)$ an; die Wahrscheinlichkeitsverteilung von u ist

$$P\{u=s\} = \begin{cases} \pi(x) & s = 1-\pi(x) \\ 1-\pi(x) & s = -\pi(x)\,. \end{cases}$$

Erwartungswert und Varianz von u sind

$$\begin{aligned} \mathrm{E}\{u\} &= [1-\pi(x)]\pi(x) - \pi(x)[1-\pi(x)] = 0 \\ \mathrm{Var}\{u\} &= [1-\pi(x)]^2\pi(x) + [-\pi(x)]^2[1-\pi(x)] \\ &= [1-\pi(x)]\pi(x)\,. \end{aligned}$$

Somit sind sowohl die Störgöße u als auch die Responsevariable Y binomialverteilte Zufallsvariable. Zu beachten ist auch, daß die Parameter der Verteilungen von x abhängen.

Da der bedingte Erwartungswert $\pi(x)$ nur zwischen Null und Eins liegen kann, ist eine lineare Funktion $\beta_0+\beta_1 x_1$ für $\pi(x)$ nicht geeignet: Wir würden riskieren, daß das Modell versagt, wenn x einen solchen Wert annimmt, daß $\pi(x) > 1$ oder $\pi(x) < 0$.

Das logistische Regressionsmodell spezifiziert den bedingten Erwartungswert $\pi(x)$ als

$$\pi(x) = \frac{\exp\{\beta_0+\beta_1 x\}}{1+\exp\{\beta_0+\beta_1 x\}} = [\exp\{-(\beta_0+\beta_1 x)\}+1]^{-1}\,.$$

Die Bedingung $0 \le \pi(x) \le 1$ ist für beliebige x erfüllt:

$$\begin{aligned} \lim_{x\to\infty} \frac{e^x}{1+e^x} &= \lim_{x\to\infty} \frac{1}{e^{-x}+1} = 1 \\ \lim_{x\to-\infty} \frac{e^x}{1+e^x} &= \frac{0}{1} = 0\,. \end{aligned}$$

Mit dieser Spezifikation des bedingten Erwartungswertes stellt sich das logistische Regressionsmodell für die binäre Variable $Y \sim B[1, \pi(x)]$ wie folgt dar:

$$Y = \pi(x) + u$$

mit

$$\pi(x) = \frac{\exp\{\beta_0 + \beta_1 x\}}{1 + \exp\{\beta_0 + \beta_1 x\}}$$

und Störgröße $u \sim B[1, 1 - \pi(x)]$. Diese Formulierung zeigt, daß die Voraussetzungen der Linearität des Modells in den Parametern und der Homoskedastizität, die wir beim linearen Regressionsmodell gemacht haben, für die logistische Regression nicht erfüllt sind. Diesen Umstand müssen wir beim Schätzen der Modellparameter berücksichtigen.

Natürlich können wir die lineare Beziehung $\beta_0 + \beta_1 x$ als Funktion von $\pi(x)$ anschreiben, und erhalten

$$\beta_0 + \beta_1 x = \ln \frac{\pi(x)}{1 - \pi(x)} = \text{logit}[\pi(x)]\,.$$

Die Beziehung

$$\text{logit}(z) = \frac{z}{1 - z}$$

ist die sogenannte **logit-Transformation**; sie bildet die Menge $[0, 1]$ auf das Intervall $(-\infty, \infty)$ ab, wie man leicht sieht. Von ihr hat das hier behandelte Regressionsmodell ihren Namen. Sie verbindet die in der Regressorvariablen lineare Beziehung mit dem bedingten Erwartungswert $\pi(x)$.

Das Verhältnis $\pi/(1 - \pi)$ wird im Englischen *odds* genannt; in Ermangelung eines deutschen Wortes wollen wir es auch im Deutschen Odds nennen. Wir haben die Odds $P\{A\}/(1 - P\{A\})$ des Ereignisses A im Kapitel 6 als den reziproken Gewinn beim Eintritt des Ereignisses A in einer fairen Wette kennengelernt, in der eine Einheit auf den Eintritt von A gesetzt wird. Die Odds sind eine andere Skalierung für die Wahrscheinlichkeit $P\{A\}$: Für diese gilt $0 \le P\{A\} \le 1$, während die Odds $P\{A\}/(1 - P\{A\})$ Zahlen aus $[0, \infty)$ sind. Die Odds eines Ereignisse A sind Eins, wenn $P\{A\} = 0.5$; sie sind größer als Eins, wenn $P\{A\} > 0.5$. Gilt beispielsweise $P\{A\} = 0.8$, so sind die Odds $0.8/0.2 = 4$ oder $4:1$, d.h., die Wahrscheinlichkeit des Eintretens von A ist das Vierfache der Wahrscheinlichkeit des Nichteintretens.

Das logistische Regressionsmodell spezifiziert die logarithmierten Odds, die *logits*, als lineare Funktion der Regressorvariablen x:

$$g(x) = \text{logit}[\pi(x)] = \ln \frac{\pi(x)}{1 - \pi(x)} = \beta_0 + \beta_1 x\,.$$

Den logistischen Regressionskoeffizienten β_1 können wir schreiben als

$$g(x+1) - g(x) = \ln \frac{\pi(x+1)}{1-\pi(x+1)} - \ln \frac{\pi(x)}{1-\pi(x)} = \beta_1 \,.$$

Das gibt uns einen Hinweis, wie wir den logistischen Regressionskoeffizienten β_1 interpretieren können: Der Koeffizient β_1 mißt die Veränderung in den logarithmierten Odds oder den Logarithmus der relativen Veränderung der Odds (*odds ratio*), wenn x um eine Einheit verändert wird. Die folgende Tabelle zeigt für einige β_1 den Wert von $P\{Y = 1|x+1\}$, wenn $P\{Y = 1|x\} = 0.5$.

β_1	e_1^β	$P\{Y = 1\|x+1\}$
−2.0	0.135	0.119
−1.0	0.368	0.269
−0.5	0.607	0.378
−0.2	0.819	0.450
0.0	1.000	0.500
0.2	1.221	0.550
0.5	1.649	0.622
1.0	2.718	0.731
1.5	4.482	0.818
2.0	7.389	0.881

Beispielsweise bedeutet ein logistischer Regressionskoeffizient $\beta_1 = -0.2$, daß eine Änderung in x um eine Einheit den bedingten Erwartungswert $\pi(x)$ auf das 0.82-fache reduziert. Ist $\beta_1 = 0$, so bleibt $\pi(x)$ gleich, wie sehr auch x verändert wird; x liefert in diesem Fall keinen Erklärungsbeitrag.

Falls mehr als eine erklärende Variable im Modell berücksichtigt werden sollen, modifizieren wir die Spezifikation des bedingten Erwartungswertes $\pi(x)$ zu

$$\pi(x_1, \ldots, x_k) = \frac{\exp\{\beta_0 + \beta_1 x_1 + \ldots + \beta_k x_k\}}{1 + \exp\{\beta_0 + \beta_1 x_1 + \ldots + \beta_k x_k\}} \,.$$

Alle Überlegungen zur Spezifikation des Modells und zur Interpretation der Parameter gelten in analoger Weise.

11.3.2 Statistische Inferenz im logistischen Regressionsmodell

In diesem Abschnitt behandeln wir das Schätz- und Testproblem für die Parameter β_i des logistischen Regressionsmodells, die in der Modellierung der bedingten Erwartung verwendet werden. Sie bestimmen die Verteilungen der Y_i und der Störgrößen u_i.

ML-Schätzung der logistischen Regression

Wir beginnen mit dem Schätzen der Parameter des logistischen Regressionsmodells, wobei wir davon ausgehen, daß das Modell nur eine erklärende Variable x enthält. Gegeben sei eine Stichprobe (x_i, y_i), $i = 1, \ldots, n$, wobei x_i die i-te Beobachtung der erklärenden Variablen ist und y_i eine Realisation der binären Variablen Y ist und nur den Wert Null oder Eins haben kann. Aus der Eigenschaft $Y_i|x_i \sim B[1, \pi(x_i)]$ folgt, daß Paare (x_i, y_i) mit $y_i = 1$ bzw. $y_i = 0$ zur Likelihoodfunktion $\pi(x_i)$ bzw. $1 - \pi(x_i)$ beitragen; für den Beitrag von (x_i, y_i) können wir auch schreiben $\pi(x_i)^{y_i}[1 - \pi(x_i)]^{1-y_i}$. Die Likelihoodfunktion ergibt sich damit zu

$$L = \Pi_{i=1}^{n} \pi(x_i)^{y_i}[1 - \pi(x_i)]^{1-y_i} ;$$

die logarithmische Likelihoodfunktion ist

$$\begin{aligned} \ln L &= \sum_{i=1}^{n} \{y_i \ln \pi(x_i) + (1 - y_i) \ln[1 - \pi(x_i)]\} \\ &= \sum_{i=1}^{n} \{y_i(\beta_0 + \beta_1 x_i) - \ln[1 + \exp\{\beta_0 + \beta_1 x_i\}]\} , \end{aligned}$$

wenn wir $\ln \pi(x_i)$ durch

$$\ln \pi(x_i) = \ln \frac{\exp\{\beta_0 + \beta_1 x_i\}}{1 + \exp\{\beta_0 + \beta_1 x_i\}}$$

ersetzen. Die Maximum-Likelihood Schätzer für die Parameter β_0 und β_1 erhalten wir durch Nullsetzen der ersten partiellen Ableitungen

$$\begin{aligned} \frac{\partial \ln L}{\partial \beta_0} &= \sum_i \left[y_i - \frac{\exp\{\beta_0 + \beta_1 x_i\}}{1 + \exp\{\beta_0 + \beta_1 x_i\}}\right] = \sum_i [y_i - \pi(x_i)] \\ \frac{\partial \ln L}{\partial \beta_1} &= x_i \sum_i \left[y_i - \frac{\exp\{\beta_0 + \beta_1 x_i\}}{1 + \exp\{\beta_0 + \beta_1 x_i\}}\right] = \sum_i x_i[y_i - \pi(x_i)] . \end{aligned}$$

Wäre der bedingte Erwartungswert $\pi(x)$ eine lineare Funktion der Parameter, also $\pi(x_i) = \beta_0 + \beta_1 x_i$ so würden die beiden Likelihoodgleichungen mit den Normalgleichungen im linearen Modell übereinstimmen. Da $\pi(x)$ eine nichtlineare Funktion in den Parametern β_0 und β_1 ist, läuft die Likelihood-Schätzung im logistischen Regressionsmodell auf das Lösen zweier nichtlinearer Gleichungen hinaus. Computerprogramme wie die SAS-Prozedur `logist` lösen dieses Problem durch Anwendung eines iterativen Lösungsalgorithmus wie das Newton-Verfahren.

Beispiel 11.8 Die binäre Variable, die beim Eintreten eines "Erfolges" den Wert Eins annimmt, wird durch ein logistisches Regressionsmodell beschrieben. Wir illustrieren die Likelihoodschätzung der Parameter dieses Modells für den Spezialfall, daß $\beta_1 = 0$, die bedingte Erwartung $\pi(x)$ also nicht von x abhängt: Sie ist dann $\pi(x) = e^{\beta_0}/(1+e^{\beta_0})$. Es liegt also ein logistisches Modell vor, bei dem nur das Interzept berücksichtigt wird. Die logarithmische Likelihoodfunktion für eine Stichprobe vom Umfang n ist

$$\ln L = \sum_{i=1}^{n} \left[y_i \beta_0 - \ln(1 + e^{\beta_0}) \right] .$$

Nullsetzen der ersten Ableitung nach β_0 und Auflösen nach $\hat{\beta}_0$ ergibt den ML-Schätzer

$$\hat{\beta}_0 = \ln \frac{\sum_i Y_i}{n - \sum_i Y_i} .$$

Daraus folgt

$$\hat{\pi}(x) = \frac{e^{\hat{\beta}_0}}{1 + e^{\hat{\beta}_0}} = \frac{1}{n} \sum_i Y_i ;$$

der geschätzte bedingte Erwartungswert ist die relative Häufigkeit der "Erfolge" unter den n Wiederholungen.

Signifikanztest im logistischen Regressionsmodell

Wie im linearen Regressionsmodell basiert der Test der Parameter β_i auf dem Vergleich der beobachteten Werte y_i der Responsevariablen mit den *ex post* prognostizierten $\hat{y}_i = \hat{\pi}(x_i)$, die das angepaßte Modell liefert.

Statistische Teste zum Vergleich zweier Modelle können wir auf der Basis des Likelihood-Quotienten der beiden Modelle ausführen. Der Test der Nullhypothese, wonach das logistische Regressionsmodell als Ganzes einen signifikanten Erklärungsbeitrag leistet, basiert auf dem Quotienten aus der Likelihood des angepaßten Modells $\prod_i \hat{\pi}(x_i)^{y_i}[1 - \hat{\pi}(x_i)]^{1-y_i}$ und der Likelihood des sogenannten saturierten Modells $\prod_i y_i^{y_i}(1 - y_i)^{1-y_i}$. Das saturierte Modell ist jenes, das genauso viele Parameter hat, als Beobachtungen vorliegen; die bedingten Erwartungswerte $\hat{\pi}(x_i)$ fallen mit den Beobachtungen y_i zusammen. Die **Deviance**

$$\begin{aligned} D &= -2 \ln \frac{\text{Likelihood des Modells}}{\text{Likelihood des saturierten Modells}} \\ &= -2 \sum_i \left\{ y_i \ln \left(\frac{\hat{\pi}_i}{y_i} \right) + (1 - y_i) \ln \left(\frac{1 - \hat{\pi}_i}{1 - y_i} \right) \right\} \end{aligned}$$

folgt bei Zutreffen der Nullhypothese asymptotisch der $\chi^2(n-k)$-Verteilung, wobei k die Zahl der geschätzten Parameter ist. Mit der Teststatistik D können wir die Nullhypothese, wonach alle β_i den Wert Null haben, gegen das Nichtzutreffen von H_0 testen.

Die Signifikanz des Erklärungsbeitrages der Variablen x, H_0: $\beta_1 = 0$, können wir testen, indem wir die Deviance des Modells mit x mit jener des Modells ohne x vergleichen:

$$\begin{aligned} G &= D(\text{ Modell ohne } x) - D(\text{Modell mit } x) \\ &= -2\ln\left\{\frac{\text{Likelihood des Modells ohne } x}{\text{Likelihood des Modells mit } x}\right\}. \end{aligned}$$

Unter der Nullhypothese H_0: $\beta_1 = 0$ ist G asymptotisch $\chi^2(1)$-verteilt. Wir verwerfen H_0: $\beta_1 = 0$ im Test auf dem Niveau α, wenn $G \geq \chi^2_{1-\alpha}(1)$. Dieser Test kann auch angewendet werden, um die Signifikanz des Erklärungsbeitrages von mehreren Regressorvariablen zu testen.

Eine weitere Möglichkeit, die Nullhypothese H_0: $\beta_1 = 0$ zu testen, besteht darin, wie beim linearen Regressionsmodell den geschätzten Wert des Koeffizienten, $\hat{\beta}_i$, mit seiner (geschätzten) Standardabweichung zu vergleichen:

$$T_i = \frac{\hat{\beta}_i}{\sqrt{\hat{\sigma}^2_{\hat{\beta}_i}}}.$$

Die Teststatistik T_i folgt unter H_0: $\beta_1 = 0$ asymptotisch der Normalverteilung $N(0,1)$. Wir verwerfen die Nullhypothese bei großen Werten dieser Teststatistik. Die zur Schätzung der logistischen Regression verfügbaren Programme geben nach jeder Iteration einen Schätzer für $\sigma^2_{\hat{\beta}_i}$ an; für die Teststatistik wird der nach der letzten Iteration des Schätzverfahrens ausgegebene Wert verwendet. Die SAS-Prozedur `logist` gibt den Wert T_i^2 als χ^2-verteilte Teststatistik nach Wald aus.

Beispiel 11.9 Um die Abhängigkeit des Ereignisses, daß ein Motor vor Ende des fünften Betriebsjahres defekt wird ($Y = 1$), von der Fahrleistung zu analysieren (vergleiche Beispiel 11.7), soll (a) die binäre Variable Y mit Hilfe eines logistischen Regressionsmodells als Funktion der Fahrleistung (x_1; in 1000 km) dargestellt werden; dazu soll die SAS-Prozedur `logist` verwendet werden. Dann soll (b) das Modell um die Variable Zulassungsort (x_2; 0: Land, 1: Stadt) erweitert werden.

(a) Die SAS-Prozedur `logist`, angewendet auf die in Beispiel 11.7 gelisteten Daten, liefert die Beziehung

$$\hat{\pi}(x_1) = [\exp\{-(1.877 - 0.037x_1)\} + 1]^{-1}$$

für den bedingten Erwartungswert von $Y|x_1$. Wir zeigen aus dem SAS-Protokoll die Abschnitte zur Beurteilung der Modellanpassung und die Ergebnisse der ML-Schätzung.

Criteria for Assessing Model Fit

Criterion	Intercept Only	Intercept and Covariates	Chi-Square for Covariates
-2 LOG L	41.589	38.716	2.873 with 1 DF (p=0.0901)

Analysis of Maximum Likelihood Estimates

Variable	DF	Parameter Estimate	Standard Error	Wald Chi-Square	Pr > Chi-Square	Odds Ratio
INTERCPT	1	1.8772	1.2177	2.3764	0.1232	6.535
KM	1	-0.0370	0.0229	2.6081	0.1063	0.964

Wie man aus dem Protokoll sieht, kann man für $\alpha = 0.05$ die Nullhypothese nicht verwerfen, daß die Variable x_1 keinen Erklärungsbeitrag liefert: Sowohl der Zuwachs in der Deviance (2.873) als auch der Wert der Teststatistik nach Wald (2.6081) liegen im entsprechenden Annahmebereich; die entsprechenden p-Werte betragen 0.0901 und 0.1063 und sind somit deutlich größer als 0.05.

```
 + kumul. Anzahl d. Defekte
 -                                                        *
6+     Land                                            *
 -                                                     *
4+                                         *   2
 -                                         *
2+                                      *
 -                            *** *  * **
0+   **      **2**2 *2*     *
   ----+---------+---------+---------+---------+---------+---------+--km

8+     Stadt                                   *       2  *
 -                             ** *  * *2  2   *
6+                   **     * *
 -                   *
4+                2 *
 -               *
2+             **
 -            **
0+   **      *
   ----+---------+---------+---------+---------+---------+---------+--km
      24        36        48        60        72        84
```

(b) Die Abbildung zeigt die kumulative Häufigkeit der Autos mit Motordefekten in Abhängigkeit von der Zahl der zurückgelegten Kilometer, getrennt für am Land und in der Stadt zugelassene PKW. Man erkennt, daß die beiden Abhängigkeiten sehr unterschiedlich sind; ein Modell für Y sollte daher beide Regressorvariablen berücksichtigen. Die von der SAS-Prozedur `logist` geschätzte Beziehung lautet

$$\hat{\pi}(x_1) = [\exp\{-(2.567 - 0.067x_1 + 1.647x_2)\} + 1]^{-1}$$

für den bedingten Erwartungswert von $Y|x_1, x_2$.

Analysis of Maximum Likelihood Estimates

Variable	DF	Parameter Estimate	Standard Error	Wald Chi-Square	Pr > Chi-Square	Odds Ratio
INTERCPT	1	2.5667	1.4193	3.2702	0.0706	13.022
KM	1	-0.0670	0.0336	3.9780	0.0461	0.935
IS	1	1.6473	1.1079	2.2107	0.1371	5.193

Das Protokoll zeigt in der Spalte "Odds Ratio" auch das Verhältnis der Odds ($\exp\{\hat{\beta}_i\}$), das ist der Logarithmus der relativen Veränderung der Odds, wenn x um eine Einheit verändert wird. Wir sehen, daß der bedingte Erwartungswert von Y auf das 0.935-fache verringert wird, wenn die Fahrleistung um 1000 km erhöht wird, wobei x_2 festgehalten wird. Bei gleicher Fahrleistung erhöht sich die Wahrscheinlichkeit für einen Motordefekt innerhalb der ersten fünf Jahre, wenn wir von am Land zugelassenen PKWs auf solche übergehen, die in der Stadt zugelassen sind, auf das mehr als Fünffache.

Allerdings sind die Koeffizienten beider Regressorvariabler nicht deutlich von Null verschieden, wie es die p-Werte der Wald'schen Teststatistik zeige. Auch beträgt die Deviance für das erweiterte Modell nur 36.072, entsprechend einem p-Wert von 0.063, sodaß das Modell als Ganzes keinen überzeugenden Erklärungsbeitrag liefert.

11.A Ergänzende Beispiele

Beispiel 11.10 In der folgenden Tabelle sind die Zahl der Verkehrsunfälle (Y, in 1000) und die Zahl der zugelassenen KFZ (x, in 10.000) der Jahre

1947 bis 1957 für Großbritannien angegeben[1].

Jahr	Y	x	Jahr	Y	x
1947	166	352	1953	227	529
1948	153	373	1954	238	577
1949	177	411	1955	268	641
1950	201	441	1956	268	692
1951	216	462	1957	274	743
1952	208	490			

Auf Basis der linearen Regression $Y_i = \alpha + \beta x_i + u_i$ sind zu bestimmen (a) Schätzer der Regressionskoeffizienten und ihre Standardabweichungen, (b) die Varianzanalyse-Tafel und das Bestimmtheitsmaß, (c) die kritische Schranke für den t-Test der Nullhypothese H_0: $\beta = 0$ auf dem Signifikanzniveau 0.01, und (d) ein 95%-iges Prognoseintervall für die Anzahl der Verkehrsunfälle, wenn 8 Mio KFZ zugelassen sind. Es ist davon auszugehen, daß die Störgrößen normalverteilt sind.

(a) Für die in der Tabelle angegebenen Daten ($n = 11$) ergeben sich $\sum x_i = 5711$, $\sum y_i = 2396$, $\sum x_i^2 = 3134543$, $\sum x_i y_i = 1296836$. Damit lauten die Normalgleichungen

$$\begin{pmatrix} 11 & 5711 \\ 5711 & 3134543 \end{pmatrix} \begin{pmatrix} \hat{\alpha} \\ \hat{\beta} \end{pmatrix} = \begin{pmatrix} 2396 \\ 1296836 \end{pmatrix},$$

als deren Lösung sich die Kleinst-Quadrat Schätzer für α und β ergeben zu $\hat{\alpha} = 55.85$ und $\hat{\beta} = 0.312$.

Die geschätzte Varianz der Störgrößen errechnet sich nach

$$\hat{\sigma}^2 = \frac{1}{n-2} \sum_i (y_i - \hat{y}_i)^2$$

mit $\hat{y}_i = \hat{\alpha} + \hat{\beta} x_i = 55.85 + 0.312 x_i$ zu

$$\hat{\sigma}^2 = 124.91;$$

die geschätzten Standardabweichungen der Schätzer $\hat{\alpha}$ und $\hat{\beta}$ sind die Hauptdiagonalelemente der Matrix

$$\hat{\sigma}^2 (\mathbf{X}'\mathbf{X})^{-1} = \frac{124.91}{(11)(3134543) - 57711^2} \begin{pmatrix} 3134543 & -5711 \\ -5711 & 11 \end{pmatrix}$$

und ergeben sich zu $\hat{\sigma}_{\hat{\alpha}} = 14.49$ und $\hat{\sigma}_{\hat{\beta}} = 0.027$.

(b) Für die Varianzanalyse-Tafel berechnen wir $\sum_i (y_i - \bar{y})^2 = 16495$ und $\sum_i (y_i - \hat{y}_i)^2 = 9\hat{\sigma}^2 = 1124$, sodaß sich die Tafel ergibt zu

Beitrag	SS	FG	MS	F
x	16495	1	16495.0	132.06
Rest	1124	9	124.9	
Gesamt	17620	10		

[1] Quelle: J. Johnston, *Econometric Methods.* Mew York: McGraw-Hill, 1963; S. 17.

Die Teststatistik des F-Tests ergibt sich zu $F = 132.06$; für das Signifikanzniveau 0.01 ist der kritische Wert das 0.99-Perzentil $F_{0.99}(1,9) = 10.56$ der $F(1,9)$-Verteilung: Die Nullhypothese, wonach die Variable "Zahl der zugelassenen KFZ" keinen Erklärungsbeitrag leistet, ist zu verwerfen.

Das Bestimmtheitsmaß ist $R^2 = 16495/17620 = 0.936$, sodaß ca. 94% der Varianz der Responsevariablen durch die Regressorvariable erklärt wird; der Stichprobenkorrelationskoeffizient beträgt $R = \sqrt{0.936} = 0.967$. Das korrigierte Bestimmtheitsmaß beträgt $\bar{R}^2 = 0.929$.

(c) Wir testen die Nullhypothese H_0: $\beta = 0$ gegen die Alternative H_1: $\beta > 0$. Die kritische Schranke $k_{0.01}$ des t-Tests ergibt sich zu

$$k_{0.01} = 0 + (2.821)(0.027) = 0.076\,,$$

wobei das 0.99-Perzentil $t_{0.99}(9) = 2.821$ der $t(9)$-Verteilung eingesetzt wurde. Da $\hat{\beta} = 0.312 > k_{0.01}$, ist die Nullhypothese zugunsten der Alternative zu verwerfen. Äquivalent dazu ist es der Vergleich der standardisierten Teststatistik $\hat{\beta}/\hat{\sigma}_{\hat{\beta}} = 0.312/0.027 = 11.49$ mit dem 0.99-Perzentil der $t(9)$-Verteilung und der Vergleich des p-Wertes $P\{t > 11.49|\beta = 0\} = 0.000$ mit dem Signifikanzniveau 0.01.

Beachte! Der t-Test und der F-Tests sind äquivalent: Die $F(1,9)$-verteilte Teststatistik (132.06) ist das Quadrat der $t(9)$-verteilten Teststatistik (11.49).

(d) Den Prognosewert $\hat{Y}_0$ für 8 Mio PKW erhalten wir zu

$$\hat{Y}_0 = 55.85 + (0.312)(800) = 305.45\,;$$

der Schätzer seiner Varianz ist

$$\hat{\sigma}_0^2 = 124.91\left\{1 + \frac{1}{11}\left[1 + \frac{(800 - 519.2)^2}{15408.7}\right]\right\} = 194.37\,.$$

Das Prognoseintervall ergibt sich aus

$$\hat{Y}_0 \pm t_{0.975}(9)\hat{\sigma}_0$$

mit $t_{0.975}(9) = 2.262$ zu

$$273.0 < Y_0 < 337.0\,.$$

11.B Weiterführende Beispiele

Beispiel 11.11 Die Residua des multiplen linearen Regressionsmodells

$$\mathbf{y} = \mathbf{X}\beta + \mathbf{u}$$

mit $\beta = (\beta_0, \ldots, \beta_k)'$ sind definiert zu

$$\hat{\mathbf{u}} = \mathbf{y} - \mathbf{X}\hat{\beta} = \mathbf{M}\hat{\beta}\,;$$

dabei ist $\mathbf{M}$ die Matrix $\mathbf{I} - \mathbf{X}(\mathbf{X}'\mathbf{X})^{-1}\mathbf{X}'$, wie man durch Einsetzen von $\hat{\beta} = (\mathbf{X}'\mathbf{X})^{-1}\mathbf{X}'\mathbf{y}$ sieht; $\mathbf{I}$ ist die Einheitsmatrix. Es ist zu zeigen, (a) daß $\mathbf{M}$

eine symmetrische ($\mathbf{M}' = \mathbf{M}$) und idempotente Matrix ($\mathbf{M}^2 = \mathbf{M}$) ist und daß $\mathbf{MX} = \mathbf{0}$, und (b) die Richtigkeit der Zerlegung $\mathbf{y}'\mathbf{y} = \hat{\beta}'\mathbf{X}'\mathbf{X}\hat{\beta} + \hat{\mathbf{u}}'\hat{\mathbf{u}}$.

(a) Entsprechend der Definition der Symmetrie folgt die Symmetrie von M aus

$$\mathbf{M}' = [\mathbf{I} - \mathbf{X}(\mathbf{X}'\mathbf{X})^{-1}\mathbf{X}']' = \mathbf{I} - \mathbf{X}(\mathbf{X}'\mathbf{X})^{-1}\mathbf{X}' = \mathbf{M}.$$

Die Idempotenz ergibt sich aus

$$\begin{aligned}\mathbf{MM} &= [\mathbf{I} - \mathbf{X}(\mathbf{X}'\mathbf{X})^{-1}\mathbf{X}'][\mathbf{I} - \mathbf{X}(\mathbf{X}'\mathbf{X})^{-1}\mathbf{X}'] \\ &= \mathbf{I} - \mathbf{X}(\mathbf{X}'\mathbf{X})^{-1}\mathbf{X}' = \mathbf{M}.\end{aligned}$$

Schließlich erhalten wir

$$\begin{aligned}\mathbf{MX} &= [\mathbf{I} - \mathbf{X}(\mathbf{X}'\mathbf{X})^{-1}\mathbf{X}']\mathbf{X} \\ &= \mathbf{X} - \mathbf{X}(\mathbf{X}'\mathbf{X})^{-1}\mathbf{X}'\mathbf{X} = \mathbf{X} - \mathbf{X} = \mathbf{0}.\end{aligned}$$

(b) Die Residua u sind eine lineare Funktion der Y_i: $\mathbf{u} = \mathbf{My}$; die Summe der quadrierten Residua ergibt sich zu

$$\begin{aligned}\mathbf{u}'\mathbf{u} &= \mathbf{y}'\mathbf{M}'\mathbf{My} = \mathbf{y}'\mathbf{My} \\ &= \mathbf{y}'[\mathbf{I} - \mathbf{X}(\mathbf{X}'\mathbf{X})^{-1}\mathbf{X}']\mathbf{y} = \mathbf{y}'\mathbf{y} - \mathbf{y}'\mathbf{X}(\mathbf{X}'\mathbf{X})^{-1}\mathbf{X}'\mathbf{y} \\ &= \mathbf{y}'\mathbf{y} - \mathbf{y}'\mathbf{X}\hat{\beta} = \mathbf{y}'\mathbf{y} - \hat{\beta}'\mathbf{X}'\mathbf{X}\hat{\beta}\end{aligned}$$

wegen

$$\hat{\beta}'\mathbf{X}'\mathbf{X}\hat{\beta} = \hat{\beta}'(\mathbf{X}'\mathbf{X})(\mathbf{X}'\mathbf{X})^{-1}\mathbf{X}'\mathbf{y} = \hat{\beta}'\mathbf{X}'\mathbf{y}.$$

Beispiel 11.12 Die Beziehung $\mathbf{y} = \mathbf{X}\beta + \mathbf{u}$ sei ein multiples lineares Regressionsmodell mit dem Parametervektor $\beta = (\beta_0, \ldots, \beta_k)'$. Der Test der Hypothese H_0: $\beta = \mathbf{0}$ kann als Spezialfall des Tests der sogenannten **linearen Hypothesen**

$$H_0: \ \mathbf{R}\beta = \mathbf{r}$$

aufgefaßt werden, wobei die $[m \times (k+1)]$-Matrix $\mathbf{R}$ mit $r(\mathbf{R}) = m$ und der m-Vektor $\mathbf{r}$ reelle Zahlen enthalten. Durch $\mathbf{R}\beta = \mathbf{r}$ werden m linear unabhängige Restriktionen definiert. Zu bestimmen sind $\mathbf{R}$ und $\mathbf{r}$ für die Nullhypothese (a) H_0: $\beta_1 = \beta_2$ und (b) H_0: $\sum_i \beta_i = c$, wobei c eine gegeben Konstante ist; es ist (c) zu zeigen, daß die Teststatistik

$$T = \frac{\left(\mathbf{R}\hat{\beta} - \mathbf{r}\right)\left(\mathbf{R}(\mathbf{X}'\mathbf{X})^{-1}\mathbf{R}'\right)^{-1}\left(\mathbf{R}\hat{\beta} - \mathbf{r}\right)'}{\hat{u}'\,\hat{u}} \frac{n-(k+1)}{m}$$

der $F[n-(k+1), m]$-Verteilung folgt.

(a) Die Nullhypothese besagt, daß die beiden Regressionskoeffizienten β_1 und β_2 gleich sind; wir wählen $\mathbf{R}$ und $\mathbf{r}$ zu

$$\mathbf{R} = (1, -1, 0, \ldots, 0), \quad \mathbf{r} = 0.$$

(b) Es ergeben sich

$$\mathbf{R} = (1, 1, \ldots, 1), \quad \mathbf{r} = c.$$

(c) Aus $\hat{\beta} \sim N[\beta, \sigma^2(\mathbf{X}'\mathbf{X})^{-1}]$ folgt für die Linearkombination $\mathbf{R}\beta$

$$\mathbf{R}\hat{\beta} \sim N[\mathbf{R}\beta, \sigma^2\mathbf{R}(\mathbf{X}'\mathbf{X})^{-1}\mathbf{R}'];$$

daher gilt für die quadratische Form

$$\frac{1}{\sigma^2}(\mathbf{R}\hat{\beta} - \mathbf{R}\beta)[\mathbf{R}(\mathbf{X}'\mathbf{X})^{-1}\mathbf{R}']^{-1}(\mathbf{R}\hat{\beta} - \mathbf{R}\beta)' \sim \chi^2(m)$$

und sie ist unabhängig von

$$\frac{\hat{\mathbf{u}}'\hat{\mathbf{u}}}{n-(k+1)} \sim \chi^2[n-(k+1)].$$

Unter der Nullhypothese gilt $\mathbf{R}\beta = \mathbf{r}$; dividieren wir der beiden quadratischen Formen unter Berücksichtigung der Freiheitsgrade, so erhalten wir die $F[m, n-(k+1)]$-verteilte Teststatistik für die lineare Hypothese. H_0: $\mathbf{R}\beta = \mathbf{r}$ wird verworfen, wenn

$$\frac{\left(\mathbf{R}\hat{\beta} - \mathbf{r}\right)\left(\mathbf{R}(\mathbf{X}'\mathbf{X})^{-1}\mathbf{R}'\right)^{-1}\left(\mathbf{R}\hat{\beta} - \mathbf{r}\right)'}{\hat{u}'\hat{u}} \frac{n-(k+1)}{m} \geq F_{1-\alpha},$$

wobei $F_{1-\alpha}[n-(k+1), m]$ das $(1-\alpha)$-Perzentil ist.

11.C Übungsaufgaben

11.1 Das persönlich verfügbare Einkommen (X) und die Ausgaben für den privaten Konsum (Y) betrugen in den Jahren 1965 bis 1975 in Österreich (in Mrd. Schillingen, nominelle Werte):

Jahr	X	Y	Jahr	X	Y
1965	164.04	146.59	1971	265.57	230.18
1966	175.71	156.10	1972	295.99	264.32
1967	187.70	176.39	1973	334.95	293.15
1968	201.11	177.80	1974	383.14	332.56
1969	217.01	189.87	1975	429.04	368.58
1970	237.18	208.23			

Wir gehen davon aus, daß der private Konsum eine lineare Funktion $Y = \beta_0 + \beta_1 x + u$ des Einkommens ist, wobei u eine additive Störgröße ist. Zu bestimmen sind (a) Schätzwerte der Regressionskoeffizienten β_0 und β_1 und ihre Standardabweichungen, (b) die Kovarianz $\text{Cov}\{\hat{\beta}_0, \hat{\beta}_1\}$, (c) das Bestimmtheitsmaß des Regressionsmodells, sowie die kritische Schranke für (d) den t-Test und (e) den F-Test der Nullhypothese, daß das Einkommen keinen Erklärungsbeitrag für die Ausgaben zum privten Konsum liefert ($\alpha = 0.05$).

11.2 Welchen Erklärungsgrad hat das Regressionsmodell aus Aufg. 1, in dem die marginale Konsumneigung β Null gesetzt wird?

11.3 Für den Konsum in den Jahren (a) 1977 und (b) 1978 sind 95%-ige Prognoseintervalle zu ermitteln. Die entsprechenden Werte der erklärenden Variablen x sind durch Extrapolation aus dem Modell

$$E\{x_i\} = c_0 + c_1 \cdot i + c_2 \cdot i^2$$

zu schätzen, das durch Kleinst-Quadrat Schätzung an die Reihe der Einkommen anzupassen ist.

11.4 Für das persönlich verfügbare Einkommen (X) aus Aufg. 1 sind die Regressionskoeffizienten des Modells

$$E\{Y_i\} = \beta_0 + \beta_1 Y_{i-1}$$

zu schätzen.

11.5 Der Umsatz Y (in Mio.) eines Unternehmens betrug in den Jahren 1970 bis 1978 wie in der Tabelle angegeben:

Jahr	Y	Jahr	Y
1970	24.6	1975	32.2
1971	25.9	1976	32.7
1972	27.6	1977	34.1
1973	28.9	1978	37.2
1974	29.1		

Für das Regressionsmodell $Y = a + bt$ sind zu bestimmen (a) die angepaßte Modellgleichung, (b) R^2, (c) ein 95%-iges Konfidenzintervall für $\hat{Y}_{1979}$ und (d) die kritischen Schranken für den Test von H_0: $b = 0$ gegen H_1: $b \neq 0$ ($\alpha = 0.05$).

11.6 Die Zahl der immatrikulierten Hörer Y (in 1000) der Wirtschaftsuniversität Wien betrug in den Jahren 1950 bis 1963:

Jahr	Y	Jahr	Y
1950	1.59	1957	2.67
1951	1.70	1958	2.99
1952	1.69	1959	3.24
1953	1.76	1960	3.72
1954	2.06	1961	3.81
1955	2.11	1962	4.30
1956	2.18	1963	4.85

Für das Regressionsmodell $Y = a + bt + ct^2$ sind zu bestimmen (a) die angepaßte Modellgleichung, (b) R^2, (c) ein 95%-iges Konfidenzintervall für

$\hat{Y}_{1964}$ und (d) die Werte der Teststatistik den für die zweiseitigen t-Teste von H_0: $b = 0$ und H_0: $c = 0$ ($\alpha = 0.05$).

Lösungen der Übungsaufgaben

1: (a) $\hat{\alpha} = 10.8$, $\sigma_{\hat{\alpha}} = 3.80$, $\hat{\beta} = 0.84$, $\sigma_{\hat{\beta}} = 0.014$; (b) -0.013; (c) 0.998; (d) $60.85 > t_{0.95}(9) = 1.833$; (e) $3702.6 > F_{0.95}(1,9) = 5.12$. **2:** 0. **3:** (a) $\hat{Y}_{1977} = 412.5$, $405.3 < Y_{1977} < 419.7$; (b) $\hat{Y}_{1978} = 459.9$, $451.01 < Y_{1978} < 468.8$. **4:** $\hat{\alpha} = -14.26$, $\hat{\beta} = 1.17$. **5:** (a) $22.9 + 1.48(t - 1969)$; (b) 0.975; (c) $\hat{Y}_{1979} = 36.16$, $35.14 < Y_{1979} < 37.17$; (d) $t_{0.975}(7) = 2.365 < 16.38$. **6:** (a) hoerer = 1.58 - 0.0071 t + 0.0170 t*2; (b) 0.992; (c) $\hat{Y}_{1964} = 5.302$, $5.093 < Y_{1964} < 5.511$; (d) -0.25, 8.99.

Kapitel 12

Analyse von Kontingenztafeln

Zur Analyse der Beziehung zwischen zwei stetigen Merkmalen Y und X haben wir die Regressionsanalyse als mächtiges Instrument kennengelernt. Das angepaßte Regressionsmodell erlaubt uns beispielsweise, den Wert der Responsevariablen Y für ein gegebenes x zu prognostizieren. Sind die beiden Variablen X und Y diskret, oder kennen wir von ihren Merkmalsausprägungen nur die Zugehörigkeit zu einer bestimmten Kategorie von Merkmalsausprägungen, so können wir die Regressionsanalyse nicht anwenden.

Beispiel 12.1 In einem Beobachtungszeitraum von 80 Arbeitstagen wurden die Arbeitsunfälle registriert, die sich auf einer Großbaustelle ereignen. Zusätzlich wurde für jeden Tag die Wetterlage aufgenommen, repräsentiert durch den durchschnittlichen Luftdruck in mbar, wobei nur aufgezeichnet wurde, in welcher von drei Kategorien (< 980, $980 - 1000$, > 1000) der Luftdruck an dem Tag vorwiegend lag. Nachdem sich an keinem Tag mehr als drei Unfälle ereigneten, können die Daten der Erhebung in folgender (3×4)-Tabelle dargestellt werden.

Luftdruck	Zahl der Unfälle				$\sum$
(in mbar)	0	1	2	3	
< 980	8	8	5	4	25
$980 - 1000$	10	9	3	2	24
> 1000	16	11	3	1	31
$\sum$	34	28	11	7	80

Der Stichprobenumfang (80) ist eine fixe Zahl, die in der Planung der Erhebung festgelegt wurde. Jeder Tag kann zufällig in jede der 12 Kombinationen der Kategorien kommen, wobei die Summe der Häufigkeiten

80 ergibt. Die beiden Randverteilungen können als Ergebnis einer Stichprobeentnahme entstanden sein, bei denen nur eines der beiden Merkmale erhoben wurde.

Die Beobachtungen der beiden Merkmale können wir in einer Tabelle zusammenfassen, die die Häufigkeiten angibt, mit denen die Merkmalskombinationen beobachtet wurden. Eine Frage, die uns bei solchen Tabellen interessiert, ist die nach der Unabhängigkeit der beiden Merkmale. Ist es in obigem Beispiel für die Zahl der Unfälle unerheblich, welches Wetter an dem Tag geherrscht hat; oder passieren an Tagen mit geringem Luftdruck/schlechtem Wetter mehr Unfälle? Diesen Eindruck vermittelt die Inspektion der Tabelle. Hätten wir in obigem Beispiel drei unabhängige Stichproben von Tagen mit hohem, mittleren und geringem Luftdruck genommen, so könnten wir die Frage stellen, ob die den drei Stichproben entsprechenden Verteilungen gleich (der Statistiker sagt, homogen) sind oder nicht.

Nach der Einführung eines Modells für die $(k \times l)$-Kontingenztafel werden wir das Testen auf Unabhängigkeit und auf Homogenität behandeln. Ein eigener Abschnitt ist der (2×2)-Tafel gewidmet, für die in der Literatur eine große Zahl von speziellen Testverfahren zu finden ist.

12.1 Modelle für Kontingenztafeln

In vielen Anwendungen sind die Beobachtungen einer Stichprobe kategorielle Daten, das sind Daten, die nur die Zugehörigkeit der Beobachtungen zu einer von einigen wenigen Kategorien von Merkmalsausprägungen angeben. Wir registrieren beispielsweise für jede Person der Stichprobe ihr Geschlecht, ihren Beruf (z.B. Arbeiter, Angestellter, Beamter, Sonstiges) oder ihr Alter nach ihrer vorwiegenden Tätigkeit (z.B. Vorschulalter, Schulalter, Alter der Berufstätigkeit, Pensionsalter). Die Merkmale können beliebig skaliert sein. Entscheidend ist, daß nur endlich viele Kategorien von Merkmalsausprägungen berücksichtigt werden. Das einfachste Beispiel kategorieller Daten sind dichotome oder binäre Daten, für die nur zwei mögliche Ausprägungen unterschieden werden; vergleiche das Merkmal "Geschlecht". Im allgemeinen ist die Zahl der Kategorien klein. Nachdem meist nur einige wenige Merkmalsausprägungen möglich sind oder interessieren, werden die Beobachtungen als Tabelle der Häufigkeiten dargestellt, mit denen die Kategorien realisiert wurden.

Definition 12.1 *Eine (zweidimensionale)* **Kontingenztafel** *ist eine Häufigkeitsverteilung über zwei Merkmale.*

Eine $(k \times l)$-Kontingenztafel ist eine Zahlenmatrix, bestehend aus k Zeilen und l Spalten, wobei das Element n_{ij} die Häufigkeit angibt, mit der die i-te

Merkmalsausprägung ($i = 1, \ldots, k$) des Merkmals X und die j-te Merkmalsausprägung ($j = 1, \ldots, l$) des Merkmals Y beobachtet wurden.

Merkmal X	Merkmal Y				$\sum$
	1	2	...	l	
1	n_{11}	n_{12}	...	n_{1l}	$n_{1.}$
2	n_{21}	n_{22}	...	n_{2l}	$n_{2.}$
$\vdots$	$\vdots$	$\vdots$		$\vdots$	$\vdots$
k	n_{k1}	n_{k2}	...	n_{kl}	$n_{k.}$
$\sum$	$n_{.1}$	$n_{.2}$	...	$n_{.l}$	$n_{..}$

Meist ergänzt man die Kontingenztafel um ihre Randverteilungen.

Definition 12.2 *Die* **Randverteilungen**

$$\begin{aligned} n_{i.} &= \sum_{j=1}^{l} n_{ij}\,, \quad i = 1, \ldots, k\,, \\ n_{.j} &= \sum_{i=1}^{k} n_{ij}\,, \quad j = 1, \ldots, l\,, \end{aligned}$$

der Kontingenztafel erhält man durch Aufsummieren über die Spalten bzw. Zeilen der Tafel.

Die Summe über Zeilen und Spalten ergibt die Gesamtzahl der beobachteten Stichprobenelemente:

$$n_{..} = \sum_i \sum_j n_{ij} = n\,.$$

Die Konvention bei der Verwendung des Punktes in $n_{i.}$, $n_{.j}$, etc. ist, daß über Indizes, die durch den Punkt ersetzt sind, summiert wurde.

Als wahrscheinlichkeitstheoretische Modelle zur Beschreibung der Beobachtungen eines einzelnen Merkmals haben wir im Abschnitt 9.3.3 die Binomial-, die Multinomial- und die Poissonverteilung kennengelernt; in diesem Abschnitt haben wir auch das Schätzen der Modellparameter und den χ^2-Anpassungstest als Testverfahren behandelt. So folgt die Zahl der weiblichen Personen in einer Stichprobe vom Umfang n der Binomialverteilung $B(n, p)$, wobei p nahe bei 0.5 liegt. Die gleichen Modelle können wir auch für die Beschreibung der Häufigkeiten in Kontingenztafeln benützen. Zur Illustration geben wir zwei weitere Beispiele von Kontingenztafeln, die sich in der Art der zugrundeliegenden Stichprobenentnahme unterscheiden.

Beispiel 12.2 Die folgende Tabelle zeigt, mit welchen Häufigkeiten Angehörige von drei Berufsgruppen innerhalb eines Jahres einen Arbeitsunfall erlitten haben. Dazu wurden aus jeder der drei Berufsgruppen 100 Personen zufällig ausgewählt und die zutreffende Kategorie des Merkmals "Arbeitsunfall" registriert.

Beruf	Arbeitsunfall		$\sum$
	ja	nein	
Bauarbeiter	17	83	100
Lehrer	1	99	100
Zahntechniker	5	95	100
$\sum$	23	277	300

Für die drei Berufsgruppen wurden drei unabhängige Stichproben gezogen. Die Spaltensummen können als Ergebnis einer Stichprobenerhebung nur des Merkmals "Arbeitsunfall" aufgefaßt werden. Die Zeilensummen sind jedoch fixe Zahlen, die bei der Planung der Erhebung festgelegt wurden.

Die Fragestellungen in den Beispielen 12.1 und 12.2 sind unterschiedlich. Während im Beispiel 12.1 die mögliche Abhängigkeit zwischen den Merkmalen interessiert (Passieren an Tagen mit geringem Luftdruck/schlechtem Wetter mehr Unfälle?), geht es im Beispiel 12.2 um die Frage, ob die Verteilung des Merkmals "Arbeitsunfall (ja/nein)" für alle befragten Populationen gleich ist (oder leben Bauarbeiter riskanter?).

Diesen Unterschieden entsprechen die Unterschiede in den Stichprobenschemata, die den Beispielen zugrundeliegen und im folgenden beschrieben werden.

- Im Beispiel 12.1 wurde ein **multinomiales Stichprobenschema** verwendet. Die Zufallsvariablen N_{ij}, deren Beobachtungen n_{ij} die Tafel angibt, haben eine gemeinsame Multinomialverteilung:

  $$(N_{11}, \ldots, N_{kl}) \sim M(n; p_{11}, \ldots, p_{kl}),$$

  wobei $n = n_{..} = \sum_i \sum_j n_{ij}$ und $\sum_i \sum_j p_{ij} = 1$. Die Summen $n_{i.}$ $(i = 1, \ldots, k)$, und $n_{.j}$ $(j = 1, \ldots, l)$ sind zufällig; die Gesamtzahl n der Beobachtungen ist allerdings fix vorgegeben. Die Wahrscheinlichkeiten p_{ij} können wir in einer Matrix zusammenfassen, die durch die Randverteilungen der Variablen X und Y ergänzt ist:

Merkmal X	Merkmal Y				
	1	2	...	l	
1	p_{11}	p_{12}	...	p_{1l}	$p_{1.}$
2	p_{21}	p_{22}	...	p_{2l}	$p_{2.}$
$\vdots$	$\vdots$	$\vdots$	...	$\vdots$	$\vdots$
k	p_{k1}	p_{k2}	...	p_{kl}	$p_{k.}$
	$p_{.1}$	$p_{.2}$	...	$p_{.l}$	1

Unabhängigkeit der beiden Merkmale liegt vor, wenn $p_{ij} = p_{i.}p_{.j}$ für alle i und j, wobei $p_{i.}$ die Wahrscheinlichkeit der i-ten Merkmalsausprägung von X, $p_{.j}$ die der j-ten Merkmalsausprägung von Y ist.

- Im Beispiel 12.2 wurde ein **produktmultinomiales Stichprobenschema** verwendet. Die i-te Zeile der Kontingenztafel ist eine von den übrigen Zeilen unabhängige Stichprobe aus einer Multinomialverteilung

$$(N_{i1}, \dots, N_{il}) \sim M(n_i; p_1^{(i)},, \dots, p_l^{(i)})$$

mit $\sum_j p_j^{(i)} = 1$ für $i = 1, \dots, k$. Da der Umfang n_i für jede der k Stichproben fix ist, sind neben n auch die Zeilensummen $n_{i.}$ $(i = 1, \dots, k)$ fix. Die Wahrscheinlichkeiten $p_i^{(j)}$ können wir wieder in einer Tafel anschreiben:

Stichprobe	Merkmal Y				
	1	2	...	l	
1	$p_1^{(1)}$	$p_2^{(1)}$	...	$p_l^{(1)}$	1
2	$p_1^{(2)}$	$p_2^{(2)}$	...	$p_l^{(2)}$	1
$\vdots$	$\vdots$	$\vdots$	...	$\vdots$	$\vdots$
k	$p_1^{(k)}$	$p_2^{(k)}$	...	$p_l^{(k)}$	1
	p_1	p_2	...	p_l	

Homogenität bedeutet, daß $p_j^{(1)} = \dots = p_j^{(k)} = p_j$ für jedes j.

- Schließlich kann das **Poisson Stichprobenschema** verwendet werden. Die Zufallsvariablen N_{ij}, deren Beobachtungen n_{ij} die Tabelle zeigt, sind unabhängig Poissonverteilt:

$$N_{ij} \sim P(\lambda_{ij}).$$

Jedem Element der Kontingenztafel entspricht sein eigenes λ_{ij}. Auch alle Summen $n_{i.}$ $(i = 1, \dots, k)$, $n_{.j}$ $(j = 1, \dots, l)$ und $n_{..} = n$ sind zufällig.

Ein Beispiel für das Poisson Stichprobenschema zeigt der folgende Sachverhalt.

Beispiel 12.3 Im Foyer eines Einkaufzentrums wurden eine Stunde lang vorbeikommende Kunden nach ihrer Meinung über ein kommunales Projekt befragt; die geäußerte Meinung wurde als "Zustimmmung" oder "Ablehnung" registriert. Außerdem wurde das Geschlecht des Befragten dokumentiert. Die Häufigkeiten, mit denen die vier möglichen Merkmalsausprägungen beobachtet wurden, zeigt die Tabelle.

Meinung	Geschlecht		Σ
	w	m	
Zustimmung	31	18	49
Ablehnung	36	37	73
Σ	67	55	122

Die Tabelle ist das Ergebnis der Befragung einer zufälligen Anzahl von Personen, von denen jede einer der vier Merkmalskombinationen zugeordnet werden kann. Die ebenfalls angegebenen Randsummen der (2×2)-Tafel sind Häufigkeitsverteilungen über je eines der beiden Merkmale, wie wir sie erhalten hätten, wenn wir für die Stichprobe der 122 Personen nur je eines der beiden Merkmale registriert hätten.

12.2 Teste für Kontingenztafeln

Wie schon in der Einleitung gesagt, werden wir Teste der **Unabhängigkeits-** und der **Homogenitätshypothese** behandeln. Obwohl es sich um zwei verschiedene Problemstellungen handelt, können wir die gleiche Testprozedur, einen χ^2-Test, anwenden. Bei der Interpretation der Ergebnisse ist natürlich jeweils die konkrete Fragestellung zu berücksichtigen.

12.2.1 Der χ^2-Test

Basis der Analyse von kategoriellen Daten ist der Vergleich der **beobachteten Häufigkeiten** n_{ij} mit den **erwarteten Häufigkeiten** e_{ij}, die sich bei Zutreffen der zu testenden Nullhypothese und unter Berücksichtigung des verwendeten Stichprobenschemas ergeben. Aus diesem Modell werden auch die Wahrscheinlichkeiten p_{ij} abgeleitet, mit denen für ein Stichprobenelement das Merkmal X in der i-ten und Y in der j-ten Kategorie realisiert werden.

Die Teststatistik,

$$T = \sum_{i=1}^{k} \sum_{j=1}^{l} \frac{(N_{ij} - e_{ij})^2}{e_{ij}},$$

mit der wir sowohl auf Unabhängigkeit der Merkmale als auch auf Homogenität testen werden, mißt die Abweichungen zwischen den beobachteten und erwarteten Häufigkeiten. Bei Zutreffen der jeweiligen Nullhypothese unterscheiden sich beobachtete und erwartete Häufigkeiten nur wenig und T liegt bei kleinen Werten. Je größer der realisierte Wert von T ist, umso eher werden wir H_0 verwerfen.

Die Teststatistik folgt (asymptotisch für großes n) einer χ^2-Verteilung. Die Genauigkeit der Approximation der Verteilung von T durch die χ^2-Verteilung bei endlichem n kann nur schwer abgeschätzt werden. Eine allgemein akzeptierte Faustregel für die Anwendbarkeit des χ^2-Tests verlangt:

- $e_{ij} \geq 1$ für alle $k \times l$ Elemente der Kontingenztafel,
- $e_{ij} \geq 5$ für mindestens 80% der Elemente der Kontingenztafel.

Wir zeigen in diesem Abschnitt, daß die geschätzten e_{ij} und die Zahl der Freiheitsgrade der χ^2-Verteilung der Teststatistik für Unabhängigkeits- und Homogenitätshypothese dieselben sind.

12.2.2 Test auf Unabhängigkeit

Wir gehen davon aus, daß die $(k \times l)$-Kontingenztafel nach einem multinomialen Stichprobenschema erhoben wurde: Jedes der $n = n_{..} = \sum_i \sum_j n_{ij}$ Elemente der Stichprobe wird nach X und Y klassifiziert. Die Nullhypothese H_0, wonach die beiden Merkmale unabhängig sind, soll gegen die Alternative H_0^c getestet werden, daß die Merkmale nicht unabhängig sind. Natürlich sind die p_{ij}, $p_{i.}$ und $p_{.j}$ unbekannt.

Mit den Wahrscheinlichkeiten p_{ij}, daß für ein Stichprobenelement das Merkmal X in Kategorie i und das Merkmal Y in Kategorie j fällt, können wir die Nullhypothese so formulieren: Gilt H_0, so sind die beiden Merkmale unabhängig, und die gemeinsame Verteilung der beiden Merkmale kann als Produkt der Randverteilungen geschrieben werden:

$$H_0: \; p_{ij} = p_{i.} p_{.j} \, .$$

Zur Berechnung der Teststatistik T müssen wir die erwarteten Häufigkeiten $e_{ij} = n \, p_{ij}$ kennen. Da die e_{ij} von den unbekannten p_{ij} abhängen, kann die Teststatistik nur berechnet werden, wenn wir die p_{ij} durch geeignete Schätzer ersetzen. Diese Vorgangsweise kennen wir vom Abschnitt 9.3.3 über den χ^2-Anpassungstest.

Die unbekannten $p_{i\cdot}$ und $p_{\cdot j}$ ersetzen wir durch ihre Maximum-Likelihood Schätzer, die relativen Häufigkeiten

$$\hat{p}_{i\cdot} = \frac{n_{i\cdot}}{n}, \quad \hat{p}_{\cdot j} = \frac{n_{\cdot j}}{n}.$$

Damit ergeben sich die geschätzten erwarteten Häufigkeiten bei Zutreffen von H_0 zu

$$\hat{e}_{ij} = n\hat{p}_{ij} = n\hat{p}_{i\cdot}\hat{p}_{\cdot j} = n\frac{n_{i\cdot}}{n}\frac{n_{\cdot j}}{n} = \frac{n_{i\cdot}n_{\cdot j}}{n}.$$

12.2.3 Test auf Homogenität

Wir gehen von einem produktmultinomialen Stichprobemschema aus: Es liegen k unabhängige Stichproben vom Merkmal Y vor, deren Merkmalsausprägungen in l Kategorien eingeteilt wurden. Die Homogenität bedeutet Gleichheit der Verteilungen, die den k Stichproben zugrundeliegen; die Wahrscheinlichkeit, daß ein Wert von Y aus der j-ten Kategorie realisiert wird, ist für alle k Stichproben gleich groß. Die Nullhypothese

$$H_0: \; p_j^{(1)} = \ldots = p_j^{(k)} = p_j, \quad j = 1, \ldots, l,$$

soll gegen die globale Alternative H_1: H_0^c getestet werden.

Da für jede Zeile der Kontingenztafel eine unabhängige Multinomialverteilung unterstellt wird, ergeben sich die erwarteten Häufigkeiten zu $e_{ij} = n_i p_j^{(i)}$. Unter H_0 sind die $p_j^{(i)} = p_j$ für alle Zeilen gleich, und es ergibt sich

$$e_{ij} = n_i p_j$$

für $i = 1, \ldots, k$. Als Schätzer für die unbekannten Wahrscheinlichkeiten p_j nehmen wir wiederum den Maximum-Likelihood Schätzer

$$\hat{p}_j = \frac{n_{\cdot j}}{n},$$

das ist die relative Häufigkeit, mit der in allen k Stichproben zusammen Beobachtungen aus der Kategorie j realisiert wurden. Somit ergeben sich die geschätzten, erwarteten Häufigkeiten unter H_0 zu

$$\hat{e}_{ij} = \frac{n_{i\cdot}n_{\cdot j}}{n};$$

sie sind identisch mit den für den Test der Unabhängigkeitshypothese abgeleiteten Schätzern der erwarteten Häufigkeiten.

12.2.4 Freiheitsgrade der Teststatistik

Die durch das Einsetzen der Schätzer der erwarteten Häufigkeiten modifizierte Teststatistik ist

$$T = \sum_{i=1}^{k} \sum_{j=1}^{l} \frac{(N_{ij} - \hat{e}_{ij})^2}{\hat{e}_{ij}}.$$

Diese Größe folgt asymptotisch einer χ^2-Verteilung; die Zahl ihrer Freiheitsgrade ist die um Eins verringerte Zahl der Beobachtungen weniger die Zahl der geschätzten Parameter.

Beim Test der Unabhängigkeitshypothese müssen wir $k-1$ Wahrscheinlichkeiten $p_{i.}$ und $l-1$ Wahrscheinlichkeiten $p_{.j}$ schätzen ($\sum_i p_{i.} = \sum_j p_{.j} = 1$). Somit ergibt sich die Zahl der Freiheitgrade der asymptotischen χ^2-Verteilung von T zu $kl - 1 - [(i-1)+(j-1)] = (k-1)(l-1)$. Das gleiche Ergebnis erhalten wir für den Test der Homogenitätshypothese: Jede der k Zeilen der Kontingenztafel hat $l-1$ Freiheitsgrade; davon ist die Zahl $l-1$ der geschätzten Parameter $\hat{p}_j$ abzuziehen. Somit ist die Zahl der Freiheitgrade $k(l-1)-(l-1) = (k-1)(l-1)$. Unter H_0 gilt

$$T = \sum_{i=1}^{k} \sum_{j=1}^{l} \frac{(N_{ij} - \hat{e}_{ij})^2}{\hat{e}_{ij}} \mathrel{\dot\sim} \chi^2[(k-1)(l-1)].$$

Die jeweilige Nullhypothese wird auf dem Signifikanzniveau α verworfen, wenn

$$T = \sum_{i=1}^{k} \sum_{j=1}^{l} \frac{(n_{ij} - \hat{e}_{ij})^2}{\hat{e}_{ij}} \geq \chi^2_{1-\alpha}(k-1)(l-1),$$

wobei $\chi^2_{1-\alpha}(k-1)(l-1)$ das $(1-\alpha)$-Perzentil der $\chi^2[(k-1)(l-1)]$-Verteilung ist. Es sei nochmals darauf hingewiesen, daß die Testprozeduren für den Test auf Unabhängigkeit und auf Homogenität gleich sind, obwohl wir es mit zwei verschiedenen Fragestellungen zu tun haben.

Beispiel 12.4 Es soll die Nullhypothese überprüft werden, daß die Zahl der Unfälle auf der Großbaustelle und die Wetterqualität, repräsentiert durch den Luftdruck, unabhängig sind (vergleiche Beispiel 12.1). Die Nullhypothese lautet H_0: $p_{ij} = p_{i.}p_{.j}$ für alle i und j. Das MINITAB-Protokoll zeigt die Anwendung des MINITAB-Programms `table` auf die Kontingenztafel von Beispiel 12.1.

```
MTB > table 'unf' baro';
```

```
SUBC> chisque 2.

 ROWS: 'unf'   COLUMNS: 'baro'

              1        2        3        4      ALL

 1            8        8        5        4       25
          10.62     8.75     3.44     2.19    25.00

 2           10        9        3        2       24
          10.20     8.40     3.30     2.10    24.00

 3           16       11        3        1       31
          13.18    10.85     4.26     2.71    31.00

 ALL         34       28       11        7       80
          34.00    28.00    11.00     7.00    80.00

CHI-SQUARE =      5.067   WITH D.F. =    6
```

In der Tabelle werden neben den beobachteten Häufigkeiten die erwarteten gezeigt. Beispielsweise ergibt sich $\hat{e}_{11} = (34 \cdot 25)/80 = 10.625$. Der Wert der Teststatistik beträgt 5.067, entsprechend einem p-Wert von 0.167. Der empirische Befund gibt keinen überzeugenden Hinweis auf eine Abhängigkeit zwischen den beiden Merkmalen.

Beispiel 12.5 An Hand der Kontingenztafel aus Beispiel 12.2 soll überprüft werden, ob die Wahrscheinlichkeiten eines Arbeitsunfalls für Bauarbeiter, Lehrer und Zahntechniker als gleich angesehen werden können. Somit soll die Nullhypothese H_0: $p_j^{(1)} = \ldots = p_j^{(3)} = p_j$ für $j = 1, 2$ getestet werden. Dazu verwenden wir wieder die MINITAB-Prozedur `table`.

```
MTB > table 'Beruf' 'Unf';
SUBC> chisquare 2.

 ROWS: Beruf     COLUMNS: Unf

              1        2      ALL

 1           17       83      100
           7.67    92.33   100.00

 2            1       99      100
           7.67    92.33   100.00
```

```
3          5        95       100
        7.67     92.33    100.00

ALL       23       277       300
       23.00    277.00    300.00

CHI-SQUARE =    19.589   WITH D.F. =   2
```

Zur Berechnung der erwarteten Häufigkeiten machen wir von den geschätzten Wahrscheinlichkeiten $\hat{p}_j = n_{.j}/n$ Gebrauch. So erhalten wir $\hat{p}_1 = 23/300 = 0.07\dot{6}$ und $\hat{e}_{11} = (100)(0.07\dot{6}) = 7.6\dot{6}$. Wie das MINITAB-Protokoll zeigt, beträgt der Wert der $\chi^2(2)$-verteilten Teststatistik 19.59; das entspricht einem p-Wert von 0.0001. Von Homogenität oder Gleichheit der Verteilungen für die drei Berufsgruppen kann keine Rede sein.

Siehe dazu auch Beispiel 12.9.

12.3 (2×2)-Kontingenztafeln

Für die (2×2)-Kontingenztafel (auch **Vierfeldertafel** genannt) finden sich in der Literatur eine große Zahl von Verfahren zum Test auf Homogenität und Unabhängigkeit. Wir werden hier neben dem χ^2-Test von Abschnitt 12.2 zwei weitere Verfahren behandeln. Der eine Test ist ein Verfahren für große n, der auf dem Verhältnis der Odds basiert. Der andere Test ist der exakte Test von Fisher, der nur für kleine n praktikabel ist.

Als einführendes Beispiel geben wir eine (2×2)-Kontingenztafel, die sich aus einem produktmultinomialen Stichprobenschema ergibt.

Beispiel 12.6 Als Ergänzung zur Untersuchung der Arbeitsunfälle (vergleiche Beispiel 12.2) wurde eine zweite Stichprobe unter Bauarbeitern gezogen. Während die Arbeiter der ersten Stichprobe im Hochbau beschäftigt waren, wurde die zweite Stichprobe unter im Straßenbau beschäftigten Arbeitern gezogen. Die Tabelle zeigt die Ergebnisse der Erhebung als (2×2)-Kontingenztafel mit den entsprechenden Randsummen.

Beruf	Arbeitsunfall		$\sum$
	ja	nein	
Hochbau	17	83	100
Straßenbau	11	89	100
$\sum$	28	172	200

Mit dem Homogenitätstest soll die Frage beantwortet werden, ob die Häufigkeitsverteilung von Unfällen für die beiden Kategorien von Bauarbeitern die gleiche ist. Die Nullhypothese der Homogenität können wir mit $p_1^{(1)} = p_h$ und $p_1^{(2)} = p_s$ schreiben als

$$H_0: \ p_h = p_s = p\,.$$

Die Teststatistik T des im Abschnitt 12.2 behandelten χ^2-Tests kann zur Anwendung auf eine (2×2)-Kontingenztafel in der Form

$$T = n\,\frac{(n_{11}n_{22} - n_{12}n_{21})^2}{n_{1.}n_{.1}n_{2.}n_{.2}}$$

geschrieben werden; sie wird als **Teststatistik von Pearson** bezeichnet, der sie 1900 vorgeschlagen hat. Sie folgt der $\chi^2(1)$-Verteilung.

Außer dem χ^2-Test und den beiden im folgenden vorgestellten Testen haben wir die Möglichkeit, den Homogenitätstest als Vergleich von relativen Häufigkeiten auszuführen, wie wir das im Kapitel 10.2 kennengelernt haben. Diese Möglichkeit gibt es natürlich nicht beim Test auf Unabhängigkeit.

Eine Besonderheit der (2×2)- gegenüber der $(k \times l)$-Kontingenztafel ist, daß nicht nur die globale Alternative, geschrieben in der Notation des Beispiels 12.6 als H_1: $p_h \neq p_s$, sondern auch einseitige Alternativen sinnvoll interpretiert werden können. So können wir im Beipsiel 12.6 gegen die Alternative testen, daß die Wahrscheinlichkeit eines Arbeitsunfalls für Arbeiter im Hochbau größer als für solche im Straßenbau ist. Der Test auf Unabhängigkeit kann die Nullhypothese gegen die Alternative einer positiven Korrelation prüfen.

12.3.1 Der Odds Verhältnis Test

Die Odds $P\{A\}/(1-P\{A\})$ eines Ereignisses A haben wir im Abschnitt 11.3 im Zusammenhang mit der logistischen Regression kennengelernt. Die Odds geben an, um wieviel wahrscheinlicher der Eintritt von A als der von A^c (der Nichteintritt von A) ist. Haben die Odds von A beispielsweise der Wert Eins, so gilt $P\{A\} = P\{A^c\}$. Aus $P\{A\} = 0.75$ folgt, daß die Odds von A den Wert 3 haben; A tritt mit der dreifachen Wahrscheinlichkeit von A^c ein.

Das Verhältnis der Odds (*odds ratio*) zweier Ereignisse A und B

$$\theta = \frac{P\{A\}/(1-P\{A\})}{P\{B\}/(1-P\{B\})} = \frac{P\{A\}(1-P\{B\})}{P\{B\}(1-P\{A\})}$$

kann analog interpretiert werden. Auf der Basis dieses Odds Verhältnisses können wir die Homogenitäts- und die Unabhängigkeitshypothese bei (2×2)-Kontingenztafeln testen.

Das Odds Verhältnis unter H_0

Beim Homogenitätstest gehen wir davon aus, daß die (2×2)-Kontingenztafel einem produktmultinomialen Stichprobenschema entstammt. Das Odds Verhältnis θ der ersten Merkmalsausprägung von Y in den beiden Stichproben ergibt sich zu

$$\theta = \frac{p_1^{(1)}p_2^{(2)}}{p_2^{(1)}p_1^{(2)}} = \frac{p_1(1-p_2)}{p_2(1-p_1)}$$

mit $p_1^{(1)} = p_1$ und $p_2^{(1)} = p_2$. Bei Zutreffen der Homogenitätshypothese H_0: $p_1 = p_2$ ergibt sich $\theta = 1$.

Beim Unabhängigkeitstest entstammt die (2×2)-Kontingenztafel einem multinomialen Stichprobenschema. Das Odds Verhältnis ist hier

$$\theta = \frac{p_{11}p_{22}}{p_{12}p_{21}}$$

Sind die beiden Merkmale der Tafel unabhängig, so gilt $\theta = 1$, da unter H_0 die Beziehungen $p_{ij} = p_{i.}p_{.j}$, $i,j = 1,2$, gelten.

Ein natürlicher Schätzer für das Odds Verhältnis ist

$$\hat{\theta} = \frac{n_{11}n_{22}}{n_{12}n_{21}},$$

den man erhält, indem man für die p_i bzw. p_{ij} die bekannten Schätzer wie $\hat{p}_{11} = n_{11}/n$ etc. einsetzt. Für einen hinreichend großen Stichprobenumfang ist $\ln\hat{\theta}$ angenähert normalverteilt mit den angegebenen Parametern:

$$\ln\hat{\theta} \mathrel{\dot\sim} N\left(\ln\theta, \frac{1}{n_{11}} + \frac{1}{n_{12}} + \frac{1}{n_{21}} + \frac{1}{n_{22}}\right);$$

dabei ist die Varianz $\sum_{i,j} n_{i,j}^{-1}$ ein Schätzer $\hat{\sigma}^2_{\ln\theta}$ der Varianz $\sigma^2_{\ln\theta}$. Die Nullhypothese H_0: $\theta = 1$ bzw. H_0: $\ln\theta = 0$ wird verworfen, wenn

$$\ln\hat{\theta} \le -z_{1-\frac{\alpha}{2}}\hat{\sigma}_{\ln\theta} \quad \text{oder} \quad \ln\hat{\theta} \ge z_{1-\frac{\alpha}{2}}\hat{\sigma}_{\ln\theta}.$$

Auf der Basis der asymptotischen Normalverteilung kann ein Konfidenzintervall wie für einen Erwartungswert bestimmt werden (vergleiche Kapitel 10.1).

Beispiel 12.7 Für die (2×2)-Kontingenztafel von Beispiel 12.6 mit den Häufigkeiten $n_{hj} = 17$, $n_{hn} = 83$, $n_{sj} = 11$ und $n_{sn} = 89$ soll untersucht werden, ob die Wahrscheinlichkeit p_h und p_s für einen Arbeitsunfall für die beiden Populationen von Bauarbeitern gleich sind, oder ob sie sich unterscheiden. Dazu soll die Nullhypothese H_0: $p_h = p_s$ gegen die Alternative H_1: $p_h \neq p_s$ getestet werden ($\alpha = 0.05$); als Teststatistik ist (a) die Differenz der relativen Häufigkeiten, (b) das logarithmierte Odds Verhältnis für einen Arbeitsunfall und (c) die χ^2-Statistik nach Pearson zu verwenden. Schließlich soll (d) ein asymptotisches 95%-iges Konfidenzintervall für das Odds Verhältnis bestimmt werden.

(a) Teststatistik ist die Differenz $D_p = \hat{p}_h - \hat{p}_s$, für die der Wert

$$D_p = \hat{p}_h - \hat{p}_s = \frac{17}{100} - \frac{11}{100} = 0.06$$

realisiert wurde. Sie folgt näherungsweise der Normalverteilung:

$$D_p \dot{\sim} N\left[p_h - p_s, \frac{p_h(1-p_h)}{100} + \frac{p_s(1-p_s)}{100}\right];$$

unter H_0: $p_h = p_s = p$ ergibt sich daraus $D_p \dot{\sim} N[0, 2p(1-p)/100]$; nach Ersetzen von p durch den Schätzer $\hat{p} = (n_{h1} + n_{s1})/200 = 0.14$ ergibt sich $D_p \dot{\sim} N(0, 0.049^2)$. Die kritischen Schranken sind $\pm z_{0.975} \cdot 0.049$ oder ± 0.096. Da $D_p = 0.06$ im Annahmebereich enthalten ist, kann die Nullhypothese der Gleichheit der Wahrscheinlichkeiten p_h und p_s für einen Arbeitsunfall in den beiden Populationen von Bauarbeitern nicht verworfen werden. Die gleiche Entscheidung ergibt sich bei Vergleich des p-Wertes von 0.221 mit dem Signifikanzniveau 0.05.

(b) Für die angegebene (2×2)-Kontingenztafel ergibt sich das geschätzte Odds Verhältnis zu

$$\hat{\theta} = \frac{n_{hj} n_{sn}}{n_{hn} n_{sj}} = \frac{17 \cdot 89}{83 \cdot 11} = 1.657$$

und daraus $\ln \hat{\theta} = 0.505$. Ein Schätzer für die Varianz des logarithmierten Odds Verhältnis ist

$$\hat{\sigma}^2_{\ln \theta} = \frac{1}{17} + \frac{1}{89} + \frac{1}{83} + \frac{1}{11} = 0.173;$$

die geschätzte Standardabweichung ergibt sich somit zu $\hat{\sigma}_{\ln \theta} = 0.416$. Die Grenzen des Annahmebereiches sind

$$\pm z_{1-\frac{\alpha}{2}} \hat{\sigma}_{\ln \theta} = \pm 0.815;$$

dabei wurde von der näherungsweisen Normalverteilung von $\ln \hat{\theta}$ Gebrauch gemacht. Da $\ln \hat{\theta} = 0.505$ im Annahmebereich enthalten ist, kann die Nullhypothese nicht verworfen werden. Die gleiche Entscheidung ergibt sich bei Vergleich des p-Wertes von 0.225 mit dem Signifikanzniveau 0.05.

(c) Die χ^2-Statistik nach Pearson ist

$$T = n \frac{(n_{hj} n_{sn} - n_{hn} n_{sj})^2}{n_{h.} n_{.j} n_{s.} n_{.n}} = 200 \frac{(17 \cdot 89 - 11 \cdot 83)^2}{100 \cdot 100 \cdot 28 \cdot 172} = 1.495;$$

der Wert ist kleiner als die kritische Schranke $\chi^2_{0.95}(1) = 3.841$ des χ^2-Tests für die (2×2)-Kontingenztafel; die Nullhypothese kann nicht verworfen werden. Die gleiche Entscheidung ergibt sich bei Vergleich des p-Wertes von 0.221 mit dem Signifikanzniveau 0.05.

(d) Die Grenzen des 95%-igen asymptotischen Konfidenzintervalls für das logarithmierte Odds Verhältnis ergeben sich nach

$$\ln \hat{\theta} \pm z_{\frac{1+\gamma}{2}} \hat{\sigma}_{\ln \theta}$$

zu $0.505 \pm 1.96 \cdot 0.416$ oder $[-0.31, 1.32]$. Das entsprechende asymptotische Konfidenzintervall für das Odds Verhältnis ist

$$[\exp\{-0.31\}, \exp\{1.32\}] = [0.73, 3.74],$$

das sich ergibt, wenn wir auf die Endpunkte des Konfidenzintervalls für das logarithmierte Odds Verhältnis die Umkehrfunktion zur logarithmischen Funktion, die Exponentialfunktion, anwenden. Wie wir mehrfach ausgeführt haben, können wir die Entscheidung über Verwerfen oder Nichtverwerfen der Nullhypothese bei einer zweiseitigen Alternative wie in diesem Beispiel auch auf der Basis des Konfidenzintervalls treffen: Da der Wert Null im 95%-igen Konfidenzintervalls für das logarithmierte Odds Verhältnis enhalten ist, oder da der Wert Eins im 95%-igen Konfidenzintervalls für das Odds Verhältnis enthalten ist, kann die Nullhypothese auf dem Niveau 0.05 nicht verworfen werden.

Siehe dazu auch Beispiel 12.10.

12.3.2 Der exakte Test nach Fisher

Sowohl der χ^2-Test als auch der Odds Verhältnis Test setzen einen großen Stichprobenumfang voraus, da sie auf asymptotischen Verteilungen beruhen. Ein exakter Test für (2×2)-Kontingenztafeln geht auf den Britischen Statistiker Sir R.A. Fisher zurück, nach dem er auch benannt ist. Er beruht auf den bedingten Verteilungen der Häufigkeiten n_{ij} unter der Bedingung, daß alle Randsummen $n_{i.}$ und $n_{.j}$ fix sind.

Die Idee, die dem Test von Fisher zugrundeliegt, soll an Hand des folgenden Beispiels erläutert werden.

Beispiel 12.8 Um zwei medizinische Heilungsmethoden zu vergleichen, wurden aus 15 Patienten sieben zufällig ausgewählt, die nach Methode A behandelt wurden; die restlichen acht Patienten wurden nach Methode B behandelt. Den Erfolg der Behandlung zeigt die folgende (2×2)-Kontingenztafel.

	geheilt	nicht geheilt	
Methode A	4	3	7
Methode B	1	7	8
	5	10	15

Zu testen ist die Nullhypothese, daß die beiden Methoden die gleiche Heilungswahrscheinlichkeit haben, gegen die einseitige Alternative, daß Methode A effektiver ist. Gilt tatsächlich H_0, so gibt es keinen Unterschied zwischen den Behandlungen; wir können die Zeilen A und B zusammenmischen und die Aufteilung auf 5 geheilte und 10 nicht geheilte Patienten als eine Stichprobe aus der gemeinsamen Verteilung auffassen. Unter der Annahme der Homogenität der beiden Teilstichproben können wir die Zeilen A und B als zufällige Aufteilung der 5 geheilten und 10 nicht geheilten Patienten auf zwei Gruppen von 7 bzw. 8 Patienten interpretieren. Wir haben $\binom{15}{7}$ Möglichkeiten, 7 Personen aus 15 auszuwählen, wobei jede dieser Auswahlen gleich wahrscheinlich ist. Analog gilt: Die Anzahl der Auswahlen der 4 aus 5 geheilten und der 3 aus 10 nicht geheilten Patienten beträgt $\binom{5}{4}\binom{3}{10}$. Jede Auswahl der Patienten für die Zeile A bestimmt auch die der Zeile B. Damit ist die bedingte Wahrscheinlichkeit für die beobachteten Häufigkeiten, gegeben die Randverteilungen,

$$\frac{\binom{5}{4}\binom{3}{10}}{\binom{15}{7}} = 0.093\,,$$

eine Anwendung der hypergeometrischen Verteilung.

Als nächstes überlegen wir uns, welche Kontingenztafeln bei Zutreffen von H_0 noch unwahrscheinlicher sind, aber bei Zutreffen der Alternative plausibler werden, wobei die Randverteilungen unverändert bleiben sollen. Es gibt eine solche Tafel, die noch extremer dafür ist, daß Methode A effektiver ist:

	geheilt	nicht geheilt	
Methode A	5	2	7
Methode B	0	8	8
	5	10	15

Wir erhalten sie, wenn alle 5 geheilten Patienten nach Methode A behandelt wurden, und wenn unter den nach Methode B behandelten Patienten kein einziger geheilt wurde. Die Wahrscheinlichkeit, unter Homogenität diese Tafel zu beobachten, ist

$$\frac{\binom{5}{5}\binom{2}{10}}{\binom{15}{7}} = 0.007\,.$$

Die Wahrscheinlichkeit, die beobachtete Tafel oder eine noch extremer für die Alternative sprechende Tafel zu finden, ist daher $0.093 + 0.007 = 0.10$. Diese Wahrscheinlichkeit ist der p-Wert für den exakten Test; kleine Werte sprechen gegen die Nullhypothese.

Die Anwendbarkeit des Tests von Fisher wird natürlich durch die Notwendigkeit beschränkt, daß alle relevanten Tafeln und ihr Beitrag zum p-Wert des Tests durch die Berechnung der entsprechenden Binomialkoeffizienten bestimmt werden müssen, eine Aufgabe, die bei nicht hinreichend kleinem n sehr aufwendig wird. Der Test bietet sich demnach vor allem bei kleinen Stichprobenumfängen an. Zur Erleichterung der praktischen Anwendung gibt es umfangreiche Tabellen.

12.A Ergänzende Beispiele

Beispiel 12.9 Im Rahmen einer Untersuchung der Nachfrage nach Unterhaltungselektronik wurden in unabhängigen Stichproben von vier Berufsgruppen erhoben, ob im jeweiligen Haushalt ein Videorekorder verfügbar ist oder nicht. Die Ergebnisse der Untersuchung zeigt die (4×2)-Kontingenztafel.

Beruf	Videorekorder		
	ja	nein	
Handwerker	199	51	250
Lehrer	268	32	300
Büroangestellte	233	67	300
Vertreter	267	83	350
	967	233	1200

Es ist (a) zu testen, ob der Anteil der Personen, die über einen Videorekorder verfügen, für alle Berufsgruppen gleich ist, (b) durch Inspektion der Beiträge zur χ^2-Teststatistik und der Differenzen zwischen erwarteten und beobachten Häufigkeiten festzustellen, welche Ursache für das Testergebnis entscheidend ist, und (c) der χ^2-Test für die (3×2)-Kontingenztafel zu wiederholen, die sich durch Eliminieren der Stichprobe der Lehrer ergibt. Schließlich soll (d) die (4×2)-Kontingenztafel durch Aufsummieren der Ergebnisse für die Nichthandwerker zu einer (2×2)-Kontingenztafel aggregiert werden und darauf der χ^2-Test sowie der Odds Verhältnis Test angewendet werden.

(a) Da es sich um vier unabhängige Stichproben handelt, führen wir einen Homogenitätstest aus. Die Nullhypothese ist H_0: $p_1 = p_2 = p_3 = p_4$, wobei p_i

die bedingte Wahrscheinlichkeit für die Verfügbarkeit eines Videorekorders in der i-ten Berufsgruppe ist. Die Teststatistik des χ^2-Tests ergibt sich zu $T = 20.60$ (siehe auch das MINITAB-Protokoll). Mit $(4-1)(2-1) = 3$ ist der kritische Wert das 0.95-Perzentil der $\chi^2(3)$-Verteilung, $\chi^2_{0.95}(3) = 7.815$, sodaß H_0 zugunsten der Alternative zu verwerfen ist.

```
MTB > chisquare c25 c26

Expected counts are printed below observed counts

            C25       C26     Total
    1       199        51       250
         201.46     48.54

    2       268        32       300
         241.75     58.25

    3       233        67       300
         241.75     58.25

    4       267        83       350
         282.04     67.96

Total       967       233      1200

ChiSq =   0.030 +  0.124 +
          2.850 + 11.829 +
          0.317 +  1.314 +
          0.802 +  3.329 = 20.597
df = 3
```

(b) Nach dem Verwerfen der Nullhypothese ist es angebracht, nach den Ursachen zu suchen, die zum Verwerfen geführt haben. Der Beitrag der einzelnen n_{ij} zum Wert der Teststatistik gibt die Bedeutung der Beobachtung für die Entscheidung an; Vorzeichen und Größe der Differenzen zwischen den beobachteten und erwarteten Häufigkeiten, die die größten Beiträge zur Teststatistik liefern, geben Hinweise auf die Art der Inhomogenität. Die Tabelle zeigt die Beiträge $\Delta\chi^2$ zur Teststatistik und die Differenzen $n_{ij} - \hat{e}_{ij}$.

Beruf		Videorekorder	
		ja	nein
Handwerker	$\Delta\chi^2$	0.03	0.12
	$n_{ij} - \hat{e}_{ij}$	−2.46	2.46
Lehrer	$\Delta\chi^2$	2.85	11.83
	$n_{ij} - \hat{e}_{ij}$	26.25	−26.25
Büroangestellte	$\Delta\chi^2$	0.32	1.31
	$n_{ij} - \hat{e}_{ij}$	−8.75	8.75
Vertreter	$\Delta\chi^2$	0.80	3.33
	$n_{ij} - \hat{e}_{ij}$	−15.04	15.04

Die Inspektion der Tabelle zeigt, daß die Häufigkeit der Lehrer ohne Videorekorder den Hauptbeitrag zum signifikanten Testwert liefern: Diese Häufigkeit ist wesentlich geringer, als sie bei Homogenität zu erwarten wäre.

(c) Läßt man die zweite Zeile der Kontingenztafel weg, so ergibt sich die folgende (3 × 2)-Tafel.

Beruf	Videorekorder		
	ja	nein	
Handwerker	199	51	250
Büroangestellte	233	67	300
Vertreter	267	83	350
	699	201	900

Der Wert der Teststatistik hat den Wert 0.924 und entspricht einem p-Wert von 0.370, sodaß die Homogenitätshypothese nicht verworfen werden kann. Dieses Ergebnis ist ein weiterer Hinweis darauf, daß es im wesentlichen die Anteile bei den Lehrern sind, die für die Entscheidung in (a) verantwortlich sind.

(d) Die aggregierte (2 × 2)-Kontingenztafel ergibt sich zu

Beruf	Videorekorder		
	ja	nein	
Handwerker	199	51	250
Nichthandwerker	768	182	950
	967	233	1200

Der Wert der Teststatistik hat den Wert 0.195 und entspricht einem p-Wert von 0.341, sodaß die Homogenitätshypothese nicht verworfen werden kann. Zum gleichen Ergebnis kommen wir bei Anwendung des Odds Verhältnis Tests. Das geschätzte Odds Verhältnis beträgt $\hat{\theta} = 0.925$; das 95%-ige Konfidenzintervall für θ ist $[0.65, 1.31]$. Die Nullhypothese der Homogenität kann nicht verworfen werden.

Beachte! Das Aggregieren der Berufsgruppen der Nichthandwerker hat zur Folge, daß die Nichthomogenität, die wir in (a) entdeckt haben, verdeckt wird! Durch das Aggregieren von Zeilen oder Spalten einer Kontingenztafel kann die Entscheidung umgedreht werden! Es ist also Vorsicht geboten, wenn Kontingenztafel verkleinert werden. Umgekehrt kann das Disaggregieren Phänomene aufdecken, die im aggregierten Zustand verdeckt sind!

Beispiel 12.10 Die Geschäftsleitung eines Kaufhauses hat eine Studie der Zahlungsgewohnheiten ihrer Kunden in Auftrag gegeben. U.a. möchte die Geschäftsleitung wissen, ob zwischen dem Geschlecht der Kunden und ihrer bevorzugten Zahlungsart ein Zusammenhang besteht. Die Tabelle zeigt das Ergebnis der Beobachtung einer Stichprobe von 2000 Kunden. Bei der Zahlungsart wurde nur zwischen Barzahlung und nichtbarer Zahlung unterschieden.

Geschlecht	Barzahler ja	nein	
w	1069	527	1596
m	174	230	404
	1243	757	2000

Die Nullhypothese der Unabhängigkeit soll gegen die Alternative getestet werden, daß Männer mit größerer Wahrscheinlichkeit nichtbar bezahlen als Frauen ($\alpha = 0.01$). Dazu soll (a) der χ^2-Test nach Pearson und (b) der Odds Verhältnis Test verwendet werden. Schließlich soll (c) ein 95%-iges Konfidenzintervall für das Odds Verhältnis der Barzahlung von Männern und Frauen bestimmt werden.

(a) Die Teststatistik nach Pearson ergibt sich zu

$$T = 2000\,\frac{(1069 \cdot 230 - 527 \cdot 174)^2}{1596 \cdot 404 \cdot 1243 \cdot 527} = 78.4\,.$$

Das Protokoll über die Anwendung der MINITAB-Prozedur **chisquare** zeigt auch die geschätzten, erwarteten Häufigkeiten und die Beiträge der einzelnen n_{ij} zur Teststatistik.

```
MTB > chisquare c22 c23

            C22       C23    Total
    1      1069       527     1596
         991.91    604.09

    2       174       230      404
         251.09    152.91

Total      1243       757     2000
ChiSq =   5.991 +   9.837 +
         23.666 +  38.860 = 78.354
df = 1
```

Da der Wert der χ^2-Teststatistik größer als das 0.99-Perzentil $\chi^2_{0.99}(1) = 6.63$ ist bzw. da der p-Wert 0.000 kleiner als das Signifikanzniveau 0.01 ist, ist die Nullhypothese der Unabhängigkeit zu verwerfen.

Die Richtung des Zusammenhanges wird in dem Test nicht berücksichtigt. Allerdings zeigt die Inspektion der Kontingenztafel, daß das Ergebnis durch einen unterdurchschnittlichen Anteil der Männer und einen überdurchschnittlichen Anteil der Frauen an den Barzahlern zustande kommt.

(b) Das Odds Verhältnis für Barzahler unter Frauen gegen Barzahler unter Männern ist

$$\hat{\theta} = \frac{1069 \cdot 230}{174 \cdot 527} = 2.68\,;$$

die Odds für Barzahlen sind für Frauen fast dreimal so groß wie für Männer. Für das logarithmierte Odds Verhältnis ergibt sich $\ln \hat{\theta} = 0.986$; der Schätzer seiner Varianz ist $\hat{\sigma}^2_{\ln \theta} = (0.114)^2$.

Dem Test der Nullhypothese der Unabhängigkeit H_0: $p_{ij} = p_{i.}p_{.j}$ für alle $i, j = 1, 2$ oder H_0: $\theta = 1$ stellen wir die Alternative gegenüber, daß Frauen eher bar zahlen als Männer: H_1: $\theta > 1$. Dementsprechend werden wir uns für die Alternative entscheiden, wenn $\ln \hat{\theta} > 0$. Daher müssen wir die kritische Schranke $z_{0.99}\hat{\sigma}_{\ln \theta} = (2.33)(0.114) = 0.265$ verwenden, wobei wir von der asymptotischen Normalverteilung von $\ln \hat{\theta}$ Gebrauch machen. Die Nullhypothese wird verworfen.

(c) Die Grenzen des 95-%igen Konfidenzintervalls für $\ln \theta$ ergeben sich auf der Basis der asymptotische Normalverteilung von $\ln \hat{\theta}$ zu

$$\ln \hat{\theta} \pm z_{\frac{1+\gamma}{2}} \hat{\sigma}_{\ln \theta}\,;$$

wir erhalten das Konfidenzintervall $[0.76, 1.21]$. Die Grenzen des Konfidenzintervalls für θ ergeben sich durch Anwenden der Exponentialfunktion auf die Grenzen des Konfidenzintervalls für $\ln \theta$ zu

$$2.14 \le \theta \le 3.35\,.$$

12.B Weiterführende Beispiele

Beispiel 12.11 Eine Schmiermittelfirma bietet ein Treibstoffadditiv an, das die Lebensdauer der Motoren verlängern soll. In einer Untersuchung wurden von 25 zufällig ausgewählten Autos 10, die ebenfalls zufällig ausgewählt waren, mit dem Additiv betrieben. Nach 100.000 km Fahrleistung wurden jedes Auto untersucht und bis dahin aufgetretene Motorschäden registriert. Die Tabelle faßt die Ergebisse der Untersuchung zusammen.

Motorschaden	ja	nein	
Additiv verwendet	5	5	10
Additiv nicht verwendet	12	3	15
	17	8	25

Zum Test der Behauptung der Firma soll (a) ein χ^2-Test verwendet werden (α=0.05). Alternativ dazu soll ein logistisches Regressionmodell für die binäre Variable Y "Motorschaden" spezifiziert werden, das die binäre Variable x "Additiv" mit den Ausprägungen "verwendet" und "nicht verwendet" als erklärende Variabel verwendet; auf der Basis dieses Modells soll (b) das Odds Verhältnis geschätzt werden und (c) die Behauptung der Firma durch den Vergleich des 95%-iges Konfidenzintervalls für den Regressionskoeffizienten mit seinem bei Unabhängigkeit überprüft werden.

(a) Der Wert der Teststatistik des χ^2-Tests zum Testen auf Homogenität der beiden Stichproben, die mit bzw. ohne Verwendung des Additivs realisiert wurden, ergibt sich zu

$$T = 25\frac{(5 \cdot 3 - 5 \cdot 12)^2}{17 \cdot 8 \cdot 10 \cdot 15} = 2.482\,;$$

da die kritische Schranke $\chi^2_{0.99}(1) = 3.84$ größer als der Wert der Teststatistik ist, kann die Hullhypothese der Homogenität nicht verworfen werden. *Beachte!* Zwei der e_{ij} sind geringer als 5.

(b) Der χ^2-Test zur Analyse von Kontingenztafeln unterscheidet nicht, ob die beiden Variablen zueinander im Verhältnis von Responsevariable zu erklärende Variable stehen, oder ob sie hinsichtlich ihres Abhängigkeitsverhältnisses gleichwertig sind. Zur Analyse der Abhängigkeit einer binären Variablen von einer erklärenden Variablen haben wir im Abschnitt 11.3 die logistische Regression eingeführt. Ein Fall, den wir dort nicht diskutiert haben, aber der mit dem dort eingeführten Instrumentarium behandelt werden kann, ist der, daß auch die erklärende Variable eine binäre Variable ist. Dieser Fall, der durch dieses Beispiel illustriert werden soll, läuft auf die Analyse einer (2×2)-Kontingenztafel hinaus, wie sie in den Angaben gezeigt ist.

Wir modellieren die logarithmierten Odds des Ereignisses "Motorschaden (ja/nein)" als lineare Funktion der erklärenden Variablen x:

$$\ln\frac{\pi(x)}{1-\pi(x)} = \beta_0 + \beta_1 x\,,$$

wobei x die Werte 0 (Additiv nicht verwendet) oder 1 (Additiv verwendet) annehmen kann; damit ergibt sich die bedingte Wahrscheinlichkeit $\pi(1) = P\{Y=1|x=1\}$ zu

$$\pi(1) = \frac{e^{\beta_0+\beta_1}}{1+e^{\beta_0+\beta_1}}$$

und analog die Wahrscheinlichkeiten $1-\pi(1) = P\{Y=0|x=1\}$, $\pi(0) = P\{Y=1|x=0\}$ und $1-\pi(1) = P\{Y=0|x=0\}$, die wir in der folgenden (2×2)-Kontingenztafel zusammenfassen können:

	$y=1$	$y=0$
$x=1$	$\pi(1) = \frac{e^{\beta_0+\beta_1}}{1+e^{\beta_0+\beta_1}}$	$1-\pi(1) = \frac{1}{1+e^{\beta_0+\beta_1}}$
$x=0$	$\pi(0) = \frac{e^{\beta_0}}{1+e^{\beta_0}}$	$1-\pi(0) = \frac{1}{1+e^{\beta_0}}$

Der interessierende Parameter β_1 des logistischen Regressionsmodells ergibt sich aus dem Odds Verhältnis (vergleiche auch Abschnitt 11.3)

$$\theta = \frac{\pi(1)/[1-\pi(1)]}{\pi(0)/[1-\pi(0)]} = \frac{\frac{e^{\beta_0+\beta_1}}{1+e^{\beta_0+\beta_1}} / \frac{1}{1+e^{\beta_0+\beta_1}}}{\frac{e^{\beta_0}}{1+e^{\beta_0}} / \frac{1}{1+e^{\beta_0}}} = \frac{e^{\beta_0+\beta_1}}{e^{\beta_0}} = e^{\beta_1}$$

zu $\ln\theta = \beta_1$. Das Odds Verhältnis θ ist interpretierbar als Veränderung der Odds für einen Motorschaden, wenn man von der Nichtverwendung des Additivs zu seiner Verwendung übergeht. Wir erhalten für den Schätzer $\hat{\theta} = (5\cdot 3)/(5\cdot 12) = 0.25$ (oder $\hat{\beta}_1 = -1.386$); somit betragen die Odds für einen Motorschaden bei Verwendung des Additivs nur mehr ein Viertel der Odds für einen Motorschaden, wenn das Additiv nicht verwendet wird.

(c) Ein 95%-iges Konfidenzintervall für das logarithmierte Odds Verhältnis ergibt sich wegen $\hat{\sigma}_{\ln\theta} = 0.904$ zu $[-2.873, 0.101]$. Daraus erhalten wir das entsprechende Konfidenzintervall für θ zu $[0.057, 1.106]$. Es folgt, daß die Reduktion in den Odds nicht signifikant ist. Allerdings ist dabei zu beachten, daß das Konfidenzintervall auf der Basis der asymptotischen Verteilung von $\ln\hat{\theta}$ ermittelt wurde, sodaß wegen des geringen Stichprobenumfanges ($n = 25$) die Näherung möglicherweise nur ungenügend ist; außerdem ist die Macht des Tests als Folge dieses geringen Stichprobenumfanges wahrscheinlich nicht allzu groß.

12.C Übungsaufgaben

12.1 In einem Test, an dem 25 zufällig ausgewählte Männer und 50 Frauen teilnahmen, ergab sich, daß eine bestimmte Seife von neun Personen, davon drei Männern, bevorzugt wird. Kann die Bevorzugung als vom Geschlecht abhängig angesehen werden (α=0.05)? Der Wert der Teststatistik und der Annahmebereich sind anzugeben.

12.2 Zu den Angaben von Beispiel 12.1 ist die Behauptung bei α=0.01 zu testen, daß die Zahl der Arbeitsunfälle je Tag

(a) poissonverteilt,

(b) unabhängig vom Wetter, repräsentiert durch den Luftdruck,

sei. Der Wert der Teststatistik und der Annahmebereich sind anzugeben.

12.3 Zu den Angaben von Beispiel 12.2 ist die Behauptung zu testen, daß für die angeführten Berufsgruppen die Zahl ihrer Angehörigen, die einen Arbeitsunfall erleiden, Binomialverteilungen mit gleichem p folgen (α=0.05). Der Wert der Teststatistik und der Annahmebereich sind anzugeben.

12.4 100 in eine Stichprobe einbezogene Personen werden nach Haarfarbe und Augenfarbe klassifiziert:

Augenfarbe	Haarfarbe		
	schwarz	brünett	blond
blau	4	8	14
braun	13	9	3
grau	14	19	16

Kann behauptet werden, daß in dieser Population die beiden Merkmale unabhängig sind (α=0.05)? Der Wert der Teststatistik und der Annahmebereich sind anzugeben.

12.5 In drei Regionen A, B und C wurden stichprobenweise Erhebungen gemacht, und es ergaben sich folgende Häufigkeiten der Haarfarben:

Region	Haarfarbe		
	schwarz	brünett	blond
A	15	15	20
B	3	6	21
C	2	9	9

Kann behauptet werden (α=0.05), daß die Haarfarbe von der Region abhängig ist? Der Wert der Teststatistik und der Annahmebereich sind anzugeben.

12.6 Ein Drogist führt Hundefutter der Marken A und B. Um den Einfluß der Präsentation der Ware auf die Nachfrage festzustellen, registriert er zwei Wochen lang die Zahl der verkauften Dosen, wobei er die Präsentationsart am Beginn der zweiten Woche vertauscht. Die Tabelle faßt die Ergebnisse zusammen.

Woche	Verkaufte Dosen	
	Marke A	Marke B
1	127	87
2	92	84

Es soll getestet werden (α=0.05), ob der anteilige Absatz als gleich angesehen werden kann

(a) für die beiden Präsentationen,

(b) für die beiden Marken.

Der Wert der Teststatistik und der Annahmebereich sind anzugeben.

12.7 Unter ehemaligen Universitätsbesuchern wird eine schriftliche Umfrage veranstaltet. Die ausgesandten Fragebögen werden nur teilweise zurückgesandt, wie die Tabelle zeigt:

Zurückgesandt	Abschluß des Studiums		
	keiner	Magister	Doktor
ja	44	78	18
nein	6	22	7

Kann behauptet werden, daß die Bereitschaft, den Fragebogen zurückzuschicken, von der Qualität des Studienabschlusses abhängig ist (α=0.05)? Der Wert der Teststatistik und der Annahmebereich sind anzugeben.

Lösungen der Übungsaufgaben

1: 0, [0, 3.84). **2:** (a) 10.63, [0, 11.34); (b) 5.07, [0, 12.59). **3:** 19.59, [0, 7.82). **4:** 12.76, [0, 9.49). **5:** 11, [0, 9.49). **6:** (a) 1.96, [0, 3.84); (b) 0.123, (−0.084, 0.084). **7:** 3.25, [0, 5.99).

Kapitel 13

Assoziationsmaße

In vielen praktischen Anwendungsproblemen steht die Frage im Vordergrund, wie stark zwei Merkmale (Variable) voneinander abhängen. Gibt es einen Zusammenhang zwischen der Körpergröße und dem Körpergewicht der Menschen? Zwischen der Zahl der Mitarbeiter und dem Umsatz von Unternehmen? Zwischen dem Anteil an "neuen" Produkten, die Unternehmen erzeugen, und ihrem Wachstum? Assoziationsmaße sind Maße, die solche Zusammenhänge messen. Je nach Typ der zugrundeliegenden Zufallsvariablen sind verschiedene Assoziationsmaße zu unterscheiden. In Abschnitt 7.5 haben wir den Produkt-Moment Korrelationskoeffizienten eingeführt, der Beobachtungen stetiger Variabler voraussetzt. Den entsprechenden Stichproben Korrelationskoeffizienten haben wir in Abschnitt 3.2 kennengelernt. In Abschnitt 13.1 werden wir Verfahren der statistischen Inferenz für diesen Korrelationskoeffizienten behandeln. Für kategorielle Daten sind sogenannte Kontingenzkoeffizienten definiert, die den Gegenstand des Abschnitts 13.2 bilden.

13.1 Korrelationskoeffizienten

Die Zufallsvariablen X und Y haben die gemeinsame Dichtefunktion $f(x, y)$ und die Momente $\mathrm{E}\{X\} = \mu_X$, $\mathrm{E}\{Y\} = \mu_X$, $\mathrm{Var}\{X\} = \sigma_X^2$ und $\mathrm{Var}\{Y\} = \sigma_Y^2$. Den Produkt-Moment Korrelationskoeffizienten, kurz Korrelationskoeffizient, ρ_{XY}, zwischen X und Y haben wir in *Definition 7.12* als

$$\rho_{XY} = \frac{\sigma_{XY}}{\sqrt{\sigma_X^2}\sqrt{\sigma_Y^2}}$$

eingeführt, wobei $\sigma_{XY} = \mathrm{E}\{(X - \mu_x)(Y - \mu_y)\}$ die Kovarianz zwischen X und Y ist. Der Korrelationskoeffizient ρ_{XY} ist ein Maß für die Stärke des linearen Zusammenhanges zwischen den beiden Zufallsvariablen (vergleiche *Satz 7.8*).

Die Basis der statistischen Inferenz über den Korrelationskoeffizienten ist eine Stichprobe $(x_1, y_1), \ldots, (x_n, y_n)$ vom Umfang n aus der zweidimensionalen Verteilung $f(x, y)$. Die Schätzfunktion für ρ_{xy} ist der Stichproben Korrelationskoeffizient r_{XY}, den wir bereits im Abschnitt 3.2 kennengelernt haben. Wir werden seine Eigenschaften behandeln sowie Teste von Hypothese über den Korrelationskoeffizienten.

13.1.1 Schätzen des Korrelationskoeffizienten

Eine Schätzfunktion für ρ_{xy}, die wir im Abschnitt 3.2 eingeführt haben, ergibt sich, wenn wir in der Definition des Korrelationskoeffizienten für die Verteilungsmomente μ_X, μ_Y, σ_X^2 und σ_Y^2 die entsprechenden Schätzer einsetzen. Als Zufallvariable ist der Stichproben Korrelationskoeffizient wie folgt definiert.

Definition 13.1 *Der* **Stichproben Korrelationskoeffizient** *ist definiert als*

$$R_{xy} = \frac{\sum_i (X_i - \bar{X})(Y_i - \bar{Y})}{\sqrt{\sum_i (X_i - \bar{X})^2}\sqrt{\sum_i (Y_i - \bar{Y})^2}}.$$

Für die bivariate Normalverteilung ist diese Schätzfunktion zugleich der Maximum Likelihood Schätzer für ρ.

Der Satz faßt einige Eigenschaften des Stichproben Korrelationskoeffizienten zusammen.

Satz 13.1 Eigenschaften des Stichproben Korrelationskoeffizienten R_{XY}:

(a) *Für* R_{XY} *gilt* $-1 \leq R_{xy} \leq +1$ *(siehe auch* Satz 3.1 *und* Satz 7.8*; insbesondere gilt*

- $R_{XY} = \pm 1$, *wenn* $P\{y = a \pm bX\} = 1$, *d.h., wenn es einen linearen Zusammenhang zwischen* X *und* Y *gibt;*
- $R_{XY} = 0$, *wenn die Beobachtungen regellos liegen, oder wenn sie einer entsprechenden, nichtlinearen Beziehung folgen, oder wenn* $\hat{b} = 0$ *(vergleiche (b)).*

(b) *Für den Schätzer* $\hat{b}$ *der Regressionsgeraden* $Y = a + bX + u$ *gilt*

$$\hat{b} = R_{XY}\frac{S_Y}{S_X};$$

(c) *zwischen R_{XY} und dem Erklärungsgrad R^2 der Regression $Y = a + bX + u$ besteht die Beziehung*

$$R^2 = \frac{\sum(\hat{Y}_i - \bar{Y})^2}{\sum(Y_i - \bar{Y})^2} = \hat{b}^2 \cdot \frac{\sum(X_i - \bar{X})^2}{\sum(Y_i - \bar{Y})^2} = \hat{b}^2 \cdot \frac{S_x^2}{S_y^2} = R_{xy}^2$$

wegen $\hat{Y}_i - \bar{Y} = \hat{b} \cdot (X_i - \bar{X})$.

13.1.2 Teste des Korrelationskoeffizienten

Nullhypothesen, die uns interessieren, postulieren, daß die beiden Variable unkorreliert sind, oder daß ihr Korrelationskoeffizient einen bestimmten Wert ρ_0 hat. Als Alternative postulieren wir stets, daß die Nullhypothese nicht zutrifft. Das Testverfahren ist davon abhängig, ob (X, Y) einer bivariaten Normalverteilung folgt oder nicht.

Normalverteilte (X, Y)

Wenn zutrifft, daß die Beobachtungen (X_i, Y_i) aus einer zweidimensionalen Normalverteilung stammen, so können wir einen Test auf der Basis des Stichproben Korrelationskoeffizienten anwenden, der von folgendem Satz Gebrauch macht.

Satz 13.2 $(X_1, Y_1), \ldots, (X_n, Y_n)$ *sei eine Stichprobe aus einer zwei dimensionalen Normalverteilung.*

(a) *Unter H_0: $\rho_{XY} = 0$ gilt*

$$R = \frac{R_{XY}}{\sqrt{1 - R_{XY}^2}} \sqrt{n-2} \sim t(n-2);$$

(b) *Unter H_0: $\rho_{XY} = \rho_0$ folgt T näherungsweise einer Normalverteilung*

$$T = \frac{1}{2} \cdot \ln \frac{1 + R_{XY}}{1 - R_{XY}} \stackrel{.}{\sim} N(\mu_T, \sigma_T^2)$$

wobei

$$\mu_T = \frac{1}{2} \cdot \ln \frac{1 + \rho_0}{1 - \rho_0}, \quad \sigma_T^2 = \frac{1}{n-3}.$$

Die Nullhyothese der Unkorreliertheit, im Falle der Normalverteilung äquivalent mit Unabhängigkeit, wird zugunsten der Vermutung einer positiven (negativen) Abhängigkeit verworfen, wenn die Teststatistik R einen zu großen (zu kleinen) Wert annimmt. Beispielsweise werden wir H_0: $\rho_{XY} = 0$ zugunsten von H_1: $\rho_{XY} > 0$ verwerfen, wenn

$$\frac{R_{xy}}{\sqrt{1 - R_{xy}^2}}\sqrt{n-2} \geq t_{1-\alpha}(n-2),$$

wobei der kritische Wert $t_{1-\alpha}(n-2)$ das $(1-\alpha)$-Perzentil der $t(n-2)$-Verteilung ist. Die Nullhypothese H_0: $\rho_{XY} = \rho_0$ werden wir zugunsten von H_1: $\rho_{XY} \geq \rho_0$ verwerfen, wenn

$$\sqrt{n-3}\left(\frac{1}{2} \cdot ln\frac{1+R_{xy}}{1-R_{xy}} - \frac{1}{2} \cdot ln\frac{1+\rho_0}{1-\rho_0}\right) \geq z_{1-\alpha}\,.$$

Beliebig, aber stetig verteilte (X, Y)

Wir gehen davon aus, daß die Stichprobe $(X_1, Y_1), \ldots, (X_n, Y_n)$ aus einer stetigen, zweidimensionalen Verteilung mit Verteilungsfunktion $F(x, y)$ stammt, die stetige Randverteilungen mit den Verteilungsfunktionen $F(x)$ und $F(y)$ besitzt. Zum Testen der Nullhypothese, daß zwischen den beiden Variablen keine Assoziation herrscht, gibt es zwei Testverfahren, die beide auf Rang Korrelationskoeffizienten basieren, dem Rang Korrelationskoeffizienten von Spearman und Rang Korrelationskoeffizienten von Kendall, auch Kendall's τ (aus dem Griechischen; sprich Tau) genannt.

Um die Idee der Rang Korrelationskoeffizienten zu verstehen, denken wir uns die Stichprobenvariablen in zwei Zeilen angeordnet, wobei die X_i bereits nach steigender Größe geordnet sind, und unter jedes X_i das zugehörige Y_i geschrieben wird:

$$\begin{matrix} X_1 & X_2 & \ldots & X_n \\ Y_1 & Y_2 & \ldots & Y_n \end{matrix}$$

Nun ersetzen wir die Stichprobenvariablen durch ihre Rangzahlen und erhalten das Schema

$$\begin{matrix} 1 & 2 & \ldots & n \\ R_1 & R_2 & \ldots & R_n \end{matrix}$$

wobei $R_1, \ldots, R_n$ die Rangzahlen der Y_i sind. Die beiden Rang Korrelationskoeffizienten sind Maße der Übereinstimmung zwischen den beiden Rangkonfigurationen und damit Maße der Assoziation zwischen den beiden Variablen X und Y.

Der **Rang Korrelationskoeffizient nach Spearman** r_s ist definiert in Analogie zum Produkt-Moment Korrelationskoeffizienten, wobei die X_i und Y_i durch ihre Rangzahlen ersetzt sind:

$$r_s = \frac{\sum_i (i - \frac{n+1}{2})(R_i - \frac{n+1}{2})}{\sqrt{\sum_i (i - \frac{n+1}{2})^2}\sqrt{\sum_i (R_i - \frac{n+1}{2})^2}}\,;$$

dabei ist $(n+1)/2$ der durchschnittliche Rang der X_i und Y_i. Eine andere Schreibweise für r_s ist

$$r_s = 1 - \frac{6}{n(n^2-1)} \sum_{i=1}^{n} (i - R_i)^2 ;$$

siehe dazu Beispiel 13.7. Daß r_s tatsächlich einen Korrelationkoeffizient definiert, sieht man leicht: Besteht ein positiver Zusammenhang zwischen X und Y, so ist die Rangzahl R_i von Y_i ähnlich der Rangzahl i von X_i; es ergibt sich $\sum_i (i - R_i)^2 \approx 0$ und $r_s \approx 1$. Besteht dagegen ein negativer Zusammenhang zwischen X und Y, so korrespondieren kleine X_i mit großen Y_i und umgekehrt; die Rangzahl R_i ist ähnlich $n-i+1$, und $\sum_i (i - R_i)^2 \approx 2n(n^2-1)/6$, sodaß $r_s \approx -1$. Bei strikt positivem oder negativem Zusammenhang wird die jeweilige Grenze erreicht. Besteht keine Assoziation zwischen den beiden Variablen, so ist $E\{r_s\} \approx 0$. Somit gilt $-1 \leq r_s \leq 1$ und $r_s = 0$ im Falle keiner Assoziation.

Der Test auf der Basis des Rang Korrelationskoeffizient nach Spearman beruht auf der (für großes n) asymptotischen Normalverteilung von r_s: Für großes n gilt

$$r_s \dot{\sim} N\left(0, \frac{1}{n-1}\right) .$$

Für kleine n ($n \leq 10$) gibt es Tabellen der Perzentile der exakten Verteilung von r_s. Soll die Nullhypothese, daß X und Y nicht assoziiert sind, gegen die Alternative, daß die Nullhypothese nicht gilt, getestet werden, so wird H_0 auf dem Niveau α zugunsten der Alternative verworfen, wenn

$$|\sqrt{n-1}\, r_s| \geq z_{1-\frac{\alpha}{2}} ,$$

wobei die kritische Schranke das $(1-\alpha/2)$-Perzentil der $N(0,1)$-Verteilung ist. In analoger Weise verfahren wir bei einseitigen Alternativen.

Der Rang Korrelationskoeffizient nach Kendall, **Kendall's** τ, nimmt als Ausgangspunkt die Anzahl I_n der **Inversionen** unter den Y_i, wenn die Y_i in der Folge steigender X_i angeordnet sind. Unter einer Inversion der Folge $Y_1, \ldots, Y_n$ versteht man ein Paar (Y_i, Y_j) mit $i < j$, für das gilt: $Y_i > Y_j$. Beispielsweise gibt es in der Folge $1, 3, 2$ die drei Paare $(1,3), (1,2)$ und $(3,2)$, von denen die erste Zahl in der Folge $1, 3, 2$ vor der zweiten angeordnet ist; von den drei Paaren ist nur $(3,2)$ eine Inversion. In der Folge $2, 1, 3$ finden wir eine Inversion, nämlich $(2,1)$; in der Folge $3, 2, 1$ drei Inversionen. Da es in der Folge $Y_1, \ldots, Y_n$ ingesamt

$$\binom{n}{2} = \frac{n(n+1)}{2}$$

Paare von Y_i gibt, gilt

$$0 \leq I_n \leq \frac{n(n+1)}{2}.$$

Kendall's τ ist definiert als

$$\tau = 1 - \frac{4}{n(n-1)} I_n .$$

Besteht ein positiver Zusammenhang zwischen X und Y, so entsprechen den zunehmenden X_i auch zunehmende Y_i und wir finden nur wenige Inversionen unter den Y_i: $I_n \approx 0$ und $\tau \approx 1$. Besteht dagegen ein negativer Zusammenhang, so sind die Y_i umgekehrt zu den X_i sortiert; die großen Beobachtungen Y_i stehen vorne und wir finden fast nur Inversionen: es gilt

$$\tau \approx 1 - \frac{4}{n(n-1)} \binom{n}{2} = -1 .$$

Bei strikt positivem oder negativem Zusammenhang wird die jeweilige Grenze erreicht. Besteht kein Zusammenhang, so gilt $I_n \approx \frac{1}{2}\binom{n}{2}$ und $\tau \approx 0$. Somit gilt $-1 \leq \tau \leq 1$ und $\tau = 0$ im Falle keiner Assoziation. Das Auszählen der Anzahl der Inversionen der Y_i können wir mit dem gleichen Ergebnis an Hand der Rangzahlen der Y_i durchführen.

Zum Testen auf der Basis von Kendall's τ machen wir von der (für großes n) asymptotischen Normalverteilung

$$\tau \mathrel{\dot\sim} N\left[0, \frac{2(2n+5)}{9n(n-1)}\right]$$

Gebrauch. Für kleine n ($n \leq 10$) gibt es Tabellen der Perzentile der exakten Verteilung von τ.

Die Nullhypothese, daß zwischen X und Y keine Assoziation besteht, wird auf dem Niveau α zugunsten der Alternative einer positiven Assoziation verworfen, wenn

$$\frac{\tau}{\sqrt{\frac{2(2n+5)}{9n(n-1)}}} \geq z_{1-\alpha} .$$

In analoger Weise gehen wir bei anderen Alternativen vor.

Beispiel 13.1 Es wird vermutet, daß der Benzinverbrauch von PKW umso größer ist, je größer sein Gewicht ist. Um diese Vermutung empirisch zu überprüfen, wurden acht PKW zufällig ausgewählt und ihr Gewicht (X, in kg) und Benzinverbrauch (Y, in Litern) in einem standardisierten Testbetrieb erhoben. Die Tabelle zeigt die erhaltenen Daten.

i	X_i	Y_i	i	X_i	Y_i
1	625	6.3	5	695	6.5
2	738	6.1	6	672	6.4
3	680	6.6	7	782	7.2
4	747	6.8	8	703	6.7

Die Nullhypothese, daß zwischen dem Gewicht und dem Benzinverbrauch von PKW keine Assoziation existiert ($\rho_{XY} = 0$), soll gegen die Alternative eines positiven Zusammenhanges ($\rho_{XY} > 0$) auf dem Niveau $\alpha = 0.05$ getestet werden. Dazu soll der Test auf Basis (a) des Produkt-Moment Korrelationskoeffizienten, (b) des Rang Korrelationskoeffizienten nach Spearman und (c) des Rang Korrelationskoeffizienten nach Kendall verwendet werden.

(a) Wir unterstellen, daß die Beobachtungen Realisationen einer zweidimensionalen Normalverteilung sind. Für den Produkt-Moment Korrelationskoeffizienten ergibt sich $r_{XY} = 0.598$. Damit erhalten wir für die Teststatistik $R = 1.83$; da der kritische Wert $t_{0.95}(6) = 1.943$ größer als der realisierte Wert der Teststatistik ist, kann die Nullhypothese H_0: $\rho_{XY} = 0$ der Unabhängigkeit nicht zugunsten von H_1: $\rho_{XY} > 0$ verworfen werden.

(b) Wir unterstellen, daß die Beobachtungen Realisationen einer zweidimensionalen, stetigen aber sonst beliebigen Verteilung sind. Zur Berechnung des Rang Korrelationskoeffizienten sortieren wir die Beobachtungen nach steigenden X-Werten und ordnen den X-Werten die Rangzahlen i, den Y-Werten die Rangzahlen R_i zu.

X	Y	i	R_i	$i - R_i$
625	6.3	1	2	−1
672	6.4	2	3	−1
680	6.6	3	5	−2
695	6.5	4	4	0
703	6.7	5	6	−1
738	6.1	6	1	5
747	6.8	7	7	0
782	7.2	8	8	0

Der Spearman'sche Korrelationskoeffizient beträgt $r_s = 0.619$. Er entspricht einem p-Wert der näherungsweisen Normalverteilung von $p \doteq P\{r_s \geq 0.619 | H_0\} = 1 - \Phi(0.619\sqrt{7}) = 0.051$. Aus einer Tabelle mit exakten Perzentilen der Verteilung von r_s erhalten wir den kritischen Wert für $\alpha = 0.05$ zu $k = 0.643$. Somit kann die Nullhypothese nicht verworfen werden, wenn auch der Wert der Teststatistik knapp an der kritischen Grenze liegt.

(c) Wir unterstellen, daß die Beobachtungen Realisationen einer zweidimensionalen, stetigen aber sonst beliebigen Verteilung sind. Um den Rang Korrelationskoeffizienten nach Kendall zu berechnen, müssen wir die Anzahl der Inversionen unter den Y_i abzählen. Dazu schreiben wir die Rangzahlen der nach steigenden X_i sortierten Y-Beobachtungen paarweise an und erhalten folgende Tafel:

2,3	2,5	2,4	2,6	*2,1*	2,7	2,8
	3,5	3,4	3,6	*3,1*	3,7	3,8
		5,4	5,6	*5,1*	5,7	5,8
			4,6	*4,1*	4,7	4,8
				6,1	6,7	6,8
					1,7	1,8
						7,8

Die Inversionen sind kursiv gedruckt; in diesen Paaren ist die erste Komponente größer als die zweite. Insgesamt gibt es sechs Inversionen und damit erhalten wir $\tau = 0.571$. Dieses τ entspricht einem p-Wert der näherungsweisen Normalverteilung von

$$p \doteq P\{\tau \geq 0.571|H_0\} = 1 - \Phi\left(\frac{0.571}{\sqrt{0.0833}}\right) = 0.024\,,$$

sodaß wir die Nullhypothese zugunsten der Alternative verwerfen, wonach der Benzinverbrauch der PKW umso größer ist, je größer ihr Gewicht ist.

13.2 Kontingenzkoeffizienten

Für kategorielle Variable ist es nicht möglich, den Produkt-Moment Korrelationskoeffizienten zu bestimmen.

Beispiel 13.2 In Beispiel 12.3 werden in einer (2×2)- Kontingenztafel die Ergebnisse einer Umfrage zusammengefaßt, bei der im Foyer eines Einkaufzentrums vorbeikommende Kunden nach ihrer Meinung über ein kommunales Projekt befragt wurden; die geäußerte Meinung (Zustimmmung/Ablehnung) und das Geschlecht der Befragten wurden registriert:

Meinung	Geschlecht		Σ
	w	m	
Zustimmung	31	18	49
Ablehnung	36	37	73
Σ	67	55	122

Da Frauen etwa zur Hälfte, Männer aber nur zu einem Drittel Zustimmung äußerten, liegt die Vermutung nahe, daß die beiden Merkmale assoziiert sind. Als Maß der Abhängigkeit zwischen den Merkmalen kommt allerdings der Produkt-Moment Korrelationskoeffizient nicht in Frage, da er metrisch skalierte Merkmale voraussetzt, während die Merkmale dieses Beispiels nominal skaliert sind.

Als Kriterium im Test auf Unabhängigkeit in (2×2)-Kontingenztafel verwenden wir die χ^2-verteilte Teststatistik nach Pearson; je größer ihr Wert, umso eher entscheiden wir uns für die Alternative der Abhängigkeit. Die Teststatistik T des χ^2-Tests werden wir naheliegenderweise im folgenden als Basis für Assoziationsmaße nehmen.

Das Testproblem, das uns im letzten Abschnitt im Zusammenhang mit dem Produkt-Moment Korrelationskoeffizienten beschäftigt hat, haben wir für kategorielle Variable bereits im Kapitel 12 gelöst: Hypothesen zur Unabhängigkeit von kategoriellen Variablen überprüfen wir mit Hilfe des χ^2-Tests oder analoger Testverfahren. Es bleibt die Frage offen, wie eine Maßzahl ähnlich dem Produkt-Moment Korrelationskoeffizienten für kategorielle Variable definiert werden kann. Solche Assoziationsmaße nennen wir Kontingenzkoeffizienten. Wir behandeln zwei davon, den Kontingenzkoeffizienten nach Pearson und den nach Cramér. In beiden machen wir von der Teststatistik T des χ^2-Testes auf Unabhängigkeit in Kontingenztafeln Gebrauch.

Wir gehen davon aus, daß die Merkmalsausprägungen von X in k Kategorien, die von Y in l Kategorien eingeteilt sind, bzw., daß die in der Stichprobe erhobenen Daten in einer $(k \times l)$-Kontingenztafel dargestellt sind.

Definition 13.2 *Der* **Kontingenzkoeffizient nach Pearson** *ist definiert zu*

$$P = \sqrt{\frac{T}{n+T}}.$$

Einige Eigenschaften des Koeffizienten gibt uns der folgende Satz.

Satz 13.3 Eigenschaften des Pearsons'schen Kontingenzkoeffizient:

(a) $0 \leq P < 1$*;*

(b) P *ist eine mit* T *wachsende Größe.*

Allerdings hängt der größte Wert, den T annehmen kann, von der Zeilenzahl k und der Spaltenzahl l der Kontingenztafel ab; P erreicht nicht notwendigerweise den Wert Eins, auch wenn die Variablen vollständig abhängig sind (beispielsweise bei einer quadratischen Kontingenztafel, bei der nur die Hauptdiagonale von Null verschieden ist). Ein Kontingenzkoeffizient, der diesen Nachteil nicht hat, ist der von Cramér.

Definition 13.3 *Der* **Cramér'sche Kontingenzkoeffizient** *ist definiert zu*

$$C = \sqrt{\frac{T}{n \cdot \min(k-1, l-1)}}.$$

Satz 13.4 Eigenschaften des Cramér'schen Kontingenzkoeffizienten:

(a) $0 \leq C \leq 1$;

(b) C *nimmt den Wert Eins bei vollständiger Abhängigkeit an.*

Das folgende Beispiel zeigt die Anwendung der Kontingenzkoeffizienten auf die Angaben des Beispiels 13.2.

Beispiel 13.3 Für die Angaben des Beispiels 13.2 sind die Kontingenzkoeffizienten (a) nach Pearson und (b) nach Cramér zu bestimmen. Der Wert der Teststatistik T im χ^2-Test auf Unabhängigkeit nach Pearson ergab sich zu 2.305.

(a) Für den Pearson'schen Kontingenzkoeffizienten erhalten wir

$$P = \sqrt{\frac{2.305}{122 + 2.305}} = 0.136\,.$$

(b) Der Cramér'sche Kontingenzkoeffizient ergibt sich zu

$$C = \sqrt{\frac{2.305}{122}} = 0.137\,.$$

Der Unterschied zwischen den beiden Kontingenzkoeffizienten ist nur gering. Bei großem n kann erwartet werden, daß die Statistiken P und C ähnliche Werte annehmen.

13.A Ergänzende Beispiele

Beispiel 13.4 Der jährliche Umsatz Y (in Mio. öS) in 14 Wiener Filialen eines Supermarktes und ihre Verkaufsfläche X (in m^2) betragen (vergleiche Beispiel 11.1):

X	Y	X	Y
157	7.48	247	11.04
109	2.19	231	8.81
279	13.60	128	4.24
120	3.25	259	12.25
172	6.70	116	4.92
196	8.87	189	6.87
120	4.51	242	11.44

Für die Angaben ist (a) der Produkt-Moment Korrelationskoeffizient zu bestimmen; es sind zu testen auf dem Niveau $\alpha = 0.05$ (b) H_0: $\rho_{xy} = 0$ gegen die Alternative H_1: $\rho_{xy} > 0$ und (c) H_0: $\rho_{xy} = 0.8$ gegen die Alternative H_1: $\rho_{xy} \neq 0$. Schließlich soll (d) ein 95%-iges Konfidenzintervall für ρ_{xy} ermittelt werden.

(a) Der Korrelationskoeffizient ergibt sich zu

$$r_{xy} = \frac{5288.52 - (10)(55.5)(9.37)}{(10)(7.07)(1.31)} = 0.952$$

oder

$$r_{xy} = 0.176\,\frac{7.07}{1.31} = 0.952\,.$$

(b) Unter der Voraussetzung einer gemeinsamen Normalverteilung von X und Y erhalten wir

$$T = \frac{0.952}{\sqrt{1-0.906}}\sqrt{8} = 8.78\,;$$

dieser Wert der Teststatistik ist größer als die kritische Schranke $t_{0.95}(8) = 1.86$; es muß vermutet werden, daß mit einer Zunahme der Verkaufsfläche eine Zunahme des Umsatzes verbunden ist.

(c) Unter H_0: $\rho_{xy} = 0.8$ gilt $T \sim N(1.10, 0.143)$; daher ist wegen

$$\frac{1.853 - 1.10}{0.378} = 1.99 > 1.96 = z_{0.95}$$

die Null-Hypothese zu verwerfen.

(d) Aus der näherungsweise gültigen Normalverteilung von

$$\frac{1}{2}\ln\frac{1+R_{xy}}{1-R_{xy}}$$

ergeben sich die Grenzen des entsprechenden Konfidenzintervalls zu

$$\frac{1}{2}\ln\frac{1+R_{xy}}{1-R_{xy}} \pm 1.96\frac{1}{\sqrt{n-3}}\,;$$

daraus ergibt sich durch Einsetzen das Konfidenzintervall für ρ_{xy} zu $0.80 < \rho_{xy} < 0.99$.

Beispiel 13.5 In der Untersuchung der Zahlungsgewohnheiten der Kunden eines Kaufhauses sollte geklärt werden, ob zwischen dem Geschlecht der Kunden und ihrer bevorzugten Zahlungsart (bar/nichtbar) ein Zusammenhang besteht. Die Tabelle zeigt das Ergebnis einer Stichprobe von 2000 Kunden (vergleiche Beispiel 12.10).

Geschlecht	Barzahler		
	w	m	
ja	1069	527	1596
nein	174	230	404
	1243	757	2000

Im χ^2-Test der Unabhängigkeit nach Pearson ergab sich ein Wert der Teststatistik von 78.4. Zu bestimmen sind der Kontingenzkoeffizient (a) nach Pearson und (b) nach Cramér.

(a) Für den Pearson'schen Kontingenzkoeffizienten erhalten wir

$$P = \sqrt{\frac{78.4}{2000 + 78.4}} = 0.194\,.$$

(b) Der Cramér'sche Kontingenzkoeffizient ergibt sich zu

$$C = \sqrt{\frac{78.4}{2000}} = 0.198\,.$$

13.B Weiterführende Beispiele

Beispiel 13.6 Für die bivariat normalverteilte Zufallsvariable (X, Y) ist zu zeigen, daß Unkorreliertheit ($\rho = 0$) gleichbedeutend mit Unabhängigkeit ist, das heißt, daß sich ihre gemeinsame Dichte als Produkt der Randdichten ergibt.

(a) Die Dichte $f(x, y)$ der bivariat normalverteilten Zufallsvariablen (X, Y) ist

$$f(x,y) = \frac{1}{2\pi\sigma_x\sigma_y\sqrt{1-\rho^2}} \exp\left\{-\frac{1}{2}Q(x,y)\right\},$$

wobei $Q(x, y)$ die quadratische Form

$$\frac{1}{1-\rho^2}\left[\left(\frac{x-\mu_x}{\sigma_x}\right)^2 - 2\rho\left(\frac{x-\mu_x}{\sigma_x}\right)\left(\frac{y-\mu_y}{\sigma_y}\right) + \left(\frac{y-\mu_y}{\sigma_y}\right)^2\right]$$

ist. Für $\rho = 0$ reduziert sich die gemeinsame Dichte zu

$$\begin{aligned} f(x,y) &= \frac{1}{2\pi\sigma_x\sigma_y} \exp\left\{-\frac{1}{2}\left[\left(\frac{x-\mu_x}{\sigma_x}\right)^2 + \left(\frac{y-\mu_y}{\sigma_y}\right)^2\right]\right\} \\ &= \frac{1}{\sqrt{2\pi}\sigma_x} \exp\left\{-\frac{1}{2}\left(\frac{x-\mu_x}{\sigma_x}\right)^2\right\} \frac{1}{\sqrt{2\pi}\sigma_y} \exp\left\{-\frac{1}{2}\left(\frac{y-\mu_y}{\sigma_y}\right)^2\right\} \\ &= f_x(x)\, f_y(y)\,; \end{aligned}$$

aus der Unkorreliertheit folgt die Unabhängigkeit.

(b) Um zu zeigen, daß aus der Unabhängigkeit die Unkorreliertheit folgt, genügt es, die Schritte der obigen Umformung in umgekehrter Folge auszuführen: Wir erhalten die gemeinsame Dichte

$$f(x,y) = \frac{1}{2\pi\sigma_x\sigma_y} \exp\left\{-\frac{1}{2}\left[\left(\frac{x-\mu_x}{\sigma_x}\right)^2 + \left(\frac{y-\mu_y}{\sigma_y}\right)^2\right]\right\}$$

der unkorreliert normalverteilten Variablen X und Y.

Im Rahmen der Diskussion des Korrelationskoeffizienten wurde darauf hingewiesen, daß Unkorreliertheit nicht unbedingt Unabhängigkeit impliziert. Nur für die bivariate Normalverteilung ist Unkorreliertheit gleichbedeutend mit Unabhängigkeit.

Beispiel 13.7 Es ist zu zeigen, daß (a) die beiden Schreibweisen für den Rang Korrelationskoeffizienten r_s nach Spearman,

$$r_s = \frac{\sum_i (i - \frac{n+1}{2})(R_i - \frac{n+1}{2})}{\sqrt{\sum_i (i - \frac{n+1}{2})^2}\sqrt{\sum_i (R_i - \frac{n+1}{2})^2}}$$

und

$$r_s = 1 - \frac{6}{n(n^2-1)} \sum_{i=1}^{n} (i - R_i)^2,$$

equivalent sind, und daß (b) $r_s = -1$, wenn $R_i = n - i + 1$.

(a) Haben wir eine Stichprobe von Paaren $(X_1, Y_1), \ldots, (X_n, Y_n)$, so ist die Menge der Rangzahlen sowohl der X_i als auch der Y_i die Menge $\{1, \ldots, n\}$; die Rangzahlen R_i der Y_i sind eine Permutation dieser Menge. Daher gilt

$$\begin{aligned} \sum_{i=1}^{n} i &= \sum_{i=1}^{n} R_i, \\ \sum_{i=1}^{n} i^2 &= \sum_{i=1}^{n} R_i^2, \\ \sum_{i=1}^{n} (i-m)^2 &= \sum_{i=1}^{n} (R_i - m)^2; \end{aligned}$$

dabei ist $m = (n+1)/2$. Im weiteren benützen wir die Abkürzung $M = \sum_{i=1}^{n} (R_i - m)^2$ und machen Gebrauch von

$$\begin{aligned} M &= \sum_{i=1}^{n} (R_i - m)^2 = \sum_i i^2 - 2m \sum_i i - nm^2 \\ &= \frac{1}{6} n(n+1)(2n+1) - \frac{1}{4} n(n+1) = \frac{1}{12} n(n^2 - 1) \end{aligned}$$

Aus

$$\begin{aligned}\sum_i (i-R_i)^2 &= \sum_i [i-m-(R_i-m)]^2 \\ &= \sum_i (i-m)^2 + \sum_i (R_i-m)^2 - 2\sum_i (i-m)(R_i-m) \\ &= 2M - 2\sum_i (i-m)(R_i-m)\end{aligned}$$

folgt

$$\sum_i (i-m)(R_i-m) = M - \frac{1}{2}\sum_i (i-R_i)^2$$

und

$$\begin{aligned} r_s &= \frac{\sum_i (i-m)(R_i-m)}{\sqrt{\sum_i (i-\frac{n+1}{2})^2}\sqrt{\sum_i (R_i-\frac{n+1}{2})^2}} \\ &= \frac{\sum_i (i-m)(R_i-m)}{M} = 1 - \frac{1}{2M}\sum_i (i-R_i)^2 .\end{aligned}$$

Das ist die gesuchte Aussage, wenn wir $M = n(n^2-1)/12$ einsetzen.

(b) Wir setzen $R_i = n-i+1$, und zeigen, daß dann $\sum_i (i-R_i)^2 = n(n^2-1)/3$; das eingesetzt in

$$r_s = 1 - \frac{6}{n(n^2-1)}\sum_{i=1}^{n} (i-R_i)^2$$

liefert $r_s = -1$. Wir bekommen durch Umformen

$$\begin{aligned}\sum_i (i-R_i)^2 &= \sum_i [i-(n-i+1)] = \sum_i [2i-(n+1)] \\ &= 4\sum_i i^2 + 4(n+1)\sum_i i + n(n+1)^2 \\ &= \frac{4}{6}n(n+1)(2n+1) - \frac{4}{2}(n+1)n(n+1) + n(n+1)^2 \\ &= \frac{1}{3}n(n+1)(n-1) = \frac{1}{3}n(n^2-1),\end{aligned}$$

was zu zeigen war.

13.C Übungsaufgaben

13.1 Der Werbeaufwand X (in 1000 öS) für einen Markenartikel und der mit ihm erzielte Umsatz Y (in 100.000 öS) betrugen zwischen 1967 und 1976:

Jahr	X	Y	Jahr	X	Y
1967	31.9	11.4	1972	35.5	13.0
1968	33.4	11.5	1973	36.8	13.7
1969	33.5	12.0	1974	35.4	13.7
1970	34.6	12.2	1975	35.1	13.8
1971	35.9	12.8	1976	36.3	13.5

Zu bestimmen sind

(a) die Regressionskoeffizienten von $Y = a + bX$,

(b) der Korrelationskoeffizient ρ_{XY},

(c) den Annahmebereich des Tests von H_0: $\rho_{xy} = 0$ gegen H_1: $\rho_{xy} \neq 0$,

(d) die Rang Korrelationskoeffizienten nach Spearman und Kendall, und

(e) die Regressionskoeffizienten von $X = c + dY$;

in (c) sind X und Y als normalverteilt anzunehmen und (α=0.05).

13.2 Aus 20 Beobachtungspaaren normalverteilter Zufallsvariabler ergibt sich $r_{xy} = 0.5$. Ist ρ_{xy} als von

(a) 0,

(b) 0.3.

verschieden anzusehen (α=0.05)? Der Annahmebereich ist zu bestimmen.

13.3 Welche Werte kann der Stichprobenkorrelationskoeffizient von 12 Beobachtungspaaren normalverteilter Zufallsvariabler annehmen, sodaß eine lineare Abhängigkeit zu vermuten ist, obwohl $\rho_{xy} = 0$ (α=0.05)?

13.4 Auf der Basis von 52 Beobachtungspaaren von normalverteilten Zufallsvariablen X und Y ergab sich $r_{xy} = -0.73$. Es ist zu bestimmen

(a) ein 99%-iges Konfidenzintervall für ρ_{xy}

(b) der Annahmebereich des Tests von H_0: $\rho_{xy} = 0$ gegen H_1: $\rho_{xy} \neq 0$,

wobei α=0.01; muß eine von Null verschiedene Korrelation der beiden Variablen angenommen werden?

13.5 Mit welcher Wahrscheinlichkeit liegt der Stichprobenkorrelationskoeffizient von 67 Beobachtungspaaren zweier normalverteilter Variabler zwischen -0.2 und 0.45, wenn der Korrelationskoeffizient tatsächlich 0.5 beträgt?

13.6 Es wird behauptet, daß der Korrelationskoeffizient zweier normalverteilter Variabler signifikant von Null verschieden ist (α=0.01). Wie viele Beoachtungspaare müssen dieser Aussage mindestens zu Grunde liegen, wenn für den Stichprobenkorrelationskoeffizient der Wert $r = 0.50$ realisiert wurde und ein zweiseitiger Test ausgeführt wird?

13.7 Die Kontingenzkoeffizienten P und C sind für die Angaben

(a) Aufgabe 1

(b) Aufgabe 3

von Kapitel 12 zu ermitteln.

Lösungen der Übungsaufgaben

1: (a) -5.76, 0.53; (b) 0.862; (c) $4.81 \notin (-2.31, 2.31)$; (d) 0.712, 0.733; (e) 16.99, 1.40. **2:** (a) $4.24 \notin (-2.10, 2.10)$; (b) $0.987 \notin (-1.96, 1.96)$. **3:** $r_{xy} \notin (-0.576, 0.576)$. **4:** (a) $(-0.861, -0.508)$; (b) $-7.55 \notin (-2.67, 2.67)$. **5:** 30.4%. **6:** 25. **7:** (a) 0.336, 0.253; (b) 0.071, 0.071.

Anhang A

Tafeln

Verzeichnis der Tafeln

Tafel A.1: Zufällig ausgewählte ganze Zahlen aus $U(0, 99999)$.

34661	85067	52577	99881	4656	27126	15155	46819	10483
25005	68919	24757	41536	15729	82266	93065	83032	23591
4635	32225	48729	41577	38077	51121	62388	43049	11964
37714	2073	37289	51140	56955	80260	52916	94759	82743
51542	46330	25200	26216	29573	6418	5181	75403	29066
54818	6531	41228	94217	44932	64201	49013	44782	55111
18410	72009	37043	37688	63588	46809	76285	49780	63333
87578	25998	31245	90594	23243	93196	9668	14960	59860
17293	30676	97838	94425	99732	26785	89911	9827	56207
5254	41218	40699	37106	51530	96260	65802	15389	27000
5068	15184	55307	80603	46665	17716	12312	86545	54751
31602	47980	46075	45880	47556	50566	60317	82302	3744
32815	30589	49127	34741	49160	85544	72005	62616	15932
18269	92565	46983	37628	19079	15093	26807	78442	507
59425	17962	35954	89756	97998	53223	41024	46693	49357
50419	99857	50263	41385	7445	50961	54082	27408	96320
28501	58620	68153	71337	82006	85855	213	21295	58982
17253	19760	58441	49979	72616	68108	81178	36469	52992
2457	78342	67064	46741	51632	10027	69637	10487	45303
24537	60377	30004	62700	81243	56982	2417	1273	76083
64912	26689	74865	9670	61983	21856	54517	3900	83646
52628	52605	64886	42219	71373	6342	39047	7539	41703
93237	91209	30369	72	81555	92082	16577	26767	87827
85512	30553	82760	49722	15916	79037	23834	33429	38148
32443	28718	99478	38074	96436	69846	69195	80753	13436
41938	84066	27821	45316	74524	83727	73469	16013	32289
55872	28768	49278	49866	32513	3484	95594	77977	53345
24593	87835	89487	42925	19566	63328	42578	39588	77485
6195	93511	99206	52336	31116	86748	4748	3772	71946
87181	65269	60794	13042	21833	69787	32093	73766	34423
93716	84598	53929	63334	73941	96769	30614	87446	5298
54693	73964	10196	58357	8084	61253	87066	14625	63005
10122	36547	13626	49022	83783	33363	16130	69385	52879
52421	19357	70935	10391	74293	12632	6385	22604	6993
93612	62296	22242	54564	63995	32406	59818	92920	41086
82234	3478	27280	36784	32749	91751	61889	95984	22286
45195	63140	83648	42000	27073	50490	3255	99892	10097
19130	44376	71824	91213	46518	97277	17421	31601	89015
84137	59853	63831	89446	69124	84105	61713	60117	40601
7355	30751	89327	96921	54322	38723	30674	78535	430
52875	37720	9253	34788	30360	36113	79188	24120	10722
97783	82535	17794	20137	15648	82499	31032	21325	18283
9876	66407	96400	32934	10441	30724	16475	52286	13166
71933	42901	7796	59819	57881	8246	33666	30030	10496
75712	1937	89215	54753	97333	83650	72129	74263	53436

Tafel A.1: Fortsetzung

83564	74804	78763	53206	21216	65336	9215	86736	98671
50317	5910	35677	14184	63936	55765	96720	5462	75145
42949	10364	96744	10588	34741	93981	60100	94471	28137
94207	65210	97277	12965	54152	73058	10758	63195	34701
72389	67123	47728	73215	76851	11860	34628	25407	46514
1786	20891	73546	1220	97806	16276	62803	78417	8139
35475	75745	53670	85929	40705	86506	78502	82348	35512
43356	94098	11419	66061	78318	29360	10060	7326	27925
99155	52381	70014	84445	56176	33585	196	9444	6937
25576	21868	71536	62783	78577	36100	63704	15367	22638
79926	99625	71905	54269	4499	6049	80932	90121	21425
10824	34858	15476	93751	60597	33723	72082	27834	35786
28768	65550	94304	75058	96637	89552	26393	9718	47443
49085	74495	54325	99186	69679	36155	25986	58328	66388
33453	96830	97992	20319	44345	73155	45268	35031	40510
24769	65955	88854	64194	51896	93658	43033	33001	81054
21928	30926	25261	81028	61619	33728	70875	44421	2080
12103	18611	71534	29810	85224	33117	80581	92169	73097
25687	17882	27342	70364	52393	99661	78332	1139	21522
58145	89278	30226	80599	43859	1139	22572	16123	13914
25674	76004	87849	81793	99894	77947	5248	71864	3398
57482	42857	88266	58539	64437	64611	5053	96047	26630
35154	71352	15265	74965	44795	41689	79008	77862	15943
52517	79625	77285	73319	76007	58852	32842	6222	31752
94162	61654	20551	56738	6332	20133	65582	66209	78590
91684	66388	15485	32729	8254	78953	66380	2134	40747
42471	3714	63078	23835	43294	50385	736	69245	80169
36027	1954	86036	81972	88722	51523	90402	16198	34070
53999	75318	6867	90321	8802	82573	2251	99500	55246
72833	93636	6388	28774	54351	9181	95973	25728	36873
82953	80849	22972	87182	57532	23087	14260	76638	82308
87452	7469	42997	38866	66843	22904	11996	20303	75014
9587	59459	78433	62903	1294	1009	52889	33164	42903
25149	46523	82303	38271	47439	32947	58449	66004	1469
79723	17186	38714	46468	35320	72932	17336	72007	78452
49859	96548	11280	39326	21457	47451	97116	68802	95416
52668	98405	74811	14737	3022	34700	10702	71056	65592
92306	66526	45358	13396	55712	26994	8186	50632	7715
64886	86057	21500	42692	84720	7613	95162	91259	73715
29715	57803	3776	51728	46684	4358	8420	95262	26266
33084	67519	11874	25006	37101	39119	9757	79891	34544
43904	6230	49429	79196	46820	24572	68599	69313	89282
97431	61441	53018	78288	12265	41419	43766	6438	80764
78205	78252	46457	18595	18562	10331	87403	99763	18330
9121	44875	47782	23841	30506	64570	37567	38648	84984

Tafel A.2: Standardisiert normalverteilte Zufallszahlen nach $N(0,1)$.

−0.171	−2.412	−1.164	0.468	0.397	0.426	−0.629	−0.003
−0.598	0.917	0.397	−0.509	−0.815	−0.289	−0.511	−0.415
−0.720	−1.479	0.946	−0.875	−0.004	0.534	0.808	−0.273
−0.529	1.019	0.343	−0.629	0.266	−0.544	0.747	−0.188
−0.829	−0.001	−1.427	0.192	−1.102	−0.066	−0.780	0.048
1.548	−1.644	1.017	−1.046	−0.286	0.553	0.637	−0.069
−0.377	−0.241	−0.087	0.030	−1.557	−1.152	1.852	−0.297
0.088	−0.461	1.344	0.807	−1.387	0.444	−0.599	−0.580
−0.157	0.559	−1.055	−2.318	−0.367	−0.500	0.998	1.788
0.327	−0.031	−0.288	1.572	−0.381	1.137	1.413	−0.494
−0.691	−0.995	−1.212	−0.046	−1.382	1.892	0.547	1.185
−1.287	−0.615	−1.428	−0.589	1.587	1.161	0.453	−0.657
−0.822	−0.371	−1.397	−0.267	−1.216	−1.378	−0.805	−0.903
0.935	−1.279	−0.353	2.454	−0.046	−0.064	1.499	−1.358
−0.482	1.043	−0.510	2.162	−0.797	−0.845	1.415	−0.620
−0.826	2.162	−0.438	1.692	0.082	1.186	−0.912	1.578
0.796	1.136	3.243	0.824	0.282	−0.146	−0.712	0.206
0.211	0.614	−1.019	0.662	0.791	−0.345	−0.782	2.527
0.191	−1.171	0.790	0.654	−1.039	0.772	−0.356	0.399
0.145	−0.140	−0.059	0.019	−0.426	0.076	0.390	0.894
−1.062	0.625	0.195	−1.056	−0.063	−0.661	−1.639	−1.749
−0.172	−0.245	−0.412	−0.141	−1.453	−0.465	−0.148	−0.300
−1.288	−1.666	0.354	−1.145	0.340	−0.227	0.507	0.200
0.013	−0.408	1.099	0.924	−0.202	−0.014	0.893	−0.551
−0.352	−1.019	−0.223	0.146	0.829	−0.251	−0.128	−1.514
1.146	0.489	−0.385	−1.609	1.387	−1.064	1.116	1.154
0.790	−1.914	−1.046	−0.953	−0.868	−0.210	−0.824	0.813
−0.188	−0.840	−0.149	−1.260	−0.600	0.600	−0.164	−1.184
1.397	0.070	−1.759	1.615	−0.452	1.951	−0.760	−0.371
0.317	−0.957	−1.488	−1.941	0.112	1.436	−0.406	0.267
−0.031	−1.644	1.056	−0.232	0.070	0.414	−1.551	−0.437
−0.291	0.023	−0.286	−1.368	0.036	−1.167	0.266	−0.263
0.042	0.524	−0.786	0.466	−0.421	−0.652	−0.515	−1.135
−1.078	−0.711	0.485	0.620	−1.008	−0.487	−1.114	−0.784
−1.165	−0.593	−0.399	0.218	0.051	0.424	1.498	0.074
−0.100	0.892	1.089	0.111	3.592	0.409	−0.106	−0.863
−0.700	−0.003	1.779	0.744	−0.385	−0.423	−0.914	0.747
0.271	1.528	−1.103	0.626	0.078	−0.752	0.289	−1.226
−0.713	−1.055	0.383	0.076	1.774	−0.910	0.220	0.150
−0.491	1.167	0.630	0.335	−0.713	−0.293	0.371	−0.925
0.300	−0.095	1.245	−0.082	−0.007	−1.817	−1.111	−0.002
0.923	−0.032	−1.610	0.837	1.602	0.813	0.523	0.101
−0.277	−1.012	0.019	0.061	0.757	0.407	−0.707	−0.514
−2.045	−2.044	−0.754	0.742	−0.670	−0.985	−0.689	−0.771
−0.574	0.521	1.325	1.293	1.872	−0.548	0.656	−0.979

Tafel A.2: Zufallszahlen nach $N(0,1)$; Fortsetzung

−1.800	0.393	0.191	0.707	2.569	1.199	−0.167	−0.653
−1.009	1.073	0.642	−0.059	0.430	0.099	0.851	−0.474
0.128	−0.362	−1.784	0.434	−0.255	0.741	−0.590	0.946
−0.122	0.584	−1.027	0.294	1.770	−0.772	0.535	1.668
0.464	−0.529	0.897	−0.235	0.191	1.148	0.935	−1.757
−1.486	−1.362	1.309	−0.392	−0.709	1.664	0.850	−1.326
−2.516	0.995	2.367	−1.965	0.241	0.880	−0.365	1.422
−1.625	−0.023	−0.527	−0.443	−1.909	−0.097	−0.948	−0.652
−0.075	−0.774	0.607	0.883	−1.611	0.367	−0.967	0.483
1.017	0.374	−0.186	−1.284	−0.255	−1.084	−0.229	0.797
−0.670	1.260	1.931	−0.484	−1.542	0.293	−1.695	−1.355
−0.558	−0.502	1.362	0.691	1.451	−0.163	0.133	0.414
−1.007	−0.741	0.118	−1.188	−1.211	−1.539	0.037	1.485
−2.313	−0.487	1.006	−0.391	0.957	0.769	−0.788	1.782
−0.305	0.464	0.743	−2.429	−0.906	1.097	−0.164	0.982
1.145	−0.006	1.200	0.378	−0.272	0.010	−1.471	0.843
0.653	1.133	0.822	−0.146	−1.063	1.088	0.458	−0.115
0.948	−0.324	−1.144	−1.366	−0.003	0.581	2.247	−0.606
−1.997	−1.084	2.014	−1.290	1.460	−0.507	−0.418	−0.938
0.079	0.799	−0.452	−0.714	0.842	1.247	−0.550	0.662
−1.572	−1.135	1.114	0.538	−0.708	0.687	−0.575	0.099
−0.895	−0.276	−0.520	−1.427	0.203	1.031	0.076	2.065
−0.487	−0.355	1.354	1.568	0.201	0.570	−1.125	0.979
−0.523	−0.906	−0.266	0.809	0.074	−1.636	0.760	1.662
−0.864	−0.379	1.170	0.409	−1.052	0.030	0.214	−0.893
−0.008	−0.189	0.768	0.199	0.774	−1.809	0.090	−0.229
0.815	−0.886	0.166	−1.498	0.046	1.666	−0.868	−1.692
0.799	1.337	−0.860	−0.322	−1.439	0.900	−0.113	−1.319
0.328	−0.102	−1.390	0.838	−0.597	−1.064	−1.847	−1.116
−0.380	2.238	1.071	0.705	1.373	−0.053	−0.033	0.978
−0.628	1.189	0.501	0.511	1.444	−1.897	−2.330	0.924
1.145	−0.977	−0.608	0.815	0.782	2.428	0.458	0.584
−1.407	0.590	−0.107	1.731	−0.048	−0.485	−1.990	1.122
0.394	1.735	−0.306	−0.096	0.899	0.576	1.005	0.826
−0.486	−0.354	−1.345	−1.093	−0.564	0.151	−0.591	−1.276
0.124	−1.296	0.293	1.376	1.310	−1.423	1.452	−0.668
0.079	−1.332	−0.857	0.288	−0.493	0.977	−0.532	−1.122
0.606	−0.632	−0.436	−0.119	−1.488	−1.033	0.038	−0.789
−0.782	−0.084	0.570	−0.290	0.730	−1.503	0.824	−1.563
0.099	−0.831	−0.969	−0.472	0.088	−1.115	−0.964	−0.987
0.027	1.242	−0.803	1.001	1.229	−0.049	1.391	0.298
−0.885	−1.102	−0.067	0.582	−3.989	−0.028	1.419	0.734
0.424	0.743	−1.834	0.427	0.452	0.134	1.005	0.810
−0.534	−0.145	−0.383	−0.901	−2.027	−0.138	0.094	0.802
0.990	−0.605	0.591	1.449	−0.368	0.038	−0.349	−0.247

Tafel A.3: Wahrscheinlichkeitsfunktion $f(k)$ und Verteilungsfunktion $F(k)$ der **Binomialverteilung** $B(n,p)$. *Beachte:* $f(k|n,p) = f(n-k|n,1-p)$.

n	k	$p=0.1$ $f(k)$	$F(k)$	$p=0.2$ $f(k)$	$F(k)$	$p=0.3$ $f(k)$	$F(k)$	$p=0.4$ $f(k)$	$F(k)$	$p=0.5$ $f(k)$	$F(k)$
3	0	0.729	0.729	0.512	0.512	0.343	0.343	0.216	0.216	0.125	0.125
	1	0.243	0.972	0.384	0.896	0.441	0.784	0.432	0.648	0.375	0.500
	2	0.027	0.999	0.096	0.992	0.189	0.973	0.288	0.936	0.375	0.875
	3	0.001	1.000	0.008	1.000	0.027	1.000	0.064	1.000	0.125	1.000
4	0	0.656	0.656	0.410	0.410	0.240	0.240	0.130	0.130	0.063	0.063
	1	0.292	0.948	0.410	0.819	0.412	0.652	0.346	0.475	0.250	0.313
	2	0.049	0.996	0.154	0.973	0.265	0.916	0.346	0.821	0.375	0.688
	3	0.004	1.000	0.026	0.998	0.076	0.992	0.154	0.974	0.250	0.938
	4	0.000	1.000	0.002	1.000	0.008	1.000	0.026	1.000	0.063	1.000
5	0	0.590	0.595	0.328	0.328	0.168	0.168	0.078	0.078	0.031	0.031
	1	0.328	0.919	0.410	0.737	0.360	0.528	0.259	0.337	0.156	0.188
	2	0.073	0.991	0.205	0.942	0.309	0.837	0.346	0.683	0.313	0.500
	3	0.008	1.000	0.051	0.993	0.132	0.969	0.230	0.913	0.313	0.813
	4	0.000	1.000	0.006	1.000	0.028	0.998	0.077	0.990	0.156	0.969
	5	0.000	1.000	0.000	1.000	0.002	1.000	0.010	1.000	0.031	1.000
6	0	0.531	0.531	0.262	0.262	0.118	0.118	0.047	0.047	0.016	0.016
	1	0.354	0.886	0.393	0.655	0.303	0.420	0.187	0.233	0.094	0.109
	2	0.098	0.984	0.246	0.901	0.324	0.744	0.311	0.544	0.234	0.344
	3	0.015	0.999	0.082	0.983	0.185	0.930	0.276	0.821	0.313	0.656
	4	0.001	1.000	0.015	0.998	0.060	0.989	0.138	0.959	0.234	0.891
	5	0.000	1.000	0.002	1.000	0.010	0.999	0.037	0.996	0.094	0.984
	6	0.000	1.000	0.000	1.000	0.001	1.000	0.004	1.000	0.016	1.000

$B(n,p)$
$n = 3, \ldots, 6$

Tafel A.3: **Binomialverteilung** $B(n,p)$; Fortsetzung

n	k	$p=0.1$ $f(k)$	$p=0.1$ $F(k)$	$p=0.2$ $f(k)$	$p=0.2$ $F(k)$	$p=0.3$ $f(k)$	$p=0.3$ $F(k)$	$p=0.4$ $f(k)$	$p=0.4$ $F(k)$	$p=0.5$ $f(k)$	$p=0.5$ $F(k)$
7	0	0.478	0.478	0.210	0.210	0.082	0.082	0.028	0.028	0.008	0.008
	1	0.372	0.850	0.367	0.577	0.247	0.329	0.131	0.159	0.055	0.063
	2	0.124	0.974	0.275	0.852	0.318	0.647	0.261	0.420	0.164	0.227
	3	0.023	0.997	0.115	0.967	0.227	0.874	0.290	0.710	0.273	0.500
	4	0.003	1.000	0.029	0.995	0.097	0.971	0.194	0.904	0.273	0.773
	5	0.000	1.000	0.004	1.000	0.025	0.996	0.077	0.981	0.164	0.938
	6	0.000	1.000	0.000	1.000	0.004	1.000	0.017	0.998	0.055	0.992
	7	0.000	1.000	0.000	1.000	0.000	1.000	0.002	1.000	0.008	1.000
8	0	0.430	0.430	0.168	0.168	0.058	0.058	0.017	0.017	0.004	0.004
	1	0.383	0.813	0.336	0.503	0.198	0.255	0.090	0.106	0.031	0.035
	2	0.149	0.962	0.294	0.797	0.296	0.552	0.209	0.315	0.109	0.145
	3	0.033	0.995	0.147	0.944	0.254	0.806	0.279	0.594	0.219	0.363
	4	0.005	1.000	0.046	0.990	0.136	0.942	0.232	0.826	0.273	0.637
	5	0.000	1.000	0.009	0.999	0.047	0.989	0.124	0.950	0.219	0.855
	6	0.000	1.000	0.001	1.000	0.010	0.999	0.041	0.991	0.109	0.965
	7	0.000	1.000	0.000	1.000	0.001	1.000	0.008	0.999	0.031	0.996
	8	0.000	1.000	0.000	1.000	0.000	1.000	0.001	1.000	0.004	1.000
9	0	0.387	0.387	0.134	0.134	0.040	0.040	0.010	0.010	0.002	0.002
	1	0.387	0.775	0.302	0.436	0.156	0.196	0.060	0.071	0.018	0.020
	2	0.172	0.947	0.302	0.738	0.267	0.463	0.161	0.232	0.070	0.090
	3	0.045	0.992	0.176	0.914	0.267	0.730	0.251	0.483	0.164	0.254
	4	0.007	0.999	0.066	0.980	0.172	0.901	0.251	0.733	0.246	0.500
	5	0.001	1.000	0.017	0.997	0.074	0.975	0.167	0.901	0.246	0.746
	6	0.000	1.000	0.003	1.000	0.021	0.996	0.074	0.975	0.164	0.910
	7	0.000	1.000	0.000	1.000	0.004	1.000	0.021	0.996	0.070	0.980
	8	0.000	1.000	0.000	1.000	0.000	1.000	0.004	1.000	0.018	0.998
	9	0.000	1.000	0.000	1.000	0.000	1.000	0.000	1.000	0.002	1.000

Tafel A.3: Binomialverteilung $B(n,p)$; Fortsetzung

n	k	$p=0.1$		$p=0.2$		$p=0.3$		$p=0.4$		$p=0.5$	
		$f(k)$	$F(k)$	$f(k)$	$F(k)$	$f(k)$	$F(k)$	$f(k)$	$F(k)$	$f(k)$	$F(k)$
10	0	0.349	0.349	0.107	0.107	0.028	0.028	0.006	0.006	0.001	0.001
	1	0.387	0.736	0.268	0.376	0.121	0.149	0.040	0.046	0.010	0.011
	2	0.194	0.930	0.302	0.678	0.233	0.383	0.121	0.167	0.044	0.055
	3	0.057	0.987	0.201	0.879	0.267	0.650	0.215	0.382	0.117	0.172
	4	0.011	0.998	0.088	0.967	0.200	0.850	0.251	0.633	0.205	0.377
	5	0.001	1.000	0.026	0.994	0.103	0.953	0.201	0.834	0.246	0.623
	6	0.000	1.000	0.006	0.999	0.037	0.989	0.111	0.945	0.205	0.828
	7	0.000	1.000	0.001	1.000	0.009	0.998	0.042	0.988	0.117	0.945
	8	0.000	1.000	0.000	1.000	0.001	1.000	0.011	0.998	0.044	0.989
	9	0.000	1.000	0.000	1.000	0.000	1.000	0.002	1.000	0.010	0.999
	10	0.000	1.000	0.000	1.000	0.000	1.000	0.000	1.000	0.001	1.000
11	0	0.314	0.314	0.086	0.086	0.020	0.020	0.004	0.004	0.001	0.001
	1	0.384	0.697	0.236	0.322	0.093	0.113	0.027	0.030	0.005	0.006
	2	0.213	0.910	0.295	0.617	0.200	0.313	0.089	0.119	0.027	0.033
	3	0.071	0.982	0.222	0.839	0.257	0.570	0.178	0.296	0.081	0.113
	4	0.016	0.997	0.111	0.950	0.220	0.790	0.237	0.533	0.161	0.274
	5	0.003	1.000	0.039	0.988	0.132	0.922	0.221	0.754	0.226	0.500
	6	0.000	1.000	0.010	0.998	0.057	0.978	0.147	0.901	0.226	0.726
	7	0.000	1.000	0.002	1.000	0.017	0.996	0.070	0.971	0.161	0.887
	8	0.000	1.000	0.000	1.000	0.004	0.999	0.023	0.994	0.081	0.967
	9	0.000	1.000	0.000	1.000	0.001	1.000	0.005	0.999	0.027	0.994
	10	0.000	1.000	0.000	1.000	0.000	1.000	0.001	1.000	0.005	1.000
	11	0.000	1.000	0.000	1.000	0.000	1.000	0.000	1.000	0.001	1.000

Tafel A.3: Binomialverteilung $B(n, p)$; Fortsetzung

n	k	$p = 0.1$		$p = 0.2$		$p = 0.3$		$p = 0.4$		$p = 0.5$	
		$f(k)$	$F(k)$	$f(k)$	$F(k)$	$f(k)$	$F(k)$	$f(k)$	$F(k)$	$f(k)$	$F(k)$
12	0	0.282	0.282	0.069	0.069	0.014	0.014	0.002	0.002	0.000	0.000
	1	0.377	0.659	0.206	0.275	0.071	0.085	0.017	0.020	0.003	0.003
	2	0.230	0.889	0.284	0.558	0.168	0.253	0.064	0.083	0.016	0.019
	3	0.085	0.974	0.236	0.795	0.240	0.493	0.142	0.225	0.054	0.073
	4	0.021	0.996	0.133	0.927	0.231	0.724	0.213	0.438	0.121	0.194
	5	0.004	1.000	0.053	0.981	0.159	0.882	0.227	0.665	0.193	0.387
	6	0.001	1.000	0.016	0.996	0.079	0.961	0.177	0.842	0.226	0.613
	7	0.000	1.000	0.003	0.999	0.029	0.991	0.101	0.943	0.193	0.806
	8	0.000	1.000	0.001	1.000	0.008	0.998	0.042	0.985	0.121	0.927
	9	0.000	1.000	0.000	1.000	0.002	1.000	0.013	0.997	0.054	0.981
	10	0.000	1.000	0.000	1.000	0.000	1.000	0.003	1.000	0.016	0.997
	11	0.000	1.000	0.000	1.000	0.000	1.000	0.000	1.000	0.003	1.000
	12	0.000	1.000	0.000	1.000	0.000	1.000	0.000	1.000	0.000	1.000

Tafel A.4: Verteilungsfunktion $\Phi(z)$ der **Normalverteilung** $N(0,1)$. *Beachte:* $\Phi(-z) = 1 - \Phi(z)$.

	.00	.01	.02	.03	.04	.05	.06	.07	.08	.09
0.0	0.500	0.504	0.508	0.512	0.516	0.520	0.524	0.528	0.532	0.536
0.1	0.540	0.544	0.548	0.552	0.556	0.560	0.564	0.567	0.571	0.575
0.2	0.579	0.583	0.587	0.591	0.595	0.599	0.603	0.606	0.610	0.614
0.3	0.618	0.622	0.626	0.629	0.633	0.637	0.641	0.644	0.648	0.652
0.4	0.655	0.659	0.663	0.666	0.670	0.674	0.677	0.681	0.684	0.688
0.5	0.691	0.695	0.699	0.702	0.705	0.709	0.712	0.716	0.719	0.722
0.6	0.726	0.729	0.732	0.736	0.739	0.742	0.745	0.749	0.752	0.755
0.7	0.758	0.761	0.764	0.767	0.770	0.773	0.776	0.779	0.782	0.785
0.8	0.788	0.791	0.794	0.797	0.800	0.802	0.805	0.808	0.811	0.813
0.9	0.816	0.819	0.821	0.824	0.826	0.829	0.831	0.834	0.836	0.839
1.0	0.841	0.844	0.846	0.848	0.851	0.853	0.855	0.858	0.860	0.862
1.1	0.864	0.867	0.869	0.871	0.873	0.875	0.877	0.879	0.881	0.883
1.2	0.885	0.887	0.889	0.891	0.893	0.894	0.896	0.898	0.900	0.901
1.3	0.903	0.905	0.907	0.908	0.910	0.911	0.913	0.915	0.916	0.918
1.4	0.919	0.921	0.922	0.924	0.925	0.926	0.928	0.929	0.931	0.932
1.5	0.933	0.935	0.936	0.937	0.938	0.939	0.941	0.942	0.943	0.944
1.6	0.945	0.946	0.947	0.948	0.949	0.951	0.952	0.953	0.954	0.954
1.7	0.955	0.956	0.957	0.958	0.959	0.960	0.961	0.962	0.962	0.963
1.8	0.964	0.965	0.966	0.966	0.967	0.968	0.969	0.969	0.970	0.971
1.9	0.971	0.972	0.973	0.973	0.974	0.974	0.975	0.976	0.976	0.977
2.0	0.977	0.978	0.978	0.979	0.979	0.980	0.980	0.981	0.981	0.982
2.1	0.982	0.983	0.983	0.983	0.984	0.984	0.985	0.985	0.985	0.986
2.2	0.986	0.986	0.987	0.987	0.987	0.988	0.988	0.988	0.989	0.989
2.3	0.989	0.990	0.990	0.990	0.990	0.991	0.991	0.991	0.991	0.992
2.4	0.992	0.992	0.992	0.992	0.993	0.993	0.993	0.993	0.993	0.994
2.5	0.994	0.994	0.994	0.994	0.994	0.995	0.995	0.995	0.995	0.995
2.6	0.995	0.996	0.996	0.996	0.996	0.996	0.996	0.996	0.996	0.996
2.7	0.997	0.997	0.997	0.997	0.997	0.997	0.997	0.997	0.997	0.997
2.8	0.997	0.998	0.998	0.998	0.998	0.998	0.998	0.998	0.998	0.998
2.9	0.998	0.998	0.998	0.998	0.998	0.998	0.998	0.999	0.999	0.999

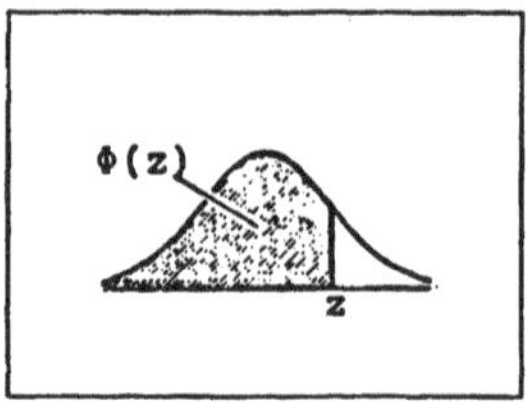

$N(0,1)$
$z \to \Phi(z)$

Tafel A.5: Perzentile $z_p = \Phi^{-1}(p)$ der **Normalverteilung** $N(0,1)$.

p	z_p	p	z_p	p	z_p
0.51	0.025	0.71	0.553	0.91	1.341
0.52	0.050	0.72	0.583	0.92	1.405
0.53	0.075	0.73	0.613	0.93	1.476
0.54	0.100	0.74	0.643	0.94	1.555
0.55	0.126	0.75	0.674	0.95	1.645
0.56	0.151	0.76	0.706	0.96	1.751
0.57	0.176	0.77	0.739	0.97	1.881
0.58	0.202	0.78	0.772	0.975	1.960
0.59	0.228	0.79	0.806	0.98	2.054
0.60	0.253	0.80	0.842	0.99	2.326
0.61	0.279	0.81	0.878	0.991	2.366
0.62	0.305	0.82	0.915	0.992	2.409
0.63	0.332	0.83	0.954	0.993	2.457
0.64	0.358	0.84	0.994	0.994	2.512
0.65	0.385	0.85	1.036	0.995	2.576
0.66	0.412	0.86	1.080	0.996	2.652
0.67	0.440	0.87	1.126	0.997	2.748
0.68	0.468	0.88	1.175	0.998	2.878
0.69	0.496	0.89	1.227	0.999	3.090
0.70	0.524	0.90	1.282	0.9995	3.291
				0.9999	3.719

Tafel A.6: Perzentile t_p der **Student'schen t-Verteilung** mit f Freiheitsgraden: $P\{T \leq t_p\} = F(t_p) = p$.

f \ p	0.600	0.800	0.900	0.950	0.975	0.980	0.990	0.995	0.998	0.999
1	0.325	1.376	3.078	6.314	12.706	15.895	31.821	63.657	159.156	318.317
2	0.289	1.061	1.886	2.920	4.303	4.849	6.965	9.925	15.764	22.327
3	0.277	0.978	1.638	2.353	3.182	3.482	4.541	5.841	8.053	10.215
4	0.271	0.941	1.533	2.132	2.776	2.999	3.747	4.604	5.951	7.173
5	0.267	0.920	1.476	2.015	2.571	2.757	3.365	4.032	5.030	5.893
6	0.265	0.906	1.440	1.943	2.447	2.612	3.143	3.707	4.524	5.208
7	0.263	0.896	1.415	1.895	2.365	2.517	2.998	3.499	4.207	4.785
8	0.262	0.889	1.397	1.860	2.306	2.449	2.896	3.355	3.991	4.501
9	0.261	0.883	1.383	1.833	2.262	2.398	2.821	3.250	3.835	4.297
10	0.260	0.879	1.372	1.812	2.228	2.359	2.764	3.169	3.716	4.144
11	0.260	0.876	1.363	1.796	2.201	2.328	2.718	3.106	3.624	4.025
12	0.259	0.873	1.356	1.782	2.179	2.303	2.681	3.055	3.550	3.930
13	0.259	0.870	1.350	1.771	2.160	2.282	2.650	3.012	3.489	3.852
14	0.258	0.868	1.345	1.761	2.145	2.264	2.624	2.977	3.438	3.787
15	0.258	0.866	1.341	1.753	2.131	2.249	2.602	2.947	3.395	3.733
16	0.258	0.865	1.337	1.746	2.120	2.235	2.583	2.921	3.358	3.686
17	0.257	0.863	1.333	1.740	2.110	2.224	2.567	2.898	3.326	3.646
18	0.257	0.862	1.330	1.734	2.101	2.214	2.552	2.878	3.298	3.611
19	0.257	0.861	1.328	1.729	2.093	2.205	2.539	2.861	3.273	3.579
20	0.257	0.860	1.325	1.725	2.086	2.197	2.528	2.845	3.251	3.552

$t(f)$
t_p für $f = 1, \ldots, 20$

Tafel A.6: Perzentile der Student'sche t-Verteilung; Fortsetzung

p / f	0.600	0.800	0.900	0.950	0.975	0.980	0.990	0.995	0.998	0.999
21	0.257	0.859	1.323	1.721	2.080	2.189	2.518	2.831	3.231	3.527
22	0.256	0.858	1.321	1.717	2.074	2.183	2.508	2.819	3.214	3.505
23	0.256	0.858	1.319	1.714	2.069	2.177	2.500	2.807	3.198	3.485
24	0.256	0.857	1.318	1.711	2.064	2.172	2.492	2.797	3.183	3.467
25	0.256	0.856	1.316	1.708	2.060	2.167	2.485	2.787	3.170	3.450
26	0.256	0.856	1.315	1.706	2.056	2.162	2.479	2.779	3.158	3.435
27	0.256	0.855	1.314	1.703	2.052	2.158	2.473	2.771	3.147	3.421
28	0.256	0.855	1.313	1.701	2.048	2.154	2.467	2.763	3.136	3.408
29	0.256	0.854	1.311	1.699	2.045	2.150	2.462	2.756	3.127	3.396
30	0.256	0.854	1.310	1.697	2.042	2.147	2.457	2.750	3.118	3.385
35	0.255	0.852	1.306	1.690	2.030	2.133	2.438	2.724	3.081	3.340
40	0.255	0.851	1.303	1.684	2.021	2.123	2.423	2.704	3.055	3.307
50	0.255	0.849	1.299	1.676	2.009	2.109	2.403	2.678	0.000	0.000
60	0.254	0.848	1.296	1.671	2.000	2.099	2.390	2.660	2.994	3.232
80	0.254	0.846	1.292	1.664	1.990	2.088	2.374	2.639	2.964	3.195
100	0.254	0.845	1.290	1.660	1.984	2.081	2.364	2.626	2.947	3.174
120	0.254	0.845	1.289	1.658	1.980	2.076	2.358	2.617	2.935	3.160
∞	0.253	0.842	1.282	1.645	1.960	2.054	2.326	2.576	2.878	3.090

$t(f)$

t_p für $f = 21, \ldots, \infty$

Tafel A.7: Perzentile χ_p^2 der **Chi-Quadrat Verteilung** $\chi^2(m)$ mit m Freiheitsgraden: $P\{T \leq \chi_p^2\} = F(\chi_p^2) = p$. *Beachte:* $\chi_p^2 \doteq 0.5(z_p + \sqrt{2m-1})^2$ für großes m, wobei z_p das p-Perzentil von $N(0,1)$ ist.

$\chi^2(m)$
$m = 1, \ldots, 20$

m \ p	0.005	0.010	0.020	0.025	0.050	0.100	0.900	0.950	0.975	0.980	0.990	0.995
1	0.000	0.000	0.001	0.001	0.004	0.016	2.706	3.841	5.024	5.412	6.635	7.879
2	0.010	0.020	0.040	0.051	0.103	0.211	4.605	5.991	7.378	7.824	9.210	10.597
3	0.072	0.115	0.185	0.216	0.352	0.584	6.251	7.815	9.348	9.837	11.345	12.838
4	0.207	0.297	0.429	0.484	0.711	1.064	7.779	9.488	11.143	11.668	13.277	14.860
5	0.412	0.554	0.752	0.831	1.145	1.610	9.236	11.070	12.833	13.388	15.086	16.750
6	0.676	0.872	1.134	1.237	1.635	2.204	10.645	12.592	14.449	15.033	16.812	18.548
7	0.989	1.239	1.564	1.690	2.167	2.833	12.017	14.067	16.013	16.622	18.475	20.278
8	1.344	1.646	2.032	2.180	2.733	3.490	13.362	15.507	17.535	18.168	20.090	21.955
9	1.735	2.088	2.532	2.700	3.325	4.168	14.684	16.919	19.023	19.679	21.666	23.589
10	2.156	2.558	3.059	3.247	3.940	4.865	15.987	18.307	20.483	21.161	23.209	25.188
11	2.603	3.053	3.609	3.816	4.575	5.578	17.275	19.675	21.920	22.618	24.725	26.757
12	3.074	3.571	4.178	4.404	5.226	6.304	18.549	21.026	23.337	24.054	26.217	28.300
13	3.565	4.107	4.765	5.009	5.892	7.042	19.812	22.362	24.736	25.471	27.688	29.819
14	4.075	4.660	5.368	5.629	6.571	7.790	21.064	23.685	26.119	26.873	29.141	31.319
15	4.601	5.229	5.985	6.262	7.261	8.547	22.307	24.996	27.488	28.259	30.578	32.801
16	5.142	5.812	6.614	6.908	7.962	9.312	23.542	26.296	28.845	29.633	32.000	34.267
17	5.697	6.408	7.255	7.564	8.672	10.085	24.769	27.587	30.191	30.995	33.409	35.718
18	6.265	7.015	7.906	8.231	9.390	10.865	25.989	28.869	31.526	32.346	34.805	37.156
19	6.844	7.633	8.567	8.907	10.117	11.651	27.204	30.143	32.852	33.687	36.191	38.582
20	7.434	8.260	9.237	9.591	10.851	12.443	28.412	31.410	34.170	35.020	37.566	39.997

Tafel A.7: Perzentile der Chi-Quadrat Verteilung; Fortsetzung

p / m	0.005	0.010	0.020	0.025	0.050	0.100	0.900	0.950	0.975	0.980	0.990	0.995
21	8.034	8.897	9.915	10.283	11.591	13.240	29.615	32.671	35.479	36.343	38.932	41.401
22	8.643	9.542	10.600	10.982	12.338	14.041	30.813	33.924	36.781	37.660	40.290	42.796
23	9.260	10.196	11.293	11.689	13.091	14.848	32.007	35.172	38.076	38.968	41.638	44.181
24	9.886	10.856	11.992	12.401	13.848	15.659	33.196	36.415	39.364	40.270	42.980	45.559
25	10.520	11.524	12.697	13.120	14.611	16.473	34.382	37.653	40.647	41.566	44.314	46.928
26	11.160	12.198	13.409	13.844	15.379	17.292	35.563	38.885	41.923	42.856	45.642	48.290
27	11.808	12.879	14.125	14.573	16.151	18.114	36.741	40.113	43.195	44.140	46.963	49.645
28	12.461	13.565	14.847	15.308	16.928	18.939	37.916	41.337	44.461	45.419	48.278	50.994
29	13.121	14.256	15.574	16.047	17.708	19.768	39.087	42.557	45.722	46.693	49.588	52.336
30	13.787	14.953	16.306	16.791	18.493	20.599	40.256	43.773	46.979	47.962	50.892	53.672
35	17.192	18.509	20.027	20.569	22.465	24.797	46.059	49.802	53.204	54.244	57.342	60.275
40	20.707	22.164	23.838	24.433	26.509	29.051	51.805	55.759	59.342	60.437	63.691	66.767
45	24.311	25.901	27.720	28.366	30.612	33.350	57.505	61.656	65.410	66.555	69.957	73.166
50	27.991	29.707	31.664	32.357	34.764	37.689	63.167	67.505	71.420	72.613	76.154	79.490
55	31.735	33.570	35.659	36.398	38.958	42.060	68.796	73.312	77.381	78.619	82.292	85.749
60	35.535	37.485	39.699	40.482	43.188	46.459	74.397	79.082	83.298	84.581	88.381	91.955
70	43.275	45.442	47.893	48.758	51.739	55.329	85.527	90.531	95.023	96.387	100.424	104.213
80	51.172	53.540	56.213	57.153	60.391	64.278	96.578	101.879	106.628	108.069	112.328	116.320
90	59.196	61.754	64.635	65.647	69.126	73.291	107.565	113.145	118.135	119.648	124.115	128.296
100	67.328	70.065	73.142	74.222	77.930	82.358	118.499	124.343	129.563	131.144	135.811	140.177

Tafel A.8: Perzentile F_p der **F-Verteilung** mit m und n Freiheitsgraden für $p = 0.95$: $P\{T \leq F_p\} = p$.
Beachte: $F_p(m,n) = \frac{1}{F_{1-p}(n,m)}$; für großes n gilt $F_p(m,n) \doteq m\chi_p^2(m)$.

n \ m	1	2	3	4	3	6	7	8	9	10	11	12
1	161.45	199.50	215.71	224.58	230.16	233.99	236.77	238.88	240.54	241.88	242.98	243.90
2	18.51	19.00	19.16	19.25	19.30	19.33	19.35	19.37	19.38	19.40	19.40	19.41
3	10.13	9.55	9.28	9.12	9.01	8.94	8.89	8.85	8.81	8.79	8.76	8.74
4	7.71	6.94	6.59	6.39	6.26	6.16	6.09	6.04	6.00	5.96	5.94	5.91
5	6.61	5.79	5.41	5.19	5.05	4.95	4.88	4.82	4.77	4.74	4.70	4.68
6	5.99	5.14	4.76	4.53	4.39	4.28	4.21	4.15	4.10	4.06	4.03	4.00
7	5.59	4.74	4.35	4.12	3.97	3.87	3.79	3.73	3.68	3.64	3.60	3.57
8	5.32	4.46	4.07	3.84	3.69	3.58	3.50	3.44	3.39	3.35	3.31	3.28
9	5.12	4.26	3.86	3.63	3.48	3.37	3.29	3.23	3.18	3.14	3.10	3.07
10	4.96	4.10	3.71	3.48	3.33	3.22	3.14	3.07	3.02	2.98	2.94	2.91
15	4.54	3.68	3.29	3.06	2.90	2.79	2.71	2.64	2.59	2.54	2.51	2.48
20	4.35	3.49	3.10	2.87	2.71	2.60	2.51	2.45	2.39	2.35	2.31	2.28
30	4.17	3.32	2.92	2.69	2.53	2.42	2.33	2.27	2.21	2.16	2.13	2.09
40	4.08	3.23	2.84	2.61	2.45	2.34	2.25	2.18	2.12	2.08	2.04	2.00
50	4.03	3.18	2.79	2.56	2.40	2.29	2.20	2.13	2.07	2.03	1.99	1.95
100	3.94	3.09	2.70	2.46	2.31	2.19	2.10	2.03	1.97	1.93	1.89	1.85

$F(m,n)$
$p = 0.95$

Tafel A.8: Perzentile F_p der F-Verteilung; Fortsetzung

n	m 1	2	3	4	3	6	7	8	9	10	11	12
1	4052.19	4999.50	5403.35	5624.57	5763.63	5858.97	5928.34	5981.05	6022.45	6055.82	6083.29	6106.29
2	98.50	99.00	99.17	99.25	99.30	99.33	99.36	99.37	99.39	99.40	99.41	99.42
3	34.12	30.82	29.46	28.71	28.24	27.91	27.67	27.49	27.35	27.23	27.13	27.05
4	21.20	18.00	16.69	15.98	15.52	15.21	14.98	14.80	14.66	14.55	14.45	14.37
5	16.26	13.27	12.06	11.39	10.97	10.67	10.46	10.29	10.16	10.05	9.96	9.89
6	13.75	10.92	9.78	9.15	8.75	8.47	8.26	8.10	7.98	7.87	7.79	7.72
7	12.25	9.55	8.45	7.85	7.46	7.19	6.99	6.84	6.72	6.62	6.54	6.47
8	11.26	8.65	7.59	7.01	6.63	6.37	6.18	6.03	5.91	5.81	5.73	5.67
9	10.56	8.02	6.99	6.42	6.06	5.80	5.61	5.47	5.35	5.26	5.18	5.11
10	10.04	7.56	6.55	5.99	5.64	5.39	5.20	5.06	4.94	4.85	4.77	4.71
15	8.68	6.36	5.42	4.89	4.56	4.32	4.14	4.00	3.89	3.80	3.73	3.67
20	8.10	5.85	4.94	4.43	4.10	3.87	3.70	3.56	3.46	3.37	3.29	3.23
30	7.56	5.39	4.51	4.02	3.70	3.47	3.30	3.17	3.07	2.98	2.91	2.84
40	7.31	5.18	4.31	3.83	3.51	3.29	3.12	2.99	2.89	2.80	2.73	2.66
50	7.17	5.06	4.20	3.72	3.41	3.19	3.02	2.89	2.78	2.70	2.63	2.56
100	6.90	4.82	3.98	3.51	3.21	2.99	2.82	2.69	2.59	2.50	2.43	2.37

Tafel A.8: Perzentile F_p der F-**Verteilung** für $p = 0.99$.
Beachte: $F_p(m, n) = \frac{1}{F_{1-p}(n,m)}$; für großes n gilt $F_p(m, n) \doteq m\chi_p^2(m)$.

n \ m	13	14	15	20	25	30	40	50	60	80	100	200
1	244.69	245.36	245.95	248.01	249.26	250.09	251.14	251.77	252.19	252.72	253.04	253.67
2	19.42	19.42	19.43	19.45	19.46	19.46	19.47	19.48	19.48	19.48	19.49	19.49
3	8.73	8.71	8.70	8.66	8.63	8.62	8.59	8.58	8.57	8.56	8.55	8.54
4	5.89	5.87	5.86	5.80	5.77	5.75	5.72	5.70	5.69	5.67	5.66	5.65
5	4.66	4.64	4.62	4.56	4.52	4.50	4.46	4.44	4.43	4.41	4.41	4.39
6	3.98	3.96	3.94	3.87	3.83	3.81	3.77	3.75	3.74	3.72	3.71	3.69
7	3.55	3.53	3.51	3.44	3.40	3.38	3.34	3.32	3.30	3.29	3.27	3.25
8	3.26	3.24	3.22	3.15	3.11	3.08	3.04	3.02	3.01	2.99	2.97	2.95
9	3.05	3.03	3.01	2.94	2.89	2.86	2.83	2.80	2.79	2.77	2.76	2.73
10	2.89	2.86	2.85	2.77	2.73	2.70	2.66	2.64	2.62	2.60	2.59	2.56
15	2.45	2.42	2.40	2.33	2.28	2.25	2.20	2.18	2.16	2.14	2.12	2.10
20	2.25	2.22	2.20	2.12	2.07	2.04	1.99	1.97	1.95	1.92	1.91	1.88
30	2.06	2.04	2.01	1.93	1.88	1.84	1.79	1.76	1.74	1.71	1.70	1.66
40	1.97	1.95	1.92	1.84	1.78	1.74	1.69	1.66	1.64	1.61	1.59	1.55
50	1.92	1.89	1.87	1.78	1.73	1.69	1.63	1.60	1.58	1.54	1.52	1.48
100	1.82	1.79	1.77	1.68	1.62	1.57	1.52	1.48	1.45	1.41	1.39	1.34

$F(m, n)$
$p = 0.99$

Tafel A.8: Perzentile F_p der F-Verteilung; Fortsetzung

n \ m	13	14	15	20	25	30	40	50	60	80	100	200
1	6125.84	6142.64	6157.26	6208.70	6239.79	6260.62	6286.74	6302.49	6312.93	6326.20	6334.04	6349.93
2	99.42	99.43	99.43	99.45	99.46	99.46	99.47	99.48	99.48	99.49	99.49	99.49
3	26.98	26.92	26.87	26.69	26.58	26.50	26.41	26.35	26.32	26.27	26.24	26.18
4	14.31	14.25	14.20	14.02	13.91	13.84	13.75	13.69	13.65	13.61	13.58	13.52
5	9.82	9.77	9.72	9.55	9.45	9.38	9.29	9.24	9.20	9.16	9.13	9.08
6	7.66	7.60	7.56	7.40	7.30	7.23	7.14	7.09	7.06	7.01	6.99	6.93
7	6.41	6.36	6.31	6.16	6.06	5.99	5.91	5.86	5.82	5.78	5.75	5.70
8	5.61	5.56	5.52	5.36	5.26	5.20	5.12	5.07	5.03	4.99	4.96	4.91
9	5.05	5.01	4.96	4.81	4.71	4.65	4.57	4.52	4.48	4.44	4.41	4.36
10	4.65	4.60	4.56	4.41	4.31	4.25	4.17	4.12	4.08	4.04	4.01	3.96
15	3.61	3.56	3.52	3.37	3.28	3.21	3.13	3.08	3.05	3.00	2.98	2.92
20	3.18	3.13	3.09	2.94	2.84	2.78	2.69	2.64	2.61	2.56	2.54	2.48
30	2.79	2.74	2.70	2.55	2.45	2.39	2.30	2.25	2.21	2.16	2.13	2.07
40	2.61	2.56	2.52	2.37	2.27	2.20	2.11	2.06	2.02	1.97	1.94	1.87
50	2.51	2.46	2.42	2.27	2.17	2.10	2.01	1.95	1.91	1.86	1.82	1.76
100	2.31	2.27	2.22	2.07	1.97	1.89	1.80	1.74	1.69	1.63	1.60	1.52

Tafel A.9: Überschreitungswahrscheinlichkeiten $P\{W \geq x\}$ der Teststatistik W des **Rangsummentest von Wilcoxon** unter H_0 für kleine Stichprobenumfänge n und m.

x	$n=2$, $m=3$	$m=4$
6	0.600	
7	0.400	0.600
8	0.200	0.400
9	0.100	0.267
10		0.133
11		0.067

x	$n=3$, $m=3$	$m=4$	$m=5$	$m=6$
11	0.500			
12	0.350	0.571		
13	0.200	0.429		
14	0.100	0.314	0.500	
15	0.050	0.200	0.393	0.548
16		0.114	0.286	0.452
17		0.057	0.196	0.357
18		0.029	0.125	0.274
19			0.071	0.190
20			0.036	0.131
21			0.018	0.083
22				0.048
23				0.024
24				0.012

x	$n=4$, $m=4$	$m=5$	$m=6$	$m=7$	$m=7$
18	0.557				
19	0.443				
20	0.343	0.548			
21	0.243	0.452			
22	0.171	0.365	0.543		
23	0.100	0.278	0.457		
24	0.057	0.206	0.381	0.536	
25	0.029	0.143	0.305	0.464	
26	0.014	0.095	0.238	0.394	0.533
27		0.176	0.176	0.324	0.467
28		0.032	0.129	0.264	0.404
29		0.016	0.086	0.206	0.341
30		0.008	0.057	0.158	0.285
31			0.033	0.115	0.230
32			0.019	0.082	0.184
33			0.010	0.055	0.141
34			0.005	0.036	0.107
35				0.021	0.077
36				0.012	0.055
37				0.006	0.036
38				0.003	0.024
39					0.014
40					0.008
41					0.004
42					0.002

$P\{W \geq x\}$
$n = 2, \ldots, 4$

Tafel A.9: Überschreitungswahrscheinlichkeiten der Teststatistik W; Fortsetzung

x	$n=5$ $m=5$	$m=6$	$m=7$	$m=8$	$m=9$	$m=10$
28	0.500					
29	0.421					
30	0.345	0.535				
31	0.274	0.465				
32	0.210	0.396				
33	0.155	0.331	0.500			
34	0.111	0.268	0.438			
35	0.075	0.214	0.378	0.528		
36	0.048	0.165	0.319	0.472		
37	0.028	0.123	0.265	0.416		
38	0.016	0.089	0.216	0.362	0.500	
39	0.008	0.063	0.172	0.311	0.449	
40	0.004	0.041	0.134	0.262	0.399	0.523
41		0.026	0.101	0.218	0.350	0.477
42		0.015	0.074	0.177	0.303	0.430
43		0.009	0.053	0.142	0.259	0.384
44		0.004	0.037	0.111	0.219	0.339
45		0.002	0.024	0.085	0.182	0.297
46			0.015	0.064	0.149	0.257
47			0.009	0.047	0.120	0.220
48			0.005	0.033	0.095	0.185
49			0.003	0.023	0.073	0.155
50			0.001	0.015	0.056	0.127
51				0.009	0.041	0.103
52				0.005	0.030	0.082
53					0.021	0.065
54					0.014	0.050
55					0.009	0.038
56					0.006	0.028
57						0.020
58						0.014
59						0.010
60						0.006

Tafel A.10: Überschreitungswahrscheinlichkeiten $P\{W^+ \geq x\}$ der Teststatistik W^+ des **Vorzeichenrangtest von Wilcoxon** unter H_0 für kleine Stichprobenumfänge n.

$P\{W^+ \geq x\}$
$n = 3, \ldots, 9$

	n						
x	3	4	5	6	7	8	9
3	0.625						
4	0.375						
5	0.250	0.562					
6	0.125	0.438					
7		0.312					
8		0.188	0.500				
9		0.125	0.406				
10		0.062	0.312				
11			0.219	0.500			
12			0.156	0.422			
13			0.094	0.344			
14			0.062	0.281	0.531		
14			0.031	0.219	0.469		
15				0.156	0.406		
16				0.109	0.344		
17				0.078	0.289		
18				0.047	0.234	0.527	
19				0.031	0.188	0.473	
20				0.016	0.148	0.422	
21					0.109	0.371	
22					0.078	0.320	
23					0.055	0.273	0.500
24					0.039	0.230	0.455
25					0.023	0.191	0.410
26					0.016	0.156	0.367
27					0.008	0.125	0.326
28						0.098	0.285
29						0.074	0.248
30						0.055	0.213
31						0.039	0.180
32						0.027	0.150
33						0.020	0.125
34						0.012	0.102
35						0.008	0.082
36						0.004	0.064
37							0.049
38							0.037
39							0.027
40							0.020
41							0.014
42							0.010
43							0.006
44							0.004

Anhang B

Übersicht MINITAB

MINITAB ist ein für den Unterricht hervorragend geeignetes Statistik-Programmpaket; es ist rasch erlernbar, einfach zu bedienen, enthält alle elementaren, statistischen Verarbeitungen, ist darüber hinaus auch bei anspruchsvolleren, statistischen Analysen für viele Zwecke einsetzbar und ist preiswert (es gibt auch eine speziell für Studenten gedachte Lizenz). An der Wirtschaftsuniversität Wien ist MINITAB im PC-Schulungsraum 2 installiert und allgemein zugänglich.

Es gibt ausgezeichnete Handbücher uns sonstige Unterlagen zu MINITAB, die allerdings in Englisch verfaßt sind. Wir haben uns deshalb entschlossen, diese Übersicht auszuarbeiten, die im wesentlichen ein nach Anwendungsgebieten geordnetes Befehlsverzeichnis ist.

Wir beziehen uns in dieser Übersicht auf MINITAB, Release 8. Die Übersicht enthält die meisten beim Arbeiten mit dem Buch verwendeten MINITAB-Prozeduren (`commands`). Die Befehle wirken auf Daten, die in den Spalten des Arbeitsbereiches (`worksheet`) eingelesen werden. Mit `C` werden diese Spalten, mit `K` Konstante angesprochen; `E` steht für Spalte oder Konstante. In den Beispielen, die in Klammern [] gestellt sind, bedeuten *kursiv* Geschriebenes, daß es wegelassen oder durch beliebigen anderen Text ersetzt werden kann.

1. **Allgemeine Informationen**

   `HELP`: Hilfefunktion [`HELP read`]

   `STOP`: beendet die MINITAB-Sitzung

2. **Eingabe von Daten**

   `READ`: Einlesen von beobachtungsweise eingegebenen Daten nach `C,...,C` [`READ` *nach* `C1-C3`] oder [`READ 'studie-1'` *nach* `C1-C3`]

   `SET`: Einlesen der im Weiteren unstrukturiert eingegebenen Daten nach `C,...,C`

   `END`: Ende der Dateneingabe

   `RETRIEVE`: lade den in `'filename'` gespeicherten Arbeitsbereich (siehe `SAVE`) [`RETRIEVE 'studie-1'`]

3. **Ausgabe von Daten**

   `PRINT`: beobachtungsweises Auflisten der Daten in `C,...,C`

   `SAVE`: speichere den Arbeitsbereich [`SAVE` *unter* `'filename'`]

4. **Korrigieren**

   `LET C3(6) = 12.75`; die 6. Beobachtung der Spalte 3 soll durch 12.75 ersetzt werden

   `alt D`: öffnen des Arbeitsbereiches; er wird mit `alt M` geschlossen

5. **Editieren der Daten, arithmetische Operationen**

   `ADD E` *zu* `E`, *speichere das Ergebnis in* `E` [`ADD C1 100 C3`]

   analog arbeiten `SUBTRACT`, `MULTIPLY`, `DIVIDE`, `SQRT`, `ABSOLUTE`, `ROUND`, etc.

6. **Editieren der Daten, spaltenweise Operationen**

   `SUM C`, *speichere das Ergebnis in* `K` [`SUM C2 K1`: summiere die Werte in der Spalte `C2` und speichere den Wert in der Konstanten `K1`]

   analog arbeiten `MEAN`, `STDEV`, `MEDIAN`, `MINIMUM`, etc.

7. **Verteilungen und Zufallszahlen**

   `RANDOM`: erzeugt Zufallszahlen [`RANDOM 100, C1; NORMAL 0 1.`] es werden 100 nach $N(0,1)$ verteilte Zufallszahlen erzeugt und in `C1` gespeichert; die gewünschte Verteilung wird als Unterkommando eingegeben; zur Verfügung stehen `BINOMIAL`, `Poisson`, `T`, `CHISQUARE`, etc.

   `CDF`: ermittelt die Verteilungsfunktion [`CDF` *von* `E`, *schreibe die Werte nach* `E`]

   `INVCDF`: ermittelt die Perzentile [`INVCDF` *von* `E`, *schreibe die Werte nach* `E`]

8. **Plots und Histogramme**

   HISTOGRAM *von* C

   PLOT *Y in* C *gegen X in* C

   weitere Plots liefern DOTPLOT, TSPLOT etc.

9. **Elementare statistische Analysen** (*Basic Statistics*)

   DESCRIBE C,...,C

   CORRELATION *zwischen* C,...,C

   weitere Prozeduren sind TINTERVAL, TTEST, TWOSAMPLE, COVARIANCE; alle Prozeduren können mit Unterkommandos (SUBCOMMAND) verwendet werden

10. **Explorative Datenanalyse**

    STEM-AND-LEAF C,...,C

    BOXPLOT C

11. **Regressionsanalyse**

    REGRESS *Y in* C *auf* K *Prediktorvariable in* C,...,C; zu den Unterkommandos (SUBCOMMAND) gehören RESIDUALS, PREDICT

    STEPWISE *Regression von* C *auf die Prediktorvariablen* C,...,C

12. **Varianzanalyse**

    ONEWAY *für die Daten in* C, *die Niveaus in* C

    TWOWAY *für die Daten in* C, *die Niveaus in* C, *die Blöcke in* C

13. **Nichtparametrische Statistik**

    CHISQUARE *Test für die Daten in* C,..., C: χ^2-Test

    MANN-WHITNEY *Test für die Daten in* C *und* C; Rangsummentest

    WTEST *für die Variable* C: Vorzeichenrangtest

    KRUSKAL-WALLIS *Test für die Daten in* C, *die Niveaus in* C

    RANK *die Werte in* C, *schreibe die Range in* C: erzeugt die Rangzahlen

14. **Zeitreihen**

    ACF: bestimmt die Autokorrelationsfunktion [ACF *bis zur Ordnung* K *für die Daten in* C]

15. **Unterbefehle** (SUBCOMMAND) erlauben das weitere Spezifizieren eines Befehls; dazu wird der Befehl mit ';' abgeschlossen, und MINITAB erwartet dann die Eingabe des Unterbefehls. Jeder Unterbefehl steht in einer eigenen Zeile. Soll kein weiterer Unterbefehl folgen, ist mit '.' abzuschließen.

Literatur

Ergänzende und weiterführende Literatur

Die angeführten Bücher setzen etwa die gleichen mathematischen Vorkenntnisse voraus wie das vorliegende Buch, decken ungefähr den gleichen Inhalt ab und sind als Ergänzung geeignet.

G. Bamberg und F. Baur (1980), *Statistik.* München: Oldenbourg Verlag.

G. Bhattacharyya und R.A. Johnson (1980), *Statistical Concepts and Methods.* New York: Wiley.

J. Bleymüller, G. Gehlert und H. Gülicher (1979), *Statistik für Wirtschaftswissenschaftler.* München: Wahlen.

E. Kreyszig (1967), *Statistische Methoden und ihre Anwendung.* Göttingen: Vandenhoeck & Ruprecht.

Weiterführende Literatur

Die angeführten Werke setzen weitergehende mathematische Kenntnisse voraus als das vorliegende Buch, decken in etwa den gleichen Inhalt oder Teile davon ab und ermöglichen ein tieferes Eindringen in den behandelten Stoff.

F. Ferschl (1980), *Deskriptive Statistik.* Würzburg: Physica.

M. de Groot (1975), *Probability and Statistics.* Reading (MA): Addison-Wessely.

J. Pfanzagl (1967), *Allgemeine Methodenlehre der Statistik, Band I und II.* Berlin: de Gruyter.

J.A. Rice (1988), *Mathematical Statistics and Data Analysis.* Pacific Grove: Wadsworth & Brooks.

Spezialliteratur

Jedes der angeführten Bücher behandelt mehr oder weniger umfassend ein Teilgebiet der Statistik, das im Bereich der Sozial- und Wirtschaftswissenschaften von praktischer Relevanz ist.

B. Abraham und J. Ledolter (1983), *Statistical Methods of Forecasting.* New York: Wiley.

A. Agresti (1991), *Analysis of Categorical Data.* New York: Wiley.

H. Büning & G. Trenkler (1978), *Nichtparametrische, statistische Methoden.* Berlin: de Gruyter.

C. Chatfield und A. Collins (1980), *Introduction to Multivariate Analysis.* London: Chapman & Hall.

E.G. Cochran (1977), *Sampling Techniques.* New York: Wiley.

N. Draper und H. Smith (1981), *Applied Regression Analysis.* New York: Wiley.

A. Harvey (1981), *Time Series Models.* New York: Halsted.

H. Schneeweiß (1978), *Ökonometrie,* Würzburg: Physica.

W. Uhlmann (1982), *Statistische Qualitätskontrolle.* Stuttgart: Teubner.

Handbuch

L. Sachs (1985), *Angewandte Statistik.* Berlin: Springer.

Index

www.ingramcontent.com/pod-product-compliance
Lightning Source LLC
LaVergne TN
LVHW010554300926
849162LV00002B/323

* 9 7 8 3 4 8 6 2 5 4 6 8 6 *